Berichte des German Chapter of the ACM
Band 57

Gerd Szwillus, Jürgen Ziegler (Hrsg.)

Mensch & Computer 2003

Berichte des German Chapter of the ACM

Im Auftrag des German Chapter of the ACM
Herausgegeben durch den Vorstand

Chairman:
Dr. Andreas Schwald, Guardinistr. 73, 81375 München
E-Mail: schwald@informatik.org

Vice Chairman:
Prof. Dr.-Ing. habil. Bernhard Preim, Otto-von-Guericke-Universität Magdeburg
Fakultät für Informatik/ Institut für Simulation und Graphik
Postfach 4120, 39016 Magdeburg
E-Mail: preim@informatik.org

Secretary:
Wolfgang Glock, Bahnhofstr. 9, 82290 Landsberied,
E-Mail: glock@informatik.org

Treasurer:
Michael Haack, Griegstraße 57, 80807 München
E-Mail: haack@informatik.org

Past Chairman:
Wolf Rüdiger Gawron, Johann-Hackl-Ring 45, 85630 Grasbrunn/Neukeferloh
E-Mail: gawron@informatik.org

Past Vice Chairman:
Prof. Dr.-Ing. habil. Dr. rer. nat. Günter Riedewald, Universität Rostock
Fachbereich Informatik, 18051 Rostock
E-Mail: riedewald@informatik.org

Die Reihe dient der schnelleren und weiteren Verbreitung neuer, für die Praxis relevanter Entwicklungen in der Informatik. Hierbei sollen alle Gebiete der Informatik sowie ihre Anwendungen angemessen berücksichtigt werden.
Bevorzugt werden in dieser Reihe die Tagungsberichte der vom German Chapter allein oder gemeinsam mit anderen Gesellschaften veranstalteten Tagungen veröffentlicht. Darüber hinaus sollen wichtige Forschungs- und Übersichtsberichte in dieser Reihe aufgenommen werden.
Aktualität und Qualität sind entscheidend für die Veröffentlichung. Die Herausgeber nehmen Manuskripte in deutscher und englischer Sprache entgegen.

Gerd Szwillus, Jürgen Ziegler (Hrsg.)

Mensch & Computer 2003

Interaktion in Bewegung

B. G. Teubner Stuttgart · Leipzig · Wiesbaden

Bibliografische Information der Deutschen Bibliothek
Die Deutsche Bibliothek verzeichnet diese Publikation in der Deutschen Nationalbibliographie;
detaillierte bibliografische Daten sind im Internet über <http://dnb.ddb.de> abrufbar.

1. Auflage August 2003

Alle Rechte vorbehalten
© B. G. Teubner Verlag / GWV Fachverlage GmbH, Wiesbaden 2003

Der B. G. Teubner Verlag ist ein Unternehmen der Fachverlagsgruppe BertelsmannSpringer.
www.teubner.de

Das Werk einschließlich aller seiner Teile ist urheberrechtlich geschützt. Jede Verwertung außerhalb der engen Grenzen des Urheberrechtsgesetzes ist ohne Zustimmung des Verlags unzulässig und strafbar. Das gilt insbesondere für Vervielfältigungen, Übersetzungen, Mikroverfilmungen und die Einspeicherung und Verarbeitung in elektronischen Systemen.

Die Wiedergabe von Gebrauchsnamen, Handelsnamen, Warenbezeichnungen usw. in diesem Werk berechtigt auch ohne besondere Kennzeichnung nicht zu der Annahme, dass solche Namen im Sinne der Warenzeichen- und Markenschutz-Gesetzgebung als frei zu betrachten wären und daher von jedermann benutzt werden dürften.

Umschlaggestaltung: Ulrike Weigel, www.CorporateDesignGroup.de
Gedruckt auf säurefreiem und chlorfrei gebleichtem Papier.

ISBN-13: 978-3-519-00441-7   e-ISBN-13: 978-3-322-80058-9
DOI: 10.1007/978-3-322-80058-9

Programmkomitee

Jürgen Ziegler, Universität Duisburg (Vorsitzender)
Gerd Szwillus, Universität Paderborn (Vorsitzender)
Udo Arend, SAP, Walldorf
Mathias Bauer, DFKI, Saarbrücken
Astrid Beck, GUI Design, Stuttgart
Birgit Bomsdorf, FernUniversität Hagen
Helmut Degen, Siemens, München
Anke Dittmar, Universität Rostock
Thomas Ertl, Universität Stuttgart
Peter Forbrig, Universität Rostock
Hans-Werner Gellersen, Lancaster University
Frank Heidmann, Fraunhofer IAO, Stuttgart
Nicola Henze, Universität Hannover
Michael Herczeg, Universität Lübeck
Thomas Herrmann, Universität Dortmund
Heinz-Ulrich Hoppe, Mercator-Universität Duisburg
Christian Janssen, Emprise Software+Consulting, Hamburg
Gunnar Johannsen, Universität Kassel
Reinhard Keil-Slawik, Universität Paderborn
Ulrich Klotz, IG Metall, Frankfurt/Main
Michael Koch, Technische Universität München
Franz Koller, UI Design, Ludwigsburg
Rüdiger Krahl, DLR, PT Softwaresysteme, Berlin
Jürgen Krause, Univ. Koblenz-Landau/IZ Sozialwissenschaften, Bonn
Helmut Krcmar, Technische Universität München
Huberta Kritzenberger, Hochschule der Medien, Stuttgart
Holger Luczak, RWTH Aachen
Susanne Maaß, Universität Bremen
Peter Mambrey, Fraunhofer FIT/Universität Duisburg
Hartmut Ginnow-Merkert, Kunsthochschule Berlin-Weißensee
Kathrin Möslein, Technische Universität München
Horst Oberquelle, Universität Hamburg
Reinhard Oppermann, Fraunhofer FIT, St. Augustin
Bernhard Preim, Universität Bremen
Wolfgang Prinz, Fraunhofer FIT, St. Augustin
Matthias Rauterberg, Universität Eindhoven
Harald Reiterer, Universität Konstanz
Gerhard Rigoll, Technische Universität München
Ralph Schäfer, DFKI, Saarbrücken
Gerhard Schwabe, Universität Zürich
Jean Schweitzer, DFKI, Saarbrücken
Christian Stary, Universität Linz
Markus Stolze, IBM, Zürich
Norbert Streitz, Fraunhofer IPSI, Darmstadt
Thomas Strothotte, Universität Magdeburg
Michael Tauber, Universität Paderborn
Ralph Traphöner, Bertelsmann Empolis, Kaiserslautern
Stefan Uellner, T-Systems Nova, Darmstadt
Rainer Unland, Universität Essen
Anette Weisbecker, Fraunhofer IAO, Stuttgart
Volker Wulf, Fraunhofer FIT, St. Augustin
Wolfgang Wünschmann, Technische Universität Dresden

Designprogramm

Wolfgang Henseler, Fachhochschule Pforzheim
Frank Thissen, Hochschule der Medien Stuttgart

Usability Professionals Workshop (in Kooperation mit German Chapter UPA)

Kerstin Röse, Universität Kaiserslautern
Matthias Peissner, Fraunhofer IAO, Stuttgart

Tutorialprogramm

Tom Gross, Fraunhofer FIT, St. Augustin

Organisationskomitee

Frank Heidmann, Fraunhofer IAO, Stuttgart
Stefanie Müller, Fraunhofer IAO, Stuttgart
Henriette Patzelt, Fraunhofer IAO, Stuttgart

Veranstalter

 Gesellschaft für Informatik e.V.
Fachbereich „Mensch-Computer-Interaktion"

 Fraunhofer IAO
Fraunhofer Institut Arbeitswirtschaft und Organisation

 German Chapter of the ACM e.V.

Mit Unterstützung durch:

GI FA Verwaltungsinformatik
GI FB Informatik und Ausbildung/Didaktik der Informatik
GI FG EMISA
GI FG Hypertextsysteme (Hypermedia)
Deutsche Gesellschaft für Psychologie - DGPs
Deutscher Multimedia Verband (dmmv)
German Chapter of the Usability Professionals Association
Gesellschaft für Arbeitswissenschaft
Hochschulverband Informationswissenschaft – HI
MFG Medienentwicklung Baden-Württemberg
Schweizer Informatiker Gesellschaft (SI) / FG Software-Ergonomics

Sponsoren:

Inhaltsverzeichnis

Vorwort 13

Eingeladene Vorträge

Kristina Höök
Social navigation: from the web to the mobile 17

Peter Brusilovsky
From Adaptive Hypermedia to the Adaptive Web 21

Hans-W. Gellersen
Embedded Interactive Systems:
Toward Everyday Environments as the Interface 25

Angenommene Beiträge

Mobilität und Adaption

Reinhart Oppermann
Ein Nomadischer Museumsführer aus Sicht der Benutzer 31

Thorsten Schulz, Ursula Kretschmer
Adaptive mobile Ortsbestimmung 43

Frank Althoff, Gregor McGlaun, Manfred Lang, Gerhard Rigoll
Comparing an Innovative 3D and a Standard 2D User Interface for Automotive
Infotainment Applications 53

Kooperation im Kontext

Joachim Hinrichs, Jürgen Friedrich, Volker Wulf
Zur Bedeutung des Nutzungskontextes im Dokumentenmanagement:
Empirische Befunde und technische Lösungsansätze 65

Andreas Ninck, Maurus Büsser
BrainSpace – Problemlösung durch virtuelle Kollaboration.. 77

Thomas Herrmann, Isa Jahnke, Kai-Uwe Loser
Die Unterstützung von Rollenzuweisung und Rollenübernahme: ein Ansatz zur
Gestaltung von Wissensmanagement- und CSCL-Systemen.. 87

Vernetztes Wissen und Kreativität

*Jasminko Novak, Monika Fleischmann, Wolfgang Strauss, Michael Wurst,
Katharina Morik, Christoph Kunz, Jürgen Ziegler*
Verbindung heterogener Experten-Communities durch die Entdeckung, Visualisierung
und Nutzbarmachung von stillem Wissen – das AWAKE Projekt.. 99

Rainer Heers, Katrin Müller, Fabian Kempf & Heike Hufnagel
Virtuelles Kooperieren mit Kreativitätstools in netzbasierten Gruppensitzungen................... 113

Carsten Magerkurth, Richard Stenzel
Computerunterstütztes Kooperartives Spielen -Die Zukunft des Spieltisches........................ 123

Interaktionsumgebungen

Markus Klein, Till Harbaum und Thomas Fuhrmann
Bluetooth-Artefakte zur Interaktion mit intelligenten Umgebungen.. 135

Lorenz Hagenmeyer, Martin Braun, Frank Haselberger
Entwicklung eines Mixed-Mock-Up Simulators für arbeits-
wissenschaftliche Untersuchungen.. 145

Visualisierung und Exploration

Harald Weinreich, Hartmut Obendorf, Winfried Lamersdorf
HyperScout: Darstellung erweiterter Typinformationen im World Wide Web –
Konzepte und Auswirkungen... 155

Harald Reiterer, Tobias Limbach, Frank Müller, Peter Klein, Christian Jetter
Ein visueller Metadaten Browser für die explorative Erkundung großer
Datenmengen... 165

Jens Piesk, Ralf Heeg, Ralf Hönscheid, Nicole Krämer & Gary Bente
Echtzeit-Visualisierungs-Editor für deskriptive Verhaltensprotokolle.................. 177

Usability Methoden

Marc Hassenzahl, Michael Burmester, Franz Koller
AttrakDiff: Ein Fragebogen zur Messung wahrgenommener hedonischer
und pragmatischer Qualität... 187

Michael Gellner
Mousemaps – ein Ansatz für eine Technik zur Visualisierung der Nutzung von Software
und zur Automation der Entdeckung von Bedienungsfehlern.............................. 197

Miriam Yom, Thorsten Wilhelm, H. Holzmüller
Online-Fokusgruppen als innovative Methode zur nutzerbasierten Beurteilung
der Web Usability.. 207

Wissen und Expertise

Volkmar Pipek, Philippe Nuderscher, Markus Won
Periphere Wahrnehmung von Expertise.. 219

Vanda Lehel, Florian Matthes, Klaus Steinfatt
Weblogs als ein innovatives Instrument des betrieblichen Wissensmanagements....... 229

Peter Ohlhausen, Tim Schloen, Hartmut Ehrich
vr-wissen – Wissensmanagement im genossenschaftlichen Finanzverbund............. 239

Methoden und Werkzeuge

Michael Wissen, Jürgen Ziegler
Ontologiebasierte Vorgehensweise zur Modellierung komponentenorientierter
Web-Anwendungen.. 247

Peter Thies
Handhabung von Koordinationsanforderungen in kooperativen Arbeitskontexten
durch Koordinationsmuster... 257

Ronald Hartwig, Michael Herczeg
XMendeL – Web-gestützte objektorientierte Datenhaltung im Usability-Engineering............. 267

Agenten und Visualisierung

*Nick Halper, Mara Mellin, Christoph S. Herrmann, Volker Linneweber,
Thomas Strothotte*
Psychology and Non-Photorealistic Rendering:
The Beginning of a Beautiful Relationship... 277

Nicole C. Krämer & Gary Bente
Brauchen Interface Agenten Emotionen?.. 287

Heike Blens, Nicole C. Krämer & Gary Bente
Virtuelle Verkäufer. Die Wirkung von anthropomorphen Interface Agenten
in WWW und e-commerce.. 297

Multimodales Lernen

Thomas Winkler, Daniela Reimann, Michael Herczeg, Ingrid Höpel
Creating digital augmented multisensual learning spaces – Transdisciplinary school
education between aesthetic creating and building concepts in computer science................ 307

Niclas Schaper und Sabine Hochholdinger
Entwicklung und Evaluation eines CBTs zur Störungsdiagnose mit
Videos zur Strategievermittlung... 317

Birgit Koch
Robotikbaukästen als Lernumgebung in der universitären Informatikausbildung –
ein Erfahrungsbericht.. 327

Lernen und Usability

Lars Kaczmirek
Gebrauchstauglichkeit der Ergebnisseiten von Suchmaschinen... 337

Elisabeth Kamentz, Christa Womser-Hacker
Lerntheorie und Kultur: eine Voruntersuchung für die Entwicklung von
Lernsystemen für internationale Zielgruppen.. 349

Andreas Auinger, Christian Stary
Verknüpfung von Content und Kommunikation für selbstgesteuerten,
webbasierten Wissenstransfer... 359

Poster

Hartmut Obendorf
Einsatz elektronischer Medien zur Unterstützung
der universitären Lehre: Ein Erfahrungsbericht.. 373

Thomas Flor
Adaptives Informationssystem für kooperative Lernumgebungen................................... 375

Heidi Schelhowe, Christina Dörge, Hendrik Bunke, Georg Sichma
Das Zentrum für Interaktion mit digitalen Medien (ZIM)
an der Universität Bremen, FB 3... 379

Jimmy Schmid, Artur P. Schmidt
net-mind.ch –
Die Suchmaschine mit einer innovativen Datenverwaltung und individuellen Output-
Möglichkeiten.. 381

Joachim Baumert, Frank Meiners
StarOffice 4 Kids –
Mitwachsende Software für den Grundschulunterricht... 385

Harald Weinreich, Winfried Lamersdorf
Eine Umfrage zu Link- und Objekt-Attributen im Web.. 387

Ingo Frost, Robert Freund, Harjo Korte, Sebastian Bitzer, Stephan Weller
Projekt meiNetz: Automatische Klassifikation und Benutzermodellierung....................... 391

Stefan Kost
GITK: eine generische Architektur für multimodale Interfaces....................................... 399

Thorsten Wilhelm, Miriam Yom & Daniela Nusseck
Erwartungskonforme Webseitengestaltung... 401

Andreas Müller
Visualisierungswerkzeuge zur Modellierung virtueller Landschaften............................ 405

Birgit Bomsdorf, Gerd Szwillus
Eigenverantwortliche Web-Administration
für unerfahrene Benutzer... 407

Systemdemonstrationen

Udo Lindemann, Franz Müller, Martin Pache, Sebastian Schneider
Der 3D-Skizzierer - Unscharfes digitales Skizzieren in einer Virtual Reality Umgebung........ 411

Tobias Häusser, Maxim Mirochnitchenko, Marc Rindermann
Web Ontology Management Application.. 413

Dieter Langer
Assistant Systems for Use in Air Vehicle Inspection and Maintenance Tasks................... 415

Design Reviews

Joachim Machate, Simone Keller
Was, wann, wer? – Design eines Tele-Assistenzsystems.. 419

Simone Keller, Andreas Beu, Robert Freudenthaler, Klaus Bauer
TRUMPF TrumaBend - eine touchscreen-basierte Maschinensteuerung
für Abkantpressen... 423

Andreas Selter, Simone Keller, Franz Koller
DEMOS - eine Internet-basierte Plattform zur politischen Meinungsbildung................. 427

Diana Frank
Private Universe-Informationsstrukturen und Fraktales im Alltag................................. 431

Carsten Waldeck, Daniel Hess, Dirk Balfanz
Mobile Liquid Information Spaces –
Maximierung der Informationsdichte für visuelle Echtzeitsuche auf kleinen
Screenflächen mit Hilfe von Transparenz und Wühlfunktionalität................................. 435

Thorsten Klöpfer, Oliver Kauselmann
MOMAK – Museum of Modern Art Kabul.. 439

Autoren

Autorenverzeichnis.. 441

Vorwort

Die Mensch & Computer 2003 in Stuttgart ist nach den Vorgängerveranstaltungen in Bad Honnef und Hamburg die dritte Tagung in der jährlichen Veranstaltungsreihe des Fachbereichs „Mensch-Computer-Interaktion" der Gesellschaft für Informatik e.V. (GI). Bereits nach drei Jahren zeichnet sich ab, dass sich Mensch & Computer – wie von den Initiatoren im Fachbereich beabsichtigt und erhofft - zur führenden deutschsprachigen Veranstaltung in dem breiten und interdisziplinären Themenfeld der Mensch-Computer-Interaktion entwickelt hat. Dies konnte nur dadurch gelingen, dass sich unterschiedliche Fachgruppen der GI bereit fanden, durch die Gründung des gemeinsamen Fachbereichs die unterschiedlichen Facetten des Feldes, die von Interaktionstechniken über Kooperationsunterstützung bis zu computergestütztem Lernen und gesellschaftlichen Fragen reichen, in synergistischer Weise zusammen zu führen und in einer gemeinsamen Veranstaltung zu diskutieren. Das breite Interesse an der diesjährigen Tagung wie auch ihren Vorgängern zeigt, dass dieses Konzept die Bedürfnisse von Wissenschaftlern und Praktikern in diesem Feld trifft.

Unser Bild des Computers ist gegenwärtig einem drastischen Wandel unterworfen. Globale Vernetzung und übergreifende Informationsstandards öffnen das Einzelsystem zur virtuellen, verteilten Informationsumgebung. Mobile Kommunikations- und Arbeitsgeräte sowie in unsere Umgebung eingebettete Systeme ergänzen und ersetzen den Arbeitsplatzrechner. Spezialisierte Informationsgeräte bieten aufgabenangepasste Alternativen zur Allzweckmaschine. Reaktive, rein benutzergesteuerte Interaktionstechniken entwickeln sich zu kontextsensitivem, adaptivem Dialogverhalten. Für die Mensch-Computer-Interaktion ist damit ein deutlicher Wandel der Paradigmen im Hinblick auf Interaktionsformen, Entwicklungsmethoden und Usability Engineering verbunden.

Die Konferenz Mensch & Computer 2003 hat sich vor diesem Hintergrund das Motto „Interaktion in Bewegung" gewählt. Damit soll zum Einen auf die sich wandelnden Paradigmen und Aufgabenstellungen der Forschung und Entwicklung in der Mensch-Computer-Interaktion hingewiesen werden. Unsere Forschungsfragen und – methoden sind im Hinblick auf den sich rasch ändernden technologischen und anwendungsbezogenen Kontext immer wieder zu hinterfragen und weiter zu entwickeln. Ebenso ist die Bewertung, was ein gut gestaltetes System ausmacht, keinesfalls statisch, sondern muß die sich wandelnden Nutzergruppen, Erfahrungen und Erwartungen reflektieren. Faktoren wie Attraktivität, emotionale Wirkung der Systemnutzung oder soziale Aspekte haben längst das klassische ergonomische Bewertungsgerüst erweitert und verändert. Die Tagung liefert wichtige Beiträge dazu, wie sich unser Verständnis der MCI erweitert und welche neuen Techniken und Methoden hierfür erforderlich sind.

„Interaktion in Bewegung" weist zum zweiten aber auch auf einen immer wesentlicher werdenden Nutzungskontext neuer Informations- und Kommunikationstechniken hin: Mobile Geräte begleiten die Nutzer durch unterschiedlichste Situationen, während unterschiedlichste eingebettete und ubiquitäre Systeme dem Nutzer in seiner Bewegung begegnen. Beide Aspekte erfordern neue Lösungen hinsichtlich Interaktionstechniken, Entwicklungs- und Bewertungsmethoden sowie Anwendungskonzepten. Gerade angesichts der jetzt eingetretenen Ernüchterung bei der Realisierung breitbandiger Mobilnetze ist es eine wesentliche Aufgabe unseres Forschungsfeldes, nutzerbezogene Anwendungskonzepte mit einem tatsächlich erfahrbaren Mehrwert zu entwerfen und zu untersuchen.

Mensch & Computer 2003 bietet zu diesen und anderen Themen der Mensch-Technik-Interaktion ein breites Spektrum an Forschungs- und Praxisbeiträgen. Wie es bereits Tradition bei dieser Tagung ist, werden aber auch ganze Reihe anderer Beitragsformate geboten, die besonders die Möglichkeit zu Diskussion und Austausch bieten. Hierzu zählen Workshops, Diskussionsrunden, Systemdemonstrationen, Design Reviews und interaktiv präsentierte Poster. Erstmals werden Tutorials als integrierter (und im Tagungspreis inbegriffener) Bestandteil der Konferenz angeboten, um dem verbreiteten Wunsch nach persönlicher Weiterbildung in den unterschiedlichen Aspekten der MCI Rechnung zu tragen.

Eine Tagung mit erheblicher Teilnehmerzahl und mit vielfältigen Beitragskategorien und Aktivitäten wäre nicht ohne das engagierte Mitwirken vieler Personen durchführbar. Ein herzlicher Dank geht an das Programmkomitee für die harte Arbeit bei der Beitragsbegutachung und -auswahl, den Konferenzbeirat für viele Ratschläge und Hinweise, die Verantwortlichen für die unterschiedlichen Beitragskategorien, das Preiskomitee und viele andere. Ganz besonders zu danken ist dem Organisationskomitee am Fraunhofer IAO und namentlich insbesondere Frau Stefanie Müller. Ohne ihr unermüdliches Wirken wäre die Tagung nicht zustande gekommen. Ihr und dem Organisationsteam ist auch zu danken, dass etliche Wellenschläge, die durch eine berufliche Veränderung eines der beiden Programmkomiteevorsitzenden verursacht wurden, nie das Tagungsschiff ins Schwanken bringen konnten.

Die folgenden Fachgesellschaften und Organisationen haben die Tagung aktiv unterstützt: Deutsche Gesellschaft für Psychologie - DGPs, Deutscher Multimedia Verband (dmmv), Gesellschaft für Arbeitswissenschaft, GI FA Verwaltungsinformatik, GI FB Informatik und Ausbildung/Didaktik der Informatik, GI FG EMISA, GI FG Hypertextsysteme (Hypermedia), Hochschulverband Informationswissenschaft – HI, MFG Medienentwicklung Baden-Württemberg, Schweizer Informatiker Gesellschaft (SI) / FG Software-Ergonomics.

Ein ganz besonderer Dank geht an das German Chapter of the Usability Professionals Association und seine Aktiven, die durch die Organisation eines kompletten Workshop-Tracks wesentlich zu einer attraktiven Programmgestaltung für die Tagung beigetragen haben. Durch die engagierte Planung und Durchführung dieses Programms kann die Mensch & Computer 2003 insbesondere Praktikern im Feld des Usability Engineering ein vielfältiges und spannendes Forum bieten. Namentlich soll hier insbesondere Frau Kerstin Röse sowie Herrn Matthias Peissner für ihre umfangreiche Organisationsarbeit gedankt werden.

Ein besonderer Dank geht weiterhin an den Teubner-Verlag und Frau Laux, die die Publikation der Tagungsbeiträge in einer ansprechenden Form ermöglicht und die Entstehung des Bandes begleitet haben.

Schließlich –und als wichtigstes - möchten wir uns bei allen Autoren, Vortragenden, Workshop-Organisatoren und Teilnehmern der Tagung für ihr Interesse, ihre qualitätsvollen Beiträge und die anregenden Diskussionen bedanken, ohne die die Weiterentwicklung unseres Gebietes als lebendiges Forschungsfeld nicht möglich wäre.

Duisburg – Paderborn, im Juni 2003

Jürgen Ziegler und Gerd Szwillus

Eingeladene Vorträge

Social navigation: from the web to the mobile

Professor Kristina Höök

Department of Computer and Systems Sciences, Stockholm University/KTH

Abstract

Social navigation is the alternative way of looking upon navigation in the virtual world: e g instead of navigating the web by maps and hierarchies and search engines, you would navigate it by where others have gone before you. There are several examples of where this has been successfully employed, such as amazon.com recommending books by how popular they are with respect to what you and others like you have chosen in the past. Social navigation was inspired by how people navigate the real world. Now, with the development of mobile technology, we are taking the concept back into the real world: what happens when we overlay the real world with virtual traces of where others have gone before us? Can we enhance social navigation in the real world through merging it with the virtual?

Social Navigation

The term *navigation* conjures up images of maps, compasses and guidebooks. These may be things we use to get around from time to time, but are they how we usually find our way? When people need information, they will often turn to other people rather than use more formalised information artefacts. When navigating cities people tend to ask other people for advice rather than study maps (Streeter and Vitello, 1985), when trying to find information about pharmaceuticals medical doctors tend to ask other doctors for advice (Tiimpka and Hallberg, 1996), if your child has red spots you might phone your mother or talk to a friend for an opinion. Even when we are not directly looking for information we use a wide range of cues, both from features of the environment and from the behaviour of other people, to manage our activities. Alan Munro observed how people followed crowds or simply sat around at a venue when deciding which shows and street events to attend at the Edinburgh Arts Festival (Munro, 1999). We might be influenced to pick up a book because it appears well thumbed, we walk into a sunny courtyard because it looks attractive or we might decide to see a film because our friends enjoyed it. Not only do we find our ways through spaces from talking to or following the trails of crowds of people, we also evaluate the things we find in these spaces through understanding them in a social context. We put them in a framework of relevance.

The idea of social navigation is based on these observations that may seems really obvious and simple: that people are inspired by the activities, interpretations, navigational choices, when choosing where to go themselves. Much of the information seeking in everyday life is performed through watching, following, and talking to other people. Why not create systems were we could watch, follow and talk to other people rather than navigate the space spatially in order to find what we are looking for?

Background

The concept of social navigation was introduced by Dourish and Chalmers in 1994. They saw social navigation as *navigation towards a cluster of people* or *navigation because other people have looked at something*. In parallel with their work, Hill and Holland while working at Bell in 1992, developed the first recommender system, *Tapestry* (Hill et al., 1995). By collecting the likes and dislikes of a large number of people, an individual can specify one or two things that they like or dislike and the system recommends others based on the data collected from other people.

Hill and Holland continued to work along the lines of allowing various trails of previous users to be visible in the interface, even if they did not use the term social navigation to describe their work. They did, for example, design a "community-enhanced Mosaic[1] Interface" where users could rate different URLs. Their ratings were then collected and formed a rating expressed as a set of stars next to the link. Hill and Holland proposed that this rating should be standard for all web pages of the web. They also proposed an interesting idea that has unfortunately not really picked up among designers, namely "read wear" (Hill et al., 1992). Their idea was that the way a document was read should be reflected in its interface. Their solution was to make the scroll bar reflect which lines in the document had been read. The more general idea was to make objects carry some of their history – make the look worn in places where many people had read/touched/worked with them.

Later, Dieberger widened the scope set up by Dourish and Chalmers (Dieberger, 1997). He also saw more direct recommendations of e.g. web-sites and bookmark collections as a form of social navigation. He was inspired by the remarks made by Tom Erickson in 1996 that the web could be characterized as a social hypertext. Erickson writes: "The nodes – at least some of them – were becoming representations of people. And this, in turn, enables another critical feature to emerge: links from a personal page often point to socially salient pages. A common feature of the personal page is a list of pointers to "interesting people and places." What and who counts as interesting? That depends on the person, and hence also tells us more about the person. Thus, the links, as well as the page itself, participate in the personal portrayal; in a sense, they embody a sort of social logic, providing us with a view of that person's network of friends, colleagues, and concerns."

Dieberger also picked up on the ideas of read wear from Hill and Holland and discussed various forms of read *ware* – that is ways by which things could look worn.

Since then the concept of social navigation has broadened to include a large family of methods, artefacts and techniques that capture some aspect of navigation (Höök et al., 2003). Several systems that apply social navigation to web-based systems have been built, such as *Kalas* where a space of food recipes is navigated (Svensson et al., 2001), *Babble* where social encounters at web-pages are enabled (Erickson et al., 1999), and *Footprints* aiding navigation through web-pages (Wexelblat, 1999). Initial user evaluation studies indicate that users find these kinds of trails helpful and also interesting beyond their most urgent needs to find their way through information spaces (Svensson et al., 2003).

Can social navigation be mobile?

As we now move from desk-based IT to all sorts of information technology embedded in mobile devices, artefacts, or even ubiquitous computing, a natural question to ask is whether there are

---

[1] Mosaic was one of the first web browsers.

forms of computed social navigation that can be on the "real" world and thus aid people beyond what they can see from others activities? If context sensitive systems, automatically log and distribute context information about users, devices and usage to other users (friends and family), how will this create social awareness or presence, and how will this affect social life and communication? At the same time, how can we allow automatic capturing of context information about users, usage and context, while still maintaining user control, privacy and a sense of social comfort?

A couple of systems have been implemented that explore some aspects of social navigation through mobile devices. One such system is *GeoNotes* that allows users to mass-annotate physical locations with virtual 'notes', which are then pushed to or accessed by other users when they come into the vicinity of the location (Persson et al., 2003). GeoNotes allows for tourist applications, digital graffiti, place-based reminders and other location based-information systems. To prevent information overload GeoNotes makes use of social filtering and recommender systems.

Perhaps even more interesting in GeoNotes is its system for defining which location, which place, to attach notes to (Fagerberg et al., 2003). In the system, users can name places themselves within WLAN-base station areas. In a user study performed during one month, users would not only name physical locations, but also included virtual places and places covering several WLAN-base stations.

Another example is the e-graffiti system (Burrell and Gay, 2001). Similar to GeoNotes, E-graffiti allows users to annotate space with notes. In both systems, users struggle to understand the location-related limitations as well as understanding the genre of communication envisioned in the system. Is it a chat, an email service or something else?

While these systems are early examples of annotations of real space with virtual information, there is still plenty of room for innovation. None of them really allows for enhancing *navigation* in a strict sense, but focus on new forms of communication. In one of our current projects, we propose a mobile service that "picks up the wibes" by gathering information from the places and people that its user encounters. Users will carry along the history of where they have been, what they did at that location, and whom they met. These history trails will be used to predict or suggest where to go next, and what to do. The history trails will be exchanged between users through ad-hoc connections between devices.

The environment where the users move around is not a fixed, unchangeable structure but will be affected by the users being and acting there. Users are also able to explicitly express their feelings about places and activities in the environment. Our aim is to combine this service with public displays and web interfaces showing activities in the space.

References

Burrell, J., and Gay, G. (2001) E-graffiti: Evaluating Real -World Use Of a Context-Aware System, Interacting With Computers: Special Issue on Universal Usability.

Dieberger, A. (1997) Supporting Social Navigation on the World-Wide Web. International Journal of Human-Computer Studies, special issue on innovative applications of the Web 46, 805-825.

Dourish, P. and Chalmers, M. (1994). Running Out of Space: Models of Information Navigation. Short paper presented at HCI'94 (Glasgow, Scotland).

Erickson, T. (1996) The World Wide Web as Social Hypertext. In "Viewpoints," *Communications of the ACM*. January, 1996.

Erickson, T., Smith, D. N., Kellogg, W. A., Laff, M., Richards, J. T., and Bradner, E. A sociotechnical approach to design: Social proxies, persistent conversations, and the design of Babble, in *Proceedings of Human Factors in Computing Systems, CHI '99*. New York: ACM Press, 1999.

Fagerberg, P., Espinoza, F. and Persson, P. (2003) What is a place? Allowing users to name and define places. In *Proceedings of Computer Human Interaction 2003*, Short paper, ACM Press.

Hill W, Hollan JD, Wroblewski D, and McCandless T (1992) Edit wear and read wear: Text and hypertext. Human Factors In Computing Systems: The Proceedings of CHI '92, 3-9.

Hill W, Stead L, Rosenstein M, and Furnas G (1995) Recommending and evaluating choices in a virtual community of use. *Human Factors in Computing Systems: The Proceedings of CHI'95*.

Höök, K., Munro, A., and Benyon, D. (eds.) (2003) *Designing Information Spaces: The Social Navigation Approach*, Springer Verlag.

Munro, A. Fringe Benefits: An Ethnographic Study of Social Navigation at the Edinburgh Festival, Deliverable 2.1.1 from the PERSONA project, available from SICS, Stockholm, Sweden, (1999).

Persson, P., Espinoza, F., Fagerberg, P., Sandin, A. & Cöster, R. (2003) GeoNotes: A Location-based Information System for Public Spaces, in Kristina Höök, David Benyon and Alan Munro (eds), *Readings in Social Navigation of Information Space*, Springer. 2003.

Streeter, L.A., Vitello, D., and Wonsiewicz, S.A. How to Tell People Where to Go: Comparing Navigational Aids. Int. J. Man-Machine Studies 22, (1985), 549-562.

Svensson, M., Höök, K., Laaksolahti, J., & Waern, A. (2001). Social navigation of food recipes. In Proceedings of the Conference on Human Factors in Computing Systems (CHI 2001) (pp. 341-348). New York: ACM Press.

Svensson, M, Höök, K., Cöster, R. (2003) Evaluating Social Trails, In Proceedings of Computer-Human Interaction Conference 2003, short paper, Florida, USA, ACM Press.

Timpka, T., Hallberg N. Talking at work - professional advice-seeking at primary healthcare centers. Scand. J. Prim Health Care 14, (1996), 130-135.

Wexelblat, Alan. Footprints: Interaction History for Digital Objects, Ph.D. Thesis, MIT Program in Media Arts & Sciences, 1999.

From Adaptive Hypermedia to the Adaptive Web

Peter Brusilovsky

University of Pittsburgh, USA

Abstract

Web systems suffer from an inability to satisfy heterogeneous needs of many users. A remedy for the negative effects of the traditional "one-size-fits-all" approach is to develop systems with an ability to adapt their behavior to the goals, tasks, interests, and other features of individual users and groups of users. Adaptive Web is a relatively young research area. Started in with a few pioneering works on adaptive hypertext in early 1990, it now attracts many researchers from different communities such as hypertext, user modeling, machine learning, natural language generation, information retrieval, intelligent tutoring systems, cognitive science, and Web-based education. Currently, the established application areas of adaptive Web systems are education, information retrieval, and kiosk-style information systems. A number of more recent projects are also exploring new application areas such as e-commerce, medicine, and tourism. While research-level systems constitute the majority of adaptive Web systems, a few successful industrial systems show the commercial potential of the field. This talk will review a number of adaptation techniques that have been developed and evaluated in the field of adaptive hypermedia and applied in adaptive Web systems. It will also present several examples of adaptive Web systems in different application areas. To answer the conference motto "interaction in motion" the talk will specially address the issue of developing adaptive systems for ubiquitous computing and mobile Web. It will discuss the needs and challenges of "adaptation in motion" and present some known success stories.

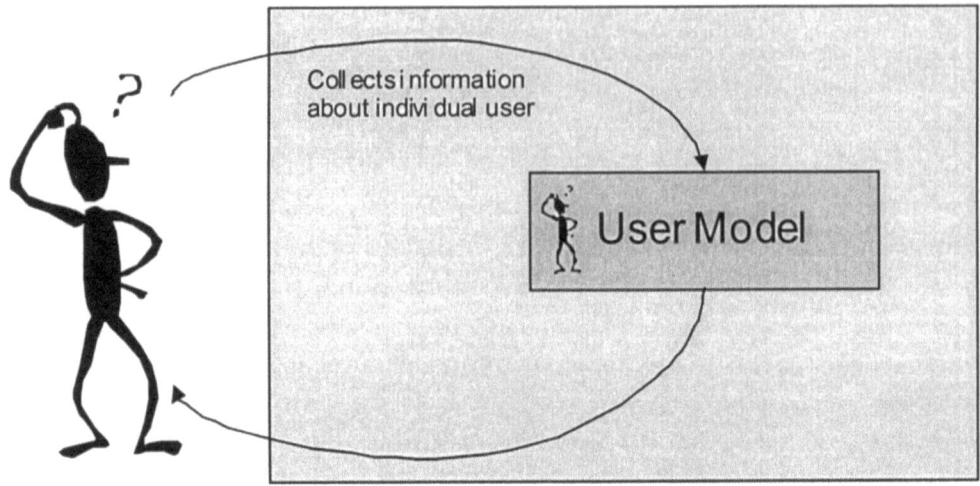

Figure 1. The structure of an adaptive software system

In different kinds of adaptive systems, adaptation effects could be different. Adaptive Web systems are essentially Webs of connected information items that allow users to navigate from one item to another and search for relevant items. The adaptation effect in this reasonably rigid context is limited to three major adaptation technologies—adaptive content selection, adaptive navigation support, and adaptive presentation. The first of these three technologies comes from the field of adaptive information retrieval (IR) and is associated with a search-based access to information. When the user searches for relevant information, the system can adaptively select and prioritize the most relevant items. The second technology was introduced by adaptive hypermedia systems (Brusilovsky, 1996) and is associated with a browsing-based access to information. When the user navigates from one item to another, the system can manipulate the links (e.g., hide, sort, annotate) to guide the user adaptively to most relevant information items. The third technology has some deep roots in the research on adaptive explanation and adaptive presentation in intelligent systems (Paris, 1988). It deals with a presentation of information. When the user gets to a particular page, the system can present its content adaptively.

Over the last 10 years, researchers in adaptive hypermedia and Web systems have explored many user modeling and adaptation methods. The first "pre-Web" generation of adaptive hypermedia systems explored mainly adaptive presentation and adaptive navigation support and concentrated on modeling user knowledge and goals (Brusilovsky, Kobsa, & Vassileva, 1998). Empirical studies has shown that adaptive navigation support can increase the speed of navigation (Kaplan, Fenwick, & Chen, 1993) and learning (Brusilovsky & Pesin, 1998), whereas adaptive presentation can improve content understanding (Boyle & Encarnacion, 1994). The second "Web" generation extended the scope of adaptive hypermedia by exploring adaptive content selection and adaptive recommendation based on modeling user interests (Brusilovsky, Stock, & Strapparava, 2000). The third "Mobile" generation is now extending the basis of the adaptation by adding models of context (location, time, computing platform, bandwidth) to the classic user model and exploring the use of known adaptation technologies to adapt to both an individual user and a context or his or her work (Cheverst, Mitchell, & Davies, 2002)

A number of recent works on the crossroads of Mobile Web and the Adaptive Web demonstrate that ubiquitous computing and user modeling can benefit a lot from each other. From one side, an ability to adapt can significantly improve the usability of mobile applications. As was pointed out by Michael Pazzani (Billsus, Brunk, Evans, Gladish, & Pazzani, 2002), adaptation often considered as a luxury on a desktop computer becomes a necessity on a handheld device with a small screen and low-bandwidth connection. From another side, ubiquitous computing has helped the adaptive hypermedia community to extend the traditional borders of adaptation. Since users of the same server-side Web application can reside virtually everywhere and use different equipment adaptation to *user's environment* (location, time, computing platform, bandwidth) has become an important issue. A number of current adaptive hypermedia systems suggested some techniques to adapt to both the user location and the user platform. Most advanced technologies can provide considerably different interface to the users working on different platforms and even use platform limitation to the benefits of user modeling. For example, a Palm Pilot version of AIS (Billsus & Pazzani, 2000) requires the user to explicitly request the following pages of a news story -- thus sending a message to a system that the story is of interest. This direction of adaptation will certainly remain important and will likely provoke new interesting techniques. Adaptation to the user location is another exciting opportunity that is being explored in a number of research systems. In particular, mobile adaptive guides, a new kind of application systems pioneered by HYPERAUDIO project (Not et al., 1998) currently explore a number of interesting adaptation techniques that take into account user location, direction of sight and movements in both "museum guide" (Oppermann & Specht, 1999) and "city guide" (Cheverst et al., 2002) contexts.

Mobile adaptive Web is an exciting area for researchers and practitioners. While research-level systems constitute the majority of mobile adaptive Web systems, a few industrial research-based products (http://www.changingworlds.com/, http://www.adaptiveinfo.com/) demonstrate the commercial potential of the field.

References

Billsus, D., Brunk, C. A., Evans, C., Gladish, B., & Pazzani, M. (2002). Adaptive interfaces for ubiquitous Web access. *Commun. ACM, 45*(5), 34-38.

Billsus, D., & Pazzani, M. J. (2000, January 9-12, 2000). *A learning agent for wireless news access.* Paper presented at the 2000 International Conference on Intelligent User Interfaces, New Orleans, LA.

Boyle, C., & Encarnacion, A. O. (1994). MetaDoc: an adaptive hypertext reading system. *User Modeling and User-Adapted Interaction, 4*(1), 1-19.

Brusilovsky, P. (1996). Methods and techniques of adaptive hypermedia. *User Modeling and User-Adapted Interaction, 6*(2-3), 87-129.

Brusilovsky, P., Kobsa, A., & Vassileva, J. (Eds.). (1998). *Adaptive Hypertext and Hypermedia.* Dordrecht: Kluwer Academic Publishers.

Brusilovsky, P., & Pesin, L. (1998). Adaptive navigation support in educational hypermedia: An evaluation of the ISIS-Tutor. *Journal of Computing and Information Technology, 6*(1), 27-38.

Brusilovsky, P., Stock, O., & Strapparava, C. (Eds.). (2000). *Adaptive Hypermedia and Adaptive Web-based Systems, AH2000* (Vol. 1892). Berlin: Springer-Verlag.

Cheverst, K., Mitchell, K., & Davies, N. (2002). The role of adaptive hypermedia in a context-aware tourist GUIDE. *Commun. ACM, 45*(5), 47-51.

Kaplan, C., Fenwick, J., & Chen, J. (1993). Adaptive hypertext navigation based on user goals and context. *User Modeling and User-Adapted Interaction, 3*(3), 193-220.

Not, E., Petrelli, D., Sarini, M., Stock, O., Strapparava, C., & Zancanaro, M. (1998). Hypernavigation in the physical space: adapting presentation to the user and to the situational context. *New Review of Multimedia and Hypermedia, 4,* 33-45.

Oppermann, R., & Specht, M. (1999, 1999). *Adaptive Information for Nomadic Activities. A process oriented approach*. Paper presented at the Software Ergonomie '99, Walldorf, Germany.

Paris, C. L. (1988). Tailoring object description to a user's level of expertise. *Computational Linguistics, 14*(3), 64-78.

Schneider-Hufschmidt, M., Kühme, T., & Malinowski, U. (Eds.). (1993). *Adaptive user interfaces: Principles and practice*. Amsterdam: North-Holland.

Embedded Interactive Systems:
Toward Everyday Environments as the Interface

Hans-W. Gellersen
Computing Department, Lancaster University, U.K.

Abstract

Under headings such as ubiquitous, invisible and ambient computing, new approaches to human-computer interfacing are investigated that give primacy to the physical world. It is envisioned that everyday objects and architectural spaces become the interfaces to an otherwise invisible computational system. In this abstract we examine three examples that explore this vision: a wall that is also a network, hallway posters that double as output medium, and a coffee table that is also an input device.

Introduction

The graphical user interface, commonplace on our desktops and mobile computers, has been criticized as being isolated (and isolating) from the overall situation in which people use computers. Under headings such as ubiquitous, invisible and ambient computing, alternative approaches are investigated that give primacy to the physical world. These include interfaces that use the physical world as *input*, for example modelled as context in an interactive system, as well as interfaces that use the physical world as *output*, for example to represent information in changes effected in an ambient environment. Such physically embedded interfaces mediate between the physical and digital world, and they promise to facilitate interaction with information away from the desktop and as part of everyday activities.

As a consequence of embedding, everyday objects and environments can become the interface to an otherwise invisible computational system. An intriguing design challenge is to build future versions of such objects and environments while retaining key values that their users associate with them, such as familiarity and natural interaction. In this abstract we consider three examples of embedded interactive systems that explore this challenge and illustrate unobtrusive augmentation of environments with digital facilities. These are a wall that is also a network medium, hallway posters that double as output device, and a coffee table that is also an input device.

Everyday Environments as the Interface

Walls facilitate a wide variety of interactive activities. These range from singular interactions (e.g. when a light switch is installed) and sporadic interactions (e.g. when a message is posted temporarily) to interactions that are intense and shared (e.g. when groups physically arrange notes and tokens as part of a creative process). This has inspired many developments of wall-sized interactive surfaces that use advanced display technology to provide rich interfaces, but in doing so often compromise some of the physicality and versatility of real walls and the real objects we often compromise some of the physicality and versatility of real walls and the real objects we attach to them.

Pin&Play is a different kind of interactive surface. It does not replace the physical objects that we commonly find on walls with virtual ones but instead promotes these as interactive objects that are networked through the surface. The principal idea is that the surface supports attached objects not only as a physical structure but also as a communication medium (Van Laerhoven et al. 2003). In this concept, physical attachment and digital attachment become one – enabled by the use of pushpins as physical connectors that are familiar (with a strong physical affordance) and flexible (providing socket-less connection). The result is a system that can transform walls into interactive networks of smart objects – with a potential to support the entire spectrum of everyday interactions, form the attachment of light switches to collaborative brainstorming.

Figure 1: An implementation of the Pin&Play concept. From left to right: the networked surface and a pin-attached iButton computer; a smart noticeboard with more than twenty networked objects; and a demonstrator illustrating flexible placement of networked light switches on the

Figure 1 shows an implementation of the Pin&Play concept. The surface is composed of two woven layers of conductive fibre insulated by a rubber sheet. Objects are augmented with a pushpin-based connector module for socket-less attachment to the surface. The module has two pins, a longer one connecting to the hidden conductive layer used for power and data, and a shorter one connecting to the surface layer used as ground. Objects are discovered by the network as soon as they become attached and can then use it to interact with each other. As a proof of concept, a smart noticeboard was build, supporting the accustomed use of pushpins and paper notes while in addition having pins negotiate priorities and alerting deadlines with a flashing LED. Another demonstrator, illustrating the versatility of the concept, proposes Pin&Play as home automation bus and allows objects such as light switches to be networked.

From a use perspective, Pin&Play highlights invisible embedding of digital infrastructure – the networked surface can be hidden for instance under the wall paper. It builds on common uses and mechanisms, such as 'pinning' as a familiar style for interactive attachment of objects on walls. In sum, the concept allows a wall to become a digital medium while preserving familiar uses.

Hallway posters are another interesting case for augmented interaction. In our own work environment, for instance, we have a series of posters along the hallway, each representing one of our current projects. Interaction with these posters is very casual. Students glance over project information while they wait in front of our offices, and occasionally a poster serves as point of reference for a brief chat as we show visitors around our lab. It is often interesting to observe people attending to the posters as this provides a sense of how our projects are received. Likewise, it is interesting to observe people as they attend to project web pages – these are in a sense the virtual counterparts of the real posters. This consideration has led to the design of an interactive system that combines both aspects of monitoring people's interest in our projects. This system uses the posters *as they are* as context for the provision of information on activity in the corresponding web pages (Gellersen & Schmidt 2002).

Figure 2 illustrates the concept and its implementation. Posters are lit at a level that corresponds to the level of activity in the related web site. This is realized by increasing the light level a fraction whenever a page hit occurs in the site, and by decreasing it slowly over time. As a result, the augmented hallway posters collectively provide a sense not only of how much interest a particular project raises on the web, but also of how this interest is distributed across different projects. Like the Pin&Play wall, the hallway posters are an example of unobtrusive augmentation: the original purpose and use of the posters is not compromised, but new functionality is added. The hallway poster display was first realized at University of Karlsruhe, and the display shown in figure 2 has been in operation there since 1999. It is set up for casual use in a hallway and not directly visible from people's desks. Use experience over time shows that the display is used non-intentionally: office workers would not walk up to the display to inspect web activity, but they maintain general awareness just from walking by the posters during a day's work.

Figure 2: The level of web activity in a project site is displayed in terms of light intensity over the corresponding project poster. The diagram on the left illustrates how the lighting is driven by web access and the photo on the right shows an implementation that has been in operation for 4 years.

Tables are at the crossroads of many activities. In similar ways as walls, tables provide an intriguing context for interaction and digital augmentation (e.g. investigated in a recent workshop on collaboration with interactive walls and tables; http://ipsi.fhg.de/ambiente/collabtablewallws/). Like walls, tables provide a natural structure for interactive arrangement of physical objects. In some cases, such physical arrangements may form part of an explicit task in the foreground of the user's attention, for instance when group design sessions involve physical media. In other circumstances, such physical arrangements may occur in the background of other concerns but still be very meaningful, for example when items that need to be taken to school in the morning are left out on the table in the evening. With this in mind, we have augmented a number of tables, and also other pieces of furniture, with embedded load sensors to track activity (Schmidt et al. 2002).

The sensors in our load-sensitive furniture are arranged in a way that facilitates observation not only of load change but also of where on the surface such change occurs. As a consequence, the tables in our experimental set-up are able to detect object placement and removal, and to build activity maps that track movement of people and objects throughout the augmented environment. Our sensor tables can also be used interactively, for instance like a trackpad to emulate mouse input for a web TV or other devices (Strohbach et al. 2002). Most notably, the tracking of input events performs robustly also under less controlled conditions, such as pre-loading of surfaces with diverse objects, and interleaving of different activities. Figure 3 shows the implementation of a coffee table as an example, along with a trace of sensor readings.

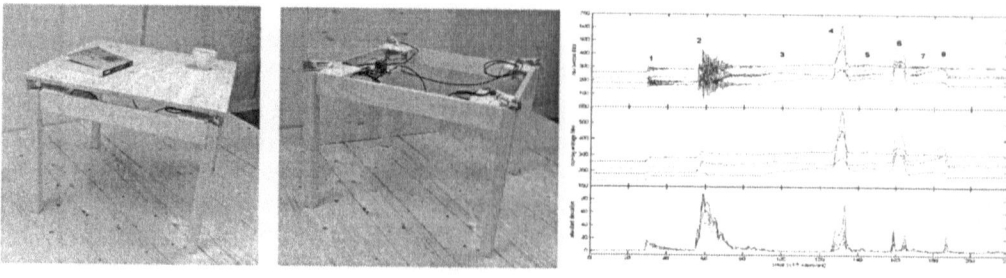

Figure 3: A coffee table with embedded load sensors. The signal traces on the right illustrate how different events can be distinguished by the signature they create. For example, object placements are characterized by oscillations (left side) which is not the case in interactive use (right side).

Conclusion

A wall that is also a network, a poster overlaid with digital output, and a table that is also a sensor: the examples compiled in this abstract are all concerned with interactive systems that give primacy to the physical world. They demonstrate ways in which our environments may be augmented with new interactive behaviours without compromising the familiar interactions that are already in place. The design examples presented need to be viewed in perspective though – these are early days in the exploration of *everyday environments that are the interface*.

References

Van Laerhoven, K.; Villar, N.; Schmidt, A.; Gellersen, H.-W.; Håkansson, M.; Holmquist, L.E. (2003): Pin&Play: The Surface as Network Medium. *IEEE Communications Magazine*, Vol. 41, No. 4, pp. 90-96.

Gellersen, H.-W.; Schmidt, A. (2002): Look Who's Visiting: Supporting Awareness for Visitors in the Web. *Intl. Journal on Human-Computer Studies (IJHCS)*, Vol. 56, No.1, pp. 25-46.

Schmidt, A.; Van Laerhoven, K.; Strohbach, M.; Friday, A.; Gellersen, H.-W. (2002): Context Acquistion based on Load Sensing. In: Borriello, G.; Holmquist, L.E. (Eds.): *Ubiquitous Computing*. Proc. of Ubicomp 2002. LNCS 2498, Heidelberg: Springer-Verlag, pp. 333 - 351.

Strohbach, M.; Schmidt, A.; Van Laerhoven, K.; Gellersen, H.-W. (2002): Ubiquitous interaction: Using surfaces in everyday environments as pointing devices. In: Carbonell, N.; Stephanidis, C. (Eds.) *User Interfaces for All* (UI4ALL). LNCS 2615. Heidelberg: Springer-Verlag, pp. 263-279.

Angenommene Beiträge

G. Szwillus, J. Ziegler (Hrsg.): Mensch & Computer 2003: Interaktion in Bewegung.
Stuttgart: B. G. Teubner, 2003, S. 31-42

Ein Nomadischer Museumsführer aus Sicht der Benutzer

Reinhard Oppermann

Fraunhofer FIT, Information im Kontext (ICON)

Zusammenfassung

In zwei Studien wurde ein nomadischer Museumsführer auf Nützlichkeit und Benutzbarkeit untersucht. In der ersten Studie lag der Schwerpunkt auf dem Vergleich einer Sub-Notebook-Version mit herkömmlichen Medien, wobei sich diese Version noch als zu unhandlich erwies und die neuartigen Leistungen durch Schwächen der Hardware und Komplexität der Funktionalität überdeckt wurden. In der zweiten Variante wurde eine durchgängig nomadische Version mit einem Desktop für die Vorbereitung und einem PDA für den Besuch in der Ausstellung untersucht, wobei die Handhabung deutlich positiver eingeschätzt wurde.

1   Einleitung

Mobile Benutzer leben und arbeiten an verschiedenen Orten, gehen mit verschiedenen Aufgaben um und haben mit verschiedenen Kooperationspartnern zu tun. Derzeit nutzen sie in diesen verschiedenen Situationen gar nicht oder nur teilweise integrierte Unterstützungssysteme. Sie nutzen im Büro den Desktop, zu Hause den Laptop, unterwegs den Personal Digital Assistant (PDA) und das Mobiltelefon. Diese verschiedenen Endgeräte sind bereits teilgekoppelt: man kann von seinem PC aus auf die eigenen Datenbestände auf einem Server zugreifen und kann bestimmte Daten (Kalender, Adressen, Notizen, Aufgaben) zwischen dem PDA und dem Desktop-Rechner synchronisieren. Dies ist der Einstieg in eine durchgängige Unterstützungsarchitektur, verlangt aber vom Benutzer jeweils ad hoc-Schritte für die Kopplung und Konfiguration von Diensten. Der nächste Schritt durchgängiger Dienste ist die Entwicklung von „nomadischen" Informations- und Kommunikationssystemen. Die Eigenart nomadischer Systeme liegt in der kontinuierlichen Bereitstellung von Informations- und Kommunikationszugängen über verschiedene Arten von Endgeräten, in verschiedenen Umgebungen mit einer durchgängig personalisierten Sicht auf diese Dienste. Nomadische Systeme beinhalten die Verfolgung der persönlichen Dienste zur Ermittlung des Informations- und Interaktionsbedarfs (Benutzermodellierung), die Identifikation des Ortes der Nutzung (Ortung), die Modellierung der Umgebung des Benutzers mit Erfassung der semantischen und logistischen Merkmale der relevanten Objekte in der Umgebung (Domänenmodellierung), die Identifizierung der technischen Infrastruktur in der Situation der Benutzung (Endgerät, Netzzugang und potenzielle Dienste) sowie das Interaktionsdesign und die Informationspräsentation auf dem jeweiligen Endgerät (Benutzerschnittstelle). Jede dieser Dimensionen stellt eine gesonderte Herausforderung dar, deren geeignete Lösung in ihrem Zusammenspiel eine nomadische Nutzung erlaubt.

Klassische Nomaden bewegten sich in der Menschheitsgeschichte und bewegen sich immer noch durch ihr Wanderungsgebiet und treffen an verschiedenen Orten auf spezifische Umgebungsbedingungen und spezifische Aufgaben. Sie bringen ihre Ausrüstung zum Teil mit. Zum Teil finden sie Informationsmedien aber auch vor: für die Orientierung in Raum und Zeit und zur Bewältigung der aktuellen Aufgaben, d.h. den Sonnenstand, den Sternenhimmel, die Wolkenformationen, die Wind- und Klimaverhältnisse. Bei eNomaden sind die Wanderungsbewegungen weniger stetig und weniger eingebettet in eine vertraute natürliche Umgebung. eNomaden nutzen elektronische Hilfsmittel für ihre Wanderungen und das Internet stellt die übergreifende Infrastruktur dar für die Verbindung über Raum und Zeit.

2 Stand der Forschung

Internet-Technologien und ultraportable Endgeräte erlauben grundlegend neuartige Dienste. Als ein Beispiel wird ein nomadisches Informationssystem für die Vorbereitung, Durchführung und Nachbereitung eines Museumsbesuchs vorgestellt.

Die Entwicklung und Verbreitung von mobilen Informationssystemen war bisher eher durch Hardware-Grenzen gezeichnet. Dies zeigte sich z.B. bei dem System von (Höllerer, Feiner, & Pavlik 1999), das etwa in der gleichen Zeit entstand wie der hier vorgestellte Führer. Neuere Systeme können schrumpfende Technologien nutzen und kleinere und handlichere Systeme bereitstellen, z.B. (Spaspjevic & Kindberg 2001) für eine Gruppenunterstützung mit Annotations- und Diskussionsmöglichkeiten, aber ohne Personalisierung. Zusammen mit einer Personalisierung nach Interessen fokussieren auch (Aoki & Woodruff 2001) die Gruppenunterstützung. Personalisierungen für Behinderte erlaubt ein (System von Kirk 2001). Einen aktuellen ortssensitiven Museumsführer beschreibt (Ciavarella & Paternò 2003). In der Literatur finden sich bisher nur wenige Untersuchungen zu mobilen und insbesondere nomadischen Informationssystemen. Die Situation hat sich seit dem Bedauern über fehlende Erkenntnisse - insbesondere über deren Wirksamkeit (Kleinrock 1997) - kaum geändert. In den meisten der bisherigen Arbeiten wird über die Ziele und die Gestaltung von ortssensitiven Informationssystemen berichtet, ohne empirische Nutzungsergebnisse vorzustellen (Baber 2001; Baber et al. 2001; Beadle, Harper, Maguire, & Judge 1997; Sparacino 2002).

In einer der wenigen empirisch ausgerichteten Arbeiten wird von (Baber et al. 2001) eine personalisierte Interessenunterstützung durch adaptierbare selektive Exponaterklärungen und deren Nutzung vorgestellt. Insbesondere die ortssensitive Selektion und die multimodale Präsentation wurden von den Benutzern geschätzt. Präferiert wurde die Informationspräsentation auf einem kleinen PDA zusammen mit einem Head-mounted-display (HMD), die zu einer ausführlichen Betrachtung des Kunstwerks genutzt wurde. Kritik wurde an unhandlicher Ausstattung geübt.

(Bohnenberger, Jameson, Krüger, & Butz 2002) berichten anhand eines mobilen Einkaufsführers in zwei Dummy-Shopping malls (Institutsgebäude) mit Infrarot-Ortung, dass die Navigation mit einem PDA schneller erfolgte als mit einem Papierplan (Effizienz), dabei aber die gleichen Resultate erbrachte (Effektivität). (Eisenhauer, Oppermann, & Schmidt-Belz 2003) stellen einen PDA-basierten Touristenführer für Städte vor und berichten von einer deutlichen Präferenz gegenüber anderen Medien. Personalisierung bezüglich der Modalität der Präsentationen und der gestuften Granularität der Informationsmenge (kurze Übersicht vs. detaillierte Erklärungen auf Nachfrage) werden hier als zentrale Benutzerwünsche genannt.

3 Beschreibung des Systems

Das dieser Untersuchung zugrunde liegende System Hippie[1] wurde in LISP entwickelt und über einen Browser präsentiert. Der Benutzer identifiziert sich mit Name und Passwort und findet auf der Startseite eine Erläuterung der Grundbegriffe der Nutzung und ein Funktionsmenü mit einem Inhaltsverzeichnis, einer Kartensicht, einer Tourwahl, einer Suchfunktion, einer Kontakt-/Nachrichtfunktion, einem Glossar und einer Profilwahl vor. Die Nutzung erfolgt durch gezielte Suche eines Exponats aus dem Inhaltsverzeichnis, über eine Suchfunktion oder über eine Tour mit Exponatfolgen. Die Nutzung über freies Schlendern im Raum mit einem Informationsangebot zu dem entsprechenden Exponat erfolgte unterstützt durch Infrarot-Ortung des Besuchers vor dem jeweiligen Exponat. Informationen wurden in Form einzelner Aspekte angeboten: Abstrakt, Entstehungszeit, Künstler, Gattung, Motiv, Material, Maltechnik, Stilepoche, Komposition, Form, Farbe. Außerdem kann eine Notiz erstellt, eine vergrößerte Bildansicht gewählt und über eine Karte der Weg vom aktuellen Standort zum Standort des Exponates angezeigt werden.

Abbildung 1: Screenshot des Benutzerinterfaces mit dem Menü der Systemfunktionen (oben links), dem Informationsteil mit Text und einer Bildverkleinerung (im Zentrum), der Schaltflächenliste von abrufbaren Attributen (unten) und dem Audioplayer (unten links)

Die Erläuterungen der Kunstwerke in Text- und Sprachform wurden ergänzt durch grafische Aufbereitungen einzelner kompositorischer, farblicher oder formaler Elemente durch Überlagerungen, Ausblendungen oder Hervorhebungen. Bei den Kunstwerken handelte es sich um 37 Gemälde, 5

---

[1] Der Prototype Hippie wurde im Institut FIT im Rahmen des im EU-Programm ESPRIT I³ geförderten Projektes Hyperinteraction within Physical Spaces (HIPS) entwickelt. Projektpartner waren: University of Siena, University of Edinburgh, University College Dublin, ITC, SINTEF, FIT, CB&J und Alcatel. Die Vorbereitungsversion auf einem Desktop ist erreichbar unter: http://129.26.167.17/pubhtml/HIPS-login.html.

Skulpturen und 5 Kunsthandwerke in 3 Räumen im Schloss Birlinghoven. Die Information wurde in der Ausstellung im Wesentlichen als Sprachkonserven über Kopfhörer geboten, um die Aufmerksamkeit des Besuchers möglichst wenig vom Betrachten der Exponate abzulenken. Jede Informationspräsentation wurde vom Server berechnet und an den Browser des Client geschickt - im Falle der mobilen Nutzung in der Ausstellung über eine WLAN-Installation.

Der Benutzer kann sich vor einem Besuch am heimischen PC einen Überblick über eine Ausstellung verschaffen, um das Interessensprofil anzupassen und ggf. eine Auswahl an Exponaten für eine persönliche Tour vorzumerken. Er kann sich vor Ort auf einem portablen Endgerät anhand der selbst zusammengestellten oder angebotenen Tour führen, aber auch beim freien Schlendern informieren lassen. Und er kann sich Notizen machen oder Fragen notieren, die er nach dem Besuch mit anderen Medien oder mit Freunden klären oder weitergeben will.

Das System enthält eine Benutzermodellierungskomponente, die eine Verfolgung der Interessen des Besuchers in zweifacher Hinsicht ermöglichte: Interesse an bestimmten Arten von Exponaten (an Gemälden oder an Skulpturen; an bestimmten thematischen oder stilistischen Exponatgruppen) und Interesse an bestimmten Attributen der Exponate (an historisch/biografischen Details oder an kompositorischem oder formalem Design). Diese Adaptivität wurde ermöglicht durch eine Taxonomie der Domäne bezüglich der Objekt- und Attributstruktur und einer Zuordnung der Exponate und der Informationseinheiten der Exponate zu dieser Taxonomie.

Entsprechend der Auswahl der Exponate und dem Abruf der Informationen über die Exponate durch den Besucher wurden die Vorschläge für weitere Besichtigungen berechnet. Das Ergebnis erfolgte in Form eines Vorschlages, der über eine dreimal blinkende Birne (s. in Abbildung 1 unten links über dem Audio-Player) in Verbindung mit einem Sound-Icon angekündigt und nach Bestätigung mit Angabe der zugrunde liegenden Beobachtung des Benutzermodells über die einschlägigen Exponate als Tour zu einer bestimmten Gattung präsentiert wurde. Ein ähnlicher Ansatz bezüglich der Taxonomie und der Benutzermodellierung für ein „museum wearable" findet sich bei (Sparacino 2002).

4 Beschreibung der Untersuchung

4.1 Fragestellung und Anlage der Untersuchung

Das System wurde während der Entwicklung von Museumskuratoren und Ergonomen kritisch begleitet (formative Evaluation). Ausgehend von dieser Bestätigung des grundsätzlichen Ansatzes sollte im praktischen Einsatz geprüft werden, ob eine Führung mit einem mobilen elektronischen Gerät das Ziel einer interessanten und für Wissenserwerb hilfreichen Unterstützung im Vergleich zu bisherigen Medien erreicht. Hierbei sollte auch untersucht werden, welche Akzeptanz adaptive Auswahlempfehlungen basierend auf Interessensabschätzungen finden. Die Effizienz dieser Unterstützung sollte in Form von Aufmerksamkeitsbindung und Zeitaufwand abgeschätzt werden. Die Benutzbarkeit sollte bezüglich des Umgangs und der Handhabung geprüft werden. Hierbei wurden in zwei Vergleichsstudien die Unterschiede von Ausstattung und Gestaltung untersucht.

In der ersten Studie wurde ein System eingesetzt, das sowohl in der stationären als auch in der mobilen Variante unter Windows '98 lief. Das mobile Endgerät war das Sub-Notebook Toshiba Libretto 100. Dieses Gerät war zwar für einen Einsatz in der Hand eines schlendernden Besuchers recht schwer und unhandlich[2], war jedoch zu der Zeit (1997-2000) das kleinste Gerät mit WLAN-

---

[2] Für die Cursorsteuerung war eine speziell nachgerüstete Touchscreen-Lösung eingesetzt worden, die aufgrund nicht exakt konstanter Drucksensitivität gewöhnungsbedürftig war.

Kommunikation. Die Unhandlichkeit des Endgerätes wurde durch Bistrotische zum Abstellen des Sub-Notebooks an relevanten Nutzungspositionen zu kompensieren versucht. In einer zweiten Studie wurde ein System eingesetzt, das für die Vor-/Nachbereitung des Besuchs auf einem stationären Rechner unter Windows '98ff. lief, für die mobile Variante jedoch einen portablen[3] iPaq nutzte, da inzwischen (2002) die PDA-Entwicklung auch W-LAN-Kommunikation erlaubte.

In der Studie mit dem Sub-Notebook (Peters 2001) wurde v. a. die Nützlichkeit und die Gebrauchstauglichkeit eines semi-portablen Führers im Vergleich mit anderen Medien untersucht. Bei der zweiten Untersuchung (Krämer, Töpfer, & Hedrich 2001) wurden v. a. die Nützlichkeit eines durchgängigen Informationssystems in allen Phasen eines Besuches und die Benutzbarkeit der Lösung in der PDA-Variante untersucht.

4.2 Beschreibung der Stichprobe und Durchführung der Studien

An der ersten Untersuchung nahmen 60 Personen teil, die in Bonner Museen eingeladen wurden, also der realen Zielgruppe des Systems angehörten und 50 DM Aufwandsentschädigung für die Teilnahme erhielten. Sie waren zu zwei Dritteln zwischen 20 und 39, zu einem Zehntel zwischen 60 und 69 Jahren alt, hatten zu über zwei Dritteln ein Studium begonnen oder abgeschlossen, waren zu zwei Dritteln weiblichen Geschlechts und hatten eher „gelegentlich" mit Computern zu tun. Diese Verteilung dürfte nicht untypisch für Museumsbesucher sein. Die Untersuchung beschränkte sich aus Aufwandsgründen für die Versuchspersonen auf die Nutzung des Systems in der Ausstellung selbst, also ohne vor-/nachbereitende Sitzungen zu Hause. Je 20 Personen nutzten primär eines von 3 Medien: den elektronischen Führer auf dem Sub-Notebook, einen Audioführer auf einem DAT-Recorder und eine eigens erstellte gedruckte Broschüre. Alle drei Medien enthielten denselben Inhalt, d.h. alle Texte wurden auf dem Bildschirm und über den Kopfhörer des Sub-Notebooks, auf dem Audioausgang des DAT-Recorders und als Texte in der gedruckten Broschüre angeboten. Die grafischen Erläuterungen waren nur auf dem Bildschirm des Sub-Notebooks und in der gedruckten Broschüre, medienbedingt nicht aber über den Audioführer erhältlich. Alle Versuchspersonen erhielten die jeweils nicht primär zugeordneten Medien für Zusatzaufgaben, um eine Erfahrungsbasis für einen Vergleich zu ermöglichen. Die Versuche dauerten einschließlich der Einführung im Durchschnitt 2 Stunden.

4.3 Ergebnisse der ersten Studie (mit Sub-Notebook)

Auf einer 5er-Skala (1= niemals, 5=immer) wurde untersucht, wie gut die Informationen über die Ausstellung gefunden und wie lange für die Aufgabenbearbeitung gebraucht wurden. Hier zeigte sich eine Unterlegenheit der Sub-Notebook-Variante, es wurden Informationen etwas schlechter auf Anhieb und in längerer Zeit gefunden:

Merkmal	Sub-Notebook	Audio-Führer	Broschüre	Signifikanz
Information auf Anhieb gefunden	3,55	4,70	4,50	0,000
Bearbeitungszeit pro Aufgabe (in Min.)	90	64	22	0,000

Tabelle 1: Aufwand der drei Alternativmedien (1= niemals, 5=immer bzw. Zeit in Minuten)

---

[3] Von einem „ultraportablen" Endgerät sprechen wir erst, wenn die Zusatzausstattung des PDA für W-LAN und Speichererweiterung über ein klobiges „Jacket" entfällt, wie es bei Geräten ab 2003 der Fall ist. Natürlich sind die Bezeichnungen „(ultra-)portabel", gemessen an dem dynamischen Erwartungs- und Gewöhnungseffekt, immer relativ.

Die Aufmerksamkeit konnte sich auf die Exponate, den Raum und das Medium beziehen. Die Ergebnisse zeigten, dass der Audioführer (systembedingt) signifikant weniger Blickkontakt bindet als die beiden anderen Medien, dass das Sub-Notebook eher auf das jeweilige Exponat fokussiert und die Broschüre eher Raumorientierung belässt. Erfasst wurde die Zeit (in Minuten), die die Aufmerksamkeit der Personen auf die Exponate, den Raum und das Medium gerichtet war:

Blickrichtung	Sub-Notebook	Audio-Führer	Broschüre	Signifikanz
Exponat	7,89	16,46	6,04	0,000
Raum	4,99	8,59	6,34	0,000
Medium	24,35	4,13	14,80	0,001

Tabelle 2: Blickrichtung (in Minuten)

Für jedes Medium wurde untersucht, wie effektiv die Information vermittelt wurde. Ein Wissenstest nach der Aufgabenbearbeitung des Besuches ergab für die drei Medien ein annähernd gleiches Wissensergebnis; von den maximal möglichen 39 Punkten wurden mit jedem Medium rund 22 Punkte erreicht, also 58,7%. Unterschiede im Zeitbedarf waren nicht signifikant:

Merkmal	Sub-Notebook	Audio-Führer	Broschüre	Signifikanz
Erreichte Punktzahl	22,9	22,6	22,8	0,984
Punktzahl relativ zur Zeit	1,19	1,65	1,58	0,216

Tabelle 3: Wirksamkeit der Informationsvermittlung in Punkten

Alle Medien machten Spaß. Die Eignung als Führungsmedium wurde auf einer 4er-Skala (1= trifft nicht zu, 4=trifft zu) bei dem Audio-Führer am höchsten eingestuft. Dabei waren die Unterschiede zwischen dem Sub-Notebook und dem Audio-Führer hoch-signifikant, zwischen allen anderen Paarvergleichen nicht:

Merkmal	Sub-Notebook	Audio-Führer	Broschüre	Signifikanz
Bedienung/Umgang macht Spaß	2,42	2,16	2,25	0,752
Medium ist geeignet	2,55	3,60	3,10	0,001

Tabelle 4: Attraktivität des Mediums(1= trifft nicht zu, 4=trifft zu)

Auf die Frage nach der relativen Eignung der Medien bei allen 60 Testpersonen schnitt das Sub-Notebock auf einer Schulnotenskala ebenfalls am schlechtesten und hier die Broschüre am besten ab. Die Nutzungspräferenz beim nächsten Ausstellungsbesuch entsprach dieser Relation:

Merkmal	Sub-Notebook	Audio-Führer	Broschüre	Führung
Eignung für Kunstausstellungen	3,53	2,35	1,93	2,11
Nutzungspräferenz	12%	43%	30%	13%

Tabelle 5: Relative Eignung und Nutzungspräferenz beim nächsten Besuch (1=sehr gut, 6=ungenügend)

Bezüglich der Benutzbarkeitsmerkmale zeigten die Ergebnisse auf einer 4er-Skala (1= trifft nicht zu, 4=trifft zu) eine signifikante Unterlegenheit der Sub-Notebook-Variante gegenüber den beiden anderen Medien. Die beiden „herkömmlichen" Medien unterschieden sich untereinander auf diesen Dimensionen nicht, die Broschüre war am einfachsten zu nutzen:

Merkmal	Sub-Notebook	Audio-Führer	Broschüre	Signifikanz
Einfacher Umgang	2,50	3,80	3,95	0,000
Angenehme Handhabung	2,15	3,75	3,80	0,000
Stressiger Umgang	2,55	1,00	1,15	0,000
Umständliche Handhabung	2,85	1,25	1,20	0,000

Tabelle 6: Benutzbarkeit der drei Alternativmedien (1= trifft nicht zu, 4=trifft zu)

Als letzter Untersuchungsbereich wurde die Akzeptanz der Kontextualisierung der Informationsangebote anhand der Infrarot-Ortung und der adaptiven Vorschläge untersucht. Diese Frage konnte nur bei den 20 Personen verfolgt werden, die primär das Sub-Notebook genutzt hatten, da die anderen beiden Personengruppen das Sub-Notebook nur für so kurze Zusatzaufgaben erhalten hatten, dass keine Adaptivität erfolgen konnte. Schon bei der Gruppe mit dem Sub-Notebook als Primärmedium war die Dauer der Nutzung für ein adaptives Medium, das die Anpassungsleistung auf eine nutzungsbegleitende Lernphase aufbauen muss, mit netto gut einer Stunde recht kurz.

Zu den kontextsensiven Leistungen der Ortung, der Inhalts- und der Tourenvorschläge wurden jeweils zwei Fragen gestellt, nach dem Sinn („hilfreich"?) und nach der Form („störend"?). Dies geht darauf zurück, dass kontextsensitive Leistungen in den Ablauf des benutzergesteuerten Dialogs intervenieren können und Untersuchungen gezeigt haben, dass eine unterbrechende Intervention irritiert (Baber et al. 2001; Oppermann 1994). Daher wurde im Sinne einer gemeinsamen Initiative zwischen System und Benutzer die kontextualisierte Leistung nur durch zurückhaltende visuelle und akustische Hinweise angeboten, deren Annahme aber dem Benutzer freigestellt.

Ortung hilfreich	Ortung nicht störend	Adaptive Inhaltsauswahl hilfreich	Adaptive Inhaltsauswahl nicht störend	Tourenvorschlag hilfreich	Tourenvorschlag nicht störend	Inhalt des Tourenvorschlags interessant	Inhalt des Tourenvorschlags korrekt
2,8	3,5	3,1	3,3	2,7	2,9	3,3	2,4

Tabelle 7: Einschätzung der adaptiven Leistungen des Systems (1= trifft nicht zu, 4=trifft zu)

Die Ergebnisse zeigten, dass die Einschätzungen der kontextualisierten Leistungen mit einer Ausnahme im Zustimmungsbereich lagen, d.h. oberhalb einer gedachten Mitte von 2,5 auf einer 4er-Skala (1= trifft nicht zu, 4=trifft zu). Die Ergebnisse zeigten auch, dass die Vermittlungsform angenommen wurde, d.h., dass die Ortungs- und Tourenvorschläge die Benutzung nicht unterbrochen und den Benutzer nicht gestört haben. In allen drei Fällen (Ortung, Inhaltsauswahl, Tourenvorschlag) wurde die Vermittlungsform noch etwas positiver eingeschätzt als die Nützlichkeit. Dies lässt in einer positiven Interpretation erwarten, dass die Nützlichkeit einer adaptiven Leistung mit der Nutzungsdauer wirksamer und damit auch attraktiver wird. In dieser Weise lässt sich auch das Ergebnis des letzten Merkmals erklären, das noch stärker voraussetzt, dass eine valide Identifikation der Interessen des Benutzers in einer Domäne gelingt.

4.4 Ansatz und Durchführung der zweiten Studie (mit PDA)

Die Weiterentwicklung des Systems konnte vor dem Hintergrund dieser Ergebnisse nicht in einer Detailverbesserung der Benutzerschnittstelle auf dem Sub-Notebook bestehen. Hier gäbe es zwar einiges zu verbessern, aber den Durchbruch würde dies wahrscheinlich nicht bringen. Stattdessen wurde im nächsten Schritt ein PDA eingesetzt, mit drastisch einfacherem Hardware-Handling und etwas einfacherer Funktionalität und Schnittstelle. Die zweite Studie untersucht die Nützlichkeit und Benutzbarkeit in beiden Phasen, mit einem Desktop zu Hause für die Vorbereitung und einem PDA für den Besuch in der Ausstellung.

Die Versuchsgruppe bestand aus 7 Personen, also deutlich weniger als in der ersten Studie. Bei dieser neuen Testgruppe handelte es sich um Personen zwischen 20 und 30 Jahren, sämtlich mit Abitur, überwiegend Studenten und überwiegend weiblichen Geschlechts, mit sowohl Kunstinteresse wie auch Basis-Computerkenntnissen, aber keinen PDA-Erfahrungen. Alle Testteilnehmer dieser Gruppe nutzten die Desktop-Version des Systems zu Hause, um sich über die Ausstellung zu orientieren und Tourkandidaten besonderen Interesses vorzumerken. Mit diesen Tourkandidaten haben sie ihren Besuch in der Ausstellung gestartet und hatten dann Gelegenheit, sich frei im Raum Exponate anzusehen und erläutern zu lassen, die Alternativmedien kennen zu lernen sowie abschließende Testaufgaben zu bearbeiten.

Abbildung 2: Drei Nutzungsmomente: 1. eine laufende Präsentation von Bild und Text und Audioausgabe, 2. ein Tourentipp (leuchtende Lampe) nach signifikanter Auswahl mythologischer Gemälde und 3. eine vorgeschlagene Tour zum Genre Mythologie mit einem zugehörigen Gemälde

4.5 Ergebnisse der zweiten Studie (mit PDA)

Die Nutzung des nomadischen Informationssystems von zu Hause wurde als Vorbereitung und nicht als Ersatz für einen Ausstellungsbesuch eingeführt, als Ersatz wurde es auch nur begrenzt „geeignet" (M= 2,86 auf der 4er-Skala) empfunden. Die Nutzung des nomadischen Informationssystems in der Vorbereitungs- und der Besuchsphase wurde als komplementär betrachtet und als praktisch gleich „nützlich" eingeschätzt (82% : 79%).

Die Aufmerksamkeit der Benutzer war während des Ausstellungsbesuchs überwiegend auf die Ausstellung und im Durchschnitt nur zu 41,4% auf den PDA gerichtet. Die Unterschiede zwischen den Testpersonen waren in diesem Merkmal sehr hoch, zwei Personen richteten die Aufmerksamkeit zu 20% und zwei Personen zu 70% auf den Führer. Hier spielte die Schnelligkeit der Beherrschung des Geräts, aber auch die Rezeptionspräferenz eine Rolle: manche Besucher lesen Texte - trotz Vorleseangebot - lieber selbst (mit). Eine Kombilösung (multimodale Präsentation) erscheint vor diesem Hintergrund als ein richtiger Weg.

Die Prüfung des Informationseffektes auf das vermittelte Wissen erfolgte wie in der ersten Studie mit einem Wissenstest: nach der Vorbereitungssitzung mit 173 und nach dem Besuch in der Ausstellung mit 97 Fragen, jeweils bezogen auf die bearbeiteten Aufgaben. In beiden Situationen wurden rund 2/3 der Fragen richtig beantwortet: 69,4% bzw. 62,9% (gegenüber 58,9% bei der Sub-Notebook-Untersuchung). Dies erscheint angesichts der relativen Kürze der Nutzungszeit und der Anzahl der Fragen, die kein einfaches Raten und praktisch keinen Rückgriff auf Vorwissen erlaubten, als ein akzeptables Ergebnis.

Die Handhabung des Systems in der Desktop-Variante für die Vorbereitung wurde mit M=3,34 auf einer 4-stufigen Skala (1= trifft nicht zu, 4=trifft zu) als „einfach" eingeschätzt; bei der Nutzung des Sub-Notebook für die mobile Nutzung in der ersten Studie lag der Mittelwert bei 2,50. Die „Informationen konnten auf Anhieb gefunden" und eine „Zusammenstellung einer Tour entsprechend den eigenen Präferenzen" vorgenommen werden (beide: M=3,86).

Auch die Benutzbarkeit des PDA während des Besuchs wurde als „einfach" eingeschätzt (M= 3,57), der Umgang mit dem Gerät hat nicht „gestresst" (M=1,71), selbst Eingaben vorzunehmen, wurde aber nicht ganz „ohne Störung" empfunden (M=2,71).

Der Vergleich zwischen den vier Medien (elektronischer Führer, Audio-Führer, Broschüre und Gruppenführung) erbrachte deutlich andere Bewertungen für den elektronischen Führer in der PDA- gegenüber der Sub-Notebook-Variante. Die PDA-Variante schnitt mit Ausnahme der Einfachheit der Nutzung in allen anderen ermittelten Merkmalen am besten ab - im Mittel über die 6 Vergleichsmerkmale nach dem Schulnotenschema von 1 bis 6 mit M=2,2. Am deutlichsten war der Eignungsunterschied von 3,53 beim Sub-Notebook und 1,9 beim PDA:

Merkmal	PDA	Audio-Führer	Broschüre	Führung
Genussunterstützung	2,0	2,4	3,6	3,3
Einfache Handhabung	2,4	2,8	2,6	1,6
Auseinandersetzung vertiefen	2,0	3,0	3,3	2,4
Interesse für Kunstwerke wecken	2,6	2,8	3,4	3,0
Raum für ästhetische Erfahrungen	2,4	2,4	3,1	3,6
Eignung für Kunstausstellungen	1,9	2,4	3,4	2,9

Tabelle 8: Bewertungen für den elektronischen Führer in der PDA-Variante (1=sehr gut, 6=ungenügend)

Die Vergleichsmedien wurden den Versuchspersonen in dieser Untersuchung nach der PDA-Nutzung zur Vergleichsbeurteilung vorgestellt. Der Audio-Führer und die Führung in einer Gruppe schnitten in beiden Studien fast gleich ab. Die Broschüre wurde in der zweiten Gruppe am wenigsten goutiert (Tab. 8).

Der letzte Untersuchungsaspekt bezieht sich auf die Einschätzung der adaptiven Leistungen des Systems: die Tourenvorschläge und die Inhaltsanpassung. Die Zustimmung fiel etwas schwächer aus als bei der ersten Studie. Die Tourenvorschläge wurden in den beiden Gruppen mit unterschiedlichen Endgeräten fast gleich bewertet. Die adaptive Inhaltsanpassung wurde jedoch um gut einen halben Punktwert zurückhaltender bewertet:

Studie	Adaptive Inhaltsauswahl hilfreich	Adaptive Inhaltsauswahl nicht störend	Tourenvorschlag hilfreich	Tourenvorschlag nicht störend	Inhalt des Tourenvorschlags interessant	Inhalt des Tourenvorschlags korrekt
Sub-Notebook	3,1	3,3	2,7	2,9	3,3	2,4
PDA	2,5	2,5	2,3	2,5	3,2	2,3

Tabelle 9: Einschätzung der adaptiven Leistungen (Sub-Notebook vs. PDA) (1= trifft nicht zu, 4=trifft zu)

5 Diskussion der Ergebnisse und Ausblick

In zwei Untersuchungen wurden zwei Versionen eines nomadischen Informationssystems getestet. Im ersten Fall konzentrierte sich die Fragestellung auf den Medienvergleich des elektronischen Führers mit konventionellen Führungssystemen bezüglich Nützlichkeit und Benutzbarkeit innerhalb einer Ausstellung. Im zweiten Fall ging es um die Untersuchung der Nützlichkeit und Benutzbarkeit eines durchgängig nomadischen Systems, d. h. sowohl vorbereitend als auch besuchsbegleitend; dabei wurde für die Besuchsbegleitung ein handlicheres Gerät eingesetzt.

Die Ergebnisse zum ersten Prototyp zeigen, dass durchschnittliche Museumsbesucher mit dem elektronischen Führungssystem weniger zufrieden waren als mit einem inhaltlich vergleichbaren Audio-Führer oder einer Broschüre. Dies wird zurückgeführt auf ein zu großes, zu schweres und zu umständlich zu bedienendes Sub-Notebook. Die Bedienung der Funktionalität war nicht hinreichend einfach für die Nutzung während eines Ausstellungsbesuches.

Die Benutzbarkeit derselben Schnittstelle für die Vorbereitung am Desktop zu Hause erwies sich als akzeptabel. Die Informationen wurden hinreichend leicht gefunden und die Anlage einer Tour für den Besuch gelang ohne große Mühen.

Auch die Benutzbarkeit des zweiten mobilen Führungssystems mit dem PDA erwies sich als hinreichend einfach. Nützlichkeit und Attraktion wurden höher eingeschätzt als die der herkömmlichen Vergleichsmedien. Hierfür sind die handlichere Hardware und einfachere Bedienung in Betracht zu ziehen.

Der Versuch, die Nutzung während des Besuchs durch animierte Hinweise auf nahe liegende Exponate und nützliche Tipps zu unterstützen, war in beiden Varianten, mit dem Sub-Notebook und mit dem PDA, erfolgreich und wurde von den Testbenutzern in beiden Studien positiv eingeschätzt.

Das Ziel eines Führungsmediums konnte trotz der Handhabungseinschränkungen mit dem Sub-Notebook in beiden Varianten erreicht werden: es konnte genügend Wissen über die Exponate erworben werden; mit dem PDA war der Wissenserwerb etwas höher als beim Sub-Notebook, obwohl die benötigte Zeit beim PDA kürzer war. Auch das Sub-Notebook hatte bereits bezüglich der Effektivität gleich gut abgeschnitten wie die klassischen Medien. Positiv ist hier weniger die Tatsache zu werten, dass das neue Medium im abschließenden Wissenstest gleich gut eingeschätzt worden war wie die bisherigen Medien. Die Alternative eines Audio-Führers oder einer Broschüre ist nämlich keine generalisierbare Lösung. Die Broschüre müsste bei einem Museum von auch nur einigermaßen realistischer Größe ein Format und ein Gewicht annehmen, die das des Sub-Notebooks um ein Mehrfaches überstiegen. Außerdem könnte weder eine Broschüre noch ein Audio-Führer die kontextsensitiven Leistungsmerkmale individueller und räumlicher Anpassung aufnehmen, die von den Testpersonen positiv bewertet wurden und in einer realen Museumskomplexität noch nützlicher sein dürften. Schließlich könnte ein Audio-Führer keine grafischen Erläuterungen vermitteln.

Auf zwei Ebenen sind weitere Anstrengungen erforderlich. Nachdem einigermaßen handliche Endgeräte verfügbar sind (mittlerweile auch mit integrierter W-LAN-Ausstattung und erweitertem Speicher) müssen erstens die einzelnen Komponenten der Benutzerschnittstelle von Hard- und Software weiter vereinfacht und an den Bedarf für mobile Führungen angepasst werden; die Awareness bezüglich Ortung und adaptiver Hinweise auf nützliche Informationen muss noch wirksamer in den Besuchsablauf eingefügt werden; visuelle Animationen und akustische Signale („Earcons") sind erst ein Schritt in diese Richtung, sie können die Handhabungsaufwand durch kontextsensitives Verhalten reduzieren. Zweitens muss die zugrunde liegende inhaltliche Modellierung der präsentierten Informationen verfeinert und vollständig und reif gestaltet werden. Dazu ist eine intensive Mitwirkung von Domänenexperten erforderlich, die die bisher bereits vorliegenden und im Zuge der Einführung leistungsfähigerer Informationssysteme zu erstellenden Informationen so zu strukturieren, dass ganzheitliche und stimmige Informationen aufgrund der fortlaufend abgeschätzten Interessen des Benutzers komponiert werden können. Beide Schritte müssen durch umfassendere empirische Studien bezüglich Nützlichkeit und Benutzbarkeit begleitet werden. Der Herausforderung des nächsten Schrittes stellt sich gegenwärtig das vom BMB+F geförderte SAi-Motion-Konsortium, in dem ein situationssensitiver Ausstellungsführer (in diesem Fall für Messen) entwickelt wird.

Literaturverzeichnis

Aoki, P. M., & Woodruff, A. (2001). *The Conversational Role of Electronic Guidebooks.* Paper presented at the UBICOMP 2001.

Baber, C. (2001). *Augmented Reality in Museums and Art Galleries.* Paper presented at the Usability Evaluation and Interface Design, Cognitive Engineering, Intelligent Agents and Virtual Reality, New Orleans, pp. 958-962.

Baber, C., Bristow, H., Cheng, S.-L., Hedley, A., Kuriyama, Y., Lien, M., Pollard, J., & Sorrell, P. (2001). *Augmenting Museums and Art Galleries.* Paper presented at the Interact 01, Tokyo, p. 8.

Beadle, H. W. P., Harper, B., Maguire, G. Q. J., & Judge, J. (1997). *Location Aware Mobile Computing.* Paper presented at the IEEE/IEE International Conference on Telecommunications (ICT '97), Melbourne.

Bohnenberger, T., Jameson, A., Krüger, A., & Butz, A. (2002). *Location-Aware Shopping Assistance: Evaluation of a Decision-Theoretic Approach.* Paper presented at the Mobile Human-Computer Interaction, Pisa, pp. 155-169.

Ciavarella, C., & Paternò, F. (2003). *Supporting Access to Museum Information for Mobile Visitors.* Paper accepted for the 10th International Conference on Human - Computer Interaction, Heraklion - Crete, June 22 - 27, 2003.

Eisenhauer, M., Oppermann, R., & Schmidt-Belz, B. (2003). *Mobile information systems for all.* Paper accepted for the 10th International Conference on Human - Computer Interaction, Heraklion - Crete, June 22 - 27, 2003.

Höllerer, T., Feiner, S., & Pavlik, J. (1999). *Situated Documentaries: Embedding Multimedia Presentations in the Real World.* Paper presented at the Third Int. Symp. on Wearable Computers (ISWC '99), San Francisco, CA, October 18-19, 1999, 79-86.

Kirk, J. (2001). *Accessibility and New Technology in the Museum.* Paper presented at the Museums and the Web 01, Seattle, USA.

Kleinrock, L. (1997). Nomadicity: Anytime, Anywhere In A Disconnected World. *Mobile Networks and Applications, 1*(4), 351 - 357.

Krämer, T., Töpfer, D., & Hedrich, J. (2001). *Schriftliche Ausarbeitung zur Evaluation des Systems Hippie* (Seminararbeit). Koblenz: Institut für Computervisualistik.

Oppermann, R. (1994). Adaptively supported Adaptability. International Journal of Human-Computer Studies (1994) 40, 544 - 472.

Peters, R. (2001). *Benutzbarkeit und Nützlichkeit eines mobilen Computerinformationssystems für Kunstausstellungen im Vergleich mit herkömmlichen Medien.* Unpublished Diplomarbeit, Universität Bonn.

Sparacino, F. (2002). *The Museum Wearable: real-time sensor-driven understanding of visitors' interests for personalized visually-augmented museum experiences.* Paper presented at the Museums and the Web (MW 2002), Boston, April 17-20, 2002.

Spaspjevic, M., & Kindberg, T. (2001). *A Study of an Augmented Museum Experience* (HPL-2001-178): Hewlett Packard internal technical report.

Adaptive mobile Ortsbestimmung

Thorsten Schulz, Ursula Kretschmer

Fraunhofer IGD

Zusammenfassung

Am Beispiel eines Touristen in einer fremden Stadt wird aufgezeigt, dass eine Kopplung aus Positions- und gegebenenfalls Blickrichtungsbestimmung über verschiedene Sensoren und einer skizzenbasierten Eingabe eine ideale Kombination für das Zurechtfinden in einer Umgebung sind. Beiden Verfahren liegen räumliche Daten zugrunde, die für die genaue Verortung des Problems herangezogen werden. Auch unabhängig voneinander sind beide Verfahren innovative Lösungen. Adaptives Tracking erlaubt es, je nach Anforderung, die idealste Sensorkombination heranzuziehen; skizzenbasierte Verfahren erlauben es zusätzliche Informationen bei der Datenbankabfrage zu berücksichtigen. Beide Verfahren basieren auf einem gemeinsamen Kontextmodell, das die Anwendungsdomäne, personalisierte Informationen, Umgebungsfaktoren und die spezifischen Eigenschaften der eingesetzten Geräte berücksichtigt.

1 Einführung

Als Tourist in einer fremden Stadt hilft man sich heutzutage nicht nur mit einem Stadtplan. Im Zusammenhang mit einem Auto wird mittlerweile sehr oft ein Autonavigationssystem genutzt, welches den Touristen zu Sehenswürdigkeiten oder an eine gewünschte Adresse führt. Wanderer und Fahrradfahrer verwenden Uhren oder PDAs (Personal Digital Assistant) mit GPS-Sensoren (Global Positioning System). In der Forschung werden mittlerweile Augmented Reality-Systeme (AR-Systeme) nicht nur für den Innenbereich, sondern auch für den Außenbereich entwickelt, die überall in der freien Umwelt genutzt werden können. Die Systeme verfügen damit über Möglichkeiten, die Umgebung des Nutzers zu bestimmen, im Besonderen die Position und die Blickrichtung. Mit diesen Informationen ist es möglich auf einer Karte den derzeitigen Standpunkt angezeigt oder wichtige Daten zu den umliegenden Gebäuden vermittelt zu bekommen.

Diese Systeme und die damit verbundenen Dienste haben bereits unsere Art Informationen aufzunehmen verändert und die Entwicklung wird noch weitergehen. So wird es in Zukunft möglich sein, nahezu von überall mit hoher Genauigkeit unsere Position zu bestimmen (tracken). Die damit verbundenen Dienste versuchen, uns das Leben zu erleichtern. Die Ergebnisse von heute können schon in vielen Bereichen eingesetzt werden. Häufig ist es allerdings gar nicht notwendig, so exakte Informationen zu verwenden. Viele Nutzer wollen auch weiterhin Karten angeboten bekommen, wenn sie einen Weg suchen oder möchten sogar von Sensoren nicht hochgenau detektiert werden. Aber nicht nur aus diesem Grund ist es wichtig, dass auch Sensoren integriert werden, die eher ungenau sind, aber zum aktuellen Zeitpunkt das idealste Ergebnis liefern. Zur Zeit ist es ebenso wichtig den Rechenaufwand in diesen mobilen Geräten zu reduzieren.

Unabhängig von der derzeitigen Position möchten wir oft zu einem entfernt gelegenen Ort geleitet werden. In Autonavigationssystemen muss man sich zur Eingabe des Ziels durch verschiedene Menüs arbeiten und auf komplizierte Art und Weise Buchstaben selektieren. Um für die Selektion eines Ziels und somit auch für diese Aufgabe eine möglichst intuitive Eingabe zu ermöglichen, sind skizzenbasierte Verfahren eine besonders elegante Lösung. Hier können Datenbankabfragen ohne besondere Kenntnisse des Benutzers einfach modelliert werden. Uns erscheint eine Kombination aus Tracking und intuitiver Benutzereingabe als eine innovative Möglichkeit Spaziergänger in einer Stadt bei ortsabhängigen Fragen zu unterstützen.

In Kapitel 2 wird kurz aufgezeigt, welche Trackingtechniken es derzeit im AR-Bereich gibt und wie diese unter Berücksichtigung verschiedener Anforderungen kombiniert werden können. Im dritten Kapitel wird der Teilkomponente *SketchQuery* vorgestellt, der es erlaubt, Datenbankabfragen über intuitive Benutzereingaben zu ermöglichen. Bei beiden bis dahin vorgestellten Verfahren sind Informationen aus einem GIS (Geoinformationssystem) notwendig. Am Beispiel des Tourismus wird in Kapitel 4 aufgezeigt, wie die beiden Verfahren kombiniert, eine Hilfestellung für Besucher einer fremden Stadt darstellen können.

2 Tracking im Außenbereich

Tracking im Außenbereich bedeutet, dass verschiedene Sensoren miteinander kombiniert werden müssen, um sowohl Position als auch Blickrichtung einer Person zu bestimmen. Diese sogenannten hybriden Systeme (Azuma et al. 1998) bestehen mindestens aus einem GPS-Gerät und einem Orientierungstracker (Feiner et al. 1997; Piekarski et al. 1999).

2.1 Bisherige Arbeiten

Aufgrund von Unterbrechungen oder Verfälschungen des Satellitensignals und lokaler Störungen des Magnetfeldes oder der Driftproblematik von Beschleunigungsmessern werden in der aktuellen Generation von AR-Systemen im Außenbereich Bildverarbeitungstechniken eingesetzt. Dabei wird eine Referenz der Umgebung in Form von Photos (Stricker 2001), Horizontsilhouetten (Behringer 1999) oder 3D-Modellen (Chen & Shibasaki 1999; Coors et al. 2000; Ribo et al. 2002) mit den Bildern einer Kamera verglichen, die die Sicht des Nutzers repräsentieren. Parallel dazu gibt es ortsabhängige Dienste, sogenannte Location Based Services (LBS), die Informationen abhängig von der aktuellen Position des Benutzers anbieten. Ein Beispiel dafür ist eine Karte mit der Position des nächstgelegenen chinesischen Restaurants. Hierfür sind verhältnismäßig ungenaue Positionierungstechniken ausreichend. So kann z.B. mit Hilfe des Netzwerks des Mobilfunknetzbetreibers eine ungefähre Position berechnet werden. Außerdem ist die Bestimmung der Blickrichtung nicht notwendig.

Für die Kombination verschiedener Trackingtechniken gibt es erste Ansätze (Bauer et al. 2001; Reitmayer & Schmalstieg 2001). Diese Verfahren berücksichtigen auch einen Wechsel des Einsatzbereichs von außen nach innen und umgekehrt. Hierbei kann über Filtertechniken die jeweils qualitativ beste Technik bestimmt werden. Davon kann die Darstellung der aktuellen Position auf einem Display beeinflusst werden.

2.2 Anforderungsabhängiges Tracking

Allerdings wird dabei nicht berücksichtigt, dass auch andere Einflüsse neben der Ergebnisqualität existieren, die beeinflussen, welches Sensorergebnis herangezogen werden soll. Oft ist auch gar nicht das genaueste Ergebnis notwendig und es kann Rechenzeit und –leistung gespart werden. Die in dem von uns entwickelten Verfahren berücksichtigten Einflüsse

- Umgebungsfaktoren

- Persönliche Einstellungen
- Hardware
- Aufgabe

hängen von der Umgebung aber auch vom Nutzer selber ab. Die aktuellen Einflüsse werden benutzt, um eine parametrisierte Anforderung zu formulieren. Diese Anforderung wird den zur Verfügung stehenden klassifizierten Trackingergebnissen gegenübergestellt. Diese können über einzelne Sensoren, Kombinationen oder auch Trackingtechniken wie Bildverarbeitungsalgorithmen erreicht werden.

Die Klassifizierung der Sensorergebnisse wird durch Filtertechniken erreicht, die eine Parametrisierung der Sensoren voraussetzen. Diese sind im Folgenden aufgeführt:

- **Art des Sensors:**
  Die angeschlossenen Sensoren weisen verschiedene Eigenschaften auf. Es gibt Sensoren, die nur die Position oder nur die Blickrichtung ermitteln, miteinander kombiniert allerdings alle sechs Freiheitsgrade als Ergebnis liefern. Daneben gibt es Komponenten, wie Bildverarbeitungsalgorithmen, die wesentlich zuverlässiger und auch genauer sind, und sowohl Position als auch Blickrichtung als Ergebnis liefern.

- **Genauigkeit des Sensorergebnisses:**
  Neben dieser grundsätzlichen Eigenschaft der Art des Sensors muss aber auch die Genauigkeit betrachtet werden, die die einzelnen Sensoren aufweisen. Diese hängen sehr stark von den Bedingungen ab, unter denen der Sensor eingesetzt wird.

- **Taktrate**
  Die Sensoren liefern mit einer unterschiedlichen Rate neue Ergebnisse. Besonders bei einer Kombination verschiedener Sensoren und beim Einbinden von Bildverarbeitungstechniken hängt die Taktrate meist von der Rechenzeit ab.

Diese Eigenschaften gehen in die Filterung der Ergebnisse ein. Damit ist eine Qualitätsaussage zu jedem Ergebnis möglich.

2.3 Einsatz in einem Lernspiel

Im Rahmen des Forschungsprojektes GEIST, das vom BMBF gefördert wird (01 IRA 12A), suchen Schüler in der Altstadt Heidelbergs Geister im Rahmen einer Geschichte, die durch das Antreffen der Geister erlebbar wird (Kretschmer et al. 2001). Auf diesem Wege sollen ihnen Fakten zum 30jährigen Krieg vermittelt werden. Die Geister erscheinen auf zuvor festgelegten Bühnen, die die Kinder nicht kennen. Auf diesen Bühnen ist ein hochgenaues Trackingverfahren notwendig, da die Geister vor positionsgenau überlagerten Rekonstruktionen aus dem 30jährigen Krieg erscheinen. Außerhalb dieser Bühnen genügt es, wenn nur die Position getrackt wird. Die Anforderung eines hochgenauen Trackings wird im Moment durch den Parameter Position festgelegt. Bei jeder Änderung der Position wird im zugrundeliegenden GIS abgefragt, ob sich die Person auf einer Bühne befindet. Wenn dieses Ereignis eintritt, wird eine neue Anforderung gebildet. Einen Überblick gibt Abbildung 1.

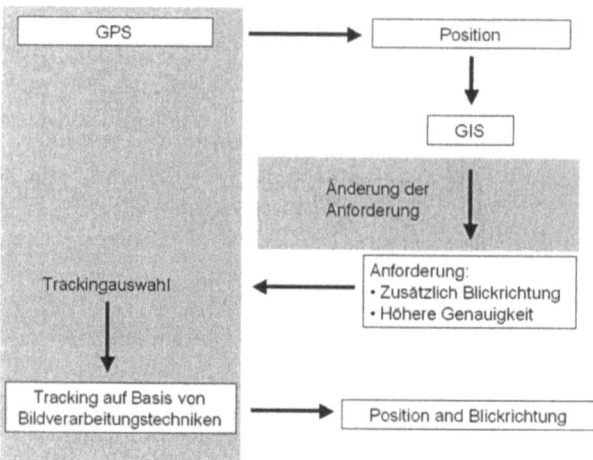

Abbildung 1: Änderung der Anforderung aufgrund der Position

Im Rahmen dieses Projekts wird ein hochgenaues Verfahren zur Bestimmung von Position und Blickrichtung entwickelt, das in einer Stadt eingesetzt werden kann, in der nahe Objekte erkannt werden sollen. Es erfordert keine Vorbearbeitung der Bilder und beschränkt den Einsatzbereich nicht auf zuvor definierte Viewpoints. Dafür nutzt es als Grundlage den Vergleich von Kameradaten mit einem 3D-GIS. Dieses Verfahren ist sehr genau. Um Echtzeitergebnisse auch über einen längeren Zeitraum zu ermöglichen, wird ebenso ein Bild-zu-Bild-Vergleich zur Positions- und Blickrichtungsbestimmung realisiert. Diese Ergebnisse werden genauso wie die Ergebnisse über GPS und den Orientierungstracker klassifiziert und der aufgrund der verschiedenen Einflüsse ermittelten Anforderung zugeordnet.

3 Skizzenbasierte Ortsbestimmung

Die Objekte oder die Szene im Interesse des Benutzers müssen sich bei den bisher genannten Verfahren in der Nähe bzw. sogar im Blickfeld des Benutzers befinden. Sollen hingegen entfernte Positionen berücksichtigt werden, so müssen diese heute zumeist über die Eingabe der entsprechenden Adresse oder der zugehörigen Koordinate definiert werden. Fundiertes Hintergrundwissen des Benutzers ist hierbei erforderlich, da raumbezogene Aspekte nur schwer berücksichtigt werden können, wenn ausschließlich traditionelle Eingabeverfahren berücksichtigt werden (z.B. *pull-down*-Menüs, textfeldbasierte Formulare oder direkt SQL-Befehle auf einer Datenbank angewandt werden).

Die Anfragen der Benutzer können dabei zumeist nicht so genau spezifiziert werden, wie es die Datenbank erwartet. Bei der Suche nach einem Haus, welche weitestgehend einem inneren Bild des Benutzers entspricht und sich in der Nähe von bestimmten Gegebenheiten befindet (u.a. Straßenbahnhaltestelle), sind diese beispielsweise vom Benutzer nur schwer anzugeben. In diesem und anderen Fällen kann ein solcher raumbezogener Aspekt sehr gut durch Skizzen vermittelt werden, da hier der Raum als Raum abgebildet wird. Skizzen haben beim Menschen bereits eine Jahrtausende alte Tradition, denn bereits zur Steinzeit wurden Jagdszenen auf Höhlenwände gezeichnet. Noch heute werden die Skizzen häufig bei der intermenschlichen Kommunikation verwendet, um räumliche Zusammenhänge hervorzuheben (z.B. bei der Beschreibung einer Route).

Die ersten Ansätze, um eine Skizze als Kommunikation zwischen Mensch und Computer zu verwenden, gehen auf das Jahr 1963 (Ferguson & Forbus 1999) zurück. Jedoch sind aufgrund aktueller Forschungsergebnisse erst heute geeignete Benutzungsschnittstellen realisierbar. Dass dies möglich ist, soll durch den zur Zeit bei uns in Entwicklung befindlichen Komponente *SketchQuery* demonstriert werden. Bei diesem werden zukünftig die traditionellen Eingabemöglichkeiten durch neue skizzenbasierte Eingabemetaphern ergänzt.

3.1 Architektur

SketchQuery besteht im Wesentlichen aus drei Teilkomponenten (Oliveira & Medeiros 1996):
- der Benutzungsoberfläche,
- dem eigentlichen GIS zuzüglich bestimmter Dienste (u.a. Datenkapselung) und
- den Datenbanken.

Für die Realisierung der graphik- und skizzenbasierten Anfrage muss dabei das Datenmodell der Benutzungsoberfläche auf das entsprechende Modell der mittleren Schicht und dieses wiederum auf die Datenbankebene je bidirektional durch geeignete Sprachen effizient abgebildet werden (u.a. Filterschritte bei DB-Abfragen). Aus kognitiver Sicht ist besonders die Benutzungsschnittstelle interessant, welche im weiteren Verlauf dieses Kapitels thematisiert wird.

3.2 Erwartungshaltung der Benutzer

Für eine grafik- und skizzenbasierte Eingabe wird häufig die Metapher des digitalen Papiers verwendet. Im Vergleich zu Papier und Stift sind die Endgeräte der Benutzer jedoch verhältnismäßig teuer, schwer und aufgrund ihres Stromverbrauchs nicht ständig netzunabhängig verwendbar (Geißler 2001). Zudem stehen die Dienste häufig nicht sofort zur Verfügung, da der Computer zumeist erst noch eingeschaltet werden muss.

Es ist somit nicht besonders einfach, den Erwartungshaltungen der Benutzer gerecht zu werden. In vielen Bereichen kann diesen jedoch durch geeignete Konzepte entgegengekommen werden. Die wesentlichen Konzepte von *SketchQuery* hierzu gliedern sich in die Bereiche Dateneingabe, Auswertung der Anfragen, effiziente Verwaltung des Datenmodells der Benutzungsoberfläche und weitere Aspekte.

3.2.1 Dateneingabe

Die skizzenbasierte Eingabe sollte sich auch am Computer auf das Zeichnen und nicht auf das Klicken konzentrieren, d.h. Geraden müssen beispielsweise nicht durch die Selektion zweier Endpunkte spezifiziert werden, sie können bei *SketchQuery* „richtig" gezeichnet werden. Dabei können zukünftig auch mehrere Skizzen / Ansichten generiert werden, um bei Bedarf auch mehrere Aspekte (u.a. zeitliche Eigenschaften) zu berücksichtigen. Indirekte und direkte Eingaben werden unterstützt.

Grafik- und skizzenbasierte Eingaben sind von Natur aus ungenau. Die Entfernungen zwischen Objekten müssen nicht stimmen. Skizzierte Linien entsprechen nicht unbedingt Geraden, die Größenrelationen müssen nicht übereinstimmen, um nur ein paar Beispiele zu nennen. Dem Menschen bereitet es dennoch zumeist keinerlei Probleme damit zurecht zu kommen.

3.2.2 Auswertung der Anfragen

Damit die ungenauen Eingaben auch am Computer verwendet werden können, gilt es die Elemente bei ihrer Generierung bezüglich Farbe, Form, Zeit und Entfernung - vgl. u.a. Gestaltgesetze der Wahrnehmungsorganisation – (Anderson 1996) auszuwerten. Nahe und ähnliche Elemente, die kurz hintereinander erstellt wurden, sind dabei zu Objekten zusammenzufassen. Überlappungen und weitere Ungenauigkeiten sind zu korrigieren.

Die Relevanz von Objekten kann zum Teil über die Komplexität, die Genauigkeit und somit auch dem Zeitbedarf automatisch ermittelt und bei der Anfrage für die Bildung von Prioritäten verwendet werden. Die Relevanz ist für eine Gewichtung der Ergebnisse (Ranking) und für eine Einschränkung der Anfrage besonders wichtig. Falls diese zu keinem Ergebnis führen würden, dann können unwichtigere Objekte bei der Anfrage ignoriert werden, um trotzdem eine Rückmeldung zu erhalten.

Weitere Objekte gilt es herzuleiten. Bei Straßen beispielsweise, welche mittels zweier kreuzender Linien skizziert werden, kann die Kreuzung von zentraler Bedeutung sein (Blaser 1999). Aus der Konfiguration einfacher Objekte können zudem komplexere Objekte abgeleitet werden (Aggregation und Hierarchie). Weiterhin sind für alle Objekte Nachbarschaftsanalysen durchzuführen. Diese impliziten Daten (üblicherweise für direkte Nachbarn) können durch explizite – benutzerspezifische (nicht) gerichtete Eingaben - ergänzt werden, welche bei der Auswertung der Anfragen verwendet werden (Blaser et al. 2000). Mit Hilfe der nicht gerichteten Eingaben kann der Benutzer Elemente an beliebiger Stelle positionieren.

3.2.3 Datenmodell

Die Ergebnisse der Dateneingabe und der Auswertung werden durch formale Beschreibungen ergänzt. Diese ermöglichen im Hintergrund eine effiziente Verwaltung und Verarbeitung der verschiedenen Objekte. Zur Bestimmung der erforderlichen Art der Beschreibung können verschiedene Algorithmen u.a. zur graphischen Abstraktion und zum Vergleichen von Geometrien eingesetzt werden. Parallele Linien, die besonders dicht beieinander liegen, sind intern in Bezug auf das Datenmodell durch eine einzelne zu ersetzen. Sie repräsentieren silhouettenartige Darstellungen. Dies ist wichtig, da der Mensch z.B. bei Eisenbahnschienen beide Skizzierungsvarianten verwendet. Mehrfachauswertungen können auf diese Weise vermieden werden.

Die Eingaben und Auswertungen gilt es gemeinsam abzuspeichern. Auf diese Weise kann der Benutzer seine Eingabe leicht wiedererkennen und das System die bereits vorhandenen Auswertungen nutzen.

3.2.4 Multimodale Eingaben

Die verschiedenen Eingabemöglichkeiten sollten nie isoliert betrachtet werden. Im Gegenteil, die Möglichkeiten sollten genutzt und ergänzend zur Erfassung der propositionalen und analogen Daten (Mayer 1994) zur Verfügung gestellt werden. Die Tastatur, die Sprache usw. – falls bereits vorhanden – kann und sollte z.B. neben einer handschriftlichen Eingabemöglichkeit zur Erfassung von Attributwerten weiterhin genutzt werden können. Computererfahrenen Benutzern stehen in *SketchQuery* auch weiterhin die traditionellen Eingabemetaphern zur Verfügung, um u.a. Icons auf der Zeichenfläche zu positionieren. Relative und absolute Daten können insgesamt geeignet erfasst werden.

3.3 Weiterentwicklung des Benutzers

Ein System wie *SketchQuery* sollte von Computerneulingen ohne besondere Belastungen (z.B. erhöhte Konzentration) verwendet werden können. Um dies zu gewährleisten, wird bei diesem System zusätzlich noch auf die Verwendung von expliziten Eingabemodi verzichtet.

Dem erfahrenen Benutzer stehen darüber hinaus noch weitere Möglichkeiten zur Verfügung, um sich zum Experten weiter zu entwickeln. Dieser sollte Anfragen spezifischer und schneller – zum Teil auf Kosten höherer Komplexität – stellen können. Bei Experten und Neulingen gilt es dabei die Differenz zwischen den Zielen, Erwartungen und Vorgehensweisen des Benutzers sowie der Benutzungsschnittstelle zu minimieren. Die Differenz wird auch als Direktheit bezeichnet (Geißler 2001).

Weiterhin kann der Benutzer von *SketchQuery* ihm vertraute, einfach gehaltene und wenig detaillierte Gesten verwenden, die aus dem Eingabestrom herausgefiltert werden. Auf diese Weise können Objekte direkt, ohne auf bestimmte Buttons oder Menüeinträge zu klicken, z.B. gelöscht (Kreuz über Objekt) oder verschoben werden (Kreis um Objekt und Pfeil).

Bei Bedarf werden dem Benutzer die Anfragen in visueller und formaler Form präsentiert werden. Diese Darstellungen können zur Verifikation der Interpretationen durch das System genutzt werden. Einfach zu bewerkstelligende Modifikationen in diesen Ansichten werden dabei direkten Einfluss auf eine Personalisierungskomponente haben, da dass System hier dann benutzerspezifisch Parameter anpassen kann. Zudem werden hier Elementkonfigurationen benutzerspezifisch für zukünftige Auswertungen abgelegt. Die Interpretationen des Systems können auf diese Weise in Zukunft genauer ausfallen, d.h. das System lernt den Benutzer immer besser zu verstehen. Dieser sollte dabei z.B. bei Bedarf auch direkt auf der Abbildungssprache operieren können (Abbildung Benutzungsoberfläche auf das GIS). Auswirkungen sind dann auch auf den anderen Abstraktionsebenen (Anfrage des Benutzers, Auswertungen und interne Sprache) – falls möglich (Objekte werden u.a. in allen Ebenen entfernt, neue Objekte hingegen vorerst nicht automatisch in der Skizze hinzugefügt) – nachzubilden.

3.4 Die Komponente *SketchQuery*

Ingesamt wird bei der Erstellung der grafik- und skizzenbasierten Anfrageschnittstelle von *SketchQuery* darauf geachtet werden, dass alle Möglichkeiten dieses Anfragetypus ohne unnötige Kontextinformationen ergänzend genutzt (empirische Untersuchungen mit und ohne Computerunterstützung), die Interaktionen schnell und intuitiv realisiert (geringe Distanz zwischen Benutzervorhaben und angebotener Unterstützung) und unterschiedliche Einsatzgebiete auf unterschiedlicher Hardware unterstützt (einheitlicher Rahmen für Wiederverwertbarkeit) werden können. Unterstützt werden zumindest Abbilder und logische analytische Zeichnungen des Benutzers.

Bereits während der Generierung der Anfragen werden bei der Java-basierten Teilkomponente Überprüfungen vorgenommen werden, ob der bisherige Stand der Anfrage zu einem Ergebnis führen kann. Falls kein Ergebnis zu erwarten ist, dann können dem Benutzer bereits vorab entsprechende Rückmeldungen gegeben werden. Nach der Anfrage durch den Benutzer werden die potentiellen Lösungen dann mit einer Gewichtung versehen und ihm präsentiert werden. Zudem werden diese zukünftig für weitere Anfragen genutzt werden können (Kommunikation als iterativer Prozess). Die Komponenten von *SketchQuery* basieren auf einer effizienten Drei-Ebenen-Architektur (Heidemann & Schulz 2001).

Die Grundfunktionalitäten von *SketchQuery* wurden bereits im Rahmen eines Forschungsprojektes für Bootstouristen prototypisch umgesetzt. Die Funktionalitäten zum Aufbereiten der skizzenbasierten Anfrage stehen hier zur Verfügung, handschriftliche Texte werden als solche erkannt und Gesten können beim Generieren der Anfrage verwendet werden. In naher Zukunft wird die Anzahl der Gesten erhöht werden, da hier bisher lediglich Pfeile zur Verknüpfung von Objekten vom Benutzer gezeichnet werden können. Die Personalisierungskomponente muss zur Zeit noch per Hand vom Benutzer angepasst werden. Eine automatische Anpassung ist noch in der Konzeptionsphase.

Zudem wurden Tests zur Feinabstimmung der DV-technischen Umsetzung vorgenommen. Die Ergebnisse wurden zur Anpassung von Grenzwerten bei der Interpretation der Eingabe genutzt. Bei der Entwicklung wurde zusätzlich auf Studien, z.B. (Blaser 1998), zurückgegriffen. Ein Feldversuch im größeren Benutzerkreis wird im Herbst vorgenommen.

4 Anwendungsfeld Tourismus

Bei einer Kombination der oben erläuterten Techniken ist es möglich, einen Touristen basierend auf eigenen Wünschen durch die Stadt zu leiten. Über Trackingtechniken sind Informationen zu seiner aktuellen Position und Blickrichtung vorhanden. Je nach Anforderung werden die entsprechenden Trackingergebnisse herangezogen, so dass ihm positions- und gegebenenfalls blickrichtungsabhängige Informationen auf seinem Weg angeboten werden können. Wenn er aber zu einer gewünschten Position geleitet werden möchte, muss diese bestimmt werden. Ist die Adresse bzw. die Geokoordinate des Zielorts nicht bekannt, so kann er die skizzenbasierte Teilkomponente *SketchQuery* verwenden. Die raumbezogenen Aspekte der aufgezeichneten Objekte ermöglichen eine Datenbankabfrage zur Zielkoordinatenbestimmung.

Damit ergibt sich ein gemeinsames System, in dem die erforderlichen Komponenten mit Hilfe einer Three-Tier-Architektur realisiert sind, die aus Abbildung 2 hervorgeht. Die Position des Benutzers wird über adaptives Tracking, graphische Eingabe oder herkömmliche Verfahren bestimmt. Die Daten werden anschließend auf Seiten des Clients aufbereitet und das resultierende Darstellungsmodell auf den Applikationsserver abgebildet. Die weitere Informationsaufbereitung wird durch Umwelteinflüsse, Personalisierungsangaben und weitere Kontextdaten beeinflusst. Die Abfrage an die Datenbanken erfolgt über eine Kontrolleinheit, welche die gerätespezfischen Informationen kapselt. Der Vorteil integrierter externer Treiber liegt darin, dass bei einer Änderung einer Datenbank keine Auswirkungen auf das Gesamtsystem zu befürchten sind. Es können verschiedene GIS-Datenbestände sowie Metadateninformationen abgefragt werden. Die Ergebnisse werden anschließend auf Seiten des Applikationsservers ausgewertet, mit einer Priorisierung versehen und entsprechend dieser Priorisierung zum Benutzer transferiert. Dort werden die Ergebnisse geräteabhängig aufbereitet und präsentiert. Sie stehen dann für weitere Anfragen zur Verfügung.

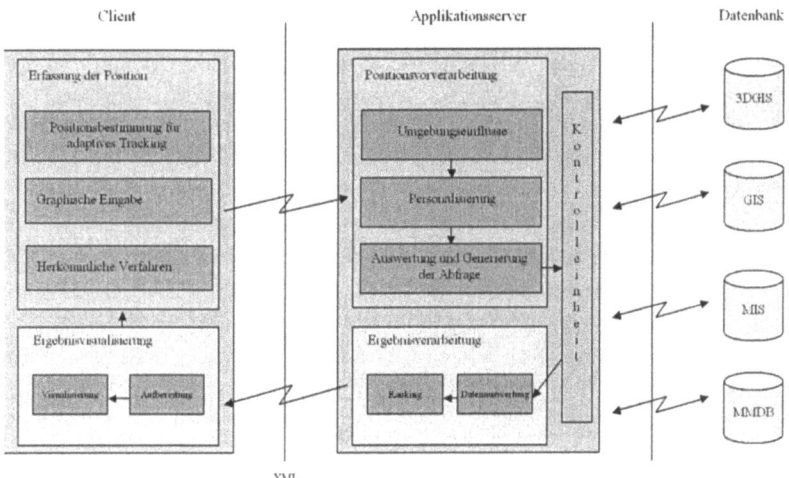

Abbildung 2: Architektur der mobilen Ortsbestimmungskomponente

Die Positionsverarbeitung einschließlich des Kontextmodells, der Kontrolleinheit, der Datenbanken, sowie der Ergebnisbearbeitung und –visualisierung sind Kern des Systems und können von den einzelnen Teiltechniken (adaptives Tracking und skizzenbasierte Eingabe) gemeinsam genutzt werden. Abhängig von der Situation werden dann die Routinen zum adaptiven Tracking und zur graphischen Eingabe verwendet.

Literatur

Anderson, J. (1996): *Kognitive Psychologie*, 2. Auflage, Spektrum Akademischer Verlag, ISBN 3-8274-0085-6.

Azuma, R. T.; Hoff, B. R.; Neely III, H. E.; Sarfaty, R.; Daily, M. J.; Bishop, G.; Vicci, L.; Welch, G.; Neumann, U.; You, S.; Nichols, R.; Cannon, J. (1998): Making Augmented Reality Work Outdoors Requires Hybrid Tracking. In: *Proceedings of IWAR '98*.

Bauer, M.; Bruegge, B.; Klinker, G.; MacWilliams, A.; Reicher, T.; Riß, S.; Sandor, C.; Wagner, M. (2001) Design of a Component-Based Augmented Reality Framework. In: *Proceedings of The Second IEEE and ACM International Symposium on Augmented Reality (ISAR 2001)*.

Behringer, R. (1999): Registration for Outdoor Augmented Reality Applications Using Computer Vision Techniques and Hybrid Sensors. In: *Proceedings of IEEE VR '99*.

Blaser, A. (1998): *Geo-Spatial Sketches.* Technischer Report. National Center of Geographic Information and Analysis, Orono, Juli 1998.

Blaser, A. (1999): *Prototype Application Sketcho!* Technischer Report, University of Maine.

Blaser, A..; Sester, M.; Egenhofer, M. J. (2000): Visualization in an Early Stage of the Problem Solving Process in GIS, Computer & Geosciences, Special Issue *"Geoscientific Visualization"*, 1.

Coors V.; Huch T.; Kretschmer U. (2000) Matching Buildings: Pose Estimation in an Urban Environment. In: *Proceedings IEEE and ACM International Symposium on Augmented Reality,* Munich, Germany.

Feiner, S.; MacIntyre, B.; Höllerer T.; Webster A. (1997): A Touring Machine: Prototyping 3D Mobile Augmented Reality Systems for Exploring the Urban Environment. In: *IEEE 1997*, p. 74-81.

Ferguson, R. W.; Kenneth, Forbus, K. D.(1999): *GeoRep: A Flexible Tool for Spatial Representation of Line Drawings*, Qualitative Reasoning Workshop, June 1999, Loch Awe, Scotland.

Geißler, J. (2001): *Design und Implementierung einer stiftzentrierten Benutzungsoberfläche*. Dissertation, Technische Universität Darmstadt, Fachbereich Informatik.

Heidemann, M.; Schulz, T. (2001): Technische Lösung für eine Auskunftskomponente im Bodeninformationssystem Rheinland-Pfalz. In: Tochtermann, K. ; Riekert, W.-F. (Hrsg.): *Neue Methoden für das Wissensmanagement im Umweltschutz*. Marburg: Metropolis-Verl., (Umwelt-Informatik aktuell 29), ISBN 3-89518-340-7, S.235-239.

Kretschmer, U.; Coors, V.; Spierling, U; Grasbon, D.; Schneider, K.; Rojas, I.; Malaka R.; (2001) Meeting the Spirit of History. In: *Proceedings of VAST 2001 – Virtual Reality, Archaeology, and Cultural Heritage*. Glyfada, Greece.

Meyer, B. (1994): *Visuelle logische Sprachen zur Behandlung räumlicher Informationen*, Dissertation, Fachbereich Informatik, FernUniversität Hagen.

Oliveira, J. L.; Medeiros, C. B. (1996): *User Interface Issues in Geographic Information Systems*, http://www.ic.unicamp.br/ic-tr-ftp/1996/96-06.ps.gz, No. 96-06, IC/Unicamp.

Piekarski, W.; Gunther, B.;Thomas, B. (1999): Integrating Virtual and Augmented Realities in an Outdoor Application. In: *Proceedings of IEEE IWAR 1999*.

Reitmayr, G.; Schmalstieg, D. (2001) An Open Software Architecture for Virtual Reality Interaction. In: *Proceedings of ACM Symposium on Virtual Reality Software & Technology 2001 (VRST 2001), Banff,Alberta, Canada.*

Ribo, M.; Lang, P.; Ganster H.; Brandner, M.; Stock, C.; Pinz A. (2002): Hybrid Tracking for Outdoor Augmented Reality Applications. In: *IEEE Computer Graphics and Applications*, Ausgabe November/December 2002.

Kontaktinformationen

Thorsten Schulz
Fraunhofer IGD
Fraunhoferstr. 5
64283 Darmstadt

Email: thorsten.schulz@igd.fhg.de

Tel.:   06151-155 417

Comparing an Innovative 3D and a Standard 2D User Interface for Automotive Infotainment Applications

Frank Althoff, Gregor McGlaun, Manfred Lang, Gerhard Rigoll

Lehrstuhl für Mensch-Maschine-Kommunikation, Technische Universität München

Abstract

In this work we present the results of a comparative user study of two radically different user interfaces for controlling infotainment applications in an automotive environment: a standard 2D interface and an innovative 3D interface. Based on a generic multimodal architecture, both systems can be operated by conventional key-console and touch-screen as well as by natural speech and dynamic hand and head gestures. Inspired by the advantages of classical Virtual-Reality interfaces, the idea of the new 3D design approach is to increase the overall usability when interacting with complex in-car information systems by applying pleasing display patterns. In a series of usability experiments we have evaluated both interfaces with regard to typical operation tasks in a simulated driving scenario. Thereby, we have found out that none of the two interface alternatives has clearly been preferred in general, but concerning selected design elements and the joy of use, the 3D visual front-end obtained significantly better ratings.

1 Introduction

As a matter of fact, most of the commercially available automotive infotainment systems show very poor usability which is a result of growing functional complexity and mostly restriction to purely tactile interaction. Thus, the appropriate user interfaces (UIs) require extensive learning periods and adaptation by the user to a high degree which often increases the potential of user frustration. To overcome these limitations, different strategies have been examined (BMW and PITech 2003). Most of these approaches concentrate on an optimisation of the tactile input devices and a uniformly structured representation, an ergonomic placement of the central display device and sometimes the use of speech and gestures as additional input modalities (Bengler 2000). But the visual representation is still strictly 2D. Concerning desktop applications, increased usability requirements have lead to an evolution of various interface types and interaction paradigms. Multimodal Virtual-Reality (VR) interfaces resemble the latest step in the development of human-machine interfaces. Providing multi-dimensional input possibilities and innovative audio-visual feedback strategies, these systems can be worked with both effectively and intuitively (Oviatt 2000). Moreover, the acceptance is much higher by especially increasing the joy of use.

In this work, we want to benefit from the well-known advantages of 3D UIs and try to apply them within the automotive context. Fully integrated in a multimodal framework (McGlaun 2002a), we have developed a VR interface as an alternative visual front-end to handle various in-car infotainment applications. To evaluate the performance and acceptance of the new 3D interface, we have compared it to a standard 2D interface (Althoff 2002a) in a series of usability experiments.

1.1 Related work

Several research groups have evaluated both the performance and the usability of 3D and 2D user interfaces with regard to various, mostly desktop oriented applications. Ware (Ware et. al 1996) compared user's understanding of linked node structures in a 2D and a 3D network. Taking the measured time to give the correct answer as the primary indicator, the 3D interface alternative clearly out-performed the 2D solution. Evaluating user experiences concerning the handling of non-interactive graphs, Levy (Levy et. al 1996) found a general preference for 3D graphs, particularly when used for making memorable impressions or when multiple users exchanged information with each other. With regard to a document storage application, Cockburn (Cockburn et. al 2001) tested a 2D interface and a 3D front-end that was inspired by the Microsoft Data Mountain (Robertson et. al 1998). While the group of test subjects that used the 2D interface obtained slightly faster task completion times, but no significant difference level could be identified, all users showed a strong tendency to prefer the 3D interface which results in significantly better ratings with regard to the overall usability of the system.

2 Research background

2.1 Application functionality

In our overall research work (FERMUS, 2003), we concentrate on the development of intuitive and error-robust UIs for controlling infotainment applications in an automotive environment (see figure 1). The underlying test application consists of managing multiple audio devices (MP3-player, CD and radio) and standard telecommunication tasks. Thereby, the player module provides well-known CD-player functionalities (play, pause, stop, skip, etc.) as well as more sophisticated features (indexing, programming, complex song searching, additional information retrieval, etc.). In radio mode, the user can switch between different predefined radio stations. The telephone functions are restricted to basic call handling (call, end, accept, deny, hold, etc.) of predefined address-book entries. Moreover, the volume of the audio signal, various sound quality parameters and other settings can be adjusted to the personal needs of the user in a separate control mode.

2.2 Design of the standard user interface

The standard interface (SI) has already been used in various research projects and usability studies (e.g. McGlaun 2002b). Although it has continuously been improved, its front-end is still reduced to a few fundamental elements only. In general, the visual representation is organized in four separated horizontal areas (shown on the left in figure 1). The top line is composed of four buttons representing the individual modes of the application (*MP3*, *radio*, *telephone*, and *control*). Directly beneath this button line, as the central design element, the interface provides a list containing individual items that can vertically be scrolled through by the two buttons on the right. The area in the lower part contains context specific buttons varying from mode to mode. In addition, the last line of the interface contains a feedback line continuously informing the user of the system status, e.g. the current volume, the name of an incoming call connection or additional information for the audio tracks.

2.3 Multimodal system environment

The system can be operated by a touch-screen and a special key-console that is shown on the right side of figure 1. The buttons are organized in direct analogy to the layout of the buttons on the touch-screen. In addition, two push/turn buttons are provided: one for adjusting the volume and one for browsing in the list. The recognition of speech, hand and head gestures provides an important step towards more natural man-machine interaction. Both command and natural spontaneous speech utterances can be used. Gestures often support speech. For selected functionalities and in noisy environments, they provide a valuable alternative to purely tactile and speech-based input. In general, the individual input devices are designed in a way to support the full spectrum of functionalities, i.e. they are not restricted to device-specific interaction forms a priori.

For exchanging information between the individual modules of the system we have developed a special communication architecture based on an extended context-free grammar formalism. As the grammar completely describes the interaction vocabulary of the application, it facilitates the representation of both domain- and device independent multimodal information contents. Thus, natural speech utterances, hand gestures, and specific tactile interactions can be described via the same formalism. The terminal symbols of the grammar represent the smallest significant semantic units of potential user interactions. In a client-server approach, multimodal information units are exchanged in the form of indexed string messages over TCP/IP sockets (McGlaun, 2002a).

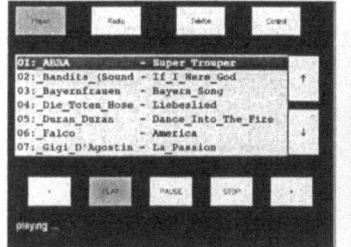  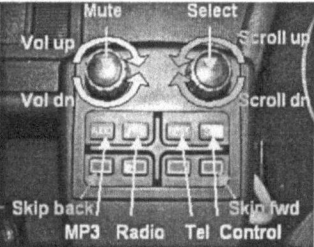

Figure 1 (from left to right): Standard interface, working environment and layout of the key-console

3 Virtual-Reality user interface

3.1 Interface design

The new 3D Virtual-Reality interface (VRI) is supposed to provide an alternative visual front-end to the functionality of the SI. Fully embedded in the existing multimodal system architecture, the VRI can be operated by the same input modalities. Although the innovative aspects mainly focus on an improvement of the visual representation, some new features are introduced, too.

The organisation of VRI consists of four functional groups that correspond to the four modes of the underlying application (MP3, radio, telephone, and, as an extension to the original functionality, a prototypical browser for WAP content). Each mode is denoted by a special color. Independent of the current mode, a single view is always composed of four structural elements: an *icon bar*, two *wheel buttons*, a *list display* and a separate *status bar*, which are now explained.

Figure 2 shows from left to right the MP3-mode, the telephone mode and, as a new feature, the WAP mode. At the lower end of the visual display area, the interface provides an icon bar consisting of four small colored buttons, representing the individual modes and devices, respectively. Selecting a specific mode is done by simply touching the appropriate icon on the display.

The interface provides two wheel buttons on left and on the right side of the list area. Whereas the left wheel can be used to adjust the current volume, the wheel on the right serves as a scrolling device for scanning through the individual entries of the list. Each wheel comes along with two special arrow buttons of variable length that give an impression of how many entries are contained in the list if scanned in the indicated direction. Located at the side of the wheel buttons, the VRI additionally provides a standard 2D scroll-bar covering the same functionality as the buttons.

In the center of the display area, the interface provides a list showing the individual entries (songs, radio stations and telephone numbers). Each visible entry can directly be selected by a simple touch. The list is organized in form of a cylinder with the entries shown on its curved surface. Scrolling in the list is visualized by virtually rotating this cylinder. To improve the impression of a rotating surface, the cylinder is slightly turned while scrolling. This mechanism should facilitate a natural anticipation since more entries are shown in the intended direction of the search. Releasing the scroll wheel results in a flip-back of the list. Additionally, the list area provides a special feature. By virtually pulling on the upper border of the list, the cylinder can be turned over, offering a context specific option menu. Using this display metaphor facilitates a kind of implicit submenu without the need to change the basic modes. The additional area can be used for example to provide a number pad in the telephone mode or detailed traffic information in the radio mode.

The status bar in the upper area of the interface serves for informing the user of the currently active application and, additionally, provides the basic interaction functionality in a very compact form. In MP3 and radio mode, this holds for skipping, in the case of the telephone mode it stands for accepting and denying a call. The status bar facilitates a mode spanning operation of the other devices without the need to really change the modes. This feature is extremely helpful since it provides an elegant possibility to adapt the interface to personal needs, e.g. the MP3 device can still be operated while the user is searching a specific name in the list of telephone book entries.

 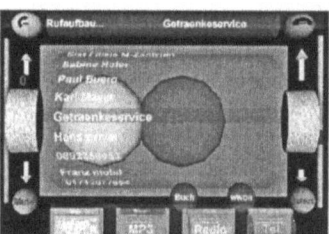 

Figure 2 (from left to right): Design of the MP3-mode, the telephone mode and the WAP mode of the VRI

3.2 Extended application functionality

Among various new features, we implemented a prototypical WAP-browser. As shown on the right side of figure 2, the user can always interact with a selection of WAP sides that represent a kind of history or bookmark functionality of standard HTML browsers. Similar to the Microsoft Data Mountain, the individual WAP sides can be rotated on predefined paths. This can either be done by directly selecting a WAP side or by scrolling with the right wheel button. Like in other common browsers, the interface provides additional buttons for certain frequently used functions like *link back*, *link forward* and *home* at the lower end of the display.

3.3 Presentation technology

For the display design of our VR interface we make use of the VRML standard, which is a declarative language for describing interactive virtual 3D scenarios (VRML97). By integrating special VRML plugins, generic 3D content can be displayed in standard web browsers. For communicating with the other modules in our multimodal setup, we rely on an extended heterogeneous architecture for navigating and manipulating objects in arbitrary VRML worlds (Althoff 2002b). Although technically realizable, we explicitly do not include an avatar in the virtual scene. We solely apply a first-person-view which, on the principle, strongly corresponds to the planar view of the 2D standard interface and other common automotive interfaces.

4 User study

The goal of the user study is to evaluate the performance and the general acceptance of the 3D interface alternative compared to the standard 2D solution, especially with regard to the multimodal interaction behaviour and preferences, task completion time, display retention periods, subjective user experiences and an isolated rating of the introduced new features.

4.1 Test environment

The user study is carried out at the usability laboratory of our institute that has specially been adapted to evaluate multimodal user interfaces in automotive environments. To simulate realistic conditions in non-field studies, the lab provides a simple driving simulator, consisting of a specially prepared BMW limousine with force-feedback steering wheel, gas and break pedals, as well as a gear stick. The test subjects have to use these devices to control a 3D driving task, which is projected on a white wall in front of the car. Thus, they can experience the driving scenario from a natural "in-car" perspective and better anticipate the roadway. The individual parameters of the simulation can fully be controlled, e.g. the degree of the curves, day or night sight conditions, speed regulations, obstacles or passing cars. For interacting with the interface, the test car contains a 10" touch-screen, a special key console and additional buttons on the steering wheel. Furthermore, the car is equipped with microphones and cameras to supervise the test subjects. The audio and video signals from inside the car are transferred to a separated control room that serves for recording and analyzing the user interactions with the test interface and the driving performance.

4.2 Test methodology

The functionality of the interface is partly realized according to the so-called Wizard-of-Oz test paradigm (Nielsen 1993). In contrast to the tactile user interactions by the touch-screen and the key console that are directly transcribed by the system, the recognition of the semantic higher-level input modalities (speech, hand and head gestures) is simulated by a human person supervising the test subjects via audio and video signals in the test room. The so-called 'wizard' interprets the users intention and generates the appropriate system commands, which are sent back to the interface in the car to trigger the intended functionality. Thereby, the wizard is instructed to be extremely cooperative. In the case of ambiguous inputs, the interaction is perfectly interpreted in the current system context. By following this approach, we can guarantee that no additional error potential is introduced by randomly distributed malfunctions of real recognition modules.

4.3 Test preparation

Before starting the real test run, the test subjects are familiarized with the functionality of both the driving task and the two interface alternatives in an extensive, interactive training period together with the wizard, mainly by using the tactile input devices. At the same time, the use of natural speech and gestures as well as potential combinations of the individual modalities are explained. Although, in general, the test subjects are free to use their own speech and gesture vocabulary, certain possibilities are explained that have already proven to be meaningful in related experiments (Zobl 2001). For example, making a wiping move with the right hand stands for skipping in the playlist or shaking the head can be used to deny an incoming telephone call. The subjects are motivated to take the driving task seriously by a performance-dependent reward.

4.4 Test plan

In the real test session, the two interfaces are presented in random order to avoid anticipation and learning effects. On the background of a relative simple driving task, the test subjects have to accomplish 26 different operation tasks that are almost uniformly distributed among the individual command clusters. Depending on the individual performance, each stage lasts for about 10 to 15 minutes and contains similar operation clusters. To make sure that the participants do not devote most of their visual attention to the interface, they are distracted by various events (appearing obstacles, speed regulations, changing visual boundary conditions, etc.). Additional questionnaires after each part help to evaluate the subjective user experiences.

5 Results

A total of 17 persons participated in the test trials with 12 male and five female subjects. Besides 12 students of different faculties, five employees were among the testers. The average age was 27 years. For all subjects, this was the first usability test concerning the operation of in-car comfort devices. Most of the subjects were technically highly skilled and stated to drive cars regularly.

5.1 Task completion time

Among the big variety of operation tasks, we specially evaluated the task completion time with respect to two volume control tasks (T1 and T5), one skip task (T2) and two list selection tasks (T3 and T4). The results are shown in seconds on the left in figure 3. Concerning the volume control tasks, in general, no significant difference between the completion times of the two interfaces could be observed. Although for T1 the operation times are a bit longer ($p<0.1$), for T5 even a two-sided test did not show any significant differences. This result contradicts the expectations that the VRI is easier and faster to operate.

Concerning the selection task, we find longer operation times for the VRI (p<0.05) which confirms the expectations and also the subjective user experiences that, due to the turning cylinder, the operation tasks are slightly longer. Concerning basic functionalities like the skip task (T2), no significant difference in the task completion time of the two interfaces could be observed (p<0.01). Moreover, a single-sided test even results in significant longer operation times for the SI (p<0.1). This again corresponds with the expectations, since the VRI has been designed in a way that it can be handled at least as easy and intuitive as the standard interface.

5.2 Standardized retention periods

As an interesting result we found out that the standardized display retention period (SDRP), which is the fraction of the total task completion time the user looks at the display in percent, is almost identical for comparable tasks for both interface types (see middle diagram of figure 3). The SDRP value can be used as a good approximation for the workload that the interface imposes on the user. High SDRPs can be interpreted as a high visual display attention and, therefore, as an indicator for the fact that operating the interface obviously distracts from the primary task of driving the car and thus influences the driving performance in a negative way. This assumption could explicitly be confirmed in the WAP mode. Since this mode demands special attention, users correcting the current driving path as well as virtual deviation events could be observed more frequently. The distraction from the driving task, that is induced by the two interfaces, is nearly the same, concerning the VRI in most cases even a bit less. Thus, in general, the VRI has met the expectations of not inducing additional error potential compared to the standard interface.

Figure 3 (from left to right): Operation times[sec] of selected tasks; standardized display retention periods for various command clusters; evaluation of selected new features of the VRI with regard to the two adjective pairs (intuitive-ambiguous) and (meaningful-unnecessary), please refer to the text for feature explanations

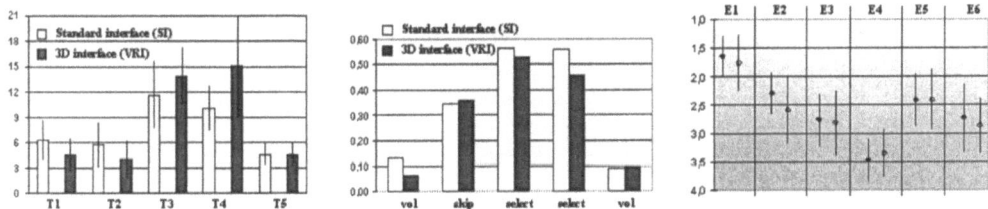

5.3 Modality preferences

Speech as the primary input modality has been preferred by most of the participants. It was used even more intensively when operating with the VRI (in 38.2% of all interactions) than with the SI (30.4%) concerning all test persons and scenarios. In both interfaces, touch-screen interaction represented the second best modality choice (applied in 24.3% of the operations for the VRI and in 28.0% for SI, respectively). The key-console has been used more frequently in the reference interface (23.5% compared to 17.5% for the VRI). Hand gestures were used in 15.5% of all SI interactions and only in 11.6% of the VRI events, mainly for the skipping functionality and for adjusting the volume parameters. Head gestures rarely occurred. When applied, they were exclusively used for yes/no decisions like accepting or denying an incoming phone call.

Synergistic multimodal interaction (Nigay et. al 1993) behavior in the form of simultaneously communicating complementary and/or redundant information units via different modalities occurred in selective cases only. Nevertheless, the parallel availability and the multiple modes for achieving the same functions obtained top ratings. The test users highly appreciated having the possibility to freely choose among multiple input devices and not to be forced to use a certain predefined interaction style. Concerning the automotive scenario, this is the biggest benefit of a multimodal system architecture. In general, the importance of purely tactile interaction with touch-screen and key-console massively decreases within a multimodal system environment.

5.4 Acceptance and subjective user experience

A definite preference of the test users for one of the two interfaces could not be observed, since nine out of 17 participants preferred the VRI and seven the SI, respectively. One person could not clearly state any liking. The usability of the two interface types has been evaluated according to a four point semantic differential method with regard to the following eight adjective pairs: motivating vs. frustrating (A1), intuitive vs. ambiguous (A2), effective vs. ineffective (A3), reliable vs. insecure (A4), easy vs. complicated (A5), clearly vs. confusing (A6), attractive vs. boring (A7) and, finally, simple vs. overloaded (A8). No significant differences could be observed with respect to five out of these eight adjectives (A1, A2, A3, A5 and A6). Concerning the other three pairs, the VRI was evaluated more reliable (A4) and more attractive (A6) on a basis of $p<0.01$, but also more complicated to be operated and visually overloaded compared to the SI ($p<0.01$). The individual results (average values and standard deviation) are summarized in table 1. Thereby, a value close to 1 stands for a majority rating for the first adjective (e.g. A1: motivating), whereas a value close to 4 represents a definite voting for the second adjective (e.g. A1: frustrating).

		SI	VRI				SI	VRI	
A1	motivating	1,47 (0,49)	1,65 (0,70)	frustrating	A5	easy	1,59 (0,61)	**1,41 (0,63)**	complicated
A2	effective	**1,47 (0,50)**	1,59 (0,61)	ineffective	A6	clearly	**1,53 (0,84)**	1,76 (0,70)	confusing
A3	intuitive	1,53 (0,84)	**1,47 (0,62)**	ambiguous	A7	attractive	2,35 (0,80)	**1,71 (0,61)**	boring
A4	reliable	1,94 (0,53)	**1,53 (0,61)**	insecure	A8	simple	**1,47 (0,50)**	2,00 (0,95)	overloaded

Table 1: Average rating and standard deviation on the basis of a four point differential method for the two interfaces (VRI and SI) with regard to eight different adjective pairs (see text for details)

5.5 Evaluation of new features

After testing both interface alternatives, the test subjects had to evaluate the usability of the new 3D design elements. The right diagram in figure 3 shows the results with respect to the same four point semantic differential method and the adjective pairs intuitive(1) vs. ambiguous(4) on the left of each column and meaningful(1) vs. unnecessary(4) on the right, respectively. Thereby, the columns denote the following design elements: the two wheel-buttons (E1), the list display on the curved surface of a cylinder (E2), turning the cylinder while scrolling (E3), the delayed automatic flip-back after selecting a list entry (E4), the possibility of turning over the list display for the option menu (E5) and the arrangement of the WAP sides as well as the WAP content (E6).

Concerning the introduced 3D design elements, the wheel buttons have been rated very positively. But the benefits of applying the 3D design pattern of a scroll-wheel in an automotive environment have been seriously questioned, since the functionality in the test interface was extremely sensitive to the point of touching the screen. The reactive area on the touch-screen device should be enlarged along the vertical axis to accept touches slightly above and beneath the button, too.

The list display on the curved surface has been neglected by most of the subjects. This applies even more for the turning surface, which was stated to distract from the driving task massively. Especially in an automotive environment, where the user should normally only devote a preferably small amount of attention to the interface, it is a major problem if the focus of the current entry in the list moves while scrolling. Concerning the turnover mechanism of the list display, most of the test users did not comprehend the functionality immediately. After a detailed explanation, the additional feature was rated as being easy to operate and highly meaningful in everyday use. Altogether, this lead to an average neutral estimation of the turn functionality.

The special feature to operate two different modes at the same time by the separate status bar has rarely been used, mainly due to the fact, that the users could not freely play around with the interface but had to fulfill predefined tasks and, thus, were quite pressed for time. Therefore, the status bar obtained an average rating (2.1). Both the additional scrollbars and the scroll arrows near to the wheel buttons are an unnecessary optical gimmick in the eyes of most test subjects, tending to result in negative evaluation (2.8).

6 Conclusions and future work

In this work, we have presented an innovative 3D user interface for controlling various infotainment applications in an automotive environment. We have conducted a series of usability studies to evaluate the acceptance and the performance of the 3D UI compared to an established standard 2D solution. In a complex experimental Wizard-of-Oz setup, the test subjects had to operate various in-car audio and telecommunication devices while simultaneously performing in a realistic driving task. To summarize the results, selective 3D design elements could significantly increase the overall usability and the joy of use, but others should definitely not be used in automotive environments. In general, the users demanded for a clear and simple structured display, which does not distract them while driving. Confirming related experiments, the importance of purely tactile interaction decreases within a multimodal setup. As an interesting result we obtained that none of the two interface alternatives has clearly been preferred by the test subjects.

For the nearest future we further plan to improve our interfaces, e.g. by directly integrating context specific error handling mechanisms and providing more feedback to the user. Moreover, we want to run detailed statistical tests on the existing audio-visual data material to collect more information on the multimodal interaction patterns, the length of speech and gesture interactions and the inter-modal time dependencies that occur in automotive environments. Selected parts of this work have already been presented in (Althoff 2003). Finally, we are currently about to discuss both our design approach and the results of the evaluation in the context of similar work in a purely desktop oriented application scenario.

References

Althoff, F., Geiss, K., McGlaun, G., Lang, M. (2002a): Experimental evaluation of user errors at the skill-based level in an automotive environment. In: *Proceedings of CHI 2002*, ACM Press, Orlando USA, 2002

Althoff, F., Stocker, H., McGlaun, G., Lang, M. (2002b): A generic approach for interfacing VRML browser to various input devices and creating customizable 3D applications. In: *Proc. of Web3D*, ACM Press, Tempe USA, 2002

Althoff, F., McGlaun, G., Lang, M., Rigoll, G. (2003): Evaluating multimodal interaction patterns in various application scenarios. In: *Post-Proc. Of Gesture Workshop '03*, Genova, April 2003

Bengler, K. et. al (2000): Eyes free-Hands free oder Zeit der Stille, ein Demonstrator zur multimodalen Bedienung im Automobil. In: *DGLR-Bericht 2000-02 der 42. Fachausschusssitzung Anthropometrik*, pp 299-307, München 2000

BMW (2003): *BMW I-Drive*, website www.bmwgroup.com, jan. 2003

Cockburn, A.; McKenzie, B. (2001): 3D or not 3D? evaluating the effect of the third dimension in a document management system. In: *Proceedings of CHI '01*, pp. 434-441, 2001

FERMUS (2003): *Error Robust Multimodal Speech Dialogs*. website: www.fermus.de, jan. 2003

Levy, E.; Zacks, J.; Tversky, B.; Schiano, D. (1996): Gratuitous graphics? Putting preferences in perspective. In: *Proceedings of CHI 1996*, ACM Press, pp 42-49, Vancouver, April 1996

McGlaun, G. et. al (2002a): A new approach for the integration of multimodal input based on late-semantic fusion: In: *Proceedings of USEWARE 2002*, Darmstadt, Germany

McGlaun, G. et. al (2002b): A new technique for adjusting distraction moments in multitasking non-field usability tests. In: *Proceedings of CHI 2002*, ACM Press, Orlando, USA, 2002

Nielsen, J.(1993): *Usability Engineering*. Morgan Kaufmann Publishers Inc., San Francisco, 1993

Nigay, L., Coutaz, J. (1993): A Design space for multimodal systems: Concurrent Processing and Data Fusion. In: *Proceedings of INTERCHI '93*, ACM Press, pp 172-178, 1993

Oviatt, S. (2000): Multimodal interface research: A science without borders. In: *Proceedings of 6th International Conference on Spoken Language Processing (ICSLP)*, Bejing, China 2000

PITech (2003): *PITech Phantom UI*, website www.pitechnology.com, january 2003

Robertson, G. et. al (1998): Data Mountain: Using spatial memory for document management. In: *Proceedings of UIST'98*, ACM Press, pp 153-162, San Francisco, USA, November 1998

VRML97: *Specification of Virtual Reality Modelling Language (VRML)*; ISO/IEC 14772-1:1997

Ware, C.; Franck, G (1996): Evaluating stereo and motion cues for visualizing information nets in three dimensions. In: *ACM Transactions on Graphics 15*, pp 121-139, 1996

Zobl, M. et. al (2001): A usability-study on hand-gesture controlled operation of in-car devices. In: *Proceedings of 9th International Conference on HCI (HCI 2001)*, New Orleans, USA, 2001

Acknowledgments

The presented work has partly been supported by the FERMUS project (**FE**hler**R**obuste **MU**ltimodale Sprachdialoge) which is a special research cooperation of the BMW Group, the DaimlerChrysler Group, the SiemensVDO Group and the Institute for Human-Machine-Communication at the Technical University of Munich. Furthermore, we would like to thank our students, especially Jens Peters and Arno Renz for their indispensable support in planning and conducting the user study as well as in annotating and analysing the extensive audiovisual data material.

Contact

Dipl.-Inform. Frank Althoff
Lehrstuhl für Mensch-Maschine-Kommunikation
Technische Universität München
Arcisstr. 21
80290 München
EMail: althoff@ei.tum.de

Tel.:   089 289-28538
Fax: 089 289-28535

Zur Bedeutung des Nutzungskontextes im Dokumentenmanagement: Empirische Befunde und technische Lösungsansätze

Joachim Hinrichs, Jürgen Friedrich
Technologie-Zentrum Informatik, Universität Bremen

Volker Wulf
Institut für Wirtschaftsinformatik, Universität Siegen und Fraunhofer FIT, St. Augustin

Zusammenfassung

Eine defizitäre Dokumentenverwaltung führt häufig zu schwerwiegenden Informationsverlusten. Die Erschließung und Klassifikation der Dokumente ist ein zentraler Ansatz, um sie recherchierbar und zugreifbar zu machen. Untersucht wurde, wie Dokumente in technischen Vorgängen dokumentiert und verwaltet wurden. Dabei zeigte sich, dass die Nutzungskontexte der Dokumente eine wichtige Bedeutung für den Dokumentenzugriff haben. Auf dieser Untersuchung aufbauend wird ein Konzept dargestellt, in dem die Nutzungskontexte effizient erfasst werden können. Die Kontexte ermöglichen die Suche nach Dokumenten anhand ursprünglicher Arbeitszusammenhänge. Beschrieben werden die entwickelten Tools, mit denen die Nutzungskontexte zu sichern und zu recherchieren sind. Erste Erfahrungen mit dem Einsatz dieser Tools schließen den Beitrag ab.

1 Einleitung

Wissensmanagement ist in den letzten Jahren ein wichtiges Thema geworden (Davenport/Prusak 1999; Probst et al. 1999). Da ein Großteil der betrieblichen Kooperationen auf vorhandenen Unterlagen und Dokumenten basiert, kommt der Dokumentenverwaltung als Grundlage des Wissensmanagements eine besondere Bedeutung zu. Dokumente bilden dabei die Arbeitsgrundlage, dienen der Informationsweitergabe und werden zur betrieblichen Wissensressource. In der Praxis zeigen sich die Probleme der Dokumentenverwaltung bei der Suche. Defizitäre Dokumentenbestände, die unstrukturiert nur unzureichend verfügbar sind, werden zum schwerwiegenden Problem (Hinrichs 2000; Luczak et al. 2000). Die Dokumentenverwaltung zeigt sich als komplexe Aufgabe, wenn einerseits eine große Anzahl an Dokumenten und zusätzlichen Informationen zu verwalten sind, andererseits verschiedene Akteure am Prozess beteiligt sind und dafür ein passendes Klassifizierungsschema zu entwickeln ist (Carstensen/Wulf 1998, Wulf 1997).

Als Lösung kann zwischen zwei Ansätzen unterschieden werden: Zum einen bessere Suchwerkzeuge, die weiterreichende Recherchemöglichkeiten anhand der Dokumenteninhalte bieten – z.B. eine Volltextsuche. Zum anderen eine zusätzliche Erfassung von Meta-Daten über die verschiedenen Nutzungskontexte. Der Ansatz, nur Suchalgorithmen auf Inhaltsdaten einzusetzen, hat jedoch Grenzen. Bei grafischen und multimedialen Dokumenten besteht zwar die Möglichkeit, Inhalte und Bilder zu analysieren, jedoch reicht aus pragmatischer Sicht eine reine Erkennung, wie sie auch in technischen Zeichnungen erfolgen könnte, für die konkreten Arbeitszwecke selten aus.

Außerdem nutzt dieser Ansatz nicht die Recherchemöglichkeiten, die in der Erfassung von Nutzungskontexten liegen. Da nicht alle Informationen über ein Dokument in seinen Inhaltsdaten repräsentiert sind, bieten die Meta-Daten über die Nutzungskontexte und -historien eine interessante Ergänzung. Oftmals stehen Dokumente in technischen Projekten in komplexen Arbeitszusammenhängen, die festgehalten werden müssen. Dafür bietet die Dokumentation der Nutzungskontexte bessere Zugriffsmöglichkeiten. Als Dokumentation der Nutzungskontexte zu einem bestimmten Zeitpunkt besteht zusätzlich die Möglichkeit, über Kontext und Zeit konkrete Arbeitsstände zu dokumentieren und festzuhalten. Derart dokumentierte Arbeitsstände dienen der Recherche, um alle Dokumente in ihrer ursprünglichen Zusammenstellung zu rekonstruieren – eine Anforderung, die im technischen Bereich über Stücklisten eingelöst wird (Lutters/Ackerman 2002).

In diesem Beitrag werden im State of the Art Probleme und Ansätze der Dokumentenverwaltung fokussiert. Es werden Studien zur Klassifizierung diskutiert sowie bestehende Forschungsdefizite hinsichtlich der Verwendung von Nutzungskontexten in der Dokumentenverwaltung aufgezeigt. Anhand der Ergebnisse zweier Fallstudien werden empirische Belege für die Bedeutung von Nutzungskontexten geboten. Das Konzept der Kontext-Indexierung folgt als konstruktiver Ansatz zur Erfassung von Nutzungskontexten mit den dazu entwickelten Tools in Kap. 4, die Beschreibung der Implementierung in Kap. 5. Die dargestellten Ergebnisse werden abschließend diskutiert.

2 State of the Art

Viele Probleme der elektronischen Verwaltung von Dateien resultieren aus den unzureichenden Verwaltungsmöglichkeiten des File-Systems, zu unflexiblen Systemansätzen seitens der DMS sowie fehlender Werkzeuge und Ansätze zur Unterstützung und Integration der Dokumentenerschließung in die Arbeitsvorgänge (Bullinger et al. 1998; Luczak et al. 2000). Aus systemischer Sicht reicht ein File-System für die Informationsverwaltung nicht aus. Es schränkt die Benutzer durch begrenzte Indexierungsmöglichkeiten und eine unzureichende Unterstützung im hohen Maße ein – es verhindert, in natürlicher Denk- und Arbeitsweise mit unterschiedlichen Ordnungssystemen und Sichten zu arbeiten (Dourish 2000). Problematisch ist zusätzlich der Kontextverlust, der entsteht, wenn Dokumente in übergreifenden Prozessen bearbeitet werden. Über die verschiedenen Abteilungen weitergereicht, gehen ohne zusätzliche Dokumentation die ursprünglichen Arbeitszusammenhänge und Kontexte verloren (Freeman/Gelernter 1996; Rekimoto 1999). Technisch fehlen geeignete Möglichkeiten, vorherige Zusammenstellungen und Konstellationen im Dokumentenbestand festzuhalten und zu späteren Zeitpunkten wiederherstellen zu können (Lutters/Ackerman 2002). Aber auch DMS und vergleichbare Verwaltungssysteme, die speziell für den Zweck der Dokumentenverwaltung konzipiert wurden, zeigen sich überwiegend als zu starr und zu wenig an die Arbeitsprozesse angepasst. Es fehlt vielen Systemen an Benutzbarkeit und Gebrauchstauglichkeit, wodurch insgesamt die Akzeptanz verlorengeht (Timmermans 2000).

Zusammenfassend ist festzustellen, dass die Möglichkeiten zur Klassifikation der Dokumente zu unflexibel hinsichtlich sich verändernder Kriterien sind (Freeman/Gelernter 1996). Zahlreiche Studien zeigen, dass die Ordnung und Klassifikation der Daten häufig an realen Gegebenheiten der Arbeit angelehnt sind (Bowker/Star 2000) und über die Zusammenstellungen der Dokumente das Know-how der Akteure um die Vorgänge widerspiegeln (Hertzum/Pejtersen 2000). Sind die eigenen Ordnerstrukturen für die Benutzer verständlich und selbsterklärend, so gehen in übergreifenden Prozessen oder bei Umstrukturierungen die zugrundeliegende Systematik und die Klassifikation verloren – und damit die Verständlichkeit.

In der Praxis zeigen sich ferner Schwierigkeiten, wenn Klassifikationssysteme für kooperative Prozesse auszugestalten sind (Dourish 2000, Wulf 1997). Unterschiedliche Begriffe und Terminologien, aber auch Arbeitsweisen und Verständnisse erschweren den Abstimmungsprozess (Bannon/ Bødker 1997; Carstensen/Wulf 1998; Trigg et al. 1999). Als betriebliche Standards verwendet, schränken zu starre Klassifikationsschemata die Benutzer oft unverhältnismäßig ein (Hinrichs 2000; Pipek et al. 2002). Bessere Möglichkeiten bieten oft im Vorgang selbst entstandene Kategorien (Bowker/Star 2000; Dourish 2000; Simone/Sarini 2001). Von Bedeutung sind darüber hinaus auch Kontextdimensionen, die aus den Arbeitsvorgängen entstehen (Klemke 2002). Person, Aufgabe, Ort und Zeit sind Kriterien, die der Verwaltung dienen und eng mit dem Nutzungskontext in Verbindung stehen.

Mit dem Placeless Documents-Ansatz wird versucht, eine Dokumentenverwaltung in flexibler und ortsungebundener Weise umzusetzen (LaMarca et al. 1999). Der Ansatz beruht darauf, Kontexte bei der Benutzung der Dokumente über Attribute zu beschreiben. Vergleichbar einer Workflow-Protokollierung steht der Fluss der Dokumente im Vordergrund. In Lifestream wird eine Dateiverwaltung über Zeitstrahlen realisiert (Freeman/Gelernter 1996). Im Gegensatz zu Ordnern, die hierarchisch organisiert sind, symbolisieren die Strahlen Kontexte und zeigen den zeitlichen Bearbeitungsverlauf als Abbild. Ein weiteres Konzept zur Kontextsicherung wird in Time-Machine Computing (Rekimoto 1999) beschrieben. Der Desktop stellt darin einen wichtigen Arbeitsbereich dar, der die Kontexte in einer bestimmten Konstellation widerspiegelt und daher gesichert wird: „The arrangement of these items often represents the context of a user's current activity." (Rekimoto 1999). „Making explicit each community context and creating mappings from context to context" ist das Ziel des Forschungsansatzes, verfügbare Informationsquellen systematisch zu verknüpfen und die Zusammenhänge über Regeln zu explizieren (Sarini/Simone 2002).

Der Forschungstand weist u. E. zwei Defizite auf. Zum einen eine empirische Lücke, wobei es an Untersuchungen mangelt, die die Relevanz von historischen Kontexten für die Dokumentenverwaltung untersucht haben. Fokussiert werden überwiegend Historien einzelner Dokumente, nicht aber die Nutzungskontexte, die sich in der Zusammenstellung von Dokumenten zu bestimmten Zeitpunkten zeigen (Lutters/Ackerman 2002). Zu erforschen ist daher, wie in der Praxis Arbeitsstrukturen mit Ordnern und den enthaltenen Dokumenten als zusätzliche Quelle für Kontext-Informationen eingesetzt werden. Zum anderen eine gestalterische Lücke: es gibt keine technischen Konzepte, die die effiziente Erschließung von Nutzungskontexten unterstützen und deren angemessene Darstellung für die Recherche sicherstellen. Automatische Verfahren scheinen wenig geeignet, Zusammenhänge in Arbeitsstrukturen als konkrete Arbeitsstände festzuhalten. Zu entwickeln sind daher Möglichkeiten zur Dokumentation und Klassifizierung von Dokumenten, wobei der Fokus auf die Verwendung bestehender Ordner als Arbeitsstrukturen gerichtet ist.

3 Fallstudien

Dokumentationen technischer Anlagen umfassen häufig eine Vielzahl von Unterlagen, Zeichnungen und Dokumenten, die über die Betriebsjahre entstanden sind. Insbesondere bei der Weiterentwicklung und Instandhaltung von Anlagen bilden diese einen wichtigen Ausgangspunkt, wobei nicht nur einzelne Dokumente, sondern eine Vielzahl an Dokumenten eines Vorgangs von Bedeutung sind. Als wichtiges Kriterium zeigte sich die ursprüngliche Relevanz der Dokumente für den Arbeitsprozess. Die Verwaltung der Dokumente, die über die Jahre in unterschiedlichen Nutzungskontexten standen, ist in den wenigsten Unternehmen gelöst. Schwierigkeiten dieser Art werden im Folgenden anhand von Fallstudien aus dem OrgTech- und ProWis-Projekt verdeutlicht.

3.1 Archivproblematik eines Hüttenwerkes in OrgTech

Im OrgTech-Projekt[1] wurde angestrebt, durch die Einführung eines Telekooperationssystems die Zusammenarbeit zwischen einem Hüttenwerk und zwei externen Konstruktionsbüros zu verbessern (Hinrichs 2000; Pipek et al. 2002). Durch den Einsatz des Systems sollte Kommunikationsproblemen entgegengewirkt werden, die häufig in der verteilten Konstruktion auftraten. Vor der Einführung des Systems wurden dazu die Arbeitsaufgaben und -umfelder untersucht. Dabei erwiesen sich die Verwaltung und Archivierung der Konstruktionsunterlagen als gravierendes Problem.

Angestoßen durch erkennbare Kommunikationsprobleme hatten eine Untersuchung des Anwendungsfeldes sowie eine Situationsanalyse bezogen auf Organisation und Technik zu erfolgen. Die Untersuchungsmaßnahmen basierten auf Methoden der Arbeits- und Systemanalyse, die im Bereich der Arbeitswissenschaft und Softwareergonomie eingesetzt werden. Zu Beginn wurden ca. 20 Interviews mit den Beschäftigten der einzelnen Abteilungen und der Konstruktionsbüros durchgeführt, die parallel zu den Untersuchungen der Arbeitsplätze erfolgten. Diese bildeten die Grundlage für die folgenden Arbeitsphasen und Workshops, in denen mit den Anwendern die Anforderungen an das System herausgearbeitet wurden. Im Laufe des Projektes zeigte sich, dass für eine Verbesserung der kooperativen Arbeitsabläufe die Verfügbarkeit der Dokumente von wichtiger Bedeutung ist. Untersucht wurden die Archivierungssituation, die Zugriffsmöglichkeiten der Konstrukteure auf Informationen sowie das Archivsystem anhand eines Usability-Tests.

Im Hüttenwerk erfolgte die Verwaltung der Anlagendokumentation über ein zentrales Archivsystem. Es war das elektronische Zugriffssystem auf die Zeichnungen und Dokumente, die im Laufe der über 100-jährigen Geschichte mehrmals reorganisiert wurden. Als Problem zeigte sich, dass die Verfügbarkeit anlagenbeschreibender Dokumente unzureichend war. Bildeten die beim Auftraggeber vorhandenen Dokumente die Basis für die Konstruktionsarbeit, so war der Zugriff der Konstruktionsbüros auf diese nur über aufwändige Verfahren zu gewährleisten. Wurden Zeichnungen benötigt, mussten die externen Büros Anfragen an Ansprechpersonen richten. Verfügten die nicht über die Informationen, wurden weitere Personen hinzugezogen. Anstatt direkt über das Archivsystem zu recherchieren, war es oftmals erfolgversprechender, Personen zu fragen, die über selbstverwaltete Archivbestände verfügten. Diese umfassten Zeichnungsverzeichnisse und Stücklisten, die die für die Arbeit wichtigen Informationen enthielten. Das Archivsystem konnte zur Verbesserung der Situation wenig beitragen, da es nur unzureichende Dokumentations- und Klassifizierungsmöglichkeiten anbot und daher von den Konstrukteuren kaum genutzt wurde. Im Archivsystem erfolgte die Klassifizierung der Daten über ein sechsstelliges betriebswirtschaftlich-orientiertes Nummernsystem, das zu grob und undifferenziert war. Zwischen den Zeichnungen konnten keine funktions- oder konstruktionsorientierten Verknüpfungen eingebracht werden. Es gab im System keine Möglichkeiten, die vergleichbar den Stücklisten die konstruktiven Hinweise und Kriterien wiedergaben. Hingegen waren für Recherchen die vom Auftraggeber bereitgestellten Zeichnungen und Stücklisten wichtige Einstiegspunkte. Sie enthielten Hinweise über die im Konstruktionszusammenhang stehenden Zeichnungen. Bei Recherchen griffen die Konstrukteure überwiegend auf die Stücklisten zurück, da sie in ihnen die Zeichnungen aufgabenorientiert zusammengestellt hatten und die Auswahl kontextspezifisch treffen konnten.

Fazit war, dass eine Ursache der Schwierigkeiten in den begrenzten Möglichkeiten zur Dokumentation der problematischen Archivbestände lag. Insbesondere den Mitarbeitern „vor Ort" in den technischen Bereichen, die als Fachexperten über das relevante Wissen verfügten, standen keine geeigneten Möglichkeiten zur Einbringung ihres Wissens zur Verfügung. Die Kriterien, nach

---

[1] Organisationsentwicklung bei Einführung computerunterstützter Telekooperation in kleinen und mittelständischen Unternehmen, ADAPT-Programm EU/NRW, http://www.orgtech.de.

denen die Verwaltung und Recherche abseits des Archivsystems durchgeführt wurden, waren die konkreten Nutzungskontexte aus den Bearbeitungen, d.h. wer was wann in welchem Zusammenhang bearbeitet hat. Diese wurden nur über die Stücklisten dokumentiert und dienten der Suche nach Zeichnungen und Arbeitszusammenhängen (Hinrichs/Reichling 2000).

3.2 ProWis - Dokumentenverwaltung in der Abwasserwirtschaft

Ein Projektpartner im ProWis-Projekt[2] war ein Unternehmen, das in der Abwasserwirtschaft tätig für den Betrieb und Erhalt der Anlagen zuständig ist. Auch dort lag das Problem einer defizitären Dokumentenverwaltung und Archivierung der Anlagendokumentation vor. Auf Basis eines DMS sollte ein Ansatz für die elektronische Dokumentenverwaltung und Archivierung entwickelt und umgesetzt werden. Es wurde angestrebt, über die Dokumentenverwaltung die Arbeitsdokumente als Wissensressource zu erschließen und darüber bessere Kooperationsmöglichkeiten zu schaffen.

Auf Grundlage von OrgTech erfolgten vergleichbare Untersuchungen im Abwasserunternehmen. In der ersten Phase wurden ca. 30 Interviews und Gesprächsrunden mit den Mitarbeitern der relevanten Abteilungen durchgeführt. Ziel war, die existierenden Arbeitsbedingungen und Kooperationsmöglichkeiten zu beschreiben. Parallel dazu erfolgte die Untersuchung der Arbeitsplätze. Die in den Interviews und Untersuchungen gewonnenen Ergebnisse bildeten die Grundlage der folgenden Phasen, in denen mit den Verantwortlichen der Arbeitsbereiche die Anforderungen an die Dokumentenverwaltung, das DMS und die Arbeitsorganisation ausgearbeitet wurden. Hinsichtlich der Arbeitsabläufe und der Informationsbereitstellung stand wieder die Verfügbarkeit der Dokumente und archivierten Unterlagen im Fokus. Dazu wurden die Archive analysiert und beurteilt.

Bei dem untersuchten Unternehmen wurden die erstellten Unterlagen und Dokumente in verschiedenen Archiven gehalten, in denen zahlreiche Schwierigkeiten festzustellen waren. So wurden Projektunterlagen zu einem Thema redundant an unterschiedlichen Stellen und Orten gehalten. Dabei war oftmals unbekannt, ob die Dokumentation einen aktuellen und vollständigen Stand hatte. Die Archivierung und insgesamt die Arbeitsprozesse waren gekennzeichnet durch Medienbrüche, d.h. es bestanden keine Verbindungen zwischen den papiergebundenen Unterlagen, verfilmten Zeichnungen und elektronische Dokumenten. Festzustellen war, dass die Archive und die laufenden Projekte in den Abteilungen oftmals parallel geführt und unabhängig voneinander verwaltet wurden – mit erheblichem Aufwand und ohne die Chance, die Bestände sinnvoll zu verbinden. Die Schwierigkeiten resultierten maßgeblich aus einer unabgestimmten Arbeitsorganisation und einer Dokumentenverwaltung ohne weitergehende Verwaltungsmöglichkeiten, wie z.B. einer Versionsverwaltung. Eine Auftragsbearbeitung ausschließlich auf Basis des Computers und der verteilten Archivserver war nicht möglich. Der überwiegende Teil der Aufgaben konnte nur von bzw. mit Hilfe von Personen bearbeitet werden, die über die Hintergrundinformationen verfügten. Diese Know-how-Träger nutzten ihr Wissen über die Vorgänge und insbesondere ihre Unterlagen in Form von Anlagendokumenten, Stücklisten und weiteren Projektunterlagen, um die entsprechenden Dokumente, Hinweise und ggf. weitere Ansprechpartner zu finden.

Im Abwasserbetrieb erfolgte der Zugriff auf die Projektunterlagen überwiegend auf Basis der Informationen, welche Mitarbeiter die Dokumente in den speziellen Vorgängen und Kontexten bearbeitet haben. Existierende Unterlagen, die während der Bearbeitung entstanden sind, bildeten den Einstiegspunkt für die weitergehende Recherche. Von Bedeutung war dabei die Information, wer was in welchem Kontext bearbeitet hat. Die Kenntnis des Bearbeiters beinhaltete oftmals ein Verständnis seiner Arbeitsweise, was zum schnellen Auffinden der gesuchten Dokumente führte.

---

[2] Projektübergreifendes Wissen im technischen Bereich; Landesprogramm Arbeit & Technik, Förderung: Europäischer Sozialfonds (ESF) und Senator für Arbeit, Bremen; www.prowis.informatik.uni-bremen.de/.

Dokumente und Stücklisten spiegelten die konkreten Nutzungskontexte wider und wurden genutzt, um über die Suche die vollständigen Dokumente als Vorlagen für neue Projekte zu erhalten.

3.3 Anforderungen aus den Fallstudien

In den Fallstudien wurden die Anforderungen an die Dokumentenverwaltung und Archivierung erhoben. Mit Berücksichtigung der Einsatzweisen von Stücklisten und Zeichnungsverzeichnissen als Art Inhaltsverzeichnis der arbeitsrelevanten Informationen zeigen sich diese wie folgt:

Zum einen müssen Nutzungskontexte und benutzerspezifische Sichten bei der Dokumentenverwaltung Berücksichtigung finden. Notwendig ist, dass die Akteure ihr Wissen in einer Weise einbringen und dokumentieren können, das auch in übergreifenden Prozessen nicht verlorengeht. Festzustellen ist, dass sich das Know-how der Mitarbeiter über die Arbeit oftmals in den Strukturen der Dokumentenablage widerspiegelt. In kooperativen Vorgängen scheinen derartige Ablagestrukturen, die oftmals nach logischen Prinzipien organisiert sind, ein intuitives Verständnis der Inhalte zu ermöglichen (Bannon/Bødker 1997; Hertzum/Pejtersen 2000). Werden die Strukturen aber aufgebrochen und komprimiert, geht ohne zusätzliche Dokumentation wertvolles Wissen verloren.

Zum anderen müssen Nutzungskontexte und zurückliegende Arbeitsstände, die ursprüngliche Arbeits- und Projektzusammenhänge beschreiben, recherchier- und rekonstruierbar sein. Notwendig ist nicht nur ein Zugriff auf einzelne, sondern auf alle im Arbeitszusammenhang stehenden Dokumente. Bei der papiergebundenen Verwaltung über Stücklisten realisiert, fehlen geeignete Ansätze, diese Funktionalität in der computerunterstützten Dokumentenverwaltung umzusetzen.

4 Konzept der Kontext-Indexierung

Das Konzept der Kontext-Indexierung setzt technisch auf ein DMS auf, das mit einer Meta-Daten-Verwaltung die Ausgangsbasis für die Dokumentenverwaltung bildet. Die Kernidee liegt dann darin, (a) die Indexfelder des DMS gezielt für die Klassifizierung einzusetzen, d.h. in flexibler Weise die anwendungsfeldspezifischen Meta-Daten berücksichtigen und verwenden zu können, (b) die Erschließung der Dokumente als effiziente Indexierung über zusätzliche Tools zu unterstützen und (c) diese spezielle Indexierung der Nutzungskontexte für eine gezielte Recherche nach Dokumenten und ursprünglichen Arbeitsständen zu verwenden.

4.1 Dimensionen des Nutzungskontexts

Unter Kontext wird der Sach- und Situationszusammenhang verstanden, in dem eine Sache oder Tätigkeit steht. Mit den Kriterien Person, Task, Time, Location und Domain Context zeigt (Klemke 2002) Kontext-Dimensionen auf, die für die Informationsverwaltung relevant sind. Anhand der Fallstudien wurde gezeigt, dass in technischen Vorgängen Stücklisten und Zeichnungsverzeichnisse von zentraler Bedeutung sind. Sie enthalten wichtige Angaben über Arbeitsprojekte und deren Zeichnungen. Bezogen auf die beschriebenen Kontext-Dimensionen werden mit den in den Fallstudien untersuchten Stücklisten Informationen zu den Bearbeitern (Person/Identity), zur Aufgabe (Task) und Zeit (Time) sowie ortsbezogene Informationen (Location) bereitgestellt. Der gesamte Nutzungskontext (Domain Context) spiegelt sich letztlich in der Zusammenstellung der Zeichnungen und über das Zusammenspiel aller angegebenen Kriterien wider, d.h. wer was wann warum getan hat. Im Projekt ProWis erfolgt die Berücksichtigung der Nutzungskontexte über das entwickelte Klassifikationsschema und die Indexformulare des DMS. Dort finden die Kontext-Dimensionen als Index-Felder, d.h. als Eingabefelder Verwendung.

Das mit dem Abwasserunternehmen entwickelte Schema umfasst insgesamt Kategorien, die sich auf geschäftsprozessbezogene Aspekte (z.B. Projektzeichen, Kostenstellen), abteilungsspezifische Merkmale (Archivplatz, techn. Kennzeichen) sowie aufgabenbezogene Kriterien („wer was wann getan hat") beziehen. Das Schema beinhaltet aber auch Kategorien, die der Eingabe von eher informellen Hinweisen dienen. Zum einen sind es Kategorien für zusätzliche Informationen, die frei ohne Konventionen genutzt werden – beispielsweise Bemerkungen und Kommentare. Zusätzlich wird auch eine Kategorie für die Dokumentation der Arbeitsstände erprobt. In Anlehnung an den Einsatz der Stücklisten umfasst ein dokumentierter Arbeitsstand dann nur die Dokumente, die zu einem bestimmten Zeitpunkt in einem speziellen Nutzungskontext standen – und in vergleichbarer Weise auf einer Stückliste stehen könnten.

4.2 Erfassung des Kontextes

Prinzipiell bestehen zwei Möglichkeiten, Kontext zu erfassen: automatisch und manuell. Die automatische Erfassung kommt zur Anwendung, um im System vorhandene Attribute über Bearbeiter, Bearbeitungen und Wege der Dokumente zu protokollieren. Oftmals in Workflows eingesetzt, ist sie geeignet, die Historie einzelner Dokumente zu protokollieren. Die manuelle Erschließung bietet hingegen die Möglichkeit, noch nicht im System vorhandene Informationen über Arbeitszusammenhänge und Nutzungskontexte einzubringen. Der Fokus ist insbesondere auf das Wissen der Akteure gerichtet, das selten explizit dokumentiert vorliegt. Haben die Akteure oftmals ein umfangreiches Produkt- und Prozesswissen und spiegelt sich dieses in den erstellten Stücklisten, aber auch in den Arbeitsstrukturen auf Rechnern wider, so muss es als Kontext-Wissen in geeigneter Weise beschrieben und festgehalten werden. Diese arbeitsintensive und daher kritische Aufgabe, die in der Praxis überwiegend vernachlässigt wird, muss in entsprechender Weise unterstützt werden. Dies geschieht durch die Kontext-Indexierung, wobei die Erschließung durch spezielle Tools unterstützt wird. Verfahren zur Wissensextraktion, die in der künstlichen Intelligenz (KI) entwickelt werden, sind als Ergänzung zur manuellen Erschließung denkbar. Da die KI-Verfahren aber die Semantik fokussieren, während die darüber hinaus gehenden Nutzungskontexte und das Know-how der Akteure nicht erreicht werden, eignen sich derartige Ansätze nur bedingt für einen pragmatischen Ansatz zur Erschließung.

Die Kontext-Indexierung beinhaltet das Prinzip, im gleichen Kontext stehende Ordner und Dokumente mit gleichen Informationen zu beschreiben. Als effizientes Verfahren dient sie einerseits dem Hinzufügen der Meta-Daten zu jedem einzelnen Ordner und Dokument – und gewährleistet damit, dass die Dokumente jederzeit auch außerhalb des ursprünglichen Ordners identifizierbar sind. Andererseits werden die Dokumente über die Dokumentation verbunden. Eine gleichartige Beschreibung, die sich gegenüber anderen Beschreibungen abgrenzt, bildet eine Informations-Klammer und hält die Zusammenhänge fest. Die Eingabe der kontextbezogenen Meta-Daten erfolgt einmalig über einen Referenzordner. Von diesem werden sie dann an ausgewählte Ordner und Dokumente weitergegeben. Der bei der Indexierung hinzugefügte Zeitstempel wird dabei zum eindeutigen und für die Recherche wichtigen Merkmal. Diese Funktion des Verknüpfens über Meta-Daten ist vergleichbar einem dynamischen Inhaltsverzeichnis und wurde früher über Stücklisten erreicht. Diese Möglichkeit Zusammenhänge festzuhalten ist insbesondere in technischen Projekten von Bedeutung, da dort die Dokumente über Jahre hinweg in unterschiedlichen Nutzungskontexten bearbeitet werden.

Auch als prozessbegleitende Dokumentation beinhaltet die Kontext-Indexierung interessante Aspekte. In übergreifenden Vorgängen, in denen Dokumente über die Abteilungen weitergereicht werden, können die Akteure ihre eigenen Nutzungskontexte zu den vorhandenen Informationen, die mit bereitgestellten Dokumenten geliefert werden, ergänzen. Informationen sind im fortlaufenden Prozess nicht ständig neu einzugeben, sondern können übernommen und ergänzt werden.

4.3 Darstellung des Kontextes bei der Suche nach Dokumenten

Lassen sich alle Dokumente anhand ihrer Meta-Daten auch einzeln über das DMS recherchieren, so zeigt die Verwendung der Stücklisten und Zeichnungsverzeichnisse, dass insbesondere die Zusammenhänge zwischen den Dokumenten wichtig sind. Nutzungskontexte und zeitbezogene Arbeitstände sind relevante Kriterien, die den Akteuren bessere Suchmöglichkeiten einräumen. Der Ansatz ist daher, über die Suche nach einem speziellen Kontext oder Arbeitsstand genau die Dokumente zu erhalten, die im ursprünglichen Bearbeitungsvorgang einen Bezug zueinander hatten. Im Suchvorgang wird über ein spezielles Such-Tool zu einem ausgewählten Dokument das Indexformular geöffnet. Im Indexformular ist das Feld auszuwählen, das die für die Suche relevante Information enthält. Mit dem Starten der Suche werden dann die Dokumente gesucht, die ursprünglich in dem dokumentierten Zusammenhang standen. Gleicher Begriff, gleiche Kategorie und gleiche Parameter sind voreingestellt und lassen sich variieren. Das direkte Suchen aus dem Indexformular eines Dokumentes bietet den Vorteil, dass die Suche in einfacher Weise auf Basis der gezeigten Informationen durchgeführt werden kann.

5 Konzeptumsetzung in Erweiterung der DMS-Einführung

Das Konzept wurde im Abwasserunternehmen mit der Einführung des DMS umgesetzt. Der Kern des Konzeptes, die Verwaltung der Meta-Daten, erfolgt über die Indexformulare des DMS (Abb.1). Die einzelnen Eingabefelder auf den Formularen orientieren sich an den Kriterien aus den Fallstudien und spiegeln die Kontext-Dimensionen wider. Die Kontext-Indexierung, die als arbeitsintensive Aufgabe den kritischen Teil darstellt, wird über die speziell dafür entwickelten Tools unterstützt. Die beiden Tools, WINdexer und PreWindexer genannt, bilden die hauptsächliche Schnittstelle zur Erfassung der Meta-Daten. Sie unterstützen die Erschließung in einer neuartigen Weise, die derart noch nicht unterstützt wurde und ergänzen die vorhandenen Möglichkeiten des DMS. Der eigentliche Indexierungsvorgang über den WINdexer beginnt mit der Auswahl eines Referenzordners, der die Meta-Daten enthält. Diese können geändert, ergänzt und dann an ausgewählte Ordner und Dokumente weitergegeben werden. Über Filterfunktionen lassen sich sowohl die Quellinformationen auswählen, als auch die Ziele festlegen – d.h. die Dokumente bestimmen, die dokumentiert werden sollen. Zeigt sich der beschriebene Ablauf als Art Postprozess, d.h. als Nachindexierung der Dokumente in einem Ordner über den WINdexer, so wird das Verfahren auch als PreIndexierung über den PreWindexer angewendet. Hierbei werden neu hinzukommenden Dokumenten automatisch die ordnerspezifisch eingestellten Meta-Daten zugewiesen, die dann ggf. ergänzt werden können. Den Abschluss bildet die kontextorientierte Suche, die direkt über das Indexformular eines Dokumentes gestartet wird. Dadurch, dass auf Basis eines bereitgestellten Dokumentes die Suche gestartet werden kann, vereinfacht sich der Suchvorgang für die Akteure erheblich. Es entfällt die Eingabe von komplizierten Suchanfragen, wobei trotzdem sehr gezielt die Dokumente recherchiert werden können, die ursprünglich im gleichen Kontext standen. Die zu dem ursprünglichen Kontext und Arbeitsstand gefundenen Dokumente werden in einer Trefferliste angezeigt, die gesichert und als Stückliste weiterverwendet werden kann.

*Zur Bedeutung des Nutzungskontextes im Dokumentenmamagement:
Empirische Befunde und technische Lösungsansätze*

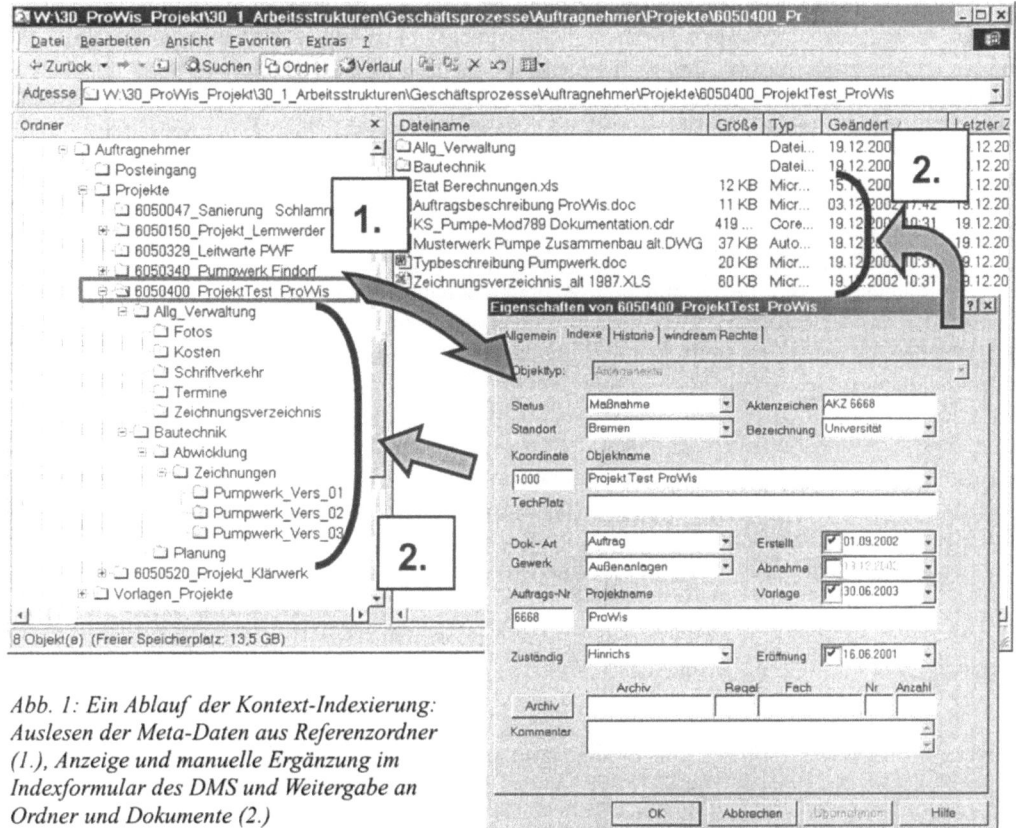

Abb. 1: Ein Ablauf der Kontext-Indexierung:
Auslesen der Meta-Daten aus Referenzordner
(1.), Anzeige und manuelle Ergänzung im
Indexformular des DMS und Weitergabe an
Ordner und Dokumente (2.)

Im Abwasserunternehmen wurden anfangs ca. 60 Personen in drei Abteilungen für das Dokumentenverwaltungs-Konzept geschult. Im Mittelpunkt stand der Umgang mit dem DMS, aber auch der Einsatz der entwickelten Tools in den dafür neuorganisierten Arbeitsvorgängen. Angewendet wurde die Kontext-Indexierung für die Aufarbeitung abgeschlossener Projekte (ca. 300 Projekte mit bis zu 200 Dokumenten) und bei der Bearbeitung aktueller Aufträge und Projekte, wobei sich in den Arbeitsbereichen ca. 120-150 Projekte parallel in Bearbeitung befanden.

6 Erfahrungen und weitere Entwicklungen

Auf Basis der Fallstudien wurde das Konzept der Kontext-Indexierung entwickelt. Für die Dokumentation der Nutzungskontexte wurden spezielle Tools erstellt, die der effizienten Erfassung ganzer Arbeitsstrukturen dienen sowie die Dokumentensuche nach ursprünglichen Nutzungskontexten unterstützen. Nach den Schulungen erfolgte beim Anwendungspartner der Start des DMS-Einsatzes. Angewendet wird das Dokumentationskonzept in der Verwaltung und Archivierung von Dokumenten der Anlagenverwaltung, wobei die Anzahl der bearbeiteten Dokumente im fünfstelligen Bereich liegt. Zu den Dokumenten werden die Arbeitsinformationen, sowie weitere Informationen, die als Know-how um die Vorgänge vorliegen, dokumentiert. Für die Durchführung einer Evaluation des Konzeptes ist jetzt eine längere Anwendungsphase erforderlich, die im Unternehmen bereits begonnen hat. Die derzeit erzielten Ergebnisse, die eine erste positive Bewertung erlauben, zeigen sich zum einen in den umfangreichen Dokumentenbeständen, die im DMS als Archive aufgearbeitet wurden, und zum anderen in der intensiven Nutzung der Tools für die Erschließung der zusätzlichen Arbeitsinformationen. Abgerundet werden die Ergebnisse über positive Rückmeldungen von den Benutzern über die Möglichkeiten zur Dokumentenverwaltung.

Das Konzept ist prinzipiell auf alle Anwendungsfelder übertragbar, in denen Informationen auf Basis konkreter Handlungen oder Arbeitsaufgaben und durch das Hinzutun des Wissens der Akteure verknüpft werden sollen. Es werden Potenziale gesehen, sowohl unternehmensinterne als auch öffentlich zugängliche Wissensbestände zu koppeln und aufzubereiten. Im Fokus der weiteren Untersuchungen steht die Verbindung der Dokumentenverwaltung mit mobilen Einsatzfällen. Anliegen ist, das Wissen der Akteure vor Ort in geeigneter Weise berücksichtigen und in das DMS zurückfließen zu lassen. Es stellt sich abschließend die Frage, wer von der Kontext-Indexierung profitiert und wer die Arbeit dazu leistet (Grudin 1988). Die Erschließung der Dokumente ist durch die Personen vorzunehmen, die die Dokumente bearbeiten. Die so investierte Arbeit kommt ihnen aber auch selbst zugute – sie dient der Organisation und Recherche. Aber auch alle Personen, die mit den Dokumenten arbeiten, werden profitieren. Auf Grund der Tatsache, dass bereits die Akteure, die die Kontextualisierung vornehmen, von ihrer Arbeit profitieren und diese Arbeit mit Hilfe der Tools aufwandseffizient erfolgt, erwarten wir eine breite Akzeptanz. Darin könnte sich dieser Ansatz von vielen anderen Anwendungen im Wissensmanagement unterscheiden.

Literatur

Bannon, I.; Bødker, S. (1997): Constructing common information spaces. In: Hughes, J.; Rodden, T.; Prinz, W.; Schmidt, K.: *ECSCW 97*, Kluver, Dordrecht, 1997

Bowker, G. C.; Star, S.L. (2000): *Sorting things out: Classification and its consequences*, MIT Press, Cambridge, 2000

Bullinger, H. J.; Warschat, J.; Prieto, J.; Wörner, K. (1998): Wissensmanagement – Anspruch und Wirklichkeit: Ergebnisse einer Unternehmensstudie in Deutschland. In: *Information Management*, 1/1998, S. 7-23

Carstensen, P.; Wulf, V. (1998): Common Information Spaces in Engineering Design: An Analysis of the Structure and Use of a Project File. In: *Proceedings of Concurrent Engineering (CE 98)*, Tokio, 1998, S. 127–135

Davenport, T.-H.; Prusak, L. (1999): *Wenn Ihr Unternehmen wüßte, was es alles weiß; das Praxisbuch*, 2. Aufl., Moderne Industrie, Landsberg/ Lech, 1999

Dourish, P. (2000): Technical and social features of categorization schemes. In: Schmidt, K.; Simone, C.; Star, S.L.: *Workshop Classification Schemes; CSCW 2000*; Philadelphia, 2000

Freeman, E.; Gelernter, D. (1996): Livestreams: A storage model for personal data. In: *ACM SIGMOD Bulletin*, 1996

Grudin, J. (1988): Why CSCW applications fail: problems in the design and evaluation of organization of organizational interfaces. In: *Proceedings CSCW 88*, ACM, Portland, 1988, S. 65-84

Hertzum, M.; Pejtersen, A. (2000): The information-seeking practices of engineers: Searching for documents as well as for people. In: *Information Processing and Management 36*; 2000, S. 761-778

Hinrichs, J. (2000): Telecooperation in Engineering Offices - The problem of archiving. In: Dieng, R.; Giboin, A.; De Michelis, G.; Karsenty, L.: Designing *Cooperative Systems;* COOP 2000, IOS-Press, Sophia Antipolis (F), 2000, S. 259-275

Hinrichs, J.; Reichling, T. (2000): Dokumentenverfügbarkeit als Basis für Telekooperation. In: Reichwald, R.; Schlichter, J.: *Verteiltes Arbeiten – Arbeit der Zukunft;* D-CSCW 2000, Teubner, Stuttgart, 2000, S. 165-178

Klemke, R. (2002): *Modelling Context in Information Brokering Processes;* Dissertation RWTH-Aachen, http://sylvester.bth.rwth-aachen.de/dissertationen/2002/120/02_120.pdf, 2002

La Marca, A.; Edwards, W. K.; Dourish, P.; Lamping, J.; Smith, I.; Thornton, J. (1999): Taking the Work out of Workflow: Mechanisms for Document-Centred Collaboration. In: *ECSCW 99 – Proceedings of the European Conference on CSCW99*, Kluver, Dordrecht, 1999

Luczak, H.; Bullinger, H. J.; Schlick, C.; Ziegler, J. (2000): *Unterstützung flexibler Kooperation durch Software - Methoden, Systeme, Beispiele;* Springer, Berlin, 2000

Lutters, W.; Ackerman, M. (2002): Achieving Safety: A Field Study of Boundary Objects in Aircraft Technical Support. In: *Proceedings CSCW 2002*, ACM, New Orleans, 2002

Pipek, V.; Hinrichs, J.; Wulf, V. (2002): Sharing Expertise: Challenges for Technical Support; In: Ackerman, M.; Pipek. V.; Wulf. V.: *Beyond Knowledge Management: Sharing Expertise;* MIT-Press, Cambridge, 2002

Probst, G.; Raub, S.; Romhardt, K. (1999): *Wissen Managen: wie Unternehmen ihre wertvollste Ressource optimal nutzen;* 3. Aufl., Gabler, Wiesbaden, 1999

Rekimoto, J. (1999): Time-Machine Computing: A Time-centric Approach for the Information Environment. In: *Proceedings of UIST 99*, www.csl.sony.co.jp/person/rekimoto.html, 1999, S. 45-54

Simone, C.; Sarini, M. (2001): Adaptability of Classification Schemes in Cooperation: What does it mean? In: Prinz, W.; Jarke, M.; Rogers, Y.; Schmidt, K.; Wulf, V.: *Proceedings of the Seventh European Conference on CSCW*, Kluver (NL), 2001, S. 19-38

Timmermans, H. (2000): Was wird von Dokumenten-Management-Systemen zukünftig erwartet? In: *EDM-Report*, Nr. 1, Dressler Verlag, Heidelberg, 2000, S. 64-71

Trigg, R. H.; Blomberg, J.; Suchman, L. (1999): Moving document collections online: The evolution of a shared repository. In: S. Bødker, M. Kyng & K. Schmidt (Hrsg.), *Proceedings CSCW 1999*, Copenhagen, Denmark; Dordrecht, NL: Kluwer, 1999

Wulf, V. (1997): Storing and retrieving documents in a shared workspace: experiences from the political administration. In: Howard, S.; Hammond, J.; Lindgaard, G.: *Human Computer Interaction: INTERACT 97;* Chapman & Hall, UK, 1997, S. 469-476

BrainSpace – Problemlösung durch virtuelle Kollaboration

Andreas Ninck, Maurus Büsser

Berner Fachhochschule, Fachhochschule Aargau

Zusammenfassung

BrainSpace steht nicht nur für eine Plattform, sondern insbesondere für eine Methode zur computergestützten, kollaborativen Problemlösung. Im Unterschied zu herkömmlichen kollaborativen Ansätzen - wie Groupware oder Knowledge Management - steht bei *BrainSpace* nicht die Ablage von Information oder Wissen im Zentrum, sondern der kollektive Denkprozess. Durch die Kombination eines wohl definierten Kollaborationsprotokolls mit modernen Kommunikationsmedien wird ein verteiltes kognitives System definiert. Das *BrainSpace*-Protokoll ist klar strukturiert und bringt so Transparenz in den Kollaborationsprozess. Die Methode ist aber andererseits derart flexibel dass sie sich an unterschiedliche Anforderungen und Bedingungen anpassen lässt. Damit ist eine der wichtigsten Bedingungen für einen kreativen Problemlösungsprozess erfüllt: Perturbationen können in das System eingeführt werden, ohne dass dadurch der Prozess auOer Kontrolle gerät.

1 Einleitung

Im betrieblichen Umfeld ist heute die Bedeutung von 'Wissen' als zentraler Erfolgsfaktor für die Lösung von komplexen Problemen anerkannt, und 'Knowledge Management' (KM) ist zusehends zu einer der wichtigsten Führungsaufgaben in Unternehmungen geworden. Empfehlungen und Handlungsanweisungen beschränken sich aber meistens auf bestehendes explizites Wissen oder konzentrieren sich auf technische Lösungen. Aktuelle Studien (z.B. Lucier & Trolio 2001) sehen bis heute keinen signifikanten Zusammenhang zwischen KM und Wertschöpfung. Nur langsam - und konträr zum gängigen KM-Verständnis - setzt sich die Erkenntnis durch, dass Wissensmanagement erst mit der Nutzung von implizitem Wissen einen wirklichen Mehrwert innerhalb eines Systems schaffen kann. „Tacit knowledge is the most important source of innovation, yet it is the often underutilized in a firm, and difficult to separate out for productive work" (Krogh 2000, 108). Wissen beruht gemäß konstruktivistischer Auffassung grundsätzlich auf eigener Erfahrung und eigenen Konstruktionen. Wissen wird vom denkenden Subjekt nicht passiv aufgenommen, sondern wird aktiv konstruiert. KM im gängigen technischen Sinne trägt wenig zur Wissenskonstruktion bei, sondern ist vorwiegend ein organisatorisches Mittel für die Wissensverwaltung. Wissen allein reicht nicht aus um innovativ zu sein. Ein Problemlösungsprozess ist notwendig, bei welchem Vertrauensbildung und soziale Interaktion wichtige Elemente sind. Als Mittel zur Lösung der genannten Problematik nennen Nonaka und Konno die Nutzung von gemeinsamen Räumen (japanisch Ba): "Ba can be thougt of as a shared space for emerging relationships. This space can be physical (e.g. office, dispersed business space), virtual (e.g. e-mail, teleconference), mental (e.g. shared experiences, ideas, ideals), or any other combination of them." (1998, 40). Die Ideen heben sich insofern positiv von gängigen KM-Ansätzen ab, weil nicht die Technik, sondern der Mensch im Zentrum steht. Leider fehlen aber detaillierte Angaben darüber, wie Kollaboration im gemeinsamen Raum zu organisieren ist.

2 Kollaboration als kognitives System

Um den Begriff 'Kollaboration' zu verstehen, müssen wir uns mit Kognition bzw. dem kognitiven Zusammenspiel von Individuen auseinandersetzen. Als Basis für das Verständnis von kognitiven Prozessen dienen uns konstruktivistische Konzepte, wie sie von Jean Piaget begründet und in jüngerer Zeit weiterentwickelt worden sind (z.B. Maturana & Varela 1987; Watzlawick 1995; Glasersfeld 1997; Foerster 2000). Gemäß dem erkenntnistheoretischen Konstruktivismus gibt es keine objektive Realität. Jeder Person ist grundsätzlich nur eine subjektive Realität zugänglich. Von außen dringen bloß jene Dinge in das Bewusstsein welche mit den vorhandenen mentalen Strukturen in Zusammenhang gebracht werden können. Diese Art von operativer Geschlossenheit und Selbstreferentialität wird von Maturana & Varela als Autopoiese bezeichnet. Im Idealfall werden von Außen Muster empfangen, welche mit den vorhandenen Denkmustern assoziierbar sind (vgl. Abb. 1). Falls sich zwischen den Wahrnehmungen und dem Mustervorrat Differenzen oder Widersprüche ergeben, so führen diese "Perturbationen" dazu, dass die mentalen Strukturen angepasst, bzw. neu konstruiert werden. Wenn die Differenzen hingegen zu groß sind, so kann kein Bezug zum Mustervorrat hergestellt werden; die Person hat in diesem Fall keinen Zugang zum entsprechenden Sachverhalt.

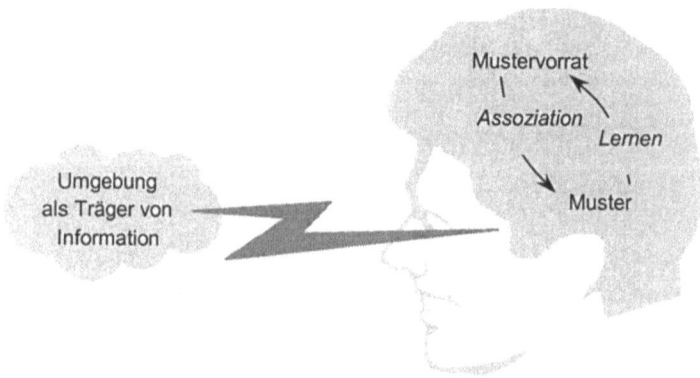

Abbildung 1: Konstruktion von Denkmustern (aus Ninck et al. 2002)

Im Kontext mit Kollaboration interessiert uns nun insbesondere die Frage, was passiert wenn zwei Personen A und B miteinander kommunizieren. Gemäß Lexikon ist 'Kommunikation' definiert als "Austausch von Information". Wie wir aber soeben gesehen haben ist es gemäß der konstruktivistischen Überzeugung nicht möglich, dass zwischen 'Sender' A und 'Empfänger' B Information im objektiven Sinne übertragen werden kann. Wenn A zu B etwas sagt, so ist es für B nicht möglich zu erfahren, was dabei im Kopf von A vorgeht. Schon näher kommen wir der Sache, wenn wir uns auf das lateinische Verb 'communicare' beziehen, was soviel bedeutet wie 'teilen'. Damit zwei Personen A und B im eigentlichen Sinne kommunizieren, müssen sie notwendigerweise in einem aktiven "Austauschprozess" ein gemeinsames Verständnis für einen Sachverhalt entwickeln.

Das Konzept der Kollaboration geht noch einen Schritt weiter. Die Personen A und B streben nicht bloß nach einem besseren Verständnis für die Denkmuster des jeweiligen Partners, sondern sie konstruieren gemeinsam neue mentale Strukturen in einem wechselseitigen Prozess. Schrage definiert den Kollaborationsbegriff sehr treffend wie folgt: „two ore more individuals with complementary skills interacting to create a shared understanding that none had previously possessed or could have come to on their own" (1995, 33). Eine kollaborierende Gruppe kann in diesem Sinne als autopoietisches kognitives System aufgefasst werden, wobei sich der Mustervorrat der Gruppe aus den Vorräten der Individuen zusammensetzt.

Ein zentraler Punkt ist die Frage, mit welchen Mitteln und in welcher Umgebung eine Gruppe ein gemeinsames Grundverständnis entwickeln kann. Vertreter der 'Activity Theory' argumentieren, dass unser Bewusstsein wesentlich durch unsere Aktivitäten geprägt wird: „Consciousness is located in everyday practice: you are what you do" (Nardi 1996, 7). Die enge Verknüpfung von Aktivität und Bewusstsein wird auch von Jonassen (2000, 100) unterstrichen: „The conscious understanding is an essential part of the activity that cannot be separated from it". Die Activity Theory fragt insbesondere nach den Tools, welche unsere Aktivitäten unterstützen: „An activity always contains various artifacts (e.g., instruments, signs, procedures, machines, methods, laws, forms of work organization). An essential feature of these artifacts is that they have a mediating role" (Kuutti 1996, 26). Wie wir im vorangehenden Kapitel gezeigt haben, geht Kommunikation und Kooperation deutlich über ein reines Austauschen von Informationen (Senden und Empfangen von Signalen) hinaus, und bedeutet insbesondere das gemeinsame Konstruieren von Denkmustern. Geordnete Aktivitäten und vermittelnde Artefakte spielen dabei offensichtlich eine zentrale Rolle („the use of culture-specific tools shapes the way people act and think", Jonassen 2000, 100). Schrage (1995) legt den Fokus mehr auf die Bedeutung des Raumes. Er geht davon aus, dass Symbole, Bilder, Modelle oder Konzepte in einem kooperativen Kontext zwingend in einem „Shared Space" bearbeitet werden müssen. Abbildung 2 fasst symbolisch wesentliche Anforderungen an eine Umgebung für kooperative Aktivitäten zusammen: Der gemeinsame Raum muss nicht bloß ein optimales Senden und Empfangen von Signalen ermöglichen, sondern mit Hilfe von Artefakten insbesondere den kognitiven Prozess unterstützen.

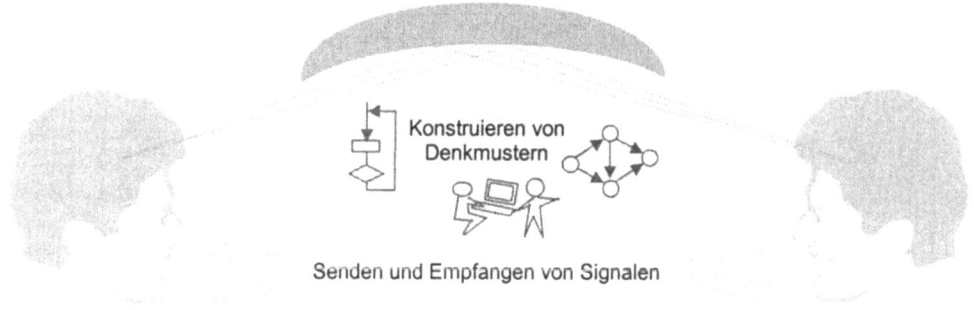

Abbildung 2: Mehr als Informationsaustausch - Raum und Artefakte als Vermittler im kognitiven Prozess

Als Konsequenz von Konstruktivismus und Activity Theorie sollte das Potenzial für Kreativität und Innovation zunehmen, wenn im Umfeld einer Person gewisse Perturbationen ausgelöst werden. Es ist nahe liegend, dass kollaborative Gruppen zu diesem Zweck ein geeignetes Umfeld darstellen können. Der Effekt ist offenbar dann am größten, wenn die Denkmuster in der Gruppe in einem gewissen Maß voneinander abweichen (jedoch nicht so stark, dass eine Kommunikation verhindert wird). Die Voraussetzungen sind am besten bei neu gebildeten Gruppen. Eingespielte Gruppen haben die Tendenz zur Herausbildung von Paradigmen (Kuhn 1991). Die Gruppenmitglieder bestätigen sich gegenseitig in ihren Auffassungen und gleichen ihre Denkmuster innerhalb der Gruppe an. Zudem haben reife kognitive Systeme die Tendenz zur Homöostase (Vicari & Troilo 2000). Solche Systeme sind bei Störungen bestrebt, zurück in den Ausgangszustand zu gelangen. Wenn wir eine innovationsfördernde Umgebung kreieren wollen, sollten wir also darauf achten, dass wir Gruppen kreieren, die eine gewisse Inhomogenität aufweisen und in ihrer Zusammensetzung zeitlich beschränkt interagieren.

3 *BrainSpace* – Organisierte virtuelle Kollaboration

Wie aus den beiden vorangehenden Kapiteln geschlossen werden kann, braucht es zum Aufbau eines verteilten kognitiven Systems mehr als eine Plattform zum Informationsaustausch. Wir benötigen einen gemeinsamen Raum, welcher ausgestattet ist mit Werkzeuge zur Unterstützung der kollaborativen Aktivitäten. Und wir müssen einen Prozess definieren welcher dem paradoxen Anspruch genügt, Unordnung zu organisieren und das kreative Chaos zu kontrollieren.

Unsere Antwort auf diese Herausforderung heißt *BrainSpace* (Büsser & Ninck 2003). Es handelt sich dabei um eine Kollaborationsmethode, welche durch eine entsprechende Umgebung unterstützt wird. Die *BrainSpace*-Struktur basiert auf dem Team-Syntegrity Modell des Management-Kybernetikers Stafford Beer (Beer 1994). Während Syntegrity allgemeine Strukturen für den Austausch in sozialen Systemen definiert, ist *BrainSpace* stärker auf den verteilten Kollaborationsprozess fokussiert und erweitert das Syntegrity-Modell hinsichtlich Raum und Zeit. Das Syntegrity-Modell liefert einen strukturellen Rahmen für eine synergetische Interaktion von Mitgliedern eines Infosets. Ein Infoset ist eine Gruppe von Personen (Stakeholders), die gemeinsame Ziele verfolgen und individuelles Wissen mit diesen Zielen verknüpfen. Eine Kollaboration innerhalb eines Infosets führt dazu, dass verschiedene Diskussionspunkte (Topics) und unterschiedliche Perspektiven ein perturbierendes Umfeld erzeugen. Dank den Strukturen im Syntegrity-Modell entsteht, trotz der Diversität, eine Gesamtheit die in sich stabil ist und Synergieeffekte entwickeln kann. Mathematisch kann man zeigen dass polyedrische Strukturen die effizienteste Anordnung von Personen bezüglich maximaler Vernetzung und Informationsfluss gewährleisten.

Abbildung 3 illustriert die Struktur des Syntegrity-Modells anhand eines Ikosaeders. Die Kanten repräsentieren die Mitglieder des Infosets, die Ecken stehen für die Topics. Fünf Personen sind jeweils um ein Topic gruppiert. Jede Person beschäftigt sich aktiv mit zwei Topics. Alle Mitglieder haben die gleichen Möglichkeiten den Prozess zu beeinflussen. Sie tun dies in verschiedenen Rollen mit unterschiedlichen Aufgaben (als aktive Mitglieder einer Gruppe, als passive Beobachter und als Moderatoren). Durch die wechselnde Gruppenzusammensetzung werden die verfügbaren Informationen progressiv in mehreren Iterationsschritten verteilt, sowie die Beiträge der verschiedenen Akteure integriert. Die Polyederform ist abhängig von der Anzahl der Stakeholders. In einem Ikosaeder werden 30 Personen und 12 Topics, in einem Oktaeder 12 Personen und 6 Topics organisiert.

1 Stakeholder (total 30) bearbeitet 2 Topics.

Nicht in eine Sitzung involvierte Stakeholders fungieren als Beobachter oder Moderatoren.

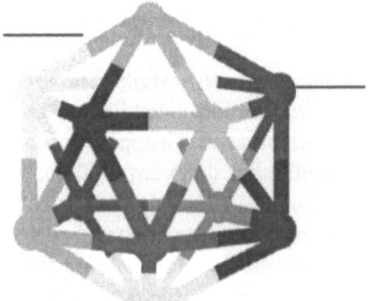

1 Topic (hier total 12).

Jedes Topic wird von einer Gruppe mit 5 Stakeholders bearbeitet.

Abbildung 3: Struktur des Syntegrity-Modells

Die Syntegrity-Methode hat ein relativ starres Protokoll. Die Abwicklung des Syntegrity-Prozesses dauert zwischen 3 und 5 Tagen. Da die Mitglieder während dieser Zeit anwesend sind (Klausur), bindet die Methode während ihrer Durchführung erhebliche Ressourcen. Auch sind Innovationsprozesse kontinuierliche Prozesse: "Only if firms can continuously feed and renew this creative tension will they be able to catalyze innovation in a complex environment" (Sawhney & Prandelli 2000, 26). Mit *BrainSpace* wird ein kontinuierlicher Prozess in einem verteilten Infoset möglich. Das Protokoll unterstützt den Innovationsprozess in virtueller Umgebung, zwischen geographisch verteilten Stakeholder. Das genaue Design von *BrainSpace* (Polyederform, Topic-Festlegung und -Zuteilung, Anzahl Iterationsschritte, Zeit pro Iterationsschritt, Rollenkombination, Interpretation der Rollen) ist stark abhängig vom konkreten Anwendungsfall. Die wichtigsten Prozess-Schritte sind in Tabelle 1 vereinfacht zusammengefasst.

Prozessschritt		Beschreibung
Eröffnungsphase (Asynchrone Kommunikation im Vordergrund, falls sich Teilnehmer noch nicht kennen, sollte Kick-off synchron erfolgen)	*Kick-off*	Ziel und Programm werden erläutert, Installation und Funktionskontrolle der benötigten Tools, Vorstellung der Stakeholders.
	Problembeschreibung	Problemanalyse, Generierung von Topics durch die Stakeholders aufgrund einer übergeordneten Eröffnungsfrage.
	Problemzuteilung	Reduktion der Anzahl Topics (je nach Polyederform) und Zuteilung der Topics gemäss individuellen Präferenzen. Mittels Algorithmus werden Topics und Stakeholder innerhalb der Struktur bestmöglich angeordnet.
	Agendasetting	Die Gruppen setzen innerhalb eines Zeitfensters die Daten für die Gruppensitzungen fest. Beobachter- und Moderatorenrollen werden verteilt. Moderatoren und Beobachter machen sich mit ihren Rollen vertraut.
1. Gruppenphase (v.a. synchrone Kommunikation, asynchrone Tools für die Dokumentation der Ergebnisse)		Die einzelnen Gruppen bearbeiten unter der Leitung des Moderators das ihnen zugeteilte Topic. Resultate und Agenda für den weiteren Prozess werden dokumentiert und für alle sichtbar abgelegt.
		Teilnehmer aus nicht aktiven Gruppen beobachten die Sitzungen und halten schriftlich, für alle sichtbar, die relevanten Aussagen des Denkprozesses fest.
		Eine Sitzungsdauer beträgt mind. 60'.
2. Gruppenphase		Gleiches Muster wie 1. Gruppenphase.
...		Weitere Gruppenphasen gemäß Zielsetzung und Prozessresultaten.
Schlusspräsentation (v.a. synchrone Kommunikation)		Ergebnisse der Topics werden präsentiert und diskutiert.
		Weiteres Vorgehen wird besprochen.

Tabelle 1: Übersicht über den BrainSpace Prozess

Tools, die den Prozess innerhalb von *BrainSpace* unterstützen, betreffen vor allem die multiple asynchrone und synchrone Kommunikation zwischen den verteilten Stakeholders. Eine wichtige Rolle spielen dabei Funktionen wie Application- und File-Sharing, Diskussionsforen, Messaging und Kalenderfunktionen. Sie können mit bestehenden Produkten (z.B. MS Messenger, MS Sharepoint, Groove, NetMeeting, Centra, Wiki etc.) realisiert werden. Diese Produkte werden laufend weiterentwickelt und neue kommen auf den Markt. Bei der Entwicklung von *BrainSpace* stehen deshalb die Funktionen, unabhängig von den Produkten, im Vordergrund.

Mit *BrainSpace* werden ideale Bedingungen zur kollaborativen Problemlösung geschaffen, da:

- innerhalb verteilter Gruppen eine partizipative, situative und zielgerichtete Zusammenarbeit stattfindet,
- die heterogen zusammengesetzten Gruppen von individuellen Stärken profitieren und ein perturbierendes Umfeld erzeugen,
- die verfügbaren Informationen effizient verteilt und alle Beiträge integriert und dokumentiert werden,

- die Prozesssteuerung unbeeinflusst von Hierarchiedenken und eingespielten Verhaltensmustern ist,
- Metakognitionen, Selbstreflexion und Sozialkompetenz durch die verschiedenen Rollen gefördert werden und Lernprozesse zur Folge haben,
- die Gruppenkohäsion erhöht wird und durch die aktive Beteiligung eine Kultur der Verpflichtung entsteht.

BrainSpace kann überall dort angewendet werden, wo soziale Interaktionen und das effiziente Zusammenbringen einer größeren Zahl von Stakeholder im Vordergrund stehen, sei dies im Zusammenhang mit Planung, Kreativitätssuche, Selbstorganisation, Beziehungspflege, Vertrauensbildung oder Wissensgenerierung. *BrainSpace* eignet sich aber auch für Prozesse innerhalb des Projektmanagements, des Network- oder Community-Managements, des Krisen-, Change-, und Integrations-Management sowie des Customer Relationship Managements.

4 *BrainSpace Class02* – eine Anwendung

Im Sommersemester 2002 haben 60 Studierende aus zwei verschiedenen Fachhochschulen und zwei unterschiedlichen Studienrichtungen (Informatik, Betriebswirtschaft) den *BrainSpace* Ansatz im Rahmen des Unterrichtsprojektes *BrainSpace Class02* ausgetestet. Hauptaufgabe der Studierenden war es, innovative, ICT-basierte Methoden zur Unterstützung von betrieblichen Prozessen zu finden. Die neuen Technologien waren somit nicht bloß Medium, sondern auch Gegenstand des Unterrichts. Weitere Unterrichtsinhalte waren Problemlösungsverhalten, soziale Interaktion, Kollaboration, kritisches Denken und Medienkompetenz.

Nach einem Kick-off Treffen von einem halben Tag haben die Studierenden mit der Zusammenarbeit im virtuellen Raum begonnen. Für die synchrone Kommunikation und Kollaboration ist Centra verwendet worden (vgl. http://www.centra.com), für asynchrone Kommunikation, Dokumentation und Knowledge Management wurde eine Wiki-Implementation (sWiki) eingesetzt (vgl. http://brainspace.isbe.ch:8000/Playground/1). Viele Details des Unterrichtsprojektes können auf der sWiki-Plattform eingesehen werden (vgl. http://brainspace.isbe.ch:8000/BrainSpace).

Das Kick-off Treffen war der einzige Moment wo sich die Studierenden real begegnet sind. An diesem Anlass wurde das Ziel erklärt, der Prozess beschrieben und die Bedienung der Werkzeuge erläutert. Die zwei Wochen nach dem Kick-off waren für Installation und Test von Centra und sWiki reserviert. Als erste Übung mussten sich die Studierenden auf einer sWiki-Seite kurz vorstellen. Anschließend wurde der *BrainSpace* Prozess mit einer allgemeinen Frage initialisiert. Die Studierenden hatten eine Reihe von betrieblichen Problemen zu beschreiben, für welche sie sich eine ICT-Lösung vorstellen konnten. Diese Aufgabe hat viele interessante Fragestellungen geliefert, nicht zuletzt deshalb weil unsere Teilzeitstudierenden auf ihre praktische Erfahrung in Wirtschaft und Industrie zurückgreifen konnten (http://brainspace.isbe.ch:8000/BrainSpace/8). Hier einige Beispiele zur Illustration:

- "Wie könnte man den Informations- und Kommunikationskanal zwischen Teilzeitangestellten und Vollzeitbeschäftigten in einem Unternehmen optimieren?"
- "Während der Softwareentwicklung in unserem Team wird häufig über die Verbesserung der Prozesse nachgedacht. Wie könnten wir die Verbesserungsvorschläge besser verwalten?"
- "Sitzungsteilnehmer sind sehr oft passiv und haben wenig Möglichkeit sich einzubringen. Bieten die neuen Medien Möglichkeiten für mehr interaktive Kommunikationsformen?"

- "In unserem Betrieb laufen Entscheidungen sehr hierarchisch ab. Die Fähigkeiten des Einzelnen werden zu wenig genutzt. Wie könnte man Entscheidungsprozesse demokratischer gestalten?"
- "Unsere Firma betreibt Ableger in verschiedenen Billiglohnländern. Wie kann man das Zusammengehörigkeitsgefühl unter den einzelnen Teams verbessern?"

Aufgrund der eingegangenen Problembeschreibungen haben wir sieben Themengruppen gebildet: Organisation, Firmenkultur, Information, Kommunikation, Lernen, Innovation, Knowledge Management. Alle Studierenden konnten sich in einer sWiki-Tabelle für zwei der Themenkreise einschreiben (http://brainspace.isbe.ch:8000/BrainSpace/25). Bei der Zuteilung in Vierer- oder Fünfergruppen konnten alle Präferenzen berücksichtigt werden. Jeder Gruppe wurden ein Administrator, ein Moderator und ein Beobachter zugeteilt. Die gesamte administrative Organisation sowie die Dokumentation der Gruppenergebnisse wurde ebenfalls mit Hilfe von sWiki-Seiten gemacht http://brainspace.isbe.ch:8000/BrainSpace/9).

Während die ersten Schritte im Prozess mit asynchronen Kommunikationsmitteln unterstützt wurden, kamen bei den drei nachfolgenden Gruppenphasen vorwiegend synchrone Mittel zum Einsatz, insbesondere Audiokommunikation, elektronisches Whiteboard und Chat. Der Chat-Modus wurde meistens parallel zum Audio-Modus eingesetzt und ermöglichte eine stichwortartige Dokumentation der Sitzung. Das Whiteboard dagegen war insbesondere nützlich für die grafische Veranschaulichung der mentalen Modelle. Alle Gruppenergebnisse wurden im Anschluss an eine Sitzung in den jeweiligen sWiki-Seiten protokolliert. Eine Audiositzung dauerte im Durchschnitt 90 Minuten, insgesamt wickelten wir in einem Zeitraum von 6 Wochen 72 Sitzungen ab.

Die erste Audiositzung von jeder Gruppe wurde durch ein Mitglied des Dozententeams moderiert. Dieser Schritt war insofern wichtig, als er Vorbildcharakter für die nächsten Sitzungen hatte. Ausgehend von den Ergebnissen der Problemanalyse mussten die Studierenden nun auf einen bestimmten Aspekt ihres Themenkreises fokussieren und die Ziele für die nächsten Sitzungen festlegen. Trotz der offenen Formulierung des Themas konzentrierten sich die meisten Gruppen rasch auf sehr praktische Fragestellungen und operationalisierten ihre Ziele in der Regel noch im Verlauf der ersten Sitzung. Am Ende einer Sitzung gab der Beobachter ein mündliches Feedback, und nach der Sitzung schrieb er seinen Kommentar auf eine separate sWiki-Seite.

Zu Beginn der zweiten Gruppenphase hatten alle Akteure bereits drei virtuelle Sitzungen hinter sich. Für den externen Beobachter war es offensichtlich, dass die Studierenden einen Lernprozess durchgemacht hatten. Aufgrund der gemachten Erfahrungen zeigten Sie einen verbesserten Umgang mit den ICT-Werkzeugen. Die zweite Phase war als Inkubationsphase angelegt. Zu den Zielsetzungen aus der ersten Phase suchten die Gruppen nun nach originellen Lösungsideen. Gemäß den Regeln der Kreativitätstechnik wurden die gemachten Vorschläge in dieser Phase nicht kritisiert.

Die letzte virtuelle Sitzung diente der Konsolidierung und Ausformulierung der Lösungsideen. Im Anschluss daran wurden die Ergebnisse dokumentiert und, zusammen mit einer Beschreibung des Prozesses, auf dem sWiki publiziert. Das Projekt wurde mit einer Umfrage abgeschlossen. Hier eine Zusammenfassung der wichtigsten Erkenntnisse:

- Die Studierenden beurteilten BrainSpace als interessanten Ansatz im Vergleich zu herkömmlichen Gruppen- und Projektarbeiten.
- Die Beherrschung der ICT-Werkzeuge ist ein kritischer Faktor, technische Probleme können dazu führen, dass die Problemstellung in den Hintergrund rückt, und dass die Motivation schwindet.

- Eine gründliche Einführung in die doch nicht ganz einfache BrainSpace Methode ist Voraussetzung für eine erfolgreiche Abwicklung.
- Die virtuelle Kommunikation lief erstaunlich gut und wurde nicht als Hemmfaktor gesehen. Etliche Studierende sagten sogar, dass sie sich im Vergleich zu entsprechenden Präsenzsituation weniger gehemmt gefühlt hätten.
- Der Wille zur Auseinandersetzung mit den neuen Technologien war groß, und vergrößerte sich entgegen unseren Erwartungen sogar noch im Verlaufe des Projektes.
- Die Phase des Kennenlernens war zu kurz. Die gewählte Form der virtuellen Kollaboration bedingt ein gewisses Maß an Vertrauen. Bei der nächsten Durchführung werden wir deshalb am Anfang ein paar zusätzliche vertrauensbildende Maßnahmen einschieben müssen.
- Die Studierenden hatten - trotz dem Einsatz eines Administrators - Schwierigkeiten mit der Selbstorganisation bei der Planung der Sitzungen.
- Die Studierenden haben die Tatsache geschätzt, dass die erste Sitzung von einem Dozenten moderiert worden ist, und einige hätten gerne in allen Sitzungen eine externe Moderation gehabt. Uns scheint das gewählte Vorgehen rückblickend aber doch der adäquat, insbesondere weil so die Verantwortung für die Prozesssteuerung klar bei der Gruppe lag.
- Die Rolle des kritischen Beobachters hat sich bewährt. Einerseits hat die Gruppe so ein unmittelbares Feedback gekriegt, und andererseits haben die Beobachter dank ihrer Rolle eine Menge bezüglich sozialer Dynamik gelernt.

5 Fazit

Mit *BrainSpace* haben wir Methoden und Werkzeuge zur Realisierung und Organisation eines verteilten kognitiven Systems konzipiert. Gemäß unseren theoretischen Überlegungen besteht die Herausforderung darin, eine Balance zu finden zwischen Ordnung und Chaos, Struktur und Selbstorganisation, inhaltlicher Offenheit und zeitlicher Begrenzung, geistigem Eigentum und kollaborativ entwickelten Denkmustern, bzw. Ansprüchen der Stakeholders und Interessen der Organisation. Wir sind der Meinung, dass wir diese Gratwanderung mit dem vorgestellten Modell besser meistern können als dies mit den gängigen Lösungsansätzen möglich ist: Die Strukturen verlaufen orthogonal zu bestehenden Organisationsmustern und erlauben den Einbezug verschiedener Stakeholders in eine virtuelle Umgebung. Zudem wird nicht bloß explizites Wissen ausgetauscht, sondern es wird implizites Wissen in einem kollaborativen Prozess konstruiert. Der IT-Aufwand ist im Vergleich zu Intranet- oder spezifischen Knowledge-Management-Lösungen bescheiden. Die gemeinsamen Räume und vermittelnden Artefakte erlauben eine problembezogene und partizipative Lösungsentwicklung. Ein klares Vorgehens- und Kommunikationsprotokoll lenkt den Prozess in geordnete Bahnen, lässt aber genügend Spielraum für die Anpassung an spezifische Gegebenheiten und Problemstellungen. Schließlich werden Perturbationen ins System eingeführt, ohne dass dadurch die Unternehmenssicherheit gefährdet wird. Wir glauben, mit *BrainSpace* der paradoxen Forderung zur kontrollierten Erzeugung von Unordnung und zur Organisation des kreativen Chaos einen Schritt näher zu kommen.

Kontaktinformationen

Prof. Dr. Andreas Ninck
Berner Fachhochschule
Morgartenstrasse 2c
CH-3014 Bern
ninck@hta-be.bfh.ch

Prof. Dr. Maurus Büsser
Fachhochschule Aargau, Nordwestschweiz
Martinsberg
CH-5401 Baden
m.buesser@fh-aargau.ch

Weitere Informationen zu BrainSpace findet man unter http://www.brainspace.ch

Literaturverzeichnis

Beer, S. (1994): *Beyond Dispute: The Invention of Team Syntegrity*. Chichester ; New York: Wiley.

Büsser, M.; Ninck, A. (2003): *BrainSpace - A Method for Computer Supported Collaborative Knowledge Construction*. Proceedings of IASTED International Conference on Computers and Advanced Technology in Education (CATE 2003). Rhodes, Greece.

Foerster, H. von; Glasersfeld, E. von; Hejl P. (2000): *Einführung in den Konstruktivismus*. München: Piper.

Glasersfeld, E. von (1997): *Radikaler Konstruktivismus. Ideen, Ergebnisse, Probleme*. Frankfurt: Suhrkamp.

Jonassen, D.H. (2000): *Revisting Activity Theory as a Framework for Designing Student-Centered Learning Environments*. In: Jonassen, D.H; Land, S.M. (Eds.): Theoretical Foundations of Learning Environments. London: Lawrence Erlbaum Associates – LEA.

Krogh, G. von et al. (2000): *Knowledge Creation: A Source of Value*. New York: St. Martin's Press.

Kuhn, T. (1991): *Die Struktur wissenschaftlicher Revolutionen*. Frankfurt: Suhrkamp.

Kuutti, K. (1996): *Activity Theory as a Potential Framework for Human-Computer Interaction Research*. In: Nardi, B.A. (Ed.): Context and Consciousness – Activity Theory and Human-Computer Interaction. London: MIT Press.

Lucier, C.; Torsilieri, J. (2001): *Can Knowledge Management Deliver Bottom-line Results?* In: Nonaka, I.; Teece D. (2001): Managing industrial knowledge: creation, transfer and utilization. London: Sage.

Maturana, H.; Varela, F. (1987): *Der Baum der Erkenntnis*. Bern: Scherz.

Nardi, B.A. (1996): *Activity Theory and Human-Computer Interaction*. In: Nardi, B.A.. (Ed.): Context and Consciousness – Activity Theory and Human-Computer Interaction. London: MIT Press.

Ninck, A.. et al. (2002): *Systemik - Integrales Denken, Konzipieren und Realisieren*. Zürich: Verlag Industrielle Organisation.

Nonaka, I.; Konno N. (1998): *The Concept of "Ba": Building a foundation for knowledge creation.* California Management Review, Vol. 40, No 3.

Sawhney, M.; Prandelli, E. (2000): *Communities of Creation: Managing distributed Innovation in turbulent Markets.* California Management Review, Vol. 42, No 4.

Schrage, M. (1995): *No more teams! Mastering the dynamics of creative collaboration.* New York: Currency Doubleday.

Schrage, M. (2000): *Serious play: how the world's best companies simulate to innovate.* Boston: Harvard Business School Press.

Vicari, S.; Troilo, G. (2000): *Organizational Creativity: A New Perspective.* In: Krogh, G. von et al.: Knowledge Creation: A Source of Value. New York: St. Martin's Press.

Watzlawick, P. (1995): *Wie wirklich ist die Wirklichkeit? Wahn, Täuschung, Verstehen.* München: Piper.

Die Unterstützung von Rollenzuweisung und Rollenübernahme: ein Ansatz zur Gestaltung von Wissensmanagement- und CSCL-Systemen

Thomas Herrmann, Isa Jahnke, Kai-Uwe Loser

Informatik & Gesellschaft, Universität Dortmund

Zusammenfassung

Der Beitrag befasst sich aus soziologischer Sicht mit dem Rollenkonzept am Beispiel von Communities, um daraus systematisch Unterstützungen für Rollenentwicklung im Wissensmanagement und bei CSCL-Systemen abzuleiten. Die „Rolle" ist ein geeignetes Konzept, um zu verstehen, wie Akteure interagieren, gemeinsam handeln und Wissen austauschen. Nach dem soziologischen Rollenmodell interagieren Akteure auf Basis von sozialen Rollen und *nehmen* für einen bestimmten Zeitraum eine Rolle ein, um mit anderen interagieren zu können. Jedes Handeln ist von Rollen geprägt und prägt die Rollen seinerseits. Aus diesem Ansatz wird die Unterstützung der Rollenentwicklung für Wissensmanagement- und CSCL-Systeme abgeleitet. Dabei ist zu beachten, dass die Informatik einen von der Soziologie abweichenden Rollenbegriff verwendet. Zur Veranschaulichung werden zunächst einige Beispiele aus einem CSCL-Evaluationsexperiment dargestellt. Anschließend wird der soziologische Rollenbegriff detaillierter beschrieben, um Gestaltungsmöglichkeiten für technische Systeme abzuleiten. Sie werden zum Abschluss am Beispiel von Rollenmechanismen erläutert, wie etwa die Rollenübernahme, die Billigung derselben, die Rollenzuweisung und den Rollenwechsel.

1 Einleitung

Anhand einer detaillierten Studie zur Nutzung der prototypischen virtuellen Lernumgebung „Kolumbus" (Kienle & Herrmann 2002) sowie zehn Fallstudien zum betrieblichen Wissensmanagement (Herrmann et al. 2003) ist deutlich geworden, dass für eine erfolgreiche Nutzung intensive Kommunikationsprozesse stattfinden müssen. Es wird dabei zunehmend offensichtlich, dass es möglich sein muss, beim Wissensmanagement oder kollaborativen Lernen verschiedene Rollen wahrzunehmen und zwischen verschiedenen Rollen zu wechseln. Dementsprechend müssen verschiedene Formen der Rollenübernahme, der Rollenzuweisung oder des Rollenwechsels bei der Systemeinführung geschult und auch technisch unterstützt werden. Neben unseren empirischen Studien finden sich immer mehr Hinweise (Hedestig & Kaptelinin 2003; Wessner et al. 1999), die auf die Relevanz verschiedener Rollen hinweisen. Diese wird aber meist als Nebenaspekt gesehen. Es fehlt bislang eine systematische Darstellung, wie sich verschiedene Rollen differenzieren lassen, welche Mechanismen der Rollenbildung, Rollenübernahme, Rollenzuweisung etc. möglich sind, wie sich der eher intuitive Rollenbegriff durch Bezugnahme auf die soziologische Theorie schärfen lässt und wie man letztlich systematisch zu technischen Formen der Unterstützung von Rollen und Rollenmechanismen kommen kann.

In der Informatik geht es im Bereich CSCL (z.B. Matthes 2002) oder im Kontext von Workflow-Managementsystemen (WfMS) bei dem Konzept der Rolle darum, eine flexible Verwaltung von Rechten zu ermöglichen, die an autorisierte Benutzer vergeben werden, wie etwa für den Zugriff auf Daten oder die Aktivierung ausgewählter Funktionen (Sandhu et al. 1996). Die für WfMS etablierte Form der Rollenunterstützung reicht im Kontext des Wissensmanagements und virtueller Lernumgebungen nicht aus. Es fehlen Möglichkeiten, mit denen Nutzer einen Rollenwechsel darstellen können (umgangssprachlich: *das Aufsetzen eines anderen Huts*) oder aufgrund derer Inhalte im System unterschiedlich klassifiziert und verarbeitet werden können.

Die Workflow-Ansätze sind darauf beschränkt, Rollen fest zu definieren und den Umfang möglicher Rollen den Beschäftigten durch organisatorische Regelungen stabil zuzuweisen. Auch in computervermittelten virtuellen Lehr-/Lern-Räumen scheint man eher davon auszugehen, dass es ausreicht, vorab definierte Rollen anzubieten, die pro Session eingenommen werden und die nicht flexibel verändert oder gewechselt werden. So wird in der CSCL-Literatur häufig vorgeschlagen, bestimmte Rollen mit spezifischen Aufgaben zu gestalten wie beispielsweise „Moderator", „Experte", „Mentor" und „Tutor" (z.B. Harasim et al. 1995; Berge & Collins 2000). Flexible Redefinitionen von Rollen oder sich im Interaktionsgeschehen neu herausbildende Rollen werden dabei nicht berücksichtigt. Dies lässt sich unter anderem darauf zurückführen, dass sich der Umgang mit Rollen i. d. R. unbewusst abspielt. In der Interaktion bilden sich Rollen heraus, werden zugewiesen oder übernommen, ohne dass dies bewusstseinspflichtig ist. Im Sinne soziologischer Theorien findet im Verlauf der Interaktion eine Strukturierung statt (Giddens 1984), die letztlich auch eine Komplexitätsreduktion ermöglicht (Luhmann 1987). Voraussetzung ist eine Wiederholung bestimmter Interaktionsmuster, auf die im Interaktionsgeschehen wieder Bezug genommen werden kann. Die sich entfaltende soziale Strukturierung kann Arbeits- und Kommunikationsprozesse erleichtern und effizienter machen. Wirtschaftsunternehmen machen von diesem Vorteil Gebrauch, indem sie in Organigrammen Weisungsstrukturen und auf Berichtspflichten bezogene Positionen bzw. Rollen festlegen, ohne jedoch die flexible Entwicklung von Rollen zu berücksichtigen.

In der Empirie (siehe Abschnitt 2) zeigt es sich jedoch, dass ein flexibler Umgang und das Angebot einer Vielfalt unterschiedlicher Rollen sinnvoll sind. In der Praxis ist es jedoch schwer nachvollziehbar, wer welche Rollen zu einem Zeitpunkt inne hat und wer wann wie welche Rolle wechselt. Daher ist in computervermittelten Kontexten eine gezielte technische Unterstützung für die Rollenzuweisung und -übernahme sinnvoll. Bevor wir im vierten Abschnitt Vorschläge unterbreiten, wie man systematisch zu technischen Lösungen kommen kann, werden wir im dritten Abschnitt ausloten, welchen Beitrag soziologische Theorien leisten können. Dabei bietet es sich an, auf das Konzept der „Communities" Bezug zu nehmen, weil sich bei ihnen Rollen sowohl unter den Bedingungen realer als auch virtueller Räume herausbilden.

2 Empirische Beispieldialoge

Soziale Rollen differenzieren sich auf der Basis von Verhaltenserwartungen und wahrnehmbaren Aktivitäten. Die protokollierten Dialoge einer explorativen Studie zeigen bei der Kommunikation mit einer web-basierten Lehr-Lernumgebung (*Kolumbus*, Kienle 2003) besondere Interaktionssequenzen, die auf Rollenzuweisung oder -übernahme hinweisen. Die Entwicklung von Kolumbus konzentrierte sich auf kommunikationstheoretische Gesichtspunkte, um das gemeinsame Lernen unter Aspekten des Wissensaustausches, der Diskussion und der aktiven Auseinandersetzung mit vorhandenem Material mittels Annotationen zu ermöglichen. Zur Evaluation dieses Ansatzes dienten Fallstudien und Quasi-Experimente, in denen auch die Relevanz sozialer Rollen erkennbar wurde. Im Rahmen eines 14-tägigen Experiments hatten vier vorher festgelegte Kleingruppen (je 3-5 Personen) die Aufgabe, sich auf ein Thema zu einigen, das lohnenswert und interessant genug erschien, um es anschließend in der Gesamtgruppe (12 Personen) zu diskutieren. Die Diskussion verlief mittels der web-basierten Lehr-Lernumgebung, die Teilnehmer durften bezüglich der Aufgabe nicht auf anderem Wege kommunizieren. Jeder sollte drei eigene Ideen vorschlagen und die Ideen anderer diskutieren – dann sollte darüber abgestimmt werden.

Die Unterstützung von Rollenzuweisung und Rollenübernahme:
ein Ansatz zur Gestaltung von Wissensmanagement- und CSCL-Systemen

In einem **ersten** methodischen Ansatz wurden die Dialoge mittels Textanalyse untersucht, um Interaktionssequenzen zu identifizieren, die auf Prozesse der Rollenübernahme verweisen oder die Notwendigkeit besonderer Rollen dokumentieren. Mittels der Technik des offenen Codierens (Strauss 1994) wurden die Diskussionsbeiträge daraufhin geprüft, inwiefern nicht-inhaltliche Beiträge mit Hinblick auf ihre Relevanz für Rollen gruppiert werden konnten. Es konnten neun Interaktionsmuster aus der Textanalyse ermittelt werden, die zunächst rudimentär anhand des beobachteten Verhaltens umschrieben werden (siehe Tabelle 1).

Rollen	Beschreibung	Beispiele aus der Empirie
1. Autor (Bereitsteller von Inhalten)	Den anderen seine Ideen/ Antworten mitteilen, wobei es sich in der Regel um kürzere Textfragmente, also Statements handelt.	„Vorschläge/Beitrag/Ideen." „Einige Denkanstöße von *Person A*."
2. Gast (Lurker)	Neuling oder jemand der kurzweilig Interesse hat und sich orientiert, ohne selbst Beiträge einzustellen.	„Guter Vorschlag, könnten wir in unserer Gruppe auch berücksichtigen."
3. Moderator (inhaltlicher Lenker)	Das Kommunikationsgeschehen wird kommentiert.	„Wenn ich den Stand der Diskussion zusammenfassen sollte, dann würde das so aussehen."
3a. Hinweisgeber auf Prozessstand	Macht den derzeitigen Arbeitsschritt transparent und unterstützt den Arbeitsprozess	„Seid Ihr eingeschlafen? Ich warte auf die Zustimmung oder weitere Vorschläge zur Abstimmung."
3b. Initiator einer Abstimmung zu einem Diskussionspunkt	Entscheidungsinitiator: um verteiltes Wissen auf einen gemeinsamen Nenner zu heben.	„Ist das unsere gemeinsame Sicht der Dinge?"
4. Strukturgeber bzgl. der Inhalte (*nicht Teamstruktur*)	Moderator struktureller Art.	„Bitte fügt doch Annotationen oben ein."
5. Techniker	Jemand, der bei Fragen zur Funktionsweise des technischen Systems weiterhilft.	[Person B weiß nicht, wo die Items gespeichert sind, der Techniker hilft] „Die werden sortiert."
6. Unterstützer	Coach/Supervisor, der den Akteuren hilft eine Meta-Sicht auf die Dinge zu erhalten.	„Man benötigt einen Metakanal, wo man sich über Verfahrensweisen einigt..."
7. Konfliktmediator (KoM)	Moderation bezüglich Bewältigung von Konflikten, die emotional geladen sind.	[2 Personen *streiten* sich, KoM greift ein] „Genau, der zweite ist sehr nah am ersten, (...) ich habe den ersten Vorschlag insofern abgeändert, dass er integriert ist."

Tabelle 1: Rollen im Experiment

Aus den Interaktionsmustern können Rollen wie beispielsweise *Autor (Bereitsteller von Inhalten)* oder *Moderator (inhaltlicher Lenker)* werden. Darüber hinaus entstehen weitere Rollen, die den Lern- bzw. Wissensaustauschprozess begleiten (*Hinweisgeber zum Prozessstand* und *Entscheidungsinitiator*), Rollen, die bei der Beantwortung von technischen Problemstellungen helfen (*Techniker*), weitere Rollen, die unterstützen, Regeln und Strukturen aufzubauen (*Strukturgeber*) und Rollen, welche auf die gemeinsame Situation der Lernenden hinweist (*Unterstützer*) und Konflikte bewältigen hilft (*Konfliktmediator*)[1]. Zu den Interaktionsmustern, die eine Rolle etablieren, gehören aber nicht nur Äußerungen und Aktivitäten, die die Übernahme einer Rolle beanspruchen, sondern auch Äußerungen, die Erwartungen ausdrücken oder die Übernahme einer Rolle billigen. Weiterhin musste geklärt werden, wer wem welche Rolle zuweist (Rollenzuweisungen), wer welche Rolle aktiv oder passiv einnimmt (Rollenübernahme) und darin bestätigt

---

[1] Es handelt sich hierbei nicht um Aufgabenzuweisungen, da eine Rolle ein komplexeres Phänomen als eine Aufgabe ist. Sie beinhaltet zwar auch Aufgaben, ist aber in wechselseitiger Abhängigkeit an das soziale System und dessen Erwartungen gebunden. Zudem sind Rollen mit Wertvorstellungen verknüpft. Menschen handeln auf Basis von Erwartungen, werden von Menschen in anderen Positionen beeinflusst und unterliegen Sanktionsmöglichkeiten.

wird. Diese wurde in einem **zweiten Schritt** analysiert. Im Folgenden werden anhand zweier Beispiele Interaktionen nachvollzogen, die eine Rollenentwicklung andeuten.

1. Beispiel (aktive Rolleneinnahme und billigende (passive) Rollenzuweisung)

Person A: „Verfahrenshinweis: Bitte Annotationen direkt an die kommentierte Annotation hängen"
(...)
Person A: „Bitte fügt solche Verfahrenskommentare doch nun vorne an."
Person B: „OK"
(...)
Person A: „Bitte gebt doch etwas mehr Struktur-Information: Überschriften; Namenskürzel etc.!"
Person B: „Hast ja recht, aber wir üben noch ;-)"

In dem links aufgeführten Dialogbeispiel wird deutlich, dass Person A mehrmals daraufhin weist (auffordert), der Diskussion mehr Struktur zu geben. Sie beansprucht also eine moderierende Funktion. Person B stimmt nach einiger Zeit zu und billigt ihr die Rolle des *Strukturgebers* damit zu. Die Erwartungen von Person A werden erfüllt, in dem Person B das macht, was A gerne hätte. (Mit dem Begriff „wir" spricht sie sogar aus Sicht der restlichen Gruppe.)

2. Beispiel (passive Rolleneinnahme und aktive Rollenzuweisung)

Person B schlägt der Gruppe vor, einen Ordner anzulegen, aber spezifiziert nicht, wer es konkret umsetzen sollte („Lasst uns einen Ordner anlegen"). Diese Aufforderung ist ein Versuch der Rollenzuweisung an die anderen in der Gruppe. Person C unterstützt diese Idee und betont es nochmals „Lass uns doch einen

Person B: „Ja, es scheint doch, dass wir alle drei daran interessiert sind, über PP zu sprechen. Lasst uns doch dazu einen Ordner anlegen, in dem wir sammeln, was wir zu diesem Thema diskutieren wollen."
Person C: „Finde ich auch. Lass uns doch einen daraus machen."
Person A: „Ja, mach nen Vorschlag dann ab in die Urheberaushandlung"

(Vorschlag) daraus machen". Sie beschränkt die mögliche Handlung bereits auf Person B und auf sich selber (und spricht nicht mehr die gesamte Gruppe an). Aber auch sie gibt die Rollenzuweisung weiter. Person A ist gleicher Meinung, aber betont im Gegensatz zu den anderen sehr genau und direkt, wer den Ordner anlegen soll „Mach (du) nen Vorschlag und dann ab...". Sie schreibt die Rolle Person C zu. Person C nimmt die Rolle *Entscheidungsinitiator* (und damit die Zuweisung durch A, ursprünglich B) jetzt an und führt die Aktivität aus.

Da das Experiment in einem kurzen Zeitraum stattfand, kann man in den Beispielen nicht von etablierten Rollen sprechen. Jedoch ergibt sich ein erster Hinweis darauf, wie sich welche Rollen in Kleingruppen entwickeln. Jedoch weist die beteiligte Gruppe bereits eine etablierte Sozialstruktur auf. In ihr werden auch abwechselnd Rollen wie Moderator, Autor und Techniker von verschiedenen Personen wahrgenommen Aufgrund der bereits vorher bestehenden Teamstruktur wird aber auch deutlich, dass sich die bereits bestehenden Rollen reproduzieren. Es werden nicht gänzlich neue Strukturen aufgebaut, auch wenn sich ihre Veränderung im System erkennen lässt. Da in dem beschriebenen Experiment vorab keine Rollenzuweisungen vorgenommen wurden, musste dies in der Interaktion nachgeholt werden. Dabei deuten sich auch neue Rollen an, wie etwa Strukturgeber oder Konfliktmediator.

Die empirische Analyse der sozialen Rollen gibt konkrete Hinweise darauf, welche Rollen sich in webbasierten Lernumgebungen innerhalb eines bestimmten Aushandlungsprozesses, andeuten und welche unterstützt werden sollten, um den Wissensaustausch zu koordinieren und in dem Sinne zu optimieren.

Die Unterstützung von Rollenzuweisung und Rollenübernahme:
ein Ansatz zur Gestaltung von Wissensmanagement- und CSCL-Systemen

Empirie - Kolumbus-Experiment	Literatur - Lehr-Lernprozesse	Literatur - Wissensmanagement (WM)
Autor	Lehrer / Aufgabensteller	Fragensteller
Gast	Student	Helfer
Inhaltlicher Lenker (Moderator)	Moderator	Experte
Hinweisgeber zum Prozessstand	Tutor	Redakteur
Entscheidungsinitiator	Experte	Chief Knowledge Officer
Strukturgeber	Reviewer / Kommentator	Leiter WM
Techniker	Vorschlag-Unterbreiter, Initiator	Process Owner
Unterstützer	Mentor	Content Stewart
Konfliktmediator	Ko-Autor	

Tabelle 2: Rollen in vorliegender Empirie und in der Literatur

Tabelle 2 stellt die gefundenen Hinweise auf Rollen in den Kontext von solchen Rollen, die in der Literatur zur Organisation von Lehr-Lernsystemen und beim Wissensmanagement genannt werden (die Zeilen-Angaben sind in dieser Aufzählung inhaltlich **nicht** verknüpft). Bemerkenswert ist, dass in dem beschriebenen Experiment keine Rollen vorgegeben waren, wie sie in den zwei rechten Spalten aufgelistet sind (wenn man davon absieht, dass die Experimentatorin eine Aufgabe gestellt und dargestellt hat, ohne jedoch an der weiteren Interaktion selbst teilzunehmen). Hieran zeigt sich, dass es nicht ausreicht, Rollen zu unterstützen, welche die Literatur bereits vorgibt. Viel wichtiger ist es, die Rollenmechanismen zu unterstützen, wie es Abschnitt 3 aufzeigt.

3   Communities und Rollen

Gemeinschaften (englisch: Communities) und Gruppen sind in der Soziologie grundlegende Forschungsgegenstände. Die Analysen und Studien zu Communities haben zum einen den Vorteil, dass die Entwicklung und die Übernahme von Rollen hier an einem überschaubaren sozialen Gebilde nachvollzogen werden können und dass zum anderen auch Aussagen für den Fall onlinevermittelter Interaktionen vorliegen. Tönnies beschäftigte sich bereits 1887 mit Gemeinschaften. Neuerdings werden aber nicht nur *real-weltliche* Communities, sondern vermehrt *virtuelle* oder Online Communities analysiert, wie z.B. Diskussionsforen und Mailinglisten, Slashdot.org oder auch ebay. Sie zeichnen sich dadurch aus, dass ihre Kommunikationsprozesse mittels IuK-Technik (z.B. Internettechnologie) unterstützt werden[2]. Waren es anfänglich soziologische Arbeiten, die Gemeinschaften untersuchen, findet man in der Literatur nun auch wirtschaftswissenschaftliche Beiträge und Beiträge aus der Informatik. Bei letzteren steht das Interesse im Vordergrund, technische Systeme angemessen zu gestalten. Soziologische Ansätze werden dabei nur ausschnittsweise berücksichtigt. Daher werden wir diese näher betrachten und mögliche Erkenntnisgewinne auf designtechnische Anforderungen für CSCL- und Wissensmanagementsysteme ableiten. Aus soziologischer Sicht ergeben sich drei analytische Betrachtungsebenen auf eine Community: die struktur-, handlungs- und systemtheoretische Perspektive (Müller 2002). Folgt man diesen, dann sind drei Ebenen für die Definition von Communities unabdingbar:

1. Soziale Beziehungen und Netzwerke in Communities sind informeller Natur (strukturtheoretischer Aspekt), die sich von einer Gruppe insofern abgrenzen, dass ihre Akteure informell d.h. lose gekoppelt sind, und nicht formell z.B. per Arbeitsvertrag der Organisation verpflichtet sind.
2. Zudem entwickeln sich soziale Gemeinschaften durch gemeinsame Tätigkeiten und Werte und bilden dabei spezifische *Rollen* heraus (handlungstheoretischer Aspekt). Im Zentrum einer Community steht der

---

[2] Kleingruppenforschung grenzt sich von der Erforschung von Gemeinschaften insbesondere durch zwei Merkmale ab: Kleingruppen bestehen in der Regel aus einer festen Größe und ihre Mitglieder haben die Möglichkeit direkter Kommunikation. Gemeinschaften dagegen unterliegen flexiblen Zu- bzw. Abgängen von beteiligten Personen und können mitunter tausend Mitglieder zählen. Der Aspekt der informellen lose gekoppelten sozialen Beziehungen sollte dementsprechend mehr beachtet werden. In diesem Beitrag steht die Größe der Gemeinschaft nicht im Vordergrund, sondern das Prinzip die Rollen*Entwicklung* jeweils angemessen zu unterstützen.

Austausch von Ideen und die gegenseitige Unterstützung (vgl. Henschel 2001). Ein gemeinsames Gruppenziel wie z.B. bei einem Projektteam, wird im Regelfall nicht verfolgt.

3. Und es entwickelt sich eine soziale Identität, die zu einer Abgrenzung des sozialen Systems zur Umwelt führt (systemtheoretischer Aspekt).

Hinterfragt man, wie Wissensaustausch und gemeinsames Handeln in Online Communities möglich ist, wird notwendigerweise nach Verhaltenserwartungen und somit nach Rollen gefragt. Rollen sind auch in informellen sozialen Beziehungen ein notwendiges Element, um gemeinsam handeln und lernen zu können. Die Bildung von Gemeinschaften mit gleicher Lernpraxis und/oder gleichen Interessen und Wertvorstellungen können mittels sozialer Rollen positiv unterstützt bzw. beeinflusst werden (koordinationsunterstützende Funktion).

Der *Rollenbegriff* hat eine lange Tradition und findet sich in seinen Anfängen in den Arbeiten von Mead (1934) als Vertreter des interaktionistischen (interpretativen) Rollenkonzeptes wieder (weitere z.B. Goffman 1974, Krappmann 1973). Mead geht von der Annahme aus, dass sich Gesellschaft aus Interaktionen konstituiert und dass erst durch diese Interaktionen Rollenstrukturen aufgebaut werden. Vertreter der funktionalistischen Perspektive (z.B. Linton 1936, Parsons 1951; Dahrendorf 1958) verbindet die Idee, dass Rollen aufgrund von normativen Erwartungen definiert werden (Bündel von Rollennormen). Beide Ansätze versuchen die Verbindung von Individuum und Gesellschaft bzw. Person und System zu erklären. Jedoch gehen die *Funktionalisten* davon aus, dass es objektive Strukturen gebe, die das Handeln determinieren. Die *Interaktionisten* dagegen betonen die Rollenselbstgestaltung des Akteurs. Dies führte in den 60er Jahren zu einer grundlegenden Kontroverse. Mittlerweile ist die „Rolle" als Grundbegriff der Soziologie etabliert. Eine ausführliche Darstellung und kritische Würdigung der Rollenansätze findet sich an anderer Stelle (z.B. Miebach 1991).

Die Informatik verwendet einen von der Soziologie abweichenden Rollenbegriff. In Bezug auf die Rechteverwaltungskonzepte in technischen Systemen, legt die Informatik mit der Rolle fest, welche Berechtigungen authentisierte Nutzer haben (Sandhu 1996).

Dieser Beitrag versteht den Begriff der sozialen Rolle vereinfacht als die Summe aller Verhaltenserwartungen eines sozialen Systems an den Rolleninhaber. Dieser befindet sich dabei in einer bestimmten Position, die mit Aufgaben und Funktionen verknüpft ist. Das bedeutet im Detail, dass eine Rolle die folgenden vier Bestimmungsmomente hat:

Position: Einer Rolle liegt eine Position zugrunde und eine damit verknüpfte Funktion bzw. Aufgaben. Der Positionsbegriff verweist ursprünglich auf die soziale Schicht in der Gesellschaft oder auf die Hierarchie-Ebene in einem Unternehmen (z.B. Organigramm). Die Position gibt den sozialen Ort an, d.h. das Verhältnis und Beziehung zu anderen Positionen, wodurch die Struktur des sozialen Systems widergespiegelt wird (statischer Strukturaspekt, vgl. Ullrich & Claessens 1981).

Funktionen/Aufgaben: Mit der Position sind bestimmte Funktionen bzw. Aufgaben verbunden, meist in Form von externalisierten und dokumentierten Erwartungen, Rechten und Pflichten, die das soziale System an den Rolleninhaber richtet (z.B. Tätigkeitsbeschreibungen).

Erwartungen: Der Rollenbegriff umfasst mehr als nur die formale Jobbeschreibung. An eine Rolle werden auch nicht-externalisierte Erwartungen gerichtet. Sie beinhaltet informelle Vorstellungen, Übereinkünfte und Abmachungen (Harrison 1977). Handelt ein Rolleninhaber erwartungskonform, spricht man von *Rollenübernahme* (role taking, Mead 1934). Dabei ist zu beachten, dass es sich um solche Erwartungen handelt, die normativ (potenziell durchsetzbar) sind, d.h. bei denen das soziale System die Möglichkeit hat, den Rolleninhaber bei Nicht-Einhaltung zu sanktionieren. Es ist sinnvoll, die Erwartungen des sozialen Systems nach Klasse (Rolle) und Instanz (Rolle, die von einem Akteur eingenommen wird) zu unterscheiden. Die Existenz einer Rolle Moderator kann bspw. auf der Ebene der Klasse sehr wohl akzeptiert sein, aber trotzdem sollen bestimmte Akteure (z.B. Schüler, Neulinge) diese Rolle nicht einnehmen dürfen.

Interaktion: Der Akteur hat die Möglichkeit, in einem bestimmten Verhaltenskorridor, auf die Rolle einzuwirken, sie aktiv auszufüllen (zu gestalten) in Interdependenz zu den Akteuren im sozialen System. Role making (Goffman 1973) bezieht sich auf zwei oder mehrere Akteure, die die Erwartungen einer Rolle aushandeln. Die Rolle bezieht sich demnach auf die Interaktion des Rolleninhabers, der die Rollenfunktion in konkretes Verhalten umsetzt (Handlungsaspekt). Daher wird jeder Akteur die gleiche Rolle (ein wenig) anders ausfüllen (Sievers 1991).

Bei der Etablierung, der Zuweisung und der Übernahme von Rollen sind bestimmte Interaktionsmuster relevant, die auch bei CSCL- und Wissensmanagementsystemen unterstützt werden sollten (s. Abschnitt 4). Folgende Differenzierungen (Rollenmechanismen) bieten sich an:

Rollenzuweisung: In den Beispieldialogen (siehe Abschnitt 2) wurde von Rollenzuweisung gesprochen, d.h., dass ein Akteur an einen anderen Akteur Erwartungen stellt. Diese Erwartungen können entweder direkt expliziert werden oder kommen indirekt zum Ausdruck, indem etwa bestimmte Verhaltensmuster positiv oder negativ sanktioniert werden. Rollenzuweisungen können den Interaktionsverlauf kanalisieren und vereinfachen, aber auch einengen. Mit der Zuweisung von Rollen ist auch eine Zuordnung von Rechten und Pflichten verbunden.

Rollenübernahme: Wenn jemand wahrnimmt, dass versucht wird, ihm eine Rolle zuzuweisen, besteht eine Entscheidungsmöglichkeit, die Rolle anzunehmen oder nicht[3]. Er kann sich auch kritisch mit den Erwartungen auseinandersetzen, auch dann, wenn er sich bereits in der Rolle befindet. Die sog. *Rollendistanz* (Goffman 1973) meint „eine kritische Distanz zur eigenen Rolle, d.h. eine souveräne, anzweifelnde, prüfende Haltung gegenüber den Erwartungen, die diese Rolle bestimmen ohne dass es zu einer grundsätzlichen Ablehnung der Rolle, zum abweichenden Verhalten gegenüber der Rolle, kommen muss" (Ullrich & Claessens 1981).

Role Making: Durch die Rollendistanz kann mit der Rollenübernahme eine Anpassung der Rolle selbst verbunden sein, das bedeutet ein Abweichen gegenüber den ursprünglich an die Rolle geknüpften Erwartungen (Goffman 1974).

Billigung einer Rollenübernahme: Personen können für sich bestimmte Rollen in Anspruch nehmen, ohne dass sie damit unmittelbar auf Erwartungen reagieren, die an sie gerichtet werden. Jemand kann eine Rolle beanspruchen, die es bereits gibt (etwa Experte/Berater im Wissensmanagement) oder er kann eine neue Rolle einführen (z. B. Qualitätskontrolleur beim Wissensmanagement). Wenn diejenigen, die normalerweise Rollen zuweisen, das Inanspruchnehmen einer Rolle tolerieren oder unterstützen, dann sprechen wir von der Billigung einer Rolle oder von einer passiven Zuweisung. So können auch neue Rollen entstehen.

Rollendefinition: Falls bestimmte Handlungserwartungen häufiger an andere gerichtet und auch akzeptiert werden, so kann durch diese Wiederholung auch eine neue Rolle entstehen. Dieser Prozess der Rollendefinition wird insbesondere dann unterstützt, wenn die Prozesse der Zuweisung und Übernahme reflektiert und artikuliert werden. Die Rollendefinitionen können unter Umständen ein Teil der Selbstbeschreibung einer Community werden, wenn zum Beispiel explizit festgelegt wird, dass ein Diskussionsforum einen Moderator haben soll.

Rollenwechsel: Ein Akteur kann mehrere Rollen innehaben. Bspw. kann ein Lehrer in einem CSCL-System derjenige sein, der eine Aufgabe stellt und auch deren Schwierigkeitsgrad erhöht. Er kann aber auch jemand sein, der zur Wissenssammlung beiträgt und dadurch die Bearbeitung der Aufgabe leichter macht. Der Lehrer hat also zwei untergeordnete Rollen: Aufgabensteller, Wissenslieferant. Hier ist es wichtig, eine Art nachvollziehbaren Rollenwechsel vorzunehmen, „einen anderen Hut aufzusetzen". Ein Rollenwechsel kann auch ein Positionswechsel sein, mögli-

---

[3] Es muss bedacht werden, dass nicht alle Rollen frei entscheidbar sind: so sind biologisch bedingte Rollen (z.B. Vater) askriptiv, d.h. *unveränderliche* zugeschriebene Rollen. Berufsrollen dagegen sind relativ *frei* wählbar.

cherweise in ein anderes soziales System, der einen Funktions- und Aufgabenwechsel mit sich bringt. Der Rolleninhaber legt die Rolle für eine bestimmte Zeit ab und wechselt in eine andere.

Inter-Rollenkonflikt: Hierbei geht es um einen Konflikt zwischen den Rollen, die eine Person inne hat (Merton 1973). Je nach Rolle kann eine Aufgabe im CSCL-System erleichtert oder aufwendiger werden. Für die Beteiligten ist es wichtig, die potentielle Inter-Rollenkonflikte zu verstehen.

Die Untersuchung und das Bewusstmachen, in welchen Rollen sich die Akteure befinden bzw. welche Rollen sie innerhalb einer Community einnehmen, kann Nutzer in der Erfüllung von Erwartungen und damit der Realisierung wiederkehrender Aufgaben unterstützen. Daraus lassen sich Möglichkeiten der technischen Unterstützung ableiten.

4 Ansätze technischer Unterstützung

Im Folgenden diskutieren wir Hinweise (s. Tabelle 3), wie die flexible Entwicklung von Rollen und das Verhalten in ausgewählten Rollen technisch unterstützt werden kann. Diese technische Unterstützung kann Prozesse in Communities erleichtern, aber auch Probleme implizieren. Das Phänomen der Rolle war bislang im Wesentlichen eine analytische Kategorie der Soziologie. Durch vorprogrammierte Funktionen werden demgegenüber Rollen und ihre Handlungsoptionen sowie -restriktionen in der realen Welt verdinglicht und erhalten in einem höheren Maße faktische Kraft, als dies bei einer bloß analytischen Betrachtung der Fall ist. Ähnliche Probleme zeigten sich zum Beispiel, als Winograd und Flores (1988) die Sprechakttheorie als Grundlage des Systems *Coordinator* wählten und von den Nutzern erwarteten, dass sie ihre computervermittelte Interaktionen entsprechend klassifizierten. Da man jedoch in der allgemeinen Kommunikationserfahrung in der Regel Sprechakte nicht klassifiziert, wurde dieses System nicht den ursprünglichen Intentionen entsprechend angenommen (z.B. Robinson 1991). Im Unterschied dazu lässt sich jedoch für das Phänomen der Rollen beobachten, dass Fragen nach der Rolle, die jemand inne hat, oder Zuweisungen von Rollen und Beschreibungen von rollenspezifischen Erwartungen im Alltag durchaus üblich sind. Allerdings besteht hier in der Regel ein hohes Maß an Flexibilität, das durch Formen der technischen Unterstützung nicht außer Kraft gesetzt werden darf.

Mecha- nismus	Ebene der Klasse	Ebene der Instanz
Rollenzu- weisung	▪ Die definierten, und damit verfügbaren, Rollen können per drag+drop zugewiesen werden. ▪ Die Zuweisung wird als Vorschlag signalisiert, auf den man reagieren soll.	▪ Es wird angezeigt, welche konkreten Nutzer für welche Rolle in Betracht kommen. ▪ Der Versuch einer Rollenzuweisung wird an den Betroffenen signalisiert
Rollen- über- nahme	▪ Vorbedingungen können festgelegt werden (z.B. ob die Rolle von mehreren oder nur einer Person über- nommen werden kann, ob der Rolleninhaber noch an- dere Rollen haben darf). ▪ Beiträge, die man in dieser Rolle macht, werden automatisch gekennzeichnet (wählbar vs. vordefiniert). ▪ Verfügbare Rollen werden ständig angezeigt. ▪ Rollenübernahme per drag+drop (*Hut aufsetzen*). ▪ Alle werden von einer Rollenübernahme informiert (ebenso von der Abgabe).	▪ Der einzelne Betroffene muss zustimmen kön- nen. ▪ Die Vorbedingungen werden automatisch auf eine Person hin überprüft. ▪ Die Menge verfügbarer Funktionen oder Optio- nen wird auf den persönlichen Rolleninhaber ange- passt (in Abhängigkeit von anderen Rollen). ▪ Die nicht verfügbaren Rollen sind gekennzeich- net. ▪ Der Versuch einer konkreten Rollenübernahme wird den anderen angekündigt.
Role making	▪ Jemand, der eine Rolle übernimmt oder jemand, der eine Rolle zuweist kann die Parameter oder Bei- spiele, die eine Rolle beschreiben, verändern.	▪ Der Rolleninhaber kann unter Optionen wählen, welchen Effekt die Rollenübernahme hat (z.B. be- sondere Kennzeichnung von Beiträgen). ▪ Für eine spezielle Zuweisung werden die Bedin- gungen und Anforderungen der Rolle geändert.
Billigung einer Rollen- übernah- me	▪ Es wird ein Zustimmungsmechanismus bereitge- stellt. Pro Rollenklasse werden die Abstimmungsmodi (Veto oder nicht etc.; anonyme Abstimmung etc.) festgelegt. ▪ Spezifizierung einschränkender Bedingungen. ▪ Bedingungen des Ablegens einer Rolle werden festgelegt (z.B. zeitlicher Art).	▪ Es wird ein Abstimmungsprozess initiiert. ▪ Pro Person können Bedingungen angegeben werden. ▪ Die Abstimmung wird ausgewertet.
Rollende- finition	▪ Es werden wiederholende Interaktionsmuster er- kennbar gemacht (z.B. Aufzeichnen/ Mapping) ▪ Parameterliste, mit denen man Rollen beschreiben kann. (Freie Kommentare können angefügt werden.) ▪ Dialogbeispiele, die das gewünschte Verhalten der Rolle zeigen, können gesammelt werden.	
Rollen- wechsel	▪ Bedingungen für Rollenwechsel werden transpa- rent gemacht. ▪ Festlegen, welche Rollenwechsel vorab angekün- digt werden müssen.	▪ Rollenwechsel werden transparent gemacht. ▪ Rollenwechsel werden vorab angekündigt.
Inter- Rollen- konflikte	▪ Die Beziehungen zwischen Rollen werden darge- stellt und grafisch transparent gemacht	▪ Es wird gezeigt, welche Rollen die Beteiligten aktuell inne haben (können) ▪ Konflikte werden transparent gemacht – etwa vor der Durchführung einer Abstimmung

Tabelle 3: Technische Unterstützung der Rollen-Mechanismen (Interaktionen)

Tabelle 3 orientiert sich an Aktivitäten und Konstellationen, die im Zuge der Rollenübernahme und -zuweisung in Communities auftreten und sich entwickeln können. Die in Abschnitt 3 beschriebenen Interaktionsmuster (Rollenübernahme bis Inter-Rollenkonflikt) werden hier metaphorisch als Rollenmechanismen angesprochen, für die eine technische Unterstützung sinnvoll sein kann. Dabei wird auf die Unterscheidung zwischen *Klasse* und *Instanz* zurückgegriffen, um zu verdeutlichen, dass sich die Unterstützung sowohl auf eine Rolle im allgemeinen beziehen kann, als auch auf konkrete Situationen, in denen es bspw. um eine Rollenübernahme durch eine konkrete Person geht. Mit der Tabelle 3 werden Beispiele vorgeschlagen, sie ist nicht als abschließende Aufzählung gemeint. Die Beschreibung der Rollenmechanismen, gibt noch keine Hinweise, welche Handlungsoptionen dann „innerhalb" einer Rolle entsprechend der Definition und dem „Role Making" technisch zu unterstützen sind. Dies hängt jeweils vom Fall einer spezifischen Rolle und ihrem Kontext ab. Wählt man etwa die Rolle eines Moderators im Wissensmanagement, dann ist zum Beispiel folgende Funktionalität sinnvoll:

- Zuteilung besonderer Zugriffsrechte und Sichten (hier ergibt sich eine Überschneidung mit den üblichen Rollenkonzepten in Softwaresystemen)
- Erzeugung geeigneter Informationszusammenstellungen (z.B. aller unbeantworteten Fragen)
- Erkennbarkeit des Rollenwechsels und des Unterschieds zwischen moderierenden Beiträgen und inhaltlichen Statements; besondere Verwaltung der moderierenden Beiträge
  (Beispiel: Durch expliziten Rollenwechsel in einer Statusanzeige setzt ein Benutzer den „Moderatorenhut" ab und fortan sind alle Beiträge nicht mehr als Moderationsbeiträge, sondern als normale inhaltliche Beiträge gekennzeichnet.)
- Möglichkeiten der Kommunikationssteuerung (z.B. Worterteilung, Abruf von Beiträgen etc.)

Mit Hinblick auf die methodische Nachprüfbarkeit der Angemessenheit der vorgeschlagenen Rollenmechanismen ist festzustellen, dass es nicht sinnvoll ist, ein einzelnes System zu entwickeln und zu testen, dass alle Vorschläge umsetzt – es käme dann eher zu einem Overload an Funktionen. Zudem muss berücksichtigt werden, dass die angemessene Rollenunterstützung je nach Community variiert. Vielmehr soll unsere Analyse dazu beizutragen, dass in verschiedenen CSCL- und Wissensmanagementsystemen Teile der vorgeschlagenen Funktionalität integriert und im konkreten Aufgabenkontext erprobt werden soll. Die in Abschnitt 2 geschilderten empirischen Erfahrungen legen zumindest plausible Szenarien nahe, in denen die genannten Mechanismen – wenn auch nicht mit allen aufgezählten Details – in ihrer Gesamtheit sinnvoll zusammenspielen können. So kann man gedanklich nachvollziehen, dass etwa ein Diskussionsforum anhand des Verhaltens ihrer Akteure erkennt, dass es sinnvoll ist, die Rollen des Redakteurs und des Moderators festzulegen und zu trennen. Es ist auch plausibel, dass es nach einer solchen Rollenfestlegung sinnvoll ist, die Bedingungen für Rollenzuweisung, -übernahme und -wechsel zu klären und nach Möglichkeit ihre Einhaltung technisch zu unterstützen. Darüber hinaus ist es dann auch nahe liegend, dass die Abgrenzung zwischen beiden Rollen irgendwie im System festgehalten wird und die zugrunde gelegten Inhalte der Rollen sich auch weiterentwickeln können müssen.

Der hier vorgeschlagene Ansatz kann so charakterisiert werden, dass er sich nicht vorrangig an dem informatischen Rollenbegriff und der damit verfolgten flexiblen Verwaltung der Rechtevergabe orientiert. Vielmehr wird von einer soziologischen Rollentheorie ausgegangen, um aus diesem Blickwinkel das Phänomen der Communities im Kontext von CSCL und Wissensmanagement zu beleuchten. Aus dieser Perspektive lassen sich dann neue Optionen für die Gestaltung von Softwaresystemen erkennen, die über die bisher bekannten Funktionen zur Nutzung des Rollenkonzeptes hinausgehen, wie es am Beispiel der Rollenmechanismen deutlich werden kann.

5 Literatur

Berge, Z. L.; Collins, M. P. (2000): Perceptions of E-Moderators about their roles and functions in moderating electronic mailing lists. In: *Distance Education: An International Journal*, Vol. 21, No. 1. S. 81-100

Brown, J.S.; Grey, E.S. (1995): The people are the company. In: *Fast Company*, 1, S. 78-82

Dahrendorf, R. (1958): *Homo Sociologicus*. (1. Aufl.) Opladen: Westdeutscher Verlag

Giddens, A. (1984): *Die Konstitution der Gesellschaft*. Frankfurt a. M.: Campus, 3. Aufl. 1997

Goffman, E. (1974): Rollenkonzepte und Rollendistanz. In: Mühlfeld, C. (Hrsg.) (1974): *Soziologische Theorie*. Hamburg: Hoffmann und Campe Verlag, S. 265-281

Goffman, E. (1973): *Wir alle spielen Theater*. München: Piper

Harasim, L. (1995): Collaborating in Cyberspace: Using Computer Conferences as a Group Learning Environment. *Interactive Learning Environment*, 3 (2), S. 119-130.

Harrison, R. (1977): Rollenverhandeln: Ein harter Ansatz zur Team-Entwicklung. In: Sievers, Burckard (Hrsg.): *Organisationsentwicklung als Problem*. 1. Aufl., Stuttgart, S. 116-133

Hedestig, U.; Kaptelinin, V. (2003): Facilitator's invisible expertise and supra-situational activities in a telelearning environment. In: *Proceedings of the 36th Hawaii International Conference on System Sciences*. Online.

Henri, F. (1995): Distance Learning and Computer-Mediated Communication: Interactive, Quasi-Interactive or Monologue. In: O´Malley, Claire (1995): *Computer Supported Collaborative Learning*. Berlin et al.: Springer. S. 146-161.

Henschel, A. (2001): *Communities of Practice. Plattform für organisat. Lernen und Wissenstransfer*. Wiesbaden: Gabler

Herrmann, Th.; Mambrey, P.; Shire, K. (2003): *Wissensgenese, Wissensteilung und Wissensorganisation in der Arbeitspraxis*. Opladen: Westdeutscher Verlag. Im Druck

Kienle, A. (2003): *Integration von Wissensmanagement und kollaborativem Lernen durch technisch unterstützte Kommunikationsprozesse*. Köln: Eul Verlag.

Kienle, A.; Herrmann, Th. (2002): Integration von Kommunikation und Kooperation anhand von Lernmaterial - ein Leitbild für die Funktionalität kollaborativer Lernumgebungen. In: Herczeg; Prinz; Oberquelle (Hrsg.): *Mensch & Computer 2002. Vom interaktiven Werkzeug zu kooperativen Arbeits- und Lernwelten*. Stuttgart: Teubner. S. 45-54.

Krappmann, L. (1973): *Soziologische Dimensionen der Identität*, Stuttgart: Klett-Verlag

Lave, J.; Wenger, E. (1991): *Situated learning. Legitimate Peripheral Participation*. Cambridge: University Press.

Lesser, E.; Prusak, L. (1999): Communities of Practice, Social Capital and Organizational Knowledge In: *Information Systems Review 1*, No. 1, 3-9

Linton, R. (1936): *The Study of Man*. New York: Appleton-Century-Crofts

Luhmann, N. (1987). *Soziale Systeme. Grundriss einer allgemeinen Theorie* (1. Aufl.). Frankfurt am Main: Suhrkamp.

Matthes, F. (2002): Softwarearchitekturen für CSCL-Lösungen. In: *Proceedings des Workshops CSCL und kooperatives E-Learning der GI-Jahrestagung 2002*. Online.

Mead, G. H. (1934): *Mind, Self and Society*. London: University of Chicago Press, 1967

Merton, R. K. (1973): Der Rollen-Set. Probleme der soziologischen Theorie. In: Hartmann, H. (Hrsg.): *Moderne amerikanische Soziologie*, Stuttgart: Enke, S. 316-333

Miebach, B. (1991): *Soziologische Handlungstheorie*. Opladen: Westdeutscher Verlag.

Müller, C. (2002): Online Communities im Internet. In: *Sozialwissenschaften und Berufspraxis*. 25 Jg. Heft 4, S. 353-364

Parsons, T. (1951): Zur Theorie sozialer Systeme. Opladen: Westdeutscher Verlag, 1976

Robinson, M. (1991): Double-Level Languages and Co-Operative Working. In: AI & Society 5(1): S. 34-60

Sandhu R.; Coyne, E.; H. Feinstein, H.; C. Youman, C. (1996): Role-based access control models. In: IEEE Computer, Vol. 29, pp. 38-47

Sievers, B.; Auer-Hunzinger, V. (1991): Organisatorische Rollenanalyse und -beratung: Ein Beitrag zur Aktionsforschung. In: Gruppendynamik, 22. Jahrg., Heft 1, S. 33-46

Strauss, A. (1994): Grundlagen qualitativer Sozialforschung. Datenanalyse und Theoriebildung in der empirischen soziologischen Forschung. München: Wilhelm Fink Verlag

Tönnies, F. (1887): Gemeinschaft und Gesellschaft. Berlin: Curtius, 3. Aufl. 1935

Ullrich, O; Claessens, D. (1981): Soziale Rolle. Der Rollenbegriff und seine empirischen Anwendungen. Fernuni Hagen

Wenger, E. (1998): Communities of Practice. Learning as a social system. In: Systems Thinker, 6/1998, Vol. 9, Iss. 5

Winograd, T. (1988): A Language/Action Perspective on the Design of Cooperative Work. In: Greif, I. (1988): Computer-Supported Cooperative Work: A Book of Readings. San Mateo, California: Morgan K. Publishers. pp. 623-653

Wessner, M.; Pfister, H. & Miao, Y. (1999): Umgebungen für computerunterstütztes kooperatives Lernen in der Schule. In: Schwill, A. (Hrsg.): Informatik und Schule. Fachspezifische didaktische Konzepte. Berlin u.a.: Springer

Verbindung heterogener Experten-Communities durch die Entdeckung, Visualisierung und Nutzbarmachung von stillem Wissen – das AWAKE Projekt

Jasminko Novak, Monika Fleischmann, Wolfgang Strauss

Fraunhofer Institut für Medienkommunikation, MARS Exploratory Media Lab

Michael Wurst, Katharina Morik

Universität Dortmund, Abteilung Künstliche Intelligenz

Christoph Kunz, Jürgen Ziegler

Fraunhofer Institut für Arbeitswirtschaft und Organisation, Competence Center Human-Computer Interaction

Zusammenfassung

Dieser Beitrag beschreibt einen Ansatz zur empirischen Untersuchung der Frage, wie implizite Wissensstrukturen in unterschiedlichen Experten-Communities entdeckt, visualisiert und nutzbar gemacht werden können. Personalisierte Zugänge und kollaborative Strukturierung von Informationsräumen sind die praktischen Anwendungskontexte. Der Schwerpunkt liegt auf dem entwickelten Modell und dem System zur Erstellung und kollaborativer Nutzung von personalisierten Wissenskarten und kollaborativen Begriffsnetzen. Der entwickelte Prototyp verbindet semantische Textanalyse mit maschinellem Lernen und mit Interfaces zur Visualisierung von Kontexten und Beziehungen sowie zum Aufbau neuer Wissensstrukturen. Zu den Anwendungsszenarien gehören die automatische Generierung von personalisierten Wissensportalen, kollaborative semantische Exploration von komplexen Informationsräumen und der Aufbau von gemeinschaftlichen Ontologienetzwerken. Die Internetplattform netzspannung.org, ein Wissensportal das digitale Kunst, Kultur und Informationstechnologie verbindet, dient als Entwicklungskontext und empirische Testumgebung.

1 Einleitung

Der Ausgangspunkt unseres Ansatzes ist, dass implizite Wissensstrukturen (stilles Wissen), die von einer Nutzergruppe geteilt werden, maßgeblich für die Kommunikation und die gemeinschaftliche Nutzung von Wissen sind. Als entscheidendes Element für die Entwicklung eines Modells zum Aufbau einer Wissensgemeinschaft, die Experten aus unterschiedlichen Fachgebieten verbindet, ergibt sich daraus die folgende Fragestellung:

Wie können bereits bestehende, aber nicht explizit formulierte Wissensstrukturen einer bestimmten Experten-Gemeinschaft entdeckt, visualisiert und für die kooperative Entdeckung und Konstruktion von Wissen in heterogenen Informationspools nutzbar gemacht werden?

Bei der Formulierung eines praktischen Ansatzes zu dieser Fragestellung stellen wir die folgenden Definitionen und Einschränkungen auf. Wir setzen das Konzept der "Wissensfindung" (Fayyad et al 1996) in Bezug zur Unterstützung der Entdeckung von semantischen Zusammenhängen und Beziehungen in einem Informationspool, der entweder 1) zu umfangreich ist oder zu schnell wächst, um manuell gescannt und klassifiziert zu werden, oder 2) aus zu heterogenen Inhalten besteht, um mit einer bestimmten Klassifizierung belegt zu werden, oder 3) unterschiedliche Nutzergruppen mit heterogenen Interessen bedient.

In diesem Beitrag stellen wir ein Modell zur Entdeckung und Sichtbarmachung impliziter Wissensstrukturen einzelner Nutzer und Nutzer-Gruppen vor, und diskutieren die Möglichkeiten der Nutzung dieser Wissensstrukturen zur semantischen Navigation und Auffindung von Beziehungen in heterogenen Informationsräumen. Wir beschreiben die implementierten Prototypen und stellen die Möglichkeiten zur kollaborativen Nutzung des Systems dar. Ebenso wird die Anwendung des entwickelten Systems zum Aufbau eines Wissensportals, das unterschiedliche Experten-Gemeinschaften verbindet, anhand des Beispiels „netzspannung.org" erläutert.

2 Grundkonzept: Personalisierte lernende Wissenskarten

Unser Ausgangspunkt kann auf die Sichtweise von Nonaka & Takeuchi bezogen werden, welche argumentiert dass Wissen vor allem aus persönlichen, schwer artikulierbaren und teilweise unbewussten Komponenten besteht, die in der Regel als implizites oder stilles Wissen bezeichnet werden (Nonaka & Takeuchi 1995).Demnach liegt der Schlüssel zur Kommunikation und Nutzung des bereits vorhandenen Wissens sowie zum Aufbau von neuem Wissen, in der Externalisierung von implizitem Wissen in erkennbare und von anderen nutzbare Strukturen (Kodifizierung).

Als konkreten Untersuchungsrahmen für diese Fragen nehmen wir den Kontext der Informationssuche und der Exploration eines Informationsraumes. Dieser kann als ein Prozess verstanden werden, in dem der Nutzer durch seine Interaktion mit Informationen sein vorhandenes Wissen widerspiegelt und neue Wissensstrukturen entwickelt.

Um die Wissensstrukturen des Nutzers in Bezug zu einem Informationsraum zu stellen, ziehen wir die Metapher einer Wissenskarte heran. In unserem Ansatz beschreibt sie ein Modell zur Darstellung von Informationsräumen, in dem die Einzelinformationen nach ihrer möglichen Bedeutung und semantischen Beziehung strukturiert sind. Die Leitfrage ist, wie solche Karten aufgrund von Nutzerinteraktionen mit Informationen aufgebaut und für eine kollaborative Auffindung und gemeinsame Nutzung von Wissen angewandt werden kann.

Als eine konkrete Lösung haben wir das folgende Modell entwickelt. Als Ausgangspunkt für seinen Umgang mit den Informationen, wird dem Nutzer eine semantische Strukturierung des Informationsraumes angeboten, die autonom durch das System erstellt wird (z.B. durch die Verwendung von Dokument-Clustering Methoden). Dies ist die systemgenerierte Wissenskarte.

Der Nutzer kann diese vorgeschlagene Struktur nutzen, um im Informationspool zu navigieren und einen Überblick über vorhandenen Themen, Inhalte und deren Beziehungen zu gewinnen. Im Rahmen dieser Interaktionen entdeckt der Nutzer bestimmte Informationen die sein Interesse erwecken, setzt diese in den Kontext seines Informationsbedürfnisses und stellt damit bestimmte inhaltliche Verbindungen zwischen unterschiedlichen Informationen her. Er entwickelt somit eine persönliche Interpretation der Bedeutung der Informationen und ihrer Zusammenhänge.

Diese persönliche Perspektive kann der Nutzer durch das Umordnen der systemgenerierten Struktur in Form einer persönlichen Karte ausdrücken (z.B. durch das Auswählen relevanter Informationsobjekte, durch das Bewegen von Objekten zwischen Objektgruppen, die Erstellung neuer Gruppen, das Hinzufügen von Beziehungen etc.).

Da die Nutzeraktionen in Bezug auf eine bestehende semantische Struktur gesetzt sind, ist ihre Bedeutung kontextualisiert und kann vom System als solche entnommen werden. Dementsprechend können Nutzeraktionen als Ausgangspunkt für den Aufbau einer neuen Wissensstruktur herangezogen werden, welche die persönliche Perspektive des Nutzers widerspiegelt.

Die nutzerdefinierte Struktur kann so von dem System erlernt und formalisiert werden (z.B. durch Anwendung überwachter Lernmethoden), so dass sie als nutzerspezifische Vorgabe für die semantische Strukturierung von beliebigen Informationsräumen angewandt werden kann. Auf diese Weise wird das implizite Wissen eines Nutzers, das sich durch seine Aktionen in der ursprünglichen semantischen Struktur spiegelt, erfasst und formalisiert. In dieser Form kann es dann visualisiert und auf neue Situationen angewandt werden.

Die Entwicklung einer konkreten Realisation des beschriebenen Models umfasst die Integration und Erweiterung von Methoden aus mehreren Forschungsfeldern. Zur autonomen, maschinellen Erstellung von Wissenskarten aufgrund semantischer Beziehungen zwischen Text-Dokumenten verweisen wir auf Methoden des Dokumenten-Clustering und der semantischen Netzwerke (Lin et al. 1991, Kohonen et al. 2000, Sack 2000, Becks et al. 2000). Hinsichtlich bestehender Ansätze zur Extraktion der Semantik aus Nutzerinteraktionen mit Informationen, zum Lernen nutzerspezifischer Profile und zu kollaborativen Filtertechniken, siehe Resnick et al. 1994, Herlocker et al. 2000, Chalmers 2001, Joachims et al. 1997. Zur Visualisierung größer Informationsbestände gehen wir von Fokus+Kontext-Techniken aus (Robertson & Mackinlay 1993, Sarkar et al. 1993, Bederson et al., 1996).

3 Das Wissenskartensystem

Das beschriebene Modell der personalisierten, selbstlernenden Wissenskarten wird auf folgende Weise realisiert. Eine Wissenskarte besteht aus den Elementen ContentMap, ConceptMap und OntologieMap (Abbildung 1). Die ContentMap zeigt einen Überblick des inhaltlich strukturierten Informationsraumes. Sie visualisiert Gruppen von thematisch in Beziehung stehenden Dokumenten und bietet Einblicke in deren impliziten, auf deren Inhalt beruhenden Beziehungen. Die ConceptMap visualisiert ein Begriffsnetz das zuerst aus dem Dokumentenpool extrahiert wird und danach, ausgehend von Interaktionen seitens des Nutzers mit den Dokumenten, in Bezug auf die persönliche Sichtweise eines Nutzers, sowie auf die Sichtweisen anderer Nutzer gesetzt wird (siehe Kap. 3.1). Diese Begriffstruktur wird möglichst einfach gehalten und beinhaltet nur unbenannte Beziehungen, um dem Benutzer eine übersichtliche und klare Aussage zu vermitteln. Die Aufgabe solch einer ConceptMap ist es, eine begriffliche Navigationsstruktur bereitzustellen und eine Einsicht in die Kriterien der Dokumentengruppierung in unterschiedlichen ContentMaps, bzw. ihre interaktive Parametrisierung zu ermöglichen. Im Gegensatz dazu stellt die OntologieMap eine viel komplexere Struktur dar, die viele unterschiedliche Arten von benannten Beziehungen beinhaltet und hierarchische Klassifizierung und Navigation des Informationsraumes ermöglicht (siehe Kap 3.4.).

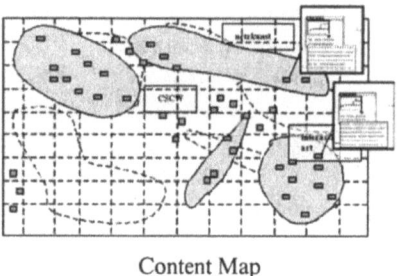
Content Map

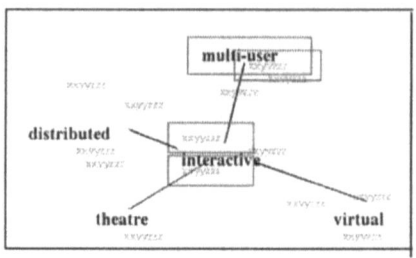
Concept Map

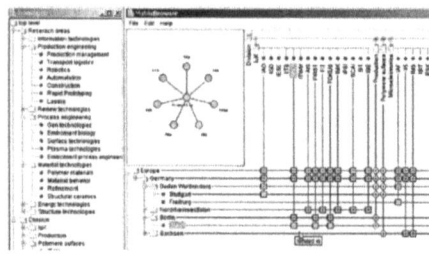
Ontologie Map

Abbildung 1: Hauptelemente einer Wissenskarte

Zur Realisierung dieses Modells wurde ein agenten-basiertes System entwickelt, das nachfolgende Komponenten beinhaltet:

- Ein Textanalysewerkzeug repräsentiert die bedeutungstragenden Merkmale von Dokumenten durch Wordvektoren im Vektorraummodell.
- Ein Gruppierungsagent erstellt basierend auf der Methode der selbstorganisierenden neuronalen Netze (Kohonen et al. 2000) eine ContentMap und eine erste ConceptMap. Durch diese Technik liegen semantisch ähnliche Dokumente auf der zweidimensionalen Dokumenten-Karte nahe beieinander und Wörter, die in ähnlichen Kontexten vorkommen, befinden sich auf der ConceptMap nahe beineinander.
- Ein Klassifizierungsagent ermöglicht es sowohl nutzereditierte Wissenskarten zu lernen und auf beliebige Mengen von Dokumenten anzuwenden als auch systemgenerierte ConceptMaps mit personalisierten Begriffstrukturen an zu reichern.
- Ein Ontologieagent generiert und verwaltetein gemeinsames Begriffsnetz aus der Überlagerung von persönlichen Wissenskarten, welches mit ontologischen Informationen angereichert werden kann.
- Den Knowledge Explorer (Novak et al. 2003, Novak &Wurst 2003) bietet ein integriertes Werkzeug für die Erstellung, die Visualisierung und das Explorieren der personalisierten Wissenskarten und Begriffstrukturen.
- Den MatrixBrowser (Ziegler et al. 2002) bietet ein Visualisierungs- und Abfragewerkzeug für ontologische Strukturen auf Nutzerseite, sowie für Erstellung der zugrunde liegenden Ontologie auf Administratorenseite.

Das Zusammenspiel dieser Module ermöglicht 1) die automatische Erstellung einer Strukturierung eines größeren Dokumentenpools anhand der semantischen Analyse des Dokumenteninhalts,

2) die Visualisierung und Navigation dieser Struktur, 3) die Erfassung der persönlichen Perspektiven von unterschiedlichen Nutzern und 4) die Möglichkeit, diese in Form von persönlichen Karten anderen Nutzern zugänglich zu machen und in eine gemeinsame Ontologie einfließen zu lassen. Im folgenden Abschnitt werden die einzelnen Schritte dieses typischen Nutzungsszenarios beschrieben.

3.1 Exploration von Zusammenhängen und Beziehungen mittels systemgenerierten und personalisierten Wissenskarten

Durch das Aufrufen des Knowledge Explorers (Abbildung 2) steht dem Nutzer eine Visualisierung zur Verfügung, welche die in Gruppen zusammengefassten Dokumente darstellt. Die kritische Frage dabei ist, wie die Dokumente angeordnet werden sollen, um inhaltliche Zusammenhänge zwischen ihnen herauszustellen.

In einem ersten Schritt verwenden wir hierfür eine Kombination aus statistischer Textanalyse und auf Kohnens SOM (Lin et al. 1991, Kohonen et al. 2000) basierenden Gruppierungsverfahren (Novak et al. 2003). Ähnliche Dokumente werden dabei nah zueinander auf einer zweidimensionalen Fläche angeordnet. Durch die Darstellung der Verteilung aller Dokumente über die Karte und ihrer Gruppierung in thematisch in Bezug stehenden Gruppen, wird dem Nutzer ein überblicksartiger Eindruck der jeweiligen Informationssammlung gegeben. Jede Gruppe wird zusätzlich mit einer Menge von Schlagwörtern beschrieben. Diese Schlagwörter werden zum einen aus explizit eingegebenen Schlagwörter der einzelnen Objekte extrahiert und zum anderen durch Textanalyse automatisch gewonnen. Beide Quellen werden durch ein Gewichtungsverfahren gemischt und ergeben die endgültige Schlagwortliste.

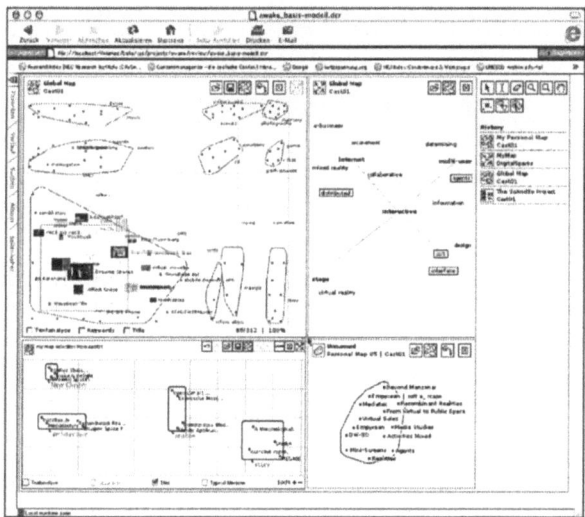

Abbildung 2: Das Knowledge Explorer Werkzeug

Die auf diese Weise entstandene Content Map wird durch eine Concept Map erweitert. Die ConceptMap gibt einen Einblick in die Kriterien, welche die semantische Struktur der ContentMap bedingen. Diese Kriterien bilden eine Art semantischer Achsen. Wird die ContentMap aufgrund der Analyse des Wortgebrauchs in Texten strukturiert, so ergibt sich ein spezieller Typ von ConceptMap, die WordMap. Sie zeigt diejenigen Wörter an, welche den Beziehungen zwischen den Dokumenten zu Grunde liegen. Auch zwischen diesen Wörtern selbst können Beziehungen hergestellt werden, indem zu jedem Wort, alle häufig im Kontext dieses Wortes auftretenden Wörter als ähnlich betrachtet werden. Dies ermöglicht eine Navigation zwischen verschiedenen, aber verbundenen Begriffen, wie in Abbildung 4 (rechts oben) zu sehen ist.

Die ContentMap und die ConceptMap bilden die zentralen Werkzeuge für den Nutzer, den gegebenen Informationsraum zu explorieren. Besonders bei großen Dokumentenmengen zeigt sich dabei die Notwendigkeit verschiedener Detaillierungsgrade. Entsprechend enthält sowohl die Content Map als auch die Concept Map eine Funktion des „semantischen Zooming" mit mehreren (lokalen) Fokuspunkten. Die Idee des „sematischen Zooming" im Gegensatz zum rein optischen Zooming ist, dass auf hoher Ebene nur ein repräsentativer Teil der Dokumente angezeigt wird. D.h. es wird nicht nur optisch verkleinert sondern auch semantisch gefiltert. Den lokalen Fokuspunkten liegt folgende Idee zugrunde: um Beziehungen zwischen verschiedenen Gruppen und Teilen der Karte erfassen zu können, muss der Benutzer detaillierte Informationen über gewisse Objekte erhalten und gleichzeitig den Überblick über den ganzen Informationsraum behalten. Die von uns eingesetzte Verzerrungstechnik ermöglicht eine solche Kombination von Detailansicht und Überblick (siehe Abbildung 2, links oben).

Basierend auf der Exploration der systemgenerierten Karte kann der Benutzer persönliche Karten erstellen. Dazu fügt er auf eine anfangs leere Karte, welche dieselbe Form hat wie die systemgenerierte ContentMap, beliebige Gruppen und Dokumente hinzu. Dabei kann er auch vollständige Gruppen aus der systemgenerierten Karte übernehmen. Neben ihrer direkten praktischen Bedeutung als Lesezeichen für den einzelnen Nutzer, bieten die persönlichen Wissenskarten die Grundlage für die Projektion, Explikation und den Austausch von Wissen. Zum einen können persönliche Wissenskarten genutzt werden, um sich eine personalisierte Karte einer Menge von Dokumenten erstellen zu lassen. Die Dokumente werden also gewissermaßen aus der Perspektive des Nutzers dargestellt, welcher die Wissenskarte erstellt hat (siehe Kap. 3.2). Zum anderen können Wissenskarten zwischen Nutzern ausgetauscht werden. Auf diese Weise kann ein Nutzer direkt von dem Wissen und der Arbeit eines anderen Nutzers profitieren (siehe Kap 3.3). Schließlich können die persönlichen Wissenskarten aller Benutzer zusammengenommen werden, um eine gemeinsame Ontologie (siehe Kap 3.4) oder eine personalisierte ConceptMap als einen persönlichen Begriffs-Blickpunkt bzw. eine Untermenge der Ontologie zu erstellten. Die personalisierte ConceptMap nimmt die Cluster-Namen, die seitens eines Nutzers vergeben wurden als persönliche Haupt-Konzepte und stellt sie in Bezug zu Begriffen aus der Textanalyse bzw. zu den Cluster-Namen und Begriffen aus den Karten anderer Nutzer. Die Auswahl der herangezogenen Begriffe und Cluster-Namen beruht auf einer Analyse der Ähnlichkeit von Konzepten, wie sie durch die von Nutzern erstellten und benannten Gruppen extrahiert werden kann. Ist eine kritische Masse von Nutzerinteraktionen vorhanden, kann die kollaborativ erstellte ConceptMap die auf Textanalyse beruhende ConceptMap komplett ersetzen (Novak & Wurst 2002).

Die Grundlage für alle diese Anwendungen ist die Annahme, dass Nutzer durch ihre persönlichen Wissenskarten, Wissen über einen gewissen Themenbereich oder einen Informationsraum zum Ausdruck bringen. Konkreter reflektieren Wissenskarten zum einen das Wissen des Nutzer über die gegenseitige Relevanz oder Ähnlichkeit von Dokumenten zum anderen das Wissen über Konzepte, d.h. das Wissen darüber, welche Dokumente zu welchen Begriffen gehören. Dies bildet den Ausgangspunkt für die Extraktion und Nutzung dieses Wissens.

3.2 Erlernen und Anwenden einer persönlichen Wissenskarte auf eine Menge von Dokumenten

Durch das Editieren einer persönlichen Karte definiert der Nutzer eine Menge von Klassen. Um eine persönliche Karte zu erlernen, muss eine Entscheidungsfunktion gefunden werden, die eine automatische Zuordnung von neuen Dokumenten zu diesen Klassen ermöglicht. Es gibt mehrere Möglichkeiten, eine solche Funktion zu finden. Dabei hat sich die Nearest-Neighbour[21] Methode als besonders geeignet erwiesen. Ein Dokument wird klassifiziert indem es dieselbe Klasse erhält, wie das ihm ähnlichste, vom Nutzer angeordnete.

Diese Vorgehensweise bietet verschiedene Vorteile. Zum einen liefert sie zusätzlich zur Klassenzugehörigkeit eine Position auf der zweidimensionalen Ebene, welche das Dokument in den entsprechenden semantischen Kontext stellt. Zweitens ist das Verfahren sehr effizient, da die Dokumentenähnlichkeiten vorberechnet und in entsprechende Datenstrukturen gespeichert werden können. Effizienz spielt eine besondere Rolle, da der Nutzer normalerweise auf das Anwenden einer persönlichen Wissenskarte wartet. Die Antwortzeit muss dementsprechend so niedrig wie möglich sein. Mit unserer derzeitigen Implementierung liegt sie im Bereich unter einer Sekunde. Drittens, und das ist im Zusammenhang mit kollaborativen Systemen vielleicht am interessantesten, ermöglicht die Verwendung eines Ähnlichkeitsmaßes zur Klassifikation nicht nur die Repräsentation inhaltlicher Ähnlichkeit sondern auch von Kontextzusammenhängen. Die Idee ist folgende: Zwei Dokumente die häufig gemeinsam vorkommen, sehr selten aber einzeln, können normalerweise als ähnlich angesehen werden (im Sinne von „im selben Kontext relevant"). Wenn man die persönlichen Wissenskarten von allen Nutzern zusammennimmt, kann durch eine statistische Analyse der gemeinsamen und einzelnen vorkommenden Dokumenten ein „kollaboratives" Ähnlichkeitsmaß abgeleitet werden. Ausgehend von der Annahme, dass sich in den persönlichen Wissenskarten das Wissen der Nutzer widerspiegelt, die diese Karten erstellt haben, repräsentiert ein solches Ähnlichkeitsmaß das gemeinsame Wissen aller Nutzer. Es kann auch ohne dass sich die Dokumente inhaltlich charakterisieren lassen (wie es bei Multi-Media Dokumenten beispielsweise schwierig ist) gewonnen werden.

Andererseits muss genügend Nutzerinteraktion vorhanden sein, um diese Art von Ähnlichkeit tatsächlich zu berechnen. Daher kombinieren wir Kontextähnlichkeit mit Textähnlichkeit (auf Grundlage des Kosinusmaßes für Wortvektoren). Wenn für ein Paar von Dokumenten ihr gemeinsames Vorkommen nicht statistisch signifikant ist, wird stattdessen Textähnlichkeit verwendet. Auf diese Weise vermeiden wir das aus dem „kollaborativen Filtern" (Resnick et al. 1994) bekannte Problem, dass am Anfang keine Anfragen beantwortet werden können, da es keine Nutzereingaben gibt.

3.3 Austausch von Wissenskarten zwischen Nutzern

Um einen sinnvollen Austausch von Wissenskarten zu ermöglichen wird durch das System eine spezielle Suchfunktion zur Verfügung gestellt. Die Idee dabei ist: Nutzer haben normalerweise neben einem akuten auch einen langfristigen Informationsbedarf. Das System sollte, wenn möglich, solche Karten zurückliefern, die beiden entsprechen. Beispielsweise kann „Zeitreihenanalyse" ein akuter Informationsbedarf eines Nutzers sein und „Maschinelles Lernen" ein langfristiger. Falls es nun persönliche Wissenskarten gibt, welche Zeitreihenanalyse eher unter dem Aspekt von Lernverfahren darstellen, dann sollten diese eine höhere Bewertung erhalten als Karten, welche Zeitreihenanalyse unter anderen Aspekten enthalten.Um dies zu realisieren bietet das System zum einen die Möglichkeit Stichwörter für die Suche einzugeben, welche eher den akuten Informationsbedarf beschreiben. Der langfristige Informationsbedarf wird automatisch aus den bereits von dem entsprechenden Nutzer erstellten persönlichen Karten abgeleitet, indem charakteristische Dokumente aus diesen Karten extrahiert werden. Der Nutzer kann aber interaktiv die Gewichtung der beiden Aspekte bestimmen.

3.4 Generierung einer Ontologie durch Strukturvergleich persönlicher Karten

Komplementär und in Verbindung zu den maschinellen Verfahren und der flachen Strukturierung der Wissenskarten ist die systematische Erstellung von hierarchischen Klassifikationssystemen bzw. Ontologien erforderlich, um auf Metaebene explizite Zusammenhänge der Informationsressourcen zu definieren und somit eine inhaltsbasierte Suche nach einzelnen und speziellen Dokumenten zu ermöglichen. Eine solche, sogenannte semantische Suche erzeugt qualitativ hochwertige Suchergebnisse und dadurch kürzere Suchzeiten mit verringerter Redundanz. Problem hierbei ist jedoch, dass solche Ontologien sehr aufwendig manuell und dadurch fehleranfällig von Spezialisten, sogenannten Wissensingenieuren, erstellt werden müssen. Zusätzlich zum Aufwand der Erstellung einer Ontologie ist auch der Pflegeaufwand sehr hoch, was einen wesentlichen Kritikpunkt dieser Technologien darstellt. Aus dem Grund der aufwendigen Erstellung werden auch - relativ erfolgreiche - Versuche durchgeführt, Begriffsnetze aus dem zugrundeliegenden Textkorpus zu extrahieren. Beispiele hierzu sind das Wortschatz Projekt der Universität Leipzig (Heyer et al. 2001), TextToOnto (Maedche & Staab 2000) der Universität Karlsruhe und das LTG Projekt (Mikheev & Finch 1997) der Universität Edinbourgh. TextToOnto extrahiert Begriffpaare und deren Relationen mittels linguistischer Abhängigkeiten, benötigt aber Hintergrundwissen über Begriffshierarchien für die Einbeziehung der extrahierten Begriffspaare. Eine Extraktion von Schlagwörtern, also inhaltsbeschreibende Wörter, ist aber grundsätzlich nicht möglich, wenn sie gar nicht erst in den Dokumenten auftauchen.

Da die nutzererstellten Wissenskarten Resultat einer sehr intentionalen Handlung sind, welche einen gewissen Grad an Reflexionsleistung bedingen und hierarchisch organisiert sein können, werden sie in dem hier verfolgten Ansatz als persönliche Klassifikationssysteme eines Teilausschnitts des Dokumentenpools betrachtet. Im Konkreten bedeutet dies, dass Gruppenbezeichner als thematischer Indikator für die darunter angeordneten Dokumente stehen. Durch Strukturvergleich werden die einzelnen Karten überlagert und zu einem gemeinsamen Begriffnetz zusammengeführt. Abbildung 3 verdeutlicht dies. Ergebnis ist hierbei ein Informationsnetz, welches über hierarchisch gegliederte Begriffe verfügt, die mittels einem „hat zu tun mit" Beziehungstyp vernetzt sind. In diesem Stadium ist sie schon für Such- und Explorationszwecke einsatzfähig.

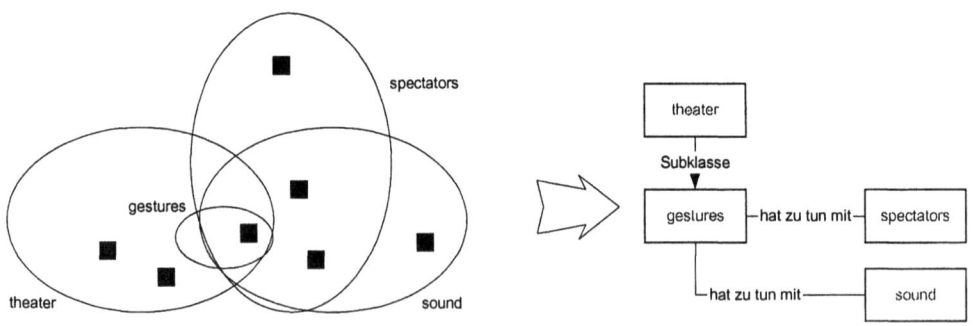

Abbildung 3: Überlagerung von einzelnen Kategoriensystemen

In den weiteren Stadien der Formalisierung kann dieses Informationsnetz durch Anreicherung von weiteren Begriffen und Beziehungstypen zu einer vollständigen Ontologie erweitert werden.

3.5 Themenbasierte Exploration und Suche

Die dem Informationsraum zugrundeliegende Ontologie kann nun mit Hilfe der OntologyMap, welche durch den MatrixBrowser (Ziegler et al. 2002) realisiert ist, exploriert und abgefragt werden. Nachdem eine solche Ontologie relativ groß werden kann, bietet die OntologyMap neben der explorativen Erschließung des Netzes einen Rechercheprozess in drei Schritten an: Um die gerade relevanten Ausschnitte des Netzes zu finden, beginnt der Nutzer mit der Eingabe eines Suchbegriffs. Hierauf vollzieht das System eine standardmäßige Volltextsuche, wobei nicht nur die reine Ergebnismenge als Liste dargestellt wird (siehe Abbildung 4, rechter Ausschnitt), sondern die gefundenen Dokumente den Konzepten in der Ontologie zugeordnet. Diese Teilbereiche der Ontologie werden visualisiert und die Treffermenge damit thematisch kontextualisiert (Kunz & Botsch 2002). Es werden zum einen alle Begriffshierarchien in denen Treffer erzielt wurden aufgelistet (Abbildung 4, links) zum anderen werden die beiden Begriffshierarchien mit den meisten Treffern und möglichen Relationen zwischen diesen auf der Matrix dargestellt. (Abbildung 4, Mitte). Gibt es gleiche Treffer in den auf den Achsen dargestellten Kategoriebegriffen, so wird in den zugehörigen Matrixzellen ein Kreis, dessen Größe mit der Anzahl der Treffer korrespondiert, dargestellt. Sämtliche auf diese Art gefundenen Begriffshierarchien können beliebig via Drag&Drop auf die Matrixachsen gezogen und damit exploriert werden.

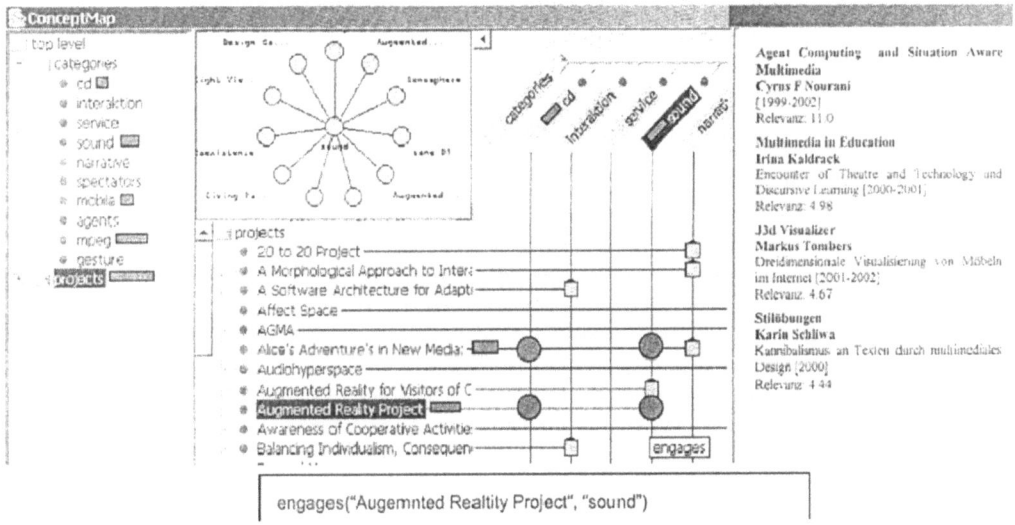

Abbildung 5: OntologyMap: Semantische Suche und Kontextualisierung von Treffern

Im zweiten Schritt kann die Ergebnismenge weiter eingeschränkt werden in dem einzelne Begriffe auf den Matrixachsen selektiert werden. Es ergibt sich die Schnittmenge aus allen Trefferdokumenten und denen, die unter einem Kategoriebegriff als Instanzen aufgehangen sind. Im obigen Beispiel zeigt die Ergebnismenge alle Dokumente zum Thema „Sound" bezogen auf das „Augmented Reality Project", da diese Begriffe selektiert wurden, sowie zum Suchbegriff „Multimedia".Im dritten Schritt können die expliziten Relationen dazu verwendet werden, tatsächliche semantische Abfragen zu generieren. Hierzu existiert in der OntologyMap ein Ausschnitt auf das wieder mittels Drag&Drop gewünschte Kategoriebegriffe und Relationen zwischen diesen gezogen werden können. Es wird möglich die Ontologie im Sinne von „gib mir alle Dokumente des

Augmented Realtity Projects die sich mit dem Thema Sound beschäftigen" abgefragt werden. Mit diesem Suchwunsch ergibt sich die in Abb. 4 unten dargestellte semantisch Abfrage.

4 Kollaborative Konstruktion und Anwendung des Wissens

Wird das System in der beschriebenen Weise angewandt (z.B. in einer Gemeinschaft von Experten aus verschiedenen Bereichen), kann eine Nutzergruppe eine Menge persönlicher Wissenskarten erstellen und diese gemeinsam nutzen. Ein Nutzer kann die Karte eines anderen Nutzers anwenden, um einen Informationspool mit dem „Wissen" jenes Nutzers automatisch zu klassifizieren. Ein typischer Anwendungsfall wäre hier die Anwendung von Expertenwissen, um in Informationspools oder Themenfeldern zu navigieren, die einem selbst nicht so vertraut sind. Bei einer Nutzer-Gemeinschaft mit einem offenen Ansatz zur gemeinsamen Nutzung von Wissens, können Nutzer ihre eigenen Karten als Erweiterung der Karten anderer Nutzer erstellen. So können sie aktiv die Wissensstrukturen anderer Nutzer erweitern und sie mit ihren eigenen verbinden. Die personalisierten und gemeinsamen Begriffstrukturen der ConceptMaps (siehe Kap. 3.1.) und der OntologyMap (siehe Kap. 3.4) ermöglichen es ferner, die nutzerdefinierten Karten zu einem großen Wissensnetz zusammenzufassen welches als übergreifende Navigationsstruktur dient und die relevanten Konzepte der jeweiligen Expertengruppe repräsentiert und strukturiert. Diese Begriffsstrukturen und –netzwerke bilden das implizite Wissen einer Gemeinschaft ab und machen es erkennbar und nutzbar.

5 Anwendung auf netzspannung.org

Die praktische Testumgebung und erster Anwendungskontext der beschriebenen Arbeiten ist die Internetplattform netzspannung.org. netzspannung.org strebt an, ein Wissensportal einzurichten, das Einblick in die Schnittpunkte zwischen digitaler Kunst, Kultur und Informationstechnologie bietet (Fleischmann et al. 2001). Die grundlegenden Bedingungen zur Realisierung eines solchen Wissensportals, das eine Gemeinschaft von Experten aus unterschiedlichen Bereichen verbindet, sind: Ein sich ständig entwickelnder Informationpool muss strukturiert und zugänglich gemacht werden, entsprechend den vielen unterschiedlichen Klassifizierungssystemen, die den Bedarf von unterschiedlichen Nutzergruppen und individuellen Nutzerkontexten (z.B. Künstler und Forscher, erfahrene Nutzer und die interessierte Öffentlichkeit) berücksichtigen. Typische Nutzer von netzspannung.org sind Experten und Fachleute wie Künstler, Forscher, Designer, Kuratoren und Journalisten.

Durch die Benutzung des beschriebenen Systems wird es für diese heterogene Nutzergruppe möglich ein Informationspool nicht nur kollaborativ aufzubauen, sondern es auch interaktiv und kollaborativ zu strukturieren, mittels personalisierten Wissenskarten zu visualisieren und zu explorieren, sowie eine gemeinsame Navigationsstruktur zu konstruieren, welche die unterschiedliche persönliche Blickpunkte auf die Bedeutung der Informationen verbindet. Ein Szenario ist die Anwendung zur Exploration möglicher Beziehungen zwischen den Arbeiten zu verschiedenen Themen und in unterschiedlichen Berufsbereichen (z.B. zum Auffinden von Projekten aus unterschiedlichen Disziplinen, die für die eigene Arbeit von Wichtigkeit sind). Ein weiteres Szenario ist der Vergleich von Projekten mit der eigenen Perspektive und der Sichtweise von anderen Experten (z.B. zum Entdecken von Bezügen und verborgenen Annahmen). Und schließlich wird die breite Öffentlichkeit das Wissen der Experten-Gemeinschaft nutzen, indem Wissenskarten einzelner Experten angewendet und die gemeinschaftliche Begriffsstruktur als Mittel zur Navigation und Wissensentdeckung im Informationsraum von netzspannung.org genutzt wird.

Der aktuelle System-Prototyp wurde bereits intern eingesetzt und angwandt: zum einen als Wissens-Browser für die Einreichungen der Konferenz cast01[1] und des Wettbewerbs digital sparks, zum anderen zur internen Erprobung der Nutzung von personalisierten Wissenskarten. Dieses simuliert ein Nutzungsszenario, der es ermöglicht Beziehungen zwischen Informationen aus normalerweise separaten Archiven unterschiedlichen Nutzer-Gemeinschafften in den Bereichen der Medienkunst, -forschung und -technologie zu explorieren. Die Ergebnisse können derzeit öffentlich in Form von Guided Tours und Teilweise in Form von online verfügbaren interaktiven Demos erprobt werden[2].

6   Zusammenfassung und Ausblick

In diesem Beitrag haben wir einen Ansatz vorgestellt, wie die Metapher einer Wissenskarte verwendet werden kann, um mehrere Methoden zur interaktiven Informationssuche zu integrieren und ein Modell zur kollaborativen Entdeckung und Austausch von Wissen zu realisieren. Darüber hinaus haben wir gezeigt, wie überwachtes und unüberwachtes Lernen zur Erstellung von Wissenskarten verwendet werden kann, die dem Nutzer verschiedene Sichten auf einen Informationsraum bieten und dessen semantische Struktur aufzeigen. Wir haben ein Modell aufgezeigt, welches auf Basis zweidimensionaler Wissenskarten auf unaufdringliche Art und Weise Profile für personalisierte Nutzeragenten erstellt. Diese bieten sowohl einen Kontext für die implizite Kommunikation zwischen menschlichen Nutzern und Agenten als auch eine Form der visuellen Repräsentation der daraus resultierenden Wissensstrukturen. Wir haben gezeigt wie solche Wissenskarten visualisiert und zur Entdeckung von Kontexten und Beziehungen in heterogenen Informationspools eingesetzt werden können. Die automatische Erstellung von personalisierten und kollaborativen Begriffsstrukturen in Form von ConceptMaps und Ontologien und die Möglichkeiten ihrer Nutzung zur begrifflichen und thematischer Navigation wurden auch behandelt. Des weiteren zeigten wir Möglichkeiten auf, wie Wissenskarten als Medium für den Austausch von explizitem und implizitem Wissen zwischen verschiedenen Nutzern dienen können. Wie in diesem Beitrag aufgezeigt, weicht unser System stark von sogenannten „kollaborativen Filter"-Systemen ab, da einzelne Informationselemente nicht nur von der Nutzergemeinde bewertet werden, sondern auch in verschiedene Nutzungskontexte gesetzt werden. Dies geschieht auf eine unauffällige Art, weil es in die Hauptaktivität der Nutzer eingebettet ist. In diesem Sinne ermöglicht unser System mehr ein „kollaboratives Strukturieren" als nur ein „kollaboratives Filtern".

Aktuell befassen wir uns mit verschiedenen Methoden das System auszubauen und zu optimieren. Erstens wollen wir zusätzliche Ähnlichkeitsaspekte für das Lernen der persönlichen Karten hinzufügen. Zweitens wird ein zusätzlicher Editor, der das Erstellen von hierarchischen Strukturen und anderen Beziehungen zwischen Objekten ermöglicht in das System integriert. Dieser wird deswegen benötigt, da der Nutzer beim Editieren einer Wissenskarte Objekte nur in einer flachen Struktur anordnen kann, was zwar einfach und intuitiv ist, aber nicht immer ausreicht. Desweiteren werden Methoden zur Verarbeitung einzelner Strukturen untersucht, welche auch den gesamten Informationsgehalt ausnutzen, der in diesen verborgen ist. Letztlich ist ein Evaluationsworkshop

---

[1]   Öffentlicher   Demo-Einsatz   eines   frühen   Prototyps   eines   Wissenskarten-Browsers: http://netzspannung.org/cast01/semantic-map

[2] Guided Tour und interaktive Demos des aktuellen Systems: http://awake.imk.fraunhofer.de

geplant, um die Nützlichkeit des Systems im Gesamten zu analysieren und die verschiedenen Beiträge der einzelnen Ansätze zu vergleichen.

7 Literatur

Becks, A., Sklorz, S., Jarke, M.:A (2000): *Modular Approach for Exploring the Semantic Structure of Technical Document Collections*, ACM Proc. of AVI 2000, Palermo.

Bederson, B.B. et al., (1996): *Pad++: A zoomable graphical sketchpad for exploring alternate interface physics*. J. Vis. Lang. Comput.,7:3.

Chalmers, M. (2001): *Paths and Contextually Specific Recommendation*. DELOS Workshop: Personalisation and Recommender Systems in Digital Libraries.

Fayyad, U. M., Piatetsky-Shapiro, G., Smyth, P. (1996): *From data mining to knowledge discovery: An overview.* In Advances in Knowledge Discovery and Data Mining, AAAI Press and the MIT Press, Chapter 1, 1-34.

Fleischmann, M., Strauss, W., Novak, J. et al. (2001): *netzspannung.org : an internet media lab for knowledge discovery in mixed realities*, in Proc. of cast01 // living in mixed realities, Fraunhofer IMK, ISSN 1618-1379.

Herlocker, K., Konstan, J., Reidl, J., (2000): *Explaining Collaborative Filtering Recommendations.* In Proc. of CSCW 2000, December 2-6, Philadelphia, Pennsylvania, USA.

Heyer, G., Quasthoff, U., Wittig, T., Wolf, C. (2001): *Learning Relations Using Collocations*, Proceedings of the Second Workshop on Ontology Learning.

Joachims, T. et al. (1997): *Web Watcher: A Tour Guide for the World Wide Web*, IJCAI.

Kohonen, T., Kaski S., et al. (2000): *Self Organization of a Massive Document Collection*, IEEE Transactions on Neural Networks, Vol. 11, No. 3.

Kunz, C., Botsch, V. (2002): *Visual Representation and Contextualization of Search Results: List and Matrix Browser*, Proceedings of the DC-2002, Florence, Italy.

Lin, X., Soergel, D., Marchionini, G., (1991): *A self-organizing semantic map for information retrieval*. In Proc. of 14th ACM/SIGIR Conf. Research and Development in Information Retrieval.

Maedche, A., Staab, S. (2000): *A Generic Architecture for Text Knowledge Acquisition*.

Mikheev, A., Finch, S. (1997): *A Workbench for Finding Structure in Texts*, Proceedings of ANLP-97, Seite 8.

Nonaka, I., Takeuchi, H. (1995): *The Knowledge-Creating Company.* Oxford University Press, London.

Novak, J., Wurst, M. et al. (2003): *Discovering, visualizing and sharing knowledge through personalized learning knowledge maps – an agent-based approach*, to appear in Proc. of the AAAI Spring Symposium on Agent-mediated Knowledge Management (AMKM03), March 24-26, Springer Lecture Notes on AI.

Novak, J., Wurst, M. (2003): *Supporting Communities of Practice through Personalisation and Collaborative Structuring based on Capturing Implicit Knowledge*, to appear in Proc. of I-KNOW '03, Graz, July 2-4.

Resnick, P. et al. (1994): *GroupLens: An Open Architecture for Collaborative Filtering of Netnews*. In Proc. of ACM Conference on CSCW, Chapel Hill, North Carolina.

Robertson, G.G., Mackinlay. J.D. (1993): *The document lens*. In UIST '93, Atlanta GA, USA, ACM Press.

Sack, W. (2000): *Conversation Map: An Interface for Very Large-Scale Conversations*. Journal of Management Information Systems.

Sarkar, M. et al. (1993): *Stretching the Rubber Sheet: A Metaphor for Viewing Large Layouts on Small Screens*. ACM Symposium on User Interface Software and Technology (UIST).

Ziegler, J., Kunz, C., Botsch, V., Schneeberger, J. (2002): *Visualizing and Exploring Large Networked Information Spaces with Matrix Browser*. In Proc.of the 6th International Conference on Information Visualisation (IV'02), London.

Danksagung

Die in diesem Beitrag beschriebenen Arbeiten wurden in den Projekten *AWAKE – Networked Awareness for Knowledge Discovery*[3] und *netzspannung.org – an Internet Media Lab*, die beide vom BMBF unterstützt werden, durchgeführt.

Dank an Martin Schneider und Kresimir Simunic für Ihre Mitarbeit an der Entwicklung des Kohonen-Clustering-Moduls und an Stefan Paal für seine Mitarbeit und Rat am software-technischen System-Design. Danijela Djokic und Hartmut Bohnacker haben am aktuellen Interface-Design mitgearbeitet, während Boris Müller an einer frühen Visualisierung für die Kohonen-basierte Wissenskarten maßgeblich beteiligt gewesen ist. Jens Wagner und Roger Sennert haben an dem MapManager-Modul für die Metadatenverwaltung und Reni Banov am Software-Engineering mitgearbeitet.

Kontaktinformationen

Jasminko Novak, Monika Fleischmann, Wolfgang Strauss
Fraunhofer Institute for Media Communication
MARS Exploratory Media Lab
Schloss Birlinghoven, 53754 Sankt Augustin
Tel: 02241-14-3437, Email: jasminko.novak@imk.fraunhofer.de

Michael Wurst, Katharina Morik
Universität Dortmund, Abteilung Künstliche Intelligenz,
44221 Dortmund
Tel: 0231-755-5101, Email: wurst@kimo.cs.uni-dortmund.de

---

[3] http://awake.imk.fraunhofer.de/

Christoph Kunz, Jürgen Ziegler
Fraunhofer Institut für Arbeitswirtschaft und Organisation, Competence Center Human-Computer Interaction
Nobelstraße 12, 70569 Stuttgart
Tel: 0711-970-2334, Email: christoph.kunz@iao.fraunhofer.de

Virtuelles Kooperieren mit Kreativitätstools in netzbasierten Gruppensitzungen

Rainer Heers[1], Katrin Müller[2], Fabian Kempf[2] & Heike Hufnagel[2]

Universität Tübingen, Abt. Angewandte Kognitionspsychologie und Medienpsychologie[(1)],
Universität Stuttgart, Inst. für Arbeitswissenschaft und Technologiemanagement[(2)]

Zusammenfassung

Im Projekt Moderation VR wird eine netzbasierte kollaborative Umgebung auf Basis einer Client-Server Architektur entwickelt, die es Studierenden ermöglicht, Moderations- und Kreativitätstechniken zu erlernen und in Gruppen anzuwenden. Mit einer Community-Plattform werden Funktionen zur asynchronen Kommunikation und zum Dokumentenmanagement zur Verfügung gestellt. In hypermedialen Lernmodulen werden Moderations- und Kreativitätstechniken sowie grundlegende Informationen zum Einsatz derselben präsentiert. In einem netzbasierten virtuellen Gruppenraum können die Lernenden diese Techniken anwenden, in dem sie Moderations- und Kreativitätstools sowie synchrone Kommunikationsmöglichkeiten nutzen. Erste Ergebnisse der begleitenden Evaluation deuten darauf hin, dass in der virtuellen Umgebung von Moderation VR Lernende nicht nur Wissen zu Moderations- und Kreativitätstechniken erwerben, sondern auch Erfahrungen bezogen auf die Anwendung der Techniken sammeln.

1 Überblick zu Moderation VR

Virtuelle Umgebungen, in denen Teilnehmer über Avatare repräsentiert sind, bieten umfassende Möglichkeiten zur Verbesserung von räumlich verteilter Gruppenarbeit (Churchill et al. 2001). Gerade bei räumlich verteiltem Arbeiten treten häufig Probleme auf, die nur zu gewissen Teilen mit der räumlich getrennten Kollaboration verbunden sind. In einer Gruppensituation sind insbesondere sozialpsychologische Mechanismen der Kommunikation und Kollaboration zu berücksichtigen. Das Vorhandensein unterschiedlicher Kommunikationskanäle spielt eine besondere Rolle für eine erfolgreiche Kommunikation (Schwan 1997).

Nach Schwan und Buder (2002) sind zentrale Merkmale virtueller Umgebungen im Lernzusammenhang ihre räumlichen Situierung und die interaktive Nutzbarkeit. Die Vorteile computerunterstützter Kreativitätstechniken in der Gruppenarbeit, die nach Jonas und Linneweh (2000) insbesondere in der Originalität und in der Qualität der generierten Ideen liegen, können damit in dieser Umgebung umfassend genützt werden. Unter Berücksichtigung und Nutzung dieser Aspekte wird in Moderation VR[1] ein netzbasiertes Lehr- und Lernangebot zu Moderations- und Kreativitätstechniken entwickelt. Im Projekt Moderation VR werden somit einige der Möglichkeiten, die die

---

[1] Das Projekt „Moderation VR – Moderations- und Kreativitätsmodule in virtuellen Realitäten" wird gefördert durch das Bundesministerium für Bildung und Forschung (FKZ 08 NM 165). Weitere Informationen zum Projekt sind verfügbar unter: http://www.moderation-vr.de. Am Projektkonsortium beteiligt sind als Entwicklungspartner die Universitäten Leipzig (Institut für Informatik), Stuttgart (Institut für Arbeitswissenschaft und Technologiemanagement) und Tübingen (Psychologisches Institut) und als Anwendungspartner die Universitäten München (Institut für Empirische Pädagogik und Pädagogische Psychologie) und Stuttgart (Institut für Betriebswirtschaftslehre).

neuen technologischen Entwicklungen für die universitäre Ausbildung bieten, untersucht und in der Entwicklung einer Plattform für verbesserte Formen der räumlich verteilten Gruppenarbeit umgesetzt.

Auf der Basis einer Lernplattform wurde eine Community-Plattform geschaffen, die den Lernenden umfangreiche asynchrone Kommunikationsmöglichkeiten (z.B. Diskussionsforen oder Nachrichtenverteiler) sowie ein integriertes Dateimanagementsystem bietet. Im Rahmen der inhaltlichen Zielsetzung wurden hypermedial aufbereitete Lernmodule zu den Grundlagen von Moderation und Kreativität sowie ausgewählten Moderations- und Kreativitätstechniken erstellt. Als Kern des Projekts wurde ein virtueller Gruppenraum mit spezifischen Moderations- und Kreativitätstools (z.B. für Mind-Mapping) entwickelt, um den Lernenden einen direkten standortunabhängigen Einsatz der erlernten Techniken zu ermöglichen.

Die konzeptionelle Basis für die Entwicklungen im Projekt Moderation VR bildet ein didaktisches Rahmenkonzept[2] im Sinne eines *pädagogischen Designs* (Lowyck 2002) worin insbesondere Aspekte des *situierten Lernens* (McLellan 1996) berücksichtigt wurden. Damit wird die individuelle Konstruktion des Wissens durch die Lernenden und der Aufbau von mentalen Modellen des Wissens unterstützt (West et al. 1991). Zudem spielt die Situation, in der das Lernen stattfindet, eine zentrale Rolle für den Lernprozess und den erfolgreichen Wissenserwerb. Die konzeptionelle Verbindung von selbstgesteuertem und kooperativem Lernen (Hesse et al. 2002) bildet somit den Rahmen, mit dem im Angebot vom Moderation VR individuelles und gruppenbezogenes Lernen ermöglicht wird. Primäre Zielgruppe des Projekts sind zunächst Studierende im Grundstudium, jedoch kann das Angebot auch für andere Zielgruppen angepasst werden (z.B. für Weiterbildungsteilnehmer).

Die Lernplattform basiert auf einer komplexen Client-Server-Architektur, die auf Clientseite nur einen Standard-PC mit Internetverbindung voraussetzt. Der Zugriff auf die Lernplattform sowie auf den virtuellen Gruppenraum erfolgt per Webbrowser. Die verwendete Client-Server-Architektur bietet den Vorteil, dass die technische Komplexität des Projektes vor den Anwendern verborgen bleibt. Insofern wird gerade technisch ungeübten Anwendern die Arbeit im Rahmen der Plattform und der Umgang mit dem virtuellen Gruppenraum ermöglicht. Die Lernplattform von Moderation VR basiert auf einem weiterentwickelten Content- und Learning-Management System (HIS und E-Learning Suite der Firma Hyperwave[3]) mit dem neu entwickelten Modul „Virtueller Gruppenraum". Der Gruppenraum wurde auf Basis von Macromedia Director und Flash entwickelt. Serverseitig wird die Kommunikation über einen Flash-Communication Server geregelt, clientseitig bedarf es der firewallfreundlichen Shockwave- und Flash MX-Plugins. Die Gruppenraum-Komponente besteht aus einer kleinen Shockwave-Applikation, die einmalig automatisch geladen und auf den Client-Rechnern gecached wird. Wesentliche Elemente der shockwavebasierten Basiskomponente sind die Kommunikation mittels Audio- und Textchat sowie Gesten und die Integration eines virtuellen Overheadprojektors mit Lupe, Zeigern, Highlighter und zahlreiche rollenabhängige Elemente zur Unterstützung der Gruppenarbeit und des Moderators. Durch eine geeignete graphische und technische Konzeption kann diese Basiskomponente mit relativ geringem Integrationsaufwand um weitere Mehrbenutzerwerkzeuge erweitert werden. In dieser Weise wurden zunächst kartenbasierte Moderations- und Kreativitätstools erstellt, die auf Basis von Java als Werkzeuge für Gruppensitzungen im virtuellen Gruppenraum implementiert und mit der Ba-

---

[2] Eine umfassende detaillierte Darstellung des didaktischen Konzeptes von Moderation VR findet sich bei Heers & Müller (im Druck).

[3] Weitere Informationen zu diesen Systemen sind verfügbar unter: www.hyperwave.com.

siskomponente verknüpft wurden. Für ein Application Sharing (Werkzeug zum Verteilen einer lokalen Applikation) wurde die Software Netviewer[4] integriert.

Im Folgenden werden nun zunächst die einzelnen Bestandteile der Umgebung mit ihren Kollaborations- und Kommunikationsmöglichkeiten vorgestellt. Die Ergebnisse der begleitend durchgeführten Evaluationen und eine Darstellungen der Erfahrungen ermöglichen wichtige Ansatzpunkte für weitergehende Überlegungen zur Nutzung kollaborativer netzbasierter Lern- und Arbeitsformen.

2 Lernen und Arbeiten in Moderation VR

Die in die Lern- und Arbeitsplattform Moderation VR eingebetteten Funktionen und Möglichkeiten umfassen eine Community-Plattform, die Lernmodule, die seminarspezifischen Arbeitsordner und den virtuellen Gruppenraum. Die Community-Plattform ist über einen Web-Browser zugänglich und besitzt mehrere Funktionen: Bereitstellung der asynchronen Kommunikation unter den Teilnehmern, die Verwaltung gemeinsam verfügbarer Arbeitsmaterialien, Schaffung von Kontaktmöglichkeiten über die Seminargrenzen hinweg sowie den Zugriff auf die Lernmodule und den Zugang zum virtuellen Gruppenraum.

2.1 Community-Plattform

In die Community-Plattform integriert wurden mehrere asynchrone Kommunikationskanäle, die den Teilnehmern zur Verfügung stehen: Diskussionsforen, ein integriertes e-mail-System und eine Notizfunktion. In den Diskussionsforen ist es möglich, seminarspezifische und seminarübergreifende Diskussionen unter den Teilnehmern und mit den Gruppenleitern zu führen. Durch einen in die Plattform integrierten e-mail-Verteiler wird den Teilnehmenden ermöglicht, beliebige andere Teilnehmer direkt zu kontaktieren. Innerhalb der Diskussionsforen und innerhalb der Lernmodule können Teilnehmer sowohl private als auch öffentlich sichtbare Notizen und Anmerkungen zu den vorhandenen Inhalten erstellen. Seminarspezifische Arbeitsordner erlauben eine gezielte Ablage und den exklusiven Zugriff auf beliebige Daten und Arbeitsergebnisse innerhalb einer Seminargruppe.

Die Funktionen der Community-Plattform werden durch die Verwaltung der individuellen Daten, einen Teilnehmerüberblick sowie den direkten Zugriff auf die Lernmodule und den 3D-Gruppenraum ergänzt. Eine integrierte Suchfunktion erleichtert darüber hinaus das Auffinden themenbezogener Informationen aus den verschiedenen Quellen.

2.2 Lernmodule zu Kreativitätstechniken

Die hypermedial gestalteten Lernmodule sind aufgeteilt in Grundlagenmodule und Technikmodule und bieten den Teilnehmenden umfassende Lernmöglichkeiten. Der Inhaltbereich der Moderations- und Kreativitätstechniken ist methodenorientiert und verhaltensnah. Traditionelle Themen im E-Learning verfolgten vor allem kognitive Lernziele. Im Bereich der Moderations- und Kreativitätstechniken steht der Transfer des erworbenen Wissens im Vordergrund.

---

[4] Weitere Informationen zum Hersteller und zur gleichnamigen Software „Netviewer" sind erhältlich unter: www.netviewer.com.

Die multimediale Aufbereitung der Inhalte der Lernmodule geschah auf der Basis der kognitiven Theorie des Multimedia-Lernens von Mayer (2001). Durch eine gezielte Integration von Bild- und Textmaterial sowie eine „räumlich" nahe Anordnung der Inhalte innerhalb der Moduleinheiten bzw. durch Verlinkung der zugehörigen Abschnitte wird der Kapazitätsbegrenzung des Arbeitsgedächtnisses Rechnung getragen. In der Gestaltung der Module wurde neben den didaktischen Aspekten insbesondere ein *user-centered-design* (Norman & Draper 1986) umgesetzt und damit auf die Benutzerfreundlichkeit besonderen Wert gelegt (Nielsen 2000).

Die konkrete Struktur und die Inhalte der Lernmodule wurden aufgrund der didaktischen Konzeption für fachübergreifendes Lernen erstellt. Besonderen Wert wurde auf die Integration von Beispielen und Übungen und eine adäquate multimediale Aufbereitung der Lerninhalte gelegt. In den Modulen sind jeweils zwei unterschiedlich ausführliche Pfade angelegt, die zusätzlich zu der freien Navigationsmöglichkeit zur Verfügung stehen. Eine Kurzversion des Moduls dient dazu, sich einen Überblick über die angebotenen Inhalte zu verschaffen. In der Langversion ist eine umfassende instruktionale Unterstützung durch eine ausführliche Anleitung zum Vorgehen beim Anwenden der Technik sowie integrierte Beispiele, Übungen und Modell-Lösungen umgesetzt.

Die Grundlagenmodule ermöglichen, sich Grundlagen zur Moderation anzueignen und sich über den aktuellen Forschungsstand zum Thema Kreativität zu informieren. Neben allgemeinen Informationen wird insbesondere auf die wissenschaftlichen Grundlagen verwiesen und es werden praxisrelevante Anweisungen für die Umsetzung im virtuellen Gruppenraum gegeben. Die Schaffung von Basiswissen wird durch Verweise auf online verfügbare Informationen ergänzt und Hinweise auf weiterführende Literatur ermöglicht eine tiefere Auseinandersetzung mit den Themen.

Die Technikmodule stellen jeweils eine Moderations- oder Kreativitätstechnik anwendungsbezogen vor. Aktuell verfügbar sind Module zu den Themen:

- Mind-Mapping,
- Brainstorming/Brainwriting,
- Kartenabfrage,
- Visuelle Synektik,
- Reizwortanalyse und
- Wortschatz-Methode.

In den Modulen wird ein Überblick über den Aufbau des Moduls gegeben und ein praxisnahes Beispiel zum Einsatz der Technik präsentiert. Außerdem wird das Vorgehen zur jeweiligen Technik ausführlich erläutert. Konkrete Hilfestellungen für den Umgang mit möglichen Problemen beim Einsatz der Technik werden gegeben. Vielfältige alltagsnahe Übungen regen zum Gebrauch des gerade Gelernten an. Die Vorstellung spezifischer Einsatzbereiche der Technik ermöglicht die Einordnung der Technik in den Verbund der vorgestellten Kreativitäts- und Moderationstechniken. Eine weitergehende Beschäftigung mit den Themen wird durch Verweise auf online-Informationen und weiterführende Literatur angeregt.

Zur Unterstützung der Seminarleiter wurde ein zusätzliches Tutoring-Modul geschaffen. Es vermittelt einen umfassenden Überblick über technisch-administrative Besonderheiten der Plattform und des Gruppenraums. Zu den Bereichen Seminarplanung und -durchführung sowie zu gruppendynamischen Aspekten der online-Moderation werden vielfältige Inhalte angeboten, um auch ungeübten Seminarleitern den Einsatz des Lehr-/Lernarrangements zu ermöglichen.

2.3 Virtueller Gruppenraum

Die Techniken, die in den Lernmodulen vermittelt werden, können direkt im virtuellen Gruppenraum (vgl. Abbildung 1) erprobt werden, da in ihm die entsprechenden Moderations- und Kreativitätstools integriert sind. Die Tools korrespondieren inhaltlich mit den in den Lernmodulen vermittelten Methoden, so dass ein optimaler Transfer gewährleistet ist.

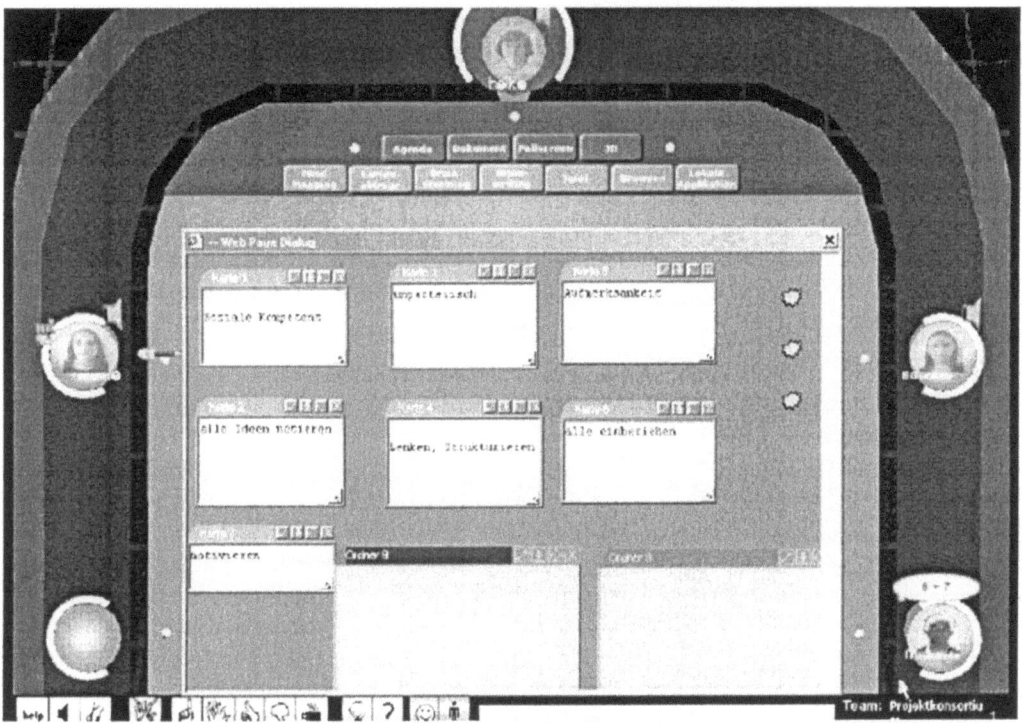

Abbildung 1: Der virtuelle Gruppenraum.

Im Gruppenraum werden die Teilnehmer durch individuelle, aus digitalen Fotos erstellte Avatare repräsentiert. Durch die damit einhergehende Verstärkung der *group awareness* wird die Salienz der Gruppenzugehörigkeit aber auch die soziale Präsenz des einzelnen Individuums erhöht (Schroeder 2002; Short et al. 1976). Die Konstruktion von geteiltem Wissen wird durch die gemeinsam sichtbaren Arbeitsbereiche unterstützt. Damit werden kooperative Arbeitsformen, die auf geteilten kognitiven Inhalten basieren, besonders unterstützt (vgl. Daradoumis & Marquès 2002). Dies stellt einen wichtigen Unterschied zu herkömmlichen synchronen Kommunikationsplattformen dar, die in der Regel keinen leichten Überblick darüber ermöglichen, wer gerade in der virtuellen Umgebung anwesend ist und wer etwas beiträgt. Außerdem entsteht bei der Bedienung anderer Systeme eine hohe kognitive Belastung (*cognitive load;* vgl. Sweller et al. 1998), da die Informationen in der Umgebung nur zum Teil von allen gesehen werden (und damit zwischen den Teilnehmern „geteilt sind"). Eine hohe Benutzerfreundlichkeit trägt allerdings u.a. zur Reduzierung des *cognitive load* in der Bedienung der Funktionen bei und wurde in der Gestaltung des Gruppenraumes und der darin implementierten Kommunikationskanäle angestrebt.

Mit Ausnahme der Bedienleiste am unteren Rand des Bildschirms sind alle Informationen allen Teilnehmenden bei der Nutzung des Gruppenraums gleichermaßen zugänglich. Die Informationen zu den einzelnen Teilnehmenden (z.B. die Textchatbeiträge und die nonverbalen Signale) werden direkt an den Avataren repräsentiert, so dass der Überblick über den aktuellen Stand der Kommunikation leicht fällt. Der Posten des Moderators (oben in der Mitte) wurde mit besonderen Rechten ausgestattet, die gesondert eingestellt werden können. Hierzu gehören z.B. die Festlegung der maximal möglichen Teilnehmeranzahl, die Anzeigedauer für Textchatbeiträge in Sprechblasen, das Starten von Kreativitäts- und Moderationstools oder auch das Umschalten der Darstellung des VR-Gruppenraumes (2D-Projektion; 3D-Anzeige; Fullscreen des Präsentationstisches).

Die Kommunikation unter den Teilnehmern kann im VR-Gruppenraum auf mehreren Kommunikationskanälen erfolgen. Um eine effektive Kommunikation und Interaktion zu ermöglichen wurden vorhandene Einschränkungen nonverbaler und paraverbaler Kommunikation zum Teil ersetzt bzw. anhand ihrer kommunikativen Funktion in modifizierter Form implementiert. Folgende Besonderheiten und Möglichkeiten kennzeichnen damit diese Kanäle:

- Textchat (Texteingaben werden als Sprechblasen über den Avataren angezeigt; die Eingabe ist begrenzt auf 70 Zeichen, um Verdeckungen anderer Informationen weitgehend zu vermeiden);
- Audiochat (push-to-talk oder freehand); an dem Avatar des Teilnehmers mit Audioverbindung erscheint ein Lautsprechersymbol, zusätzlich werden „Schallwellen" beim Sprechen angedeutet;
- nonverbales Signalrepertoire;
- Umschaltmöglichkeit zwischen zwei verschiedenen mimischen Avatargesichtern (neutral oder lächelnd).

Insbesondere das nonverbale Signalrepertoire ermöglicht es, ohne hohe Partizipationsschwelle Beiträge zu platzieren. Es wurden vor allem Signale, die bei Lern- und Kommunikationsprozessen wichtig sind, ausgewählt. Sie erscheinen entweder über dem Kopf des Avatars oder direkt daneben. So lassen sich die Applaus- und Thumb-up-Gesten einsetzen, um Begeisterung und Zustimmung zu äußern. Um Verwirrung auszudrücken oder die Absicht anzudeuten eine Frage stellen zu wollen, kann das Fragezeichen aktiviert werden. Die Hand kann gehoben werden, um einen Beitrag anzukündigen. Des Weiteren steht eine Thumb-down-Geste zur Verfügung, um Ablehnung zu signalisieren und eine Glühbirne über dem Kopf des Avatars kann eingesetzt werden, um anzudeuten, dass man alles verstanden hat.

3 Einsatz und Evaluation von Moderation VR

Die Evaluation der fortlaufend erstellten Ergebnisse im Projekt Moderation VR setzte in der Konzeptionsphase ein und wurde im Weiteren konsequent fortgeführt. Das iterative Vorgehen orientiert sich einerseits an klassischen Evaluationsmodellen und andererseits an den besonderen Erfordernissen der Entwicklung und Evaluation web-basierter Lernumgebungen und virtueller Realitäten (Cobb et al. 2002; Rindermann 2002). In unterschiedlichen universitären Veranstaltungen der Projektpartner in Leipzig, München, Stuttgart und Tübingen wurden die Produkte des Projektes Moderation VR im Sommersemester 2002 und Wintersemester 2002/2003 in der Lehre eingesetzt. Diese Seminare stammten jeweils aus den Fachbereichen Betriebswirtschaftslehre, Informatik, Pädagogik und Psychologie. Durch die Nutzung der Umgebung konnte einerseits der aktuelle Stand der Ergebnisse evaluiert und andererseits substantielles Feedback für die Optimierung der Umgebung generiert werden.

3.1 Evaluation der Lernmodule

Zur Evaluation der Lernmodule im praktischen Einsatz wurde ein Verfahren entwickelt, das sich vor allem an die Heuristische Evaluation (Nielsen 1994) anlehnt und um einige als relevant erachtete Aspekte des didaktischen Designs erweitert wurde. So wurden zusätzlich zur Benutzbarkeit der Anwendung insbesondere die Bereiche der graphischen Gestaltung und der multimedialen Aufbereitung der Inhalte, die Lernerfolgskontrolle und die Unterstützung der Lernmotivation berücksichtigt. Des Weiteren wurde ein Fragebogen zur allgemeinen Benutzerzufriedenheit entwickelt, wobei auf Modelle und Erfahrungen aus der Evaluation multimedialer Lehr- und Lernsysteme zurückgegriffen wurde (Tergan 2000). Die Evaluation lieferte damit Hinweise auf Optimierungspotentiale sowie eine zusammenfassende Bewertung der Zufriedenheit und Nützlichkeit durch die Teilnehmer. Die Ergebnisse der Evaluation lassen bereits im ersten Einsatz eine hohe Akzeptanz und eine intuitive Nutzung der angebotenen Inhalte und Lernmöglichkeiten erkennen.

Im Einzelnen wurden die Lernmodule grundsätzlich positiv beurteilt. Die Zufriedenheitsmaße in einigen Kategorien ergaben z.B. eine positive bis sehr positive Bewertung des Interaktionsdesigns und des didaktischen Konzepts und der Lernmotivationsunterstützung durch die Benutzer. Mit der heuristischen Evaluation wurden wichtige Hinweise für Optimierungsmöglichkeiten gefunden, auch wenn die meisten Probleme der Benutzer von diesen als Probleme geringerer Bedeutung eingeordnet wurden. Zum Beispiel wurden in der Kategorie "Sprache" einige Passagen des online-Textes als zu lang oder zu wenig strukturiert empfunden. In der Kategorie "Graphische Gestaltung" wurden einige Links als zu wenig unterscheidbar eingeordnet. Und in der Kategorie "Transparenz der Lerninhalte" wurde nach Meinung der Teilnehmer nicht ausreichend zwischen Methodendarstellung und Beispiel unterschieden.

3.2 Evaluation des virtuellen Gruppenraumes

Auf der Basis des Evaluationsmodells von Salzman et al. (1999) wurde ein Evaluationskonzept für die 3D-Umgebung erstellt. Der Schwerpunkt der Evaluation wurde auf den Lernprozess sowie die Interaktionserfahrungen der Teilnehmer gelegt. Insbesondere wurde ermittelt, welche Kommunikationskanäle in unterschiedlichen Situationen am besten eingesetzt werden können. Im Durchschnitt dauerten die Sitzungen im Gruppenraum 1,5 Stunden. Die Modertoren gaben an, dass eine Gruppengröße von ca. 6-8 Personen für den Raum ideal ist. Es zeigte sich, dass alle drei Kommunikationskanäle, d.h. Audio, Textchat und nonverbales Repertoire, rege genutzt werden. Dabei kam dem Audiokanal in der Kommunikation eine besondere Bedeutung zu. Das nonverbale Signalrepertoire wurde ohne intensive Einweisung sehr spontan und gezielt eingesetzt. Sowohl die Lehrenden als auch die Lernenden gaben an, dass eine erfolgreiche Kommunikation im virtuellen Gruppenraum möglich war und die nonverbalen Signale eine sinnvolle Ergänzung der üblichen netzbasierten Kommunikationskanäle darstellen. Von den verschiedenen bereitgestellten nonverbalen Signalen wurden insbesondere diejenigen genutzt, die den Sprecherwechsel regulieren helfen und mit denen man seine Zustimmung oder Ablehnung zu aktuellen Äußerungen ausdrücken kann. Der Textchat wurde eingesetzt, wenn die Lerner eine Frage stellen wollten oder Anmerkungen zu den über den Audiokanal geäußerten Inhalten hatten. Eine Unterbrechung des Sprechers konnte damit vermieden werden.

Im Rahmen der Evaluation wurde in Bezug auf die Interaktions- und Lernerfahrungen festgestellt, dass die Teilnehmer die Umgebung als intuitiv bedienbar wahrnehmen und sehr schnell die notwendige Medienkompetenz zur effektiven Nutzung des Gruppenraums erwerben. Dabei spielt das Modelllernen eine große Rolle. Teilnehmer, die von einem geschulten Moderator in die Umgebung eingeführt wurden und dessen Moderation erlebt haben, waren nach kurzer Zeit in der Lage selber die Moderation zu übernehmen. Insgesamt gesehen, fühlten sich die Nutzer durch den sie abbildenden Avatar gut repräsentiert und äußerten den Eindruck, tatsächlich im virtuellen Raum präsent zu sein. Die Ergebnisse zeigen, dass die virtuellen Sitzungen als motivierend erlebt werden und dass die Umgebung und ihre Funktionen sich positiv auf die Zufriedenheit mit dem Austausch, der in der Gruppe stattfindet, auswirken (Müller et al. 2003).

4 Fazit und Ausblick

Kollaboratives Lernen in virtuellen 3D-Umgebungen spielt eine wichtige Rolle im Bereich der synchronen, netzbasierten Kommunikation und Kollaboration. Im Projekt Moderation VR wurde ein Produkt entwickelt, das im Rahmen unterschiedlicher Studiengänge (z.B. Informatik, Psychologie, Betriebswirtschaft und Pädagogik) eingesetzt werden kann. Eine Eignung für Weiterbildungsangebote besteht ebenfalls. Insbesondere der Gruppenraum kann auch unabhängig vom Inhaltebereich der Moderations- und Kreativitätstechniken zum Einsatz kommen. Auch die zugrundeliegende Architektur der Lernumgebung ist auf andere Lernbereiche übertragbar.

Die Erfahrungen im praktischen Einsatz deuten darauf hin, dass bestimmte Defizite, wie eine reduzierte soziale Präsenz der Teilnehmer und die mangelnden Möglichkeiten der Gesprächsstrukturierung, durch die Konzeption und Ausstattung der Umgebung überwunden werden können. Mit anschaulichen Materialien wird transferorientiertes Wissen zu Moderations- und Kreativitätstechniken vermittelt. Zusätzlich wird in Moderation VR eine Medienkompetenz der Teilnehmer aufgebaut, die deutlich über herkömmliche netzbasierte Lernanwendungen hinausgeht. Zu beachten sind hierbei jeweils die medial vermittelten Charakteristika der Kommunikation, die im Gruppenraum eine synchrone Kollaboration ermöglichen. Zu berücksichtigen ist, dass der Rolle des Moderators in einer virtuellen Gruppensituation eine besondere Bedeutung zukommt, da er die Koordination der Beiträge gegenüber einer üblichen Seminarsituation deutlich expliziter vornehmen muss.

Literatur

Churchill, E.; Snowdon, D. & Munro, A. (Eds.) (2001): *Collaborative Virtual Environments*. London: Springer.

Clark, H. H. (1996): *Using language*. Cambridge: Cambridge University Press.

Cobb, S.; Neale, H.; Crosier, J. & Wilson, J.R. (2002): Development and Evaluation of Virtual Environments for Education. In: Stanney, K.M. (Ed.) *Handbook of Virtual Environments* (pp. 911-936). Mahwah, NJ: Erlbaum, 2002.

Daradoumis, T. & Marquès, J. M. (2002): Distributed Cognition in the Context of Virtual Collaborative Learning. *Journal of Interactive Learning Research, 13*(1/2), 135-148.

Heers, R. & Müller, K. (im Druck): Didaktische Ansätze der netzbasierten Vermittlung von Moderations- und Kreativitätstechniken im Projekt Moderation VR. In: Rinn, U. & Meister, D. M. (Eds.) *Didaktik und Neue Medien – Konzepte und Anwendungen in der Hochschule*. Münster: Waxmann.

Hesse, F.W.; Garsoffky, B. & Hron, A. (2002): Netzbasiertes kooperatives Lernen. In: Issing, L.J. & Klimsa, P. (Eds.), *Information und Lernen mit Multimedia und Internet* (3 ed., pp. 283-298). Weinheim: Beltz PVU.

Jonas, K.J. & Linneweh, K. (2000): Computergestützte Kreativitätstechniken für Gruppen. In: Boos, M.; Jonas, K.J. & Sassenberg, K. (Eds.) *Computervermittelte Kommunikation in Organisationen* (pp. 115-126). Göttingen: Hogrefe.

Lowyck, J. (2002): Pedagogical Design. In: Adelsberger, H.H.; Collis, B. & Pawlowski, J.M. (Eds.). *Handbook of Information Technologies for Education and Training* (pp. 199-217). Berlin: Springer.

Mayer, R. (2001): *Multimedia Learning.* Cambridge: Cambridge UP.

McLellan, H. (1996): Virtual Realities. In: Jonassen, D. (Ed.), *Handbook of Research for Educational Communications and Technology* (pp. 457-487). New York: Simon & Schuster Macmillan.

Müller, K.; Troitzsch, H. & Renkl, A. (2003): Der Einfluss nonverbaler Signale auf den Kommunikationsprozess in einer kollaborativen virtuellen Umgebung. *Zeitschrift für Medienpsychologie, 15(1),* 24-33.

Nielsen, J. (1994): Heuristic Evaluation. In Nielsen, J. & Mack, R.L. (Eds.) *Usability Inspection Methods* (pp. 25-62). New York: Wiley.

Nielsen, J. (2000): *Designing Web Usability.* Indianapolis: New Riders.

Norman, D.A. & Draper, S.W. (Eds.) (1986): *User Centered System Design.* Mahwah, NJ: Erlbaum.

Rindermann, H. (2002): Evaluation. In: Adelsberger, H.H.; Collis, B. & Pawlowski, J.M. (Eds.) *Handbook of Information Technologies for Education and Training* (pp. 309-329). Berlin: Springer.

Salzman, M.C.; Dede, C.; Loftin, R.B. & Chen, J. (1999): A Model for Understanding How Virtual Reality Aids Complex Conceptual Learning. *Presence: Teleoperators and Virtual Environments, 8(3),* 293-316.

Schroeder, R. (Ed.) (2002): *The Social Life of Avatars.* London: Springer.

Schwan, S. (1997): Media Characteristics and Knowledge Acquisition in Computer Conferencing. *European Psychologist, 2(3),* 277-285.

Schwan, S. & Buder, J. (2002): Lernen und Wissenserwerb in Virtuellen Realitäten. In: Bente, G.; Krämer, N. & Petersen, A. (Eds.). *Virtuelle Realitäten* (pp. 109-132). Göttingen: Hogrefe.

Short, J.; Williams, E. & Christie, B. (1976): *The social psychology of telecommunications.* New York: Wiley.

Sweller, J.; van Merrienboer, J. & Paas, F. (1998): Cognitive Architecture and Instructional Design. *Educational Psychology Review, 10(3),* 251-296.

Tergan, S.-O. (2000): Bildungssoftware im Urteil von Experten. 10 + 1 Leitfragen zur Evaluation. In: Schenkel, P.; Tergan, S.-O. & Lottmann, A. (Eds.). *Qualitätsbeurteilung multimedialer Lern- und Informationssysteme. Evaluationsmethoden auf dem Prüfstand* (pp. 137-163). Nürnberg: BW Bildung und Wissen.

West, C.K.; Farmer, J.A. & Wolff, P.M. (1991): *Instructional Design. Implications from Cognitive Science.* Englewood Cliffs, NJ: Prentice Hall.

Danksagungen

Die Autorinnen und Autoren danken vier anonymen Gutachtern sowie cand. psych. Melanie Gantner und cand. psych. Jan Hirn für ihre wertvollen Anregungen zu einer früheren Version dieses Beitrages.

Kontaktinformationen

Rainer Heers
Psychologisches Institut der Universität Tübingen
Abt. Angewandte Kognitionspsychologie und Medienpsychologie
Konrad-Adenauer-Str. 40
72072 Tübingen

Email: rainer.heers@uni-tuebingen.de

Tel.:   07071 - 979 332

Computerunterstütztes Kooperatives Spielen – Die Zukunft des Spieltisches

Carsten Magerkurth, Richard Stenzel

Fraunhofer IPSI, AMBIENTE – Arbeitswelten der Zukunft

Zusammenfassung

In diesem Beitrag wird STARS, eine Plattform zur computerangereicherten Realisierung von Brettspielen, vorgestellt. Mit STARS lassen sich hybride Brettspielsysteme entwickeln, die die spielerische Interaktion zwischen Menschen durch den Einsatz von Informationstechnologie unterstützen. Neben der Beschreibung der Hard- und Softwarekomponenten sowie des Interaktionsdesigns werden exemplarisch realisierte Spiele vorgestellt und von ersten Erfahrungen mit der STARS-Plattform berichtet.

1 Einleitung

Wie Steve Benford auf der zweiten „Mensch & Computer"-Tagung (Benford et al. 2002) darlegte, ist das *Spielen* und nicht die Arbeit der Schlüssel zur Etablierung neuer Technologien. Die Meilensteine auf dem Gebiet der Computergrafik sind eindeutig auf den starken Wettbewerb bei Computerspielen zurückzuführen.

Trotz der Zugkraft des Computerspieles sind herkömmliche Spielformen jedoch noch immer weitaus beliebter. Den allein in Deutschland mehrere Millionen starken Verkaufszahlen aktueller Brettspiele wie Klaus Teubers *Siedler von Catan* haben Computerspiele trotz vielfach größerer Entwicklungsbudgets nichts entgegenzusetzen (Costikyan 1999). Ein Hauptgrund hierfür dürfte in der bestenfalls indirekten Interaktion zwischen Menschen beim Computerspiel liegen. Während es beim Brettspiel um soziale Interaktionen von Angesicht zu Angesicht der Spieler geht und häufig sogar die Spielregeln an die Bedürfnisse der Spielergruppe angepasst werden können, wird beim Computerspiel besonders die vorgeformte Interaktion mit dem Medium betont (Mandryk et al. 2002), so dass das Computerspielen zumeist als isolierte Aktivität angesehen wird (Zagal et al. 2000).Andererseits besitzen Computerspiele zweifellos interessante Aspekte wie etwa dynamisch veränderbare Spielwelten oder die Einbeziehung komplexer Simulationen, die sich mit herkömmlichen Brettspielen nicht realisieren lassen. Es liegt daher nahe, die Interaktionserfahrung des Brettspiels durch Informationstechnologie derart anzureichern, dass die natürliche Gruppendynamik des Brettspiels erhalten bleibt und gleichzeitig neuartige und reichhaltige Spielerfahrungen durch den Einsatz virtueller Komponenten entstehen können.

2 Brettspiele

Die Beschäftigung mit Brettspielen hat eine Jahrtausende alte Tradition, die neben angenehmer sozialer Aktivität und Wettbewerb stets auch pädagogische und militärische Aspekte beinhaltet hat. Aus der Vielfalt existierender Brettspiele lassen sich v.a. folgende Gruppen unterscheiden:

Mainstream-Brettspiele
Die gegenwärtig populärste Gruppe von Spielen besteht aus Titeln mit einer relativ geringen Komplexität, die daher von jeder Alters- und Gesellschaftsklasse meist zur Unterhaltung gespielt werden. I.d.R. werden Spielfiguren über ein Spielbrett bewegt, die nur wenige Eigenschaften aufweisen. Kennzeichnend ist eine überschaubare Zahl von eindeutigen Spielregeln, die sämtliche Handlungsalternativen abdecken. Es bedarf dadurch keines Spielleiters zur Bewertung strittiger Regelauslegungen oder nicht vorhergesehenen Spielerhandlungen. Erfolgreiche Spielstrategien lassen sich typischerweise algorithmisch beschreiben. Beispiel: *Mensch ärgere Dich nicht*.

Konflikt-Simulationen
Bei Konflikt-Simulationen stehen kämpferische Auseinandersetzungen auf detailliert modellierten Spielbrettern im Vordergrund. Einheiten werden meist durch bemalte Zinn- oder Plastikfiguren repräsentiert, die eine größere Zahl von Eigenschaften aufweisen und durch ein komplexes Regelgefüge agieren. Beim Spiel ist strategisches Denken von zentraler Bedeutung und die Beherrschung der Spielregeln mit einem gewissen Lernaufwand verbunden. Die Bedeutung von Konflikt-Simulationen ist durch die Verbreitung von Heimcomputern mit entsprechenden Strategiespielen zurückgegangen, erlebt jedoch durch das Sammeln und Bemalen von einzeln erwerbbaren Spielfiguren eine Renaissance (Blennemann 1997). Beispiel: *Warhammer 40.000*.

Rollenspiele
Rollenspiele ähneln dem interaktiven Erzählen, bei dem ein Spielleiter eine imaginäre Welt entwirft, in der die Spieler die Rolle von Helden einnehmen, die gemeinsam Abenteuer bestehen. Während das eigentliche Spielgeschehen in der direkten Interaktion der Spieler vorangetrieben und durch den Spielleiter kontrolliert und kanalisiert wird, dient das Spielbrett dem Austragen von Kämpfen ähnlich einer verkürzten Konflikt-Simulation. Ein Hauptaspekt des Rollenspiels liegt in der langfristigen Charakterentwicklung, die einen Verwaltungsapparat mit auszufüllenden Charakterbögen und einem z.T. sehr umfassenden Regelwerk nötig macht.
Beispiel: *Das Schwarze Auge*.

2.1 Chancen durch Rechnerunterstützung

Während sämtliche o.g. Brettspieltypen auch ohne Rechnerunterstützung funktionieren, werden trotzdem Defizite und Verbesserungsmöglichkeiten deutlich, die durch virtuelle Komponenten adressiert werden können:

Verbesserung von Spielregeln
Gerade bei komplexeren Spielen wie etwa Konflikt-Simulationen werden vielfach simplifizierte oder unrealistische Beziehungen zwischen Spielobjekten vorgegeben, so dass die relevanten Parameter leicht im Kopf verrechnet oder in Tabellen nachgeschlagen werden können. Vielfach wird der Begriff Rollenspiel ist hier nicht im Sinne des Instruments psychologischer Forschung gebraucht, sondern beschreibt ein Spielgenre, bei dem es ebenfalls um die Übernahme verschiedener Rollen geht auch das Würfelglück dem strategischen Element vorgezogen, um einen schnellen Spielfluss sicherzustellen. Realistischere Objektbeziehungen lassen sich hingegen leicht in Software modellieren und können so zu besser nachvollziehbaren Auswirkungen von Spielaktionen führen.

Übernahme einfacher Routineaufgaben
Viele Brettspiele beinhalten sich wiederholende Teilaktivitäten, deren Ausführung nicht direkt zum Spielspaß beiträgt. Bei einigen Mainstream-Brettspielen kann der Rechner etwa den Aufbau

des Spielfeldes oder das Mischen von Karten übernehmen, während bei komplexen Rollenspielen oder Konflikt-Simulationen beispielsweise Protokollfunktionen oder eine Charakterverwaltung möglich werden. Auch der Spielleiter kann durch spezielle Werkzeuge beim Entwerfen von Verliesen, Fallen, Begegnungen, Schätzen etc. unterstützt werden. Das übliche Nachschlagen in Tabellen zur Bestimmung des Erfolges einer Aktion kann völlig wegfallen.

Interaktionsanreicherung
Die taktile Benutzerschnittstelle eines Brettspiels sieht nicht nur schön aus, sondern ist besonders bei der Ausrichtung von Spielfiguren einer Standard-Computerversion überlegen, da etwa mit einer Maus Objekte zwar leicht positioniert, nicht aber gedreht werden können. Nachteilig ist jedoch die Unmöglichkeit, auf unterschiedliche Blickwinkel der Spieler eingehen zu können, d.h. relevante Informationen so anzuzeigen, dass ein Spieler sie bei seinem Zug optimal wahrnehmen kann. Auf die Möglichkeiten einer Computeranreicherung hierzu wird weiter unten eingegangen.

Dynamisch veränderbare Spielbretter
Während herkömmliche Spielbretter naturgemäß statisch sind oder nur mit Aufwand verändert werden können (siehe Übernahme von Routineaufgaben) lassen sich rechnergestützt Spielbretter erstellen, die leicht dynamisch veränderbar sind. Diese können um ein Vielfaches größer sein als der gerade sichtbare Ausschnitt auf dem Spielbrett/ Schirm, was besonders für Spiele mit Explorationscharakter eine wichtige Eigenschaft darstellt. Elegant lässt sich auch ein *Kriegsnebel* (fog of war) realisieren, bei dem unerforschte Bereiche des Spielbrettes nicht angezeigt werden.

Verdeckte Interaktion
Sobald Diplomatie und Zusammenschlüsse gegen einzelne Mitspieler wie in *Risiko* oder *Diplomacy* eine Rolle spielen, gelangen herkömmliche Lösungen der verdeckten Interaktion oder Verhandlung schnell an ihre Grenzen. Üblicherweise werden beschriebene Karten ausgetauscht oder das Zimmer kurz verlassen. Dies kann den Inhalt einer Nachricht verbergen, nicht jedoch den Empfänger. Über vernetzte mobile Computer (PDAs), die als private Artefakte jeweils von nur einem Benutzer eingesehen werden können, lassen sich hingegen Nachrichten versenden, deren Empfänger nicht frei ersichtlich ist, was einer echten Geheimdiplomatie weitaus eher entspricht.

Persistenz
Auch wenn typische Mainstream-Brettspiele nicht länger als zwei oder drei Stunden andauern und somit Sitzungen selten unterbrochen werden müssen, wird dies bereits bei *Monopoly* oder *Schach* relevant. Einige Konflikt-Simulationen wie *The Hallowed Ground* benötigen mehrere hundert Stunden Spielzeit (Costikyan 1999) und Rollenspielkampagnen können noch erheblich länger andauern. Mit zunehmender Komplexität eines Brettspieles werden also Probleme der Persistenz der Spielwelt, der Protokollierung von Ereignissen und des Aufbaus einer entsprechenden Historie relevant, die durch den Einsatz von Informationstechnologie automatisiert ablaufen können und somit den z.B. bei Rollenspielen ungeliebten peripheren „Papierkram" minimieren können. Während in den o.g. Bereichen das Potenzial einer Anreicherung durch virtuelle Komponenten ersichtlich wurde, muss gleichzeitig beachtet werden, dass eine Rechnerunterstützung nur dort sinnvoll ist, wo ein Mehrwert ohne Verlust der eigentlichen Gruppeninteraktion zu erwarten ist. Eine Überbetonung des Virtuellen kann leicht den Eindruck erwecken, lediglich ein Computerspiel auf einer Tischoberfläche zu benutzen. Daher darf etwa der (durch Geschick beeinflussbare) Akt des Würfelns durchaus in der realen Welt verbleiben und Nicht-Spieler-Charaktere in Rollenspielen sollten tunlichst durch den Spielleiter statt den Computer bewegt werden.

3 Die STARS-Plattform

Das SpielTisch-AnReicherungsSystem (STARS) stellt eine Experimentalplattform dar, auf der sich computerunterstützte Brettspiele realisieren lassen, die gegenüber herkömmlichen Brettspielen neuartige Funktionen aufweisen und/oder bekannte Defizite minimieren. STARS besteht aus einer Kombination aus spezialisierten Hardware-Komponenten und einer Softwarebibliothek, die für Brettspiele typische Basisfunktionalität und eine angepasste Interaktionsschnittstelle bereitstellt. STARS ist für sich genommen also kein Spiel, sondern eine Plattform, die angereicherten Brettspielen zugrunde liegt. Die Bandbreite unterstützter Spieltypen umfasst sowohl Mainstream-Brettspiele als auch Konflikt-Simulationen mit Zinnfiguren und Rollenspiele. Die STARSPlattform soll sowohl die aufgezeigten Chancen zur Verbesserung der Spielqualität durch Rechnereinsatz realisieren als auch der Erforschung von Auswirkungen des neuen Mediums dienen.

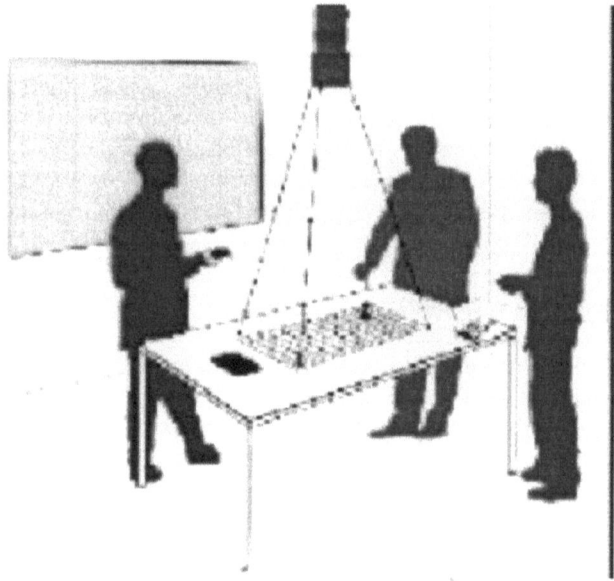

Abbildung 1: Die STARS-Komponenten

3.1 Komponenten

Der STARS-Aufbau (siehe Abbildung 1) besteht aus einem interaktiven Tisch, auf dessen Oberfläche reale Spielfiguren bewegt werden, deren Positionen und ggf. Orientierungen verfolgt werden. Zur Anzeige öffentlicher Informationen wird eine Wandtafel eingesetzt. Für private Daten und zur verdeckten Kommunikation der Mitspieler werden PDAs bereitgestellt.

3.1.1 Spieltisch

Der interaktive Spieltisch bildet die Hauptkomponente der STARS-Platform. In unserem gegenwärtigen Aufbau handelt es sich um einen InteracTable® (Streitz et al. 2001), in dessen Oberfläche ein berührungsempfindlicher Plasma-Bildschirm (PDP) eingebettet ist, der das Spielbrett visualisiert. Auf der Tischoberfläche werden in der Draufsicht optisch hinreichend unterscheidbare Spielfiguren bewegt. Eine über dem Spielbrett an der Zimmerdecke befestigte Axis Network Kamera dient der Objektidentifizierung und Orientierungserkennung der Figuren.

3.1.2 Wandtafel

Neben dem Spieltisch ist eine elektronische Wandtafel zur Anzeige öffentlicher Informationen angebracht, die von allen Mitspielern zu jeder Zeit einsehbar sind. Hierbei handelt es sich um ein Segment der DynaWall® (Streitz et al. 2001), einer berührungssensitiven, rückprojizierten Interaktionsfläche für computerunterstützte Gruppenarbeit. Auf der Wandtafel können beliebige Medien wie Videos oder Animationen abgespielt werden, wobei es sich bei den bisherigen STARS-Anwendungen zumeist um Informationen zum aktuellen Spielstand handelt (z.B. Punkteverteilung), die je nach Einsatzzweck durch die STARS-Software, einen evtl. vorhandenen Spielleiter oder durch die Spieler selbst erstellt und modifiziert werden können. Abbildung 2 zeigt eine STARS-Sitzung, bei der auf der Wandtafel eine Übersichtskarte des Spielareals angezeigt wird.

Abbildung 2: Anzeige einer Übersichtskarte an der Wandtafel

3.1.3 PDAs

Jedem Spieler steht bei Bedarf ein PDA zur Verfügung, der zur verdeckten Kommunikation und für private Notizen eingesetzt wird. Bei den PDAs handelt es sich um PocketPCs der Modellreihen Compaq IPAQ 3950 und Toshiba e740, die mittels 802.11b mit allen Komponenten des STARS-Aufbaus vernetzt sind. Bei Spielen, die einen Spielleiter benötigen, steht für diesen ein Jornada 728 Handheld-PC zur Verfügung, der aufgrund seines größeren Bildschirms und seiner

Tastatur eine erweiterte Benutzerschnittstelle mit zusätzlicher Funktionalität zur Manipulation des Spielbretts und zum Auslösen von Spiel-Ereignissen aufweist.

3.2 Interaktionsdesign

Die taktile Benutzerschnittstelle des STARS-Spieltisches ist von zentraler Bedeutung für den Erfolg der Plattform. Zum einen soll eine erweiterte Interaktionsfunktionalität eingeführt werden, die in herkömmlichen Brettspielen nicht realisierbar ist, andererseits muss die Schnittstelle dem Paradigma des *verschwindenden Computers* insofern gerecht werden, als dass die spielerische Aktivität zwischen den Mitspielern und nicht zwischen Mensch und Tischoberfläche stattfindet.

3.2.1 Herkömmliche Interaktion mit Tischoberflächen

Bei den meisten Aktivitäten, die von mehreren Personen auf einer Tischoberfläche durchgeführt werden, ergibt sich durch unterschiedliche Blickrichtungen ein Wahrnehmungsproblem. Informationen, die für eine Person am Kopfende eines Tisches gut erkennbar sind, können zumeist von Personen am Fußende und an den Seiten nicht gleichermaßen gut erfasst werden. Neben der Orientierung der Information auf der Tischoberfläche ist hier auch ihre Größe und Entfernung relevant, d.h. je weiter die Information vom Betrachter entfernt ist, desto stärker wird ihre Wahrnehmung durch falsche Orientierung und geringe Größe beeinträchtigt. Im Arbeitskontext hilft man sich bei Besprechungen an einem Tisch meist dadurch, dass man etwa ein Dokument allen Sitzungsteilnehmern nacheinander durchreicht, es als Tischvorlage vervielfältigt zur Verfügung stellt oder zur Präsentation gleich auf ein zusätzliches Medium wie eine Wandtafel zurückgreift, bei der keine Orientierungs- und Größenproblematik entsteht. Diese Ausweichmöglichkeiten verbieten sich, wenn der Tisch nicht primär zur Kommunikation, sondern zur Arbeit mit der Tischfläche genutzt wird. Dies gilt neben planerischen Aktivitäten etwa von Architekten besonders für die Beschäftigung mit Brettspielen, bei denen ein gemeinsames Artefakt auf der Tischoberfläche kontinuierlich manipuliert wird und somit die Informationsaufnahme ein im Verhältnis geringeres Gewicht als die Interaktionen auf der Tischfläche aufweist. In vielen Brettspielen behilft man sich in Bezug auf die Orientierungsproblematik mit einer weitgehenden Orientierungslosigkeit der Interaktionsobjekte, d.h. typische Spielfiguren etwa bei *Mühle*, *Dame* oder *Mensch ärgere Dich nicht* sehen aus jeder Perspektive gleich aus.

3.2.2 Interaktion mit dem STARS-Spieltisch

Bei der Entwicklung von STARS wurde ein Hauptaugenmerk auf eine Reduzierung der o.g. Probleme in der Interaktion mit Tischoberflächen gelegt. Unterschiedliche Blickwinkel werden durch eine dreifach abgestufte Rotationsfunktionalität für auf der Tischoberfläche angezeigte Objekte unterstützt. Objekte mit für das Spiel bedeutsamer Orientierung passen sich dabei dem Blickwinkel des aktuellen Spielers nicht an, sondern behalten stets ihre Ausrichtung relativ zu den anderen Spielobjekten bei. Demgegenüber können Objekte mit bedeutungsloser Orientierung je nach ihrer Beziehung zu benachbarten Objekten in 90° oder 45° Schritten automatisch auf die Position des aktuellen Spielers ausgerichtet werden. Abbildung 3 (links) zeigt einen Ausschnitt eines Spielbretts, bei dem der aktuelle Spieler aus Sicht der Kamera auf den Tisch blickt, während das gleiche Spielbrett in Abbildung 3 (rechts) auf einen Spieler hinten links ausgerichtet ist. Das „Exit"-Schild passt sich hierbei auf 45° der Spielerposition an, die Tür aufgrund ihrer Einbettung in die benachbarten Wand-Felder auf 90° und die nach rechts zeigende Spielfigur wird nicht angepasst, da ihre Blickrichtung spielrelevant ist. Von einer Rotation des gesamten Spielbretts anstelle einzelner Objekte wird abgesehen, da diese bei jedem Spielerwechsel für alle Teilnehmer eine komplette Wahrnehmungsanpassung und überdies ein ständiges Umstellen der Spielfiguren erfordert. Die primäre Interaktionsmöglichkeit mit dem Spieltisch liegt in dem Bewegen der Spielfiguren.

Neben dieser taktilen Schnittstelle kann durch die tastsensitive Tischoberfläche auch mit den anderen Objekten des Spielbretts interagiert werden. Hierzu gibt es auf Spielfeldebene die Möglichkeit, vor dem Spiel jedem Feld zusätzliche Informationen zuzuweisen, die durch Berührung in einem Interaktionsfenster geöffnet werden können. So führt bei *STARS Monopoly* etwa das Berühren eines Straßenfeldes zur Anzeige von Zusatzinformationen (Mietpreis inkl. Häuser, insgesamt eingenommene Miete etc.) und bei dem Verlies-Erforschungsspiel *KnightMage* öffnet das Berühren eines Gegenstandes auf dem Spielbrett ein Dialogfenster, in dem z.B. über Aufnehmen, Öffnen oder Anwenden entschieden werden kann.

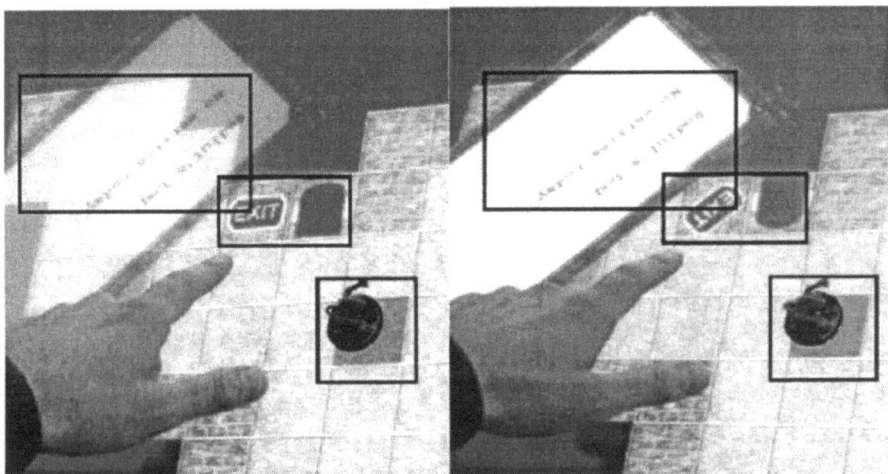

Abbildung 3: Tischinteraktion

Als generische Interaktionsmöglichkeit stellt STARS beliebige solche Fensterobjekte bereit, die global dem gesamten Tisch oder einzelnen Spielern zugeordnet und mit dem Finger frei über die Tischoberfläche gezogen werden können. Einzelnen Spielern zugeordnete Fenster richten ihre Orientierung dabei automatisch an dem Blickwinkel des entsprechenden Spielers aus, während globale Fenster per Hand stufenlos orientiert werden. Zugeordnete Fenster wachsen zudem mit dem räumlichen Abstand zu ihrem Besitzer, so dass dieser den Inhalt auch bei größerer Entfernung erkennen kann. Um für den aktuellen Spieler die Sicht auf das gesamte Spielbrett zu optimieren, werden die Fenster anderer Spieler halbtransparent dargestellt, so dass darunter liegende Teile des Spielbretts nicht verdeckt werden (siehe Abbildung 3, 4).

Abbildung 4: Rotation und Translation eines Fensterobjekts

3.3 Realisierte Spiele

Es wurden bereits mehrere STARS-Spiele prototypisch implementiert, um Erfahrungen mit den Eigenschaften einer hybriden Plattform sammeln zu können. Am weitesten fortgeschritten sind hierbei *STARS Monopoly*, eine Adaptierung des beliebten Mainstream-Brettspiels, und *Knight-Mage*, ein Spiel über die Erforschung eines Verlieses und seiner Schätze. Bei beiden Titeln sichert STARS mit jedem Zug den aktuellen Spielstand, so dass das Spiel jederzeit unterbrochen und später fortgesetzt werden kann (Persistenz).

STARS Monopoly
Die Monopoly-Umsetzung (siehe Abbildung 5) profitiert aufgrund des hohen Anteils textueller Informationen auf dem Spielbrett besonders von der durch STARS bereitgestellten Orientierungsoptimierung. Das Ausgeben und Mischen der Karten entfällt (Routineaufgaben), da z.B. Zufallsereignisse direkt auf dem Spielbrett angezeigt werden. Weil auch das Spielgeld virtuell repräsentiert ist, stehen diverse Statistikfunktionen zur Verfügung. Ein auf der Wandtafel angezeigtes Diagramm etwa gibt permanent Auskunft über die finanzielle Entwicklung der Spieler und erlaubt so eine strategische Planung von Käufen und Verkäufen.

Abbildung 5: STARS Monopoly

KnightMage
Bei KnightMage (siehe Abbildung 2, 3, 4) geht es um die Erforschung einer Verlieswelt, in der Schätze, Ausrüstungsgegenstände und Monster auf die Spieler warten. Hierbei wird besonders von der Möglichkeit Gebrauch gemacht, dynamisch veränderbare, übergroße Spielbretter bereit zustellen. So existieren etwa Türen, die durch die Anwendung passender Schlüssel geöffnet werden müssen, um tiefer in das Verlies vorzudringen. Unerforschte Abschnitte des Verlieses werden durch einen Kriegsnebel verborgen und auf der Wandtafel wird eine Übersichtskarte über bereits besuchte Abschnitte des Verlieses geführt. Die Spielregeln orientieren sich ebenfalls an den Möglichkeiten einer Rechnerunterstützung. So wird etwa die Tragekapazität einer Spielfigur nicht vereinfacht durch eine feste Anzahl von Gegenständen ausgedrückt, sondern jeder Gegenstand hat ein Gewicht, so dass die Gewichtssumme der Gegenstände die Tragbarkeit bestimmt. Da KnightMage viele Rollenspielelemente besitzt, moderiert ein Spielleiter das Geschehen. Zur Unterstützung bei der Vorbereitung einer Sitzung steht ihm ein Editor zur Verfügung, mit dem Verliespläne entworfen werden können. Während des Spiels kann der Spielleiter mit dem Jornada Handheld PC u.a. den Spielbereichsausschnitt manipulieren. Schließlich steht ein an *Riskio* angelehntes Diplomatie-Spiel kurz vor der Fertigstellung, bei dem besonders das Spannungsfeld zwischen offener und geheimer Kommunikation unter den Spielern beleuchtet werden soll. Die Spieler können als Landesfürsten durch Kooperation und Konfrontation ihre Machtbereiche vergrößern. Allianzen und Intrigen sind zentrale Spielelemente, bei deren Planung und Durchführung besonders das Interaktionsmedium PDA zum Einsatz kommt.

3.4 Erfahrungen mit der Plattform

Erwartungsgemäß haben sich STARS-Spiele als beliebte Anwendungen für unser Forschungslabor erwiesen und stellen gegenwärtig die dominierende Aktivität für die Raumkomponenten dar. Da der Spieltisch relativ groß ist, wird die Orientierungsanpassung der Spielobjekte durchwegs sehr begrüßt. Der umfangreiche und dynamische Spielbereich bei KnightMage wird im Allgemeinen ebenfalls sehr positiv bewertet. Offenbar ist die Interaktionssituation in einer STARS Sitzung weitgehend mit der von herkömmlichen Brettspielen identisch, d.h. das Spiel findet tatsächlich zwischen Menschen statt und STARS wird nicht als Computerspielsystem missverstanden. Kritisch wurde bei den Spielern die künstliche Laboratmosphäre wahrgenommen, die durch die Notwendigkeit konstanter Lichtverhältnisse für die Kamera noch verstärkt wird. Hier ist für die Zukunft eine andere technologische Lösung (etwa durch eine *Mimio*-ähnliche Funktionalität) nötig, wenn der Transfer in den Heimbereich gelingen soll.

4 Verwandte Arbeiten

Mandryk et al. (2002) entwickeln mit *False Prophets* ein hybrides Brettspiel, bei dem das Spielfeld auf einer Tischoberfläche durch Projektion von oben visualisiert wird und die Positionen der Spielfiguren durch Infrarot-Sensorik bestimmt werden. Im Unterschied zu STARS ist False Prophets allerdings nicht als Plattform für unterschiedliche Arten von Spielen konzipiert. Die Infrarot-Sensorik ist robuster als die visuelle Objekterkennung bei STARS, was jedoch durch Schwächen in der Darstellung des Spielbretts erkauft wird. Verschiedenen Blickwinkeln der Spieler wird anders als bei STARS lediglich durch orientierungslose, primitive Objekte begegnet. Bjork et al. (2001) stellen mit *Pirates!* ebenfalls ein hybrides System vor, bei dem jedoch kein Spielbrett als Vorlage dient, sondern die Mitspieler mit PDAs umherlaufen und je nach Aufenthaltsort unterschiedliche Spielsituationen vorfinden. Elegant ist hier die Einbeziehung des physikalischen Kontexts: Der PDA des Spielers repräsentiert ein Piratenschiff, das durch die Bewegung des Spielers unterschiedliche Inseln anlaufen kann, auf denen diverse Abenteuer warten. Einmal auf einer Insel angekommen, ist die dann einsetzende Spielaktivität jedoch rein virtuell, d.h. es werden keine weiteren Kontextfaktoren aus der realen Welt in das Spiel einbezogen, während dies bei STARS einen zentralen Faktor darstellt. Zur Interaktion mit Tischoberflächen liegen schließlich eine Vielzahl von Veröffentlichungen vor. Besonders interessant sind hierbei die Arbeiten der Gruppe um Hiroshi Ishii. Patten et al. (2001) haben mit Sensetable eine Plattform zur Interaktion mit physikalischen Objekten auf einer Tischoberfläche geschaffen, die sich neben allerlei ernsthaften Anwendungen auch zur Realisierung von hybriden Spielen nutzen lässt. Herausragend an Sensetable ist die Möglichkeit, die Eigenschaften der Objekte auf der Tischoberfläche dynamisch über Schalter und Drehregler an den Objekten selbst zu verändern. Dadurch lassen sich Interaktionsformen realisieren, die über die bloße Objektidentifikation hinausgehen. Eine hybride Spielanwendung von Ishii et al. (1999) ist schließlich PingPong Plus, bei der das Auftreffen des Balls auf einem PingPong-Tisch erkannt und mit akustischen und auf den Tisch projizierten visuellen Ereignissen angereichert wird.

5 Ausblick

Wir haben STARS, eine Plattform zur computerangereicherten Realisierung von Brettspielen, vorgestellt. Neben neuen Beispielanwendungen, mit denen wir die Möglichkeiten hybrider Spiele weiter erforschen wollen, halten wir die zukünftige Erweiterung der taktilen Benutzerschnittstelle für ein wichtiges Forschungsfeld. Wir planen, die Spielfiguren selbst anzureichern, so dass diese Zustände, Erinnerungen und erweiterte Interaktionsmöglichkeiten erhalten können.

Literaturverzeichnis

Bjork, S.; Falk, J.; Hansson, R.; Ljungstrand, P. (2001): Pirates! Using the Physical World as a Game Board. In: *Proceedings of Interact 2001*. Tokyo, Japan.

Blennemann, Ulrich (1997): Die Geschichte des CoSims. http://www.g-h-s.org/body_cosimtext.htm

Benford, S.; Reynard, G.; Koleva, B.; Greenhalgh, C.; Fraser, M. (2002): CSCP. In: Herczeg, M.; Prinz, W.;

Oberquelle, H. (Hrsg.) (2002): *Mensch & Computer 2002*. Stuttgart: Teubner Verlag, S. 21-29.

Costikyan, G. (1999): Don't be a Vidiot. What Computer Game Designers Can Learn from Non-electronicGames. In: *Proceedings of Game Developers Conference 1999*. San Jose: Miller Freeman, S. 115-139.

Ishii, H.; Wisneski, C.; Orbanes, J.; Chun, B.; Paradiso, J. (1999): PingPongPlus: Design of an Athletic-Tangible Interface for Computer-Supported Cooperative Play. In: *Proceedings of CHI '99*, S. 394-401.

Mandryk, R.L.; Maranan, D.S.; Inkpen, K.M. (2002): False Prophets: Exploring Hybrid Board/Video Games. In: *Extended Abstracts of CHI 2002*. Minneapolis, S. 640-641.

Manninen, T. (2001): Rich interaction in the context of networked virtual environments - Experiences gained from the multi-player games Domain. In: Blanford, A.; Vanderdonckt, J.; Gray, P. (Hrsg.) (2001): *Joint Proceedings HCI 2001 and IHM 2001 Conference*. London: Springer Verlag, S. 383-398.

Patten, J.; Ishii, H.; Hines, J.; Pangaro, G. (2001): Sensetable: A Wireless Object Tracking Platform for Tangible User Interfaces. In: *Proceedings of CHI 2001*, S. 253-260.

Streitz N.A.; Tandler P.; Müller-Tomfelde C.; Konomi S (2001): Roomware: Towards the next generation of human-computer interaction based on an integrated design of real and virtual worlds. *Human-Computer Interaction in the New Millennium*. Addison Wesley, S. 553–578.

Zagal, J.P.; Nussbaum, M.; Rosas, R. (2000): A model to support the design of multiplayer games. *Presence: Teleoperators and Virtual Environments*, Vol. 9, No. 5, S. 448-462.

Teile dieser Arbeit wurden freundlicherweise durch das Ladenburger Kolleg „Living in a SmartEnvironment" der Daimler-Banz Stiftung unterstützt.

Kontaktinformationen

Carsten Magerkurth, Richard Stenzel

Fraunhofer IPSI, AMBIENTE – Arbeitswelten der Zukunft

Dolivostraße 15, 64293 Darmstadt, Email: {magerkurth, stenzel}@ipsi.fraunhofer.de

Tel.: 06151 - 869997

G. Szwillus, J. Ziegler (Hrsg.): Mensch & Computer 2003: Interaktion in Bewegung.
Stuttgart: B. G. Teubner, 2003, S. 135-143

Bluetooth-Artefakte zur Interaktion mit intelligenten Umgebungen

Markus Klein, Till Harbaum und Thomas Fuhrmann

Institut für Telematik, Universität Karlsruhe (TH)

Zusammenfassung

Von Menschen gefertigte Alltagsgegenstände, Artefakte, können dazu dienen, in die aus einer Vielzahl kleiner, eingebetteter Systeme geschaffene so genannte intelligente Umgebung einzugreifen. Sie müssen dazu sowohl mit entsprechenden Sensoren als auch einer geeigneten drahtlosen Kommunikationstechnik ausgerüstet werden. Dieser Beitrag beschreibt den BlueWand, ein stiftähnliches Eingabegerät, das seine Lage und Bewegung im Raum erkennt und diese Daten mittels Bluetooth an andere Bluetooth-Geräte in seiner Umgebung übermittelt. So können verschiedene Geräte in einer intelligenter Umgebung durch einfaches Zeigen oder durch Gesten gesteuert werden. Dieser Beitrag beschreibt auch, wie die Technik des Blue-Wand, bei verschiedenen anderen Artefakten angewandt werden kann.

1 Einleitung

Der technische Fortschritt in der Halbleitertechnik führte in den letzten Jahren zu einer fortdauernden Miniaturisierung vieler elektronischer Geräte wie z.B. Handys und PDAs (Personal Digital Assistent). Dieser Miniaturisierung sind jedoch ergonomische Grenzen gesetzt. Schon jetzt sind die Tasten aktueller Mobiltelefone so klein, dass manche Menschen diese nicht mehr sicher bedienen können. Aus diesem Grund ist abzusehen, dass für weitere Miniaturisierungen *eine neue Art von Mensch-Maschine-Schnittstelle* benötigt wird.

Ein anderer Trend ist die zunehmende drahtlose Vernetzung elektronischer Geräte. Egal ob Handy, PDA, MP3-Player oder drahtlose Kopfhörer, sie alle kommunizieren drahtlos miteinander und bilden so ein persönliches Nahbereichsnetz. Um die einzelnen Komponenten dieses Nahbereichsnetzes zu kontrollieren, ist man bislang auf die Bedienelemente der jeweiligen Geräte angewiesen: Für einen Anruf muss man das Handy aus der Tasche holen und die Nummer wählen. Zuvor hat man vielleicht schon den MP3-Player anhalten müssen. Für eine Notiz während des Gesprächs muss man dann auch noch den PDA mitsamt dazu passendem Stift herauskramen. In einem solchen Szenario wäre es also wünschenswert, *alle Geräte auf die gleiche Art einfach bedienen* zu können, und nicht jedes Gerät einzeln.

 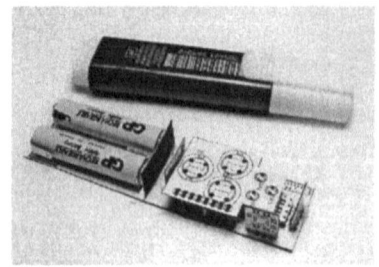

Abbildung 1: Originalversion des BlueWand *mit aufgesetztem Bluetooth-Modul und orthogonalen Sensorflossen (links). Entwurf der miniaturisierten Variante, die ab Ende Februar einsatzbereit sein wird (rechts)*

Anstatt nun die Rolle dieser vereinheitlichten Mensch-Maschine-Schnittstelle beispielsweise vollständig dem PDA zu übertragen, so dass dieser dann die Kontrolle über alle Komponenten des persönlichen Nahbereichsnetzes hat, geht der hier beschriebene Ansatz einen anderen Weg. Bei ihm wird die Mensch-Maschine-Schnittstelle in modal unterschiedliche Aspekte unterteilt, die dann verschiedenen Geräten aus dem persönlichen Nahbereichsnetz übertragen werden. Die Kommunikation von der Maschine zum Menschen übernimmt beispielsweise der drahtlose Kopfhörer oder optional ein in die Brille integriertes Display. Zur Kommunikation vom Menschen zur Maschine könnte eine Tastatur, eine Spracheingabeeinheit oder ein Datenhandschuh dienen. In der Praxis sind solche Eingabemedien aber oft ungeeignet: Bequem zu bedienende Tastaturen sind zu groß und zu schwer, kleine Tastaturen aber zu unbequem. Spracheingabesysteme sind in Alltagsumgebungen häufig (noch) zu fehlerträchtig und Datenhandschuhe zu hinderlich im Dauergebrauch. In den meisten Alltagssituationen ist ein kleines, leichtes und einfach zu benutzendes Gerät wünschenswert. Ein Gerät das man schnell zur Hand nehmen und schnell wieder ablegen kann.

Diese Anforderungen erfüllt das von uns entwickelte Eingabegerät, der BlueWand, dessen Stiftform gerade den typischen Interaktionsparadigmen des Menschen besonders entgegenkommt: Mit einem Stift auf etwas zu zeigen oder eine geschwungene Geste zu machen ist sehr natürlich für den Menschen. Diese neue Art der Mensch-Maschine-Interaktion ist also schnell und besonders einfach zu erlernen. Darüber hinaus ist der BlueWand so klein und fast so leicht wie ein handelsüblicher Textmarker (siehe Abb. 1). Dieser Beitrag beschreibt den BlueWand, seine möglichen Einsatzbereiche und die ihm zugrunde liegende Sensor- und Kommunikationstechnik, sowie weitere Artefakte, in die diese Technik eingebracht wurde. Er zeigt außerdem Szenarien auf, in denen diese Artefakte zu einer intelligenten Umgebung kombiniert werden können und berichtet über erste Erfahrungen mit diesen Szenarien.

2 Stand der Forschung

Die hier beschriebenen Arbeiten verbinden zwei Forschungsgebiete, nämlich die Telematik, insbesondere den Bereich des ubiquitären Rechnens einerseits, mit der Forschung zu Mensch-Maschine-Schnittstellen andererseits. Trotz der erforderlichen Kürze soll hier ein Einblick in beide Gebiete gegeben werden.

Die Nutzung des dreidimensionalen Raums für Eingaben an ein Computersystem zählen mit zu den natürlichsten Möglichkeiten einer Mensch-Maschine-Schnittstelle (Ishii and Ullmer 1997; Jacob 2002). Hier sind insbesondere virtuelle Welten (Bowman et al. 2001) und der Bereich der so genannten *Augmented Reality* (Starner et al. 1997) zu nennen. Viele solcher Techniken zum Erfassen von Position und Bewegung im Raum basieren auf Methoden des Computersehens, d.h. sie werten ein Kamerabild der Umgebung aus (Starner et al. 1998). Ein anderer typischer Fall ist die Verwendung von Datenhandschuhen, die mit Hilfe aktiver Sensoren die Bewegung der Hände oder gar einzelner Finger erfassen (Moeslund 2000). Im Gegensatz zu dem hier vorgestellten Ansatz, insbesondere dem BlueWand, der sich auf einfaches Zeigen und Deuten und elementare Gesten beschränkt, können solche Techniken viel mehr Details erfassen. Sie benötigen aber entweder eine Außensicht auf die jeweilige Person oder nötigen diese, für alle Eingabeoperationen einen Datenhandschuh zu tragen. Wir glauben, dass diese Eingabetechniken daher für den Bereich intelligenter Umgebungen unangemessen sind.

Greifbare Benutzerschnittstellen (*Tangible User Interfaces*) (Ullmer and Ishii 2001; Ishii and Ullmer 1997) verbinden eine physische Datenrepräsentation mit einer, meist intuitiven, physischen Schnittstelle, die es erlaubt, scheinbar unmittelbar mit der Datenrepräsentation zu arbeiten bzw. sie direkt zu verändern. (Benbasat and Paradiso 2001) beschreibt eine Messkomponente, die wie der BlueWand Trägheitsmessungen verwendet, um die Lage und Bewegung von Artefakten zu erfassen. Diese Artefakte steuern dann, in einer eins-zu-eins Abbildung beispielsweise einen Avatar in einer virtuellen Umgebung. In (Sawada and Hashimoto 1997; Paradiso 1999) wird vorgeschlagen, diese Technik zum Dirigieren eines virtuellen Orchesters zu verwenden und (Small and Ishii 1997; Fitzmaurice and Buxton 1997; Hinckley et al. 2000) nutzen ähnliche Methoden, um die räumliche Lage eines PDAs zur Dateneingabe zu nutzen. Andere Ansätze wie der von (LaViola 1999) untersuchen multimodale Eingaben, beispielsweise die Kombination von Sprache und Gestik.

Auch die Verbindung von Sensoren mit den verschiedenen Gegenständen in einem intelligenten Raum wurde bereits untersucht (Beigl et al. 2001; Beigl 2000; Schmidt and Laerhoven 2001). Wir glauben, dass die in diesem Beitrag vorgestellte Technik diese Ansätze aufgreift, sie aber durch die Verwendung der Bluetooth-Funktechnik vielfältiger nutzbar machen. Gerade die Trennung von Ein- und Ausgabe und die Zusammenfassung vieler typischer Interaktionen im BlueWand führt unserer Meinung nach zu einer Vereinfachung Mensch-Maschine-Interaktion in intelligenten Umgebungen, insbesondere im mobilen Bereich. Hier glauben wir, dass der BlueWand auch vielen aktuellen Vorschlägen, die noch vom Tastaturparadigma ausgehen, überlegen ist (Levy 2002; Ferscha and Vogl 2002).

3 BlueWand

Mit dem BlueWand ist die volle Kontrolle über das persönliche Nahbereichsnetz möglich, seien es Geräte, die am Körper oder in der Tasche getragen werden oder sonstige Geräte in der jeweiligen Umgebung (Abb. 2). So kann man beispielsweise mit einer Handbewegung dem Discman oder MP3-Player veranlassen, zum nächsten Lied vorzuspringen. Ebenso leicht und intuitiv kann man die Lautstärke einstellen oder durch verschiedene Menüs navigieren, wobei der aktuelle Menüpunkt jeweils über den ebenfalls per Bluetooth angebundenen Kopfhörer vorgelesen wird. Man kann eine Telefonnummer wählen und ein Gespräch führen, ohne das Handy aus der Tasche holen zu müssen.
Mit einer integrierten Schrifterkennung könnte man sogar Notizen oder Termine für den PDA einfach in die Luft schreiben, und bei Computerspielen dient der BlueWand als

Abbildung 2: Typisches Anwendungsszenario für den BlueWand

Joystick. Sobald preisgünstige HMDs (Head Mounted Displays) verfügbar sein werden, könnte gerade bei mobilen Spielen eine bedeutende Anwendung des BlueWand liegen.

Aber auch festinstallierte Geräte lassen sich mit dem BlueWand steuern, z.B. der DVD-Player oder Fernseher im heimischen Wohnzimmer, durch deren immer komplizierter werdende On-Screen-Displays man so sehr leicht navigieren kann: einfach und intuitiv durch direktes Deuten bzw. Zeigen. Andere Geräte wie z.B. die Heizung oder Klimaanlage können bedient werden, ohne dass man nach einem Bedienelement suchen muss.

Der BlueWand dient aber nicht nur zu Steuerung. Man kann auf dem BlueWand auch persönliche Daten speichern z.B. kryptografische Schlüssel oder eine elektronische Geldbörse. Eine bestimmte Handbewegung, vergleichbar mit einer Unterschrift, dient dabei als biometrisches Authentifizierungsmerkmal und ersetzt die bisher übliche PIN-Nummer. Mit einem kryptografischen Schlüssel in Verbindung mit der Authentifizierung kann man so z.B. Türen öffnen, die elektronische Geldbörse verwenden oder ein Dokument signieren.

3.1 Sensorsystem

Der BlueWand basiert auf mehreren mikromechanischen Sensoren, die alle sechs Bewegungsfreiheitsgrade erfassen. Diese Sensoren (drei Gyroskope und zwei je zweiachsige Beschleunigungssensoren) werden ca. 180mal pro Sekunde ausgelesen. Die dabei gewonnenen Messdaten können entweder direkt verwendet werden, um eine relative Bewegung, z.B. eine Drehung, Kippung oder einen Stoss zu erkennen. Sie können aber auch in ein kombiniertes Rechenmodell eingebracht werden, das die vollständige Lage- und Bewegungsinformation über den BlueWand liefert. Hier ist insbesondere die Unterscheidung zwischen einer Neigung im Schwerefeld der Erde und einer von einer Bewegung hervorgerufenen Beschleunigung von großer Wichtigkeit. Werden diese beiden Effekte nicht sehr genau getrennt, treten große Abweichungen zwischen der berechneten und der realen Position auf[1]. Der BlueWand verhindert diese Verfälschung durch die Kombination des 6-Achsen Bewegungsmodells mit einem heuristischen Ansatz, der diese Unterscheidung auf Grund der unterschiedlichen Dauer einer gemessenen Beschleunigung ermöglicht.

---

[1] Diese Problematik beschränkt den Einsatz auf die Erkennung von Gesten. Eine Verwendung zur (Trägheits-) Navigation, z.B. in Gebäuden, ist nicht möglich. Hier muss, zumindest ergänzend, auf andere Techniken zurückgegriffen werden.

Abbildung 3: Beschleunigungswerte einer isolierten Messachse: links eine nur scheinbare Bewegung durch Kippung im Schwerefeld der Erde, rechts eine reale Bewegung mit Darstellung der berechneten Geschwindigkeitswerte (obere Kurve).

Neigungen verändern diesen Wert eher moderat und über einen längeren Zeitraum, während Bewegungen eher starke Ausschläge der Werte hervorrufen. Die Unterscheidung wird durch das Anpassen („Fitten") an eine geglättete Kurve erreicht (siehe Abbildung 3). Ändert sich die Beschleunigung innerhalb des Fit-Fensters hinreichend wenig, wird eine konstante Geschwindigkeit angenommen. Ist die Geschwindigkeit nahe Null, wird angenommen, dass der BlueWand vollständig ruht. (In der Abbildung erkennbar am geringen Versatz am rechten Fuß der Geschwindigkeitsspitze.) Der angenommene Übergang in die Ruhestellung wird dabei innerhalb der Latenz des Fit-Fensters ggf. auch zeitlich rückwirkend gesetzt.[2]

Durch dieses Anpassungsverfahren werden außerdem die leichten Zitterbewegungen der menschlichen Hand eliminiert, die in der Abbildung gut zu sehen sind. Dieses Zittern ist im Übrigen ein leicht erkennbares Zeichen dafür, dass der BlueWand tatsächlich in der Hand gehalten wird und nicht etwa unbenutzt auf dem Tisch liegt.

3.2 Bluetooth Protokollstapel

Die Bluetooth-Technologie hat sich im Laufe der letzten Monate immer mehr verbreitet. Entsprechend wird Bluetooth auch auf vielen wichtigen Betriebssystemplattformen (z.B. Windows, Linux, MacOS und PalmOS) unterstützt. Allerdings benötigen die dort eingesetzten Implementierungen des Bluetooth Protokollstapels vergleichsweise viele Ressourcen, insbesondere Speicher und Rechenleistung. Sie sind daher nicht geeignet, um auf einem Microcontroller eingesetzt zu werden.

Aus diesem Grund haben wir uns entschieden, eine unabhängige, speziell für 8 Bit Microcontroller optimierte Variante des Bluetooth-Protokollstapels zu implementieren. Durch die Verwendung von C als Programmiersprache ist die Implementierung überdies plattformunabhängig.[3]

---

[2] In unseren Versuchen wird eine Latenz von bis zu 300ms bei der Gestenerkennung nicht als störend empfunden. Dieser Wert ist größer als die tolerable Latenz in z.B. Sprachübertragungssystemen.

[3] Die Implementierung wurde bislang auf einem AVR ATmega128 von Atmel und auf Linux (Intel-Pentium-Architekur) eingesetzt. Letztere ermöglicht uns eine einfachere und schnellere Entwicklung zeigt aber auch die Portabilität unserer Implementierung.

Die Grundidee dieser Implementierung ist, die Pufferung von Daten innerhalb des Protokollstapels vollständig zu vermeiden. Bluetooth-Kommandos (sowohl auf HCI, ACL und L2CAP-Ebene) werden direkt aus dem Datenstrom des Bluetooth-Moduls heraus verarbeitet. Umgekehrt werden zu sendende Daten erst während der Übertragung zu Bluetooth-Kommandos umgeformt. So können die meisten Kommandos und Ereignisse innerhalb nur weniger Maschinenzyklen verarbeitet werden. Der gesamte Protokollstapel (bis einschließlich L2CAP) benötigt nur wenige Dutzend Byte RAM. Diese Eigenschaft macht diese Implementierung besonders geeignet für niedrig getaktete Microcontroller mit Harvard-Architektur, die häufig nur wenige Hundert Byte RAM bieten. Lässt der Microcontroller die flexible Anpassung der Taktrate zu, kann der Takt und damit der Stromverbrauch an die jeweils aktuell erforderliche Datenrate angepasst werden.

Für Anwendungen die eine höhere Datenrate benötigen, beispielsweise den im nächsten Abschnitt beschriebenen MP3-Player, stehen ausreichend Leistungsreserven zur Verfügung. Mit unserem 8 Bit Microcontroller erzielt die Implementierung bei 7MHz Takt einen Durchsatz von ca. 280 kBit/s. Dieser Durchsatz übersteigt damit bereits die Leistungsfähigkeit eines PDA von Palm um das zweifache. Weitere Steigerungen der Datenrate durch den Einsatz leistungsfähigerer Bluetooth-Module und die nachträgliche Optimierung des vom C-Compiler erzeugten Programmcodes sind wahrscheinlich.

4 BlueMP3

Der BlueMP3 erfüllt zwei Aufgaben, die aus pragmatischen Gründen in ein Gerät vereinigt wurden: Erstens speichert er große Datenmengen in einem kleinen Gerät, das leicht in der Kleidung oder einer Handtasche getragen werden kann. Zweitens gibt er Audiodaten in deutlich höherer Qualität wieder als dies übliche Bluetooth-Headsets könnten. Durch den Einsatz des MP3-Kompressionsverfahrens wird im High-End Audiobereich auch signifikant Bandbreite eingespart.

Neben diesen hauptsächlichen Anwendungen erfüllt der BlueMP3 (siehe Abb. 4) außerdem zwei pragmatischen Anforderungen: Er demonstriert die Tauglichkeit unserer Bluetooth Implementierung bei hohen Datenraten und stellt ein attraktives Gerät dar, mit dem sich Studierende für die Mitarbeit in unserem Forschungsprojekt begeistern lassen.

Im Szenario der Interaktion mit intelligenten Umgebungen müssen die die beiden Funktionen des BlueMP3 getrennt betrachtet werden: Die Audiowiedergabe bindet die jeweilige Trägerin über den Hörsinn in ihre Umgebung ein. So können Informationen vorgelesen werden oder akustische Signale an die jeweils betroffene Person übermittelt werden. Der mobile Datenspeicher kann Daten an Orten bereit halten, an denen keine ausreichend performante Weitverkehrsnetzanbindung zur Verfügung steht, beispielsweise in Fahrzeugen, beim Joggen oder in fremden, nicht hinreichend erschlossenen Gebieten. Gerade während der Einführung der ubiquitären Technologien ist ein solcher mobiler Datenspeicher wichtig.

5 BlueCup und BlueChair

Die bislang beschriebenen Artefakte ermöglichen die bewusste Interaktion mit einer intelligenten Umgebung durch Zeigen und Hören. Besonderen Reiz bekommen solche Umgebungen aber durch die Möglichkeit, beliebige andere Artefakte zu integrieren, um der gemeinsamen Umgebung Informationen über die in ihr agierenden Menschen zugänglich zu machen.

Abbildung 4: Bluetooth-MP3-Player mit Microdrive-Karte (links). Bluetooth-Adapter für Kaffeetasse (rechts)

Die praktische Durchführbarkeit dieses Gedankens haben wir durch die Ausstattung von zwei verschiedenen Alltagsgegenständen mit Bluetooth demonstriert, einer Kaffeetasse (siehe Abb. 4) und einem Stuhl. Die Idee derartige Artefakte per Funk in eine intelligente Umgebung zu integrieren, ist nicht neu (Beigl et al. 2001; Gellersen et al. 1999). Wir greifen diese Ansätze aber auf, um zu zeigen, dass sich unsere Bluetooth-Implementierung leicht für solche Szenarien anwenden lässt. Die verwendeten mikromechanischen Sensoren liefern überdies auch sehr feingranulare Messwerte über die Umgebung eines solches Artefakts.

In diesen beiden Artefakten kommt jeweils der Kern des BlueWand zum Einsatz. Je nach konkreter Anwendung werden aber einige der Sensoren durch andere Sensoren ersetzt. So enthält die BlueCup einen Beschleunigungssensor, ergänzt um einen Temperaturfühler und einen kapazitiven Füllstandssensor.

Durch die in Abschnitt 3.1 beschriebene Detektion der menschlichen Zitterbewegungen kann jederzeit erkannt werden, ob die Tasse auf dem Tisch steht, oder in der Hand gehalten wird. Trinkbewegungen sind leicht zu erfassen. Über die Füllstandsmessung kann auch die Menge der pro Schluck aufgenommenen Flüssigkeit bis auf wenige Milliliter genau erfasst werden.

Der BlueChair wurde hingegen mit Drucksensoren im Sitzkissen ausgestattet, die erfassen ob und wie eine Person auf einem Stuhl sitzt. In den aktuellen Arbeiten werden auch die Rollen eines Bürostuhls mit Sensoren ausgestattet. Zusammen mit den ursprünglichen Bewegungssensoren des BlueWand kann so ein umfassendes Bewegungsprofil der jeweiligen Person auf dem Stuhl erfasst werden, aus dem man auf ihre Aufmerksamkeit etc. zurückschließen kann.

Alle diese Daten können, abgestuft nach Zugriffsrechten, der jeweiligen intelligenten Umgebung übermittelt werden. Die Verwendung von Bluetooth ermöglicht überdies die einfache und kostengünstige Verwendung von Standardkomponenten. Durch den Einsatz des beim BlueWand erprobten Basismoduls können derartige Artefakte in kürzester Zeit für die Verwendung in der intelligenten Umgebung ausgestattet werden.

6 Zusammenfassung und Ausblick

Dieser Beitrag beschreibt den BlueWand als handliches Eingabegerät, das seine Lage und Bewegung an eine intelligente Umgebung übermitteln kann. Durch die Verwendung von Bluetooth kann so leicht eine Vielzahl von Geräten in diese Umgebung mit einbezogen werden. Typische Anwendungen sind einerseits die Kontrolle des persönlichen Nahbereichsnetzes, das aus den von einer Person mitgeführten Bluetooth-Geräten (Handy, PDA, MP3-Player, etc.) besteht, und andererseits die Steuerung von Geräten in z.B. einem intelligenten Raum (Fernseher, Videorekorder, Heizung, Klimaanlage, Licht, Jalousien, etc.).

Die für den BlueWand entwickelte Sensorik und die besonders ressourcensparende Implementierung des Bluetooth Protokollstapels wurden inzwischen in eine Reihe weiterer Gegenstände angewandt. Diese können wie die BlueCup oder der BlueChair vielfältige Daten über die jeweilige Umgebung sammeln und sie dieser mittels Bluetooth zur Verfügung stellen. Dies ermöglicht die gute Abstimmung der eingebetteten Systeme, die diese intelligente Umgebung bilden. Diese Technik birgt aber auch die Gefahr der Kontrolle der in einer solchen Umgebung lebenden und arbeitenden Menschen. Diese Gefahr gegen den Nutzen abzuwägen, den die in diesem Beitrag vorgestellte Technologie bringt, wird Aufgabe zukünftiger Forschungsprojekte sein müssen.

Literatur

Beigl, M. (2000). *Kommunikation in interaktiven Räumen*. PhD thesis, Universität Karlsruhe (TH). Beigl, M., Gellersen, H.-W., and Schmidt, A. (2001). Mediacups: experience with design and use of computer-augmented everyday artifacts. *Computer Networks, Special Issue on Pervasive Computing*, 35(4):401-409.

Benhasat, A. Y. and Paradiso, J. A. (2001). An inertial measurement framework for gesture recognition and applications. In *Proccedings of the International Gesture Workshop*, pages 9-20, London, UK.

Bowman, D. A., Kruijff, E., LaViola, J. J., and Poupyrev, I. (2001). An introduction to 3d user interface design. *Presence: Teleoperators and Virtual Environments*, 10(1):96-108.

Ferscha, A. and Vogl, S. (2002). Pervasive web access via public communication walls. In *Proceedings of the First International Conference, Pervasive 2002*, pages 84-97, Zurich, Switzerland.

Fitzmaurice, G.W. and Buxton,W. (1997). An empirical evaluation of graspable user interfaces: towardsspecialized, space-multiplexed input. In *Proceedings of the ACM Conference on Human Factors in Computing Systems*, pages 43-50, Atlanta, Georgia, USA.

Gellersen, H.-W., Beigl, M., and Krull, H. (1999). The MediaCup: Awareness technology embedded in an everyday object. In *Proceedings of First International Symposium on Handheld and Ubiquitous Computing*, Karlsruhe, Germany.

Hinckley, K., Pierce, J. S., Sinclair, M., and Horvitz, E. (2000). Sensing techniques for mobileinteraction. In *Proceedings of the 13th Annual ACM Symposium on User Interface Software and Technology*, pages 91-100, New York, NY.

Ishii, H. and Ullmer, B. (1997). Tangible bits: Towards seamless interfaces between people, bits and atoms. In *Proceedings of the Conference on Human Factors in Computing Systems (CHI'97)*, pages 234-241, Atlanta, USA. ACM Press.

Jacob, R. J. K. (2002). Computers in human-computer interaction. In Jacko, J. A. and Sears, A., editors, *Handbook for Human-Computer Interaction*. Lawrence Erlbaum, Hillsdale, N.J.

LaViola, J. J. (1999). Whole-hand and speech input in virtual environments. Master's thesis, Department of Computer Science, Brown University. CS-99-15.

Levy, D. (2002). The fastap keypad and pervasive computing. In *Proceedings of the First International Conference, Pervasive 2002*, pages 58-68, Zurich, Switzerland.

Moeslund, T. B. (2000). Interacting with a virtual world through motion capture. In Qvortrup, L., editor, *Interaction in Virtual Inhabited 3D Worlds*, chapter 11. Springer-Verlag.

Paradiso, J. A. (1999). The brain opera technology: New instruments and gestural sensors formusical interaction and performance. *Journal of New Music Research*, 28(2):130-149.

Sawada, H. and Hashimoto, S. (1997). Gesture recognition using an accelerometer sensor and ist application to musical performance control. *Electronics and Communications in Japan, Part 3*, 80(5):9-17.

Schmidt, A. and Laerhoven, K. V. (2001). How to build smart appliances. *IEEE Personal Communications*.

Small, D. and Ishii, H. (1997). Design of spatially aware graspable displays. In *Proceedings of the ACM Conference on Human Factors in Computing Systems*, pages 367-368, Atlanta, Georgia, USA.

Starner, T., Mann, S., Rhodes, B., Levine, J., Healey, J., Picard, D. K. R. W., and Pentland, A.(1997). Augmented reality through wearable computing. *Presence, Special Issue on Augmented Reality*, 6(4):386-398.

Starner, T., Schiele, B., and Pentland, A. (1998). Visual context awareness in wearablcomputing. In *Second IEEE International Conference on Wearable Computing (ISWC)*.

Ullmer, B. and Ishii, H. (2001). Emerging frameworks for tangible user interfaces. In Caroll, J. M., editor, *Human-Computer Interaction in the New Millennium*, pages 579-601. Addison-Wesley.

Entwicklung eines Mixed-Mock-Up Simulators für arbeitswissenschaftliche Untersuchungen

Lorenz Hagenmeyer, Martin Braun, Frank Haselberger

Fraunhofer Institut für Arbeitswirtschaft und Organisation (IAO),
Markstrategieteam Human Engineering, Competence Center Virtual Environments

Zusammenfassung

Ziel der Arbeit ist die Entwicklung eines Mixed-Mock-Up-Simulators sowie der Nachweis, dass eine solche Vorrichtung die realitätsnahe Simulation eines Arbeitssystems unter Einbeziehung des Menschen mit seiner Wahrnehmung, seinen Reaktionen und Handlungsweisen ermöglicht. Es wird eine Einführung in Inhalte der Arbeitsforschung sowie ein Überblick über VR-Technologien gegeben. Daraufhin wird die Entwicklung eines Versuchsaufbaus mit Mixed-Mock-Up-Ansatz am Beispiel eines Hallenkranes vorgestellt. Schließlich werden die Ergebnisse einer auf diesem Versuchsstand durchgeführten Untersuchung vorgestellt und diskutiert.

Es wird aufgezeigt, wie der Mensch mit seiner Wahrnehmung und seinen Reaktionen bzw. Handlungsweisen in eine rechnergestützte Simulation eines Arbeitssystems eingebunden werden kann.

1 Einleitung

Steigende Rechnerleistungen bei gleichzeitig sinkenden Kosten ermöglichten es, in den letzten Jahren zunehmend komplexe Systeme rechentechnisch zu simulieren. Eine solche Vorgehensweise ermöglicht es, vielschichtige Systeme zu analysieren und z.B. durch Parametervariationen zu optimieren. Sie vereint dabei große Flexibilität mit relativ geringen Kosten. Dementsprechend ist in zahlreichen Forschungs- und Entwicklungsbereichen ein Trend weg von Realversuchen hin zu computergestützten Simulationstechniken zu verzeichnen.

In der Regel werden Systeme bzw. Vorgänge simuliert, deren Eigenschaften und Verhalten mit ausreichender Genauigkeit mathematisch beschrieben werden kann. Dieses Charakteristikum beschränkt den Einsatz von Simulationstechniken in der Arbeitsforschung deutlich, da hier der Mensch eine maßgebliche Komponente von Arbeitssystemen darstellt. Der Mensch ist in seiner subjektiven Wahrnehmung und den daraus resultierenden Reaktionen und Handlungsweisen nur unzureichend parametrisierbar; sein spontanes Verhalten lässt sich daher nur unzulänglich simulieren. Um dennoch die oben genannten Vorteile von Simulationstechniken in der Arbeitsforschung zu nutzen, muss der Mensch in eine Simulation des Arbeitssystems eingebunden werden. In einer solchen „Operator-In-The-Loop"-Konfiguration können zum Beispiel Arbeitssysteme hinsichtlich ihrer Effizienz oder auch hinsichtlich ihrer Robustheit gegenüber Störeinflüssen optimiert werden. Zu letzteren gehören zum Beispiel systembedingte Einflüsse einer Gefahrensituation auf den Nutzer, wie auch dessen Möglichkeiten, auf solche Situationen angemessen zu reagieren. Mittels so gearteter Simulationstechniken kann ein Arbeitssystem bereits frühzeitig in seiner Planung an den Menschen angepasst und optimiert werden. Umgekehrt kann durch ein solches Simulationssystem der Mensch besonders effizient und gefahrlos für ein Arbeitssystem geschult werden.

Grundsätzlich stellt sich demnach die Frage, wie der Mensch mit seiner Wahrnehmung, seinen Reaktionen und seinen spontanen Handlungsweisen in eine Computersimulation eingebunden werden kann. Zu diesem Zweck muss eine hinreichende Immersion gegeben sein: Diese beschreibt die objektive Fähigkeit des Simulationssystems, die Sinne des Menschen mit Stimuli zu versorgen. Insbesondere Virtual Reality (VR) Technologien weisen dabei einen hohen Immersionsgrad auf. Kritische Parameter im Kontext der Arbeitsforschung sind bei VR-Simulationen derzeit die unzureichende Detailtreue der Darstellung und die unzulänglich erforschte Abbildung von realitätsnahen Arbeitsbelastungen.

Ziel der hier vorgestellten Forschungsarbeit war die exemplarische Entwicklung eines Simulators im Rahmen einer Vorstudie, der die Integration der menschlichen Komponente in eine Computersimulation erlaubt. In der Forschung und z.T. auch in der Anwendung sind Simulatoren, die diesen Ansprüchen graduell entsprechen, aus den Bereichen Automobil und Flugzeug bekannt. Entsprechende VR-basierte Anwendungen befinden sich jedoch noch in ihrer Erforschung. Der im Rahmen dieser Forschungsarbeit zu entwickelnde Simulator musste daher zum einen eine hochimmersive Mensch-Maschine-Schnittstelle aufweisen und zum anderen im Rahmen einer standardisierten Arbeitsaufgabe erlauben, die Arbeitsbelastung und -beanspruchung des Nutzers zu bewerten. Dies erlaubte eine Abschätzung der Güte bzw. der Effizienz des virtuellen Kransimulators zu Zwecken von Arbeitssystemanalyse und Schulung. Die oben beschriebene Aufgabe war am Beispiel eines Hallenkranes umzusetzen.

Im Folgenden wird zunächst ein kurzer Überblick über Ziele, Methoden und Problemfelder der Arbeitsforschung sowie über VR Technologien und ihre bisherigen Anwendungsbereiche in der Arbeitsforschung gegeben. Dann wird die Entwicklung eines exemplarischen Versuchsaufbaus mit Mixed-Mock-Up-Ansatz vorgestellt, der die oben genannten Kriterien erfüllt. Schließlich werden zur Evaluation desselben die Ergebnisse einer auf diesem Versuchsstand durchgeführten Untersuchung vorgestellt und diskutiert.

2 Arbeitsforschung und -gestaltung

Die Arbeitsforschung hat zum Ziel, durch eine zweckmäßige Analyse und Organisation von Arbeitssystemen unter Berücksichtigung der Leistungsfähigkeit des arbeitenden Menschen sowie seiner individuellen und sozialen Bedürfnisse ein optimales Zusammenwirken von Mensch, Betriebsmitteln und Arbeitsgegenständen zu erreichen. Die praktische Umsetzung der Erkenntnisse der Arbeitsforschung erfolgt in der Arbeitsgestaltung. Diese trägt durch eine ausgewogene Beanspruchung dazu bei, die Leistungsfähigkeit des arbeitenden Menschen dauerhaft zu erhalten. Neben der Gewährung der Effektivität eines Arbeitssystems ist ein weiteres Gestaltungsziel die Steigerung von Effizienz und Zuverlässigkeit desselben durch Optimierung der Mensch-Maschine-Schnittstelle und durch Beeinflussung des Arbeitsverhaltens. Damit verfolgen Arbeitsforschung und -gestaltung zugleich humane und rationelle Ziele (Bullinger 1994). Grundsätzlich ist auch bei der Arbeitsforschung im Rahmen der oben dargestellten Einschränkungen eine Verschiebung von experimentellen Realversuchen hin zu computergestützten Simulationen zu verzeichnen.

3 Virtual Reality

Der Begriff Virtual Reality (VR) bezeichnet synonym mit dem Begriff Virtual Environments (VE) eine Schnittstelle zur räumlichen, multisensorischen und zeitkontinuierlichen Einbindung des Benutzers in eine computergenerierte Umgebung. Ellis definiert eine virtuelle Umgebung als „a synthetic, interactive illusory environment perceived when a user wears appropriate apparatus, providing a coordinated presentation of sensory information, imitating a physical environment" (Ellis 1995).

VR-Systeme ermöglichen es, Arbeitsumgebungen, Gegenstände und Abläufe räumlich zu visualisieren und diese interaktiv zu manipulieren. Sie können dem Anwender einen realitätsnahen Eindruck der Umgebung vermitteln, der zum Empfinden von Präsenz (Eingebundenheit mit persönliche Verortung in der virtuellen Umgebung) führen kann.

VR-Technologien unterliegen der grundsätzlichen Einschränkung, dass sie die menschlichen Sinneskanäle nicht konsistent ansprechen. So wird z.B. räumliches Sehen durch die entsprechende Fokussierung der Augen, durch Parallaxe-Effekte und durch den Konvergenzwinkel der Sehstrahlen vermittelt. Systembedingt bleiben die Augen in einer virtuellen Umgebung aber auf die immer gleiche Projektionsebene fokussiert, es entsteht eine Informationsdivergenz. Obwohl das Gehirn solche Divergenzen in gewissem Umfang auszugleichen vermag, können eine Verminderung der Tiefenwahrnehmung oder die Simulatorkrankheit nicht ausgeschlossen werden.

In der Arbeitsforschung sind u. a. das Virtual Prototyping, die Usability Simulation sowie Schulung und Training als Anwendungsbereiche der Virtual Reality bekannt (Bullinger et al. 2001).

4 VR-Simulation zur Kransteuerung

4.1 Untersuchungsziel

Aus den vorhergehenden Ausführungen folgen vielversprechende Einsatzmöglichkeiten der VR zur Arbeitsforschung und -gestaltung. Zentrale Frage im arbeitswissenschaftlichen Sinne ist dabei die Möglichkeit, in einer virtuellen Umgebung Belastungen realitätsnah zu simulieren und somit entsprechende Beanspruchungsreaktionen zu erzeugen. Es wurde daher empirisch untersucht, wie sich in einer virtuellen Umgebung aufgaben- und umgebungsbezogene Belastungsfaktoren realitätsnah abbilden lassen[1] und wie sich diese virtuell simulierten Belastungsfaktoren auf die Leistung und die Beanspruchung des in einer virtuellen Umgebung arbeitenden Menschen auswirken.

In der vorliegenden Arbeit wurde eine Versuchsanordnung zur Simulation von Fahr- und Steuertätigkeiten an einem virtuellen Hallen-Brückenkran realisiert. Kennzeichen des Kransimulators sind sein begrenzter Funktionsumfang, der klar strukturiert und auch von ungeübten Nutzern zuverlässig beeinflussbar ist.

Es wurden verschiedene aufgabenbezogene Leistungsanforderungen (d.h. Fahr- und Steueraufgaben, z.T. unter Zeitdruck) sowie umgebungsbezogene Belastungsfaktoren (d.h. Geräusche, Lichteffekte) simuliert und deren Wirkungen auf die Leistungs- und Beanspruchungsparameter von Versuchspersonen (VPN, Sg. VP) untersucht. Anhand der Ergebnisse wurden Potentiale und Grenzen der VR-Anwendung für die Zwecke der Kransimulation ermittelt.

---

[1] Das den Ausführungen zugrunde liegende Forschungsvorhaben „Panikforschung zur Vermeidung von Unfällen an der Schnittstelle Mensch-fördertechnische Maschine" wurde durch die Deutsche Forschungsgemeinschaft gefördert (Kz. BU 528/21).

4.2 Versuchsaufbau

4.2.1 Mixed-Mock-Up-Steuerstand

Die virtuelle Umgebung wurde im vollimmersiven, würfelförmigen Stereoprojektionsraum *HyPI-6* (**Hy**brid **P**ersonal **I**mmersion System mit **6** Projektionswänden) des Fraunhofer IAO erzeugt. Für diese Untersuchung wurde eine Projektion im Aktiv-Stereo-Modus genutzt, bei der je ein Projektor pro Wand eingesetzt wird, um die beiden Perspektiven für das rechte und linke Auge abwechselnd zu projizieren. Von einem Grafikcomputer des Typs SGI Onyx wurden rechnergenerierte Bilder mit einer

Abbildung 1: Screenshot der Kranhalle mit Koordinatensystem

Auflösung von je 1024x1024 Bildpunkten auf fünf der sechs Raumwände dargestellt. Eine Shutterbrille vermittelte durch die Aufteilung der Perspektiven für das rechte und linke Auge das stereoskopische, also räumliche Sehen. Auf die sonst in VR-Systemen übliche Positionsmessung (Tracking) des Augpunktes konnte verzichtet werden, da die Lage der Augen bzw. des Kopfes durch den im Folgenden beschriebenen Kranfahrersitz festgelegt war.

Simuliert wurde das Abbild einer realen Kranhalle, die auf der Basis bestehender CAD-Datensätze mittels eines 3D-Modellierprogrammes gestaltet und anhand von Fotografien texturiert wurde. In der Halle wurde ein Brückenkran mit Laufkatze, Seil und Lastmagnet dargestellt, der dreiachsig verfahren werden konnte (vgl. Abbildung 1).

Die Steuerung erfolgte über einen seriengefertigten Kranfahrersitz mit Bedienteilkonsolen, welcher im Eingangsbereich des Projektionsraums ortsfest positioniert wurde. Der rechte Steuerhebel vermittelte die Bewegung in x- und y-Richtung (Verfahren), der linke Steuerhebel die in z-Richtung (Heben/Senken). Der Lastmagnet konnte mit einem Schalter an- und abgeschaltet werden, was dem Bediener das An- und Abschlagen der Last erlaubte. Dieser sog. „Mixed-Mock-Up" verknüpft reale und virtuelle Elemente; der somit vermittelte haptische Eindruck steigert Immersion und Präsenz.

Auf der Basis der am Fraunhofer IAO entwickelten VR-Software *Lightning* wurde eine Simulationsanwendung entwickelt, um den Hallenkran und seine Umgebung zu visualisieren und die erforderlichen Funktionalitäten bereitzustellen. Hierzu wurden die Bedienteile der Steuerkonsole als Eingabegeräte einbezogen. Das Schwingungsverhalten von Seil und Magnet wurde physikalisch naturgetreu abgebildet. Zudem wurde eine Kollisionserkennung des Kranhakens integriert.

Zur Auralisation wurden Umgebungsgeräusche eines realen Kranbetriebs aufgenommen und innerhalb der Simulationsanwendung den entsprechenden Fahrbewegungen des virtuellen Kranes zugeordnet. Zur Darstellung dieser Audiokulisse wurden zwei schräg hinter dem Kranführersitz

Entwicklung eines Mixed-Mock-Up Simulators für
arbeitswissenschaftliche Untersuchungen

angeordnete, aktive Studiolautsprecher sowie ein aktiver Subwoofer eingesetzt. Abbildung 2 veranschaulicht die räumliche Anordnung des Versuchsaufbaus.

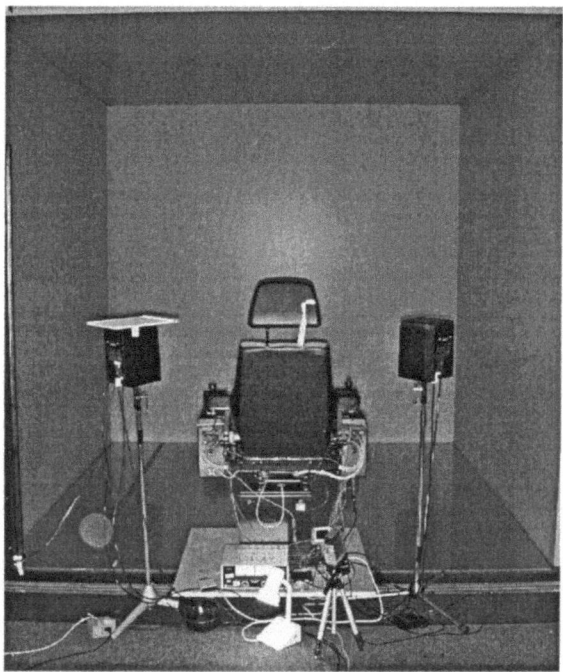

Abbildung 2: Übersicht über den Versuchsaufbau

4.2.2 Steueraufgabe

Als Versuchsaufgabe wurde in Anlehnung an die VDI-Richtlinie 2194 (VDI 1995) zur Ausbildung von Kranfahrern eine Fahr- und Steuertätigkeit mit steigendem Schwierigkeitsgrad ausgewählt. Die Aufgabe wurde so gestaltet, dass sie zum einen mit und ohne zusätzliche Belastungsfaktoren dargeboten werden konnte und zum anderen eine kontinuierliche Leistungsmessung zuließ. Inhalt der in drei aufeinanderfolgende Abschnitte gegliederten Aufgabe war das slalomartige Umfahren von Säulen mit einer Last, das „Überspringen" von Mauern sowie eine Kombination aus diesen Aufgaben, wie in Abbildung 3 visualisiert.

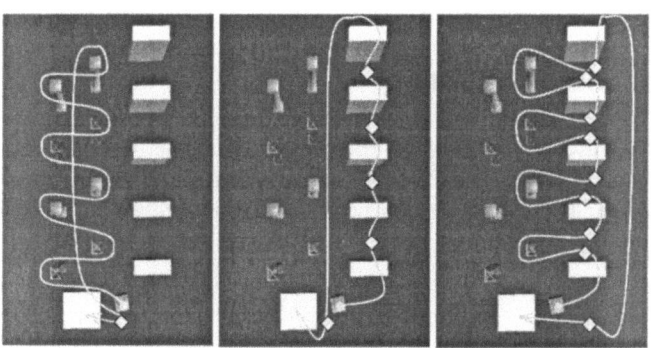

Abbildung 3: Die drei Teilabschnitte der Steueraufgabe.

4.3 Versuchsparameter und Messgrößen

Mit dem beschriebenen Versuchsaufbau wurden Belastungs-, Leistungs- und Beanspruchungsgrößen des arbeitenden Menschen untersucht.

Zur Messung und Bewertung dieser Größen eignen sich objektive und subjektive Parameter. In diesem Sinne objektiv sind solche Parameter, die die VP nicht oder nur wenig gezielt beeinflussen kann.

Zur Messung der Arbeitsleistung wurden die Arbeitsgeschwindigkeit, welche als Anzahl erfüllter Teilaufgaben pro Zeiteinheit definiert ist, und die Fehlerrate während der Versuchsdurchführung manuell erfasst. Der Quotient dieser beiden Größen repräsentiert die Arbeitseffizienz und damit den sog. *Speed-Accuracy-Trade-Off (SATO, Relation von Geschwindigkeit und Genauigkeit)*. Dieser ist als grundlegende Größe bei Aufgaben unter Zeitdruck bekannt. Er dient hier als zentrale Leistungsgröße.

Um die aus der Arbeitsbelastung resultierende Beanspruchung zu quantifizieren wurden psychophysiologische, biochemische und subjektive Parameter erfasst:

Zur ersten Kategorie gehören hier Blutdruck und Herzfrequenz. Der Blutdruck wurde in dieser Untersuchung durch ein halbautomatisches Gerät mit Speicherfunktion nach der Methode von Riva-Rocci gemessen. Die Herzfrequenz wurde durch einen Brustgurt abgenommen und von einem handelsüblichen Pulschronometer erfasst.

Die zweite Kategorie schließt den Konzentrationslevel verschiedener Hormone im Blut ein, die bei Beanspruchung ausgeschüttet werden. Diese Änderungen der Hormonkonzentration können nur im Blut bestimmt werden. Zu diesem Zweck wurden den VPN zu Ruhezeitpunkten und während der Versuchsdurchläufe alle 5 min. über eine Venenverweilkanüle insgesamt 12 Blutproben à 10 ml entnommen. Eine detaillierte Darstellung der Zeitpunkte der Blutentnahme ist in Abbildung 4 gegeben. Die Blutproben wurden vor Ort zentrifugiert und das gewonnene Plasma eingefroren. Eine Auswertung der Konzentrationswerte von Adrenalin, Noradrenalin und Cortisol wurde später in einem medizinischen Labor durchgeführt.

Aus der dritten Kategorie wurden in den hier beschriebenen Versuchen zwei standardisierte psychologische Instrumente und eine Analogskala eingesetzt: Zur standardisierten Erfassung der subjektiven Beanspruchung wurde die State-Skala des Stait-Trait-Angstinventars (STAI) nach Laux et al. (1981) eingesetzt. Ebenso wurde das Präsenzempfinden der VPN mit einer adaptierten Form des IPQ-Presence-Questionnaires (Schubert et al. 1995) erfasst. In Abbildung 4 sind die hier zugehörigen Zeitpunkte als „Befragung" gekennzeichnet. Schließlich gaben die VPN während der Versuchsdurchführung ihr subjektiv empfundenes Beanspruchungsniveau auf einer Analogskala zwischen 1 und 100 an; hierzu wurden sie alle Minute durch ein Reizwort zu einer Selbsteinschätzung aufgefordert, deren Ergebnis die VPN aural mitteilten.

4.4 Versuchsdurchführung

In die Vorstudie wurden $N = 24$ VPN einbezogen. Das Alter der VPN lag zwischen 20 und 50 Jahren und betrug im Mittel $M = 28$ Jahre. 20 Personen waren männlichen Geschlechts, 4 Personen waren weiblich. Alle VPN waren hinsichtlich Fahr- und Steuertätigkeiten am Kran ungeübt.

Nach einer ausführlichen Einweisung, einem 5-minütigen Probekranfahren und der medizinischen Anamnese wurde ein erster Datensatz der medizinischen und selbstbeschreibenden Parameter aufgenommen. Nach einer 10-minütigen Ruhephase absolvierten 14 VPN einen ersten Durchlauf des oben beschriebenen Versuchsparcours. Nach einer weiteren 15-minütigen Ruhephase durchliefen die VPN den Parcours erneut, diesmal wurde jedoch der durchschnittliche Schalldruckpegel von 67 dB(A) auf 76 dB(A) angehoben sowie zusätzliche Belastungsfaktoren eingespielt. Zu diesen gehörten Stöße von weißem Rauschen (1-3s, 95 dB(A)), Netzbrummen und hektische Funksprüche in englischer Sprache auf der auditiven Ebene. Auf der visuellen Ebene wurden ein Beleuchtungsausfall mit schlechten Sichtbedingungen und ein von der virtuellen Hallendecke auf die VP zufallendes Gitter dargeboten. Des weiteren wurde ein Zeitcounter eingeblendet, der die verbleibende Zeit zur Lösung der Aufgabe anzeigte sowie eine Verringerung der Entlohnung proportional zur Fehlerrate eingeführt. Die Belastungsfaktoren waren diskret mit der Versuchszeit verknüpft um eine standardisierte Versuchsdurchführung zu gewährleisten. Eine schematische Darstellung des Versuchsablaufs findet sich in Abbildung 4.

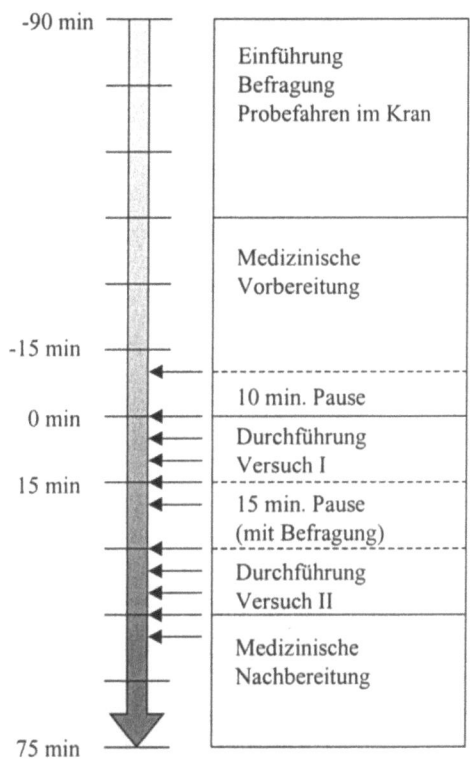

Abbildung 4: Überblick Versuchsablauf

Zehn weitere VPN absolvierten randomisiert den oben beschriebenen Versuchsablauf in der virtuellen Umgebung in umgekehrter Reihenfolge, d.h. zunächst einen Durchlauf mit zusätzlichen Belastungsfaktoren, danach einen Durchlauf ohne dieselben. Da sich in einer Vorauswertung der ersten Versuchsreihe bereits eine hohe Korrelation der biochemischen Parameter mit den übrigen Parametern zeigte, wurde auf die zeitaufwändige und kostenintensive Erhebung derselben verzichtet.

4.5 Ergebnisse und Diskussion

Der Simulator konnte mit voller Funktionalität der Steuerung in einer Mixed-Mock-Up-Konfiguration technisch verwirklicht werden. So konnte eine hohe Immersion der VPN erreicht werden. Es war mit gutem Erfolg möglich, Fahr- und Steuertätigkeiten interaktiv zu simulieren. Einige VPN klagten allerdings über eine unzureichende Tiefenauflösung; diese ist jedoch technisch bedingt und beim derzeitigen Stand der Technik nicht grundsätzlich zu vermeiden.

Eine Methodik zur Leistungs- und Beanspruchungsmessung in virtuellen Umgebungen wurde erarbeitet und konnte mit gutem Erfolg unter den gegebenen Versuchsbedingungen angewendet werden.

Die einzelnen Messwerte wurden durch Bildung der arithmetischen Mittel zu Metavariablen zusammengefasst, welche die jeweiligen Zustände der VPN bei Ruhe- bzw. Belastungsphasen ab wie in Tabelle 1 dargestellt, zeigen.

Bezeichnung	Kürzel	Einbezogene Messzeitpunkte [min. rel. zum Versuchsbeginn]
Vor den Versuchen bzw. Ruhephase	V	-10, 0, 30, 75
Zu Versuch I (ohne zus. Belastungsparameter)	I	5, 10, 15
Zu Versuch II (mit zus. Belastungsparametern)	II	35, 40, 45

Tabelle 1: Bildung der Metavariablen durch Mittelwerte verschiedener Zeitpunkte

Eine deskriptive Statistik dieser Metavariablen zeigt Tabelle 2:

	N	Minimum	Maximum	Mittelwert	Standardabweichung
Herzfrequenz-Ruhe	24	61,33	100,67	73,33	9,679
Herzfrequenz-Versuch I	22	62,67	96,50	76,02	8,912
Herzfrequenz-Versuch II	20	64,67	106,67	79,63	12,484
Systolischer Blutdruck-Ruhe	24	108,67	178,25	131,61	15,399
Systolischer Blutdruck-Versuch I	21	111,67	191,33	137,87	18,625
Systolischer Blutdruck-Versuch II	16	120,33	184,50	144,62	16,611
Diastolischer Blutdruck-Ruhe	24	67,00	111,75	84,50	9,868
Diastolischer Blutdruck-Versuch I	21	67,50	129,33	91,23	13,343
Diastolischer Blutdruck-Versuch II	17	76,00	123,50	92,66	11,154
Noradrenalin-Ruhe	13	1,53	3,95	2,66	,727
Noradrenalin-Versuch I	13	1,95	4,40	3,04	,637
Noradrenalin-Versuch II	13	1,64	4,53	3,05	,729
Adrenalin-Ruhe	13	,13	,66	,35	,154
Adrenalin-Versuch I	13	,19	,99	,58	,243
Adrenalin-Versuch II	13	,13	1,44	,63	,345
STAI-Ruhe	24	1,20	2,70	1,76	,358
STAI-Versuch I	24	1,25	3,50	2,07	,569
STAI-Versuch II	24	1,50	3,55	2,16	,476
Analogskala-Versuch I	22	10,00	61,67	27,73	9,679
Analogskala-Versuch II	23	21,07	72,67	39,56	8,912
Leistungsquotient-Versuch I	24	,60	2,83	1,27	12,484
Leistungsquotient-Versuch II	24	,90	3,20	1,91	15,399
Präsenz-Versuch I	24	1,73	3,00	2,29	18,625
Präsenz-Versuch II	24	1,93	3,00	2,35	16,611

Tabelle 2: Deskriptive Statistik der Metavariablen

Die oben beschriebenen Variablen wurden mittels t-Tests für abhängige Stichproben hinsichtlich der Signifikanz ihrer Unterschiedlichkeit verglichen. Sowohl die physiologischen, wie auch die biochemischen und psychologischen Messwerte zeigen einheitlich, dass eine Arbeitsbelastung in der virtuellen Umgebung realitätsnah abgebildet werden kann. Dies wird im Folgenden am Beispiel der Daten der State-Skala des STAI, welcher subjektive Beanspruchung misst, dargestellt: Die VPN wiesen einen niedriges Beanspruchungsmaß zu den Ruhezeiten auf (arithmetisches

Mittel $M = 1.76$), welches sowohl zur Testphase ohne zusätzliche Beanspruchungsparameter signifikant anstieg ($M = 2.07$, $t(23) = 3.48$, $p < .001$), als auch zur Testphase mit zusätzlichen Beanspruchungsparametern ($M = 2.16$, $t(23) = 5.48$, $p < .001$), wobei t den entsprechenden Wert in der t-Verteilung repräsentiert, der Wert in Klammern die Zahl der Freiheitsgrade angibt und p die statistische Irrtumswahrscheinlichkeit wiedergibt. So sind in allen Parametern signifikante Anstiege von der Ruhephase zu den Versuchsphasen zu verzeichnen, was auf einen signifikanten Anstieg der Beanspruchung der VPN schließen lässt. Dieses Ergebnis, wie auch die Resultate der Präsenz-Erhebung zeigen, dass die VPN mit gutem Erfolg in die rechnergestützte Simulation eingebunden werden können.

Zwischen der Testphase mit und derjenigen ohne zusätzliche Beanspruchungsparameter kann nicht in allen Messgrößen konsistent und/oder signifikant ein Unterschied nachgewiesen werden. So ist zum Beispiel der Unterschied der Messwerte für die State-Skala des STAI zwischen der Testphase ohne zusätzliche Belastungsparameter ($M = 2.07$) und derjenigen mit solchen ($M = 2.16$) nicht signifikant ($t(23) = 1.12$, $p = .26$). Es kann für diese Untersuchung nicht klar abgeleitet werden, dass durch zusätzliche Belastungsparameter auch eine zusätzliche Beanspruchung induziert wird. Die Ergebnisse des Versuchsablaufs in umgekehrter Reihenfolge weisen jedoch darauf hin, dass der Effekt der zusätzlichen Belastungsfaktoren durch Habituations- und Übungseffekte ausgeglichen wird. Dieser Befund wird von den Leistungsparametern gestützt und deckt sich mit den nicht operationalisierten Beobachtungen der Versuchsleiter: unabhängig von den zusätzlichen Belastungsfaktoren zeigt sich ein signifikanter und deutlicher Anstieg der Arbeitseffizienz aller VPN von einem Mittelwert $M = 1.71$ zu $M = 1.91$ mit $t(23) = 5.15$, $p < .001$. Die VPN zeigen also alle ausgeprägte Lerneffekte. Um eine vergleichbare Leistungsmessung zu garantieren wurden die zusätzlichen Beanspruchungsparameter von der eigentlichen Fahr- und Steuertätigkeit entkoppelt. Da die VPN sich stark auf die Erfüllung der Ihnen gestellten Aufgabe konzentrierten, was u.a. durch die hohe Präsenz nachgewiesen wurde (s.o.), ist es allerdings möglich, dass die VPN diese Parameter ausblendeten.

Fernerhin wurde eine spielerische bzw. trial-and-error-Herangehensweise an die Fahraufgabe bei den VPN beobachtet, die in einer realen Umgebung zur Beschädigung des Inventars geführt hätte. Starke emotionale Reaktionen, wie z.B. akute Beanspruchungs- oder Stresszustände mit Leistungseinbrüchen, die im realen Kranbetrieb auftreten können, konnten nicht abgebildet werden. Von nicht VR-basierten Simulatoren sind Unterschiede in der Beanspruchung der VPN zwischen Realsetting und Simulation bekannt. So zeigte z.B. Jorna (1993) eine Differenz der Herzfrequenz bei Flugschülern zwischen einem realen Flug und einem Flug im Simulator von 15-33 Herzschlägen pro Minute. Aus obigen Ausführungen folgt, dass auch in einem VR-basierten, hochimmersiven Simulator dieser Effekt nicht zu vermeiden ist. Hier zeigen sich die Grenzen, aber auch Chancen der VR-Simulation: den VPN war die Virtualität ihrer Umgebung stets bewusst, auch wenn durch Fragebögen ein gleichbleibendes Präsenzniveau nachgewiesen werden konnte. Nach Hacker (1997) kann aber gerade durch einen solchen „spielerischen" Umgang mit Gefahrensituationen ein nachhaltiger Übungseffekt im Sinne einer Schulung bzw. Verhaltensprävention erzielt werden.

5 Zusammenfassung und Ausblick

Ein Mixed-Mock-Up-Simulator eines Hallenkranes wurde betriebsfähig entwickelt, aufgebaut und in einer arbeitswissenschaftlichen Versuchsreihe eingesetzt. Es wurde gezeigt, dass es mit diesem Simulator möglich ist, die Belastungsstimuli bei ausgewählten Fahr- und Steuertätigkeiten so realitätsnah abzubilden, dass entsprechende Beanspruchungsreaktionen auftreten. Die Forschungsergebnisse lassen darauf schließen, dass es prinzipiell möglich ist, weitere Arbeitssysteme hinsichtlich Ihrer Auswirkungen auf den Menschen ausreichend realitätsnah zu simulieren und somit vor ihrer eigentlichen Implementierung auch zu analysieren und optimieren. Die beobachteten Lerneffekte weisen darauf hin, dass ein solcher Simulator prinzipiell geeignet ist, um auf spezielle Arbeitssysteme bezogene Schulungen mit hoher Effizienz durchzuführen.

In weiterer Forschungsarbeit ist nun zu klären, wo die Grenzen einer solchen „Operator-In-The-Loop"-Simulation hinsichtlich der Analyse und Optimierung komplexer Arbeitssysteme, wie auch der Schulung liegen.

Literatur

Bullinger, H. J. (1994): *Ergonomie*. Stuttgart: Teubner, 1994.

Bullinger, H.-J.; Breining, R.; Braun, M. (2001): Virtual Reality for Industrial Engineering: Applications for immersive Virtual Environments. In: Salvendy, G. (Hrsg.): *Handbook of Industrial Engineering*, 3. aktualisierte Auflage. New York: Wiley, 2001, S. 2494-2520.

Ellis, S. (1995): Human Engineering in Virtual Environments. In: *Virtual Reality World '95*, Konferenzdokumentation, Stuttgart, 21.-23. Februar 1995, S. 295-301.

Hacker, W. (1997): Lernen. In: Luczak, H.; Volpert, W. (Hrsg.): *Handbuch der Arbeitswissenschaft*. Stuttgart: Schäffer-Pöschel, S. 439-443.

Jorna, P.G.A.M. (1993): Heart rate and workload variations in actual and simulated flight. In: *Ergonomics 36* (1993), S. 1043-1054.

Laux, L.; Glanzmann, P.; Schaffner, P.; Spielberger, C. D. (1981): *State-Trait-Angstinventar*. Weinheim: Beltz.

Schubert, T. et al. (2002): *I-Group Presence Questionnaire (IPQ)*. I-Group, Internet: http://www.igroup.org. Stand 1.5.2002

VDI (1995): Richtlinie VDI 2194 „Auswahl und Ausbildung von Kranführern". Verein Deutscher Ingenieure (VDI). Berlin: Beuth.

HyperScout: Darstellung erweiterter Typinformationen im World Wide Web – Konzepte und Auswirkungen

Harald Weinreich, Hartmut Obendorf, Winfried Lamersdorf

Universität Hamburg, Fachbereich Informatik

Zusammenfassung

Die Benutzung eines Web-Browsers ist einfach zu erlernen, dennoch stellt die Navigation im Web selbst für erfahrene Benutzer immer wieder Herausforderungen bereit. Einer der Gründe liegt in der Vielfalt von Links und Linkzielen, die für den Benutzer oft nicht transparent sind und ihn so vor Überraschungen stellen, nachdem er einen Link angeklickt hat. Das Projekt HyperScout beschäftigt sich mit Möglichkeiten, die Navigation zu vereinfachen, indem man Typinformationen von HTML-Links und referenzierten Objekten für den Benutzer sichtbar macht. Dieser Bericht stellt die entwickelten Konzepte und die Ergebnisse einer Evaluation des daraus abgeleiteten Prototyps vor. Die Ergebnisse geben Aufschlüsse darüber, welche Informationen Benutzern vor der Anwahl eines Links hilfreich sind und wie sie dargestellt werden könnten.

1 Einleitung

Obwohl viele Benutzbarkeitsprobleme des Webs bekannt sind, haben sich im Gegensatz zur rasanten technischen Weiterentwicklung die grundlegenden Elemente der Benutzungsschnittstelle von Web-Browsern in den letzten zehn Jahren nur marginal verändert (Bieber 1997). Insbesondere blieb die Schnittstelle von Hyperlinks fast unverändert. Ihre zentrale Bedeutung ergibt sich nicht nur daraus, dass sie aus normalem Text erst Hypertext machen, auch praktisch stellen sie im Web das primäre Mittel für die Navigation zu neuen Informationen dar. Folglich sind sie die wichtigste Interaktionsform im Web: In einer Studie von Catledge und Pitkow waren 52% der Benutzeraktionen Linkaktionen (Catledge 1995), in einer späteren Untersuchung von Tauscher und Greenberg waren es 42% (Tauscher 1997).

Dabei wurden viele Probleme der Navigation in Hypertexten schon lange vor der Entwicklung des Webs charakterisiert. Bereits 1987 definierte Conklin ein Problem mit Hyperlinks, dass er als „Cognitive Overhead" beschrieb: Lesen von Text und Beachten von Links können sich gegenseitig behindern (Conklin 1987). Der Benutzer wird damit belastet, bei der Navigation seine Aufgabe und bereits aufgenommene Informationen im Blickfeld zu behalten und gleichzeitig Alternativen der Navigation abzuwägen. Diese Problematik verschärft sich, wenn ein Link nicht zu den gewünschten Informationen führt und er zurück navigieren muss, um einen alternativen Weg einzuschlagen. Irrtümlich ausgewählte Links sind damit ein Grund für die bereits 1997 von Tauscher beobachtete „Hub-and-Spoke"-Navigation im Web (Tauscher 1997).

Im Vergleich mit historischen Hypertextsystemen mit typisierten Links, hierarchischen Navigationsmitteln und Link-Karten ist die Schnittstelle der Links im Web vergleichsweise primitiv und wenig aussagekräftig. Ziel des hier beschriebenen Projektes *HyperScout* ist es, eine Erweiterung dieser Benutzungsschnittstelle zu entwickeln und zu testen, ob so die Navigation vereinfacht werden kann. Im Folgenden werden die Probleme von Links genauer betrachtet und Lösungsmöglichkeiten vorgestellt; darauf aufbauend wird das Projekt und ein Prototyp vorgestellt und evaluiert.

2 Typisierte Links und das Web

Die Typisierung von Links ist ein bewährtes Mittel, um die Navigation in Hypertext-Systemen zu vereinfachen. Ein Linktyp beschreibt die Beziehung zwischen Quelle und Ziel eines Links. Er kann damit Benutzern schon vor Anwahl eines Links mehr über seine Bedeutung und das zu erwartende Zielobjekt vermitteln. So kann das Risiko reduziert werden, irrtümlich „falsche" Links anzuwählen. Aus diesem Grunde führen Thüring et al. „semantic link information" als erstes Prinzip für benutzbares Hypermedia-Design an (Thüring 1995). Viele Experten aus dem Hypertext-Bereich fordern vor diesem Hintergrund auch für das Web die Umsetzung typisierter Links. Beispielsweise beschreiben Bieber et al. typisierte Links und Knoten als erstes von zehn „high-level hypermedia features" für die nächste Generation des Webs (Bieber 1997).

Im Web finden sich typisierte Links nur auf den zweiten Blick: Zwar war bereits in Tim Berners-Lees „Proposal" für das World Wide Web von 1989 eine Typisierung von Knoten und Links vorgesehen (Berners-Lee 1989), aber erst HTML 2.0 von 1995 definiert Linktypen: die beiden Attribute `rel` und `rev` für Anchor-Tags. Sie sollen Links mit einer vorwärts *und* einer rückwärts gerichteten Relation versehen (Berners-Lee1995). HTML 4.0 definiert hierfür eine Reihe von „nützlichen Typen" (Ragget 1998), wie beispielsweise für hierarchische Links (child, parent, top) oder Folgen von Seiten (next, previous). Diese Definitionen haben jedoch kaum praktische Auswirkungen gehabt, da bis heute die gängigen Browser diese Attribute nicht unterstützen.

HTML erlaubt zudem die Angabe von für Menschen lesbaren Bezeichnern für Links über das `title`-Attribut. Dieser Linktitel wird von moderneren Browsern als Tooltip-Popup angezeigt. Einige Web-Guidelines und Usability-Experten (Chisholm 1999; Nielsen 1998) empfehlen die Verwendung dieses Attributes, um die Aussagekraft von Web-Links zu verbessern; dennoch sind sie relativ selten zu finden.

2.1 Grenzen typisierter Links

Obwohl typisierte Links das Potenzial besitzen, die Benutzbarkeit des Webs zu verbessern, gibt es Probleme, die ihre Durchsetzung behindern können.

Eine triviale, aber bedeutende Hürde ist die geringe Verbreitung von Typen im heutigen Web: je mehr Links typisiert sind, desto eher werden Web-Browser Typen unterstützen – und umgekehrt. Es ist aber auch prinzipiell fragwürdig, ob Autoren bereit und in der Lage wären, korrekte Linktypen anzugeben. Frühere Untersuchungen haben wesentliche Autorenprobleme bei der Definition von Typen für Links aufgezeigt. Bei einer zweijährigen Studie mit dem MUCH Hypertext-System wurde von den 200 Benutzern in nur ca. 3% der Fälle ein anderer Linktyp als der Default-Typ angegeben, und selbst in diesen Fällen war die Wahl oft inkonsistent (Wang 1995).

Ein semantisches Problem stellt die Repräsentation von Typen dar. Der von HTML 4.0 verfolgte Ansatz, eine allgemeingültige Typisierung für sämtliche Anwendungsgebiete des Webs zu schaffen, scheint impraktikabel: Bereits bei einer thematisch eingegrenzten Anwendung wies das strikte Typsystem des Hypertext-Systems „Aquanet" nicht genügend Flexibilität auf und verursachte den Autoren erhebliche Probleme (Marshall 1992). Eine flexible Typisierung, wie sie etwa im Rahmen der „Semantic Web Initiative" geplant ist, erzeugt Übersetzungsprobleme bei der Verwendung verschiedener Ontologien. Zudem erfordern aktuelle Standards wie XLink und RDF heute noch einen hohen Mehrfachaufwand bei der Typisierung; neben menschenlesbarer Information ist es möglich, maschinenlesbare Informationen anzugeben, neben der Typisierung von Knoten ist die Typisierung von Relationen möglich.

2.2 Implizite Link- und Objekttypen im Web

Schon aufgrund des Fehlens von Typinformationen erhält der Benutzer im heutigen Web kaum Navigationshilfen. Zusätzlich wird ihm eine Reihe von technisch bereits erreichbaren impliziten Informationen zur Funktion von Links und zu Eigenschaften von Zielobjekten vorenthalten. Derartige Zusatzinformationen lassen sich in sieben Kategorien einteilen:

- **Semantik:** Der Linktext bzw. die verlinkte Grafik geben nur sehr eingeschränkte Informationen über den Inhalt des Zieldokumentes; es wird nicht primär der Inhalt des Zieles beschrieben, sondern die Bedeutung desselben für den Linkautor beim Erstellen des Links. Der Benutzer eines Links kann aber vollkommen andere Zielvorstellungen haben. Begrenzt kann die inhaltliche Bedeutung des Zieldokuments über einfache Verfahren wie die Angabe des Titels oder eine maschinell erzeugte Zusammenfassung des Inhalts angeboten werden.

- **Topologie:** Die Topologie eines Hypertextes bezeichnet die durch seine Links erzeugte Struktur. Dabei lassen sich Dokumenttypen unterschiedlicher Funktion unterscheiden: einige Dokumente dienen der Navigation, andere bieten primär Inhalte an. Links hingegen können der hierarchischen Navigation dienen oder auch Assoziationen ausdrücken. Ein spezieller Aspekt des Webs ist, dass Links auch auf andere Server verweisen können; solche *externen Links* ändern oft in unerwarteter Weise Kontext und Anbieter der Informationen (Spool 1999, S. 45).

- **Benutzung:** Die eigene Benutzung von Dokumenten wird bisher nur vage mittels der Linkfarbe mitgeteilt. Obwohl genauere Informationen über die Navigationsschritte des Benutzers vorliegen (Zeiten, Häufigkeit, Pfade), sind diese nicht zugänglich. Die Benutzung durch Andere, und damit etwa die Popularität der Seiten, ist gar nicht sichtbar.

- **Datei-/ Medientyp:** Verschiedene Medientypen im Web führen zu unerwarteten Auswirkungen: Einige Formate benötigen spezielle Programme oder Plugins zur Darstellung, andere Formate unterstützen keine Links oder ändern die Interaktionsform. Aber selbst HTML-Seiten können unterschiedlichen Standards entsprechen und Darstellungsschwierigkeiten hervorrufen.

- **Aktion:** Zumeist erscheint nach der Auswahl eines Links ein neues Dokument im gleichen Fenster des Browsers. Links können aber auch ganz andere Aktionen bewirken: z.B. auf ein Ziel auf derselben Seite verweisen, ein weiteres Browser-Fenster öffnen oder ein anderes Programm starten (z.B. den E-Mail-Client).

- **Status:** Laut einer Umfrage von 1998 stellen fehlerhafte Links eines der wichtigsten Benutzbarkeitsprobleme im Web dar (GVU 1998). Der Benutzer wird mit kryptischen Fehlermeldungen des Servers konfrontiert und muss sich neu orientieren. Der Anteil von fehlerhaften Links stagniert seit Jahren bei ca. 5% (LinkQuality.com 2003). Es gibt technische Konzepte zur Vermeidung von fehlerhaften Links (Pitkow 1996), die aber praktisch nicht eingesetzt werden.

- **Reaktionszeit:** Die Geschwindigkeit ist ein weiterer zentraler Schwachpunkt des Webs (GVU 1998). Trotz der Zunahme der verfügbaren Bandbreiten (DSL-Techniken, Gigabit-Backbones) kommt es weiterhin zu Engpässen, und akzeptable Reaktionszeiten von 2-4s werden nicht immer erreicht. Die Antwortzeit beim Folgen eines Links ist zwar nicht vorhersagbar, Dateigröße und Antwortzeiten eines Servers geben jedoch Hinweise auf die zu erwartende Reaktivität.

Web-Design-Guidelines und Usability-Experten empfehlen die Kennzeichnung von Links mit unerwarteten Eigenschaften (z.B. zu großen Dateien oder anderen Medientypen), etwa mittels eines kurzen textuellen Hinweises hinter dem Link oder spezieller Icons (Nielsen 1999). Dies bleibt aber dem Autor überlassen und wird, da es zusätzlichen Aufwand bedeutet und bis heute kein Standard existiert, selten umgesetzt.

Die meisten der aufgeführten Informationen lassen sich aus dem Zielobjekt, dem Server, der Benutzung oder dem Link selbst ermitteln und könnten automatisch dargestellt werden. Es stellt sich aber die Frage, *welche* dieser Informationen in welcher Situation hilfreich für den Benutzer sind und *wie* diese Informationen am effizientesten dargestellt werden können.

2.3 Visualisierungsmethoden für Linktypen

Eine Analyse älterer Hypertext-Systeme zeigt eine ganze Reihe von Möglichkeiten auf, um das User-Interface von Links um zusätzliche Informationen anzureichern. Zudem haben auch viele Web-Designer die Problematik der oft missverständlichen Links im Web erkannt, und so finden sich auch hier einige Lösungsansätze:

- **Link-Darstellung:** Unterschiedliche Arten zur Hervorhebung von Links sind eine nahe liegende Methode, um unterschiedliche Typen von Links zu differenzieren. Von Web-Browsern her sind die zwei Link-Farben blau und lila bekannt, es können aber auch unterschiedliche Farbintensitäten, Hintergrundfarben oder Textstile verwendet werden. Ein Vorteil solcher Methoden liegt darin, dass eine entsprechende Codierung kritische Link-Eigenschaften sofort ins Auge fallen lässt. Nachteile liegen in einer möglichen Reduzierung der Lesbarkeit des Textes durch die Hervorhebungen und der begrenzten Aussagevielfalt solcher Methoden.
- **Beim Link:** Im Web wird teilweise versucht, Links durch einen kurzen eingeklammerten Text oder ein Icon hinter dem Link semantisch anzureichern (s.o.). Diese Methode bietet zwar den Vorteil, bereits heute für das Web nutzbar zu sein, derart eingefügten Informationen können aber den Lesefluss stören und sind für viele Layouts und verlinkte Grafiken kaum geeignet.
- **Mauszeiger:** Die Art des Mauszeigers bietet eine weitere etablierte Möglichkeit, dem Benutzer nützliche Informationen zum Systemstatus oder einer mit der Maus auszulösenden Aktion darzustellen; bei Web-Browsern wird sie bisher hingegen kaum verwendet. Ein historisches Beispiel für die Anwendbarkeit der Methode im Hypertext ist das Guide-System, bei dem der Mauszeiger unterschiedliche Browseraktionen ankündigt (Weinreich 2001). Ein Vorteil ist, dass die Information nahe beim Fokus der Aufmerksamkeit dargestellt wird. Andererseits erscheint sie nur, nachdem die Maus über den Link bewegt wurde, und die Möglichkeiten sind recht abstrakt.
- **Popup:** Kleine Popups stellen als so genannte Tooltips inzwischen eine verbreitete Methode dar, um zu bestimmten User-Interface-Elementen kurze, zusätzliche textuelle Hilfen anzubieten. Sie erscheinen aber erst, nachdem man den Mauszeiger kurzzeitig still über ein entsprechendes Element gehalten hat. Popups bieten dafür ebenfalls den Vorteil, beim Fokus der Aufmerksamkeit zu erscheinen.

Es existieren eine ganze Reihe weiterer Möglichkeiten, die hier ausgegrenzt wurden, da sie entweder für Browser ungeeignet erschienen oder kritische Nachteile aufwiesen. Dazu gehört der *reservierte Bereich*, bei dem die zusätzlichen Link-Informationen immer an einer vorgesehenen Stelle erscheinen; beim Web-Browser ist dies die Statusleiste für die URL. Da die Linkdaten aber nicht beim Fokus der Aufmerksamkeit erscheinen, können sie leicht übersehen werden (Zellweger 2000). Ähnlich verhält es sich bei der Verwendung einer *Link-Karte*. Sie wurde von einer ganzen Reihe früherer Hypertext-Systeme verwendet, um einen Überblick zur Struktur des Hypertextes zu geben. Objekte werden dabei durch Symbole dargestellt, Links als Pfeile zwischen ihnen. Systeme wie Aquanet oder Sepia zeigten bei den Pfeilen den Typ der Relation an. Nachteilhaft erscheint, dass die Karte viel zusätzlichen Platz benötigt und der Benutzer die Beziehung zwischen Links in Browser und Karte herstellen muss (Marshall 1992; Thüring 1995).

3 HyperScout

Basierend auf den vorgestellten Überlegungen entstand das Projekt *HyperScout*, in dem Konzepte für eine erweiterte Link-Schnittstelle und deren technische Umsetzung entwickelt wurden. Eine *prototypische Realisierung* sollte im Rahmen dieses Projektes eine experimentelle Untersuchung der Konzepte ermöglichen.

Als Darstellungsmittel für die zusätzlichen Informationen wurden Popups gewählt. Sie bieten für den gewählten Anwendungsbereich die meisten Vorteile: Popups können zum einen direkt beim Link und damit am Fokus der Aufmerksamkeit dargestellt werden, zudem sind sie sehr flexibel und es lassen sich in ihnen beliebige Texte oder Grafiken platzieren. Da die Popups Informationen unterschiedlicher Kategorien anbieten sollten, war ein Entwurfsziel die einfache Unterscheidbarkeit der Kategorien. Zusätzliche Icons am Anfang der Zeilen sollten die Wahrnehmbarkeit vereinfachen, unterschiedliche Hintergrundfarben dienten der Klassifikation und Gruppierung der Informationen. Die Abb. 1, 3, 4 und 5 zeigen Beispiele der verwendeten Popups.

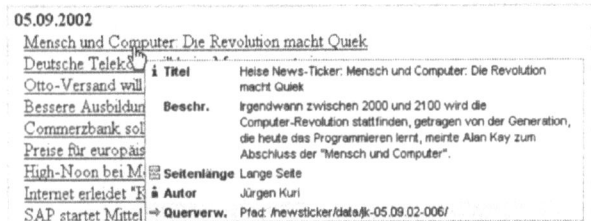

Abb. 1: Ein Link zu einer langen Nachricht in einem News-Ticker

3.1 Das technische Konzept

Ein wesentliches Problem für die Ausgabe von zusätzlichen Linkinformationen liegt darin, dass diese dem Browser bereits *vor* der Anwahl eines Links zugänglich sein müssen. Es wurde ein Konzept benötigt, das auch mit aktuellen Techniken vereinbar ist und die zu übertragende Datenmenge und Netzwerkbelastung nicht wesentlich erhöht. Aus diesem Grunde schied eine rein client-seitige Lösung aus, bei der der Browser alle referenzierten Objekte „pre-fetch". Stattdessen setzt HyperScout auf eine server-basierte Lösung, bei der jeder Web-Server die Informationen verwaltet und automatisch zu den Dokumenten hinzufügt. Der Server kann diese Aufgabe beispielsweise mit Hilfe eines Apache-Moduls ausführen, das die übertragenen Seiten parst und um zusätzliche Link-Attribute ergänzt (s. Abb. 2).

```
<A HREF="http://www.scone.de/" HREFLANG="de" HREFTITLE="Scone"
   HREFDESC="A Java Framework to Build Web Navigation Tools">
```

Abb. 2: Der HTML-Code eines vom Server ergänzten Anchor-Tags

Das Apache-Modul selbst erhält die Daten aus einer Datenbank, die mittels eines regelmäßig laufenden Robots aktualisiert wird. Sie enthält so nicht nur die Meta-Daten zu lokalen URLs, sondern auch solche zu direkt referenzierten externen Dokumenten (Weinreich 2000). Der Browser kann dann diese Daten auswerten und dem Benutzer z.B. in Form von Popups anbieten. Weitere Informationen wie die Reaktion des Browsers, externe Links oder frühere Aktionen des Benutzers lassen sich aus dem Link-Anker, der URL und der History des Browser ermitteln.

3.2 Der Prototyp

Der zur Evaluation entwickelte Prototyp sollte *möglichst viele* sinnvolle Informationen automatisch extrahieren und auf verständliche Weise präsentieren. Zur Implementierung wurde das Java-Framework Scone verwendet, das die schnelle Realisierung von Prototypen zur Erweiterung der Funktionalität von Browsern und Servern erlaubt (Weinreich 2003).

Der erste Prototyp basierte auf DHTML. Die Popups wurden als unsichtbare <DIV>-Elemente an das Seitenende angefügt und per JavaScript neben dem Mouse-Pointer dargestellt (Weinreich 2000). Leider war diese Lösung für eine längere Evaluation nicht geeignet: Zum einen musste vor Darstellung der Popups die Seite und der umfangreiche zusätzliche DHTML-Code komplett übertragen sein, wodurch inakzeptable Verzögerungen entstanden. Zudem führten Bugs *in den Browsern* dazu, dass sie durch den komplexen DHTML-Code häufig unvorhersehbar abstürzten.

Der zweite Prototyp verwendet ein verstecktes Java Applet, das per JavaScript und LiveConnect über die Benutzeraktionen informiert wird und dann mit Hilfe des Java-AWTs Popup-Fenster beim Mauszeiger darstellt. Dieser Prototyp läuft so stabil, dass längere Evaluationen problemlos durchführbar sind. Zudem bietet diese Methode den Vorteil, dass die darzustellenden Daten erst benötigt werden, wenn das Popup erscheinen soll. Im Hintergrund können die notwendigen Informationen bereitgestellt und bei Bedarf per Socket-Verbindung zum Applet übertragen werden. Der Prototyp verwendet zusätzlich einen Robot, der die notwendigen Informationen client-seitig lädt. So lassen sich Benutzertests mit nahezu beliebigen Web-Sites durchführen.

3.3 Der Benutzertest

Um die Benutzbarkeit des Prototyps und die Nützlichkeit der Konzepte zu evaluieren, wurden sieben Thinking-Aloud-Tests (Lewis 1982) gefolgt von semi-strukturierten Interviews mit jeweils einzelnen Benutzern durchgeführt. Für die Tests wurden im Umgang mit dem Web erfahrene Benutzer gewählt, um Bedienungsprobleme, die nicht auf den Prototyp zurückzuführen sind, zu reduzieren. Die Teilnehmer waren im Durchschnitt 29 Jahre alt, sechs kamen aus dem EDV-Bereich. Die Tests dauerten zwischen 1^h40^{min} und 2^h25^{min}. Als Browser wurde der Internet Explorer 6 unter Windows 2000 eingesetzt, der Rechner war per Ethernet an das Wissenschaftsnetz des DFN angeschlossen. Für den Test wurde (ebenfalls basierend auf Scone) ein Werkzeug zur Unterstützung der Evaluation erstellt, das die Teilnehmer in ein Aufgabenszenario einführte, die Aufgaben auf dem Bildschirm darstellte, sowie sämtliche relevanten Benutzeraktionen aufzeichnete (Weinreich 2003). Die Aufgaben bestanden darin, bestimmte Informationen in sechs vorher ausgewählten Web-Sites unterschiedlichen Charakters zu finden. Dabei wurden die Teilnehmer gebeten, bewusst auf die Popups zu achten. Prätests hatten ergeben, dass sie sonst aus jahrelanger Gewohnheit Links sofort anklickten, so dass die Popups nicht erschienen und somit nicht sinnvoll evaluiert werden konnten.

An dieser Stelle werden primär die im Test ermittelten Probleme und Potenziale hervorgehoben, die konzeptioneller Natur sind und nicht auf Implementierungsdetails des Prototyps beruhen. Bevor die Stärken des Prototyps vorgestellt werden, sollen zunächst die ermittelten Probleme – bezogen auf die angebotenen Inhalte, aber auch auf die Darstellung dieser Inhalte gezeigt werden.

Probleme mit den angezeigten Inhalten

Einige der angezeigten Informationen wurden von den Teilnehmern als zumeist wenig hilfreich eingeordnet. Hierzu gehören topologische Informationen, wie die Art des Verweises bei hierarchischen Links oder die Unterscheidung von Navigations- und Inhaltsseiten. Ebenso wurden viele Detailinformationen zum Zieldokument als überflüssig eingestuft, beispielsweise ob es Formularfelder enthält, andere Medientypen einbindet, oder ob es sich um eine lange Seite handelt. Zur

Nützlichkeit von einigen Inhalten gab es geteilte Meinungen, und es bestand mehrfach der Wunsch, die Popups einfach konfigurieren zu können.

Die Menge der angezeigten Daten war offensichtlich häufig deutlich zu groß (Abb. 3). Wir beobachteten während der Tests mehrfach, dass die Teilnehmer nur einige der Informationen in den Popups lasen, andere aber übersahen.

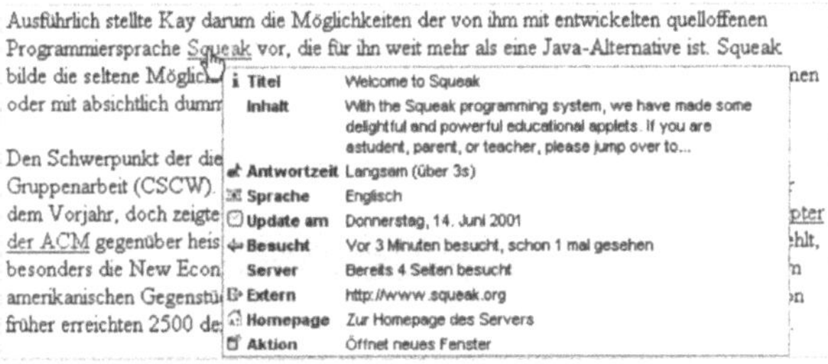

Abb. 3: Ein umfangreiches Popup mit unterschiedlichen Attributtypen

Zuweilen waren die angezeigten Informationen irreführend, beispielsweise wenn der dem Popup zugrunde liegende Titel der Zielseite fehlerhafte Angaben enthielt oder ohne den Seitenkontext missverständlich war. In anderen Fällen zeigten einige Teilnehmer Misstrauen gegenüber korrekten Informationen in den Popups, z.B. wenn der Linktext mit der Zielseite nur schlecht korrespondierte und dadurch der Inhalt des Popups dem Link zu widersprechen schien.

Probleme mit den Popups

Die Testteilnehmer warfen oft nur einen kurzen Blick auf die Popups. Fiel ihnen dabei die gewünschte Information nicht sofort ins Auge, so klickten sie auf den Link. Sie äußerten hierzu, dass die Popups zum Scannen optimiert und wichtige Informationen mehr hervorgehoben werden sollten. Große Popups wurden zudem wiederholt kritisiert, da sie viel verdeckten.

Die gewünschte Darstellung der Informationen variierte erheblich. Oft wurde eine eher visuelle Repräsentation wichtiger Daten gewünscht („Ein Icon für kaputte Links reicht."), aber einige Teilnehmer wünschten auch mehr technische Angaben, etwa bei fehlerhaften Links.

Alle Teilnehmer haben während der Tests mehrfach auf Links geklickt, ohne auf die Popups zu warten, obwohl sie für den Test explizit darum gebeten wurden. Die Teilnehmer nannten für ihr Verhalten zwei Hauptgründe: Erstens waren sie sich in vielen Fällen sicher, dass der Link „richtig" sei, zweitens ginge es bei guter Reaktion des Web-Servers oft schneller, direkt das Zieldokument einzusehen, als das Popup abzuwarten. Obgleich so implizit die Wartezeit bis zum Erscheinen der Popups kritisiert wurde, befanden alle Teilnehmer die gewählte Zeitverzögerung (0,8s) als angemessen.

Wir konnten beobachten, dass die Benutzer die Seiten in der Regel erst überflogen und sich schon für einen Link entschieden hatten, *bevor* sie ihn mit der Maus anfuhren. Stellte sich dann aufgrund des Popups der Link als ungeeignet heraus, so war bereits die Mausbewegung vergeblich.

Stärken der erweiterten Link-Schnittstelle

Die angezeigten Informationen waren in vielen Fällen nützlich für die Navigation, da sie den Benutzern bei der Entscheidung halfen, einem Link zu folgen oder nicht. Insgesamt konnten wir beobachten, dass die Popups genauer beachtet wurden, wenn Links missverständlich waren oder die Übertragung der Seiten vom Server lange dauerte. Folgende Informationen zeigten sich als besonders nützlich und wurden von den Testteilnehmern positiv kommentiert:

- Warnungen vor nicht zugreifbaren Dokumenten; hierzu gehören fehlende Dokumente (HTTP Error 404), nicht erreichbare Server und passwort-geschützte Seiten (Abb. 4).

- Die Kennzeichnung externer Links wurde von allen Teilnehmern als sinnvoll angesehen. Einige begrüßten die zusätzliche Angabe des Seitentitels der Homepage des Servers, um den Anbieter der Seiten zu charakterisieren (Abb. 4).

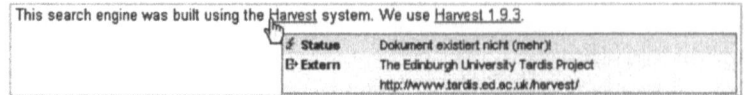

Abb. 4: Ein externer Link zu einer nicht mehr existierenden Seite

- Die inhaltlichen Angaben halfen, sofern sie den Linktext relevant ergänzten. Gelobt wurde insbesondere die aus dem „Description"-Tag der Zielseite gewonnene Beschreibung (Abb. 1).
- Kleine Popups wurden mehrfach als „optimal" bezeichnet, z.B. solche, die nur eine E-Mail-Adresse oder den Verweis an eine andere Stelle desselben Dokumentes beschrieben (Abb. 5).

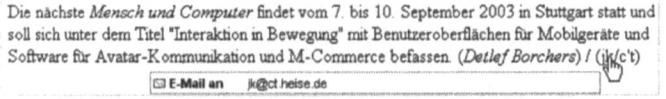

Abb. 5: Ein kleines Popup mit einer E-Mail-Adresse

- Die Angabe, dass der Browser ein neues Fenster öffnen würde, wurde gelobt. Gleichzeitig kritisierte man aber, dass sich dieses oft unerwünschte Verhalten nicht unterdrücken ließe.
- Die Informationen zur eigenen Benutzung scheinen hilfreich. Zwei Tester betonten, dass die Benutzungsinformation des Browsers in Form von lila Links sonst oft zu vage ist bzw. bei Grafiken ganz fehle.
- Eine Reihe von Informationen wurde nur dann begrüßt, wenn sie auf *unerwartete Eigenschaften* des Zieles hinwiesen, beispielsweise nicht vom Browser darstellbare Dateitypen, alte Seiten, nicht beherrschte Sprachen oder sehr große Dateien.

Als positive Eigenschaft der Popups stellte sich heraus, dass sie Informationen „On Demand" boten. Dadurch haben sie weder das normale Erscheinungsbild der Seiten verändert noch beim Lesen abgelenkt, sondern erweiterten die Möglichkeiten des Browsers lediglich. Gelobt wurde zudem, dass die Popups dem Web ein „einheitlicheres" User Interface gäben.

Alle Teilnehmer äußerten, dass ihnen der Umgang mit dem durch HyperScout erweiterten Browser „Spaß" gemacht hätte, wobei drei Teilnehmer es bereits in der getesteten Form gerne in ihrem Browser integriert hätten.

3.4 Diskussion und Ausblick

Die Tests haben zwei Kernprobleme des Prototyps offenbart: Erstens müssen die Benutzer die Maus zum Link bewegen und auf das Erscheinen des Popups warten, um die zusätzlichen Informationen sehen zu können. Bei einigen kritischen Linkeigenschaften, wie beispielsweise fehlerhaften Links, ist dies zu aufwändig. Eine unmittelbarere Art der Darstellung wäre geeigneter.

Zweitens waren die dargestellten Informationen oft zu umfangreich, als dass sie mit einem Blick hätten erfasst werden können. Dies liegt zum Teil an dem verfolgten Forschungsziel, möglichst viele Informationen auf Ihre Nützlichkeit hin zu untersuchen. Benutzer scheinen im Umgang mit dem Web aber das *Scannen* von Informationen gewohnt zu sein (Morkes 1997). Aus diesem Grunde sollten neben einer Reduzierung der Informationen die Popups auch für die rasche Wahrnehmung optimiert werden und wichtige Informationen stärker hervorheben. Für textuelle Informationen wie einer Inhaltsbeschreibung scheint die Darstellung angemessen, aber für abstrahierbare Attribute, z.B. fehlerhaften Verweisen, böte sich eine grafische Darstellung an.

Eine Alternative zum getesteten Prototyp stellt die Möglichkeit dar, mehrere Detailstufen für zusätzliche Link-Informationen anzubieten. Kritische Hinweise, wie auf fehlerhafte Links, sollten schon in der Art der Hervorhebung des Links offenbar werden. Um die Darstellung der Seiten dabei möglichst wenig zu beeinträchtigen, böten sich beispielsweise durchscheinende farbige Flächen („Overlays") an, welche alle Links entsprechend markieren. Die „Link-On-Demand"-Technik ist zudem eine geeignete Option, um die Seite zum Lesen unverändert darzustellen, die Overlays dann für die Navigation z.B. per Tastendruck erscheinen zu lassen (Weinreich 2001).

Als zweite Detailstufe könnte der Mauszeiger eingesetzt werden, um weitere Link-Informationen ohne Wartezeit anbieten zu können. Hierzu zählen beispielsweise externe Links, Verweise zu Homepages und Links, die neue Browserfenster öffnen.

4 Resümee

Die positive Aufnahme des Prototyps weist darauf hin, dass sich die Benutzungsschnittstelle von Links im Web mit relativ einfachen Mittel deutlich verbessern lässt. Die Benutzertests zeigten aber auch, dass Verbesserungsbedarf bei der Auswahl und Darstellung der Informationen besteht: Die Inhalte der Popups müssen auf wesentliche Daten reduziert werden und die Darstellung der Link-Attribute muss auch andere, unmittelbar sichtbare Methoden verwenden.

Mit Hilfe der hier vorgestellten Konzepte kann Benutzern über Web-Sites hinweg eine konsistente, erweiterte Schnittstelle für Links angeboten werden, die mehr Transparenz und Sicherheit bei der Navigation erlaubt. Dabei wird nicht die Gestaltungsfreiheit der Autoren eingeschränkt sondern ihre Arbeit erleichtert: Anstatt kritische Links selbst kennzeichnen zu müssen, wird dies durch die Technik unterstützt. Zudem kann mit Hilfe der Konzepte von *HyperScout* die URL als Benutzungsschnittstelle mehr in den Hintergrund rücken. Diese wenig ergonomische Informationsdarbietung verliert sukzessive an Aussagekraft, da zunehmend verwendete Content-Management-Systeme hier lediglich IDs anbieten.

Zurzeit wird ein weiterer Prototyp entwickelt, in den die Erkenntnisse der Tests einfließen.

1 Literaturverzeichnis

Berners-Lee, T. (1989): *Information Management: A Proposal*. Graz: CERN Internal Communication.

Berners-Lee, T.; Connolly, D.(1995): HTML 2.0 Specification. W3C: http://www.w3.org/MarkUp/html-spec/

Bieber, M; Vitali, F.; Ashman, H.; Balasubramanian, V.; Oinas-Kukkonen, H. (1997): Fourth generation hypermedia: some missing links for the World Wide Web. Int. J. Human-Computer Studies, 47(1): 31-65

Catledge, L. D; Pitkow, J. E. (1995): *Characterizing Browsing Strategies in the World-Wide Web*. Computer Networks and ISDN Systems, 27(6): 1065-1073.

Chisholm, W. et al. (1999): *Web Content Accessibility Guidelines*, W3C: http://w3.org/TR/WAI-WEBCONTENT/

Conklin, J. (1987): *Hypertext: An Introduction and Survey*. IEEE Computer 20(9): 17-41.

GVU: Graphic, Visualization, and Usability Center (1998): *10th WWW User Survey*, GVU Center, College of Computing, Georgia Institute of Technology, Atlanta: http://www.cc.gatech.edu/gvu/user_surveys/

Lewis, C. (1982): *Using the "Thinking-aloud" Method in Cognitive Interfaces Design*. Yorktown Heights, NY, IBM Thimas J. Watson Research Center, Report RC 9265 (#40713)

LinkQuality.com (2003): *The Web's Integrity Benchmark*, Linkalarm Inc.: http://linkquality.com/

Marshall, C. C.; Rogers, R. A. (1992): *Two Years before the Mist: Experiences with Aquanet*. ACM Press: European Conference on Hypertext Technology (ECHT '92), Milano, Italy: 53-62.

Morkes, J.; Nielsen, J. (1997): *Concise, SCANNABLE, and Objective: How to Write for the Web*. Sun Microsystems: http://www.useit.com/papers/webwriting/writing.html

Nielsen, J. (1998): *Using Link Titles to Help Users Predict Where They Are Going*, Jakob Nielsen's Alertbox.

Nielsen, J. (1999): *Designing Web Usability: The Practice of Simplicity*, New Riders Publishing.

Pitkow, J. E; Jones, R.K. (1996): *Supporting the Web: A Distributed Hyperlink Database System*. Computer Networks and ISDN Systems 28(7-11): 981-991.

Raggett, D.; Le Hors, A.; Jacobs, I. (1998): HTML 4.0 specification. W3C: http://w3.org/TR/REC-html40

Spool, J. et al. (1999): *Web Site Usability: A Designer's Guide*. Morgan. Kaufmann Publishers.

Tauscher, L.; Greenberg S. (1997): *How People Revisit Web Pages: Empirical Findings and Implications for the Design of History Systems*. Int. J. Human-Computer Studies 47(1): 97-137.

Thüring, M.; Hannemann, J.; Haake, J. (1995): *Hypermedia and Cognition: Designing for Comprehension*. ACM Communications, 38(8): 57-66.

Wang, W.; Rada, R. (1995): *Experiences with Semantic Net Based Hypermedia*. Int. Journal of Human Computer Studies 43(3): 419-439.

Weinreich, H.; Buchmann, V.; Lamersdorf W. (2003): *Scone: Ein Framework zur evaluativen Realisierung von Erweiterungen des Webs*. Springer: Tagungsband zur KiVS 2003: 31-42.

Weinreich, H.; Lamersdorf, W. (2000): *Concepts for Improved Visualization of Web Link Attributes*. Computer Networks 33(1-6): 403-416.

Weinreich, H.; Obendorf H.; Lamersdorf, W. (2001): *The Look of the Link - Concepts for the User Interface of Extended Hyperlinks*. ACM Press: 12th Conference on Hypertext, Århus, Denmark: 19-28.

Zellweger, P.; Regli, S.; Mackinlay, J.; Chang B-W. (2000): The Impact of Fluid Documents on Reading and Browsing: An Observational Study. ACM Press: CHI 2000 Conference, Den Hague, NL: 249-256.

Kontakt

Harald Weinreich*, Hartmut Obendorf[x], Winfried Lamersdorf*
E-Mail: {weinreich | obendorf | lamersdorf }@informatik.uni-hamburg.de
*AG Verteilte Systeme und Informationssysteme, [x]Angewandte und Sozialorientierte Informatik

Fachbereich Informatik, Universität Hamburg: http://www.informatik.uni-hamburg.de/

Ein visueller Metadaten Browser für die explorative Erkundung großer Datenmengen

Harald Reiterer, Tobias Limbach, Frank Müller, Peter Klein, Christian Jetter

Universität Konstanz, Fachbereich Informatik & Informationswissenschaft, Arbeitsgruppe Mensch-Computer Interaktion

Zusammenfassung

Es wird ein visuelles Suchsystem zur explorativen Erkundung großer Datenmengen vorgestellt. Das System **VisMeB** (**Vis**ueller **Me**tadaten-**B**rowser) basiert auf einer Reihe von Designstudien, die im Rahmen unterschiedlicher Forschungsprojekte entwickelt worden sind. Der besondere Schwerpunkt lag dabei auf der Entwicklung innovativer Visualisierungs- und Interaktionstechniken, die den Benutzer von der Anfrageformulierung bis zur Ergebnisdarstellung unterstützen. Die anhand eines szenarienbasierten Usability Engineering Ansatzes entwickelten Designstudien wurden einer Reihe von Evaluationen unterzogen. Daraus ergaben sich zahlreiche Redesignvorschläge, die bereits umgesetzt wurden.

1 Einleitung

Zentrale Idee des hier beschriebenen Forschungsvorhabens ist die Gestaltung der Mensch-Computer Interaktion (MCI) im Zusammenhang mit der Exploration und Visualisierung großer Datenbestände, wie man sie beispielsweise in Digitalen Bibliotheken, im Web, in Data Warehouses oder in Produktdatenbanken von E-Commerce-Anwendungen findet. Vom Standpunkt der MCI bestehen die besonderen Herausforderungen darin, durch die Entwicklung bisher nicht verfügbarer interaktiver, visueller Artefakte und neuer Interaktionstechniken ganz neue Formen der visuellen MCI zu ermöglichen. Hier wird das Feld des traditionellen GUI Designs verlassen, das mittlerweile auch forschungsmäßig gut abgesichert ist und nach völlig neuen Wegen der visuellen Interaktion mit dem Medium Computer gesucht.

Der im Rahmen dieses Vorhabens entwickelte Metadatenbrowser ist ein Beispiel für einen derartigen neuen Weg der visuellen Interaktion und soll den Benutzer bei der explorativen Erkundung großer Datenbestände unterstützen. Neben dem freien Erkunden der Inhalte eines Datenbestandes steht hier vor allem die Unterstützung der gezielten Suche nach bestimmten Daten zur Befriedigung eines konkreten Informationsbedürfnisses (z. B. Welche Dokumente bzw. Geodaten sind für die Planung des Standortes eines Supermarktes verfügbar?) im Mittelpunkt der Betrachtung. Dabei gilt es den Benutzer sowohl bei der Formulierung seiner Suchanfrage visuell zu unterstützen als auch beim Herausfiltern der für ihn *relevanten* Daten aus der oft sehr großen Treffermenge einer Suchanfrage. Eine Zielstellung, die im Zeitalter der Informationsüberflutung - aufgrund der Vielzahl der mittlerweile verfügbaren digitalisierten Datenbestände - immer mehr an Bedeutung gewinnt.

Um diese Zielstellung zu erreichen, haben wir - basierend auf fremden und eigenen Vorarbeiten (siehe Kapitel 2) - im Rahmen eines Forschungsprojektes namens **VisMeB** einen Visuellen Metadaten-Browser entwickelt, der in unterschiedlichen Anwendungsdomänen (siehe Kapitel 3) zum Einsatz kommen kann. Der Metadatenbrowser wurde als generisches Framework zur Visualisierung von unterschiedlichen Metadaten konzipiert. Mittels einer eigenen Konfigurationskomponente kann eine konkrete Anpassung der Visualisierungen und der notwendigen Retrieval Verfahren auf die jeweiligen Metadaten der konkreten Anwendungsdomäne vorgenommen werden (z. B. in Abhängigkeit des jeweiligen Datentyps). Die grundlegende Hypothese unseres Forschungsprojektes lautet: *Die in VisMeB angebotenen Visualisierungen und Interaktionstechniken ermöglichen einen effektiveren und effizienteren Informationsgewinnungsprozess als traditionelle listen- bzw. tabellenbasierte Suchsysteme.*

Ein wesentlicher Schwerpunkt des Vorhabens besteht in der umfassenden Evaluation aller Designstudien mittels Methoden des Usability Engineering (Benutzertests im Usability Lab, online Fragebögen), um deren Machbarkeit und Gebrauchstauglichkeit (im Sinn der EN ISO 9241 - 11) zu überprüfen. Einem szenario-basierten Usability Engineering Prozess (vgl. Rosson und Carroll 2002) folgend, wurden bereits eine Reihe von Papier- und digitalen Mockups sowie erste Java Prototypen entwickelt. Diese wurden sowohl hinsichtlich der technischen Machbarkeit (Feasability im Sinne eines „Proof of Concepts") als auch hinsichtlich der Gebrauchstauglichkeit (Usability) evaluiert (siehe Kapitel 4). Daraus ergaben sich eine Reihe von Redesignvorschlägen, die derzeit umgesetzt werden. Die der Entwicklung von VisMeB zugrunde liegende Hypothese soll in einem abschließenden, komparativen Benutzertest geprüft werden (Vergleich mit einem Kontrollsystem, das nur über einfache listen- bzw. tabellenbasierte Darstellungen verfügen wird) (siehe Kapitel 5).

2 Vorarbeiten

Eine Reihe von Mockups und Prototypen wurden im Rahmen von zwei EU Forschungsprojekten zur Unterstützung von Rechercheaufgaben entwickelt und gingen als Vorarbeiten in die wesentlich umfassenderen Forschungsideen des Vorhabens VisMeB ein. Im EU Forschungsprojekt INSYDER[1] (**I**nformation **Sy**steme **de** **R**echerche) wurde eine visuelle Suchmaschine für das Web entwickelt (vgl. Reiterer et al. 2000 und Reiterer et al. 2001), die neben der traditionellen Listendarstellung der Suchergebnisse über weitere Visualisierungsformen zur Darstellung der Suchergebnisse verfügte (z. B. Tabelle mit eingebetteter Relevanzkurve, Punktdiagramm, Balkendiagramme, Stapeldiagramme, TileBars).

Die Erfahrungen des Forschungsprojektes INSYDER flossen in ein nachfolgendes EU Forschungsprojekt namens INVISIP[2] (**I**nformation **Vis**ualization for **S**ite **P**lanning) ein (vgl. Göbel et al. 2002). Auch hier wird ein visuelles Suchsystem entwickelt, das Planer beim Finden von entscheidungsrelevanten Daten für die Standortplanung unterstützen soll. Die im Rahmen des Forschungsprojektes INSYDER entwickelten Visualisierungen wurden einer umfassenden empirischen Evaluation mit 40 Benutzern unterzogen (vgl. Mann 2002). Die Erkenntnisse dieser Evaluation, mit Schwerpunkt auf der Beurteilung der Gebrauchstauglichkeit dieser Visualisierungen, führten zur Entwicklung neuer Visualisierungen namens SuperTable + Scatterplot (vgl. Klein et al. 2002). Diese neu entwickelten Visualisierungen greifen ein klassisches Thema der Informati-

---

[1] EU ESPRIT Project No. 29232 INSYDER
[2] EU IST-2000-29640 INVISIP

onsvisualisierung auf: Einerseits soll ein einzelnes Datenelement hinreichend detailliert dargestellt werden, um es interpretierten zu können. Andererseits sollte das jeweilige Datenelement im Kontext des gesamten Informationsraumes sichtbar bleiben, um Vergleiche mit anderen Datenelementen durchführen zu können. Nur dadurch kann eine Interpretation eines Datenelementes im Kontext ermöglicht werden. Die größte Herausforderung hinsichtlich der Gestaltung der Visualisierungen besteht darin, die konzeptionelle Verknüpfung zwischen der Detailansicht (ein bzw. wenige Datenelemente) und dem Überblick (möglichst alle Datenelemente) in einer intuitiven Art und Weise zu ermöglichen. Dieses grundlegende Problem der Informationsvisualisierung hat viele Lösungsansätze erfahren, wie beispielsweise Fisheye Views, Focus & Context Techniken, Multiple-Window User Interfaces und viele weitere mehr. Zur Vereinfachung wollen wir all diese Lösungsansätze unter dem Oberbegriff „Overview & Detail" Techniken zusammenfassen.

Die SuperTable folgt dem Lösungsansatz der Focus & Context Techniken (vergleichbar der TableLense von Rao und Card 1994). Nach Möglichkeit werden alle Ergebnisse einer Suchanfrage in kompakter Art und Weise in der SuperTable angezeigt, um einen Gesamtüberblick zu ermöglichen. Um dies zu erreichen, müssen die auf der ersten Darstellungsebene genutzten Visualisierungen eine kompakte, wenige Pixel an Höhe benötigende Darstellung ermöglichen. Dazu werden Balkendiagramme (Bar Graphs) genutzt (siehe Abbildung 2). Beim Überfahren der jeweiligen Zeilen der Tabelle mit der Maus (focus) ermöglicht eine Art Vorschaufunktion das Einblenden der zweiten Darstellungsebene (die mehr Details bietet), wobei aber der Kontext mit den anderen Datenelementen der Tabelle erhalten bleibt (siehe Abbildung 2, eingerahmte Zeile oben). Jede weitere Detaillierungsebene bringt neue Visualisierungen (z. B. detaillierte Bar Graphs, TileBars, Relevance Curve), die eine immer detailliertere Darstellung der Daten ermöglichen, allerdings um den Preis des höheren Platzbedarfes. Diese unterschiedlichen Detaillierungsgrade ermöglichen den Benutzern eine auf das jeweilige Informationsbedürfnis angepasste Informationspräsentation.

Für die SuperTable wurden zwei Design-Varianten entwickelt, die *LevelTable*, und die *GranularityTable*, die dieses Granularitätskonzept in unterschiedlicher Art und Weise umsetzen. Bei der LevelTable können die Suchergebnisse (z. B. Dokumente) in vier verschiedenen Detaillierungsgraden (4 Ebenen) betrachtet werden, wobei ein Wechsel des Detaillierungsgrades alle Suchergebnisse betrifft (siehe Abbildung 5). Die geringste Granularität und damit die wenigsten Details, aber dafür einem Gesamtüberblick, bietet dabei die erste Ebene. Die höchste Granularität, nämlich letztendlich den Originaldatensatz, bietet die vierte Ebene. Die zweite Design-Variante, von uns GranularityTable genannt, ermöglicht die gleichzeitige Betrachtung von Suchergebnissen in unterschiedlichen Detaillierungsgraden (siehe Abbildung 3). Zwischen der ersten Ergebnisvisualisierung (geringe Granularität) und dem letztendlichen Darstellen des Originaldatensatzes (höchste Granularität) gibt es je Datenelement *unterschiedliche* Detaillierungsgrade – die Visualisierungen wandeln sich ständig und können, wenn von den Benutzern gewünscht, in verschiedenen Schritten dem Originaldatensatz entgegengehen. Dieses Granularitätskonzept, das sich vom Terminus an der Photographie orientiert (hier bezeichnet dieser Terminus die Auflösung bzw. Körnung eines Films), erstreckt sich über sechs Detaillierungsgrade.

Der Scatterplot (Punktdiagramm) ist eine zusätzliche graphische Repräsentation der Ergebnismenge und ermöglicht einen schnellen Überblick über die Treffermenge (siehe Abbildung 2). Er wurde vom INSYDER System übernommen, da einige der Benutzer das Punktdiagramm als Überblicksvisualisierung bevorzugten. Allerdings wurde auch der Scatterplot um eine Focus & Context Technik (Bifocal Display mit Verzerrung in der x- und y-Achse) erweitert, um ähnlich wie die SuperTable dem Anspruch des Overview & Detail gerecht zu werden. Des weiteren wurden eine Reihe von neuen Interaktionstechniken eingeführt (z.B. Moveable Filter), auf die im Abschnitt 3 näher eingegangen wird.

Es gibt mittlerweile eine Fülle von visuellen Suchsystemen für die Suche in unterschiedlichsten Anwendungsdomänen. Einen guten Überblick über den Stand der Forschung gibt die Arbeit von Mann (vgl. Mann 2002). Im Folgenden werden nur Systeme erwähnt, welche die hier vorgestellten Arbeiten wesentlich beeinflusst haben. Die Verwendung des Scatterplots (Punktdiagramm) wurde durch Systeme wie den *FilmFinder* (vgl. Ahlberg und Shneiderman 1994) und *Envision* (vgl. Nowell et al. 1996) motiviert. Der Einsatz von visuellen Filtern in Kombination mit dem Scatterplot wurde von der Idee der *Moveable Filters* beeinflusst (vgl. Fishkin und Stone 1995). Die Idee des *Bifocal Display* in den Scatterplot zu integrieren geht auf (Spence und Apperley 1982) zurück. Der Einsatz von Balkendiagrammen für die Visualisierung von Gesamt- und Teilrelevanzen von Suchergebnissen im Bereich des Dokumenten Retrievals basiert auf Ideen des Systems *Inquery* (vgl. Verassamy und Navathe 1995). *TileBars* zur Darstellung der Verteilung der Relevanzwerte der einzelnen Suchbegriffe innerhalb eines Dokumentes wurden von Hearst entwickelt (vgl. Hearst 1995). Die tabellarische Darstellung der Suchergebnisse in Kombination mit *Focus + Context* Techniken wurde von den Visualisierungen der Systeme *Table Lense* (vgl. Rao und Card 1994) und *FOCUS* (vgl. Spenke et al. 1996) beeinflusst. Die Synchronisation der Visualisierungen im SuperTable + Scatterplot mittels *Brushing and Linking* wurden durch Arbeiten von North (vgl. North und Shneiderman 2000) inspiriert. Die Idee des *Granularitätskonzeptes* entstand in Diskussionen mit Maximilian Eibl und basiert auf Erkenntnissen, die er bei der Entwicklung des visuellen Information Retrieval Systems *DEViD* gewonnen hatte (vgl. Eibl 2002). Der Einsatz von *Query Previews* als visuelle Vorschaufunktion für online Datenbanken greift auf Arbeiten von Tanin zurück (vgl. Tanin et al. 2000).

3 Anwendung und Einsatz

Abbildung 1 zeigt die grundlegenden Komponenten von VisMeB. Das System ist in einer Java-basierten Client-Server Architektur realisiert, die sowohl als eigenständige Applikation als auch als Applet innerhalb eines Internetbrowsers genutzt werden kann. Auf dem Server werden alle Benutzer-, Konfigurations- und sitzungsbezogenen Daten gespeichert. Damit kann der Benutzer von beliebigen Arbeitsplätzen auf seine spezifischen Einstellungen zurückgreifen. Zur visuellen Unterstützung der Formulierung der Suchanfrage wird ein anwendungsspezifisches Suchformular mit Vorschaufunktion und Präselektion (Query Preview als *Circle Segment View*, siehe Abbildung 1) verwendet. Der Zugriff kann nun auf verschiedene Metadatenbanken erfolgen (z. B. Webdokumente, Geometadaten, Filmdaten). Die Ergebnisse der Suchanfrage werden sowohl mit Hilfe von tabellenbasierten (SuperTable) als auch punktdiagrammbasierten (Scatterplot) Visualisierungen dargestellt. Beide Visualisierungsformen sind hinsichtlich ihres Interaktionsverhaltens (Look and Feel) synchronisiert.

Einer der Vorteile von VisMeB ist die Flexibilität bezüglich der Anwendungsbereiche. VisMeB ist nicht auf eine spezielle Domäne fixiert, sondern kann dank des flexiblen Datenmodells entsprechend angepasst werden. Um diese Flexibilität zu testen, wurde VisMeB bisher für verschiedene Anwendungsdomänen entwickelt und gestestet. So gibt es derzeit Anbindungen an eine Filmdatenbank, eine Geometadatenbank und, in der Tradition von INSYDER stehend, eine Anbindung ans Web.

Im folgenden Einsatzszenario wird die Filmdatenbank zur Darstellung von VisMeB genutzt. Sie enthält Metadaten von mehreren hundert Filmen, wie z. B. Titel, Jahr, Sprache, Genre, Bewertung sowie eine Kurzbeschreibung. Ein typisches Einsatzszenario ist die Suche nach einem passenden Film für eine bestimmte Situation (z. B. eine Komödie nach einem anstrengenden Tag). Der Benutzer formuliert ähnlich wie bei einer Suchmaschine im Web mittels einigen Suchtermen eine

Suchanfrage und startet die Suche. Geht man davon aus, dass das letztlich Entscheidende für eine Auswahl der Inhalt, also die Kurzbeschreibung des Films ist, hat der Benutzer jetzt mehrere Möglichkeiten vorzugehen, welche am Beispiel der Kombination GranularityTable/Scatterplot auszugsweise näher erläutert werden.

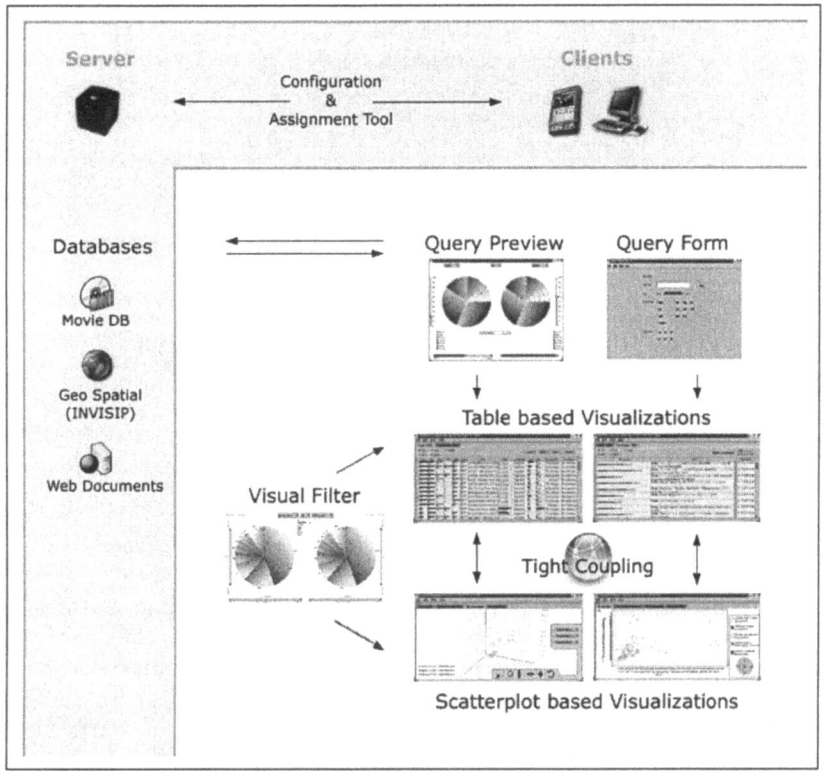

Abbildung 1: Architektur von VisMeB

Abbildung 2 zeigt eine typische Ergebnismenge in der ersten Darstellungsebene der GranularityTable. Sie ist nach Relevanz absteigend sortiert, wobei die Relevanz aus den eingegebenen Suchtermen mittels tf*idf gebildet wird. Alle anderen Metadaten sind noch nicht zu sehen, der Fokus liegt auf dem Gesamteindruck der Suche. Die Achsen des Scatterplot sind mit der Bewertung (Rank) und dem Erscheinungsjahr (Year) vorbelegt (dies kann aber vom Benutzer geändert werden). Im Scatterplot kann der Benutzer jetzt eine oder mehrere Movable Filter aufrufen, konfigurieren und mit boolschen Ausdrücken kombinieren. Movable Filter sind halbtransparente, visuelle Filter, welche alle Dokumente herausfiltern, die nicht den vom Benutzer festgelegten Kriterien entsprechen. Dokumente, welche die Filterkriterien erfüllen, nehmen in der GranularityTable (ebenso in der LevelTable) die Farbe der Movable Filter an. In Abbildung 2 hat der Benutzer zwei Movable Filter konfiguriert, der eine zeigt nur Filme mit einer Relevanz zwischen 65 und 77 (auf einer Skala von 0 bis 100), der andere nur Filme in Französisch. Beide sind kombiniert mit „AND", die Schnittmenge von beiden zeigt also nur Filme an, welche beiden Kriterien genügen. Über ein Kontextmenü kann der Benutzer nun die Schnittmenge auswählen und mittels Veränderung der Granularität der Informationsdarstellung (Schieberegler im Kontextmenü Mitte unten in Abbildung 2) mehr Details der ausgewählten Filme anzeigen lassen.

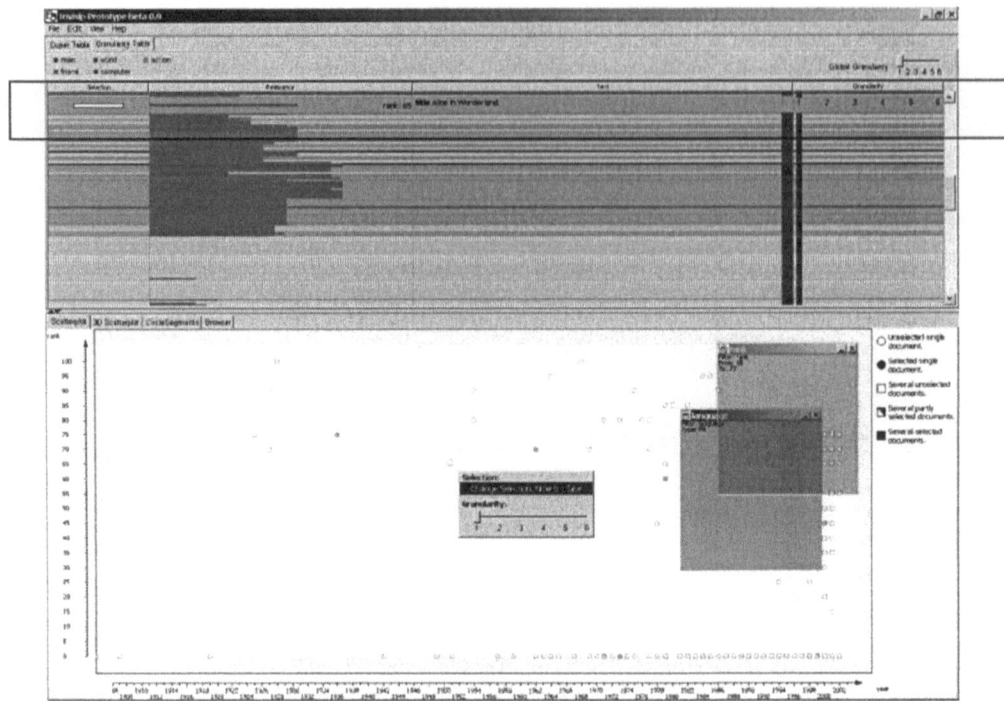

Abbildung 2: GranularityTable mit Scatterplot und Movable Filter

Prinzipiell kann er bis zur höchsten Granularität so weiter verfahren oder auch in der Granularity-Table selbst über einen Schieberegler der einzelnen Dokumente (Spalte „Granularity") *mehr* oder *weniger* über den jeweiligen Film erfahren. Dies ist besonders dann komfortabel, wenn die Treffermenge reduziert ist und *zwischen* den Treffern verglichen werden soll, wie in Abbildung 3 dargestellt. Die Treffer der schon reduzierten Treffermenge werden hier in unterschiedlichen Detailstufen dargestellt, ein Wechseln zwischen den Stufen ist sehr leicht möglich.

Ein visueller Metadaten Browser für die explorative Erkundung großer Datenmengen

Für die Darstellung der LevelTable nutzen wir ein anderes Einsatzszenario, und zwar die Suche im Web. Dort kann die Treffermenge ungleich höher ausfallen, welches eine andere Vorgehensweise bezüglich der Reduktion der Treffermenge plausibel erscheinen lässt. Abbildung 4 zeigt eine Ergebnismenge einer Web Suchanfrage, mit den Suchtermen „New – York – City – Travel – Guide". Die erste Ebene visualisiert als tabellarische Anordnung von BarCharts einen Überblick über die Relevanzen der einzelnen Dokumente. Neben den Gesamtrelevanzen der gefundenen Dokumente werden aber auch noch die Einzelrelevanzen der Suchterme dargestellt. Um eine Vorschau auf weitere Daten zum jeweiligen Dokument zu erhalten, wurde ein Linseneffekt - basierend auf Ideen der Table Lens (siehe Rao und Card 1994) - implementiert, der eine Vorschau auf Ebene 2 ermöglicht (siehe Abbildung 4 oben). Diese Funktionalität steht auch bei der oben beschriebenen Granularity Table zur Verfügung (siehe Abbildung 2 oben), und kann weiterhin bei beiden Design Varianten durch den Scatterplot hervorgerufen werden. Dadurch entsteht eine enge Bindung zwischen SuperTable und Scatterplot (siehe Abbildung 4, Pfeil in beide Richtungen).

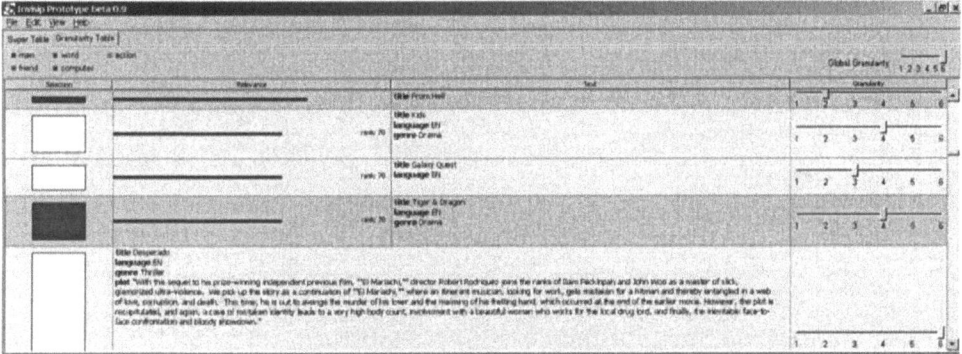

Abbildung 3: GranularityTable in unterschiedlichen Detaillierungsgraden

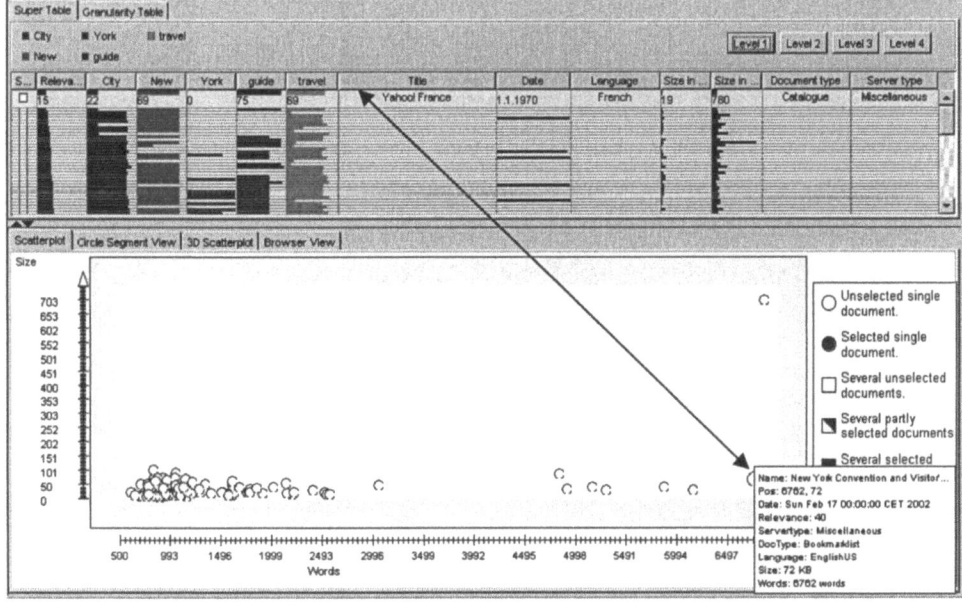

Abbildung 4: LevelTable plus Scatterplot in Ebene 1

Eine Besonderheit der LevelTable ist die Einbettung einer Relevance Curve und die Kombination mit einer Browser View. Die Relevance Curve visualisiert die Verteilung der Relevanzen der einzelnen Suchbegriffe bezogen auf einzelne Textsegmente, die Länge der Relevance Curve ist proportional zur Länge des Textes (siehe Abbildung 5). Durch eine Hervorhebung der Suchbegriffe ist eine intuitive und sehr schnelle Art der Navigation in unter Umständen langen Texten möglich. Abbildung 5 zeigt die LevelTable in Level 4 mit Relevance Curves der Dokumente, wobei der Fokus auf dem eingerahmten Dokument liegt. Hier wird per Voreinstellung der Scatterplot durch die Browser View ersetzt, d.h. der Originaltext des gerade fokussierten Dokumentes wird angezeigt.

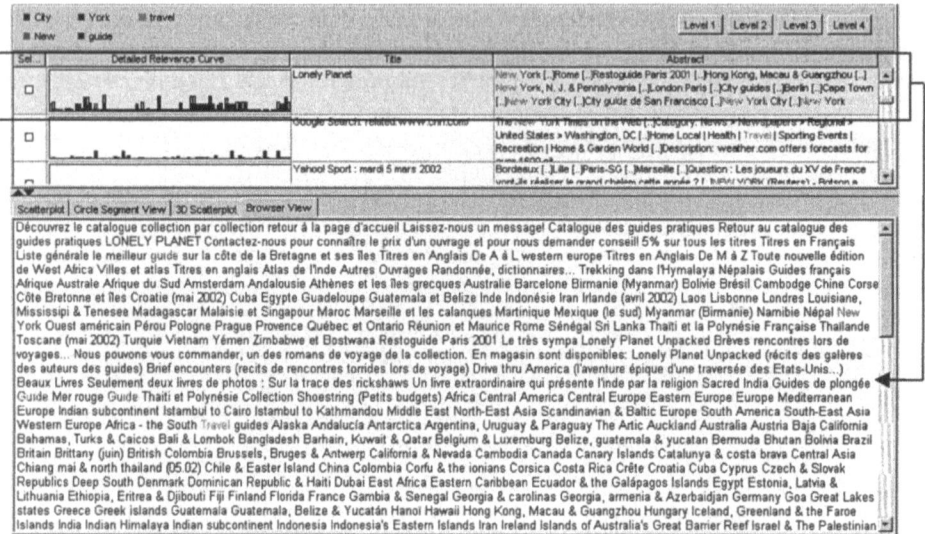

Abbildung 5: LevelTable in Level 4 mit Relevance Curve und Browser View

4 Evaluationen

Bei der Entwicklung von VisMeB wurden zuerst Mockups von allen wesentlichen Designvarianten entwickelt. Es handelte sich dabei um HTML-basierte Wegwerfprototypen, die einen Walkthrough anhand entwickelter Einsatzszenarien (dem scenario-based Usability Engineering von Rosson und Carroll 2002 folgend) ermöglichten. Die damit im Oktober 2002 durchgeführten Evaluationen (Benutzertests mit 8 Benutzern im eigenen Usability Lab, Probanden waren Raumplaner bzw. Projektpartner des Forschungsprojektes INVISIP) haben die prinzipielle Machbarkeit und Nützlichkeit unserer Visualisierungsideen für einen visuellen Metadatenbrowser zur explorativen Erkundung großer Datenbestände gezeigt. Evaluiert wurden die Interaktionsmöglichkeiten und das Verständnis für die verschiedenen Visualisierungen. Anhand einer simulierten Suchanfrage konnten mit den Benutzern verschiedene Schritte des Informationsgewinnungsprozesses durchgegangen werden. Durch diesen ersten Benutzertest konnten eine Reihe von Verbesserungsmöglichkeiten aufgezeigt werden, die im weiteren Verlauf des Projektes VisMeB umgesetzt wurden. So zeigte sich beispielsweise, dass das „Overview + Detail"-Konzept durch die GranularityTable besser abgebildet wird als durch den LevelTable. Dadurch kann diese Funktionalität im LevelTable in den Hintergrund treten und andere Eigenschaften dieser Visualisierung stärker betont werden. Andererseits kann die GranularityTable kaum ohne eine Einarbeitungsphase benutzt werden, wie sich in den Benutzertests gezeigt hat. Ist eine Einarbeitung einmal erfolgt, überwiegen die Vorteile gegenüber den LevelTable aber hinsichtlich der Möglichkeit, einzelne Suchergebnisse in unterschiedlichen Detaillierungsstufen miteinander zu vergleichen.

Parallel zu den im Oktober 2002 durchgeführten Benutzertest wurde eine 6-wöchige Web-basierte Umfrage mit Hilfe eines von der AG MCI entwickelten Fragebogens gestartet. Zielgruppe waren Benutzer aus dem Bereich Raumplanung (Verwaltung und Ingenieurbüros). Insgesamt konnten 31 Fragebögen in die Auswertung übernommen werden. Die Auswertung der Web-Umfrage ergab, dass die Interaktion mit der LevelTable verständlicher war als mit der GranularityTable. Dazu korrelierend ergab sich in den vorherigen Benutzertests ein objektiv messbar besseres Verständnis für das Level Konzept mit seinen wählbaren festen Abstufungen im Informationsgehalt, als die über Schieberegler stetig wählbare Granularität. Es ergab sich ein interessantes Bild hinsichtlich der präferierten Suchstrategie (wurde im Fragebogen erhoben) und der präferierten Design Variante: alle der fast ausschließlich analytisch arbeitenden Befragten bevorzugten das LevelTable Design. Von den fast ausschließlich browsing-orientiert arbeitenden Befragten würde nur einer die LevelTable gegenüber der Granularity Table bevorzugen. Es ist anzunehmen, dass durch Einsatz beider Tables in unterschiedlichen Phasen des Suchprozesses deutlich effizienter und benutzergerechter gearbeitet werden kann. So könnte zunächst mithilfe der LevelTable die Treffermenge auf einen sinnvollen Umfang eingegrenzt werden, um anschließend in einem zweiten Schritt die enthaltenen Dokumente mithilfe der GranularityTable auf der inhaltlichen Ebene bequemer zu explorieren und zu beurteilen, ohne jedoch dabei die Metadaten aus den Augen verlieren zu müssen.

Ein weiterer Benutzertest mit ebenfalls 8 Probanden wurde im März 2003 (Probanden waren wieder Raumplaner des Projektes INVISIP) an einer voll funktionsfähigen Implementierung von VisMeB in Java durchgeführt werden. Primäres Ziel dieses Tests war es, die beiden Designvarianten der SuperTable miteinander zu vergleichen. Unsere Hypothese lautete, basierend auf den Erfahrungen der Web-Umfrage, dass die browsing-orientierten Benutzer die GranularityTable und die analytisch vorgehenden Benutzer die LevelTable bevorzugen würden. Unsere Annahme bezog sich auf ein Ergebnis der Web-Umfrage (siehe oben) und sollte die vermutete, je nach Suchstil präferierte Design Variante überprüfen. Diese Annahme musste verworfen werden, die Ergebnisse des Pre-Tests und die Auswertung des Benutzerverhaltens ließen keine Rückschlüsse auf unsere Annahme zu. Tabelle 1 fasst einige wesentliche Erkenntnisse der Evaluation vom März 2003 zusammen.

LevelTable	GranularityTable
Intuitiv, da Ähnlichkeiten zu Web-Suchmaschinen	Höherer Trainingsaufwand für Verständnis erforderlich
geringere Fehlerhäufigkeit	
Relevance Curve einfach zu verstehen aber schlecht mit Dokumenten verknüpft	TileBars sind besser mit Dokumententext verknüpft als Relevance Curve
66% bevorzugten Darstellung für Vergleich einzelner Dokumente und 80% bevorzugten Darstellung für Vergleich einzelner Suchwörter	Besser Explorationsmöglichkeiten aufgrund unterschiedlicher Detaillierungsstufen der Dokumente

Tabelle 1: Vor- und Nachteile LevelTable/GranularityTable

Insgesamt betrachtet scheinen die Vorteile der LevelTable klar zu überwiegen. Die Benutzbarkeit dieser Designvariante wurde gegenüber der GranularityTable als durchgehend höher eingestuft. Dennoch kann letztere in besonderen Situationen (z.B. beim Vergleich kurzer aussagekräftiger

Texte wie Definitionen, Lexikaeinträge etc.), in denen das „Focus & Context"- Konzept besonders gefragt ist, von Wichtigkeit sein. Dieser Aspekt wurde von drei Probanden besonders hervorgehoben.

Es stellt sich also als Konsequenz aus den Ergebnissen der bisherigen Benutzertests die Frage, ob Level- und GranularityTable noch zukünftig gleichberechtigt nebeneinander in VisMeB eingebunden werden sollen, oder ob die LevelTable primär angeboten wird, mit der Option, bei Bedarf (in Abhängigkeit von der Benutzerpräferenz) auf die GranularityTable umzuschalten. Dies soll in nachfolgenden Benutzertests mit einer größeren Anzahl von Probanden erneut untersucht werden.

5 Resümee und Ausblick

Die bisher entwickelten Designstudien und durchgeführten Evaluationen haben uns gezeigt, dass ein visueller Metadatenbrowser ein geeignetes Instrument zur explorativen Erkundung großer Datenmengen ist. Die bisher bei der Realisierung von visuellen Suchsystemen für bestimmte Anwendungsdomänen (Suche in einer Filmdatenbank, im Web oder in einem Metadateninformationssystem für Geodaten) gewonnenen Erkenntnisse sollen nun weiter verallgemeinert werden. Dadurch soll ein generisches Framework eines visuellen Metadatenbrowsers entstehen, das an unterschiedliche Anwendungsbereiche (mit unterschiedlichen Metadatenstandards) mit unterschiedlichen Retrievaltechniken angepasst werden kann. Dieser generische Metadaten-Browser soll zukünftig auch auf unterschiedlichen Endgeräten verfügbar sein (z. B. Desktop PCs, Tablet PCs oder Laptops, PDAs), wobei es eine noch offene Forschungsfrage ist, wie gut diese Visualisierungen bei derart unterschiedlichen Darstellungsformaten skalieren. Neben den traditionellen Interaktionstechniken (z. B. Direkte Manipulation) sollen auch multimodale Interaktionstechniken zum Einsatz kommen (z. B. Schrift- und Zeichenerkennung, Sprachsteuerung, berührungsempfindliches Display).

Literatur

Ahlberg, C.; Shneiderman, B (1994): Visual Information Seeking: Tight Coupling of Dynamic Query Filters with Starfield Displays. In: Adelson, B.; Dumais, S.; Olson, J. S. (Eds.): *CHI 1994: Conference Proceedings Human Factors in Computing Systems.* Conference: Boston, MA, April 24-28 1994. New York (ACM Press) 1994. p. 313-317.

Eibl, M.(2002): DEViD: a media design and software ergonomics integrating visualization for document retrieval. In: *Information Visualization* (2002) 1, pp.139-157

EN ISO 9241 – 11: *Ergonomische Anforderungen für Bürotätigkeit mit Bildschirmgeräten – Teil 11: Anforderungen an die Gebrauchstauglichkeit - Leitsätze*

Fishkin, K.; Stone, M..C.(1995): Enhanced Dynamic Queries via Movable Filters. In: Katz, Irvin R.; Mack, Robert L.; Marks, Linn et al. (Eds.): *CHI 1995: Conference Proceedings Human Factors in Computing Systems.* Conference: Denver, CO, May 7-11 1995. New York (ACM Press) 1995. p. 23-29.

Göbel, S.; Haist, J.; Reiterer, H.; Müller, F.(2002): INVISIP: Usage of Information Visualization Techniques to Access Geospatial Data Archives. In: Hameurlain A., Cicchetti

R., Traunmüller R. (Eds.): *Database and Expert Systems Applications, 13th International Conference, DEXA 2002,* Springer, pp.371-380

Hearst, M. A.(1995): TileBars: Visualization of Term Distribution Information in Full Text Information Access. In: Katz, Irvin R.; Mack, Robert L.; Marks, Linn et al. (Eds.): *CHI 1995: Conference Proceedings Human Factors in Computing Systems. Conference: Denver, CO, May 7-11 1995.* New York (ACM Press) 1995. pp. 59-66.

Klein, P.; Müller, F.; Reiterer, H.; Eibl, M.(2002): Visual Information Retrieval with the SuperTable + Scatterplot. In: *Proceedings of the 6th International Conference on Information Visualisation (IV 02),* IEEE Computer Society, 2002, S.70-75

Mann, T. M. (2002): *Visualization of Search Results from the World Wide Web,* Dissertation, University of Konstanz, 2002, http://www.ub.uni-konstanz.de/kops/volltexte/2002/751/

North, C. L.; Shneiderman, B.(2000): Snap-Together Visualizations: Can Users Construct and Operate Coordinated Views. In: *International Journal of Human-Computer Studies,* 53 (2000) 5, p. 715-739.

Nowell, L. T.; France, R. K.; Hix, D. et al.: Visualizing Search Results: Some Alternatives to Query-Document Similarity. In: Frei, Hans-Peter; Harman, Donna K.; Schäuble, Peter et al. (Eds.): *SIGIR 1996: Proceedings of the 19th Annual International ACM SIGIR Conference on Research and Development in Information Retrieval. Conference: Zürich, Switzerland, August 18 -22 1996.* New York (ACM Press) 1996. p. 67-75.

Rao, R.; Card, S. K.(1994): The Table Lens. Merging graphical and symbolic representations in an interactive focus + context visualization for tabular information. In: Adelson, B.; Dumais, S.; Olson, J. S. (Eds.): *CHI 1994: Conference Proceedings Human Factors in Computing Systems. Conference: Boston, MA, April 24-28 1994.* New York (ACM Press) 1994. pp. 318-322.

Reiterer, H.; Mußler, G.; Mann, T.; Handschuh, S.(2000): INSYDER – An Information Assistant for Business Intelligence. In: *Proceedings of the 23 Annual International ACM SIGIR 2000 Conference on Research and Development in Information Retrieval,* ACM press, 2000, pp.112-119

Reiterer, H.; Mußler, G.; Mann, T.(2001): A visual Information seeking system for Web search. In: Oberquelle H., Oppermann R., Krause J. (Hg.), *Mensch & Computer 2001,* Teubner, Stuttgart, 2001, S.297-306

Rosson, M.; Carroll, J.(2002): *Usability Engineering – Scenario-based Development of Human-Computer Interaction,* Morgan Kaufmann, 2002

Spence, R.; Apperley, M.D.(1982): Data Base Navigation: An office environment for the professional. In: *Behaviour and Information Technology,* 1982, 1, 1, pp. 43-54

Spenke, M.; Beilken, C.; Berlage, T. (1996): FOCUS: The Interactive Table for Product Comparison and Selection. In: *UIST 96: 9th ACM Symposium on User Interface Software and Technology* New York (ACM Press) 1996. p. 41-50.

Tanin, E.; Plaisant, C.; and Shneiderman, B.(2000): Browsing Large Online Data with Query Previews. In: *Proceedings of the Symposium on New Paradigms in Information Visualization and Manipulation* - ACM CIKM, pp. 80-85, 2000, USA

Veerasamy, A.; Navathe, S. B(1995): Querying, Navigating and Visualizing a Digital Library Catalog. In: *Digital Libraries 1995: The Second Annual Conference on the Theory and Practice of Digital Libraries. Conference: Austin, TX, June 11-13 1995.*

http://www.csdl.tamu.edu/DL95/papers/veerasamy/veerasamy.html   [1999-03-24]

Adressen der Autoren

Prof. Dr. Harald Reiterer / Tobias Limbach / Frank Müller / Peter Klein / Christian Jetter
Universität Konstanz
FB Informatik und Informationswissenschaft
Postfach D73
78457 Konstanz
harald.reiterer@uni-konstanz.de
tobias.limbach@uni-konstanz.de
frank.mueller@uni-konstanz.de
peter.klein@uni-konstanz.de

Echtzeit-Visualisierungs-Editor für deskriptive Verhaltensprotokolle

Jens Piesk[1], Ralf Heeg[1], Ralf Hönscheid[1], Nicole Krämer[2] & Gary Bente[2]

[1] Laboratory for Mixed Realities, Institut an der Kunsthochschule für Medien Köln
[2] Psychologisches Institut der Universität zu Köln

Zusammenfassung

Multimodale Ein- und Ausgabe verschmelzen in anthropomorphen Schnittstellen zum face-to-face-Dialog mit virtuellen Akteuren. Die Algorithmen und Regeln der nonverbalen Kommunikation - insb. im Dialog mit einer virtuellen Figur - sind weitgehend unbekannt. Mit Hilfe des Echtzeit-Visualisierungs-Editors EVE sollen die zugrundeliegenden psychologischen Wirkungszusammenhänge der menschlichen Wahrnehmung des digitalen Verhaltens erforscht bzw. entwickelt werden. EVE ist ein speziell zur effizienten Versuchsvorbereitung und -durchführung im Bereich der Kommunikationspsychologie entwickelter Verhaltens- und Bewegungseditor. Aufgezeichnete menschliche Bewegungsdaten werden während der Experimentalvorbereitung mittels einer bijektiven Abbildung in ein deskriptives Verhaltensprotokoll (modifizierte Berner Kodierung) in Echtzeit konvertiert, so dass der Versuchsleiter bei der Bewegungsedition im Berner Code das visuelle Ergebnis mittels eines 3D-Modells verzögerungsfrei sieht. Sowohl bei der Experimentalvorbereitung, als auch zur Präsentation des Bewegungssequenzen bei der Versuchsdurchführung werden die variierten Verhaltensprotokolle von einem echtzeitfähigen 3D-Figuren-Player visualisiert. Mit dem Echtzeit-Visualisierungs-Editor EVE können psychologische Wirkungsexperimente, in denen menschliche Bewegungen aufgezeichnet, in deskriptive Verhaltensprotokolle konvertiert, vom Experimentator variiert und Versuchspersonen als Stimulusmaterial präsentiert werden, effizient vorbereitet und durchgeführt werden. Eine wesentliche Funktionalität ist der echtzeitfähige bijektive Konvertierungsalgorithmus von deskriptiven Verhaltensprotokolldatensätzen in Euler-Winkel. Der Echtzeit-Visualisierungs-Editor EVE ist der erste Schritt in der Realisation des Feedback-Verfahrens aus Wissensgenerierung und Re-Implementierung der neuen Befunde im Bereich der nonverbalen Kommunikation zur kontinuierlichen Optimierung eines anthropomorphen Interfaces. Das vorliegende Paper beschreibt die Konzeption des Arbeitsablaufes, den Funktionsumfang und die technische Realisierung dieser Plattform.

1 Einleitung

Anthropomorphe Assistenten und „embodied interfaces" werden vielfach als Schnittstelle der Zukunft gehandelt, die dem Benutzer einen intuitiveren Zugang zu technischen Systemen und einen vereinfachten Umgang auf Basis der alltäglich angewandten face-to-face-Kommunikation ermöglichen sollen (vgl. Cassell et al. 1999, 2000; Thórisson, 1996; Müller et. al. 2001; Sproull et. al., 1996). Tatsächlich stellen sich in diesem Bereich trotz momentaner Euphorie zahlreiche diffizile Forschungsprobleme sowohl in Bezug auf die Entwicklung als auch auf die Evaluation solcher Schnittstellen, die bislang eine systematische Forschung behindert haben. Insbesondere die Wirkung nonverbaler Verhaltensweisen, die im Rahmen dieser neuen "sozialen" face-to-face-Situation zwischen Mensch und Maschine an Bedeutung gewinnt, kann als in großen Teilen zu ungenau erforscht gelten, als dass sich bereits Verhaltensvorschriften für das „embodied interface" ableiten ließen. Aus diesem Grund entwickeln wir die EVE-Plattform, die die Generierung von bislang fehlenden Erkenntnissen zur nonverbalen Kommunikation leisten kann, sowie durch permanente Re-Integration der relevanten Befunde eine kontinuierliche Optimierung des anthropomorphen Interfaces ermöglicht. Diese ist zudem so anwendungsoffen gestaltet, dass die Variation verschiedenster statischer (z.B. Erscheinungsbild) oder dynamischer Cues gewährleistet wird - die wiederum die differentielle Evaluation von Akzeptanz und Effektivität ermöglicht.

2 Konzeption

EVE ermöglicht insbesondere eine einfache Edition von Bewegungsdaten. Mögliche Bewegungseditionsverfahren sind u.a. die Edition im ASCII-Format und mittels Bewegungskurven. Die EVE-Plattform enthält Ex- und Importfunktionen nicht nur für Rotationswinkel und Translationsdaten, sondern auch für phänomennahe, an das "Berner System zur Zeitreihennotation" (vgl. Bente, Frey, Hirsbrunner, 1984; Frey et. al., 1981) angelehnte deskriptive Bewegungsprotokolle, die eine gezielte Variation spezifischer Verhaltensweisen erst ermöglichen.

Motivation und Zielsetzung: EVE ermöglicht es erstmals, mittels einer benutzerfreundlichen grafischen Oberfläche Verhaltens- und Bewegungsprotokolle im Berner System der Zeitreihennotation in Echtzeit zu kodieren, in Echtzeit darzustellen und mit integriertem Echtzeitfeedback zu editieren. EVE fasst die Werkzeuge zur Erfassung, Variation, Bewertung und Kategorisierung humanoider Bewegungsabläufe für wahrnehmungsrelevante psychologische Experimente zusammen. Sie verwendet zur Echtzeitdarstellung komplexe, hoch aufgelöste und reich texturierte 3D-Modelle, die in MAYA[1] erstellt wurden. Die wichtigsten Anforderungen auf die bei der Entwicklung geachtet wurde, ist die Trennung zwischen statischen Erscheinungsbild des 3D-Modells bei der Visualisierung und den dynamischen Bewegungen.

Systemeigenschaften: EVE lässt sich zur Produktion zusammen mit MAYA[1] und FiLMBOX[2] einsetzen. 3D-Charakter-Modelle werden aus MAYA mittels eines PlugIns in ein eigenes Format exportiert und in EVE eingelesen. Bewegungsdateien werden im Biovision-Format via FiLMBOX erstellt (Motion Capture) und ebenfalls in EVE eingelesen. Diese sind zu jedem Zeitpunkt in der Berner Code-Notation verfügbar, editierbar und speicherbar. Zum Programmstart können neue Bewegungen sofort in der Berner-Code-Notation angelegt und in einer die Transkription unterstützenden Methodik modifiziert werden. Dabei wird der Operator vom System auf im Sinne der modifizierten Logik ungültige Codierungswerte durch deren farbliche Hervorhebung hingewiesen. Wesentlich ist außerdem, dass die Transkription aus Effizienzgründen in einer niedrigen Frame-Rate erfolgt und das Resultat anschließend in eine für Animationszwecke geeignete höhere Frame-Rate konvertiert werden kann. Entsprechend wurden neue GUI-Elemente entwickelt, die den neuen Anwendungsmöglichkeiten angepasst sind. Hervorzuheben ist dabei die Darstellung der Animationskurven, die unabhängig von der Länge des Takes und der Frame-Rate den zur Verfügung stehenden Fensterbereich optimal ausnutzt. EVE integriert einen echtzeitfähigen OpenGL-3D-Renderer, der alle Modifikationen der Bewegungen in Echtzeit visualisiert. Die Parameter der virtuellen Kamera der Charakterdarstellung werden bei dem Sichern von Bewegungsdaten automatisch gespeichert, wodurch ein Editieren der Animation in mehreren Sessions möglich

---

[1] (2002) http://www.aliaswavefront.com

[2] (2002) http://www.kaydara.com

ist. Weitere EVE-Features sind: Sound-Wiedergabe, automatische Sprach-Lippen-Synchronisation, Animationskanäle für Skelettsteuerung für Körperbewegungen und 3D-Morphing für Mimik und Viseme, simultane Verwaltung beliebig vieler Motion-Sound-Clips im Editor. Eine zweistufige Hierarchie von GUI-Arbeitsflächen/Panes, die die entsprechenden Editorwerkzeuge bereitstellen, wird über eine Scripting-Schnittstelle konfiguriert. Ein implementierter echtzeitfähiger Konvertierungsalgorithmus transformiert zwischen lokalen Euler-Rotationswinkeln und der Winkelcodierung im Berner System. Die Speicherung und Verwaltung mehrerer Clips erleichtert die vergleichende Gegenüberstellung der verschiedenen Bewegungsvariationen. EVE unterstützt damit das Testreihen-Szenario: sukzessives Abspielen der verschiedenen Variationen von Testpersonen.

3 Arbeitsablauf bei der Experimentalvorbereitung

Zur Bewegungserfassung kann EVE mittels eines Ultra-Trak™ Motion-Capture-Systems Bewegungen aufnehmen und diese in einer Datei ablegen. Alternativ können Bewegungsdaten aus anderen Animations- und MoCap-Programmen über die Standard-BVH-Schnittstelle importiert werden. Diese wird im System eingelesen und die vorhandenen Euler-Rotationen in Berner Code transformiert. Mittels eines echtzeitfähigen Players kann die gesamte Sequenz visualisiert und jeder Berner Code jedes Frames editiert bzw. manipuliert werden. Auch diese Modifizierungen werden sofort visualisiert. Sowohl die manipulierte Bewegung als auch die ursprünglichen Animationsdaten liegen im Speicher und können über eine Exportfunktion in einem Standard-Dateiformat geschrieben werden. Die Animationsdaten durchlaufen im System mehrere Konvertierungsstufen: Von den Rohdaten des Motion-Capturings über lokale Rotationswerte in einem Standard-Dateiformat zu Berner-Code-Winkeln und bei Editierung zurück in lokale Euler-Rotationen, des weiteren von diesen lokalen Rotationen in ein proprietäres Animationsformat zur Visualisierung in einem Echtzeit-Player.

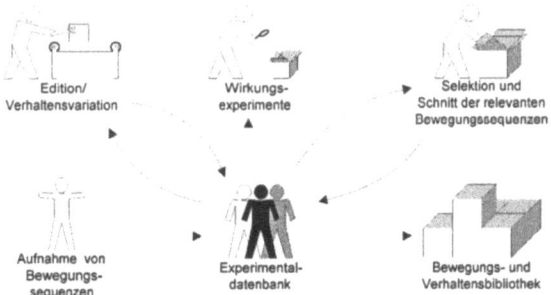

Abbildung 1: Arbeitsablauf der EVE-Plattform

Das System kann derzeit zur Analyse mittels Motion Capturing erstellter Bewegungen ebenso wie eigener, im Berner Code transkribierten Sequenzen verwendet werden. Mittels des integrierten echtzeitfähigen Players werden Sequenzen und Modellierungen visualisiert. Das System im- und exportiert Animationen im (quasi-)standardisierten Biovision-Format.

Generisches, adaptierbares 3D-Modell mit Standardskelett: Für die EVE-Plattform wurde ein generisches, adaptierbares, echtzeitfähiges 3D-Mensch-Modell mit einem Quasi-Standardskelett entwickelt. Alle Animationsdaten werden auf dieses Skelett übertragen/gemappt. Alle Verhaltensvariationen basieren auf diesem Skelett. Alle Variationen der statischen Erscheinung der 3D-

Figur werden am generischen Polygonnetz vorgenommen, so dass z. B. dieselben Animationsdaten mit unterschiedlichem Erscheinungsbild gerendert werden können. Das generische 3D-Modell enthält zwei Basisformen – eine männliche und eine weibliche. Zwischen der männlichen und der weiblichen Form kann mittels 3D-Morphing stufenlos skaliert werden.

Abbildung 2: Standardskelett und skalierbares generisches Polygonnetz in weiblicher und männlicher Basisform (Screenshot im 3D-Modellierungswerkzeug MAYA)

EVE enthält über das in 2.2 beschriebene PlugIn eine proprietäre Schnittstelle zum 3D-Modellierungswerkzeug MAYA (Abbildung 2). In MAYA wurde ein generisches 3D-Modell entwickelt, dessen Polygonnetz so angelegt wurden, dass es im EVE-3D-Renderer in Echtzeit animiert werden kann und in MAYA an die unterschiedlichen Versuchsanforderung angepasst und variiert werden kann.

Bewegungserfassung: Zur Erfassung der Bewegungsdaten kommt ein Echtzeit-Motion-Capture-System „Ultra-Trak™ Pro" der Firma Polhemus zum Einsatz. Für den Motion-Capture-Anzug werden sechzehn Sensoren (sechs Freiheitsgrade: drei translatorische und drei rotatorische Freiheitsgrade) verwendet, die sich an Hüfte, Schulterkreuz, Kopf, den Ober- und Unterarmen, beiden Händen, Ober- und Unterschenkel, sowie den Füßen befinden. Der verbleibende sechzehnte Sensor dient bei Bedarf als Referenzpunkt. Zu Kontrollzwecken können diese Skelettdaten auch direkt benutzt werden, um die Bewegungen der Figur zu steuern. Sowohl die Rohdatenerfassung, als auch die Skelettdatenerzeugung kann wahlweise mit EVE selbst oder alternativ mit FiLMBOX durch geführt werden. *Abbildung 3* zeigt den Motion-Capture-Anzug und das Polhemus-Ultra-Trak™-System während der Vorbereitung eines kommunikationspsychologischen Wirkungsexperimentes.

 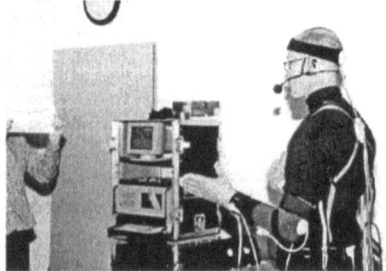

Abbildung 3: Motion Caputuring mit dem Polhemus Ultra Track

Bewegungsedition: Eine Bewegung kann durch die aufgezeichneten Animationsdaten des Skelettes beschrieben werden. Weitere Möglichkeiten, Bewegungen zu beschreiben, involvieren zusätzliches Expertenwissen. So kann z. B. ein „Laban Bewegungsanalyst" die „Shape"- und „Effort"-

Parameter der Bewegung (vgl. Laban, 1971und Lwei Zhao, 2001) bestimmen. Psychologen evaluieren durch Experimente die Wirkung der Bewegung auf eine betrachtende Person (vgl. Badler & Allbeck, 2001; Bente et. al., 2000; Bente, 1990). Weiterhin können aus MoCap-Daten und dem zugehörigen Skelett auch die Geschwindigkeiten der Gliedmaßen bestimmt werden. Grünvogel et. al. (2002) gibt einen Überblick über unterschiedliche Bewegungsklassifikationsschemata. In der EVE-Plattform fungiert ein deskriptives Verhaltensprotokoll als zentrales Format und Bindeglied zwischen Ein- und Ausgabeseite. Grundlage für die Entwicklung bildet das Berner-Zeitreihennotationssystem (Bente, Frey, Hirsbrunner, 1984; Frey et. al., 1981), das im Rahmen der vorliegenden Arbeit modifiziert und erweitert wurde. Die Implementierung der EVE-Plattform zur Animation echtzeitfähiger 3D-Charaktere stellt besonders für das Design der Benutzeroberfläche eine besondere Herausforderung dar. Dessen wurde in der Entwicklungsphase Rechnung getragen. Es konnte ein GUI-Framework realisiert werden, das die Layer-Struktur des EVE-Systems auf eine einfache und flexible Weise in eine Multimedia-Anwendung integriert.

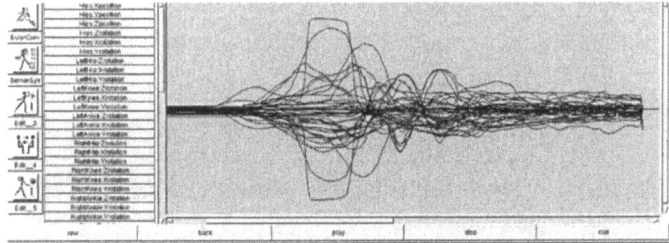

Abbildung 4: Aus MoCap-Daten aufgezeichnete Skelettanimationskurven (EVE-Modul)

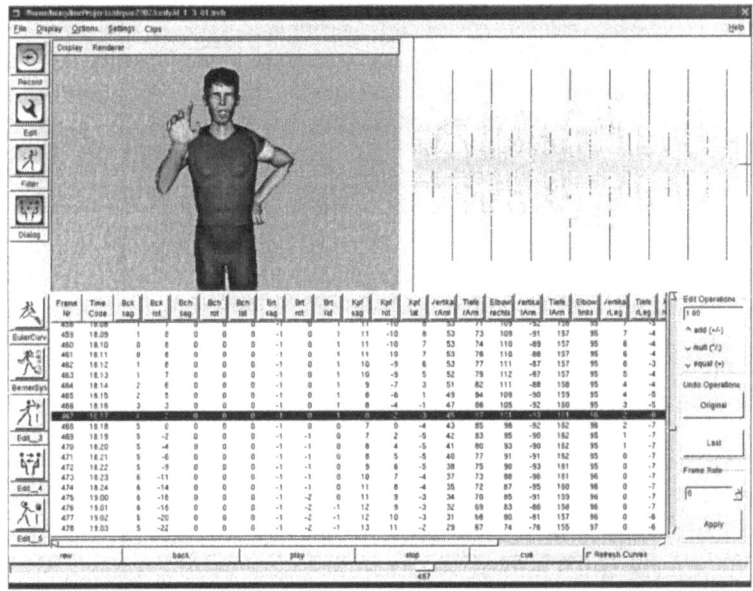

Abbildung 5: EVE-GUI - 3D-Figuren-Player(oben links), Skelett-Hierarchie (Animationskurven) und Berner Code Editions-Spalten (unten, der aktuelle Frame wird blau markiert).

Bewegungsvisualisierung: Zum Abspielen und interaktiven Editieren der Bewegungsdaten wurde ein neuer echtzeitfähiger 3D-Figuren-Player entwickelt. Dieser Player ermöglicht es, verschiedene mit der Modellierungssoftware MAYA entwickelte 3D-Figuren in Echtzeit darzustellen. Hierdurch kann das statische Aussehen der 3D-Figur für verschiedene Akzeptanzuntersuchungen in einem arbeitssparenden Versuchsvorbereitungsprozess in MAYA variiert werden. Zur Präsentation des Stimulusmaterials während der Versuchsdurchführung kann im EVE-System ein Visualisierungsmodus eingestellt werden, der die in Echtzeit animierte 3D-Figur full-screen ohne die verschiedenen Editoren zeigt. Die automatische Animation der Lippen synchron zum gesprochenen Text wird ebenfalls in EVE unterstützt. Die Synchronisation der Lippenbewegungen erfolgt während des Ladens eines Clips vollautomatisch. Für den verwendeten 3D-Charakter muss in der Modellierungsphase in MAYA Animations-Features (Blend-Shapes) für Lippenbewegungen angelegt worden sein. Das generische 3D-Modell hat diese Lip-Sync-Blend-Shapes. Der Satz von Steuerparametern, der die Qualität der Lippensynchronisation entscheidend beeinflusst, muss für jeden 3D-Charakter einmal empirisch ermittelt und der Software bekannt gemacht werden. Neben der automatischen Lip-Sync-Animation enthält der Berner-Code-Editor Tools zur manuellen Animation der Lippenbewegungen. EVE verfügt über eine Sound-Komponente auf Basis des „Advanced Linux Sound System" (ALSA)[3], wodurch Animationen mit Sound vollständig wiedergegeben werden können.

4 Deskriptive Verhaltenskodierung

Zur Ansteuerung der 3D-Figur wurde auf Basis des Berner Systems der Zeitreihennotation nach dem Prinzip multipler Positionszeitreihen eine deskriptive Verhaltenskodierung entwickelt. Diese Verfahren zur bijektiven Abbildung von Euler- auf Berner Winkel alternativ zu der von Leuschner (1999) vorgeschlagenen Konvertierungsmethode entwickelt und echtzeitfähig implementiert. Das Ziel dieses Verfahrens besteht darin, eine möglichst eindeutig umkehrbare Transformation zwischen lokalen Euler-Rotationswinkeln und der Winkelcodierung im Berner System zu entwickeln. Die in Leuschner (1999) beschriebenen Verfahren ermitteln, ausgehend von vorgegeben Sagittal-, Lateral- und Rotationalcodes, mittels eines Brute-Force-Algorithmus diejenigen Euler-Winkel und wiederum hieraus folgende Berner Winkel, welche von den tatsächlich vorgegebenen um weniger als eine definierte Toleranz abweichen. Da dieses Vorgehen naturgemäß Fehler in der Ermittlung der ursprünglichen Euler-Winkel birgt und zum Zweiten zu Lasten der Leistung geht (s. Leuschner 1999, S. 83ff.), wurde ein mathematisches System entwickelt, mit dessen Hilfe Euler-Winkel direkt in Berner Codewinkel transformiert und diese wiederum, mit Ausnahme des Rotationalcodes, eindeutig auf die ursprünglichen Euler-Winkel zurückgeführt werden können. Mit diesem echtzeitfähig implementierten Konvertierungsalgorithmus wurde erstmals ein Verfahren zur bijektiven Abbildung von Euler- auf Berner Winkel entwickelt. Erste Tests umfassten u. A. die Umwandlung gesamter Animationssequenzen von Euler- in Berner Winkel, die Editierung (d.h. Manipulation) der Berner Winkel, die interne Umkehrabbildung auf Euler-Winkel und die Visualisierung der Ergebnisse. In allen Tests lagen die maximalen Fehler in der Umkehrabbildung von Berner zu Euler-Winkeln bei ca. 1°, in den allermeisten Fällen unterhalb der Auflösungsgrenze des Visualisierungspakets (Echtzeit-Renderer). Die Transformation insbesondere von Berner zu ursprünglichen Euler-Winkeln erfolgt für jeden Frame (für jede Einzel-Sequenz der Animation) in Echtzeit.

Bijektive Abbildung zwischen Euler-Winkeln und Berner Code-Winkeln: Als zentrales Analyse-Werkzeug menschlicher non-verbaler Kommunikation hat sich auf psychologischer Ebene der sog. Berner Code etabliert. Kern dessen stellt in mathematischer Formulierung eine Projektionsvorschrift da, aufgrund derer lokale Rotationswinkel in psychologisch relevantere, d.h. in der

---

[3] ALSA (2003): *Advanced Linux Sound Architecture* http://www.alsa-project.org/

Wirkung ihrer Gestik signifikanter zu analysierende Code-Winkel überführt werden. Da diese Code-Winkel aufgrund ihrer Definition (u.A. in Leuschner 1999) per Projektion naturgemäß nichtlinearer Natur ist, ergaben sich bisher weniger bei der Darstellung von Animationen im Berner System als vielmehr bei der Transkription im Berner System, d.h. der Rücktransformation erzeugter oder manipulierter Berner Code-Winkel in physisch relevante lokale Euler-Winkel diverse Schwierigkeiten. Zur Lösung dieses Problems wurde das im Folgenden kurz skizzierte Verfahren entwickelt: Primäres Ziel ist es, eine sog. Tripel aus Eulerwinkeln eindeutig umkehrbar in die Berner Projektionslogik zu überführen,

$$(\varphi, \theta, \omega)_{Euler} \xleftrightarrow{bijektiv} (S, L, R)_{Berner}$$

S : Sagittalwinkel

L : Lateralwinkel

R : Rotationalwinkel

Auf Basis der Definitionen des Berner Systems ergibt sich nun unter der Voraussetzung, dass die Rotationsmatrix der Eulerwinkel aus

$$R_{Euler} = D_Y(\theta) \cdot D_Z(\omega) \cdot D_X(\varphi),$$

R : Rotationsmatrix,

D_X : $X - Drehung$

entsteht und der Betrag der eingehenden Eulerwinkel in allen Fällen kleiner als 90° ist, für die resultierenden Berner Code-Winkel eine sog. Obere-Dreiecks-Gestalt,

$$S = S(\varphi), L = L(\varphi, \omega), R = R(\varphi, \theta, \omega).$$

Unter Berücksichtigung der Vorzeichen der Berner Code-Winkel sind in jedem Fall die ersten beiden Transformationen eindeutig umkehrbar,

$$\varphi = \varphi(S),$$
$$\omega = \omega(S, L).$$

Da die Rücktransformation des Rotationalwinkels R als einzige nicht algebraisch zu ermitteln ist, wurde hier auf die Umkehrung einer Taylor-Entwicklung des Transformationsterms

$$R = R(\varphi, \theta, \omega)$$

zurückgegriffen. Der Fehler hierbei beträgt bei großen Betragsdifferenzen der eingehenden Eulerwinkel maximal 1°, bei betragsmäßig ungefähr gleich großen eingehenden Euler-Winkeln liegt der Fehler bei der Ermittlung von θ aus (S, L, R) deutlich unter 1°, also z.B.

$$(\varphi_{IN}, \theta_{IN}, \omega_{IN}) \rightarrow (S, L, R) \rightarrow (\varphi_{AUS}, \theta_{AUS}, \omega_{AUS}),$$
$$|\varphi| \approx |\omega| \approx 60°, \theta \approx 0° \rightarrow |\theta_{IN} - \theta_{AUS}| \leq 1°,$$
$$|\varphi| \approx |\theta| \approx |\omega| \approx 40° \rightarrow |\theta_{IN} - \theta_{AUS}| \leq 1°$$

Die Annahme von $(|\varphi|, |\theta|, |\omega|) \leq (90°, 90°, 90°)$ liegt unter anatomischer Hinsicht nahe, die Reglementierung durch die bestimmte Rotationsreihenfolge (YZX) stellt keinerlei Einschränkung hinsichtlich der Verwendbarkeit in anderen Systemen dar.

Modifizierung des Berner Codes: Aus Gründen der eindeutigen Rücktransformation von Berner Code zu Euler-Winkeln werden im aktuellen System für die Rotationswinkel keine Nominalcodes mehr verwendet (ganzz. von 1 bis 9, s. [1]). Alle verwendeten Winkel, also Euler und Berner, variieren im Bereich zwischen +90° und –90°. Berechnet und visualisiert werden die Berner Codes in einem hinsichtlich der Gelenkanzahl vereinfachten Modell, welches jeweils ein Kopf-, Hals-, Brust- und Hüftgelenk sowie zwei Schulter-, Ellbogen- und Handgelenke zugrunde legt.. Der Grund hierfür liegt im Berner System, welches lediglich Rotationswerte dieser Körperregionen codiert. Eine hierarchische Berechnung der Berner Code-Winkel, beispielsweise unter Einbringung weiterer Gelenke in der Wirbelsäule, würde in der letztendlichen Codierung z.B. der Brust im Berner System zu keinem Unterschied führen und die Transformation zwischen beiden Systemen erheblich erschweren. Zur Anbindung an eigene Algorithmen wurden einige grundlegende Methoden des Konverters als statische Bibliothek zur Verfügung gestellt, welche in einer ersten Version zunächst nur die Möglichkeit einer Umwandlung zwischen Euler- und Berner Winkeln bietet.

5 Zusammenfassung

Mit Hilfe des Echtzeit-Visualisierungs-Editors (EVE) für deskriptive Verhaltensprotokolle kann basierend auf gesicherten kommunikationspsychologischen Forschungsergebnissen eine Bewegungsbibliothek aufgebaut werden. EVE unterstützt eine effiziente Versuchsvorbereitung und -durchführung von kommunikationspsychologischen Wirkungsexperimenten. Zur Echtzeitvisualisierung wird ein in MAYA erstelltes generisches 3D-Modell verwendet und über ein proprietäres Format ex- bzw. in EVE importiert. Die Bewegungen werden entweder per Hand in EVE transkribiert oder mit FiLMBOX[4] in Kombination dem Ultra-Track-System aufgezeichnet. In EVE werden die Bewegungsdaten auf die 3D-Figur übertragen und in Echtzeit visualisiert. Ebenfalls in Echtzeit werden die Bewegungsdaten zur Edition in ein deskriptives Verhaltensprotokoll konvertiert. Das deskriptive Verhaltensprotokoll basiert auf dem Berner System der Zeitreihennotation. Die Berner Kodierung wurde für die speziellen Anforderungen von EVE modifiziert. EVE kann mehrere Bewegungssequenzen gleichzeitig verwalten und in Echtzeit rendern, so dass die psychologischen Wirkungsexperimente direkt aus EVE heraus durchgeführt werden können. Dies spart während der Versuchsvorbereitung zusätzlichen Produktionsaufwand. Als Alternative zur Echtzeitpräsentation des Stimulationsmaterials bietet EVE Exportfunktionen der Animationsdaten in Standard-Formaten, so dass das Stimulationsmaterial in MAYA oder FiLMBOX gerendert und im Videoformat präsentiert werden können. Mit dem Echtzeit-Visualisierungs-Editor EVE können kommunikationspsychologische Wirkungsexperimente, in denen menschliches Bewegungsverhalten aufgezeichnet, variiert und Versuchspersonen als Stimulusmaterial präsentiert werden, effizient vorbereitet und durchgeführt werden.

6 Literaturverzeichnis

Badler, N.; Allbeck, J. (2001): *Towards behavioral consistency in animated agents*. Deformable Avatars, Kluwer Academic Publishers, N. Magnenat-Thalmann and D. Thalmann, eds., pp. S. 191-205.

Badler, N. I., Phillips, C. B. & Webber, B. L. (1993): *Simulating Humans*, in : Computer Graphics Animation and Control. Oxford University Press: New York.

Bente, G. (1990): *Computersimulation nonverbalen Interaktionsverhaltens*. 37. Kongress der Deutschen Gesellschaft für Psychologie in Kiel.

---

[4] alternativ auch direkt mit der EVE-Plattform

Bente, G.; Frey, S.; Hirsbrunner, H. P. (1984): Analyse nonverbaler Interaktion als Mittel der Prozessforschung. In U. Baumann (Hrsg.), *Makro- und Mikroperspektiven in der Psychotherapieforschung* (S. 240-264). Göttingen: Hogrefe.

Bente, G. & Krämer, N. C. (2001): Psychologische Aspekte bei der Implementierung und Evaluierung nonverbal agierender Interface-Agenten. In H. Oberquelle, R. Oppermann, J. Krause (Hrsg.), *Mensch und Computer 2001* (S. 275-285). Stuttgart: Teubner.

Bente, G. & Krämer, N. C. (2000): Virtuelle Gesprächspartner: Psychologische Beiträge zur Entwicklung und Evaluation anthropomorpher Schnittstellen. In K. P. Gärtner (Hrsg.), Multimodale Interaktion im Bereich der Prozessführung. 42. *Fachausschusssitzung Anthropotechnik, DGLR-Bericht 2000-02* (S. 29-50). Bonn: Deutsche Gesellschaft für Luft- und Raumfahrt.

Bente, G.; Krämer, N. C.: Trogemann, G.; Piesk, J.; Fischer, O. (2001): *Conversing with electronic devices. An integrated approach towards the generation and evauation of nonverbal behavior in face-to-face like interface agents.*

Cassell, J., Bickmore, T., Billinghurst, M., Campbell, L., Chang, K, Vilhjálmsson, H., Yan, H. (1999): *Embodiment in conversational interfaces*, in: Rea. CHI'99.

Cassell, J., Bickmore, T., Campbell, L., Vilhjálmsson, H. & Yan, H. (2000): Human conversation as a system framework: Designing embodied conversational agents. In: J. Cassell, J. Sullivan, S. Prevost & E. Churchill (Eds.), *Embodied conversational agents* (pp. 29-63). Cambridge: MIT Press.

Frey, S.; Hirsbrunner, H.-P.; Pool, J. & Daw, W. (1981): Das Berner System zur Untersuchung nonverbaler Interaktion: I. Die Erhebung des Rohdatenprotokolls. In: P. Winkler (Hrsg.), *Methoden der Analyse von Face-to-Face Situationen* (S. 203-236). Stuttgart: Metzler.

Grünvogel, S.; Piesk, J.; Schwichtenberg S.; Büchel, G. (2002): *AMOBA: A Database System for Annotating Captured Human Movements*. In: Proceedings of Computer Animation 2002 (CA2002), 19-21 June 2002, Genevea, Switzerland IEEE Computer Society, Los Alamitos, pp. 98 - 102.

Grünvogel, S.; Lange, T.; Piesk, J. (2002): *Dynamic Motion Models*. In: Proceedings of the Eurographics, 2002.

Krämer, N. C. & Bente, G. (2002): Virtuelle Helfer: Embodied Conversational Agents in der Mensch-Computer-Interaktion. In: G. Bente, N. C. Krämer & A. Petersen (Hrsg.), *Virtuelle Realitäten* (S. 203-225). Göttingen: Hogrefe.

Krämer, N. C. (2001): *Bewegende Bewegung. Sozio-emotionale Wirkungen nonverbalen Verhaltens und deren experimentelle Untersuchung mittels Computeranimation*. Lengerich: Pabst.

Laban, R.(1971): *The Mastery of Movement on Stage*. London: Macdonald und Evans

Liwei Zhao (2001): *Synthesis and aquisition of Laban movement analysis qualitative parameters for commuicative gestures*. Dissertation, University of Pennsylvania

Leuschner, H. (1999):Virtuelle Realität und parasoziale Interaktion, in: *DFG-Forschungsbericht* Geschäftszeichen BE 1745/2-1

Müller, W., Spierling, U., Alexa, M. & Rieger, T. (2001): Face-To-Face with your assistant - realization issues of animated user interface agents for home appliances. In A. Heuer & T. Kirste (Eds.), *Intelligent interactive assistance and mobile multimedia computing*. Proceedings of the IMC2000 (pp. 77-86). Rostock: Neuer Hochschulschriftenverlag.

Parise, S., Kiesler, S., Sproull,L., & Waters, K. (1999): *Cooperating with life-like interfaces.* In:Computers in Human Behavior, 15, S. 123-142.

Rickenberg, R. & Reeves, B. (2000): *The effects of animated characters on anxiety, task performance, and evaluations of user interfaces.* Letters of CHI 2000, April 2000, 49-56.

Sproull, L., Subramani, M., Kiesler, S., Walker, J.H. & Waters, K. (1996): *When the interface is a face.* In: Human Computer Interaction, 11 (2),S. 97-124.

Thórisson, K. R. (1996): *Communicative humanoids. A computational model of psychosocial dialogue skills.* Ph.D.-Thesis, MIT.

Danksagung

Diese Arbeit wurde im Rahmen des BMBF-Leitprojektes EMBASSI (www.embassi.de) durchgeführt und vom Bundesministerium für Bildung und Forschung (www.bmbf.de) gefördert.

Kontaktinformationen

L M Я

Laboratory for Mixed Realities,
Am Coloneum 1, 50829 Köln,
Tel.: +49(0)221-2501050
{piesk,heeg,hoenscheid}@lmr.khm.de,
www.lmr.khm.de

Universität zu Köln, Psychologisches Institut,
Bernhard-Feilchenfeld-Str. 11, 50969 Köln,
Tel.: +49(0)221-4706502
{bente,kraemer}@uni-koeln.de,
www.uni-koeln.de/phil-fak/psych/diff/

AttrakDiff: Ein Fragebogen zur Messung wahrgenommener hedonischer und pragmatischer Qualität[1]

Marc Hassenzahl	Michael Burmester	Franz Koller
Technische Universität Darmstadt	Hochschule der Medien Stuttgart	User Interface Design GmbH Ludwigsburg

Zusammenfassung

Die Evaluation interaktiver Produkte ist eine wichtige Aktivität im Rahmen benutzerzentrierter Gestaltung. Eine Evaluationstechnik, die sich meist auf die Nutzungsqualität oder „Gebrauchstauglichkeit" eines Produkts konzentriert, stellen Fragebögen dar. Zur Zeit werden allerdings weitere, sogenannte „hedonische" Qualitätsaspekte diskutiert. Diese beruhen auf den menschlichen Bedürfnissen nach Stimulation und Identität, während bei Gebrauchstauglichkeit (bzw. „pragmatischer Qualität") der Bedarf zur kontrollierten Manipulation der Umwelt im Vordergrund steht. In diesem Beitrag wird der „AttrakDiff 2" Fragebogen vorgestellt, der sowohl wahrgenommene pragmatische als auch hedonische Qualität zu messen vermag. Ergebnisse zur Reliabilität und Validität werden vorgestellt und diskutiert. AttrakDiff 2 stellt einen ersten Beitrag zur Messung von Qualitätsaspekten dar, die über die reine Gebrauchstauglichkeit hinausgehen.

1 Einleitung

Menschen besitzen und benutzen interaktive Produkte, um – im weitesten Sinne – ihre Umwelt zu manipulieren. Das Produkt muss eine angemessene Funktionalität bieten (Nützlichkeit) und die Bedienbarkeit dieser Funktionalität sicher stellen (Benutzbarkeit). Ist beides gegeben, spricht man von Gebrauchstauglichkeit im Sinne der DIN EN ISO 9241-11. Gebrauchstauglichkeit ist mittlerweile ein anerkanntes und breit gefordertes Qualitätsmerkmal, das die Ansprüche der Benutzer auf effektive und effiziente Zielerreichung ohne psychische Belastung betont. Gebrauchstauglichkeit als alleinige Qualitätsanforderung zu verstehen ist allerdings eine eingeschränkte Sicht (Hassenzahl, Platz, Burmester & Lehner 2000; Burmester, Hassenzahl & Koller 2002). Personen verbinden mit einem Produkt auch noch die Bedürfnisse Stimulation und Identität[2] (Hassenzahl 2003).

- *Stimulation:* Menschen streben nach persönlicher Entwicklung, d.h. der Verbesserung von Kenntnissen und Fertigkeiten. Produkte können diese Entwicklung unterstützen, in dem sie stimulierend wirken. Neuartige, interessante und anregende Funktionalitäten, Inhalte, Interaktions- und Präsentationsstile können die Aufmerksamkeit erhöhen, Motivationsproble-

---

[1] Die diesem Beitrag zugrunde liegenden Arbeiten entstanden zum Teil im Verbundprojekt INVITE und wurden mit Mitteln des Bundesministeriums für Bildung, Wissenschaft, Forschung und Technologie (BMBF) unter dem Förderkennzeichen 01 IL 901 V 8 gefördert. Siehe auch www.attrakdiff.de.

[2] In Hassenzahl (2003) wird noch ein drittes Bedürfnis diskutiert: Symbolisieren (evocation). Allerdings spielt dieses Bedürfnis im Kontext interaktiver Produkte nur eine untergeordnete Rolle und soll aus diesem Grund hier nicht weiter vertieft werden.

me dämpfen oder das Finden neuer Lösungen für bestehende Probleme erleichtern. So kann Stimulation auch indirekt bei der Aufgabenerledigung helfen.

- *Identität*: Menschen bringen durch Objekte auch ihr Selbst zum Ausdruck (Prentice 1987). Sie wollen von relevanten Anderen in einer spezifischen Weise wahrgenommen werden. Ein Produkt kann dies unterstützen, indem es eine gewünschte Identität kommuniziert.

Ist ein interaktives Produkt zur Manipulation der Umwelt geeignet, und wird auch von seinen Benutzern so wahrgenommen, besitzt es „pragmatische" Qualität. Erweitert ein interaktives Produkt hingegen durch neue Funktionen die Möglichkeiten des Benutzers, stellt neue Herausforderungen, stimuliert durch visuelle Gestaltung und neuartige Interaktionsformen oder kommuniziert eine gewünschte Identität (z.B., indem es professionell, cool, modern, anders wirkt) besitzt es „hedonische" Qualität.

Gängige Prinzipien, Regeln und Methoden des Usability Engineerings bzw. der Software-Ergonomie betonen meist einseitig pragmatische Qualität. Sicher ist Stimulation oder Identität nicht für alle interaktiven Produkte gleich wichtig. Es ist beispielsweise fraglich, ob Menschen durch die erfolgreiche Bedienung eines „anspruchsvoll" gestalteten Bankautomaten stimuliert werden wollen. Hier ist die Philosophie des „Weniger ist Mehr" sicher angemessen. Allerdings sollte man auch vorsichtig sein, diese Philosophie ungeprüft auf alle interaktiven Produkte zu übertragen. Auch ein rundherum gebrauchstaugliches Produkt kann an den tatsächlichen Bedürfnissen der Benutzer (z.B. Identität kommunizieren) vorbei gestaltet sein. Wir glauben, dass hedonische Qualität einen wichtigen, bisher weitestgehend unberücksichtigten Aspekt darstellt. Durch ihr Quantifizieren wird ein umfassenderer Blick auf interaktive Produkte möglich. Wie zentral dies ist, zeigen die momentan mannigfaltigen Versuche, den Begriff „Gebrauchstauglichkeit" um nicht-utilitaristische Konzepte, wie z.B. Spaß (Draper 1999) oder Nutzungsfreude (Hatscher 2001) zu erweitern (vgl. Burmester, Hassenzahl & Koller 2002). Das ganzheitliche Berücksichtigen sowohl pragmatischer als auch hedonischer Bedürfnisse ist besonders dann wichtig, wenn sich das Selbstverständnis des Software-Ergonomen bzw. Usability Engineers von einem Spezialisten zu einem ganzheitlich denkenden Gestalter (vgl. Winograd 1996) wandeln soll.

Ansatzpunkte, wie hedonische Qualität systematisch bei der Gestaltung interaktiver Produkte berücksichtigt werden kann, liegen zur Zeit kaum vor. Im Rahmen benutzerzentrierter Gestaltung werden Verfahren zur Erhebung hedonischer Anforderungen bei der Nutzungskontextanalyse, Prinzipien hedonischer Gestaltung während der Entwurfsphase und Verfahren zur Erfassung der erreichten hedonischen Qualität eines interaktiven Produktes benötigt. Der vorliegende Beitrag stellt den Fragebogen AttrakDiff 2 vor. Er ermöglicht die Bewertung interaktiver Produkte hinsichtlich ihrer pragmatischen und hedonischen Qualität.

2 Grundannahmen und Vorarbeiten

Eine goldene Regel der benutzerzentrierten Gestaltung ist die empirische Überprüfung der resultierenden Produkte bzw. Prototypen (vgl. DIN EN ISO 13407). Dazu werden auch Fragebogen zur Bewertung der Produkte durch (zukünftige) Benutzer eingesetzt (vgl. Gediga & Hamborg 2002). Im Rahmen des Marketings und der Konsumentenpsychologie liegen bereits Fragebogen zur Messung von wahrgenommenen utilitaristischen (d.h., instrumentellen, funktionellen) und hedonischen (d.h., anregenden, erlebnisorientierten) Produktmerkmalen vor (z.B. Batra & Ahtola 1990). Allerdings eignen sich diese Ansätze nur bedingt zur Einschätzung interaktiver Produkte. Jordan (2000, 156ff) hat zwar einen Fragebogen zur Messung genereller „Freude" mit einem Produkt vorgestellt. Dieser differenziert das Konstrukt aber nicht weiter. Diese insgesamt unbefriedigende Lage stellt den Ausgangspunkt für die Entwicklung des hier vorgestellten Fragebogens AttrakDiff 2 dar.

Zu einem Fragebogen gehört ein zugrunde liegendes Modell. Wie schon oben ausgeführt unterscheiden wir im Hinblick auf Software pragmatische (Manipulation) und hedonische Qualität (Stimulation und Identität). Diese Qualitäten sind subjektiv, d.h. jeder Befragte schätzt für sich persönlich ein, ob das Produkt seine Bedürfnisse befriedigt. Weiterhin sind diese Qualitäten unabhängig voneinander. Produkte, die als pragmatisch bewertet werden, werden nicht automatisch auch als hedonisch bewertet. Allerdings sind natürlich Produkte denkbar, die gleichzeitig sowohl als pragmatisch, als auch als hedonisch bewertet werden.

Aus der Kombination von hedonischen und pragmatischen Qualitäten können sich verschiedene Produktcharaktere ergeben. Erwünscht ist, aus unserer Sicht, ein Produkt bei dem *beide* Qualitäten stark ausgeprägt sind. Von ihm erhofft man sich, dass es nicht nur zufrieden stellt, sondern sogar Freude bei seinen Benutzern auslöst. Unerwünscht sind Produkte bei denen beide Qualitäten nur schwach ausgeprägt sind. Häufig findet man allerdings Softwareprodukte, die entweder schwach hedonisch und stark pragmatisch oder aber stark hedonisch und schwach pragmatisch sind. Ersteres ist ein handlungsorientiertes Produkt (act-product), letzteres ein selbstorientiertes Produkt (self-product) (Hassenzahl 2003). Handlungsorientierte Produkte sind effektive und effiziente Werkzeuge, allerdings geht der Benutzer keine starke Bindung mit ihnen ein. Benutzt man es erfolgreich, stellt sich Zufriedenheit als emotionale Reaktion ein. Selbstorientierte Produkte hingegen binden den Benutzer stärker, denn selbstbezogene Ziele sind meist persistenter und persönlich relevanter. Die emotionale Konsequenz eines selbstorientierten Produkts – Freude – ist ebenfalls stärker. Ob ein handlungsorientiertes oder ein selbstorientiertes Produkt das „Bessere" ist, hängt von den Vorstellungen des Herstellers und der gewünschten Marktpositionierung ab.

Wir trennen die wahrgenommene pragmatische und hedonische Qualität von der Attraktivität eines Produktes. Das Attraktivitätsurteil („gut", „sympathisch", „motivierend") ist eine globale Bewertung auf der Basis der wahrgenommenen Qualitäten. Es wird angenommen, dass die Wahrnehmung eines Produktes als pragmatisch oder hedonisch über verschiedene Situationen hinweg relativ stabil bleibt, während sich die globale Bewertung durchaus verändern kann (Hassenzahl, Kekez & Burmester 2002).

Das beschriebene Modell wurde von Hassenzahl und Kollegen in mehreren Studien untersucht (z.B. Hassenzahl, Platz, Burmester & Lehner 2000; Hassenzahl 2002). Zur Messung wurde das AttrakDiff 1 verwendet, ein eigens konstruierter Fragebogen im Format eines semantischen Differenzials. Er besteht aus 23 siebenstufigen Items, deren Endpunkte jeweils durch ein gegensätzliches Adjektiv gebildet werden (z.B. „verwirrend – übersichtlich", „außergewöhnlich – üblich", „gut – schlecht"). Jeweils mehrere Items werden zu einer Skala zusammengefasst. Der Mittelwert der Items bildet den Skalenwert für pragmatische Qualität (PQ), hedonische Qualität (HQ) und Attraktivität (ATT). Die zwei Studien zeigten, dass hedonische und pragmatische Qualitäten konsistente und unabhängig voneinander wahrgenommene Qualitäten sind. Beide trugen gleich stark zu dem Attraktivitätsurteil bei. Es zeigte sich auch, dass pragmatische Qualität signifikant mit einem Anstrengungsmaß korreliert. Je anstrengender die Aufgabenbearbeitung erlebt wurde, desto niedriger war die wahrgenommene pragmatische Qualität. Hedonische Qualität korrelierte, wie erwartet, nicht mit der Anstrengung. Sie ist eine nicht-aufgabenorientierte Qualität, deren Wahrnehmung durch Anstrengung nicht beeinflusst wird. Neben den Versuchen, die Annahmen des oben beschriebenen Modells zu überprüfen, wurde das AttrakDiff 1 auch schon mehrfach als Evaluationsmaßnahme im Rahmen benutzerzentrierter Produktentwicklung eingesetzt (z.B. Sandweg, Hassenzahl & Kuhn 2000; Kunze 2001).

Die bisherigen Ergebnisse sind vielversprechend. Allerdings hat der ursprüngliche Fragebogen – AttrakDiff 1 – einen entscheidenden Nachteil. Er vermag es nicht, die beiden Aspekte aus denen sich hedonische Qualität zusammensetzt, nämlich Stimulation und Identität, getrennt zu quantifizieren. Ursprünglich wurden diese Aspekte gemeinsam als nicht-aufgabenbezogene Qualität definiert. Dementsprechend wenig Wert wurde auf die Trennschärfe der verwendeten einzelnen Adjektivpaare gelegt. Im Laufe der Erprobung und Anwendung des Fragebogens wurde allerdings deutlich, dass eine Trennung der beiden Aspekte wünschenswert wäre. Um dies zu verwirklichen, wurde ein neuer Fragebogen, das AttrakDiff 2, entwickelt und erprobt, welchem der Rest des vorliegenden Artikels gewidmet ist.

3 Konstruktion und Erprobung des AttrakDiff 2

3.1 Sammlung der Items

In einem ca. fünfstündigen Expertenworkshop (sechs Software-Ergonomen und ein Moderator) wurden zunächst in einer Kreativphase mögliche Items („Adjektivpaare") gesammelt und dann in einer Bewertungsphase zur Aufnahme in eine Ausgangsversion des neuen Fragebogens ausgewählt. Als Einleitung wurden das zugrunde liegende, oben beschriebene Modell und die Konstrukte vorgestellt.

In der *Kreativitätsphase* wurde jeder Teilnehmer zunächst gebeten, so viele Items wie möglich zu generieren. Dabei wurde jeder Aspekt (Manipulation, Stimulation, Identität) getrennt behandelt. Jeder Teilnehmer las dann seine Items der Gruppe vor. Dies wirkte wiederum als Anregung für neue oder umformulierte Items. In der *Bewertungsphase* wurden alle Items vom Moderator erneut vorgelesen. Jeder Teilnehmer wurde gebeten sein Veto einzulegen, wenn das Item als problematisch empfunden wurde (z.B. zu technisch, Umgangssprache etc.). Alle Probleme wurden diskutiert und protokolliert. Von den 133 Items aus der Kreativitätsphase erhielten 50 kein Veto. Diese 50 Items wurden mit den sieben Items zur Messung der Attraktivität aus dem AttrakDiff 1 kombiniert und bildeten so die Ausgangsversion des neuen Fragebogens. Dabei wurde die Reihenfolge und Polarität der Items zufällig gewählt. Die weitere Konstruktion des AttrakDiff 2 erfolgte empirisch im Rahmen einer Pilotanwendung.

3.2 Pilotanwendung

Es nahmen 22 Personen (9 Frauen, 13 Männer) an der Untersuchung teil. Alle Teilnehmer wurden über Anzeigen in lokalen Zeitungen geworben und erhielten für ihre Teilnahme finanzielle Kompensation. Das mittlere Alter betrug rund 38 Jahre (Minimum 23, Maxium 59 Jahre).

Als Bewertungsobjekte dienten drei Websites[3] (Stand: Oktober/November 2001): (1) Löwenbräu (LB, URL: http://www.loewenbraeu.de/), (2) Becks Bier (BB, URL: http://www.becks.de/), und (3) Jägermeister (JM, URL: http://www.jaegermeister.de). Alle drei Websites hatten eine ähnliche Funktionalität, unterschieden sich allerdings erheblich in Gestaltung und Interaktionsstil.

Jede Website wurde von jedem Teilnehmer in einer zufälligen Reihenfolge benutzt. Um möglichst unterschiedliche Wahrnehmungen und damit Varianz zu erzeugen, wurden die Teilnehmer in zwei Gruppen geteilt. Die eine Gruppe der Teilnehmer wurde gebeten bestimmte Aufgaben (z.B. In-

---

[3] Im Rahmen der gleichen Untersuchung wurden auch die in Hassenzahl, Kekez und Burmester (2002) berichteten Daten erhoben. Allerdings wurden in dieser Untersuchungen Ergebnisse des AttrakDiff 1 berichtet. Dieser „alte" Fragebogen ist nur bei zweien der drei Websites mit eingesetzt worden (Löwenbräu und Jägermeister).

formationssuche [„Gründungsjahr der Löwenbräu-Brauerei"] oder Einkauf im Onlineshop) zu erledigen. Die Teilnehmer der anderen Gruppe konnten sich selbst Ziele setzen oder einfach nur zum „Spaß" surfen. Nach jeder Nutzung wurde die Website von den Teilnehmern mit Hilfe des Fragebogens bewertet. Die Studie dauerte im Mittel zwei Stunden pro Person.

Alle Items außer den sieben Attraktivitätsitems aus dem AttrakDiff 1 wurden zunächst mit Hilfe einer Hauptkomponentenanalyse analysiert. Da die zu konstruierende Version des Fragebogens die drei Aspekte „pragmatische Qualität" (PQ), „hedonische Qualität – Stimulation" (HQ-S) und „hedonische Qualität – Identität" (HQ-I) möglichst unabhängig messen sollte, wurden drei Komponenten extrahiert und varimax-rotiert. Die Items für die endgültige Version des Fragebogens wurden nach folgender Methode ausgewählt:

- Jeder Aspekt (PQ, HQ-S, HQ-I) sollte durch eine Skala mit mindestens sechs Items repräsentiert sein.
- Jedes einzelne Item repräsentiert einen vorher festgelegten Aspekt (z.B. HQ-S). Dieser wurde schon bei der Sammlung der Items (Abschnitt 3.1) bestimmt. Eine extrahierte Komponente wurde nun als einen Aspekt repräsentierend identifiziert, wenn eine hohe Zahl von Items eines Aspekts hohe Komponentenladungen aufwiesen. Luden beispielsweise viele Items, die bei der Sammlung als HQ-I Items identifiziert wurden auf einer Komponente, so wurde diese Komponente als HQ-I bezeichnet.
- Nur die Items, die möglichst hohe Ladungen auf einer Komponente zeigten, nicht besonders hoch auf anderen Komponenten luden und inhaltlich zum Aspekt der Komponente passten, wurden ausgewählt.

Es blieben 21 Items übrig, die erneut einer Hauptkomponentenanalyse unterzogen wurden. Diesmal wurden allerdings nicht gezielt drei Komponenten extrahiert und rotiert, sondern das Kaiser-Kriterium (Eigenwert>1) zur Bestimmung der Komponentenzahl angewendet. Die Komponentenlösung wurde wieder varimax-rotiert.

Die Hauptkomponentenanalyse extrahierte drei Komponenten mit einem Eigenwert größer als 1. Zusammen wurden durch die varimax-rotierte Lösung ca. 72% der Varianz erklärt. Tabelle 1 zeigt die 21 Items und die rotierte Lösung.

Die stärkste Komponente repräsentiert HQ-S. Sie erklärt ca. 29% der Gesamtvarianz. Die Komponentenladungen (d.h., die Stärke mit dem ein Item eine Komponente repräsentiert) sind im allgemeinen hoch (,758 - ,900). Die zweite Komponente ist HQ-I. Sie erklärt ca. 23% der Gesamtvarianz. Die Komponentenladungen sind etwas schwächer (,684 - ,831). Die dritte Komponente repräsentiert PQ. Sie erklärt ca. 20% der Gesamtvarianz. Die Höhe der Ladungen sind vergleichbar mit HQ-S (,642 – ,685). Ein offensichtlich problematisches Item ist „praktisch – unpraktisch". Es sollte eigentlich alleine auf der PQ-Komponente laden. Es zeigt sich allerdings eine zweite, relative hohe Ladung auf HQ-I. Eine mögliche Erklärung ist, dass das Item der generellen Bewertung der Attraktivität semantisch näher ist, als der Wahrnehmung von pragmatischer Qualität. Die Items zur Messung der generellen Attraktivität tendieren dazu, auf allen Komponenten zu laden.

Tabelle 1: *Hauptkomponentenanalyse mit Varimax-Rotation der endgültigen 21 Items*

	Komponente		
	HQ - S	HQ - I	PQ
harmlos - herausfordernd	,758		
lahm - fesselnd	,831		
phantasielos - kreativ	,848		
originell - konventionell	,818		
neuartig - herkömmlich	,900		
innovativ - konservativ	,862		
mutig - vorsichtig	,890		
ausgrenzend - einbeziehend		,687	
bringt mich den Leuten näher - trennt mich von Leuten		,716	
isolierend - verbindend		,722	
nicht vorzeigbar - vorzeigbar	,408	,684	
minderwertig - wertvoll		,831	
stilvoll - stillos		,728	
fachmännisch - laienhaft		,781	
praktisch - unpraktisch		,540	,644
widerspenstig - handhabbar			,865
voraussagbar - unberechenbar	-,418		,642
verwirrend - übersichtlich			,787
umständlich - direkt			,843
menschlich - technisch			,640
einfach - kompliziert			,789

Alles in allem weisen die ausgewählten 21 Items eine Struktur auf, die dem zugrunde liegenden Modell entspricht. Weiter kann man sich fragen, ob auch inhaltlich die gewünschten Konstrukte gemessen wurden (Konstruktvalidierung). Um dies zu prüfen, wurden anhand einer vorhergehenden analytischen Begutachtung folgende Hypothesen über die Qualitäten der einzelnen Websites formuliert:

- Löwenbräu ist betont pragmatisch. Die Website vermeidet neue Dialogelemente, Flash-Intros und Animationen.
- Jägermeister ist betont hedonisch. Die Website verwendet im starken Maße neue und ungewöhnliche Dialogelemente (z.B. horizontaler Bildschirmaufbau mit Scroll-Rad, animiertes Menü etc.). Fast jedes Element ist animiert. Die Website verwendet Cartoons, Hintergrundmusik und eine eigene Terminologie.
- Becks Bier ist balanciert. Diese Website ist nicht so ungewöhnlich wie Jägermeister, benutzt allerdings Flash-Intros, ein ungewöhnliches Hauptmenü und Hintergrundmusik.

Diese analytisch gewonnenen Unterschiede sollten sich auch in der Wahrnehmung der Websites durch die Teilnehmer widerspiegeln. Dabei beziehen sich die Aussagen zur hedonischen Qualität allerdings lediglich auf den Aspekt Stimulation (HQ-S). Über Identität konnten *a priori* keine Aussagen gemacht werden.

Abbildung 1 zeigt die mittleren Skalenwerte für pragmatische Qualität (PQ) und hedonische Qualität – Stimulation (HQ-S) pro Website.

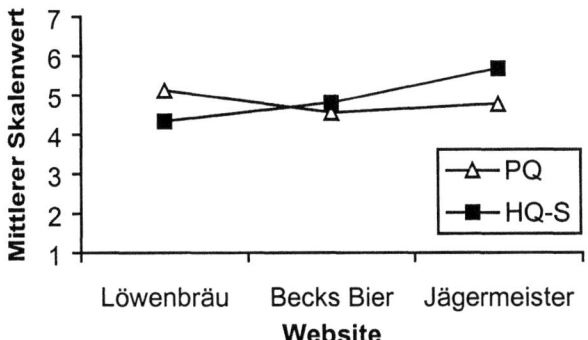

Abbildung 1: Mittlere Skalenwerte ffür pragmatische Qualität (PQ) und hedonische Qualität – Stimulation (HQ-S) pro Website

Eine 3×2-Messwiederholungs-Varianzanalyse mit den Faktoren Qualität (PQ, HQ-S) und Website (Löwenbräu, Becks Bier, Jägermeister) ergab eine hochsignifikante Interaktion zwischen Qualität und Website (F=7,726, df=2, p=0,001) und keine signifikanten Haupteffekte. Drei t-Tests für gepaarte Stichproben zeigen einen erwartungsgemäßen, marginal signifikanten Unterschied zwischen PQ und HQ-S bei Löwenbräu und Jägermeister und keinen bei Becks Bier (Löwenbräu: t=2,27, df=22, p=0,033; Jägermeister: t=-2,51, df=22, p=0,020; beide Signifikanzniveaus entsprechen einem alphafehleradjustierten Niveau von <.10; Becks Bier: t=-0,657, df=22, n.s.). Alles in allem sind damit die aufgestellten Hypothesen bestätigt, was wiederum als ein erster Hinweis auf die Konstruktvalidität des AttrakDiff 2 gewertet werden kann. Im Rahmen einer zweiten Studie sollte das AttrakDiff 2 an einer unabhängigen Stichprobe weiter erprobt werden.

3.3 Zweite Anwendung

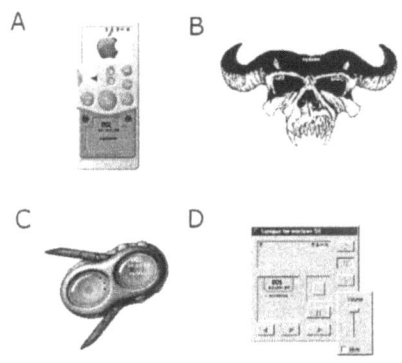

Abbildung 2: Die vier „skins"

Es nahmen 33 Psychologiestudenten (28 Frauen, 5 Männer) der Technischen Universität Darmstadt teil. Das mittlere Alter betrug rund 24 Jahre (Minimum 20, Maximum 40 Jahre). Insgesamt muss diese Stichprobe als eher homogen bezeichnet werden. Als Bewertungsobjekt diente eine Software zum Abspielen von MP3-Musikdateien (Sonique, URL: http://sonique.lycos.com/). Diese Software kann durch sogenannte „skins" bei gleichbleibender Funktionalität optisch stark verändert werden. Es wurden für die Untersuchung vier, sehr unterschiedliche „skins" ausgewählt (siehe Abbildung 2). Die Teilnehmer wurden in zwei Gruppen aufgeteilt. Jeder Gruppe wurden nacheinander die Abbildungen der MP3-Player gezeigt (einer Gruppe in der Reihenfolge A-B-C-D, der anderen in der Reihenfolge D-C-B-A). Die Teilnehmer mussten dann die Software alleine auf der Basis ihres visuellen Eindrucks mit Hilfe des AttrakDiff 2 einschätzen. Die Studie dauerte ca. 20 Minuten.

Tabelle 2 zeigt die interne Konsistenz der einzelnen Skalen und die mittlere Interskalenkorrelation. Die interne Konsistenz ist für alle Skalen gut bis sehr gut. Die niedrigen mittleren Korrelationen zwischen den hedonischen und der pragmatischen Qualität unterstreichen erneut die Unabhängigkeit beider Konstrukte. Dies kann als Hinweis auf die Konstruktvalidität verstanden werden. Die Korrelation zwischen den beiden Skalen HQ-S und HQ-I ist mit 0,55 recht deutlich. Diese beiden Konstrukte sind inhaltlich stärker miteinander verbunden als hedonische und pragmatische Qualität. Bedenkt man allerdings, dass das AttrakDiff 1 nicht zwischen beiden Konstrukten zu differenzieren vermochte, erscheinen 30% erklärte Varianz als akzeptabel.

Tabelle 2: Interne Konsistenz der einzelnen Skalen (Cronbachs α wurde für jede „skin" ermittelt und dann als Bereich angegeben), die mittlere Interskalenkorrelation, sowie die erklärte Varianz.

Skala	Reliabilität (Cronbachs α)	Mittlere Interskalenkorrelation	
		HQ-S	HQ-I
hedonische Qualität–Stimulation (HQ-S)	,76 - ,90		
hedonische Qualität–Identität (HQ-I)	,73 - ,83	0,55 (30,25%)	
pragmatische Qualität (PQ)	,83 - ,85	0,18 (3,24%)	- 0,13 (1,69%)

Abbildung 3 zeigt die mittleren Skalenwerte für hedonische Qualität – Stimulation (HQ-S), hedonische Qualität – Identität (HQ-I) und pragmatische Qualität je „skin". Da im Vorfeld keine unabhängigen Experteneinschätzungen oder andere Bewertungen vorgenommen wurden, dürfen die Ergebnisse streng genommen nicht als Hinweis auf Konstruktvalidität interpretiert werden. Dazu hätten *a priori* spezifische Hypothesen aufgestellt werden müssen. Trotzdem möchten wir auf die Ergebnisse im Sinne einer Plausibilitätsprüfung kurz eingehen.

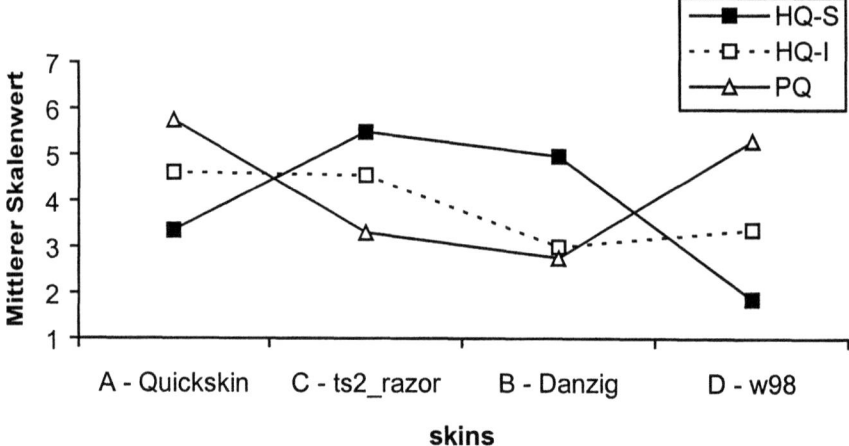

Abbildung 3: Mittlere Skalenwerte für hedonische Qualität – Stimulation (HQ-S), hedonische Qualität – Identität (HQ-I) und pragmatische Qualität je „skin"

Beim eingehenderen Begutachten der in Abbildung 3 gezeigten „skins" kamen wir zu dem Schluss, dass sowohl „skin" A als auch „skin" D betont pragmatisch (handlungsorientiert) und „skin" C und B als betont hedonisch (selbstorientiert) wahrgenommen werden sollten. Dies zeigt sich auch in den Daten. Auch sollte „skin" B wegen seines martialischen Aussehens im Schnitt einen eher geringen Wert auf der Identitätsskala (HQ-I) bekommen. Es sind sicher Anhänger von Subkulturen denkbar, denen „skin" B einen besonders hohen Grad an Identifikation erlaubt. Solange man allerdings eine solche Subkultur nicht gezielt als Teilnehmer gewinnt, ist mit einem eher niedrigen Mittelwert auf der HQ-I-Skala zu rechnen. Auch diese Annahme bestätigt sich. Insgesamt scheinen diese Ergebnisse plausibel. In Verbindung mit den guten bis sehr guten internen Konsistenzen und den plausiblen mittleren Interskalenkorrelationen kann dies als Hinweis auf eine akzeptable Qualität des Fragebogens verstanden werden.

4   Abschließende Diskussion

Friedmann (zitiert nach Ulich 1994, 118) betont, dass die eigentliche Arbeitsfreude (im Gegensatz zur Arbeitszufriedenheit) auf einer „tiefbegründeten Bejahung der Arbeit durch die Persönlichkeit beruht", die „durch die Arbeit bereichert wird und selbst Entfaltung erfährt". Ähnliches fordern wir auch für interaktive Produkte. Dem etwas blassen Anspruch auf Effizienz, Effektivität und Zufriedenstellung, steht der eigentliche Wunsch nach einer tiefen Bejahung, einer positiven Einstellung zum Produkt und der Hoffnung auf Freude bei der Nutzung gegenüber. Letzteres wird erst durch die Berücksichtigung auch anderer menschlicher Bedürfnisse neben der Manipulation der Umwelt im Rahmen benutzerzentrierter Produktgestaltung möglich. Der hier vorgestellte Fragebogen AttrakDiff 2 versteht sich als ein kleiner Beitrag in diese Richtung. Er ist eher als ein Forschungsinstrument, denn als eine voll entwickelte Evaluationsmethodik zu verstehen. Wir erhoffen uns, dass er von Wissenschaftlern und Praktikern gleichermaßen eingesetzt, überprüft und weiter verbessert wird. Im Vordergrund sollte dabei allerdings nicht die weitere Validierung des Fragebogens stehen, sondern ein besseres Verständnis des zugrunde liegenden Modells. Der Ansatz, hedonische Qualitäten von pragmatischen zu trennen und die weitere Differenzierung in Stimulation und Identität scheint uns als ein erster Schritt in die richtige Richtung. Weitere müssen folgen.

5   Literatur

Batra, R.; Ahtola, O. T. (1990): Measuring the hedonic and utilitarian sources of consumer choice. *Marketing Letters*, Vol. 2, S. 159 – 170.

Burmester, M., Hassenzahl, M.; Koller, F. (2002): Usability ist nicht alles – Wege zu attraktiven interaktiven Produkten. *I-Com*, Vol. 1, Nr. 1, S. 32 – 40.

Draper, S. W. (1999): Analysing fun as a candidate software requirement. *Personal Technology*, Vol. 3, S. 1 – 6.

Gediga, G.; Hamborg, K.-C. (2002): Ergonomische Evaluation von Software: Methoden und Modelle im Software-Entwicklungsprozess. *Zeitschrift für Psychologie*, Vol. 210, S.40 – 57.

Hassenzahl, M. (2002): The effect of perceived hedonic quality on product appealingness. *International Journal of Human-Computer Interaction*, Vol. 13, S. 479-497.

Hassenzahl, M. (2003): The thing and I: Understanding the relationship between user and product. In: Blythe, M.; Overbeeke, C.; Monk, A. F.; Wright, P. C. (Hrsg.): *Funology: From Usability to Enjoyment*. Dordrecht: Kluwer Academic Publishers, S. 31 – 42.

Hassenzahl, M., Kekez, R.,: Burmester, M. (2002): The importance of a software's pragmatic quality depends on usage modes. In: Luczak, H.; Cakir, A. E.; Cakir, G. (Hrsg.): *Proceedings of the 6th international conference on Work With Display Units (WWDU 2002)*. Berlin: ERGONOMIC Institut für Arbeits- und Sozialforschung, S. 275 – 276.

Hassenzahl, M., Platz, A., Burmester, M., Lehner, K. (2000): Hedonic *and* Ergonomic Quality Aspects Determine a Software's Appeal. In: Turner, T.; Szwillus, G. (Hrsg.), *Proceedings of the CHI 2000 Conference on Human Factors in Computing*. New York: ACM, Addison-Wesley, S. 201 – 208.

Hatscher, M. (2001): Joy of use - Determinanten der Freude bei der Softwarenutzung. *MMI-Interaktiv* [On-line]. Available: http://www.mmi-interaktiv.de/ausgaben/07_01. Letzter Zugriff 25.01.2003.

Jordan, P. (2000): *Designing pleasurable products. An introduction to the new human factors.* London: Taylor & Francis.

Kunze, E.-N. (2001): How to get rid of boredom in waiting-time-gaps of terminal-systems. In: Helander, M.G.; Khalid, H. M.; Ming Po, T. (Hrsg.), *Proceedings of the International Conference on Affective Human Factors Design.* London: Asean Academic Press.

Prentice, D. A. (1987): Psychological correspondence of possessions, attitudes, and values. *Journal of Personality and Social Psychology*, Vol. 53, S. 993 – 1003.

Sandweg, N., Hassenzahl, M.; Kuhn, K. (2000): Designing a telephone-based interface for a home automation system. *International Journal of Human-Computer Interaction*, Vol. 12, S. 401 – 414.

Ulich, E. (1994): *Arbeitspsychologie, 3. Auflage.* Stuttgart: Schäffer-Poeschel.

Winograd, T. (1996): *Bringing design to software.* New York: ACM Press.

Kontaktinformationen

Marc Hassenzahl
TU Darmstadt
Institut für Psychologie
Steubenplatz 2, 64293 Darmstadt
hassenzahl@psychologie.tu-darmstadt.de

Dr. Michael Burmester
Hochschule der Medien
Wolframstraße 32
70191 Stuttgart
burmester@hdm-stuttgart.de

Franz Koller
User Interface Design GmbH
Teinacherstraße 38
71634 Ludwigsburg
franz.koller@uidesign.de

Mousemaps – ein Ansatz für eine Technik zur Visualisierung der Nutzung von Software und zur Automation der Entdeckung von Bedienungsfehlern

Michael Gellner

Universität Rostock, Institut für praktische Informatik, Lehrstuhl für Softwaretechnik

Zusammenfassung

Es wurde ein System *ObSys* entwickelt, welches eine multidimensionale Darstellung des zeitlichen Verlaufs der Aktionen von Usability Testern an Prototypen auf zweidimensionalen Flächen liefert. Die Kodierung erfolgt durch Linienfarbe, -verlauf und -breite sowie durch die Visualisierung von Mausklicks. Diese Abbildungen, *Mousemaps* genannt, geben einerseits ad hoc-Überblick über den Verlauf einer Testsitzung ohne längere Zeit Videomaterial betrachten zu müssen, ermöglichen statistische Untersuchungen und liefern neue Sichten über den Gebrauch von GUIs durch Anwender. Mit der Mousemap-Visualisierung und der Unterstützung von bis zu vier verschiedenen Aufzeichnungstechniken geht *ObSys* über die Fähigkeiten ähnlicher Eventrecorder hinaus und eröffnet neue Möglichkeiten für Usability-Evaluationen sowie für grundlegende Methodenvergleiche.

1 Einleitung

Ein zentrales Mittel bei Evaluationen zur Gebrauchstauglichkeit von Software sind Sitzungen mit Testpersonen. Ein Problem hierbei ist die Aufzeichnungsmethode: Es gibt verschiedene Methoden, alle haben Vor- und Nachteile. Mit der Entscheidung für eine bestimmte Aufzeichnungsmethode hat man gleichzeitig auch über die zeitlichen Aufwände zur Auswertung, über die Automatisierbarkeit, die notwendigen Speicherkapazitäten, die benötigte Hardware und zahlreiche weitere Aspekte entschieden.

Eventrecording ermöglicht eine Visualisierung der Aufzeichnungen von Handlungen der Testpersonen. Dies erlaubt die Erzeugung überschaubarer zweidimensionaler Abbildungen der erfolgten Interaktionen. Gegenüber Videoaufzeichnungen, deren Aufbereitung häufig enorm zeitaufwendig ist (siehe z.B. (Preece 1994; Mayhew 1999)), stellt dies einen bedeutsamen Vorteil dar. Das hierzu entwickelte Tool *ObSys* ermöglicht durch den Einsatz von Farb- und Breitenattributen bei Linien die multidimensionale Darstellung von zeitlichen Verlaufsdaten auf zweidimensionalen Flächen und geht damit über die Fähigkeiten ähnlicher Eventrecorder wie GUITESTER (Okada und Asahi 1999), Kaldi (Al-Qaimari und McRosstie 1999) und verschiedenen anderen hinaus. Weitere bekannte Aufzeichnungstechniken wie Eventlogging, Videoaufzeichnung und Screencapturing werden ebenfalls von *ObSys* unterstützt. Im folgenden Kapitel wird erläutert, welche Technik hier unter dem jeweiligen Methodennamen verstanden wird.

ObSys ermöglicht neben der parallelen Nutzung der Aufzeichnungstechniken als solche auch die Nutzung zu Vergleichszwecken, d.h. Untersuchungsgegenstand ist die Leistungsfähigkeit der erwähnten Aufzeichnungsmethoden. Hierzu gibt es bislang nur wenige Veröffentlichungen, bei denen Daten anhand von indirekten Vergleichen der Angaben in den jeweiligen Veröffentlichungen abgeleitet werden, siehe etwa (Gray und Salzman 1998; Henderson 1995; Hilbert und Redmiles 1999; Ivory und Hearst 2001). Zudem unterstützen diese häufig nur Inhouse verfügbaren Systeme meist nur eine oder zwei Aufzeichnungstechniken. Perspektivisch ermöglicht eine Kombination mehrerer Techniken wie in *ObSys* eine Automation vieler zeitaufwändiger Arbeitsschritte bei Usability-Evaluationen.

2   Die Testmethoden und die unterstützenden Werkzeuge

Für Usability-Evaluationen sind im Kern vier Aufzeichnungstechniken praktikabel. Da es vereinzelt voneinander abweichende Darstellungen gibt, wird im Folgenden ein Überblick darüber gegeben, wie die Techniken in diesem Zusammenhang angewandt werden.

Videoaufzeichnungen

In den meisten Usability-Laboratorien steht die Videoaufzeichnung im Mittelpunkt der Evaluation. Hierbei werden eine oder mehrere Kameras auf den Anwender gerichtet, um seine Handlungen, Mimiken und Gestiken aufzuzeichnen. Mehrere Kameras ermöglichen es beispielsweise, die Hände bei Eingaben separat zu erfassen. Videoaufzeichnungen gehen mit hohen zeitlichen Aufwänden für die Analyse einher. Es gibt zahlreiche Standardwerkzeuge zur Verarbeitung von Videodaten, ferner ermöglichen Tools wie der Observer von Noldus, Interact von Mangold oder das selbst entwickelte *ObSys*-System das Aufzeichnen von Videodaten nebst Kommentaren bzw. Log-Informationen. Aus der Sicht der Analyse handelt es sich um eine Sammlung von Bewegtbildern, deren Analyse in der Praxis bis heute dem Menschen vorbehalten ist.

Eventlogging

Unter Eventlogging wird das Notieren von Kommentaren zu Ereignissen verstanden. Die gängigen Tools ermöglichen es, im Vorhinein eine Liste zu erwartender Auffälligkeiten vorzubereiten und mit einer bestimmten Taste zu assoziieren. So ist es dann möglich, in Echtzeit anhand einzelner Tastendrücke umfangreiche und einfach lesbare Kommentarlisten zu erstellen ohne Stenographie oder ähnliches beherrschen zu müssen. Die oben bereits genannten Tools eigenen sich auch zum Eventlogging mit Videodaten. So können die Kommentarlisten auch mit den Videodaten in Verbindung gesetzt werden, so dass beim Anwählen eines Kommentars zu einem Zeitpunkt *hh.mm.ss* auch die zugehörige Stelle in der Videodatei angesprungen wird. Auf Basis der Tastatureingaben sind einfache Analysen möglich. Eventlogging kann viel Zeit bei der Aufbereitung von Videoaufzeichnungen sparen, wenn parallel zur Aufzeichnung mitgelogt wird. Dies erfordert jedoch mindestens eine weitere Person, die das manuelle Logging übernimmt. Da das Gefühl, beobachtet zu werden, weiter zuspitzt und somit die Testverzerrung signifikanter wird, gibt es in vielen Usability-Laboratorien mit halbdurchsichtigem Glas verdeckte Regieräume für die Protokollführer.

Eventrecording

Im Gegensatz zum Eventlogging erfolgt Eventrecording automatisch. Alle gängigen Betriebssysteme verfügen über Nachrichtenschleifen, in denen unter anderem die Eingaben von Anwendern per Maus und Tastatur sowie ferner durch Joysticks, Tableaus etc. zur Abarbeitung zwischengespeichert werden. Über sogenannte Journaling-Mechanismen können diese Input-Informationen ausgelesen und gespeichert sowie auch wieder in die Warteschlange eines Betriebssystems eingespeist werden (zur Realisierung von Abspielfunktionen). Eventrecording kann mit dem System ObSys durchgeführt werden. Im Gegensatz zur Videoaufzeichnung stellt Eventrecording eine direkte Aufzeichnung des Eingabeverhalten des Anwenders dar. Während Eventrecording früher das Manipulieren des Quellcodes erforderte (über den man verfügen musste) kann über das Journaling die Aktivität jedes Programms, das Eingaben erhält, verfolgt werden. Dies ermöglicht es – ohne die Interpretation von Bildern per Software beherrschen zu müssen – zu untersuchen, welche

Verhaltensweise Bedienungsfehler und –probleme indizieren. Problematisch beim Eventrecording ist die Positionierung von Fenstern. Erfolgt diese zufällig, immer an anderen Stellen und in anderen Größen, verfehlt das Abspielen seine ursprüngliche Wirkung.

Screencapturing

Auch Screencapturing führt auf Videosequenzen, allerdings wird ein anderer Aufzeichnungskanal genutzt. Basis für Screencapturing sind die Daten, die Grafikkarten an Bildschirme senden. Dieser Bilddatenstrom kann kopiert und auf Speichermedien geleitet werden. Der Vorteil bei dieser Methode ist, dass zur Aufzeichnung keine Extrageräte benötigt werden. Dem steht jedoch der Nachteil gegenüber, dass weder Mimik noch Gestik von Testpersonen zur Verfügung stehen. Ebenso können die Events nicht per Software sondern vorwiegend von einem menschlichen Evaluator ausgewertet werden. Screencapturing kann in Verbindung mit Videokameras zu effektiveren Aufzeichnungen führen, da sich die Videoströme in die Capturingströme einblenden lassen (siehe Abbildung 1). Tools wie HyperCam oder ScreenCam von Lotus ermöglichen Screencapturing.

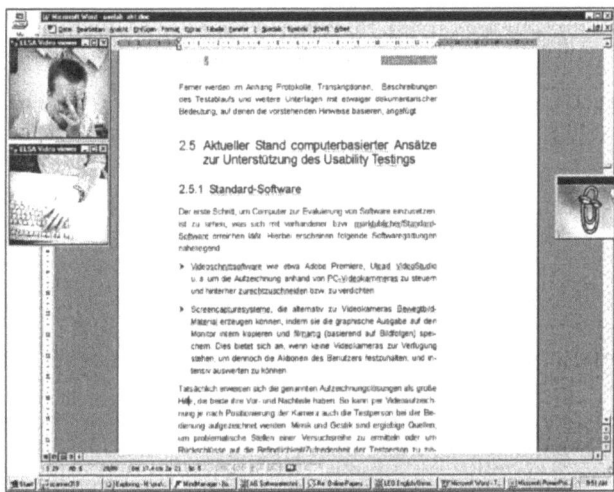

Abbildung 1: Kombination von Screencapturing- und Videostream

3   Zeitverteilung der Tätigkeiten bei Usability-Evaluationen

Nicht viel anders als bei der Softwareentwicklung durchlaufen auch Usability-Evaluationen diverse Phasen. Um unterstützende Tools entwickeln zu können, wurde anfänglich ein Phasenmodell erstellt, aus dem hervorgeht, welche Abschnitte sich zunächst anbieten, siehe Abbildung 2, links nach (Gellner 2000). Dieses Phasenmodell wird auch hier genutzt, um die Einordnung von ObSys einerseits und unsere Erfahrungen mit Usability-Evaluationen anderseits zu beschreiben.

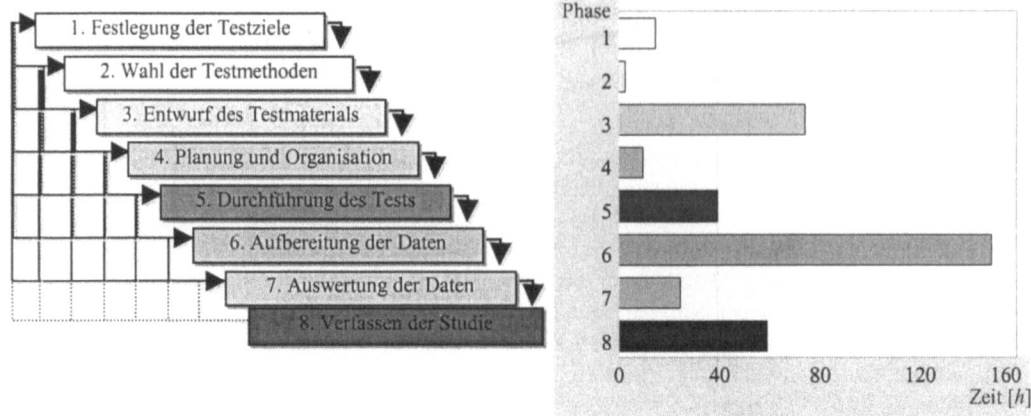

Abbildung 2: Acht-Phasen-Pattern der Usability-Evaluation (links) und Verteilung des zeitlichen Aufwands bei Usability-Evaluationen auf die einzelnen Phasen (rechts).

Im Sinne der Pattern-Terminologie handelt es sich bei diesem Modell um ein Process Pattern (Ambler 1998), daher wird das Modell auch unter dem Begriff *Acht-Phasen-Pattern* geführt (Gellner 2002). Während das Acht-Phasen-Pattern lediglich die Abfolge der Schritte beschreibt, zeigt Abbildung 2, rechts, die Verteilung der zeitlichen Aufwände von Usability-Evaluationen auf die einzelnen Phasen. Die Darstellung basiert auf den Aufwänden, die bei den in unserer Abteilung durchgeführten Untersuchungen angefallen sind; stattgefunden haben 5 Evaluationen mit 15, 10, 5, 5 und 4 Testpersonen. Die Sitzungen haben je Testperson zwischen ca. 30 Minuten und 1,5 Stunden Zeit beansprucht und fanden in den letzten 2 Jahren statt. Hierbei wurden den Testpersonen Aufgaben gestellt, die mit den jeweiligen Softwaresystemen zu lösen sind, und deren Aktionen mit Videokameras aufgezeichnet. Die ersten zwei der fünf Testreihen wurden zusätzlich mit Fragebögen unterstützt.

Die mit Abstand meiste Zeit hat die Nachbearbeitung bzw. Aufbereitung der Ergebnisse benötigt. Die bei den Testsitzungen direkt anfallenden Resultate sind für eine Auswertung meist noch ungeeignet; entweder verstellt „Rauschen" zunächst die eigentlichen Daten oder die Daten müssen noch in ein auswertbares Format gebracht werden.

- Rauschen in diesem Sinne stellen hierbei etwa 58 Minuten je Stunde Videoaufzeichnung dar, in denen es keinerlei Probleme gibt und die daher nicht oder nur unwesentlich zur Verbesserung eines Systems beitragen. Eine Usability-Evaluation beabsichtigt Fehler zu finden, daher sind lediglich die Punkte von Bedeutung bei denen Probleme auftraten. Nach unseren Erfahrungen (die sich mit Angaben der Literatur decken, siehe z. B. (Preece 1994)) benötigt man je Stunde Video etwa 5 bis 8 Stunden, um zunächst alle kritischen Stellen zu finden und für die sich anschließende Analyse zusammenzuschneiden. Diese meist nur wenigen Sekunden (Mimik, Gestik oder auch Nachfragen sind meist kurzweilige Ereignisse) aus einer Testsitzung bilden dann die Basis für die Testauswertung.
- Ein Stapel Fragebogen, der ausgefüllt wurde, stellt hingegen Daten in einem nicht direkt auswertbaren Format dar. Hier müssen im Rahmen der Aufbereitungsphase zunächst die Scores in eine Tabellenkalkulation oder eine Statistiksoftware übertragen werden, um dann eine Auswertung durchführen zu können.

Diese immensen zeitlichen Aufwände sind die Motivation dafür, Usability-Evaluationen zumindest in Teilen automatisieren zu wollen. Die Literatur nennt hierzu verschiedene Ansätze, die bislang jedoch entweder ohne Toolunterstützung sind oder sich vielfach nicht anwenden lassen, z.B. weil keine detaillierten Aufgabenmodelle vorliegen (siehe beispielsweise die Arbeiten von Balbo (1995); Lecerof und Paternò (1998); Helfrich und Landay (1999)).

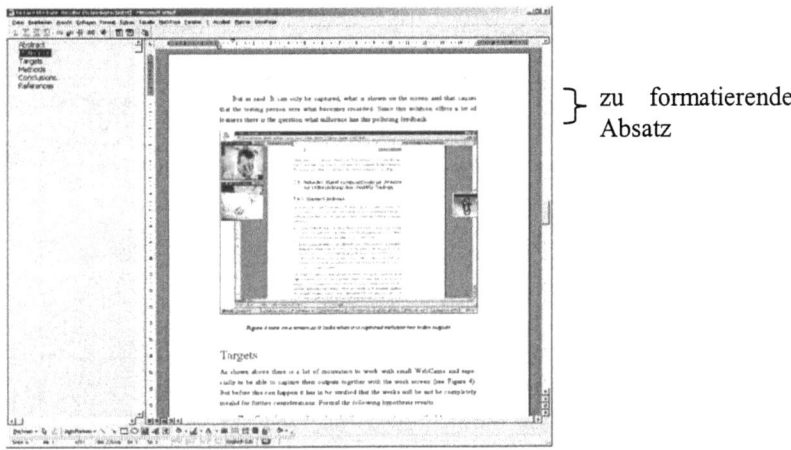

Abbildung 3: Testaufbau zum Minimalszenario

4 Mousemaps

Mousemaps bilden den zeitlichen Verlauf der Aktionen mit der Maus auf eine zweidimensionale Fläche ab. Relevante Informationen können hierbei die Geschwindigkeit der Mausbewegung sein, die Richtung, in die die Maus bewegt wurde und die Positionen, an denen Mausklicks getätigt wurden. Um die Visualisierung zu diesen Punkten zu veranschaulichen, wird folgendes Minimal-Szenario genutzt: Die Textverarbeitung Word ist geöffnet und ein Anwender soll den obersten Absatz der gezeigten Seite markieren und die Schriftfarbe auf rot setzen (siehe Abbildung 3).

Zur Darstellung dieser Komponenten von Mausaktionen bieten die Mausmaps folgende grafische Kodierung an:

- Die Geschwindigkeit wird mit der Dicke der Mausspur ausgedrückt. Je mehr Zeit zwischen zwei Punkten liegt, umso dicker wird eine Mausspur gezeichnet. Abbildung 4 zeigt das Minimal-Szenario links einmal mit überbetont langsamen Bewegungen ausgeführt und rechts mit überbetont schnellen Bewegungen.

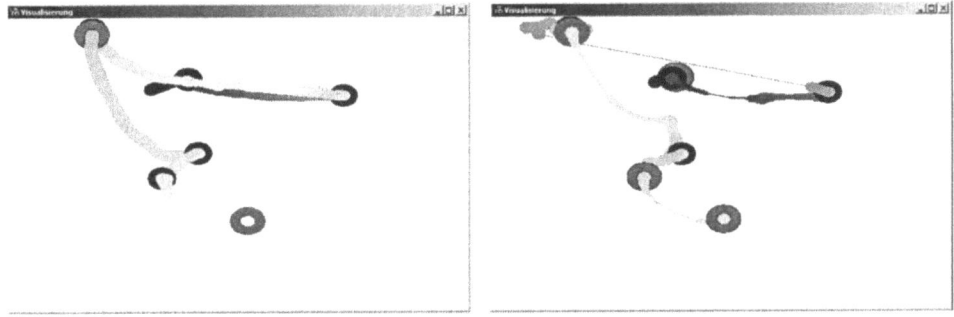

Abbildung 4: Darstellung der Maus-Geschwindigkeit durch die Dicke der Linien

- Zur Darstellung der Bewegungsrichtung werden Farbverläufe genutzt. In Abbildung 5 ist das Markieren des zu formatierenden Textes dargestellt, das linke Bild zeigt, wie das Markieren des Textes von links oben nach rechts unten aussieht. Das rechte Bild stellt den Vorgang des Markierens von rechts oben nach links unten dar.

Abbildung 5: Darstellung der Richtung von Mausbewegungen durch Farbverläufe

- Mausklicks werden durch Kreise visualisiert. Technisch unterteilen sich Mausklicks in das Ereignis des Herunterdrückens einer Taste (unter Windows *WM_xBUTTONDOWN* mit $x \in \{L, M, R\}$; dies steht für die Maustasten links, in der Mitte befindlich und rechts) und des Loslassens (unter Windows *WM_xBUTTONUP* mit $x \in \{L, M, R\}$). Optional kann auf das Herunterdrücken einer Taste auch das Bewegen in diesem Zustand folgen, etwa wenn das sogenannte Draging genutzt werden kann. Abbildung 5 zeigt in beiden Bildern dreiphasige Mausereignisse: Das Markieren beginnt mit einem Klick auf den Anfang des Bereiches, der markiert werden soll. Danach wird der Mauszeiger an einen Endpunkt geführt und zuletzt wird der Mauszeiger losgelassen. Rechts wird der Mauszeiger zunächst an das Ende des Absatzes geführt, um mit dem Markieren beginnen zu können.

Um die Visualisierung zu effektivieren bietet ObSys die Möglichkeit, den Hintergrund in Form von Screenshots einzubinden. Es ist somit nicht erforderlich, die Mausmaps und die Bildschirmmasken in separaten Phototools manuell über Ebenen oder ähnliche Techniken zusammenzubringen. Abbildung 6 (oben links und oben rechts) zeigt die Mousemaps aus Abbildung 5 mit einem Abbild dessen, was der Anwender zur Ausführung gesehen hat. Hier sind deutlich die Textpassagen zu erkennen, die markiert wurden. Die unteren beiden Darstellungen aus Abbildung 6 enthalten Mousemaps des gesamten Mini-Szenarios. Links unten ist zu sehen, wie der Text markiert wird und das Menü angewählt wird, während rechts unten auch die Aktionen auf dem Dialog zu den Zeichenattributen zu erkennen sind.

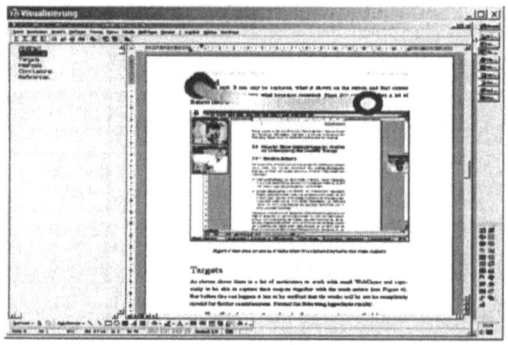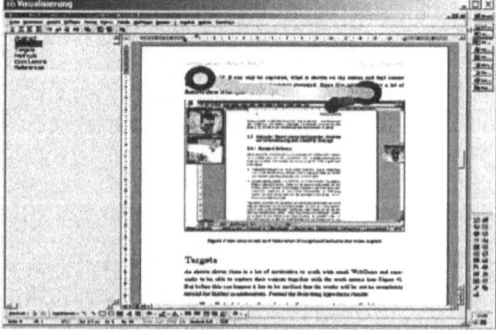

Mousemaps – ein Ansatz für eine Technik zur Visualisierung der Nutzung von Software und zur Automation der Entdeckung von Bedienungsfehlern

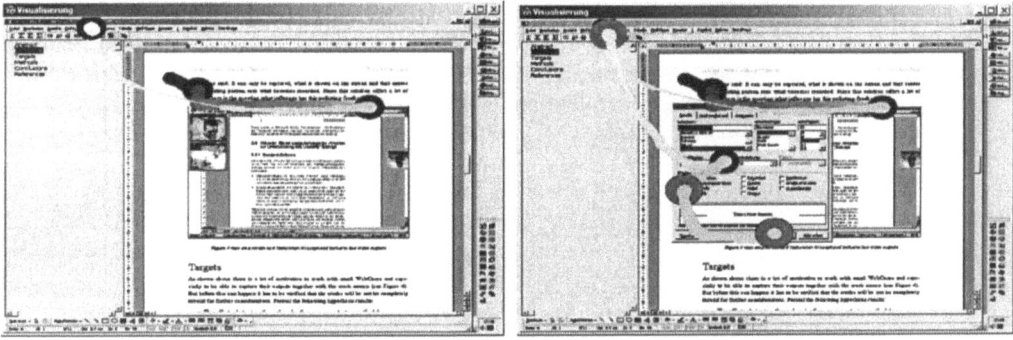

Abbildung 6: Hinterlegung der Abläufe mit Screenshots

Ein Problem bei der bisher gezeigten Standard-Darstellung der Mousemaps ist das Übermalen von Ereignissen durch später an ähnlichen Positionen aufgetretenen Ereignisse. Abbildung 7 zeigt in beiden Darstellungen die Aufzeichnung des vorne geschilderten Mini-Szenarios. Auf der linken Seite sind einige Mausklicks jedoch von Linien verdeckt, während rechts die einzelnen Kreise und Linien eindeutig voneinander unterschieden werden können.

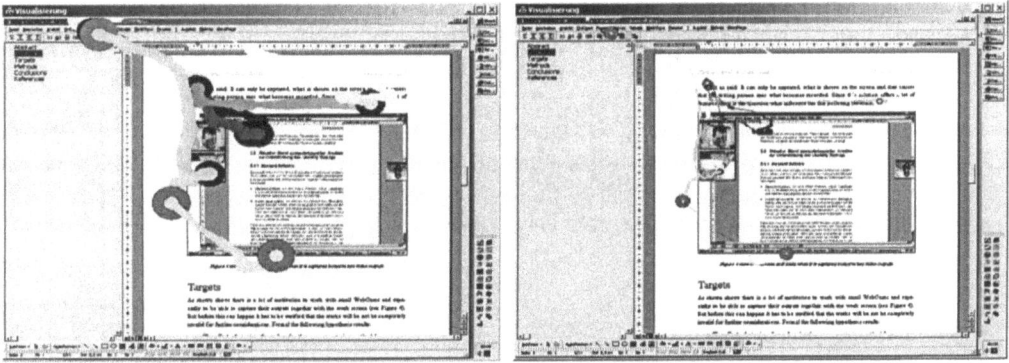

Abbildung 7: Verbesserung der Übersichtlichkeit durch Variation der Linienbreite

Für die in Usability Evaluationen üblichen Szenarios von einigen Minuten Dauer kann hier über das in ObSys mögliche Manipulieren der Strichdicke Abhilfe geschaffen werden. Bei Beobachtungen über längere Zeiträume, etwa im Rahmen von Feldversuchen, kann mit schwarzen Hintergründen und dünnen weißen Linien gearbeitet werden. Hierbei entsteht dann bei häufig genutzten Mauswegen der Seheindruck, die Linien werden umso heller, je öfter die Maus bestimmte Pfade verfolgt hat (siehe Abbildung 8).

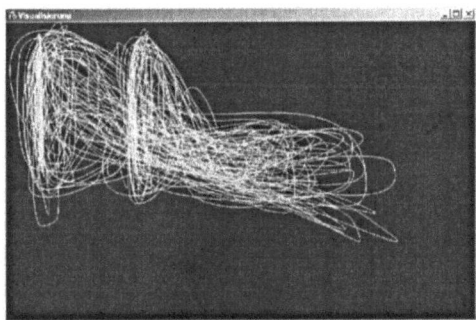

Abbildung 8: Visualisierung von Daten zur quantitativen Analyse

Aus unseren frühen Testreihen lässt sich bislang die These ableiten, dass das Bewegen der Maus in Richtung einer zu benutzenden Schaltfläche meist in Form von Ellipsenabschnitten und nur wenig linear erfolgt (siehe die vorherstehenden Abbildungen).

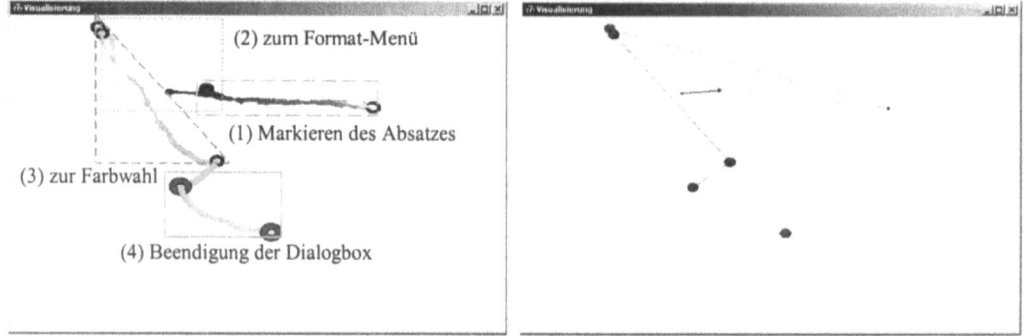

Abbildung 9: Mausbewegungen wie aufgezeichnet (links) und linearisiert (rechts).

ObSys erlaubt es, die Darstellungen in Mousemaps von Klick zu Klick zu linearisieren, d.h. alle abweichenden Kurven und Haken zu ignorieren. Dies ist ohne weiteres möglich, da es sich bei den Mousemaps lediglich um die Visualisierung protokollierter Daten und nicht um aufgezeichnete Bilder handelt. Die linearisierte Klick-zu-Klick-Folge zu Abbildung 9 links ist in Abbildung 9 rechts wiedergegeben. Zu unterscheiden ist hier zwischen dem Anwählen von Bedienelementen (siehe die Punkte 2, 3, 4 aus Abbildung 9, links) und »erzwungenen« Bewegungen wie etwa dem Markieren von Text (siehe Punkt 1, Abbildung 9, links). Während es bei ersteren Operationen möglich und scheinbar üblich ist, sich mit einer schwingenden Bewegung anzunähern, erfordern letztere das saubere Verfolgen imaginärer Pfade (wie etwa der Unterkante eines Absatzes), da sonst eine falsche Markierung entsteht oder geometrische Figuren falsche Maße haben bzw. falsch positioniert sind.

5 Ausblick

Mousemaps ermöglichen neue Einblicke in das Verhalten von Anwendern. Nach unseren ersten Untersuchungen können auch unbewusste Aspekte indiziert werden, die sonst nur mit Hardware-intensiven Techniken wie dem Eye-Tracking erkennbar sind. Ein Beispiel sind etwa die viertelellipsenartige Schwingungen, die Anwender um die Zielschaltflächen herum machen, ehe der beabsichtigte Mausklick ausgelöst wird. Diese Verhaltensweise indiziert unseren ersten Beobachtungen nach normale Arbeitsflüsse bzw. entspannte Normalzustände und verändert sich bei mentalen Belastungen, wie sie z.B. Zeitdruck oder Unübersichtlichkeit auslösen, in Richtung linearer Bewegungen ohne „Verschnitt".

Unsere ersten Versuche mit ObSys und den MouseMaps münden in folgender These: Es scheint eine mausbasierte Gestensprache vergleichbar der ebenfalls meist unbewussten »gesprochenen« Körpersprache zu geben. Die erwähnten von Anwendern gezeigten Ellipsenabschnitte, die mutmaßlich mit einem entspannten Schwingen beim Gehen vergleichbar sind, bilden einen ersten Baustein. Es ergeben sich zahlreiche weitere – bislang jedoch nicht untersuchte – Ansatzpunkte: Die durchschnittliche Geschwindigkeit von Operationen in Verbindung mit zeitweiligen Abweichungen, das Verhältnis von Mausoperationen zu Tastenkürzeln und eine Veränderung dieser Quote, Abweichungen von den üblichen Radien, Annäherungen an Elemente von der »falschen« d.h. unüblichen Seite und mögliche individuelle Verhaltenskomponenten.

Einfache Kausalitäten wie etwa Fitt's Law, die Steering Regel oder auch die Abschätzungen im Rahmen von GOMS-Modellen können ohne große Aufwände evaluiert und verfeinert werden. Bislang liefern diese Modelle lediglich Abschätzungen über die Zeit, die ein Anwender für eine Aktion benötigt – dies ist gemessen an den aktuellen Ansprüchen an Software insbesondere bei Internetanwendungen trivial. Ein großer Bedarf besteht daran, Aussagen über den Fun of Use oder über die Selbstzufriedenheit eines Anwenders aus Messergebnissen ableiten zu können. Hierfür wären aus Gesten ableitbare Aussagen, die die inneren Zustände von Anwendern beschreiben, deutlich hilfreicher als aufwändige Analysen, an deren Ende lediglich steht, dass ein Anwender n Sekunden für eine Aktion benötigen könnte.

Ein sich anschließender Schritt liegt in der Entwicklung von Erkennungsalgorithmen für Charakteristika auf Basis von Mousemaps oder Eventlisten, aus denen die Mousemaps erstellt werden. Hiermit kann dann eine Automation von Usability Evaluationen erreicht werden.

Literatur

Al-Qaimari, G.; McRosstie (1999): KALDI: A Computer-Aided Usability Engineering Tool for Supporting Testing and Analysis of Human-Computer Interaction. In: Vanderdonckt, J.; Puerta A. (Hrsg.), *Computer Aided Desgin of User Interfaces II (Proceedings of the Third International Conference on Computer-Aided Design of User Interfaces)*, Kluwer Academic Publishers, Lovain-la-Neuve, S. 337 - 355.

Ambler, S. W. (1998): *Process Patterns: Building Large-Scale Systems Using Object Technology*. New York: SIGS Books/Cambridge University Press.

Balbo, S. (1995): ÉMA: Automatic Analysis Mechanism for the Ergonomic Evaluation of user interfaces. Technical report no 96/44, CSIRO Division of Information Technology. In: Anzai, Y.; Ogawa, K.; (Hrsg.) *Proceedings of the 6th International Conference on HCI*, Pacifico Yokohama (Japan).

Gellner, M. (2002): *Automated Determination of Patterns for Usability Evaluations*. Accepted paper at VikingPLoP 2002, 20.9.2002 – 22.9.2002, Helsingør, Dänemark.

Gellner, M. (2000): Modellierung des Usability Testing Prozesses im Hinblick auf den Entwurf eines Computer Aided Usability Engineering (CAUE) Systems. In: *Rostocker Informatik-Berichte*, Nr. 24, S. 5 - 21. Rostock.

Gray, W. D. und Salzman, M. C. (1998): Damaged Merchandise? A Review of Experiments That Compare Usability Evaluation Methods. In: Moran, T.D. (Hrsg.): *Human-Computer Interaction, A Journal of Theoretical, Empirical and Methodological Issues of User Science and of System Design*, Vol. 13, (3), S. 203 - 261.

Henderson, S. (1995): A comparison of four prominent user-based methods for evaluating the usability of computer software. In: *Ergonomics*, Vol. 38 (10), S. 2030 - 2044.

Hilbert, D.M. und Redmiles D.F. (1999): *Extracting Usability information from user interface events*. Technical Report UCI-ICS-99-40, Irvine: Department of Information and Computer Science, University of California.

Ivory, M. Y.; Hearst, M. A. (2001): The State of the Art in Automating Usability Evaluation of User Interfaces. In: *ACM Computer Surveys*, Vol. 33, No. 4, S. 470 - 516.

Lecerof, A.; Paternò, F. (1998): *Automatic Support for Usability Evaluation*. IEEE Transactions on Software Engineering, Vol. 24, Nr. 10, S. 863 - 888.

Mayhew, D. J. (1999): *The Usability Engineering Lifecycle*. San Francisco: Morgan Kaufmann Publishers, Inc.

Preece, J. (1994): *Human-Computer-Interaction*. Harlow: Addison-Wesley.

Okada, H., Asahi, T. (1999): GUITESTER: A log-based usability testing tool for Graphical User Interfaces. In: *IEICE Transactions on information and systems*. Volume E82, S. 1030 - 1041.

Kontaktinformationen

Michael Gellner
Universität Rostock
Institut für praktische Informatik
Lehrstuhl für Softwaretechnik
Albert-Einstein-Str. 21
18051 Rostock

Email: mgellner@informatik.uni-rostock.de

Tel.: ++49 (381) 498-34 44

Online-Fokusgruppen als innovative Methode zur nutzerbasierten Beurteilung der Web Usability

Miriam Yom, Thorsten Wilhelm, H. Holzmüller

eResult GmbH

Zusammenfassung

Fokusgruppen und insbesondere ihre Online-Variante sind im Kontext der nutzerbasierten Usability-Beurteilung noch wenig untersucht. Es stellt sich die Frage, welche Effekte die spezielle Kommunikationssituation in Online-Fokusgruppen (im weiteren OFGs) auf die Qualität und Verwertbarkeit der Daten hat. In diesem Artikel werden die konstituierenden Merkmale der synchronen computervermittelten Kommunikation (im weiteren cvK) und somit relevanten Determinanten der Datenqualität von OFGs dargestellt. Des Weiteren stellen wir Ergebnisse eines Methodenvergleichs zwischen konventionellen Fokusgruppen im Labor und OFGs bei der Beurteilung eines Online-Reiseshops vor. Es zeigte sich, dass durch Kommunikationstraining und technische Unterstützung die Defizite der synchronen Online-Kommunikation ausgeglichen werden können. Anhand einer deskriptiven Themenanalyse konnte gezeigt werden, dass es starke Überschneidungen der Aussagen in den beiden Kommunikationsbedingungen gibt.

1 Einleitung

Bei der nutzerbasierten Usability-Evaluation werden verschiedenste Datenerhebungsmethoden eingesetzt. Nach dem Kriterium des Erhebungszeitraums während eines Usability-Tests kann man die Verfahren in zwei Klassen einteilen. Die *interaktionsbegleitenden Verfahren* wie z.B. das Verfahren der Protokolle Lauten Denkens, Verhaltensbeobachtung und Registrierung per Videotechnik und/oder Server-/Client-Logfiles, apperative Verfahren zur Erfassung des Informationsaufnahmeverhaltens (z.B. Blickregistrierung) oder Interaktionserlebens (Mimikbasierte Mikroevaluation oder psychophysikalische Messungen) etc.

An die Nutzung des Angebots schließt sich in der Regel die *Evaluationsphase* an, in der vornehmlich eine Beurteilung des Angebots als Ganzes durchgeführt wird (*summarische Evaluation*). Dies kann quantitativ mittels standardisierter Usability-Befragungsinstrumente (vgl. z.B. KIRAKOWSKY & CIERLIK 1998, BALAZS & CHRISTOPHERSEN 2002 u.a.) erfolgen. Die summarische Evaluation kann aber auch qualitativ mittels *Online- oder Face-to-Face-Fokusgruppen* (im weiteren FtF) oder in offenen bzw. halb-strukturierten *Online- oder Offline-Einzelinterviews* erfolgen. Dabei kann über eine wiederholte Präsentation des Stimulusmaterials die Diskussion / das Gespräch auf bestimmte Bereiche des Angebots fokussiert werden.

Fokusgruppen allgemein, und OFGs im Speziellen sind im Kontext von Usability-Tests nur wenig untersucht worden. Für die innovative Methode der OFGs können jedoch Erkenntnisse aus der Erforschung der computervermittelten Kommunikation (im weiteren cvK) dazu genutzt werden, die Kommunikationssituation in den OFGs anhand konstituierender Merkmale zu beschreiben und somit die Effekte der Kommunikationsbedingung auf die Datenqualität aus theoretischer Sicht zu spezifizieren. Im Anschluss daran möchten wir ausgewählte Ergebnisse eines Methodenvergleichs (FtF vs. OFGs) vorstellen.

2 Zur Methode der Online-Fokusgruppen

Bei OFGs treffen sich die Teilnehmer und der Moderator in einem virtuellen Diskussionsraum. Über den heimischen PC loggen sich die Teilnehmer per Internetverbindung in einen Chat-Room ein, der in der Regel an die speziellen Bedürfnisse der Marktforschung technisch angepasst wurde.

Es gibt verschiedene Meinungen dazu, für welche Fragestellungen FtF-Fokusgruppen im Allgemeinen und OFGs im Speziellen geeignet sind. So betont beispielsweise GÖRTS (2001 S.153) die besondere Adäquanz von Fokusgruppen in explorativen Studienphasen, die quantitativen Studien vorgeschaltet sind. MORGAN (1997) sieht den Sinn und Zweck von Fokusgruppen jedoch nicht nur auf die explorative Phase beschränkt. Fokusgruppen können seiner Meinung auch als eine singuläre Haupterhebungsmethode angewendet werden, die *Antworten* auf die Forschungsfrage gibt (vgl. ebda S.16). Insbesondere im anwendungsorientierten Usability-Test sind Online- und Offline-Fokusgruppen ähnlich wie Einzelinterviews dazu geeignet, wahrgenommene Usability-Fehler, kognitives Verständnis und Einstellungen zu explorieren.

Die Vorteile der OFG im Vergleich zu ihrem FtF-Pendant sind insbesondere darin zu sehen, dass sie zeit- und kostenökonomischer, flexibler und, falls notwendig, über nationale Grenzen hinweg durchzuführen sind. Die Teilnehmer verbleiben in ihrer gewohnten Umgebung und fühlen sich deshalb freier, ihre Meinung kundzutun. Ein weiterer Vorteil ist, dass ansonsten sehr schwierig zu akquirierende Zielgruppen beispielsweise aus dem B-to-B-Bereich eher für Online-Diskussionen zu gewinnen sind (vgl. PALMQUIST & STUEVE 1996). Darüber hinaus sind OFGs in der Usability-Forschung von herausragendem Interesse, da eine Evaluation des Angebots *ohne Medienbruch* durchgeführt werden kann. Wie bereits aufgeführt, ist die Prototypen-Entwicklung für Websites und Shops häufig hohen zeitlichen Restriktionen unterworfen, die sich in einem für den Usability-Test zur Verfügung stehenden kurzen Zeitraum niederschlägt. Diesem Umstand tragen OFGs Rechnung, da die ansonsten bei FtF-Fokusgruppen aufwendig zu erstellenden Transkripte der Videobänder durch die automatischen Diskussionsprotokolle entfallen. Dies erleichtert die anschließende quantitative und/oder qualitative Auswertung des verbalen Materials. Diese nutzbaren Rationalisierungseffekte ermöglichen ökonomisch attraktive OFG-Studien in dichteren Zeitintervallen und/oder mit größeren Stichproben.

Diesen Vorteilen stehen jedoch auch problematische Aspekte gegenüber. So können mögliche Störeinflüsse während der Datenerhebung nur bedingt oder gar nicht kontrolliert werden. Es kann beispielsweise nicht ausgeschlossen werden, dass die Kommentare eines Teilnehmers durch Dritte beeinflusst werden. Während es bei klassischen Diskussionsrunden in der Regel keinen Drop-Out während der Datenerhebung gibt, besteht bei OFGs eine realistische Gefahr, dass Teilnehmer während der Diskussion im WWW surfen, sich vom PC entfernen etc. und als Folge davon episodenweise oder gar nicht mehr an der Diskussion teilnehmen.

Ein weitreichender Kritikpunkt betrifft die Ergebnisqualität. So wird angezweifelt, dass die Güte der OFGs vergleichbar hoch sei wie die der konventionellen Fokusgruppen (vgl. z.B. GREENBAUM 1995). Korrekt ist, dass die Effekte des Mediums bzw. genauer der spezifischen Kommunikationssituation auf die Ergebnisse unklar sind. Diese Forschungslücke impliziert jedoch nicht, dass die Validität dieser Erhebungsmethode per se geringer ist als bei ihrem Offline-Pendant. Es gilt vielmehr diese Forschungslücke zu schließen, so dass auf dieser Basis die Marktforschung „...diese Effekte kontrollieren und kreativ zur Beantwortung von Fragestellungen einsetzen kann." (CORNELIUS 2001a S.3).

Zu diesem Zweck möchten wir zunächst kurz auf die besonderen Merkmale der Kommunikationssituation in OFGs eingehen, um dann ausgewählte Ergebnisse eines Methodenvergleichs (OFG vs. FtF-Fokusgruppen) vorzustellen.

2.1 Besonderheiten der Kommunikationssituation in Online-Fokusgruppen

Nach HERRING (1999) kann die cvK in OFGs durch folgende Charakteristika gekennzeichnet werden:

- Audio-visuelle und psychologische Anonymität,
- synchrone, textbasierte Kommunikation mit zeitlicher Verzögerung sowie
- Wegfall von unmittelbarer Rückmeldung.

Audio-visuelle und insbesondere psychologische Anonymität

Für die Kommunikation in OFGs steht ausschließlich der verbale, textbasierte Kanal zur Verfügung, da die Teilnehmer sich weder sehen noch hören können. Es wird davon ausgegangen, dass die anonyme Kommunikationssituation in OFGs im Vergleich zu FtF-Fokusgruppen zu mehr Offenheit im Antwortverhalten (vgl. PRICKARZ & URBAHN 2002), ausgeprägteren Selbstoffenbarungen und geringerer sozialer Erwünschtheit führt (vgl. JOINSON 2001). POSTMES, SPEARS & LEA (1999) weisen in diesem Zusammenhang darauf hin, dass weniger die visuelle Anonymität als vielmehr die *psychologische Anonymität* diese Effekte bewirkt. Die psychologische Anonymität bzw. soziale Nähe zu den anderen Teilnehmern kann über gezielte Informationsgabe je nach Erkenntnisziel variiert werden und damit eine für die Marktforschung nutzbare Ressource sein. So ist es z.B. möglich, durch ein gezieltes Bekanntgeben oder Zurückhalten von Informationen eine stärkere Orientierung der Teilnehmer an Gruppennormen oder an individuellen, persönlichen Normen und Einstellungen zu induzieren. Die ausführliche Erläuterung dieses Aspekts würde an dieser Stelle den Rahmen sprengen und wird an anderer Stelle im Detail dargestellt (vgl. YOM in Vorbereitung). In diesem Artikel möchten wir uns vor allem den anderen beiden Merkmalen der cvK im Detail zuwenden.

Synchrone, textbasierte Kommunikation mit zeitlicher Verzögerung

Nachrichten müssen von den Teilnehmern zunächst geschrieben, eventuell editiert und an den Server abgeschickt werden. Auf diese Weise entstehen (a) spezifische Kommunikationsbarrieren, die durch die Umsetzung von Sprache in motorische Bewegungen bedingt sind und (b) zeitliche Verzögerungen bei der Beantwortung von Nachrichten. Da alle Teilnehmer simultan Nachrichten abschicken können, ist eine Ordnung der Nachrichten in der von den Teilnehmern *inhaltlich* intendierten Reihenfolge nicht gewährleistet. Die Nachrichten erscheinen vielmehr nach ihrem Eingangszeitpunkt im zentralen Chat-Fenster. Diese technisch bedingten Eigenschaften der Kommunikationssituation führen zu einer Verletzung des sogenannten *Adjazenzprinzips*. Dieses besagt, dass Gespräche in Sequenzen segmentiert werden, z.B. in dem auf Fragen Antworten, auf Aufforderungen Reaktionen etc. folgen (vgl. CORNELIUS 2001b S.20). Kommunikationssituationen, die dem Adjazenzprinzip in praktischer und semantischer Hinsicht folgen, werden von dem Teilnehmer als "geordnet" wahrgenommen und erleichtern die Verarbeitung der Informationsinhalte.

Die zeitlichen Verzögerungen aufgrund des Schreib- und Editieraufwands in Kombination mit der Gleichzeitigkeit der Kommunikation in OFGs führen dazu, dass die Adjazenzstruktur der Diskussion unterbrochen ist. Die Verständlichkeit von thematischen Sequenzen wird dadurch erschwert, da die Zuordnung der Nachrichten aufeinander nicht mehr oder schwer nachvollziehbar ist. Es entsteht (der Eindruck) eines „Konversations-Chaos".

Fehlen unmittelbarer Rückmeldung (Back-Channels)

Rückmeldungen in Gesprächssituationen sind Äußerungen, die den Partner nicht unterbrechen, aber Zustimmung und Ablehnung signalisieren und damit den weiteren Verlauf eines Gesprächs beeinflussen. Sie dienen dazu, dem aktuellen Sprecher ein Feedback zu geben, dass das Gesagte aufgenommen und verstanden wurde und unterstützen die Aufrechterhaltung des Gesprächs (vgl. MCLAUGHLIN 1984). Dies kann in persönlichen Kommunikationssituationen über Gesten, Mimik, Körpersprache oder verbal erfolgen. In der cvK ist eine solche zeitgleiche Rückmeldung technisch bedingt nicht möglich. Das Fehlen bzw. die zeitliche Verzögerung von Rückmeldungen in der cvK führt zu einer zusätzlichen Reduzierung der Verständlichkeit der Nachrichten, da die Etablierung eines gemeinsamen Referenzsystems erschwert wird (vgl. CORNELIUS 2001b S.45 f.).

Bei der FtF-Fokusgruppe adressieren die Teilnehmer ihre Aussagen über die Ausrichtung des Blicks oder der Körperhaltung eindeutig an die Gruppe oder an einzelne Personen. Diese nonverbale Adressierfunktion ist in textbasierten Online-Systemen nicht mehr gegeben. Gleichzeitig sind Personen mit geringer oder keiner Chat-Erfahrung nicht gewohnt, Adressaten explizit anzusprechen, da sie dies aus konventionellen Gesprächssituationen nicht gewohnt sind. Werden Nachrichten ohne expliziten Adressat jedoch online artikuliert, sind diese zunächst unspezifisch an die Gruppe gerichtet. Als Folge dieses Kommunikationsverhalten bleibt häufig unklar, an wen eine Nachricht gerichtet ist und zu welchem Thema die Nachricht Bezug nimmt. Die dyadische Organisation des Gesprächsablauf wird hierdurch erschwert. Die Dialogsequenzen zwischen einzelnen Teilnehmern sind jedoch notwendig und wichtig, um Themen zu etablieren und weiter diskutieren zu können.

Inkohärenz in der computervermittelten Kommunikation

Sowohl der Wegfall der unmittelbaren Rückmeldung als auch die zeitliche Verzögerung und Simultanität sind Ursachen für die Entstehung von *Inkohärenz* in der cvK. So haben Analysen von unmoderierten Chats gezeigt, dass durch die Verletzung des Adjazenzprinzips Themen nur kurz aufrechterhalten oder erst gar nicht etabliert werden (vgl. HERRING 1999 S.3 ff.). Konversationale *Kohärenz* versteht CORNELIUS (2001b S.28) "... als Fähigkeit und Motivation von Gesprächsteilnehmern..., gegenseitig aufeinander einzugehen und gemeinsam Themen zu etablieren und weiterzuentwickeln".

Inwieweit ist die Kohärenz für die Fragestellung nach der Güte der Daten aus OFGs im Zusammenhang mit der Beurteilung der Benutzerfreundlichkeit von Websites von Relevanz? Zur Beantwortung dieser Frage muss die Aufgabenstellung von Fokusgruppen beim Website-Test berücksichtigt werden. Die Gruppe soll die Benutzerfreundlichkeit und das Gefallen von Shop-Prototypen *beurteilen* und *konkrete Verbesserungsvorschläge generieren*. Neben einer gemeinsamen Zieldefinition und Zielorientierung müssen die Teilnehmer dafür problemrelevantes Wissen und Meinungen austauschen, sowie vor dem Hintergrund der Problemstellung bewerten. Dabei ist der Grad der Unterschiedlichkeit der individuellen, subjektiven Bewertungen von alternativen Lösungsvorschlägen für den Usability-Praktiker von besonderem Wert. Auf diese Weise werden die zielgruppenspezifischen Bewertungsmechanismen und -kriterien sichtbar und stellen somit die Grundlage für die Herleitung von Handlungsempfehlungen dar.

Der Austausch von relevantem Wissen und die Bewertung von alternativen Verbesserungsvorschlägen setzt jedoch voraus, dass die Teilnehmer aufeinander eingehen, ein gemeinsames Thema etablieren (z.B. Beurteilung des Shops) und weiterentwickeln (z.B. Verbesserungsmöglichkeiten und -wünsche). Kohärenz in der Kommunikationssituation ist vor dem definierten Erkenntnisinteresse im Rahmen einer entsprechenden Evaluation also eine *notwendige Voraussetzung*, um zu befriedigenden Ergebnissen zu gelangen.

Als *Zwischenfazit* kann an dieser Stelle die Diskussion über die Güte von Daten aus OFGs spezifiziert werden (vgl. zusammenfassend Abb.1). Die synchrone cvK in OFGs ist aufgrund fehlender unmittelbarer Rückmeldungen und der technisch bedingten Verletzung des Adjazenzprinzips durch Inkohärenz gekennzeichnet. Wenn die Evaluation und Generierung von Verbesserungsvorschlägen Zielsetzung der OFG ist, dann ist Kohärenz eine wichtige Determinante der Datenqualität. Werden in diesem Fall keine Maßnahmen zur Reduzierung der Inkohärenz in OFGs eingesetzt, so ist tatsächlich zu erwarten, dass die Güte der verbalen Daten in der Online-Bedingung im Vergleich zu konventionellen Fokusgruppen leidet. Umgekehrt heißt dies jedoch auch: gelingt es, die Kohärenz in der OFG über geeignete Maßnahmen dem Niveau einer FtF-Diskussion anzugleichen, dann sollten die online generierten verbalen Daten sich hinsichtlich der inhaltlichen Qualität nicht von denen der FtF-Bedingung unterscheiden.

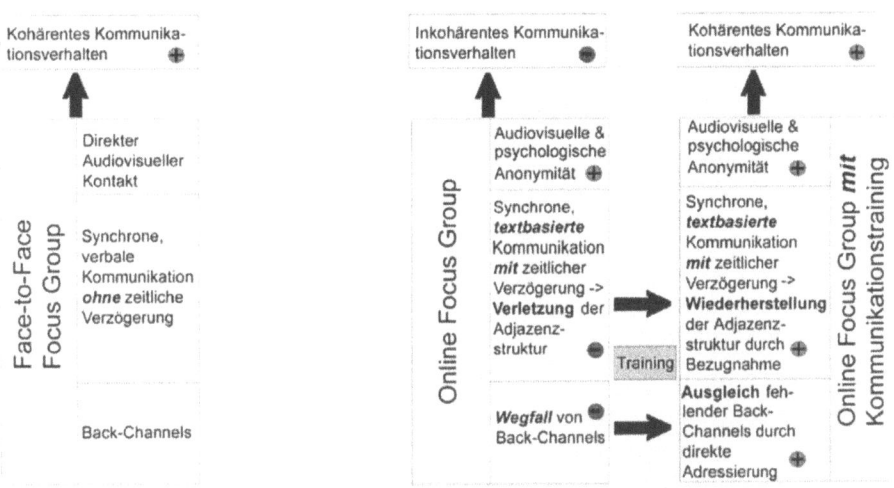

Abb.1: Kommunikationssituation in Face-to-Face- vs. Online-Fokusgruppen mit und ohne Training

3 Ergebnisse des Methodenvergleichs: Face-to-Face vs. Online-Fokusgruppen zur Beurteilung von Online-Shops

3.1 Untersuchungsanlage

Zur Überprüfung dieser Überlegungen wurde ein Methodenvergleich durchgeführt, in dem Daten von vier konventionellen Fokusgruppen und vier OFGs verglichen wurden. Zur Erhöhung der Kohärenz in den OFGs wurde ein Kommunikationstraining eingesetzt, dessen Wirksamkeit bei Entscheidungsfindungsgruppen bereits experimentell in anderen Studien geprüft wurde (vgl. CORNELIUS 2001a). Bei dem Training handelt es sich um bild- und textbasiertes Trainingsmaterial, welches die Teilnehmer für die Probleme der computervermittelten Kommunikationssituation sensibilisiert. Es wurde des Weiteren mit den Teilnehmern trainiert, dass sie beim Versenden einer Nachricht explizit auf das referierte Thema Bezug nehmen (Wiederherstellung der Adjazenzstruktur) und ggf. den Adressaten der Nachricht benennen sollten (Kompensation des Wegfalls von unmittelbareren Rückmeldungen).

Bei der untersuchten Website handelte es sich um einen HTML-Prototypen eines Online-Reiseshops, der über redaktionelle Inhalte, ausgewählte Produktangebote und Buchungsstrecken verfügte. Vor der Diskussion in der Fokusgruppe nutzten die Teilnehmer das Angebot sowohl frei als auch szenariobasiert. Interviewleitfaden, Diskussionszeit (90 Minuten) und Moderatorin waren für beide Untersuchungsbedingungen konstant.

Da die Erhebung einer möglichst großen Bandbreite an Meinungen, Einstellungen und Urteilen im Vordergrund stand, sollten die Gruppen in Bezug auf die personenbezogenen Merkmale *Alter,*

Geschlecht und Berufstätigkeit möglichst heterogen zusammengesetzt sein (vgl. LAMNEK 1998 S.96). Dies ist bei der kleinen Gruppengröße (6 Teilnehmer pro Gruppe) durch eine randomisierte Zuweisung nicht zu gewährleisten. Aus diesem Grund wurde versucht, sog. *Matched Samples* zu bilden. Diese Vorgehensweise eignet sich insbesondere für kleinere Stichproben mit einer Teilnehmerzahl von etwa 20 pro Vergleichsgruppe. Dabei werden die Teilnehmer der Stichproben einander paarweise in Bezug auf die Merkmale zugeordnet (vgl. BORTZ & DÖRING 1995 S.491 f.). Eine zeitökonomische Akquise adäquater Teilnehmer war mit Hilfe des Online-Access-Panels der eResult GmbH möglich.

3.2 Methodische Vorgehensweise bei der Aufbereitung der Daten

Zur Transformation der verbalen Diskussionsdaten in quantitative Größen wurde das Verfahren der *Inhaltsanalyse* verwendet. Zwei eingewiesene und trainierte Assistenten kodierten das Material nach vorgegebenen Kodierregeln. Die Kodierung durch die beiden Assistenten erfolgte unabhängig voneinander, so dass die Interkoder-Reliabilität berechnet werden konnte.

Zur Analyse der Interkoder-Reliabilität wurde sowohl die einfache *prozentuale Übereinstimmung* zwischen den beiden Kodierern als auch der *Kappa-Koeffizient (κ)* nach COHEN (1970 zit.n. BORTZ & DÖRING 1995 S.254) für die Variablen berechnet, die durch die Assistenten klassifiziert werden mussten. Letzterer ist ein im Vergleich zur prozentualen Übereinstimmung strengeres Kriterium. Er beinhaltet eine Zufallskorrektur des Übereinstimmungsmaßes, so dass zufällige Übereinstimmungen bei der Kodierung berücksichtigt werden. Es ergaben sich für die einfache prozentuale Übereinstimmung Werte zwischen 93,99% und 98,88% bzw. Kappa-Koeffizienten in Höhe von .71 bis .97. Dies sind gute bis sehr gute Reliabilitäten, so dass die Daten für eine weitere statistische Analyse verwendet werden konnten.

3.3 Ausgewählte Ergebnisse

Kohärenzkoeffizient

Zur quantitativen Erfassung der Kohärenz wurde ein validiertes Kodierungsschema angewendet, bei dem die kohärenten und inkohärenten Themenkoordinationsmechanismen (TKM) durch zwei Versuchsleiter kodiert wurden (zur ausführlichen Darstellung der Operationalisierung des Konstrukts der Kohärenz vgl. BOOS & CORNELIUS 2001, YOM in Vorbereitung). Als globales Maß der Kohärenz in der Fokusgruppe dient der *Kohärenzquotient*. Er wird berechnet aus der Differenz der Gesamtzahl der kohärenten TKM und der Gesamtzahl der inkohärenten TKM und dem Verhältnis dieser Differenz zur Gesamtzahl aller TKM. Das durch den Kohärenzkoeffizienten (K) abgebildete Kontinuum kann Werte zwischen 1 (extrem kohärent) und −1 (extrem inkohärent) annehmen. Für die Online-Bedingung ergab sich ein K= .91 und für die FtF-Bedingung ein K= .94. Beide Werte unterschieden sich nicht signifikant voneinander. Es ist also gelungen, die Kohärenz in der OFG dem Kohärenz-Niveau der konventionellen Fokusgruppe anzugleichen.

Anzahl der Wörter

Aufgrund des Tipp- und Editieraufwands in der Online-Bedingung zeigte sich erwartungsgemäß ein deutlicher Gruppenunterschied bei der Anzahl der Wörter. Dabei ist im Mittel ein Verhältnis von etwa 1:3 (Online:FtF) festzustellen. Die Teilnehmer der FtF-Diskussion (Mittelwert 972,75, SD 719,04) produzierten also dreimal so viele Wörter wie die Teilnehmer der OFGs (Mittelwert 316,40, SD 125,12). Aber bedeutet dies auch, dass in der Online-Bedingung nur ein Drittel an Aussagen und Meinungen artikuliert wurde?

Anzahl der Statements

Bei einem Statement bzw. einer Nachricht handelt es sich um eine in sich geschlossene verbale Äußerung oder textbasierte Mitteilung eines Teilnehmers. Ein Sprecherwechsel bzw. das Eintreffen einer neuen Nachricht markiert das Ende des Statements bzw. der Nachricht. Betrachtet man die Anzahl der Statements, so wird deutlich, dass die Teilnehmer der OFGs (Mittelwert 41,55, SD 11,60) trotz des Schreib- und Editieraufwandes im Durchschnitt sogar mehr Statements geäußert haben als die Teilnehmer der FtF-Diskussion (Mittelwert 33,79, SD 18,50). Die Anzahl der Statements in den beiden Bedingungen unterscheidet sich jedoch *nicht signifikant*.

Anzahl der angesprochenen Themen im Vergleich

Der Unterschied bei der Anzahl der Statements zwischen den beiden Kommunikationsbedingungen ist nicht signifikant. Jedoch lässt dies noch keinen Schluss darüber zu, in welcher *Variationsbreite* auf die Benutzerfreundlichkeit bezogen Themen von den Teilnehmern in den beiden Kommunikationsbedingungen diskutiert wurden. Oder anders ausgedrückt: inwieweit haben evtl. unterschiedliche Gruppendynamiken dazu geführt, dass sich je nach Kommunikationssituation unterschiedliche Themen etabliert haben? Denn letztendlich entscheiden die Teilnehmer, welche Themen sie für diskussionswürdig halten.

Über die Gegenüberstellung der *Anzahl der angesprochenen Themen* kann die inhaltliche Dimension der Diskussionen in den Kommunikationsbedingungen stärker berücksichtigt werden. Betrachtet man die angesprochenen Themen in den Online- und Offline-Gruppen gemeinsam, dann sind insgesamt 65 Themenaspekte diskutiert worden. Dabei zeigte es sich, dass insgesamt von den Teilnehmern der OFG (n=50) etwa gleich viele Aspekte der Benutzerfreundlichkeit angesprochen und diskutiert wurden wie in der konventionellen Fokusgruppe (n=55). Die Ergebnisse zur Anzahl der angesprochenen Themen sind bemerkenswert, bedenkt man, dass aufgrund des zusätzlichen kognitiven Aufwandes durch das Schreiben und Editieren der Nachrichten für die Teilnehmer der OGFs eine geringere Produktionsgeschwindigkeit zu erwarten gewesen wäre. Wie sind diese Befunde zu erklären?

Zum einen wirkt sich die Möglichkeit zur Teilnahme an parallel laufenden Diskussionssträngen positiv auf die Zeiteffizienz aus. Des Weiteren kann in den Logfiles und Transkripten abgelesen werden, dass in den OFGs wesentlich kürzer und prägnanter von den Teilnehmern formuliert wird als in den konventionellen Gruppen (vgl. hierzu auch PRICKARZ & URBAHN 2002 S.64). Dieses Ergebnis spricht auch für die Überlegungen von WALTHER (2000), der davon ausgeht, dass die Botschaften in cvK mit mehr Bedacht formuliert werden. So beansprucht der Schreib- und Editieraufwand in der cvK zwar kognitive Ressourcen. Gleichzeitig müssen jedoch für die konventionelle Kommunikationssituation notwendige Ressourcen wie z.B. die Umweltbeobachtung, Kontrolle des eigenen nonverbalen Verhaltens etc. *nicht aktiviert* werden. Er schließt daraus, dass diese Energie vom Sender dazu genutzt werden kann, um die inhaltliche und formale Konstruktion der geschriebenen Botschaften im Sinne des intendierten Eindrucks beim Kommunikationspartner zu nutzen. Diese "überschüssigen" Ressourcen können u.E. jedoch auch der aufgabenbezogenen Dimension zugute kommen und sich in knappen, aber auch prägnanten, themenbezogenen Äußerungen niederschlagen.

Anzahl der Meinungen und Urteile

Diese Vermutung bestätigt sich auch in der quantitativen Analyse der Statements. So wurden Statements, die eine bewertende Komponente enthalten, nochmals nach dem Kriterium Bezugsobjekt in drei Kategorien unterschieden. Bezog sich das Statement auf einen grundsätzlichen Zusammenhang zum Thema Websites/Internet allgemein, dann handelte es sich um eine *allgemeine Meinung*. War das Statement beschreibend auf die zu untersuchende Website (Prototyp oder Liveangebot) bezogen, dann wurde diese Aussage als *objektbezogene Meinung* kodiert. Bezog sich die Aussage auf ein konkretes Gestaltungsmittel des Prototypen oder Liveangebots, dann wurde dies als *Urteil* registriert. Um Verzerrungen bei den Gruppenunterschieden aufgrund der absoluten

Anzahl an evaluativen Statements zu vermeiden, wurden die absoluten Individualwerte in relative Werte transformiert. Die Überprüfung mittels Kolmogorov-Smirnov-Test ergab, dass alle drei Variablen normalverteilt sind, so dass die Gruppenunterschiede über einen t-Test auf statistische Signifikanz überprüft werden konnten. Es zeigte sich, dass die relative Anzahl der allgemeinen Meinungen und die relative Anzahl der objektbezogenen Meinungen sich zwischen den beiden Kommunikationsbedingungen nicht signifikant unterschieden. Einen deutlichen und signifikanten Unterschied zeigte sich jedoch bei der relativen Anzahl der Urteile. Teilnehmer der OFGs äußerten signifikant mehr Urteile als Teilnehmer der FtF-Bedingung (T=2.83, DF=42, $p< .05$). Das heißt, sie machten mehr Aussagen, deren Inhalt sich auf ganz konkrete Gestaltungsmittel des Webangebots bezogen. Diese Ergebnisse sprechen also dafür, dass die Teilnehmer der OFGs prägnantere Aussagen gemacht haben als die Teilnehmer der FtF-Fokusgruppen.

Gruppenspezifische Themen

Betrachtet man die ausschließlich in einer Versuchsbedingung diskutierten Themen, also jene, die nur von den Teilnehmern der einen oder der anderen Gruppe angesprochen wurden, so zeigt sich folgende Verteilung (vgl. Abb.2): 15 Themenfelder der insgesamt 65 angesprochenen Themen (23,1%) wurden nur von Teilnehmern der FtF-Gruppe angesprochen, während sich zu 10 Themen nur Teilnehmer der OFGs äußerten (15,4%). Es ist auffällig, dass beide Methoden in ähnlichem Masse gruppenspezifische Themen generieren.

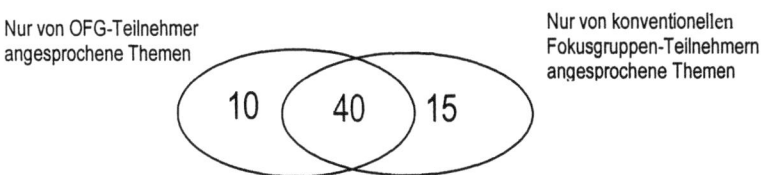

Abb.2: Anzahl der gruppenspezifischen und überlappenden Themen bei konventionellen Fokusgruppen vs. Online-Fokusgruppen

Wenden wir uns nun der inhaltlichen Dimension der gruppenspezifischen Themen zu. Gibt es möglicherweise einen charakteristischen Unterschied, welche Art von Themen eher von Online- oder FtF-Gruppen angesprochen werden? Es zeigte sich, dass sich die beiden Kommunikationsbedingungen insbesondere bei der Generierung von Themen im Bereich "Buchung" unterscheiden. Dieser Themenblock ist allerdings eine Ausnahme, da er ursprünglich keinen zentralen Aspekt der Diskussion darstellte. Aufgrund der insbesondere durch die Teilnehmer der FtF-Bedingung initiierten Etablierung dieses Themas wurde diese neue Hauptkategorie ex post notwendig. In den OFGs trat dieses Diskussionsverhalten so gut wie nicht auf, d.h. die Teilnehmer antworteten und diskutierten eng im Rahmen der vorgegebenen Themen.

Überlappende Themen

40 (61,5%) von insgesamt 65 inhaltlichen Aspekten wurden sowohl in den Online- als auch FtF-Fokusgruppen angesprochen und diskutiert (vgl. Schnittmenge in Abb.2). Auffällig ist dabei, dass bei den überlappenden Themen die *Richtung der Beurteilung bzw. Aussagen* in 31 (78%) der 40 Themen unabhängig von der Kommunikationssituation übereinstimmten. Lediglich bei neun Themen, differierten die Meinungen zwischen den beiden Kommunikationssituationen. Bei acht Themen wurden in den OFGs die Meinungen und Urteile *nicht gegenläufig* zur FtF-Bedingung, sondern lediglich *kontroverser* diskutiert. Eine kontroverse Diskussion kann die Ergiebigkeit der Ergebnisse durchaus positiv beeinflussen. Einmütige Urteile der Gruppe können durch die Beeinflussung eines charismatischen Wortführers zustande gekommen sein, die eine vertiefende Diskussion der Pro und Contras zu den einzelnen Themen im Keim erstickt oder sehr stark in eine Richtung gelenkt hat.

Nur ein Thema wurde tatsächlich gegensätzlich beurteilt. Beim Thema "Guided Tours" waren die Teilnehmer der FtF-Bedingung der Meinung, dass diese eher unnötig sei, während die Online-Teilnehmer dieses Hilfeangebot positiv hervorhoben. Für die Handlungsempfehlungen bezüglich einer benutzerfreundlichen Gestaltung wären diese gegenläufigen Meinungsbilder jedoch nicht von großer Tragweite, da „Guided Tours" eine optional angebotene Hilfefunktion darstellen, die nicht zu den zentralen Funktionsbereichen des Shops gehören.

Anzahl der Verbesserungsvorschläge

Statements, die einen konkreten Vorschlag zur gestalterischen oder strukturellen Veränderung der Website oder deren Inhalte beinhalteten, wurden als Verbesserungsvorschlag kodiert. Auch hier wurden zur Berechnung von Gruppenunterschieden mittels t-Tests die absoluten Individualwerte in relative Werte transformiert. Es zeigte sich, dass die die Teilnehmer der OFGs (MW .16, SD .13) tendenziell mehr konkrete Verbesserungsvorschläge formulierten als die Teilnehmer der FtF-Fokusgruppen (MW .13, SD .09). Der t-Test für unabhängige Stichproben mit der normalverteilten Variable "Relative Anzahl der Verbesserungsvorschläge" ergab jedoch, dass dieser Unterschied *nicht signifikant* ist. In beiden Kommunikationsbedingungen wurden also ähnlich viele konkrete Verbesserungsvorschläge generiert.

Partizipation

Betrachten wir nun die *Partizipationsrate*, die für jeden Teilnehmer berechnet wurde, in dem die absolute Anzahl der Statements in Relation zur Gesamtanzahl der Statements in der jeweiligen Gruppe berechnet wurde. In der Online-Bedingung (MW .20 SD .05) zeigten die Teilnehmer im Durchschnitt eine höhere Partizipationsrate als die Teilnehmer der FtF-Diskussion (MW .17, SD .08). Dabei sind die Gruppenunterschiede der normalverteilten Variable *tendenziell signifikant* (T=1.81, df 42, p< .10).

In Anlehnung an WEISBAND et al. (1995 S.1130) wurde darüber hinaus als Maß für die *Gleichverteilung der Partizipationsrate* für die gesamte Gruppe der *Gini-Koeffizient (G)* berechnet. Dieser berücksichtigt, dass beispielsweise bei einer Anzahl von sechs Teilnehmern, die optimale Gleichverteilung der Redebeiträge bei einem Sechstel aller Beiträge pro Mitglied liegt. Eine vollkommene Gleichverteilung der Partizipationsraten resultiert demnach in G=0, während G=1 bedeutet, dass die Teilnehmer in ihren Partizipationsraten maximal voneinander abweichen.

Wie die Tabelle 1 zeigt, weichen die Partizipationsraten in den OFGs sehr viel weniger voneinander ab wie die Partizipationsraten in den FtF-Fokusgruppen (höhere G-Werte).

N=20	G_{Online}	N=24	$G_{Face-to-Face}$
Gruppe 1 (n=5)	.05	Gruppe 5 (n=6)	.41
Gruppe 2 (n=4)	.19	Gruppe 6 (n=6)	.23
Gruppe 3 (n=6)	.13	Gruppe 7 (n=6)	.30
Gruppe 4 (n=5)	.12	Gruppe 8 (n=6)	.23
Anmerkung: G=0.0 (vollkommene Gleichverteilung der Partzipationsraten), G=1.0 (Partizipationsrate weichen maximal voneinander ab)			

Tabelle 1: Gini-Koeffizenten Online- vs. Face-to-Face-Fokusgruppen

Da insgesamt nur acht G-Werte vorlagen, wurden die zentralen Tendenzen der Online- vs. FtF-Bedingung mittels Mann-Whitney-U-Test überprüft. Dieser wies nach, dass die Unterschiede zwischen den beiden Kommunikationsbedingungen *signifikant* (p<.05) sind.

3.4 Fazit

Wir haben im Rahmen unserer Studie ein ausgewähltes, aber zukunftsträchtiges Anwendungsfeld der OFGs nämlich die Beurteilung der Usability von Websites untersucht. Dabei sind erste Ergebnisse bezüglich der Güte und Verwertbarkeit der verbalen Daten aus OFGs belegt worden. Störvariablen wie Inkohärenz in der cvK können durch geeignete Maßnahmen neutralisiert werden. Es zeigte sich trotz des Tipp- und Editieraufwandes für die Teilnehmer der OFGs keine Überlegenheit der konventionellen Fokusgruppen bei der Variationsbreite der etablierten Themen. Auch bestätigte sich, dass die Teilnehmer der OFGs den Tipp- und Editieraufwand durch Reduzierung von Redundanzen und prägnanten Aussagen kompensieren können. So formulierten Online-Teilnehmer signifikant mehr Urteile, also Aussagen zu ganz konkreten Gestaltungsmitteln des Webangebots, als die Teilnehmer der FtF-Gruppen, während sich die Anzahl der allgemeinen Meinungen und der objektbezogenen Meinungen nicht unterschieden. Des weiteren konnte in der deskriptiven Themenanalyse nachgewiesen werden, dass die Diskussionsinhalte in beiden Bedingungen einen hohen Anteil gemeinsamer Themen, die zum überwiegenden Teil in gleicher Richtung bewertet bzw. von den OFG-Teilnehmern kontroverser diskutiert wurden, enthielten. Ebenso wie in den konventionellen Fokusgruppen wurde auch in den OFGs eine äquivalente Anzahl an

Verbesserungsvorschlägen generiert. Für die Online-Variante spricht, dass die die Partizipationsraten online signifikant gleichverteilter war als bei den Fokusgruppen im Labor

Insgesamt zeigen die Ergebnisse, dass bei der inhaltlichen Qualität der Daten keine wesentlichen Unterschiede bestehen und OFGs im Rahmen von Web Usability-Tests eine interessante Ergänzung zum Methodenarsenal des Usability-Praktikers sein können. OFGs erlauben eine zeiteffiziente empirische Überprüfung von Website-Konzepten und werden damit der Schnelllebigkeit im Webprojekt-Geschäft besonders gerecht. Unsere praktische Erfahrung hat auch gezeigt, dass die Akquise der OFG-Teilnehmer bei internetspezifischen Fragestellungen sowohl zeit- als auch kostenökonomisch mittels Online-Access-Panels erfolgen kann. Ein gepflegtes Access-Panel kann so gut wie alle Quotierungswünsche des Forschers erfüllen kann. Insbesondere bei klar definierten Zielgruppen (z.B. regelmäßige Nutzer von Reise-Websites o.ä.) bietet ein nationales Access-Panel eine gute Ausgangsbasis für eine ökonomisch durchführbare Quotierung, bei der auch das Auftreten eines „urbanen Bias" vermieden werden kann (vgl. EPPLE & HAHN 2001 S.252).

Für die Zukunft wünschenswert sind weitere Methodentests, um die Anwendbarkeit bei verschiedenen Fragestellungen, Zielgruppen und Anwendungen zu prüfen.

Literaturverzeichnis

BALAZS, B. & CHRISTOPHERSEN, T. (2002). Entwicklung und Überprüfung eines benutzerzentrierten Fragebogens zur Erfassung der Usability im E-Commerce, Präsentation auf der German Online Research 2002, Stuttgart

BOOS, M. & CORNELIUS, C. (2001). Zur Erfassung konversationaler Kohärenz in direkter und computervermittelter Kommunikation, in: F.W. HESSE & H.F. FRIEDRICH (Hrsg.) Partizipation und Interaktion im virtuellen Seminar, Münster: Waxmann, S.55-80

BORTZ, J. & DÖRING, N. (1995). Forschungsmethoden und Evaluation für Sozialwissenschaftler, 2.Aufl., Berlin: Springer

CORNELIUS, C. (2001a). Best Match zwischen Forschungsfrage und Design von Online-Fokus-Gruppen, in: K.J. JONAS, P. BREUER, B. SCHAUENBURG & M. BOOS (Hrsg.). Perspectives on Internet Research: Concepts and Methods (Online-Document), URL: http://server3.uni-psych.gwdg.de/gor/contrib/cornelius-caroline/cornelius-caroline.html, Stand 31.01.02, 9 Seiten

CORNELIUS, C. (2001b). Gegenseitiges Verständnis in Computerkonferenzen. Voraussetzungen und Folgen konversationaler Kohärenz in Entscheidungsfindungsgruppen im Medienvergleich, Münster: Waxmann

EPPLE, M. & HAHN, G. (2001). Dialog im virtuellen Raum: Die Online-Focus Group in der Praxis der Marktforschung, in: A. Theobald , M. Dreyer & T. Starsetzki (Hrsg.). Online-Marktforschung - Theoretische Grundlagen und praktische Erfahrungen, Wiesbaden: Gabler, S.249-260

GÖRTS, T. (2001). Gruppendiskussionen - Ein Vergleich von Online- und Offline-Focus-Groups, in: A. THEOBALD , M. DREYER & T. STARSETZKI (Hrsg.). Online-Markforschung - Theoretische Grundlagen und praktische Erfahrungen, Wiesbaden: Gabler, S.149-164

GREENBAUM, T. (1995). Focus Groups on the Internet: An Interesting Idea but not a Good One, URL: http://www.quirks.com/CGI-BIN/SM40i.exe?docid=3000: 58911&%70assArticleID=136, Stand: 30.11.99, 3 Seiten

HERRING, S.C. (1999). Interactional Coherence in CMC, in: Journal of Computer Mediated Communication, Vol.4, No.4, URL: http://www.ascus.org/jcmc/ vol4/issue4/herring.html, Stand: 17.06.01, 25 Seiten

JOINSON, A. (2001). Self-Disclosure in Computer-Mediated Communication: The Role of Self-Awareness and Visual Anonymity, in: European Journal of Social Psychology, Vol.31, No.2, pp.177-192.

KIRAKOWSKI, J. & CIERLIK, B. (1998). Measuring the Usability of Web Sites, Paper presented at the Human Factors and Ergonomics Society Annual Conference, Chicago, URL: http://www.ucc.ie/hfrg/questionnaires/wammi/ research.html, Stand: 07.11.02, 6 Seiten

MCLAUGHLIN, M.L.(1984). Conversation: How Talk is Organized, Beverly Hills

MORGAN, D.L. (1997). Focus Groups as Qualitative Research, 2. Aufl., Newsbury Park: Sage Publications

PALMQUIST, J. & STUEVE, A. (1996). Stay Plugged into New Opportunities, in: Marketing Research, Vol.8, No.1, pp.13-15

POSTMES, T., SPEARS, R. & LEA, M. (1999). Social Identity, Normative Content and Deindividuation in Computer-Mediated Groups, in: N. ELLEMERS, R. SPEARS & B. DOOSJE (Eds.). Social Identity: Context, Commitment and Content, Oxford: Blackwell, pp.164-183

PRICKARZ, H. & URBAHN, J. (2002). Qualitative Datenerhebung mit Online-Fokusgruppen, in: Planung & Analyse, 28.Jg., Nr.1, S.63-70

WALTHER, J.B. (2000). Die Beziehungsdynamik in virtuellen Teams, in: M. BOOS, K. JONAS & K. SASSENBERG (HRSG.). Computervermittelte Kommunikation in Organisationen, Göttingen, Hogrefe, S.11-25

WEISBAND, S.P., SCHEIDER, S.K. & CONNOLLY, T. (1995). Computer-Mediated Communication and Social Information: Status Salience and Status Differences, in: Academy of Management Journal, Vol.38, No.4, pp.1124-1151

YOM, M. (in Vorbereitung). Web Usability von Online-Shops - Erkenntnisse & Testmethoden, Dissertationsprojekt am Institut für Marketing, Universität Dortmund

Periphere Wahrnehmung von Expertise

Volkmar Pipek[+*], Philippe Nuderscher[*], Markus Won[*]
[+]IISI, Bonn und [*]ProSEC, Institut für Informatik III, Universität Bonn

Zusammenfassung

In diesem Artikel stellen wir einen innovativen Ansatz zur Linderung des Problems mangelnder Kompetenztransparenz in virtuellen Organisationen vor. Ausgangspunkt unserer Überlegungen sind empirische Untersuchungen darüber, wie Akteure in virtuellen Organisationen mit dem Problem umgehen, die vorhandenen Kompetenzen von verteilt arbeitenden Partnern zu erfassen und zu vermitteln. Die Erfahrungen belegen, dass kompetenzprofil- bzw. datenbankorientierte Ansätze in virtuellen Organisationen an mangelnder Flexibilität und hohem Pflegeaufwand scheitern. Dem stellen wir einen Ansatz gegenüber, in dessen Zentrum das rechnergestützte Ermöglichen peripherer Wahrnehmungen kompetenzindizierender Ereignisse steht. "Nebenbei" gesammelte Informationen können sich so bei den Akteuren zu einem zwar diffusen, aber anwendbaren Bild der vorhandenen Kompetenzen in der Organisation verdichten. Wir versuchen dabei, von den Erfahrungen mit "Awareness"-Ansätzen im CSCW-Bereich zu profitieren.

1 Einleitung

Im Bereich des Wissensmanagements in Organisationen war es immer eines der Kernprobleme, ihren Mitgliedern einen Überblick über die in der Organisation vorhandenen Kompetenzen anzubieten (z.B. als eine von fünf "Aufgaben des Wissensmanagements" in von Krogh und Venzin 1995). Wir bezeichnen dies als Problem der *Kompetenztransparenz* in Organisationen. Dies ist zum Einen ein Problem auf der Organisationsebene, weil der vorhandene Kompetenzmix nur sehr grob erfasst werden kann und somit auch schwerer steuerbar ist. Zum Anderen ist es auch ein Problem auf der Individualebene, wenn z.B. im Rahmen eines konkreten Problemlöseprozesses nicht bekannt ist, ob relevante Kompetenzen in der Organisation vorhanden sind. Betrachten wir die Haupteigenschaften virtueller Organisationen (VO) bzw. ihrer Mitglieder (oft temporärer Zusammenschluss, räumlich verteilte Partner mit einem hohen Grad an Autonomie, intensiver rechnergestützter Kommunikation und Kooperation), so wird schnell klar, dass das Problem sich hier noch verschärft. Gemeinsame Organisationsstrukturen und -kulturen etablieren in klassischen Organisationsformen Navigationsmöglichkeiten für die Suche nach Expertise, die in der deutlich heterogeneren Landschaft einer VO nicht vorhanden sind. Gründe dafür sind:

- Niedrigere Motivation zur Präsentation eigener Kompetenzen durch temporären Charakter der VO,
- Erschwerte Bildung einer gemeinsamen Arbeitskultur in fragmentierten Arbeitszusammenhängen,
- Hoher Produktivitätsdruck bei den einzelnen Mitgliedern verringert die Bereitschaft zur Wahrnehmung gruppen- oder organisationsbezogener Infrastrukturaufgaben

- Die intensive Nutzung moderner Informations- und Kommunikationstechnik ist gleichermaßen eine Chance wie eine Erschwernis, z.B. wegen der Verlagerung von Kommunikation in ein ausdrucksschwächeres Medium (z.B. E-Mail).

Andererseits bringt das Konzept der virtuellen Organisation auch eine stärkere innere Marktsituation mit sich, in der es im Interesse der Beteiligten liegt, ihre Expertise anderen Organisationsmitgliedern zu präsentieren.

Wir beschreiben zunächst die in einer Vorstudie in zwei VO ermittelte Praxis der Bewältigung des Problems der Kompetenztransparenz. Danach gehen wir auf relevante Vorarbeiten ein, die im Kontext unserer Idee einer Linderung des Problems durch die Unterstützung peripherer Wahrnehmung von Expertise relevant sind. Danach beschreiben wir unser Konzept und seine Implementierung.

2 Kompetenztransparenz als Problem virtueller Organisationen

Wir reden von *Informationen* als kontextbezogen interpretierbare Daten, von *Wissen* als Erfahrungen verinnerlichte und abrufbare Informationen eines Wissenden (jeweils in Anlehnung an Willke 1998), von *Kompetenzen* als im Organisationskontext verwertbares, handlungsbezogen umsetzbares Wissen von Personen (oft in Form von Teilkompetenzen formuliert, z.B. Fachkompetenz, Methodenkompetenz, etc.; vgl. z.B. KGSt 1999) und von *Expertise*, wenn wir die Konnotation wecken wollen, dass Kompetenzen fallweise nicht nur vermittelt (gelehrt und gelernt) werden können, sondern auch einfach als Wissensdienstleistung angeboten und abgerufen werden können.

Es lassen sich zwei Bedarfssituationen für eine Übersicht der Expertise unterscheiden, die uns auch als Leitszenarien bei der Entwicklung unserer Konzepte dienten:

- *Individueller Bedarf*: Ein Mitglied einer virtuellen Organisation benötigt in seinem Arbeitskontext eine bestimmte Kompetenz.
- *Organisatorischer Bedarf*: Die Erhaltung der Dienstleistungskompetenz einer virtuellen Organisation setzt auch immer das Vorhandensein eines gewissen Kompetenzspektrums in der Organisation voraus. Den Überblick über diese Problematik zu erhalten, ist eine wichtige Aufgabe von Knotenpunkten virtuell operierender Netzwerkorganisationen.

Wir haben uns im Rahmen einer Vorstudie mit der Praxis der Problembewältigung auseinandergesetzt. Im Rahmen der qualitativen Empirie des Projektes Olvio[1] wurden etwa 22 Einzelpersonen aus unterschiedlichen Positionen befragt. Sie kamen aus zwei virtuellen Organisationen aus dem Dienstleistungsbereich mit den Schwerpunkten Unternehmensberatung und Softwareentwicklung, die über 150 bzw. 300 Mitarbeiter bzw. Netzwerkpartner verfügten. In der Befragung wurde mit narrativen Interviews von ein- bis zweieinhalbstündiger Länge allgemein zur Praxis der Zusammenarbeit gefragt mit einem Schwerpunkt hinsichtlich vorhandener Informationsflüsse.

Das Problem der Intransparenz von Kompetenzen existierte in beiden Untersuchungsfeldern, und wurde von verschiedenen Befragten auch als drängende Aufgabe eingeschätzt. Beide Organisationen haben Erfahrungen mit datenbankbasierten Ansätzen zur Erfassung und Visualisierung von Kompetenzprofilen gesammelt, die sich in der Arbeitspraxis nicht dauerhaft durchsetzen konnten. Die Organisationen experimentierten mit angereicherten Adresslisten, internen Homepages und Profildatenbanken, mit Recherche in Projektprotokollen und mit internen Bewertungsmodellen.

---

[1] Olvio - Organisationales Lernen in Virtuellen Organisationen, http://www.olvio.de

Diese Ansätze scheiterten an der mangelnden Bereitschaft der Akteure, diese Informationen auch zu pflegen. Hierarchische Mittel zur Durchsetzung entsprechender Richtlinien waren aufgrund der Autonomie der Beteiligten nicht vorhanden, und appellative Maßnahmen waren jeweils nur kurz von Erfolg gekrönt. Auch Unterschiede im Umgang mit der Navigation in Profilen wurden deutlich. In der Rolle als Profilerstellende tendierten die Befragten dazu, eher vergröbernde Bezeichnungen für Kompetenzen zu benutzen, während in der Rolle als Kompetenzsuchende eine möglichst spezifische Begriffswelt gewünscht wurde.

Der tatsächlich etablierte Umgang mit dem Problem lief darauf hinaus, dass viele der Befragten sich sensibel für Informationen zeigten, die auf vorhandene Expertise einen Rückschluss zuließen (z.B. neue Netzwerkpartner, Informationen über Projektmitarbeit, Besuch einschlägiger Veranstaltungen, Autorenschaft bei Schulungsmaterialien, etc.).

In diesem Organisationskontext spricht somit einiges gegen datenbank- und recherchebasierte Ansätze der Präsentation von Expertise. Es zeigt eher den Bedarf, Unterstützungskonzepte zu entwickeln, die sich durch ein hohes Maß an Aktualität, einfacher Zuschneidbarkeit auf individuelle Bedürfnisse und einen möglichst niedrigen Pflegeaufwand auszeichnen. Die Beobachtung, dass die Praktiker die zur Herstellung eines gewissen Überblicks notwendigen Informationen eher nebenbei sammeln (periphere Wahrnehmung), veranlasste uns zu prüfen, inwieweit Arbeiten aus dem Bereich der Unterstützung peripherer Wahrnehmung bezüglich gemeinsamer Arbeitsaufgaben (sog. Awareness-Konzepte) sich auf dieses Problem anwenden lassen.

3 Existierende Ansätze und Vorarbeiten

3.1 Periphere Wahrnehmung im Arbeitskontext

Die elektronische Unterstützung peripherer Wahrnehmungen in CSCW-Systemen ist seit über einem Jahrzehnt Forschungsgegenstand. Heath und Luff machten 1992 in einer Studie darauf aufmerksam, dass für die Gruppenkoordination im Arbeitskontext nicht nur explizit ausgetauschte Informationen relevant sind, sondern auch die peripheren Wahrnehmungen („peripheral awareness") der Beteiligten eine wichtige Rolle spielen. In der Übertragung dieser Beobachtung auf die Kooperation im Virtuellen entstand die Unterstützung der Wahrnehmung arbeitsrelevanter Ereignisse in verteilten Arbeitsumgebungen sowohl als Forschungsgebiet im Bereich Computerunterstützter Gruppenarbeit (z.B. Dourish 1992, Benford und Fahlen 1993, Rodden 1996) als auch als Funktionalität von Kooperationswerkzeugen (Awarenessfunktionalität in Groupwareprodukten).

Die neuen Wahrnehmungsmöglichkeiten brachten zwei grundsätzliche Probleme mit sich. Zum einen gefährdeten diese neuen Beobachtungskanäle die Privatsphäre der Benutzer (Bellotti und Sellen 1993), zum anderen drohte eine Flut möglicherweise irrelevanter Ereignisinformationen Endbenutzer zu überfordern (Hiltz und Turoff 1985, Schultze und Vandenbosch 1998). Die entwickelten Architekturen für Awarenesssysteme berücksichtigten Konfigurationsmöglichkeiten für beide Probleme (Rauschenbach 1996, Sandor et al. 1997, Fuchs 1998). Der Konflikt zwischen kooperationsnotwendiger Sichtbarkeit von Ereignissen und der Wahrung der Privatsphäre (Hudson und Smith 1996, Pipek 2003) muss jedoch in jedem Arbeitskontext erneut gelöst werden

3.2 Technische Unterstützung des Wissensmanagements

Das Problem der Kompetenztransparenz findet sich als Teilproblem der "Verbreitung von Metawissen" z.B. auch schon in den durch von Krogh und Venzin (1995) formulierten fünf Aufgaben des Wissensmanagements wieder. Die technische Unterstützung des Wissensmanagements von Organisationen orientierte sich zunächst meist an der Metapher des „Organisationsgedächtnisses" (Walsh und Unger 1991) und bildete große, häufig vernetzte Informationsräume heraus (z.B. Akscyn et al. 1988). Dieser Ansatz wurde aus verschiedenen Richtungen kritisiert. Bannon und Kuuti (1996) werteten diese Lösungen als zu statisch, zu passiv und zu isoliert von der Praxis wissensintensiver Arbeitsprozesse. Andere maßen der Kommunikationsunterstützung einen größeren Stellenwert im Wissensmanagement zu als der reinen Vorhaltung von Informationen (Ackerman und Malone 1990, Shum 1997), wiesen auf die Grenzen explizierbaren Wissens hin (Nonaka und Takeuchi 1995) und auf die Notwendigkeit der Unterstützung der kollaborativen Veränderung virtueller Informationsräume (Shum 1997). In vielen in jüngerer Zeit entwickelten Konzepten geht es darum, neben Informationen auch Experten sichtbar und auffindbar zu machen (Ackerman und McDonald 1996, Yimam und Kobsa 2002). Eine wichtige Kritik an diesen Ansätzen ist jedoch, dass sie versuchen, automatisch Informationen und Experten in Wissensgebiete zu klassifizieren und so einheitliche Zuordnungen und Ontologien erzwingen, die zu Missverständnissen und Unstimmigkeiten bei den Anwendern führen können. So kritisierten Groth und Bowers (2001) den „Expertise Recommender"-Ansatz von McDonald und Ackerman (2000), weil die verwendeten Klassifikationsheuristiken nicht immer dem Anwendungsfeld angemessen erscheinen. Sie verweisen darauf (Groth und Bowers 2001, S. 297), stattdessen über Awarenesssysteme die Aktivitäten anderer im Arbeitskontext beobachtbar zu machen, und so Benutzern informierte Interpretationen über die Kompetenzen anderer zu ermöglichen. Dies ist auch die Grundidee unseres Ansatzes zur Unterstützung von Kompetenztransparenz.

4 eXACt – das Expertise Awareness Concept

eXACt verfolgt das Ziel, das im Bereich CSCW bekannte Konzept der "Awareness-Systeme" für den Bereich des Wissensmanagement nutzbar zu machen. Im Gegensatz zu bekannten Awarenessdiensten im Groupware-Bereich geht es in dieser Problemwelt nicht um die Vermittlung des Arbeitsgeschehens im aktuellen Arbeitskontext des Betrachters, sondern um die Bereitstellung von peripher wahrnehmbarer Informationen, die eine Aussage über das Vorhandensein von Expertise zulassen. Unser Konzept basiert auf zwei Strategien:

- Einer Visualisierung von Wissenserwerbs- und –austauschprozessen z.B. durch die Ergänzung privater Kommunikationskanäle durch öffentliche, beobachtbare Kommunikationskanäle (z.B. themenorientierter Chat/Forum),
- und der Erfassung und gezielten Weiterleitung kompetenzindizierender Ereignisse.

Wir glauben, dass beide Strategien gemeinsam eine signifikante Linderung des Problems der Kompetenztransparenz herbeiführen können. Der aus der Diskussion um Awareness-Systeme bekannte Konflikt zwischen erwünschter Transparenz und notwendiger Wahrung der Privatsphäre existiert auch in dieser Ideenkonstellation und muss, ähnlich wie in der Awareness-Debatte, über geeignete Konfigurationswerkzeuge gelöst werden.

Der Wissensaustausch kann z.B. mit Hilfe themenorientierter Wissensforen in der virtuellen Organisation sichtbar gemacht werden. Diese Foren bieten eine einfach zugängliche Plattform für Fragen zu den jeweiligen Themen, und zur Präsentation der eigenen Kompetenzen über die Qualität und Quantität von Antworten auf diese Fragen. Wir konzentrieren uns in unserer Darstellung hier jedoch auf die Idee der Weiterleitung kompetenzindizierender Ereignisse.

Ein zentraler Punkt dieses Ansatzes ist die Frage, welche messbaren, d.h. durch ein technisches Unterstützungssystem erfassbaren Ereignisse als kompetenzindizierend gewertet werden können. Wir orientieren uns dafür zunächst an in den empirischen Untersuchungen erwähnten Ereignissen, die dort im Rahmen normaler persönlicher Kommunikationen transportiert und wahrgenommen wurden, die aber mindestens in Ansätzen auch elektronisch erfassbar sind, und somit mögliche Kompetenzindikatoren in unserem System darstellen (Anträge auf Schulungen, Eröffnung neuer Projekte, Besuch von Tagungen). Ziel ist jedoch zunächst vor allen Dingen die Bereitstellung eines flexiblen Frameworks, in welchem neue Kompetenzindikatoren nach Bedarf und Gelegenheit realisiert werden können. Klar ist dabei, dass die in einer Organisationsinfrastruktur zur Verfügung stehenden Funktionalitäten als Grundlage messbarer Ereignisse einen erheblichen Einfluss auf den zur Verfügung stehenden Gestaltungsspielraum für Konzepte zur Kompetenzindikation haben werden.

Unser System nutzt und erweitert das von Fuchs (1998) erarbeitete Konzept der Awareness-Pipeline. Hypothesen über vorhandene Expertise, die erzeugt werden durch Aktivitäten von Benutzern des Groupware-Systems, in das der Awareness-Dienst integriert ist, gelangen als "Ereignisse" in die Awareness-Pipeline. Die Detektion dieser Hypothesen/Ereignisse erfolgt durch Hypothesenerzeuger bzw. Indikatoren. Ereignisse, die so in die Pipeline gelangen, werden von dort an potentielle Empfänger verteilt. Auf dem Weg durch die Pipeline müssen die Ereignisse Filter passieren. Aufgabe der benutzerkonfigurierbaren Filter ist der Schutz der Privatsphäre des Ereignisproduzenten, die Wahrung der Interessen der Organisation (z.B. Weiterleitungskonventionen, arbeitsrechtliche Aspekte), bei der das System eingesetzt wird, sowie die Einhaltung des Interessenfokus des Empfängers. Diese Architekturmerkmale wurden dem neuen Kontext der Expertise Awareness angepasst, aber die wesentliche Neuerung ist die Indikatoren- und Hypothesenschicht, in der Ereignisse bzw. Hypothesen zur Weiterleitung entstehen.

4.1   Sensoren, Indikatoren und Hypothesen

Sensoren sind die Module, die ein Ereignis erfassen, ohne es in irgendeiner Form zu interpretieren. Sensoren sind hochgradig spezifisch für die Anwendung, deren relevante Ereignisse sie erfassen sollen (z.B. kann ein Sensor an einer Forensoftware erkennen, dass ein Benutzer in ein Themenforum "CORBA" gepostet hat). Indikatoren formen diese tatsächlichen Ereignisse in "interpretierbare" Ereignisse um (z.B. dass ein Benutzer innerhalb eines Monats schon zum fünften Mal eine Reply im Themenforum "CORBA" gepostet hat). Ein oder mehrere Indikatoren können mit ein oder mehreren Hypothesenerzeugern verbunden werden, die letztendlich die Aussage (die "Hypothese"), die dem Indikator bzw. der Indikatorgruppe beigemessen wird, festlegen (z.B. hat neben unserem Beispielindikator ein weiterer Indikator aus der Projektdatenbank die Mitwirkung der Person bei drei Projekten gemeldet, in deren Projektbeschreibung "CORBA" als Stichwort vorkommt). Diese erzeugten Hypothesen (in diesem Fall "X hat CORBA-Expertise") sind die Notifikationen, die mit dem Awareness-Pipeline-Modell von der Ereignisquelle zum Empfänger transportiert und dort visualisiert werden (vgl. auch Abb. 1). Der Name "Hypothese" ist dabei bewusst gewählt, um präsent zu halten, dass es sich bei den Aussagen bereits um Vor-Interpretationen handelt. Während Sensoren jeweils anwendungsspezifisch für das eXACt-System implementiert werden müssen, sind Indikatoren durch den Benutzer anpassbar (z.B. so, dass der Projekt-Indikator erst bei fünf Projekten zu einem Stichwort reagiert), und Hypothesenerzeuger in einer grafischen Sprache durch Benutzer erzeugbar und manipulierbar (inkl. der damit verbundenen Hypothesenaussage). Hypothesenerzeuger manifestieren so eine Interpretation elektronisch erfassbarer Ereignisse, die der Benutzer bei der Erzeugung mit diesen verbunden hat.

Hypothesenerzeuger sind wiederum Themenfeldern zugeordnet, die bewusst eher breit angelegt sind und nur eine Orientierung geben sollen, wo ein Hypothesenerzeuger einzuordnen ist. Anhand dieser Themenfelder können Hypothesenerzeuger von Interessenten "abonniert" werden. In einem integrierten Konzept sollten diese Themenfelder mit denen der oben angesprochenen Foren übereinstimmen.

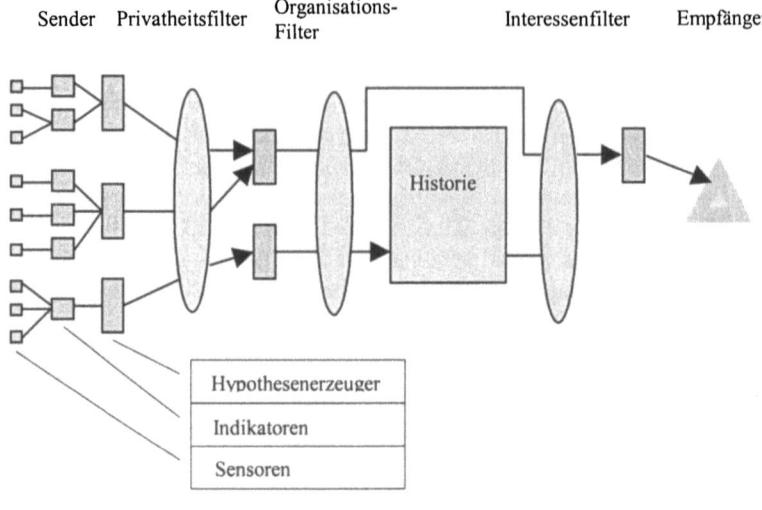

Abbildung 1: eXACt-Awarenessmodell

4.2 Weitere Designaspekte

Die zentrale Frage ist für den einzelnen Benutzer, ob die Indikatoren die Hypothese seiner Meinung nach tragen; und dies kann individuell sehr unterschiedlich sein. Benutzer haben deshalb die Möglichkeit, existierende Hypothesen hinsichtlich ihrer Glaubwürdigkeit individuell zu bewerten und zu (de-)aktivieren bzw. glaubwürdige Hypothesenerzeuger selbst zu bauen.

Darüber hinaus sind auch die bisher aus dem Konzept der Awareness-Pipeline bekannten Filter erhalten geblieben. Im Privatheitsfilter können Benutzer Hypothesen, die sie über sich nicht gebildet sehen wollen, blockieren, im Organisationsfilter finden gruppenweite Regelungen ihren Platz, und mit Hilfe des Interessensfilters können Benutzer steuern, zu welchen Themenbereiche sie Expertisehypothesen bekommen wollen und wie diese visualisiert werden können. Dabei sind unterschiedliche Intensitätsgrade für die Visualisierung wählbar, die auch eine wirklich periphere Wahrnehmung der Hypothesen zulassen (vgl. auch "Expertise Awareness Monitor" weiter unten, in einer weiteren Variante können Expertisehypothesen im Rahmen der themenorientierten Foren dargestellt werden). Des Weiteren werden angemessene akkumulierte Darstellungen z.B. über den Kompetenzzuwachs von Gruppen angeboten. Diese Konfigurationen werden mit Konzepten vorgenommen, die sich schon in den Original-Awarenesskonzepten bewährt haben (Fuchs 1998, Pipek 2003).

Kompetenzen, die lange nicht ausgeübt oder kommuniziert werden, können im Rahmen des Erlernens anderer Kompetenzen durchaus auch verfallen. Technisch lässt sich dies z.B. durch eine "Haltbarkeitsdauer" für Indikatoren realisieren.

In datenbankbasierten Ansätzen zur Etablierung von Kompetenztransparenz müssen alle Beteiligten eine gemeinsame Begriffswelt haben, da diese durch Such- und Navigationsfunktionen systemweit festgelegt ist. Wir haben mit unserem Ansatz die Begriffswelt der inhaltlichen Hypotheseninformation (also die Hypothesenbeschreibung) von der Begriffswelt, die zum Abgleich von Interessenfilter und Hypothese dient (den mit den Hypothesen assoziierten Themenfeldern), entkoppelt. Der Benutzer, der einen Hypothesenerzeuger entwirft, muss diesen nur einem groben Themenfeld zuordnen, über welches dieser auch von Interessierten abonniert werden kann. Trotzdem ist der Benutzer bei der Ausformulierung der Hypothese nicht an diese Begriffswelt gebunden, sondern kann diese selbst festlegen.

5 Architektur

Wir haben unseren Prototypen in Verzahnung mit einer komponentenbasierten Peer-To-Peer-Groupware angelegt, die zur Zeit entwickelt wird (Stiemerling 2001, Alda und Cremers 2002). Diese Arbeiten gehen auf die Komponentenarchitektur FreEvolve zurück (Stiemerling 2001), die einen besonders flexiblen Umgang mit Komponenten (hier: Java-Beans) erlaubt.

Visualisierungs-Module, die in ihrer Gesamtheit die eXACt-Benutzerschnittstelle darstellen, greifen über eine Awareness-API auf den Awareness-Dienst zu. Diese Schnittstelle ist im übrigen auch von anderen Applikationen verwendbar, z.B. zur Ausgabe von Hypothesen, die für externe Visualisierungen zur peripheren Wahrnehmung bestimmt sind. Drei wesentliche Benutzerschnittstellen-Module sind in der eXACt-Implementierung selbst verankert:

Der Expertise-Awareness-Monitor (Abb. 2a) dient der Darstellung von neu aufgestellten Hypothesen und von Gültigkeitszeiträumen von Hypothesen und Themengebieten, die von der Historiendatenbank gespeist oder initiiert werden, z.B. die Löschung einer Hypothese aufgrund von Überalterung eines Indikators. Der Monitor lässt gerade neu aufgestellte Hypothesen zur Wahr-

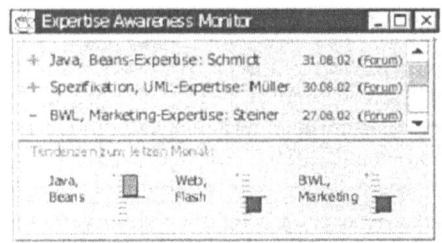 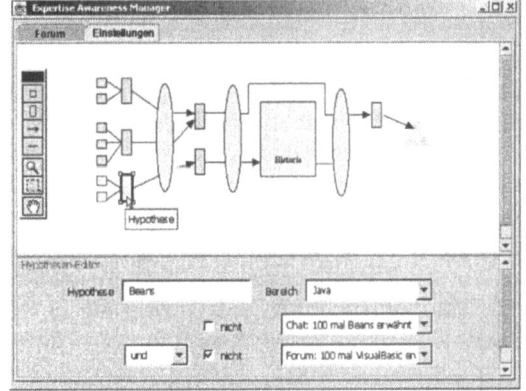

*Abbildung 2: a) Expertise Awareness Monitor
b) Expertise Awareness Manager*

nehmung mit einem grünen Plus-Zeichen davor erscheinen und erzeugt zusätzlich einen Signalton. Ein solches Plus-Zeichen lässt sich auch als Kompetenzzunahme einer Person in einem bestimmten Bereich interpretieren. Rote Minuszeichen hingegen zeigen eine Abnahme von Kompetenzen in einem bestimmten Bereich.

Des Weiteren zeigt der Monitor globale Tendenzen ausgesuchter Kompetenzgebiete (z. B. Java) an. Tendenzen sind Veränderungen bei der Anzahl zugeordneter Hypothesen in einem Kompetenzgebiet, gemessen in einem festgelegten Zeitraum. Periphere Wahrnehmung von Hypothesen erfolgt auch in Applikationen des Groupwaresystems. Diese Applikationen greifen über die Awareness-API auf die Awareness-Services des Systems zu.

Ein Explorationsmodul dient der Recherche von Hypothesen in der Historie. Es zeigt Historieneinträge, also Hypothesen, in einer Forenstruktur, sortiert nach Erstellungsdaten, an. Die Foreneinträge sind dabei nach den Hypothesen oder den Kompetenzgebieten benannt.

Das Einstellungsmodul dient vor allem der Justierung der Hypothesenerzeuger, aber auch der Einstellung von Filtern und Historie. Abbildung 2b zeigt eine mögliche Konfiguration: Ausgewählt wurde im oberen Teil des Einstellungsfensters, in der grafischen Systemübersicht, ein Hypothesenerzeuger, der von zwei Indikatoren gespeist wird. Die Indikatoren sind auf die Erkennung von „100 mal Beans erwähnt" und „100 mal VisualBasic erwähnt" geeicht. Der logische Ausdruck, der eine mögliche, vom Erzeuger aufgestellte Hypothese definiert, heißt >>„100 mal Beans erwähnt" und nicht „100 mal VisualBasic erwähnt"<<. Über einen Benutzer, der also mindestens 100 mal Beans erwähnt (hier in einem Chat), aber weniger als 100 mal VisualBasic erwähnt hat (hier in einem Forum), wird die Hypothese aufgestellt, dass er ein Java-Beans-Experte sei. Die Anordnung von Indikatoren, Hypothesenerzeugern und Filtern auf der Awareness-Pipeline wird in der grafischen Systemübersicht direkt vorgenommen. Bei Neuaufstellung eines Hypothesenerzeugers werden dem Nutzer alle zur Verfügung stehenden Indikatoren zur Auswahl angezeigt.

6   Ausblick

Verschiedene Teilaspekte unseres Ansatzes bedürfen weiterführender empirischer wie implementatorischer Arbeit. Die Ermittlung, Auswahl und Entwicklung geeigneter Indikatoren und Hypothesen dürfte entscheidend für den Erfolg des Systems in der Praxis sein. Diese Entwicklung sollte als Prozess besser unterstützt werden, da die Indikatoren und Hypothesen sich in die jeweilig existierende Infrastruktur von Organisationen einpassen müssen. Weitere Impulse wären von einer Einbeziehung der Diskussionen um „Contextual Awareness" (Agostini et al. 1996), d.h. um die Ermittlung und Einbeziehung eines Arbeitskontextes sowohl bei der Ereigniserfassung wie auch bei der Ereignisvisualisierung, zu erwarten.

Obwohl wir bewusst gegen recherchebasierte Ansätze argumentiert haben, ist eine Such- oder Navigationsfunktionalität auch in unserem Ideenkontext sinnvoll (und in Teilen auch bereits implementiert). Hier gilt es jedoch, sensibel mit bekannten Ängsten in Anwendungsfeldern (Privatsphäre, Transparenz von Inkompetenzen, etc.) umzugehen, und die Möglichkeiten der Visualisierung entsprechend zu beschränken. Nur so lässt sich aus unserer Sicht eine erfolgreiche Adaption im Praxiskontext sicherstellen. Wichtig ist auch, dass unser Ansatz keine Ontologien im eigentlichen Sinne definiert, sondern die zur Komposition der Hypothesen verwendeten Indikatoren erst in ihrer Benennung anwendungs- und organisationsspezifische Bedeutungen bekommen. So lässt sich das Problem heterogener Ontologien in virtuellen Organisationen eventuell durch unseren Ansatz lindern, da an den Indikatoren bzw. Hypothesen und ihren Themenzuordnungen auch die Begriffswelten transparent und verhandelbar werden. Eine rigidere Definition von Ontologien ist solange nicht notwendig, solange keine komplexeren Automatismen auf der Basis von Indikatoren und Hypothesen operieren sollen (dies ist z.B. in vielen Ansätzen zur Benutzermodellierung in der KI der Fall).

Insgesamt glauben wir, dass ein Kompromiss zwischen rechercheorientierten Systemen und Wahrnehmungsunterstützung einen problemangemessenen Weg zur Linderung des Problems der Kompetenztransparenz zeigen wird. Wir nähern uns mit unserer Arbeit bewusst von der bisher nur schwach beforschten Seite der Wahrnehmungsunterstützung.

Danksagung

Wir bedanken uns bei Torsten Engelskirchen, Bettina Törpel, Wolfgang von Berg, Volker Wulf, und Ralph Zimmermann für wertvolle Diskussionen zu diesem Thema. Diese Forschungsarbeiten wurden durch das BMB+F gefördert (Fö-Kz. 01HG8894).

Literaturverzeichnis

Ackerman, M.S.; Malone, T.W. (1990): Answer Garden: A tool for growing Organizational Memory, in: *Proc. of the ACM Conference on Office Information Systems*, 31–39.

Ackerman, M.S.; McDonald, D.W. (1996): Answer Garden 2: Merging Organizational Memory with *Collaborative Help*, in: *Int. Conf. on CSCW'96*, ACM Press, 97–105

Agostini, A.; Michelis, G. d.; Grasso, M.; Prinz, W.; Syri, A. (1996): Contexts, Work Processes, and Workspaces, in: *Journal of Computer Supported Cooperative Work*, vol. 5, no. 2–3, Kluwer, 223–250.

Akscyn, R.M.; McCracken, D.L.; Yoder, E.A. (1988): KMS: A distributed Hypermedia system for managing Knowledge in Organizations.In: *Communications of the ACM*, 31 (7). 820–835.

Alda, S. (2002): Adaptability in Component-Based Peer-to-Peer Applications, in: *Proceedings of the IEEE International Conference on Peer-to-Peer Computing*. Linköpings, Schweden, September 2002

Bannon, L.; Kuutti, K. (1996): Shifting Perspectives on Organizational Memory: From Storage to Active Remembering, in: *Proceedings of HICSS-29*, 156–167

Bellotti, V.; Sellen, A. (1993): Design for Privacy in Ubiquitous Computing Environments, in: *3rd European Conf. on CSCW (ECSCW'93)*, (Milan, Italy, 1993), Kluwer, 77–92.

Benford, S.; Fahlen, L. (1993), A Spatial Model of Interaction in Large Virtual Environments, in: 3rd *European Conf. on CSCW (ECSCW'93)*, (Milan, Italy, 1993), Kluwer, 109–124.

Dourish, P.; Bellotti, V. (1992): Awareness and Coordination in Shared Workspaces, in: *ACM Conf. on Computer Supported Cooperative Work (CSCW'92)*, (Toronto, Canada, 1992), ACM Press, 107–114.

Fuchs, L. (1998): Situationsorientierte Unterstützung von Gruppenwahrnehmung, in: *CSCW-Systemen. GMD Research Series*, Sankt Augustin, Germany, No.3 / 1998

Groth, K.; Bowers, J. (2001): On Finding things out: Situated organizational knowledge, in: *Proceedings of the 7th ECSCW*, Kluwer, Dordrecht, 279–298

Heath, C.; Luff, P. (1992): Collaboration and Control: Crisis Management and Multimedia Technology in London Underground Control Rooms, in: *Journal of Computer-Supported Cooperative Work*, 1 (1–2).

Hiltz, S.R.; Turoff, M. (1985): Structuring computer-mediated communication systems to avoid information overload, Communications of the ACM, Bd. 28, No. 7, 680–689

Hudson, S.E.; Smith, I. (1996): Techniques for Addressing Fundamental Privacy and Disruption Tradeoffs in Awareness Support Systems. in "Cooperating Communities": ACM Conference on Computer Supported Cooperative Work (CSCW'96), (Cambridge, MA, USA, 1996), ACM Press, 248–257.

KGSt (1999), Handbuch Organisationsmanagement, Kommunale Gemeinschaftsstelle für Verwaltungsvereinfachung, Köln, 6–31f.

von Krogh, G.; Venzin, M. (1995): Anhaltende Wettbewerbsvorteile durch Wissensmanagement. In: Die Unternehmung 49, 6, 417–436

McDonald, D. W.; Ackerman; M. (2000): Expertise Recommender: A Flexible Recommendation System and Architecture, in: Int. Conf. On CSCW, ACM Press, New York, 231–240

Nonaka, I.; Takeuchi, H. (1995): The Knowledge-Creating Company. Oxford University Press, New York, USA, 1995.

Pipek, V. (2003): Integrierte Konfliktmittlung an vernetzten Arbeitsplätzen. In: Märker, O., Trenel, M. (Hrsg.) Online-Mediation, edition Sigma, Berlin, 2003, in print.

Rauschenbach, U. (1996): Supporting Awareness in Shared Workspaces Using Relevance-dependent Event Notifications Workshop Collaborative Virtual Environments, Nottingham, UK, http://www.crg.cs.nott.ac.uk/events/CVE96/

Rodden, T. (1996), Populating the Application: A Model of Awareness for Cooperative Applications. in "Cooperating Communities": ACM Conference on Computer Supported Cooperative Work (CSCW'96), (Cambridge, MA, USA, 1996), 87–96.

Sandor, O.; Bogdan, C.; Bowers, J. (1997): Aether: An Awareness Engine For CSCW. in 5th European Conf. on CSCW (ECSCW'97), (1997), Kluwer, 221–236.

Schultze, U.; Vandenbosch, B. (1998): Information Overload in a Groupware Environment: Now you see it, now you don't. Journal of Organizational Computing and Electronic Commerce, vol. 8, no. 2, 127–148.

Shum, S. B. (1997): Negotiating the Construction and Reconstruction of Organisational Memories; in: Journal of Universal Computer Science (Special Issue on IT for Knowledge Management), 3 (8), 899–928, http://www.jucs.org/

Stiemerling, O. (2000): Component-based tailorability. Dissertation, Institut für Informatik, Universität Bonn

Walsh, J.P.; Unger, G.R. (1991): Organizational Memory. Academy of Management Review, 16 (1). 57–91.

Willke, H. (1998): Systemisches Wissensmanagement. Stuttgart: Lucius & Lucius, 7–13

Yimam, D.; Kobsa, A. (2002): Expert Finding Systems for Organizations: Problem and Domain Analysis and the DEMOIR Approach. in: Ackerman, M.S., Pipek, V. and Wulf, V. (eds.) Beyond Knowledge Management: Sharing Expertise, MIT Press, Cambridge, MA, 2003, 327-358.

Kontaktinformationen

Volkmar Pipek
IISI - Internationales Institut für Sozio-Informatik
Heerstr. 148
53111 Bonn
volkmar.pipek@iisi.de

Markus Won, Phillippe Nuderscher
ProSEC – Projektbereich HCI und CSCW
Institut für Informatik III
Universität Bonn
Römerstr. 164
53117 Bonn
{won, nudersch}@informatik.uni-bonn.de

Weblogs als ein innovatives Instrument des betrieblichen Wissensmanagements

Vanda Lehel, Florian Matthes
Technische Universität München
Lehrstuhl Software Engineering betrieblicher Informationssysteme

Klaus Steinfatt
infoAsset AG, München

Zusammenfassung

Dieser Artikel beschreibt einen Ansatz, um Weblogs als ein neues Instrument für die Unterstützung des Wissensmanagements innerhalb von Organisationen nutzbar zu machen, und dabei insbesondere die Akzeptanz der bislang eher organisationszentrierten Wissensmanagementsysteme durch die stärkere Berücksichtigung individueller Benutzerbedürfnisse zu fördern.

Nach einer kurzen Erläuterung des Weblog-Konzepts werden Nutzungsszenarien von Weblogs und Teamlogs zur Unterstützung des persönlichen Wissensmanagements und zur Förderung von Communities of Practice erläutert. Darauf aufbauend beschreibt das Papier die Integration von Weblog-Funktionen in eine betriebliche Standardsoftware zum Wissensmanagement und diskutiert die dabei entstehenden interessanten Synergieeffekte aus Benutzer- und Unternehmenssicht.

1 Einleitung

Der Schwerpunkt der Softwareunterstützung zum betrieblichen Wissensmanagement liegt gegenwärtig auf eher organisationszentrierten Softwaresystemen (z.B. Portale, Groupware-Systeme, Content-Management-Systeme, Dokumentmanagement-Systeme, Workflow-Systeme). In der Praxis ist festzustellen, dass Mitarbeiter diese Systeme nur in eingeschränktem Umfang akzeptieren und nur in den seltensten Fällen routinemäßig als Teil ihrer regulären Tätigkeit Informationen und Wissen in diese Systeme einstellen.

In den vergangenen zwei bis drei Jahren haben sich (insb. in den USA) sehr aktive Weblog-Communities gebildet. Während der Großteil dieser Weblog-Communities sich mit privaten und nicht-fachlichen Inhalten befasst, haben auch viele *Wissensarbeiter* (knowledge worker) und zahlreiche Fach-Communities Weblogs als ein einfach zu verwendendes Instrument zum Informations- und Wissensmanagement und zur Kommunikationsunterstützung für sich entdeckt.

Dieser Artikel beschreibt einen Ansatz, um Weblogs als ein neues Instrument für die Unterstützung des Wissensmanagements innerhalb von Organisationen nutzbar zu machen, und dabei insbesondere die Akzeptanz von Wissensmanagementsystemen durch die stärkere Berücksichtigung individueller Benutzerbedürfnisse (Eigentümerschaft, Einfachheit, Interaktivität, Anpassbarkeit) zu fördern.

Nach einer kurzen Erläuterung des Weblog-Konzepts (Abschnitt 2) werden in Abschnitt 3 Nutzungsszenarien von Weblogs und Teamlogs zur Unterstützung des persönlichen Wissensmanagements und zur Förderung von Communities of Practice erläutert. Darauf aufbauend beschreibt Abschnitt 4 die Integration von Weblog-Funktionen in eine betriebliche Standardsoftware zum Wissensmanagement und diskutiert die dabei entstehenden interessanten Synergieeffekte aus Benutzer- und Unternehmenssicht. Das Papier endet mit einer kurzen Zusammenfassung und einem Ausblick auf zukünftige Forschungsarbeiten.

2 Weblogs

Die Bezeichnung *Weblog* wurde 1997 von Jorn Barger geprägt. Es handelt sich dabei um eine Website, die von einer einzelnen Person (*Eigentümer, Weblogger*) veröffentlicht und in kurzen Zeitabständen (z.B. täglich) aktualisiert wird. Dies erfolgt durch einen Internet-Browser, typischerweise über einen *Weblogeditor*, ohne dass die Nutzung eines FTP Clients oder eines HTML Editors notwendig ist.

Somit dienen Weblogs, auch „*blogs*" genannt, der einfachen Publikation von einzelnen Beiträgen auf HTML-Seiten im Internet. Ein Weblog besteht aus einer umgekehrt chronologisch sortierten Liste von Beiträgen, die als *Weblogeinträge* bezeichnet werden. Diese können auch thematisch organisiert und dabei Kategorien zugeordnet sein (siehe Abbildung 1).

Ursprünglich wurden Weblogs, die bislang vor allem im englischsprachigen Web verbreitet sind, vorwiegend für die Veröffentlichung persönlicher Inhalte (Gedanken, Meinungen) verwendet, es finden sich aber auch Weblogs mit objektiv gestalteten, themenspezifischen sowie Echtzeit-Inhalten (News). Hyperlinks können dabei auf Inhalte außerhalb des Weblogs verweisen. Da das Weblog häufig aktualisiert wird, wird es von seinen Lesern regelmäßig aufgesucht. Das Weblog wird auf einem Weblog Community Server verwaltet, der zusätzlich Funktionen für die Interaktion mit den Weblog-Besuchern zur Verfügung stellt.

Außerdem kann ein Weblog andere Weblogs als Favoriten kennzeichnen, und es können sich mehrere Weblogs zu einem *Blogring* zusammenschließen und so eine Gemeinschaft zu einem bestimmten Thema bilden.

Beispiele für aktive Weblog-Communities und Weblog-Community-Software finden sich unter folgenden URLs: www.blogger.com, livejournal.com, slashdot.org, www.xanga.com, www.freeconversant.com.

Weblogs haben sich zu einem Konversationsmedium entwickelt. So nutzen beispielsweise viele Autoren ihre Weblogs, um im Internet über spezielle Themen zu diskutieren. Weiterhin nutzen vermehrt auch Wissensträger in Unternehmen für ihre Arbeit Weblogs, um ihre Gedanken festzuhalten, aktuelle Entwicklungen in ihrem Bereich zu verfolgen sowie um ihre Ideen zu veröffentlichen. Im Gegensatz zu elektronischen Diskussionsforen wie Email-Verteilerlisten und Newsgroups sind in Weblogeinträgen wertvolle und aufeinander aufbauende Inhalte zu finden. Der Hauptgrund hierfür liegt darin, dass jedes Weblog persönliches Eigentum ist und vom jeweiligen Weblogger gepflegt wird. Damit bieten Weblogs ein Instrument zur Unterstützung des Wissensmanagements. In diesem Kontext wird der spezielle Begriff *K-Log* verwendet.

In den USA gibt es bereits Millionen von Webloggern, die ihre Online-Tagebücher in stark miteinander vernetzen Gemeinschaften veröffentlichen. Zunehmend werden Weblogs auch für kommerzielle Zwecke eingesetzt, indem Unternehmen die Vorteile von Weblogs für die Teamarbeit sowie für die Kommunikation mit Kunden und Lieferanten nutzen. Unter den Unternehmen, die eine solche innovative Technologie bereits einsetzen, finden sich Adobe Systems und The New York Times.

Weblogs als ein innovatives Instrument
des betrieblichen Wissensmanagements

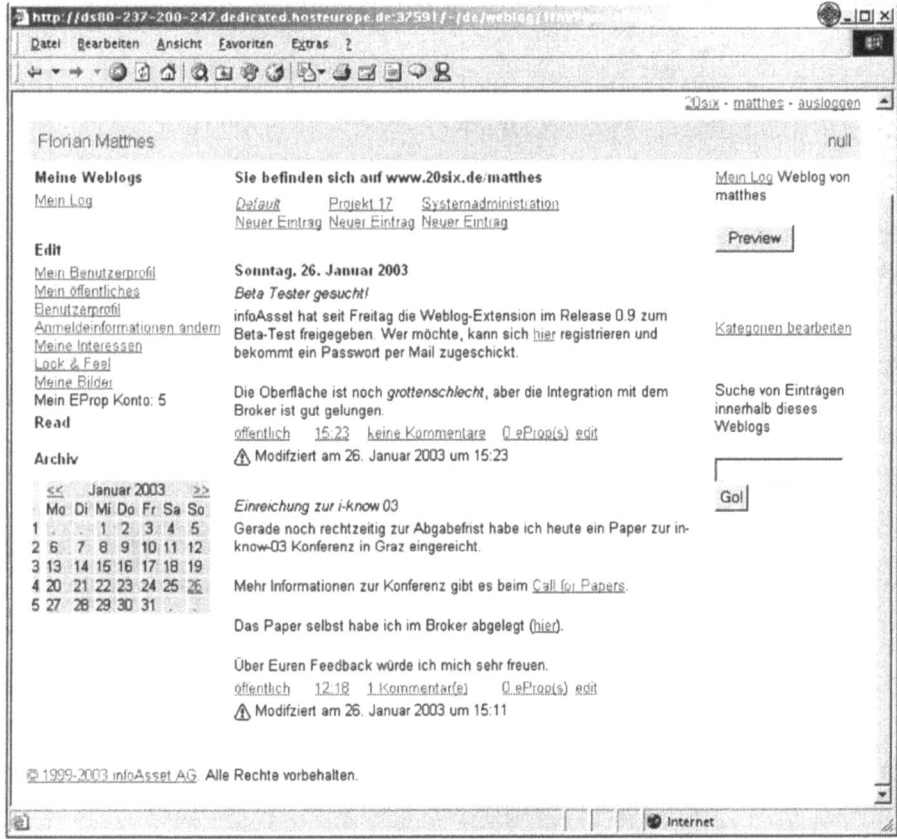

Abbildung 1: Sicht des Eigentümers auf sein eigenes Weblog

3 Nutzung von Weblogs für das Wissensmanagement (K-Logs)

Fachwissen in einem Unternehmen zu lokalisieren und Mitarbeiter dazu zu bringen, ihr Wissen mit anderen auszutauschen - besonders routinemäßig als Teil ihrer regulären Tätigkeit - werden als die am schwierigsten Aufgaben des Wissensmanagements angesehen. Mitarbeiter, die in ihrem gesamten Berufsleben ihren Wert dadurch steigern, dass sie etwas Spezielles wissen, werden abgeneigt sein, ihr wertvolles Fachwissen preiszugeben und dadurch scheinbar einen Teil ihres Wertes einzubüßen. In der Tat erfordern häufig die Pläne, Wissensmanagement in einem Unternehmen umzusetzen, Erfahrung in der Umstrukturierung der Unternehmenskultur. Es muss ein Umdenken von der Praxis der Geheimhaltung von Informationen zur Verwirklichung des Wissensaustauschs im Unternehmen erfolgen.

Bisher legen die meisten Wissensmanagementlösungen den Fokus auf die zentrale Verwaltung existierender Dokumente, anstatt sich mit der wertvollen Erfahrung der einzelnen Mitarbeiter zu befassen, die die Wissensträger eines Unternehmens bilden. Content-Management, Dokument-Management, zentrale Suchfunktionen und wohldefinierte Prozesse zur Qualitätssicherung werden dabei stark betont, jedoch mit beschränktem Erfolg.

Dem gegenüber stellen Weblogs eine sehr personenorientierte, spontane und „informelle" Form der Erfassung, Veröffentlichung, Verteilung und Nutzung von Wissen und Informationen dar. Dabei steht nicht die Organisation als Ganze, sondern der individuelle Benutzer in seiner Rolle als Eigentümer des Weblogs sowie als Leser, Kommentator und Abonnent im Mittelpunkt des Interesses. Damit werden auch die wichtigen informellen Prozesse der Zusammenarbeit in einer Organisation und die Problematik der persönlichen Motivation zur Beteiligung am betrieblichen Wissensmanagement adressiert.

3.1 Weblogs für die Veröffentlichung persönlichen Wissens

Bislang waren Intranets ein „read-only Medium". Für den einzelnen Mitarbeiter ist es bisher zu aufwendig, seine Gedanken, Tätigkeiten, Meinungen und Wissensquellen spontan im Intranet zu veröffentlichen. Ein Weblog ist ein Werkzeug, das das Publizieren eigener Beiträge im Intranet über einen Web-Browser so einfach wie die Suche nach Inhalten gestaltet (siehe Abbildung 2).

Die Veröffentlichung persönlichen Wissens besteht also darin, dass der Wissensträger seine Beobachtungen, Ideen, Erkenntnisse, Fragen und Kommentare zu Beiträgen von anderen öffentlich zugänglich in Form von Weblogs umsetzt. Weblogs können auch als ein persönliches Werkzeug zum Wissensmanagement fungieren, indem sie eine komplette, chronologisch sortierte Liste von Gedanken, Ideen sowie Referenzen eines Autors verwalten und präsentieren, die andernfalls verloren gehen oder durcheinander geraten würden. Sie werden also benutzt, um Ideen festzuhalten oder sich Notizen zu machen, oder auch um Referenzen auf Inhalte aus dem Internet zu sammeln. Jeder kann mit seinem Weblog experimentieren, das Layout verändern, neue Features einbauen usw. Außerdem beseitigen Weblogs die Hürde, die viele Nutzer davon abhält, sich in einem Diskussionsforum zu beteiligen.

Nachdem das Wissen im Intranet veröffentlich wurde, kann eine Weblog Community Software zur Archivierung, zum Durchsuchen, zur Annotation und zum Data Mining von Inhalten benutzt werden. Das macht Weblogs zu einem einfach nutzbaren Repository für Mitarbeiter, die Antworten auf spezielle Fragen suchen oder Experten, die diese beantworten können, finden müssen.

Die Veröffentlichung persönlichen Wissens ist eine kontinuierliche Interaktion ohne zeitliche und räumliche Einschränkungen. Durch die Archivierung der Weblogeinträge können Mitarbeiter alle Beiträge zu späteren Zeitpunkten lesen und darüber diskutieren. In so entstandene Konversationen kann jederzeit und von jedem eingegriffen werden, gleich an welchem Ort er oder sie sich befindet. Damit genügt die Veröffentlichung persönlichen Wissens vielen Anforderungen, die durch andere Kommunikationsmedien nicht in angemessener Weise erfüllt werden.

Gelegentlich kann es passieren, dass ein Mitarbeiter eine Idee hat, aber nicht weiß, ob andere im Unternehmen daran interessiert wären. Die Veröffentlichung persönlichen Wissens ermöglicht es Wissensträgern, Feedback zu ihren Ideen zu bekommen. Die Idee könnte von einem Kollegen aufgegriffen werden, so dass sich daraus Diskussionen innerhalb einer kurzen Zeit entwickeln. Da Weblog-Software das Zitieren von Weblog-Einträgen anderer Weblogs (oder News-Feeds im Internet) mit einem Klick ermöglicht, ist die Verbreitung einer Idee nicht auf die unmittelbaren Leser beschränkt. Ganz im Gegenteil verbreiten sich interessante Inhalte mit großer Geschwindigkeit in vernetzten Weblog-Communities. Schließlich tragen Feedbacks, da sie öffentlich erfolgen, dazu bei, Verbindungen zu vorher unbekannten Wissensträgern oder Wissensnutzern zu entdecken. Das Webloggen ist eine offene Art, die es Experten erlaubt, den bisher privaten Prozess der Suche, Analyse und Auswahl von Informationen mit anderen zu teilen und gleichzeitig ihren eigenen Wert als Wissensquelle zu steigern.

Beispiele für persönliche Weblogs sind persönliche Homepages, Profile von Experten und thematisch organisierte Sammlungen von digitalen Inhalten (Dokumente, Termine, Linktipps, Rezensionen).

Durch eine triviale Verallgemeinerung bestehender Weblogs können Autoren die Sichtbarkeit ihres Weblogs als Ganzes (oder von einzelnen Weblogeinträgen) von „öffentlich" auf „privat" einschränken und damit ihr Weblog als einen allgegenwärtigen persönlichen Notizblock nutzen. Später kann sich der Autor entschließen, ausgewählte Weblogeinträge für bestimmte Nutzergruppen („meine Freunde", „Kunde A", „Team B") lesbar zu machen. Diese bestehen aus registrierten Nutzern, die von der Weblog Community verwaltet werden.

Weitere interessante technische Maßnahmen zur Förderung der spontanen Informations- und Wissensweitergabe bestehen darin, das Neuanlegen von Weblogeinträgen (Posting) über E-Mail, Browser-Plugins, SMS-Nachrichten oder MMS-Nachrichten zu ermöglichen.

3.2 Teamlogs als Werkzeug für Communities of Practice

Teamlogs sind Weblogs, die sich mit einem speziellen Thema befassen und von einer Gruppe von Autoren und nicht nur vom Eigentümer des Weblogs bearbeitet werden. Entsprechend der Rolle des Gruppenmitglieds können Zugriffsrechte für das Ändern oder Löschen bestehender Weblogeinträge oder des gesamten Weblogs durch die Weblog-Software vergeben werden.

Außerdem kann der Lesezugriff auf ein Teamlog eingeschränkt werden, so dass geschlossene Communities unterstützt werden.

Beispiele für die Anwendung von Teamlogs sind Projekt-Tagebücher, insbesondere „lessons learned", Kommunikationsunterstützung für den Kundendienst und die partizipative Entwicklung von (Software-) Produkten durch die Einbindung zukünftiger Nutzer in den Entwicklungsprozess.

Bislang wurde der Zugriff auf Wissen eingeschränkt, da der Informationsaustausch durch eine klare Grenze auf Personen in der unmittelbaren Umgebung des Wissensträgers beschränkt war.

Weblog Communities bewirken, dass sich Informationen viel freier über solche Grenzen hinweg verbreiten können. Der Autor und der Leser eines Weblogs gehören häufig nicht zu der gleichen Organisationseinheit im Unternehmen. Dennoch sind sie durch das Weblog-System über ihre gemeinsamen Interessen miteinander verbunden. So fördern Weblogs einen *informellen Diskurs*, worauf es bei Communities of Practice ankommt. Durch die Nutzung von Weblogs als eine technische Infrastruktur für Communities of Practice können auch Wissensnetzwerke über Organisationsgrenzen hinweg aufgebaut werden.

Aufgrund der geringen Einstiegsbarrieren und der dezentralen Administration der Zugriffsrechte und der dezentralen Organisation der Inhalte bilden Teamlogs eine attraktive Alternative zu aufwändigen Groupware-Lösungen.

Einen konzeptuell vergleichbaren Ansatz zur Unterstützung des Wissensmanagements in Communities of Practice stellt das System I-Help (Greer et. al., 1998) dar, das den Wissensaustausch unter Studenten und Kursleitern ermöglicht. Dies geschieht zum einen über gruppenbasierte Diskussionsforen, in denen Fragen, Kommentare und Antworten veröffentlicht werden können, sowie in Form eines Peer-to-Peer-Chats.

4 Integration von Weblog-Funktionen in eine betriebliche Standardsoftware zum Wissensmanagement

Wie in den vorangegangenen Abschnitten erläutert, stellen Weblogs und Teamlogs eine attraktive benutzerorientierte Ergänzung zu typischen organisationszentrierten Softwaresystemen zum Wissens- und Informationsmanagement dar (z.B. Portale, Groupware-Systeme).

Eine Integration von Weblog-Funktionen in eine betriebliche Standardsoftware zum Wissensmanagement führt zu interessanten Synergieeffekten und Vorteilen aus Unternehmens-, Gruppen- und Benutzersicht, die nachfolgend diskutiert werden.

Diese Integration wurde durch die Autoren basierend auf der Standardsoftware infoAsset Broker der Firma infoAsset AG, München (InfoAsset 2001) durchgeführt und ist als modulare und optional aktivierbare „Weblog-Extension" gestaltet (InfoAsset 2003).

Das Ausgangssystem verfügt bereits über die typischen Funktionen des betrieblichen Wissensmanagements, wie zum Beispiel kooperatives Dokumentmanagement, Verwaltung von Skillprofilen, Erschließung und Vernetzung heterogener Inhalte sowie Pflege und Visualisierung einer Unternehmenstaxonomie.

Durch die Generalisierung und Verknüpfung dieser Funktionen mit den in Abschnitt 3 beschriebenen Weblog-, Teamlog-, und Weblog-Community-Funktionen ergeben sich die folgenden interessanten Synergieeffekte:

- Öffentlicher Weblogeinträge werden als „Information Assets" durch Volltextsuche, Text Mining, automatisches Zusammenfassen, sowie durch die automatische inhaltsbasierte Klassifikation erschlossen und miteinander vernetzt.

- Ein web-basierter *WYSIWYG-Editor* ermöglicht Benutzern, Weblogs ohne HTML-Kenntnisse und ohne spezielle Autorenwerkzeuge aufzubereiten. Wissensträger haben die Möglichkeit, ihre Inhalte schnell und mit einem hochwertigen Erscheinungsbild im Internet zu veröffentlichen. Unter Rückgriff auf die vorhandenen Dokumentmanagement-Funktionen können alle Arten multimedialer Information (z. B. technische Zeichnungen, Dokumente, CAD-Dateien) an Weblogeinträge angehängt oder in diese eingebettet werden (siehe Abbildung 2).

- Weblogs können auf Wunsch zu der *Unternehmenstaxonomie* in Beziehung gesetzt werden. Damit wird zusätzlich zu der „bottom-up" Vernetzung der Weblogs (Favoriten, Blogrings) ein strukturierter thematischer Zugang zu Weblogs geschaffen.

Weblogs als ein innovatives Instrument
des betrieblichen Wissensmanagements

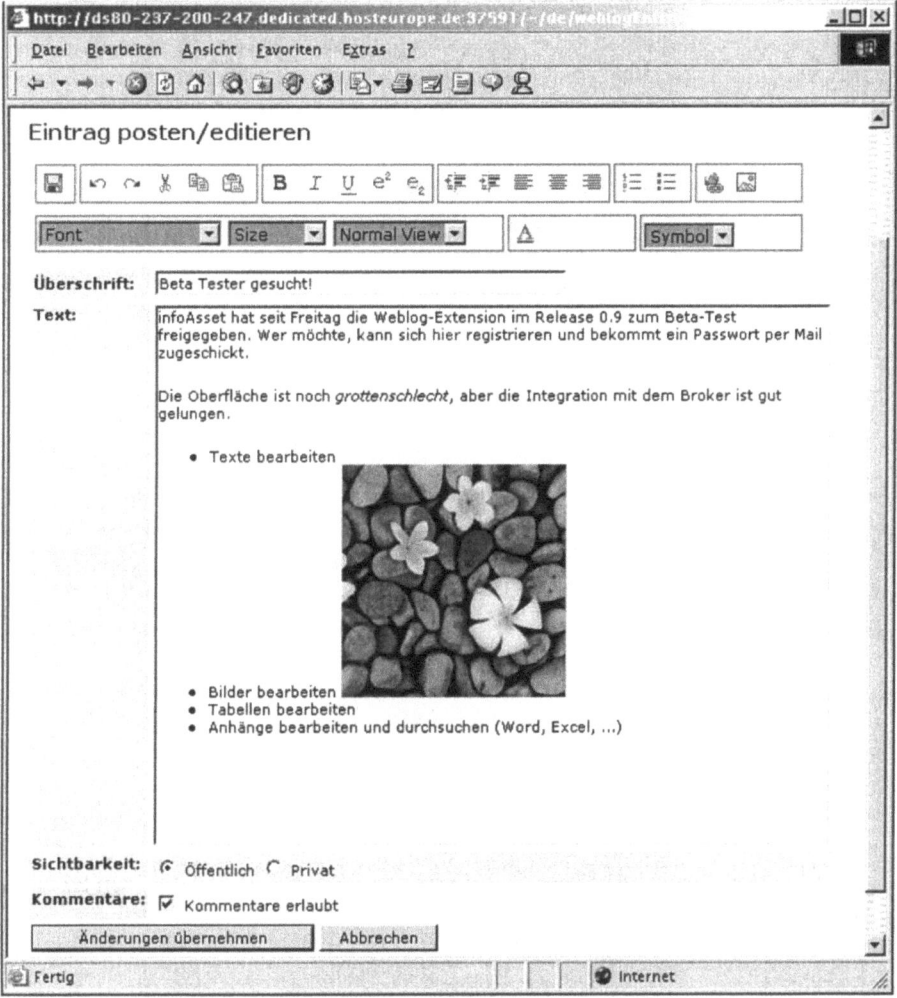

Abbildung 2: WYSIWYG-Editor für Weblogeinträge

- Die Suchfunktionen des Informationsportals durchsuchen gleichzeitig Weblogs, Datenbanken und Dokumente. Da Weblogs auch mit Metadaten ergänzt werden können, bietet sich Nutzern die Möglichkeit, nicht nur im Volltext, sondern auch über Metadaten zu suchen. Alle Mitarbeiter können über die Angabe von Themen, Schlüsselworten oder des Autors nach Weblogs suchen. Zusätzlich generiert die *Ähnlichkeitssuche* eine Liste von Weblogs mit ähnlicher Semantik zu einem beliebigen Text. Durch diese integrierten Text Mining Funktionen kann eine Liste von Weblogs erstellt werden, deren Inhalte miteinander semantisch in Beziehung stehen.

- Entsprechend der Rolle eines Benutzers können Zugriffsrechte selektiv an Autoren, Leser, Administratoren, interne und externe Projektmitglieder vergeben werden. Diese Zugriffsrechte werden in der Benutzerverwaltung des darunter liegenden Wissensmanagementsystems verwaltet und ermöglichen eine Single-Sign-On Funktion. Wenn beispielsweise ein Benutzer als Mitglied des Projekts A registriert ist, kann ihm automatisch Zugriff auf Weblogs, Dokumente, multimediale Inhalte und Diskussionsforen gewährt werden, die zum Projekt A gehören.

- Weblogs können entweder als „öffentlich" deklariert oder auf geschlossene Benutzergruppen beschränkt werden. Dies ermöglicht es Organisationen, innovative Entwicklungen zum einen durch den Einsatz von Teamlogs für Communities of Practice zu beschleunigen. Zum anderen kann die Weblog-Technologie für den Kundendienst eingesetzt werden, indem bestimmte Weblogs sowohl für Kunden als auch für Wiederverkäufer zugänglich gemacht werden.

- Da Wissensträger mit einer Informationsflut konfrontiert werden, resultiert daraus eine wachsende Nachfrage nach verlässlichen Techniken für die Auswahl von relevanten Informationen. Der infoAsset Broker stellt daher umfangreiche Funktionen zur *Personalisierung* bereit, um eine Informationsüberflutung zu verhindern und damit die Aufmerksamkeit des einzelnen Wissensträgers auf die für ihn persönlich wesentlichen Inhalte zu lenken, sowie um eine vernetzte Kooperation von Mitarbeitern zu fördern. Benutzer können ihre persönliche Sammlung von ihren „Favoriten" (Weblogs, Dokumente, Links, Autoren) und Benachrichtigungs-Abonnements verwalten.

- Die bereits bestehenden Funktionen zum Bewerten und zur Generierung personalisierter Empfehlungen für Dokumente basierend auf solchen persönlichen Bewertungen lassen sich problemlos auf ganze Weblogs oder einzelne Weblogeinträge übertragen und bilden damit die Grundlage für die Weblog-Community-Funktionen („beliebteste Weblogs", „beliebteste Weblogs zum Thema x").

- Schließlich ermittelt der infoAsset Broker auf der Basis von vergebenen Bewertungen und Kommentaren (durch Clusteranalyse) Vorschläge für *Nutzergemeinschaften*, die auf gemeinsamen Interessen beruhen. Mit Hilfe dieser Ergebnisse können Wissensträger Kollegen mit ähnlichen Interessen kontaktieren und eine Community of Practice auf- und ausbauen.

Weblogs und Weblogeinträge sind zum einen in die Unternehmenstaxonomie integriert, zum anderen können sie als Informationsobjekte über persönliche Sammelmappen verfügbar gemacht werden. Durch gegenseitige Verlinkung und Verweise auf andere Informationsbestände wird der Aufbau eines semantischen Wissensnetzes ermöglicht. Die Struktur der Einträge innerhalb eines Weblogs ist grundsätzlich flach und zeitbezogen; eine hierarchische Strukturierung von Informationen analog zu Verzeichnisstrukturen ist durch Weblogkategorien gegeben.

In unserer aktuellen Forschung werden empirische Untersuchungen für die Akzeptanz von Weblogs als unterstützendes Werkzeug anhand der Nutzung als persönliches sowie gruppenbasiertes Publikationsmedium in einem Informationsportal vorgenommen. Die Grenzen von Weblogs als Instrument des Wissensmanagements können damit aufgezeigt werden.

5 Zusammenfassung und Ausblick

Weblogs dienen als handhabbares Werkzeug für die Veröffentlichung persönlichen Wissens. Aus diesem Grund bilden sie ein neuartiges Instrument, um Erfahrungen und Fachkenntnisse von Wissensträgern im Unternehmen zu erfassen. Da Weblogs die eher informelle Kommunikation und Kooperation von Communities of Practice widerspiegeln, eignen sie sich besonders zur Unterstützung von arbeitsteiligen Prozessen innerhalb von Communities of Practice.

Wissensmanagement-Software muss nicht nur vorhandene Inhalte verwalten, sondern auch Wissensträger bei der Veröffentlichung und Verbreitung ihres persönlichen Wissens unterstützen. Die Integration von Weblog-Funktionen in eine Wissensmanagement-Infrastruktur trägt dazu bei, die

Lücke zwischen der informellen Kommunikationsstruktur von Communities of Practice und organisatorischen Ansätzen wie Dokumentmanagement und Content-Management im Unternehmen zu schließen. Die von den Autoren innerhalb von sechs Monaten geleistete tiefe Integration von Weblog-Funktionen in ein industrielles Wissensmanagement-System zeigt, dass die in diesem Artikel beschriebenen Synergieeffekte mit einem begrenzten softwaretechnischen Aufwand zu erreichen ist.

Eine Herausforderung für die Akzeptanz von Weblogs als integrierter Bestandteil eines betrieblichen Wissensmanagementsystems besteht in der Frage, welche Verfügungsrechte der Mitarbeiter über die Inhalte und Funktionen seines Weblog nach seinem Ausscheiden aus dem Unternehmen besitzt. Hier könnten „Peer-to-Peer" Architekturen eine attraktive technische Lösung darstellen. In einer solchen Architektur werden die wissensrelevanten Inhalte des Mitarbeiters nicht zentral auf den Unternehmensservern gespeichert, sondern auf individuellen (End-)Geräten des Mitarbeiters. Im Rahmen seiner Anstellung beim Unternehmen registriert der Mitarbeiter die unternehmensrelevanten Teile dieser Inhalte bei zentralen Such- und Verzeichnisdiensten des Unternehmens. Damit wird ein noch attraktiverer Ausgleich zwischen den Interessen des Unternehmens (Zugang zu aktuellem und unternehmensrelevantem Wissen) und den Interessen des Mitarbeiters (Verknüpfung des Wissens mit der eigenen Person) erreicht. Die damit einhergehenden technischen Fragestellungen sind Gegenstand unserer aktuellen Forschung (Matthes, Lehel 2002).

Literaturverzeichnis

Barger, J.: *Weblog resources FAQ*, http://www.robotwisdom.com/weblogs/index.html

Greer, J.; McCalla, G.; Cooke, J; Collins, J. A.; R.; Kumar, V.; Bishop, A.; Vassileva, J.: *The Intelligent Helpdesk Supporting Peer Help in a University Course;* In Intelligent Tutroing Systems 1998, 494-503

infoAsset AG: *The infoAsset Broker – Technical White Paper*; www.infoasset.de, Hamburg, 2001

infoAsset AG: *Weblogs – Ein neues Instrument des Wissensmanagements*; 2003, http://www.infoasset.de/contents/news/030103-FM-Broker-KnowledgeLogs.pdf

Lehner, F: *Organisational Memory, Konzepte und Systeme für das organisatorische Lernen und das Wissensmanagement*; Hanser, München, 2000

Matthes, F., Steinfatt, K.: *Vernetzung und Erschließung heterogener Wissensquellen durch den infoAsset Broker*; In: Gronau, N. (Hrsg.): „Wissensmanagement, Strategien – Prozesse – Communities"; Shaker Verlag, Aachen, 2002

Matthes, F.; Lehel, V.: *Dokument- und Kontaktsynchronisation mit mobilen Datenbanken: Anforderungen und Lösungsansätze aus Sicht von Unternehmensportalen*, Workshop Mobile Datenbanken und Informationssysteme, Magdeburg, 2002

Paquet, S.: *Personal Knowledge Publishing and its Use in Research*; 2002, http://radio.weblogs.com/0110772/stories/2002/10/03/personalKnowledgePublishingAndItsUsesInResearch.html

Salomon, G. (Ed.): *Distributed Cognitions: Psychological and educational considerations*; Cambridge University Press, Cambridge, 1993

Tsoukas, H: *The Firm as a Distributed Knowledge System: A Constructionist Approach*; In: Strategic Management Journal, 17, 11-25, 1996

Vassileva, J.; Deters, R.; Greer, J.; McCalla, G.; Kumar, V.;Mudgal, C.: *A Multi-Agent Architecture for Peer-Help in a University Course,* Proceedings of ITS'98 Workshop on Pedagogical Agents, San Antonio1998, S. 64-68

Wegner, H: *Analyse und objektorientierter Entwurf eines integrierten Portalsystems für das Wissensmanagement*; dissertation.de -- Verlag im Internet GmbH, http://www.dissertation.de/, 2002.

Wenger, E.: *Communities of Practice, Learning, Meaning, and Identity*; Cambridge University Press, Cambridge, 1998

Kontaktinformationen

Vanda Lehel, Florian Matthes
Technische Universität München, Institut für Informatik
Software Engineering betrieblicher Informationssysteme (I19)
Boltzmannstrasse. 3
85748 Garching
Email: {lehel, matthes}@in.tum.de

Klaus Steinfatt
infoAsset AG
Lierstrasse 14
80639 München
Email: info@infoasset.de

vr-wissen – Wissensmanagement im genossenschaftlichen Finanzverbund

Peter Ohlhausen, Tim Schloen, Hartmut Ehrich

Fraunhofer IAO, Stuttgart

Zusammenfassung

Für den genossenschaftlichen Finanzverbund wurde eine Wissensmanagementplattform entwickelt, die es den einzelnen Mitarbeitern ermöglicht, unabhängig von den eigenen Unternehmensgrenzen implizites Wissen auszutauschen, explizites Wissen zu nutzen und auch gemeinsam neues Wissen zu generieren. Durch die komplexe Struktur des Finanzverbundes mussten geeignete Instrumentarien entwickelt werden, die eine hohe Benutzerfreundlichkeit ohne komplexe Systeme ermöglicht.

1 Einleitung

Sei einigen Jahren prägt Wissensmanagement die betriebswirtschaftliche Diskussion. Allerdings war es schon immer notwendig, ausreichende Informationen über Kunde, Produkt, Markt oder Wettbewerb zu haben. Neu ist, dass Wissensmanagement ein kritischer Erfolgsfaktor gerade für die Finanzdienstleister geworden ist. Das Wissen um die eigenen Produkte und Prozesse, die Kompetenzen der Mitarbeiter sowie die Bedürfnisse der Kunden ist die wichtigste Voraussetzung, um die weitreichenden Veränderungen zu meistern, denen die Banken derzeit ausgesetzt sind.

Die Ursachen dieses fundamentalen Wandels sind vielfacher Natur:

1. Komplexität: Durch die zunehmende Komplexität wird immer mehr Wissen selbst für einen einzigen Geschäftsvorfall benötigt, geschweige denn erst für weitreichende strategische Aufgaben. Die Qualität von Entscheidungen ist unmittelbar vom verfügbaren Wissen abhängig.
2. Schnelligkeit: Gleichzeitig beschleunigen sich die Prozesse und die Entwicklung neuer Produkte und Prozesse. „Die Schnellen fressen die Langsamen" beschreibt die Situation treffend. Informationen werden quasi „auf Knopfdruck" benötigt.
3. Informationsexplosion: Heute stehen uns mehr denn je Informationen zur Verfügung mit ständig wachsender Tendenz. Innerhalb der nächsten fünf Jahre wird sich die Informationsmenge, die wir zu verarbeiten haben, sogar verzehnfachen. Alleine die Tatsache, Informationen zur Verfügung zu haben, ist jedoch nicht gleichzusetzen mit einem Zuwachs an Wissen – im Gegenteil. Die Zeit, in der es möglich war, alles für einen Arbeitsplatz relevante Wissen in einem Kopf zu vereinen, ist schon längst vorbei.

Der professionelle Erwerb, die Speicherung und der gezielte Transport von Wissen werden gemäß der stetig wachsenden Komplexität der Informationsflut sowie der Wissensbestände immer bedeutender. Ein so beschriebenes Wissensmanagement heißt in der Praxis oftmals nichts anderes, als das Know-how in den Köpfen der Mitarbeiter den anderen Kollegen sehr schnell zur Verfügung stellen zu können. Hierbei handelt es sich nicht nur um das explizite sondern auch um das implizite Wissen.

Aktuelle Studien belegen jedoch, dass nur ein begrenzter Teil des tatsächlich vorhandenen Wissens in Unternehmen genutzt wird. Die große Herausforderung lautet also, Wissen zeit- und nutzergerecht zur Verfügung zu stellen.

Die Informations- und Kommunikationsplattform „vr-wissen" (vr steht hier für Anwendungen innerhalb des genossenschaftlichen Finanzverbundes) wurde mit folgendem Ansatz gestartet:

»Wissen, was wichtig wird - wissen, was wichtig ist, könnte die Devise lauten in der sich immer stärker ausbildenden Informations- und Wissensgesellschaft. Die Notwendigkeit, Wissen zu sammeln, aufzubereiten und für die unterschiedlichsten Zwecke zur Verfügung zu stellen, ist gerade auch in unserer dezentralen Welt des Finanz-Verbundes unbestritten.«

2 Ausgangsituation im genossenschaftlichen Finanzverbund

Der genossenschaftliche Finanzverbund ist gekennzeichnet durch eine heterogene Struktur. Neben kleinen Banken mit wenigen Mitarbeitern sind auch Banken mit mehreren hundert Mitarbeitern im Verbund angesiedelt. Jede dieser Bank ist unabhängig und kann ihren Markt selbständig bearbeiten. Hinzu kommen noch eine Vielzahl von Verbundunternehmen, die auf regionaler oder Bundesebene agieren und die einzelnen Banken nach Bedarf unterstützen.

Abbildung 1: Genossenschaftlicher Finanzverbund

In der Gesamtheit müssen neben den 170.000 Mitarbeitern auch die über 1.600 Einzelunternehmen betracht werden und in ein gemeinschaftliches Wissensmanagement eingebunden werden. Hinzu kommen noch die besonderen sicherheitsrelevanten Fragestellungen, die eine einfache Übernahme bestehender Lösungen erschweren oder gar unmöglich machen, sowie eine sehr unterschiedliche technische Ausstattung der einzelnen Nutzern.

Das Projekt vr-wissen stellt inhaltlich ein klassisches Wissensmanagement-Projekt dar, ergänzt um die folgenden spezifischen Ausprägungen:

- Besonderheiten (Struktur, Kultur, Zusammenarbeit) des genossenschaftlichen Finanzverbundes (1600 selbständige Banken, regionale Verbundunternehmen und bundesweit tätige Unternehmen) gegenüber einem klassischen Unternehmen

- Einer der ersten bundesweiten, verbandsübergreifenden Informations- und Kommunikationsansätze im Finanzverbund

- Hohe Zahl der potenziellen Nutzer

Daraus resultiert eine überdurchschnittliche Unsicherheit in Bezug auf Userverhalten, Funktionsumfang und geeigneter IT-Technologie.

3 „vr-wissen" – Wissensmanagement für die Banken

Nicht nur innerhalb einer Bank, sondern im gesamten FinanzVerbund wird häufig das Rad mehrfach erfunden. Die organisierte Verteilung von Wissen erfolgt häufig über Rundschreiben der Verbände, Rechenzentralen, Verbundpartner oder Zentralbanken sowie über Schulungsveranstaltungen. Hier bleibt jedoch oft ein wesentlicher Teil auf der Strecke! Im genossenschaftlichen FinanzVerbund besteht bei den Bankmitarbeitern ein riesiger Pool von individuellem Fachwissen in unstrukturierter Form, das selten zugänglich ist. Ein Austausch über gelöste (Alltags-) Probleme, konkrete Geschäftsvorfälle, erfolgreiche Projekte oder Musterlösungen findet, wenn überhaupt, nur verbal und sporadisch statt. Die Ergebnisse liegen selten in schnell und leicht zugänglicher Form vor.

Neben der FIDUCIA AG als regionales Rechenzentrum waren an der Entwicklung des vr-wissens der DG-Verlag als Wissensintermediär, die GenoTec GmbH als IT-Managementberatung sowie die Change-IT als Softwarehaus beteiligt. Unterstützt wurden diese Projektbeteiligten durch das Fraunhofer Institut für Arbeitswirtschaft und Organisation.

In Diskussion mit der FIDUCIA AG Karlsruhe/Stuttgart, dem Genossenschaftsverband Frankfurt und der GenoTec ist daher konsequenterweise die Idee entstanden, ein Wissensmanagement-System zu entwickeln, das in erster Linie von und für die Banken ganz im Sinne „Hilfe zur Selbsthilfe" aufgebaut wurde.

Abbildung 2: Ziele von vr-wissen

Um dem verbundweiten Charakter zu entsprechen und einen bestehenden „Wissensintermediär" einzubinden, wurde der DG-Verlag als weiterer Partner einbezogen. Das renommierte Fraunhofer Institut IAO ergänzt das Projekt um wertvolle wissenschaftliche und praktische Erfahrungen.

Die konkreten Ziele von „vr-wissen" sind im Wesentlichen:
- Transfer und Austausch von vorhandenem impliziten und explizitem Wissen,
- Erwerb von neuem Wissen,
- Aufbau von „Vertrauen(snetzwerken)" und damit Verbesserung der Kommunikation,

- Kostenreduktion durch schnelle Wissensfindung und Wissenswiederverwertung,
- Entwicklung von Innovationen durch die systematische Zusammenführung von Experten verschiedener Fachrichtungen,
- Verbesserung der Qualität durch expertengesteuerte Moderation (Experte kann und soll im Sinne unseres Systems auch der Bankpraktiker sein, der nicht nur die Theorie beherrscht, sondern beispielsweise Controlling vorbildlich in seiner Bank umgesetzt hat).

Dabei gilt als ausdrückliche (technische) Voraussetzung: das System wird an jedem Arbeitsplatz via Internet-Browser schnell, leicht und kostengünstig zu nutzen sein. Bei der Systemauswahl und Gestaltung wurde auf die Besonderheiten der in den Banken noch teilweise vorhandenen technische Infrastruktur wie z. B. OS 2 und ältere Netscapeversionen Rücksicht genommen.

Im Frühjahr 2002 wurden in dem Projekt mit ersten Pilotbanken Erfahrungen im Praxiseinsatz gesammelt. Als erste Themen, die umfassend in allen Modulen von „vr-wissen" abgebildet werden und die mit Sicherheit zur Zeit den Nerv bei jeder Banken treffen, wurden ausgewählt: „Basel II" und „Altersvorsorge".

3.1 Vorgehensweise

Um eine möglichst zielgerichtete Lenkung der notwendigen Ressourcen zu erreichen, wurde eine 3-stufige Vorgehensweise gewählt

Analyse- und Konzeptionsphase

- Konkretisierung des Zielsystems
- Durchführung von mündlichen und schriftlichen Mitarbeiterbefragungen
- Gestaltung des Rahmenkonzepts incl. der Aufbau- und Ablauforganisation, des Geschäftsmodells, der Aufwandskalkulation und der Mitarbeitermotivation und –integrationsmaßnahmen

Prototyp

- Schnelle Umsetzung und Bereitstellung der Plattform
- Flexible Anpassung und Erweiterung des Systems auf Basis der Erfahrungen der Bankmitarbeiter und der Redaktion

Produktivsystem

- Genaue Definition der Anforderungen an das System
- Anforderungsbasierte Auswahl des geeigneten Herstellers
- Schnelles Customizing und Implementierung auf Basis des Prototypen

In der Analyse- und Konzeptionsphase wurden die Ziele von vr-wissen durch eine Befragung bei Banken und in vielen Gesprächen mit Mitarbeitern in Banken und Verbundunternehmen herausgearbeitet.

Im Frühjahr 2002 wurde darauf aufbauend die technische Realisierung in einem Prototyp umgesetzt und ausgewählten Pilotbanken zur Verfügung gestellt. Die Prototyphase wurde bis zum 31. Oktober 2002 durchgeführt. Schwerpunkt war u. a.:

- Umsetzung der redaktionellen Prozesse und Verantwortlichkeiten
- Recherche und Anpassung der redaktionellen Inhalte (Wissenspool)
- Technikentwicklung

3.2 Elemente von vr-wissen

Die Elemente von vr-wissen sind in Abbildung 3 zusammengefasst.

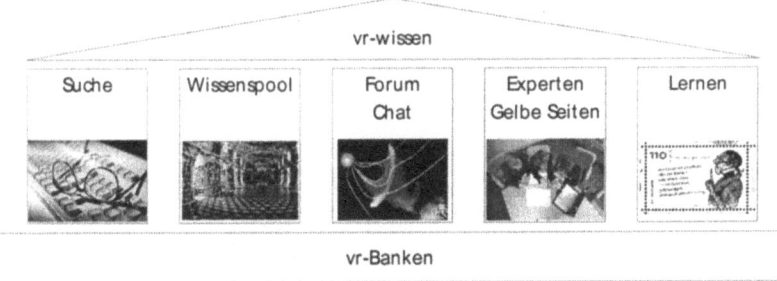

Abbildung 3: Elemente von vr-wissen

- Wissenspool: Hier wird den Mitarbeitern das relevante Wissen qualitätsgesichert und redaktionell bearbeitet zur Verfügung gestellt. Abhängig vom Inhalt und Umfang der Dokumente werden die Bereiche News, häufig gestellte Fragen (FAQ), Zusammenfassungen (Management Summary), Grundlagen, Rundschreiben, Pressespiegel/Aktuelles unterschieden. Die Mitarbeiter können auf diese Weise schnell auf die für sie relevanten Inhalte zugreifen.

- Diskussionsforum: Das Diskussionsforum erfüllt zwei wesentliche Aufgaben: Zum einen können die Mitarbeiter hier konkrete Fragen stellen. Durch die Mitarbeit der Fachexperten ist sichergestellt, dass die Fragen innerhalb von wenigen Stunden fachkundig beantwortet werden. Darüber hinaus stellt das Diskussionsforum die Möglichkeit zur Verfügung, unkompliziert Erfahrungen und Meinungen auszutauschen und somit die fachliche Kommunikation innerhalb des Finanz-Verbundes zu intensivieren.

- Expertenverzeichnis: Als Ergänzung zu den Bereichen "Wissen aktuell" und "Diskussionsforum" wird es den Mitarbeitern ermöglicht, Experten zu ihrem Problem zu finden.

- E-Learning: Ergänzend zu den redaktionellen Inhalten werden hier Seminare und Weiterbildungsangebote der Bildungsanbieter im Verbund eingebunden.

- Chat: Zu speziellen »Events« werden die Mitarbeiter eingeladen, hier Online mit prominenten Experten zu diskutieren.

Die technische Plattform wurde in einem mehrstufigen Prozess ausgewählt. Basierend auf den im Vorfeld ausgewählten Beurteilungskriterien wurden mehr als 20 Anbieter mit Hilfe eines schriftlichen Fragebogens befragt. Nachfolgende Selektionsstufen führten abschließend zu einer 2-tägigen, auf die Anforderungen von vr-wissen bezogenen, Präsentation von fünf Herstellern. Elementar war für die Entscheidung neben der Zukunftssicherheit der verwendeten Technologien sowie des Anbieters die Notwendigkeit, zukünftige Entwicklungen von vr-wissen flexibel und mit vertretbarem Aufwand entsprechen zu können. Hierbei wurde deutlich, dass dies nur mit einer Portal-Architektur zu bewerkstelligen war. Ausgewählt wurde der IBM WebSphere Portal Server in Kombination mit einem verbundinternen CMS-System zur Contentverwaltung. Der Portal Server übernimmt grundsätzliche Funktionen wie Zugriffs- und Rechteverwaltung, Single-Sign-On (SSO), Personalisierung, Einbindung der verschiedenen Datenquellen (DB2, Domino, Filesysteme) sowie die datenquellenübergreifende Suche.

Diese modulare Architektur ermöglicht es, weitere Mandanten im Verlauf des weiteren Roll-outs zu integrieren. Hierbei muss die heterogene IT-Landschaft innerhalb des genossenschaftlichen

Finanzverbundes beachtet werden, d.h. die Integration verschiedener CMS-Systeme mit einer umfassenden Suchmöglichkeit ist gewährleistet.

Neben der schrittweisen inhaltlichen Erweiterung ist unter dem Stichwort Flexibilität auch die funktionale Ergänzung mit der Anforderung zu berücksichtigen, dass neben originären Modulen auch Anwendungen unternehmensfremder Anbieter integriert werden können. Die Kernbereiche bilden hier erweiterte Such- sowie Groupwarefunktionen. Aufgrund der hohen inhaltlichen Vernetzung und der Änderungsdynamik der bankspezifischen Wissensfelder werden vor allem Erweiterungen im Bereich der visuellen Darstellung von Suchergebnissen und eine dynamische Navigation angestrebt. Ziel ist es, den Mitarbeitern leicht verständliche, inhaltliche Verknüpfungen berücksichtigende Suchergebnisse zur Verfügung zu stellen.

Weitere Ergänzungen werden darüber hinaus die Zusammenarbeit der Mitarbeiter des Finanzverbundes unterstützen. Informelle Netzwerke und „Wissensgemeinschaften" werden die Möglichkeit erhalten, Projekträume für ihre Kommunikation und den internen Dokumentenaustausch nutzen zu können. Lotus Quickplace sowie zahlreiche weitere Anbieter ermöglichen es, mit geringem Aufwand einzelne Projekträume zu initiieren und auf die speziellen Anforderungen der verschiedenen Gruppen anzupassen. Wesentliche Funktionen stellen beispielsweise Gruppenadressbuch, Terminkalender, Dokumentmanagement und Diskussionsforen dar.

3.3 Nutzerverhalten

Die Anzahl der Nutzer im Pilotbereich erhöhte sich von Anfangs wenigen hundert auf über dreitausend Nutzern. Diese Zahl ist insofern bedeutsam, dass mit vr-wissen eine Reichweite von 30% ohne den Einsatz von Marketing und Kommunikationsmaßnahmen erreicht wurde. Dies unterstreicht nochmals die hohe Bedeutung und Akzeptanz. Erwähnenswert ist in diesem Zusammenhang, dass keine Schulung angeboten und auch nicht nachgefragt wurde. Die Nutzer sind durch den Aufbau des Systems in der Lage ohne Schulungen effizient mit dem System zu arbeiten.

Bei der Analyse des Nutzerverhaltens (hierzu wurden zwei Befragungen durchgeführt) sind mehrere Auffälligkeiten zu beobachten:

- Es gibt zwei Tage; die einen erkennbaren Schwerpunkt bilden: Dienstag sowie Donnerstag. Bedeutend dabei ist, dass auch am Wochenende und von zu Hause auf vr-wissen zugegriffen wird.
- Die Schwerpunktzeiten sind 10.00-13.00 Uhr, 15.00-17.00 Uhr, 20.00-22.00 Uhr. Vor allem die Zeit in den Abendstunden lässt auf eine Nutzung im Sinne des grundlegenden Erarbeitens von Problemstellungen bzw. der Weiterbildung/Beschäftigung mit einem Thema erkennen.
- Die Inhaltsmenge bei den aufgebauten Topthemen (z. B. Basel II, Altersvorsorge, Wertpapier) wird von den Nutzern als ausreichend beurteilt.
- Die Diskussionsforen sind von den aktiven Nutzern angenommen worden. Es zeigt sich, dass die Foren, d. h. die gegenseitige Kommunikation und Hilfe, als ein herausragendes Element von vr-wissen anzusehen ist.
- Bei der Bildung der ersten Community of Practice aus einem Diskussionsstrang heraus, wurde das bisher nur als vage Anforderung formulierte Modul »Geschlossener Projektbereich« explizit eingefordert.

3.4 Zusammenfassende Bewertung

Generell zeigt sich, dass vr-wissen in der Prototyp-Phase von den Nutzern angenommen wurde. Trotzdem kein Marketing durchgeführt wurde, ist eine im Vergleich mit anderen Unternehmen hohe Durchdringungsrate erreicht worden. Daraus lässt sich ableiten, dass sich bei einer Durchführung von Marketingmaßnahmen eine Erhöhung der Nutzerzahlen einfach erreichen ließe.

Bei den einzelnen Elementen von vr-wissen muss noch ein ausreichendes Maß zwischen expliziten und impliziten Wissen gefunden werden. Die Frage, wie viele Dokumente sind notwendig um den Wissenspool optimal zu betreiben, muss noch vertieft werden. Hier zeigt aber der Vergleich z.B. mit einem Wirtschaftsprüfer, dass eine Baumstruktur nicht ausreichend ist, vielmehr sind netzartige Zusammenhänge für die Nutzer hilfreicher. Dieser Punkt wird in der Auswahl des Produktivsystems mitberücksichtigt.

Die Rolle der Experten zur Intensivierung der Nutzung von vr-wissen ist als hoch einzuschätzen. Experten können aus der Vielzahl der Diskussionsbeiträge zum einem FAQ's und weiteres Bestandswissen generieren. Hierzu sind aber die notwendigen Kapazitäten bereitzustellen und zum anderen das Verständnis bei den Experten und ihren Führungskräften zu entwickeln.

Die Nutzer sind hinsichtlich der einzelnen Module von vr-wissen durch den Umgang mit dem Medium Internet voraussichtlich in der Mehrzahl nicht zu schulen. Es muss, und dies zeigt sich durch die geführten Gespräche bei den Pilotbanken und anderen Nutzern, aber ein »Bewusstseinswandel« hinsichtlich des Umgangs mit Wissen in der täglichen Arbeit erfolgen. Hierzu gehört der gesamte Prozess der Wissenskommunikation, -weitergabe sowie -entwicklung in der Bank. Hier kann und muss durch das Team vr-wissen zukünftig Unterstützung angeboten werden.

Im Vergleich mit anderen Umsetzungen von Wissensmanagement zeigt sich, dass der Einbezug der Nutzer zu einem frühen Zeitpunkt erfolgte. Dies ist als ein Erfolgsbaustein zu werten. Die in anderen Unternehmen eingeführten Module wie z. B. »Yellow Pages« sind sicherlich auch ein interessanter Weiterentwicklungsansatz für vr-wissen, es müssen aber hierbei die spezifischen Randbedingungen (u. a. selbständige Banken) berücksichtigt werden.

4 Ausblick

Wissensmanagement wird in den nächsten Jahren eine wettbewerbsentscheidende Herausforderung darstellen. Die Banken haben die Chance, deutlich produktiver zu sein, den Ressourceneinsatz zu optimieren, Lösungen schneller und bedarfsgerechter zu finden, vorhandene Potenziale besser zu nutzen und zielgerichteter zu kommunizieren.

Durch die gezielte Nutzung und Weiterentwicklung des im genossenschaftlichen Verbundes (insbesondere auch in den Primärbanken) vorhandenen erfolgskritischen Wissens, können enorme Kostensenkungs- und Wachstumspotenziale freigesetzt werden, die mit konventionellen Reorganisations- und Verschlankungskonzepten nicht erreicht werden.

Mit dem gemeinsamen Aufbau von „vr-wissen" bieten die Partner DG-Verlag, FIDUCIA AG, Genossenschaftsverband und GenoTec ein Wissensmanagement an, was exakt diese Potenziale erschließen soll. Selbstverständlich ist hierzu aber auch einiges an Arbeit in den einzelnen Banken notwendig. Nur in einer offenen – auch bankübergreifenden – Vertrauenskultur, in der ein Vorstand seine Mitarbeiter anhält, Wissen zu teilen, wird Wissensmanagement erfolgreich sein. Gleiches gilt für den genossenschaftlichen Verbund, nur wenn es gelingt, das vorhandene Wissen bereitwillig über Unternehmens- oder regionale Grenzen hinweg zu verbinden, können wir gemeinsam die Herausforderungen der Zukunft wirksam meistern. Neben dem Prinzip der Selbsthilfe sollte ein weiterer Grundsatz gelten: Wissen ist der einzige Produktionsfaktor, der durch Teilen mehr wird.

Ontologiebasierte Vorgehensweise zur Modellierung komponentenorientierter Web-Anwendungen

Michael Wissen, Jürgen Ziegler

Fraunhofer IAO, Stuttgart / Universität Duisburg-Essen

Zusammenfassung

Dieser Beitrag thematisiert eine durchgängige und integrierte Methodik mit entsprechenden Werkzeugen für den komponentenorientierten Entwurf sowohl content- als auch applikationsorientierter Web-Anwendungen. Hierzu werden Konzepte bestehender Entwurfsmethoden um Aspekte der Metadatenmodellierung sowie der Sichten- und Navigationsmodellierung erweitert und in einem Methodenverbund bereitgestellt. Kern der Vorgehensweise ist die Anwendung von Metamodellen und Modellierungstechniken für die verschiedenen Entwurfsbereiche einer Web-Anwendung sowie von Werkzeugen zur prototypischen Umsetzung der erstellten Modelle in eine lauffähige Web-Applikation. Das Verfahren verfolgt sowohl auf der Modellierungs- als auch der Realisierungsebene einen weitestgehend komponentenorientierten Ansatz, der zugleich die Integration extern verfügbarer Komponenten und Anwendungen vorsieht.

1 Einleitung

Die Entwicklung webbasierter Informationssysteme wird technologisch seit einigen Jahren durch eine Vielzahl unterschiedlicher Systeme wie z.B. Web-Editoren und insbesondere Content-Management-Systeme unterstützt. Der Fokus dieser Technologien liegt im Wesentlichen auf der Gestaltung und flexiblen Erzeugung der grafischen Präsentation von Inhalten, dem Einstellen und Verwalten der Inhalte innerhalb eines Redaktionsprozesses sowie der Anbindung an Datenbanken und existierende Applikationen. Im Unterschied zu konventionellen Applikationen sind webbasierte Anwendungen oft einer ständigen Überarbeitung sowohl hinsichtlich ihrer Struktur als auch ihrer Inhalte unterworfen. Darüber hinaus bedeutet die Erneuerung des Informationsangebotes, z.B. aufgrund der Einbindung externer Dienste oder der Änderung der Navigationsstruktur, oft eine weitgehende Neugestaltung der Anwendung. Existierende Entwicklungsmethoden und Modellierungstechniken sind für diese Situationen oft nicht geeignet und kommen entsprechend selten zum Einsatz.

Neben content-intensiven, auf Informationsvermittlung ausgerichteten Applikationen gewinnen zunehmend auch webbasierte Business-Applikationen mit stark strukturierten Informationstypen und entsprechender Anwendungslogik an Bedeutung und treten oft in Mischformen mit inhaltsorientierten Systemteilen auf. Die Mischung von Informationsobjekten unterschiedlichen Strukturierungsgrades, eine hohe Veränderungsdynamik und die Einbeziehung externer Informationskomponenten und -dienste sind deshalb charakteristische Eigenschaften heutiger Web-Anwendungen. Entwurfstechniken und Entwicklungsprozesse müssen gleichermaßen Antworten auf Fragestellungen im Zusammenhang mit dieser veränderten Situation bieten und gleichzeitig dem stark gewachsenen Spektrum an unterschiedlichen Gestalter- und Entwicklerrollen gerecht werden. Insbesondere kleine und mittlere Unternehmen sind mit der Einführung und der ständigen Anpassung von Standardmethoden überfordert, mit entsprechenden Konsequenzen für die Produktivität, Wartbarkeit und Qualität der resultierenden Anwendungen.

2 Vorgehensweisen zur Modellierung von Web-Anwendungen

Der Einsatz systematischer Entwurfsmethoden in der Entwicklung von Web-Anwendungen ist bislang wenig verbreitet. Untersuchungen wie Barry & Lang (Barry & Lang, 2001) zeigen, dass besonders im Medienbereich spezifische Methoden kaum eingesetzt werden, und falls doch, diese einen geringen Standardisierungsgrad aufweisen. Selbst Standardmethoden wie UML (Rational, 1997) werden bislang nur selten im Web-Bereich angewendet.

Stattdessen erfolgt die Entwicklung von Web-Sites zumeist ad-hoc und ohne einen systematischen Ansatz. Zahlreiche Tools wie z.B. HTML-Editoren, Database Publishing Wizards, Web Site Managers und Web Form Editoren unterstützen eine „Quick and Dirty"-Vorgehensweise, deren Einsatz zu einem hohen Wartungsaufwand bzgl. der erstellten Web-Sites führt. Darüber hinaus stellen die genannten Werkzeuge einen Mangel an Mechanismen zur Qualitätskontrolle und -sicherung dar, was in Verbindung mit fehlenden Möglichkeiten zur Wiederverwendung einzelner Teilbereiche des Entwurfs zu einer kompletten Neugestaltung der Web-Anwendung führen kann.

Verschiedene Methodenansätze wurden für spezifische Aspekte der Web-Entwicklung vorgeschlagen. Einige dieser Methoden beziehen sich auf die Modellierung der hypermedialen Struktur von Websites, wie HDM (Garzotti et al., 1993), RMM (Isakowitz & Stohr, 1995), OOHDM (Schwabe & Rossi, 1994) sowie die UML-Erweiterungen zur Modellierung Hypermedialer Systeme (Baumeister et al., 1999). Allerdings sind diese Methoden meist schlecht integrierbar mit anderen Entwicklungsperspektiven und haben keine ausreichende Werkzeugunterstützung. Zudem fehlt diesen Methoden einerseits die Möglichkeit zur rechtzeitigen Evaluation von Effizienz, Navigierbarkeit und Darstellung einer Web-Anwendung anhand eines generierten Prototyps sowie andererseits die konzeptionelle Unterstützung sich dynamisch verändernder Begriffswelten und Inhalte. Ansätze im Bereich Komponentenverwendung und -modellierung umfassen z.B. das Capsule-Konzept (Selic, 1998) in UML-RT oder Fragen des Konsistenzmanagements (Engels et al., 2002). Nutzer- und aufgabenbezogene Modellierungsmethoden wurden von Szwillus und Bomsdorf (Szwillus & Bomsdorf, 2002) vorgeschlagen. Die genannten Methoden und Modellierungsverfahren decken allerdings jeweils nur Teilaspekte der komplexen Analysesituation bei Web-Anwendungen ab und sind nicht in den Kontext weborientierter Entwicklungsumgebungen eingebettet.

3 Ontologiebasierte Vorgehensweise zur Modellierung komponentenorientierter Web-Anwendungen

In diesem Beitrag werden Methoden und Modelle vorgestellt, die den Aufbau von Web-Applikationen systematisieren und den gesamten Entwicklungsprozess bis hin zur Wartung und Pflege von Web-Anwendungen unterstützen. Grundlage der Methodologie ist ein Methodenverbund, in dem Konzepte und Techniken für die wesentlichen Modellierungsaspekte enthalten sind. Dieser Methodenverbund besteht zum einen aus verschiedenen Modellierungstechniken für die einzelnen Schritte des Entwurfsprozesses einer Web-Anwendung und andererseits aus softwarebasierten Werkzeugen, die den Erstellungsprozess teilautomatisiert unterstützen. Im Unterschied zu existierenden Methodologien werden alle Entwurfsbereiche einer Web-Anwendung berücksichtigt und gleichzeitig durch die Möglichkeit, vom Benutzer erstellte Web-Modelle prototypisch darzustellen, Mechanismen zur Evaluation der Effizienz von Struktur, Navigation und Präsentation zur Verfügung gestellt.

Ausgangspunkt der in diesem Beitrag vorgestellten Vorgehensweise ist eine ontologische Beschreibung des Informationsbestandes innerhalb eines *konzeptuellen Modells*, die als Grundlage für den systematischen Entwurf einer Navigations- und Sichtenstruktur in Form eines *Navigationsmodells* bzw. *Sichtmodells* dient und die vorhandenen Konzepte und Relationen der zugrunde liegenden Ontologie (Lenat & Guha 1990) als Themenbausteine einbezieht. Die Entwicklung dieser Ontologien kann entweder manuell erfolgen oder durch automatisierte Analysen von Ressourcenkorpora unterstützt werden.

Durch die Konzeption und Entwicklung sog. navigationaler Klassen können wiederkehrende Navigationsmuster modelliert und bei der Implementierung der Modelle angewendet werden. Eine wichtige Eigenschaft der navigationalen Klassen ist die automatisierte Zuordnung von Informationsobjekten zu einzelnen Themen der Navigationsstruktur unter Berücksichtigung der unterschiedlichen Sichten. Des Weiteren lassen sich verteilt bereitgestellte Dienste wie z.B. Web Services in Form von funktionalen Komponenten integrieren. Dies erfordert in der Modellierungsphase zunächst eine abstrahierte Beschreibung solcher Komponenten. In der Konfigurationsphase können auf diese Art und Weise die entsprechenden Web Services aus einem UDDI-Verzeichnis (http://uddi.org) ausgewählt und integriert bzw. zu einem späteren Zeitpunkt ausgetauscht werden.

Der Aufbau der Site- und Navigationsstruktur einer Web-Anwendung erfolgt anhand verschiedenartiger Komponenten. Die Webstruktur wird mit Hilfe von Containern und Partitionen erstellt, die die Eigenschaft besitzen, dass sie zur Darstellung ineinander eingebettet werden können, so dass auch verschachtelte Webseiten darstellbar sind. Erweitert wird der Methodenverbund durch Verfahren, die dem Entwickler einer Web-Anwendung Möglichkeiten zur Modellierung und Einbindung kontextabhängiger Informationsangebote bieten. Hierzu werden dem Modell sog. Sichtenklassen zur Verfügung gestellt, die eine rollen- bzw. lokalitätsabhängige Definition sichtbarer Attribute ermöglichen, auf die zur Laufzeit von einem Benutzer bzw. von einem bestimmten Ort aus zugegriffen werden darf.

Der Entwurfsprozess einer Web-Anwendung setzt sich demnach aus folgenden Schritten zusammen: Entwurf des Metadatenmodells (Themenstruktur), Aufbau des Navigationsmodells, formale Analyse der Benutzeranforderungen, Ableiten der Sichtenstruktur zur Modellierung personalisierter bzw. rollenbasierter Darstellungen auf der Grundlage des Navigationsmodells, Konfiguration externer Dienste und Definition der graphischen Darstellung und Interaktion (vgl. Abbildung 1).

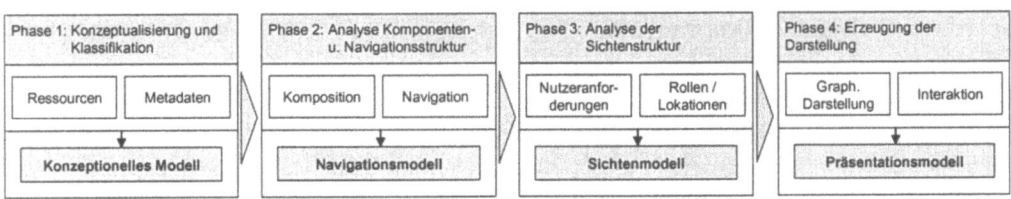

Abbildung 1: Strukturierung der Vorgehensweise

3.1 Konzeptionelles Modell

Die Ressourcen, die als Instanzen in Form von Dokumenten, Aufgaben- und Prozessbeschreibungen etc. vorliegen, dienen als Grundlage für die Erstellung des konzeptionellen Modells. Dieses setzt sich aus einer übergeordneten Themenstruktur, bestehend aus Konzepten und zugehörigen Assoziationen, sowie der Zuordnung von Instanzen aus der Ressourcenmenge zusammen. Das konzeptionelle Modell stellt die Konzeptualisierung des Informationsbestandes dar und ermöglicht in Form einer Ontologie die Zugriffsmöglichkeit auf die instanziierten Inhalte. Die Herleitung der Themenstruktur kann prinzipiell auf zwei unterschiedliche Arten erfolgen. Zum einen können solche Begriffssysteme manuell erarbeitet und in einem weiteren Schritt den darin enthaltenen Themen die instanziierten Inhalte zugewiesen werden. Zum anderen besteht die Möglichkeit, die vorhandenen Dokumente automatisch zu klassifizieren. Hierzu wird eine Cluster-Struktur auf der Grundlage vorhandener Dokumente, die paarweise durch ein Ähnlichkeitsmaß beschrieben werden, erstellt. Dieses Ähnlichkeitsmaß kann Kriterien wie beispielsweise häufige gemeinsame Referenzen oder textliche Gemeinsamkeiten abbilden. Die erzeugte Ontologie stellt eine Navigationsmöglichkeit über Themen zur Verfügung, d.h. über die Assoziationen zwischen den Themen ist es möglich, innerhalb der Ontologie zu navigieren bzw. diese zu explorieren. Diese Form der Navigation unterscheidet sich jedoch gegenüber der in einer Web-Anwendung definierten Navigation, deren Navigationsrelationen bzw. Links nicht den Assoziationen innerhalb der Ontologie entsprechen müssen. Allerdings lassen sich mit Hilfe einer Ontologie explorative Zugriffe innerhalb der Web-Applikation realisieren und darüber hinaus Navigationsmöglichkeiten auf dynamische Mengen und Hierarchien erweitern. Komponentenentwurf und -strukturierung

3.2 Komponentenentwurf und -strukturierung

Die Themenstruktur des konzeptionellen Modells bildet ein semantisches Netz über die Ressourcen. Im Folgenden geht es um die Strukturierung und Positionierung der Inhalte sowie die Festlegung der Navigationsstruktur. Hierzu werden einzelne Elemente einer Web-Anwendung in Komponenten beschrieben, die in Form eines Kompositionsmodells zusammengesetzt werden. Struktur und Aufbau lassen sich unter Verwendung von Containern und Partitionen modellieren, die in der späteren Web-Applikation z.B. durch Frames realisiert werden können. Zusammenhänge zwischen den einzelnen Komposita werden anschließend durch das Navigationsmodell festgelegt.

3.2.1 Definition der Komponenten

Im Folgenden werden die zur Modellierung von Web-Sites notwendigen Komponenten definiert.

Atomare Komponenten und Klassen

Atomare Komponenten sind konkrete Objekte, die nicht weiter zerlegt werden können. Hierzu zählen beispielsweise Texte, Bilder, Multimediaobjekte, externe Referenzen etc. Atomare Komponenten werden als Instanzen ihrer zugehörigen *atomaren Klasse* innerhalb des konzeptuellen Modells betrachtet und dienen in erster Linie zur einheitlichen Betrachtung der verschiedenen Objekte des Navigationsmodells.

Container und Partitionen

Die Elemente, die eine einzelne Webseite beschreiben, werden in sog. *Containern* gehalten. Die Container besitzen die Eigenschaft, dass sie ineinander eingebettet werden können, so dass auch verschachtelte Webseiten darstellbar sind. Das Navigationsmodell, das die Grundlage für die spätere Darstellung der Web-Applikation bildet, beruht auf einem HiGraphen-ähnlichen Ansatz (Harel et al., 1987). Die graphische Repräsentation des Navigationsmodells betrachtet im Wesentlichen die Möglichkeiten der Anordnung von Containern und die Übergangsrelationen zwischen den einzelnen Containern. Durch die Möglichkeit, Container ineinander einzubetten entstehen *Ebenen*. Mehrere Subcontainer innerhalb eines Containers, die auf der gleichen Ebene liegen, können entweder gemäß einer XOR-Verknüpfung dargestellt werden, d.h. in diesem Fall ist immer genau ein Subcontainer sichtbar, oder zur gleichzeitigen Darstellung in einzelne *Partitionen* unterteilt werden (vgl. Abbildung 2).

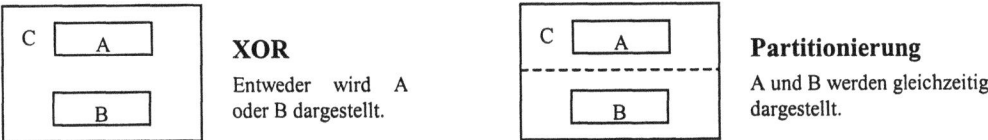

XOR
Entweder wird A oder B dargestellt.

Partitionierung
A und B werden gleichzeitig dargestellt.

Abbildung 2: Container und Partitionen

Atomare Klassen werden Containern zugeordnet. Container, denen eine Klasse zugeordnet wurde, können nicht mehr weiter unterteilt werden. Liegen mehrere Subcontainer auf gleicher Ebene eines Containers, so muss festgelegt werden, welcher Subcontainer zunächst sichtbar ist. Dazu wird gemäß Abbildung 3 (a) ein Startzustand definiert. Sowohl Container als auch Partitionen definieren den Zielbereich, in dem die Inhalte angezeigt werden.

Platzhalter

Mit Hilfe von Platzhaltern können Teilbereiche der Web-Anwendung zu besserer Überschaubarkeit schematisch dargestellt werden. Eine detaillierte Modellierung des durch einen Platzhalter nur grob dargestellten Bereiches kann an einer anderen Stelle erfolgen (vgl. Abbildung 3 (b)).

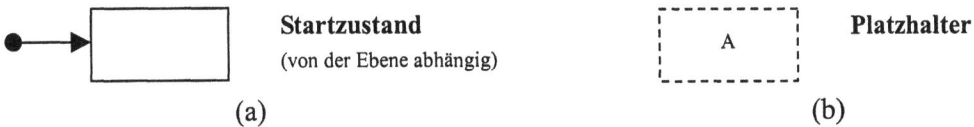

Startzustand
(von der Ebene abhängig)

Platzhalter

(a)　　　　　　　　　　　　　　　　　(b)

Abbildung 3: (a) Festlegung des Startzustandes; (b) Platzhalter für einen an anderer Stelle definierten Container

Ereignisse und Links

Eine Veränderung der auf einer Webseite dargestellten Inhalte wird durch ein Ereignis hervorgerufen, das typischerweise von einem Benutzer durch Interaktionen ausgelöst wird. Zusätzlich können Ereignisse automatisch verursacht werden, beispielsweise durch Überschreitung einer Zeitspanne oder durch vorangegangene Ereignisse. Hervorgerufen durch ein Ereignis wird ein *Link* aktiviert, was zu einer Veränderung der Darstellung in einer Webanwendung führt. Der Zielbereich eines Links definiert den Container bzw. die Partition, in der die Änderungen durchgeführt werden sollen. Der aktuelle Kontext wird in Form der *Ursprungsinstanz* ebenfalls in einem Link mitgeführt. Die Ursprungsinstanz ist die durch den Link repräsentierte Instanz einer Klasse. Die Übergabe des Kontextes ist notwendig, um Abhängigkeiten der neu aufzubauenden Informationen mit dem aktuellen Kontext zu bedienen. Da der Zielbereich nicht durch eine atomare Komponente definiert werden kann, müssen dem Link zusätzlich die *Zielklasse* sowie die zugehörige Relation zwischen der Ursprungsinstanz und der Zielklasse bekannt sein. Anhand dieser Informationen ist es möglich, die darzustellende Instanz bzw. Instanzmenge zu ermitteln. Handelt es sich bei der Zielklasse um eine atomare Klasse, ist die Ursprungsinstanz die Komponente, in der der Link definiert wurde. Bei dieser Komponente handelt es sich entweder um einen Container oder eine Partition. Somit ist es möglich, innerhalb der Webapplikation auf beliebige freie Objekte zu verweisen, die nicht in der Ontologie enthalten sind.

In der graphischen Repräsentation des Navigationsmodells definieren Links den Übergang von einer Komponente zu einer anderen. Entsprechend Abbildung 4 (a) wird ein Link mit einem beschrifteten Pfeil dargestellt. Soll nach der Ausführung des Links im Sinne eines Broadcast ein weiteres Ereignis ausgelöst werden, wird der zusätzliche Link mit in die Beschriftung aufgenommen (vgl. Abbildung 4 (b)).

Popup-Fenster

Stellt der Zielbereich eines Links ein Popup-Fenster dar, wird im Link zusätzlich spezifiziert, welche Aktion bzgl. des Popup-Fensters ausgeführt werden soll (vgl. Abbildung 5).

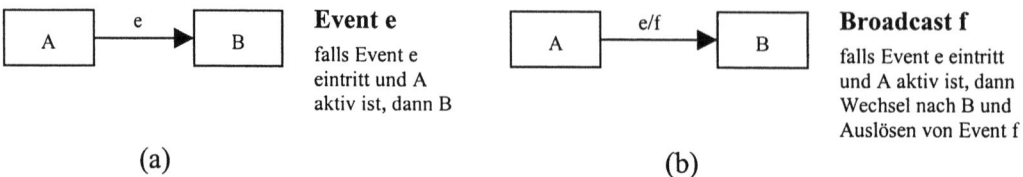

Abbildung 4: (a) Aufruf von B aufgrund von Link e; (b) Aktivierung des Link f nach Aufruf von e

Navigationale Klassen

In einem Zielbereich kann entweder eine einzelne Instanz einer Klasse dargestellt werden oder, falls zu einer Klasse mehrere Instanzen vorhanden sind, eine Übersicht der vorhandenen Instanzen, mit der Möglichkeit, an definierter Stelle die Instanzen im Einzelnen zu betrachten. Zu die

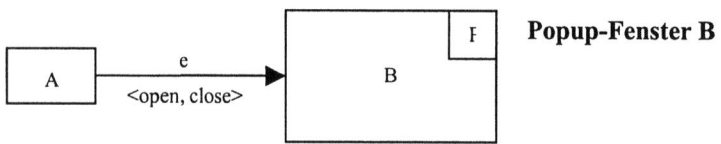

Abbildung 5: Popup-Fenster

sem Zweck werden *navigationale Klassen* definiert, die die Navigation auf einer Menge von Instanzen mit Hilfe einer Übersicht ermöglichen. Die Art und Weise, in der die Übersicht dargestellt wird, kann entweder von der navigationalen Klasse selbst bestimmt werden oder ist im zugrunde liegenden Navigationsmodell bereits festgelegt. Im letzteren Fall wird eine Darstellungsart aus einer Menge vordefinierter Navigationstypen gewählt. Zu dieser Menge gehören gemäß Abbildung 6 Typen wie beispielsweise Baum, Index, Sequenz etc. (vgl. Ziegler, 1997). Wird die Darstellungsart von der navigationalen Klasse dynamisch ermittelt, wird hierzu die Kardinalität der darzustellenden Instanzmenge herangezogen. Die Menge der zu repräsentierenden Instanzen kann mit Hilfe der Instanz der Ausgangsklasse und der Ursprungsrelation beschrieben werden. Die Auswahl der angezeigten Attribute wird in der Attributmenge der Zielinstanz festgelegt und entsprechend einer Sortierungsfunktion sortiert.

Abbildung 6: Auswahl unterschiedlicher Typen navigationaler Klassen

Die graphische Darstellung der navigationalen Klasse besteht aus zwei Komponenten, die mit einer Navigationsrelation miteinander verbunden sind. Bei der Navigationsrelation handelt sich um einen parametrisierbaren Link, der durch die einzelnen Instanzen in der navigationalen Klasse bei dem entsprechenden Aufruf initialisiert wird (vgl. Abbildung 7). Er ist durch eine offene Pfeilspitze gekennzeichnet.

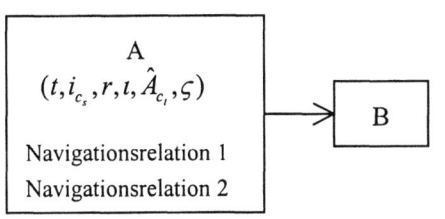

Navigationale Klasse A

Zustandsänderung in B bei Interaktion innerhalb von A

t = Typ des Navigators (Index, Tree, ...)
i_{c_s} = Ursprungsinstanz
r = Ursprungsrelation
ι = Instanzfunktion
$\hat{A}_{c_t}$ = Attributmenge
ς = Sortierungsfunktion

Abbildung 7: Graphische Darstellung navigationaler Klassen

3.2.2 Kompositionsmodell

Das Kompositionsmodell definiert die Zusammensetzung beliebiger Komponenten zu einzelnen Web-Seiten. Es spezifiziert die mit Hilfe von Containern und Partitionen die Struktur einer Web-Seite und die seiteninterne Navigation.

3.2.3 Navigationsmodell

Das Navigationsmodell setzt sich aus den Kompositionsmodellen der einzelnen Web-Seiten und einer zusätzlichen übergeordneten Navigationsstruktur zusammen. Diese legt die Navigation zwischen den einzelnen Web-Seiten fest.

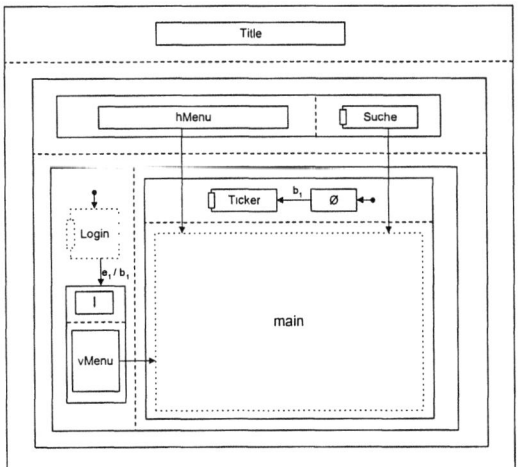
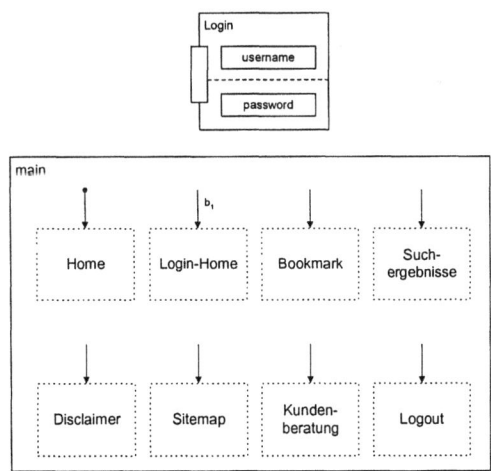

Abbildung 8: Navigationsmodell (Auszug aus einem Portal)

Abbildung 8 zeigt beispielhaft das Navigationsmodell einer Portalseite, das den Rahmen der entsprechenden Anwendung darstellt. In der gesamten Web-Applikation findet sich im oberen Bereich eine Titelzeile, unmittelbar darunter liegt eine Menüleiste mit einem rechts angehefteten Suchfeld in Form einer Applikation. Unterhalb dieser beiden Komponenten befindet sich eine weitere Partition. Diese enthält im Startzustand links zunächst ein Login-Feld, das nach erfolgreicher Anmeldung durch ein vertikales Menü mit einem darüber liegendem Bild („I" steht hier für „Image") ersetzt wird. Rechts davon wird im oberen Bereich zunächst nichts angezeigt („Ø" steht hier für die leere Menge), erst nachdem die Anmeldung abgeschlossen ist, wird der Ticker aktiviert. Der untere Bereich stellt den Hauptbereich der Anwendung dar. Er ist gleichzeitig der Zielbereich für die beiden Menüleisten und das Suchfeld. Die verschiedenen Komponenten, die in diesem Bereich dargestellt werden, können nun an anderer Stelle genauer spezifiziert werden.

3.3 Sichtenmodell

Mit dem Ziel, ein den jeweiligen Anforderungen des Nutzers angepasstes Informationsangebot zu generieren, werden auf die vorhandenen Informationen mit Hilfe von Sichtenklassen verschiedene Sichten erzeugt. Diese haben die Aufgabe, definierte Eigenschaften einer Instanz einer Klasse unter Berücksichtigung von Nebenbedingungen darzustellen. Die Modellierung der Kontextfaktoren in den Sichtenklassen erfolgt auf Basis des Komponenten- bzw. Navigationsmodells. Für jede darin enthaltene Modellklasse können Bedingungen hinzugefügt werden, die über ihre Sichtbarkeit in Abhängigkeit des Kontextes entscheiden. Z.B. ist es möglich, die Darstellung ganzer Teilbereiche für eine bestimmte Person, Benutzerrolle oder ein spezielles Endgerät zu verhindern. Eine Sichtenklasse besteht aus zwei Teilen, einer Zuordnungsangabe, die den Benutzer bzw. die Rolle festlegt, und einem Bedingungsteil, der einen beliebigen booleschen Ausdruck enthält. Dieser muss erfüllt sein, um den in der zugehörigen Modellklasse festgelegten Inhalt darzustellen. Prinzipiell ist es möglich, für verschiedene Rollen bzw. Benutzer jeweils eine Sichtenklasse zu erstellen. Dadurch lassen sich rollenbasierte bzw. benutzerspezifische Darstellungen innerhalb der Web-Applikation realisieren. Abbildung 9 zeigt die graphische Beschreibung einer Sichtenklasse.

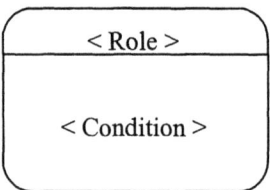

Abbildung 9: Beispiel zweier Sichtenklassen (Besucher, Investor)

Das *Sichtenmodell* setzt sich aus einer Menge von Sichtenklassen für jede einzelne Modellklasse zusammen. Sollen nur wenige Sichten modelliert werden, können die Sichtenklassen neben den zugehörigen Modellklassen positioniert und durch eine Linie verbunden werden. Im anderen Fall ist das Sichtenmodell als eigenständiges graphisches Modell zu betrachten, das alle Modellklassen auflistet und diese mit den zugehörigen Sichtenklassen verbindet.

3.4 Präsentationsmodell

Das Präsentationsmodell dient der Transformation des konzeptuellen Schemas auf eine lower-level Präsentation und enthält im Wesentlichen die zur graphischen Darstellung notwendigen Informationen. Hierzu zählen genaue Angaben über die Position und die graphische Gestaltung der darzustellenden Inhalte und Interaktionsflächen. Diese Informationen werden unter Verwendung von Stylesheets den einzelnen Sichtenklassen zugeordnet und zur Laufzeit abgerufen. Neben diesen Informationen zur graphischen Gestaltung der einzelnen Komponenten können weitere Angaben im Präsentationsmodell festgelegt werden. Das Präsentationsmodell stellt hierzu eine offene Struktur zur Verfügung, die es erlaubt, beliebige Merkmale der graphischen Gestaltung zu bestimmen. Beispielsweise lassen sich zusätzlich Angaben über die zu verwendende Schriftart, die Schriftgröße etc. festlegen.

4 Umsetzung

Mit Hilfe parametrisierbarer Komponenten, die auf der Grundlage definierter Metadaten- und Navigationsmodelle zur Laufzeit dynamische und kontextsensitive Navigationsstrukturen erstellen, lassen sich die vom Benutzer erstellten Modelle in einer Laufzeitumgebung für Test- und Verifikationsmöglichkeiten realisieren. Hierzu werden Verfahren zur automatisierten Generierung von Navigationsstrukturen anhand der entwickelten Modelle konzipiert und implementiert, deren hohe Wiederverwendbarkeit die Umsetzung einer modellierten Web-Anwendung in ein lauffähiges System ermöglichen. Abbildung 10 zeigt die Architektur einer Modellierungs- und Laufzeitumgebung, die derzeit in Form eines Prototyps implementiert wird. Innerhalb einer Werkzeug-unterstützten Modellierungsumgebung werden unter Zuhilfenahme der ontologischen Beschreibung der Informationsinhalte die einzelnen Modelle schrittweise erstellt. Der Zugriff auf die formale Beschreibung der Modelle erfolgt durch die Laufzeitumgebung, die die verschiedenen Kontextfaktoren wie beispielsweise Ort und Zeit beim Zugriff auf die Ontologie und die darin referenzierten Inhalte berücksichtigt. Die Architektur fokussiert vor allem die systemunterstützte und weitestgehend automatisierte Verarbeitung der zur Modellierungszeit erstellten Modelle, um darauf aufbauend die Web-Anwendung zu generieren.

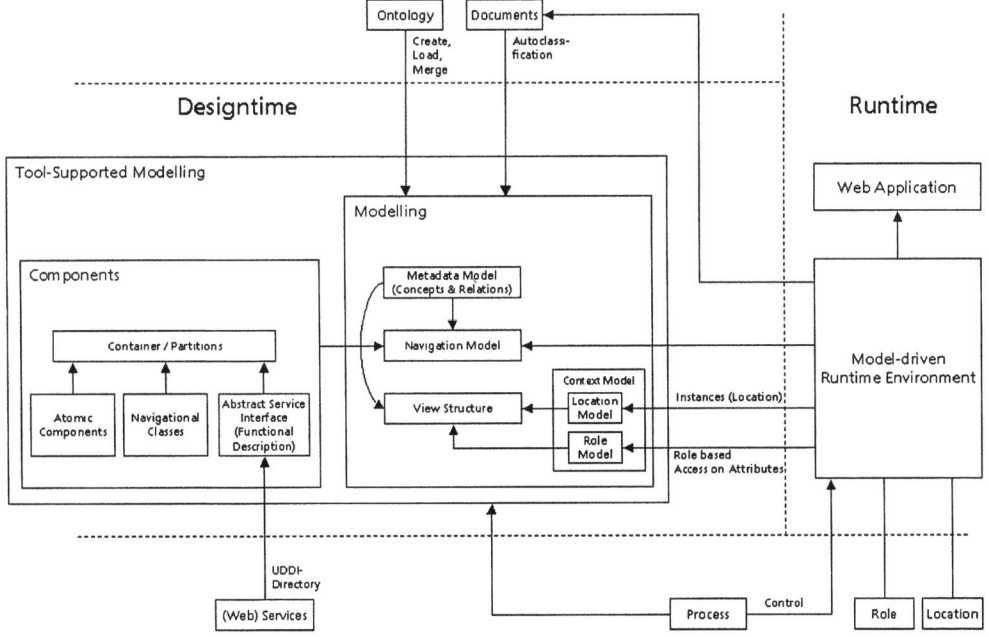

Abbildung 10: Architektur der Modellierungs- und Laufzeitumgebung

5 Ausblick

Dieser Beitrag zeigt eine Vorgehensweise zur systematischen und durchgängigen Entwicklung von Web-Anwendungen. Besonderes Augenmerk wurde bei der Konzeption auf eine möglichst leichte Verständlichkeit der Modelle und insbesondere auf Unterstützungsmöglichkeiten durch softwarebasierte Werkzeuge gelegt, die den Benutzer bei der Erstellung und Verifikation der Modelle weitestgehend entlasten sollen.

Der komponentenorientierte Ansatz ließe sich in einem weiteren Schritt auch auf im Web bereitgestellte Modellkomponenten ausweiten, die eine einheitliche Beschreibung aufweisen. Für den Entwickler einer Web-Anwendung würde sich daraus der Vorteil bieten, für bestimmte Teile seiner Anwendung auf bereits existierende eigen- oder fremdentwickelte Lösungen zurückgreifen zu können.

6 Literaturverzeichnis

Barry, C.; Lang, M. (2001): *A Survey of Multimedia and Web Development Techniques and Methodology Usage.* IEEE Multimedia. 8(3), 52-60

Baumeister, H.; Koch, N.; Mandel, L. (1999): *Towards a UML extension for hypermedia design.* In *UML'99*, Fort Collins, USA

Engels, G.; Küster, J.M.; Heckel, R. (2002): *Towards Consistency-Preserving Model Evolution.* In Proceedings ICSE Work-shop on Model Evolution, Florida, USA

Garzotti, F.; Paolini, P.; Schwabe, D. (1993): *HDM – A model-based approach to hypermedia application design.* ACM-Transactions on Information Systems, 11/1

Harel, D.; Pnueli, A.; Schmidt, J. P.; Sherman, R. (1987): *On the formal semantics of statecharts.* Proc. 2nd. IEEE Symposium on Logic in Computer Science, Ithaca, N.Y.

Isakowitz, T.; Stohr, E. A.; Balasubramanian, P. (1995): *RMM: A Methodology for Structured Hypermedia Design.* Communications of the ACM, 38/8:34-44

Lenat, D. B.; Guha, R. V. (1990): *Building large knowledge-based systems.* Addison-Wesley

Rational Software Corporation (1997): *UML Notation Guide.* Version 1.1, http://www.rational.com

Schwabe, D.; Rossi, G. (1994): *From Domain Models to Hypermedia Applications: An Object-Oriented Approach.* International Workshop on Methodologies for Designing and Developing Hypermedia Applications, Edinburgh

Selic, B. (1998): *Using UML for modeling complex real-time systems.* In F. Mueller und A. Bestavros (Hrsg.): Languages, Compilers and Tools for Embedded Systems, Band 1474 von Lecture Notes in Computer Science, Seiten 252-262. Springer Verlag

Szwillus, G.; Bomsdorf, B. (2002): Models for Task-Object-Based Web Site Management, Proceedings DSV-IS 2002, Rostock

Ziegler, J. E. (1997): *ViewNet - Conceptual design and modelling of navigation.* In S. Howard, J. Hammon & G. Lingaard (Eds.), Human-Computer Interaction: Interact'97, London: Chapman & Hall

Handhabung von Koordinationsanforderungen in kooperativen Arbeitskontexten durch Koordinationsmuster

Peter Thies

Fraunhofer IAO, Competence Center Softwaretechnik

Zusammenfassung

Der vorliegende Beitrag stellt mit dem Begriff des Koordinationsmusters einen Mechanismus zur Koordination kooperativer Arbeitskontexte vor. Kooperative Prozesse sind zumeist dadurch gekennzeichnet, dass sie erst zur Laufzeit vollständig spezifizierbar sind. Prozedurale Ansätze, wie sie von Workflow-Management-Systemen bekannt sind, sind kaum geeignet, diese emergenten Strukturen zu koordinieren. Es wird eine Lösung vorgestellt, die die Koordination von Aktivitäten auch ohne eine A-priori-Kenntnis eines Kontrollflusses ermöglicht. Hierzu werden Koordinationsmuster auf die Basis einer Constraint-behafteten Ontologie gestellt, mit deren Hilfe die Spezifikation von Konsistenzbedingungen in Arbeitskontexten ermöglicht wird. Durch entsprechende Werkzeuge unterstützt, können Koordinationsmuster in Groupware-Umgebungen eingebettet werden und dort z.B. die Koordination der kooperativen Erstellung komplexer Content-Strukturen unterstützen.

1 Einleitung

Bereiche wie z.B. die Produktentwicklung oder die Kundeninteraktion in Unternehmen sind durch kreative, problemlösende Prozesse gekennzeichnet. Diese sind nicht oder nur sehr schwierig standardisierbar. Während die in Gebieten wie z.B. der Materialwirtschaft und dem Finanzwesen vorherrschenden Prozesse wegen ihrer Stabilität standardisiert und systemisch durch klassische Workflow-Management-Systeme (WFMS, Jablonski et al. 1997) unterstützt werden können, sind kreative, problemlösende Prozesse immer wieder neuen Einflussfaktoren unterworfen. Dies führt zu einer immanenten Volatilität dieser Prozesse. Sie sind emergent und dadurch gekennzeichnet, dass sie nicht in einem hinreichenden Detaillierungsgrad a priori modellierbar sind. Diese Prozesse entstehen - zumindest partiell - erst während ihrer Laufzeit und benötigen demzufolge entsprechend flexible, adaptive Unterstützungssysteme (vgl. z.B. Carlsen & Jørgensen 1998 und Klein et al. 2000). Herkömmliche Methoden zur Geschäftsprozessmodellierung können hier kaum angewendet werden.

Real existierende Prozesse des skizzierten Problembereichs stellen in der Regel eine Mischform aus a priori definierbarem und emergentem Prozesstyp dar. Das heißt, die dort vorherrschenden Prozesse lassen sich zumindest partiell vorab z.B. in Form von Prozessketten erheben, weisen jedoch an verschiedenen Stellen *Indeterminismen* bzw. Spezifikationslücken auf. Hierbei kann zwischen horizontalen, vertikalen und kausalen Indeterminismen unterschieden werden. Ein horizontaler Indeterminismus äußert sich durch ein fehlendes Glied in einer Prozesskette. Ein vertikaler Indeterminismus wird durch eine unzureichende Elaboriertheit einzelner Aktionen eines Prozesses in weitere Subaktionen verursacht. Kausale Indeterminismen äußern sich durch einen ggf. nur partiell formulierbaren Kontrollfluss zwischen Aktionen. Aufgrund dieser Indeterminismen ist also, bedingt durch eine im Vorfeld nur vage Modellierbarkeit (Herrmann & Loser 1999), eine für die spätere Ausführung angemessene Koordination (Crowston 1994; Malone & Crowston 1994) auf Basis von Prozessketten kaum möglich.

Durch die Fokussierung herkömmlicher WFMS auf prozedurale Aspekte im Sinne kontrollflussbehafteter Aktionen entsteht ein stark reduziertes Bild der strukturellen und semantischen Aspekte der zu bearbeitenden Informationsobjekte. Diese Reduktion führt zu Kontrollflüssen auf Basis der Bewertung von Attribut-Wert-Paaren, wie sie in den von WFMSen unterstützen Formularen zu finden sind. Derartige Kontrollflüsse sind mit dem emergenten Charakter teamorientierter Arbeit nur schwer vereinbar, da die dafür a priori erforderlichen Informationsstrukturen selten antizipierbar sind.

Das System Freeflow (Dourish et al. 1996) verwendet ebenfalls Constraints zur Ablaufsteuerung von Prozessen, beschränkt sich jedoch auf Aktionen als zentrales Modellelement. Freeflow vernachlässigt die oben genannten Indeterminismen, da es auf einer umfassenden Spezifizierbarkeit von Aktionen aufbaut.

2 Koordinationsmuster – Zielsetzung und Konzept

Ziel der Verwendung von Koordinationsmustern ist die Ermöglichung der Koordination von Prozessen auch ohne das a-priori-Vorhandensein expliziter Kontrollflüsse. Der prozedurale Ansatz von WFMS stellt eine explizite Modellierung von Prozessen dar. Im Gegensatz dazu werden in der nachfolgend beschriebenen *COPE*[1]-Methode die Randbedingungen von Prozessen (z.B. die Fertigstellung eines bearbeiteten Dokuments bis zu einem bestimmten Zieltermin) deklariert. Diese Randbedingungen (Constraints) führen zu einer *Einschränkung der Handlungsalternativen* der Benutzer und so zu einer impliziten Steuerung von Prozessen. Es soll hiermit eine Basis für Unterstützungsleistungen in Groupware-Umgebungen geschaffen werden, um hierauf aufbauend nur die entscheidenden, notwendigen Randbedingungen für den erfolgreichen Abschluss von Arbeiten zu modellieren.

Die Modellierung von Randbedingungen setzt selbstverständlich ein zugrundeliegendes Modell des kooperativen Arbeitskontexts[2] voraus. Hierzu werden in *COPE* Ontologien (s. z.B. Fridman & Hafner 1997) verwendet. Die vorgestellte Methode fußt auf folgenden grundlegenden Eigenschaften:

- Modellierung kooperativer Arbeitskontexte durch Ontologien.
- Spezifikation von Randbedingungen durch Constraints.
- Integrative Betrachtung von Modellelementen und deren Randbedingungen in einer homogenen Modellierungs- und Anfragesprache.
- Integrierbarkeit prozeduraler Elemente, wie Prozessschemata.
- Zusammenfassung von Modellelementen und Randbedingungen zu wiederverwendbaren Mustern (s.a. Alexander et al. 1977; Gamma et al. 1995), sog. *Koordinationsmustern*.

---

[1] Coordination Pattern Engineering

[2] *Kooperativer Arbeitskontext* wird hier in Anlehnung an den Begriff *cooperative work arrangement* von (Schmidt & Bannon 1992) verwendet.

Handhabung von Koordinationsanforderungen in kooperativen Arbeitskontexten 259
durch Koordinationsmuster

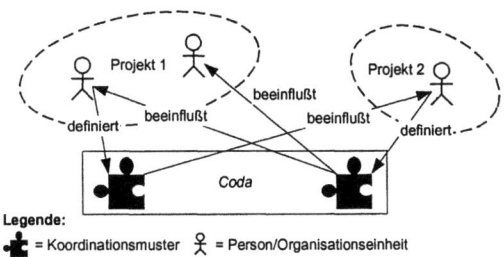

Abbildung 1: Exemplarisches Einsatzszenario von Koordinationsmustern

Die Einsatzmöglichkeiten der Methode sind vielfältig. So kann *COPE* z.B. zur Planung von Abläufen, zur Realisierung von Awareness-Tools (Fuchs 1998; Dourish & Belotti 1992) oder auch für das Management von Dokumentstrukturen eingesetzt werden. Ein Schwerpunkt der Methode ist dabei die Möglichkeit, wiederkehrende, ähnliche Aufgaben und Strukturen durch wiederverwendbare Muster zu unterstützen. Abbildung 1 zeigt ein exemplarisches Einsatzszenario, in dem Personen in verschiedenen Projekten durch ein koordinationsmusterbasiertes Unterstützungssystem (Coda, s. Abschnitt 3) dabei unterstützt werden, ihre Aktivitäten zu koordinieren. Dabei können die beteiligten Personen dem System gegenüber in verschiedene Rollen schlüpfen. So ist es denkbar, dass einige Personen die Definition von Koordinationsmustern übernehmen, während andere diese nur nutzen, weil sich das Verhalten der Kooperationsplattform durch die Muster anpasst und so das Verhalten der Benutzer beeinflusst wird.

Definition (Koordinationsmuster). Ein Koordinationsmuster $Km=(O,K,M)$ ist ein Tripel, bestehend aus einer Ontologie O, einer Menge von Koordinatoren K und einer Menge weiterer Subkoordinationsmuster M. Die Konzepte der Ontologie O stellen Begriffe bzgl. der Gestaltung einer Domäne und deren Relationen untereinander dar. Die Ontologie beinhaltet ebenfalls eine Menge von Axiomen A. $A \subset O$ stellt Ableitungsregeln bzgl. O dar. Die Menge der Koordinatoren K besteht aus Paaren $k \in C \times V$, wobei $C \subset O$ eine Menge von Constraints ist und V eine Menge von Vorschriften über die Anwendung der Elemente aus C.

□

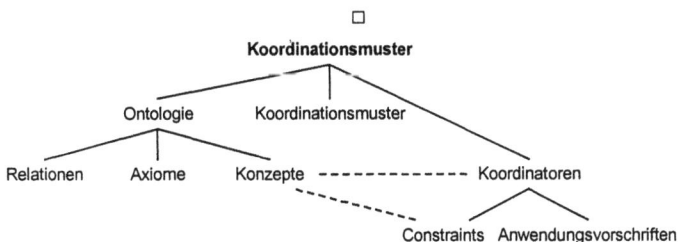

Abbildung 2: Struktur von Koordinationsmustern

A kann als eine Liste von Regeln zur Ableitung des in O enthaltenen impliziten Wissens betrachtet werden. Während O inklusive A definiert, was in der jeweiligen Diskurswelt eines Km gilt, spezifizieren die Koordinatoren die Randbedingungen innerhalb der Diskurswelt. Es wird somit zum einen begriffliches Wissen und zum anderen unvollständiges Wissen (Constraints) parallel repräsentiert.

Die Repräsentation von Koordinationsmustern erfolgt mittels *Frame-Logik* (Kifer et al. 1995). Vor dem Hintergrund der speziellen Anforderungen der Modellierung von Koordinationsmustern bietet Frame-Logik formal sauber definierte Mechanismen, wie z.B. eine homogene Modellierungs- und Anfragesprache mit der Möglichkeit einer Deduktion. Diese Eigenschaften wären bei der naheliegenden Anwendung der *Unified Modeling Language* (UML) in Verbindung mit der *Object Constraint Language* (OCL) (Warmer & Kleppe 1999; OMG 2000) nicht gegeben. Die Möglichkeit der Deduktion ist insbesondere zur Laufzeit für die Analyse, ob und welche Constraints verletzt worden sind, von Bedeutung.

Die zentralen Begriffe einer Ontologie im Kontext von Km sind die vier Schlüsselabstraktionen *Informationsobjekt* (IO), *Aktion* (A), *Organisationselement* (OL) und *Technisches System* (TS). OL zerfällt weiter in die Subklassen *Rolle* und *Organisationseinheit* (OE). OE zerfällt wiederum in *Person* und *Gruppe*. Die gemeinsame Superklasse der Schlüsselabstraktionen wird *Gestaltungsobjekt* (GO) genannt. Um diese GOe herum gruppieren sich weitere Strukturen, die das *COPE*-Metamodell vervollständigen. Eine Reihe von Hilfskonzepten unterstützt die Modellierung. Hierzu zählen auch Zeitmarken, mit deren Hilfe z.B. Deadlines für die Fertigstellung von Dokumenten (mögliche Subklasse von IO) festgelegt werden können.

In Abweichung von herkömmlichen Workflow-Management-Ansätzen, die in der Regel implizite Annahmen über mögliche Zustände von Aktionen machen, wird hier davon ausgegangen, dass die Zustände sämtlicher beteiligter GOe für die Koordination von Interesse sein können, so dass jedes Konzept eine eigene *Zustandsmaschine* (ZM) besitzt. Jedem Klassenkonzept können beliebige Zustände hinzugefügt werden. Den Zuständen werden *Zustandsintervalle* zugeordnet, die dann durch *Intervallrelationen* nach (Allen 1983) geordnet werden können. Somit können zwischen Zuständen von GOen (nicht nur zwischen Aktionen, wie es bei Workflows der Fall ist) z.B. Vorgänger-Nachfolger-Beziehungen spezifiziert werden.

Neben der Ontologie im engeren Sinne sind *Koordinatoren* ein wichtiger Bestandteil des Metamodells. Ein Koordinator besteht aus genau einem Constraint und einer Anwendungsvorschrift.

Beispiel (Koordinator). Ein Koordinator, der für einen einzureichenden Forschungsantrag das Vorliegen mindestens zweier „Letters of Intent" von Projektpartnern fordert, kann mittels Frame-Logik wie folgt spezifiziert werden:

```
loiCheck:constraint[context->proposal].                                    a)
loiCheck:constraint[brokenBy->Instance, broken] :-                         b)
    if ( // Anwendungsvorschrift
        after(today,datum[day->12, month->12, year->2003])                 c)
    )
    then (
        loiCheck:constraint[context->Concept],
        Instance:Concept,
        // Constraint-Koerper
        tnot (count{LOI | Instance[lettersOfIntent->>{LOI}]} >= 2)         d)
    )
    else (
        false
    ).
```

Koordinatoren werden mit Klassenkonzepten assoziiert. Das betreffende Klassenkonzept stellt den *Kontext* des Koordinators und somit auch den Kontext des Constraints dar (vgl. Warmer & Kleppe 1999). Der Kontext spezifiziert einen Begriff der Ontologie eines Koordinators, von dem aus andere Begriffe durch den Koordinator adressiert werden können. Die Assoziation von Koordinatoren mit Klassenkonzepten bewirkt, dass sämtliche Instanzen einer Klasse durch den betreffenden Koordinator beeinflusst werden können. Der obige Constraint namens `loiCheck` erhält den Kontext des Klassenkonzepts `proposal` (→ a)), einer Subklasse von Informationsobjekt. Die darauf folgende Implikation (b) ermöglicht die Entscheidung, durch welches Individualkonzept der Constraint/Koordinator gebrochen wird. Hierzu wird zunächst die Anwendungsvorschrift (AV) geprüft (c). Eine Anwendungsvorschrift ist ein beliebiger logischer Ausdruck. Ist dieser Ausdruck wahr, so muss der Constraint halten. Ist die AV logisch falsch, so wird der

Constraint nicht angewendet. Im obigen Beispiel wird die AV nach dem 12.12.2003 wahr. Ist die AV wahr, so wird der Constraint-Körper (d) geprüft. Durch die Implikation (b) wird versucht, den negierten Constraint-Körper (Negation, da es ja das Ziel ist, den Constraint zu falsifizieren) zu erfüllen. Im obigen Beispiel wird gefordert, dass sämtliche proposal-Instanzen mindestens zwei Instanzen in ihrem Slot[3] lettersOfIntent besitzen. Ist dies bei einer Instanz nicht der Fall, so gilt dieser Constraint als durch diese Instanz gebrochen. □

3 Die Coda-Software

Nachfolgend soll ein erstes System namens *Coda*[4] zur Realisierung von Koordinationsmustern vorgestellt werden. Ziel der Software ist primär die Administration und die Verifikation von Koordinationsmustern. Da es sich bei *Coda* um einen Forschungsprototyp handelt, wurden bisher nicht alle für einen operativen Betrieb notwendigen Eigenschaften implementiert, so dass *Coda* den Charakter einer Testumgebung besitzt. Die Software kann jedoch problemlos zu einer für den Operativbetrieb geeigneten Software erweitert werden. Die *Coda*-Software ist in ihrer hier präsentierten Form nicht als Groupware-Client für den Endanwender gedacht. Es ist davon auszugehen, dass künftige *Coda*-Versionen eine weitergehende Integration mit bestehenden Systemen (vgl. Abbildung 3.b) und anwenderfreundliche Benutzungsschnittstellen und eine optimierte Pflegbarkeit von Koordinationsmustern bieten werden.

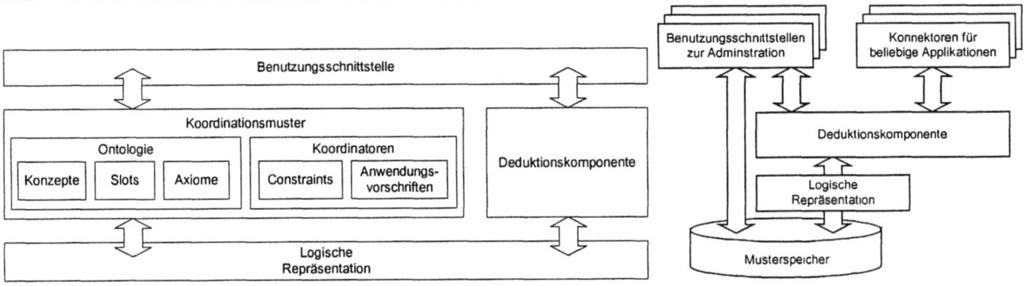

Abbildung 3: Coda-Architektur

Coda zerfällt, wie in Abbildung 3.a dargestellt, in eine Benutzungsschnittstelle, einen Speicher für Koordinationsmuster und eine *Deduktionskomponente* (DK). Die Deduktion erfolgt auf Basis einer logischen Repräsentation mittels Frame-Logik, die durch die Software erzeugt wird. Zur Inbetriebnahme der Muster werden diese automatisch in die erwähnte logische Darstellung transformiert. Die Deduktionskomponente wird für sämtliche Anfragen zur Ausführungszeit der Muster genutzt. *Coda* wurde in der Programmiersprache Java[5] programmiert.

Die Software organisiert Koordinationsmuster anhand von Projekten. Ein Projekt kann beliebig viele Koordinationsmuster und diese gemäß der Definition von Koordinationsmustern rekursiv wiederum beliebig viele Km enthalten. Zur Unterstützung der Musternutzung können in einem Projekt beliebig viele logische Programme (in Prolog- bzw. Frame-Logik-Syntax) verwaltet werden. *Coda* definiert zur Abbildung von Informationsobjektstrukturen einige „primitive" Konzepte, wie z.B. *Text* und *URL* (Uniform Resource Locator). Weitere Konzepte können selbstverständlich

---

[3] Der Begriff *Slot* wird hier nach Frame-Logik-Konventionen und mithin in Anlehnung an (Minsky) synonym mit dem Begriff *Relation* verwendet.

[4] <u>C</u>OPE <u>D</u>esign & <u>A</u>dministration Client

[5] http://java.sun.com

hinzugefügt werden. Jedes Konzept ist mit einer Zustandsmaschine (ZM) ausgestattet. Die ZM einer Instanz verwaltet ihren internen Zustand. Dabei können die Transitionen zwischen den Zuständen mit Schaltbedingungen (sog. Guards) (Baumgarten 1996, S. 194 ff.; Warmer & Kleppe 1999) behaftet sein. Neben Konzepten und Slots enthält eine Ontologie eine beliebige Anzahl von Axiomen. Diese sind durch Implikationen (vgl. Prolog- bzw. Frame-Logik-Syntax) realisiert.

Die Deduktionskomponente dient der eigentlichen Nutzung der Km. Sie ist mit Hilfe des deduktiven Datenbanksystems XSB[6] realisiert worden. XSB ist ein Prolog-basiertes System, das durch eine Frame-Logik-Implementierung namens Flora-2 ergänzt wird. Die Integration der DK mit den anderen *Coda*-Komponenten geschieht mit Hilfe von Interprolog[7]. Die DK kann die Koordinationsmuster verarbeiten und diesbezügliche Anfragen beantworten. Durch die bereits erwähnten logischen Programme können z.B. komplexe, wiederkehrende Anfragen an das System realisiert werden. Ein Beispiel für ein solches Programm ist die Analyse der gebrochenen Constraints eines Projekts.

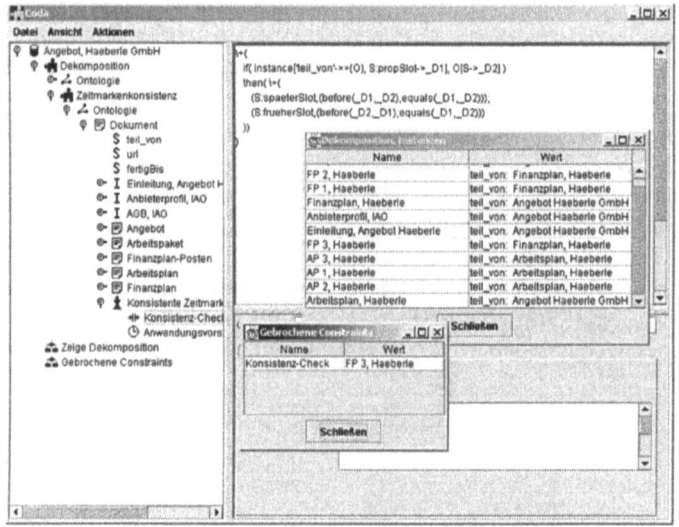

Abbildung 4: Coda-Benutzungsschnittstelle

Der *Coda*-Client (s. Abbildung 4) benutzt gemäß der Definition von Koordinationsmustern eine hierarchische Ordnung von Projektstrukturen. Dazu wird im linken Bereich des GUI ein frei konfigurierbarer Baum aufgebaut, dessen Wurzel das aktuell zu bearbeitende Projekt darstellt. Die Knoten des Baums besitzen unterschiedliche Icons. Diese reflektieren den jeweiligen Knotentyp. Es existieren Knoten zur Darstellung von Km, Ontologien, Konzepten, Slots, Instanzen, Koordinatoren, Constraints, Anwendungsvorschriften, Axiomen, Aktionen, OEen und Programmen. Zur Bildung eines Modells können diese unterschiedlichen Knotentypen von dem Benutzer gemäß einer durch *Coda* vorgegebenen Grammatik frei editiert werden. Selektiert der Benutzer einen Knoten, so wird eine knotentypspezifische Ansicht im rechten Fensterbereich angezeigt. Diese Ansicht bietet dem Benutzer Detailinformationen zum jew. selektierten Knoten.

Wie in Abbildung 3.b skizziert, sollen nachfolgende Coda-Versionen eine weitgehende Integration mit beliebigen Applikationen ermöglichen, um darin Koordinationsmuster nutzen zu können. Dabei wird der hier erläuterte Coda-Client nur noch für die Administration von Koordinations-

---

[6] http://xsb.sourceforge.net oder http://www.cs.sunysb.edu

[7] http://www.declarativa.com/InterProlog/default.htm

mustern eingesetzt werden. Die Wahrnehmung von Koordinationsmustern (Awareness, vgl. Fuchs 1998; Dourish & Belotti 1992) würde zukünftig durch Elemente der integrierten Applikationen realisiert werden. Aktuell wird dies durch Dialoge auf Basis logischer Programme realisiert, die durch einen Timer zyklisch zur Anzeige gebracht, bzw. neu geladen werden (vgl. Abbildung 4).

4 Anwendungsbeispiel

Dieser Abschnitt erläutert die Anwendung von Koordinationsmustern zur Koordination einer Angebotserstellung. Das Beispiel zeigt dies exemplarisch anhand zweier Koordinationsmuster – einem Muster zur Realisierung konsistenter Zeitmarken und einem Dekompositionsmuster. Dieses Beispiel wird in stark abstrahierter Form vorgestellt, um einen überschaubaren Rahmen zu wahren. Das zu erstellende Angebot ist zunächst in seiner Zielstruktur zu modellieren. Hierzu wird ein Subkonzept namens *Dokument* von *Informationsobjekt* abgeleitet. Dieses erhält einen Slot *teil_von*, um die Substrukturierung von Dokumenten zu ermöglichen und einen Slot *url* zur Adressierung eines externen Dokuments, das sich hinter einer *Dokument*-Instanz verbirgt. Nun wird von *Dokument* ein Subkonzept *Angebot* abgeleitet, das zusätzlich einen Slot *empfaenger* erhält. Nach der Modellierung der Terminologie sind Instanzen anzulegen. Hierzu ist eine OE als Empfänger anzulegen. Eine Angebotsinstanz enthalte die Teildokumente *Einleitung*, *Anbieterprofil*, *Arbeitsplan*, *Finanzplan* und *AGB* (Allg. Geschäftsbedingungen). Für die Arbeitsplan- bzw. Finanzplaninstanzen werden zwei Klassenkonzepte angelegt, um ihrer besonderen Bedeutung Rechnung zu tragen. Die *url*-Slots der Teildokumente werden mit Adressen von Rohdokumenten belegt, die dann im weiteren Arbeitsablauf weiterentwickelt und mit Inhalten gefüllt werden sollen.

4.1 Realisierung eines Dekompositionsmusters

Im Zuge der Modellelaboration nehme der Benutzer eine weitere Unterteilung der Dokumente *Arbeitsplan* und *Finanzplan* vor. Dem Arbeitsplan werden weitere Subdokumente zugeordnet. Diese sind vom Typ *Arbeitspaket*, der ebenfalls von *Dokument* abgeleitet ist. Der Finanzplan müsse zu jedem Arbeitspaket ein Teildokument vom Typ *Finanzplan-Posten* besitzen, das die Kosten des jew. Arbeitspakets behandelt. Die Zuordnung eines Postens zu einem AP erfolgt mittels eines Slots *ap* des Konzepts *Finanzplan-Posten*.

Das zu realisierende Dekompositionsmuster ist zu einem Teil durch die bis zu diesem Zeitpunkt erfolgten strukturellen Spezifikationen gegeben. Darüber hinaus soll jedoch auch gewährleistet werden, dass a) ein Angebot genau je einen Arbeitsplan und einen Finanzplan enthält, b) die Anzahl der Arbeitspakete der Anzahl der Posten des Finanzplans entspricht und c) die Finanzplanposten sich auf paarweise unterschiedliche Arbeitspakete beziehen. Dies wird mittels Constraints realisiert. Da die hieraus resultierenden Constraints als Invarianten zu bezeichnen sind, also permanent einzuhalten sind, kann auf eine explizite Darstellung der jeweiligen Anwendungsvorschrift eines Koordinators verzichtet werden.

Eindeutige Arbeits- und Finanzplaninstanzen. Um zu gewährleisten, dass Angebote genau einen Arbeitsplan und genau einen Finanzplan besitzen, wird an das Klassenkonzept *Angebot* ein Koordinator angebracht. Dieser Koordinator besitzt einen Constraint, der die Menge der Teildokumente eines Angebots diesbezüglich einschränkt. Der Constraint lautet:
```
count{D[Instance] | D:'Dokument'['teil_von'->>{Instance}],
  D:'Arbeitsplan'} = 1,
```

```
count{D[Instance] | D:'Dokument'['teil_von'->>{Instance}],
   D:'Finanzplan'} = 1
```
Abgleich von Kardinalitäten. Um für die Menge der APe und die Menge der Finanzplan-Posten gleiche Kardinalitäten zu gewährleisten, kann ein Koordinator mit folgendem Constraint verwendet werden:
```
APlan:'Arbeitsplan'['teil_von'->>{Instance}],
FPlan:'Finanzplan'['teil_von'->>{Instance}],
count{AP[APlan] | AP:'Arbeitspaket'['teil_von'->>{APlan}] } =
count{FP[FPlan] | FP:'Finanzplan-Posten'['teil_von'->>{FPlan}]}
```
Der Kontext des Koordinators ist wiederum das Klassenkonzept *Angebot*.

Redundanzfreie AP-Zuordnung zu Finanzplan-Posten. Schließlich soll dafür Sorge getragen werden, dass die den einzelnen Posten eines Finanzplans zugewiesenen Arbeitspakete unterschiedlich sind. Auch hier hilft ein Koordinator, der diesmal jedoch mit dem Klassenkonzept *Finanzplan* assoziiert wird. Der Constraint lautet:
```
count{FP1[Instance] |FP1:'Finanzplan-Posten'['teil_von'->>{Instance}],
                     FP2:'Finanzplan-Posten'['teil_von'->>{Instance}],
                     FP1\=FP2, FP1.ap=FP2.ap } = 0
```

4.2 Realisierung konsistenter Zeitmarken

Die Terminierung von Teilergebnissen eines Projekts wird stets durch die Terminierung des Gesamtziels konstringiert. Dies gilt auch für das vorliegende Beispiel der Angebotserstellung. Wenn dem potentiellen Auftraggeber eine Übermittlung des Angebots bis z.B. zum 01.12.2003 zugesagt wurde, so muss sich dies im Unterstützungssystem in der Terminierung der gesamten Angebotsstruktur niederschlagen. Sämtlichen Teildokumenten des Angebots müssen sich dieser Zeitmarke unterordnen. Hierzu kommen ein Axiom und ein Constraint zur Anwendung.

Propagierung von Zeitmarken. Das nachfolgende Axiom definiert zunächst, dass *fertigBis* ein in Substrukturen zu propagierender und *später Slot*[8] ist. Anschließend wird eine Implikation definiert, die auf ein Teildokument nur dann einen temporalen Slot propagiert, wenn das Teildokument nicht bereits selbst einen gleichlautenden Slot besitzt, also in diesem Fall eine eigene Deadline *fertigBis* besitzt. Die Propagierbarkeit eines Slots wird durch die Zuordnung der *fertigBis*-Relation zum Klassenkonzept *propSlot* ausgezeichnet[9].
```
spaeterSlot::tempSlot.
'fertigBis':spaeterSlot.
'fertigBis':propSlot.
O2[S->D1]:-O2:'Dokument'[teil_von->>{O1}],
           O1:'Dokument'[S:tempSlot->D1], S:propSlot,
           if( O2[S->D2] ) then( D2=D1 ) else( true ).
```
Bisher wurde eine Propagierung von Zeitmarken bzw. Slots, die auf Zeitmarken zeigen, behandelt. Dadurch kann eine Default-Terminierung von Substrukturen gewährleistet werden. Wenn nun explizit definierte Zeitmarken von Subdokumenten existieren, dann bietet das obige Axiom keine Möglichkeit, diese Zeitmarke auf die Randbedingungen eines Hauptdokuments, in diesem Fall ein Angebot, zu beschränken. Zu diesem Zweck kommt nun ein Koordinator zum Einsatz. Dessen Constraint-Körper wird definiert, wie folgt:
```
\+(
   if( Instance['teil_von'->>{O}, S:propSlot->_D1], O[S->_D2] )
   then( \+(
```

---

[8] Ein Slot, der auf eine Zeitmarke verweist, die die Rolle eines spätesten Termins (Deadline) besitzt.

[9] Slots bzw. Relationen können in Frame-Logik reifiziert werden.

```
    (S:spaeterSlot,(before(_D1,_D2);equals(_D1,_D2)));
    (S:frueherSlot,(before(_D2,_D1);equals(_D1,_D2)))
  ))
)
```

Dieser Constraint gewährleistet, dass späte Slots (Deadlines) von Oberdokumenten in Subdokumenten nicht überschritten und frühe Slots (früheste Startzeitpunkte) nicht unterschritten werden dürfen.

Abbildung 3 zeigt die *Coda*-Applikation mit den beiden im Vorfeld beschriebenen Koordinationsmustern. Über dem Hauptfenster der Anwendung befinden sich zwei Dialoge, die dem Benutzer in Listenform eine Rückmeldung über die gebrochenen Constraints und die Dekomposition des Angebots geben. Die Dialoge sind mit Hilfe zweier logischer Programme (in der Abbildung unten links angeordnet) realisiert worden.

4.3 Zusammenfassung und Ausblick

Der Beitrag hat mit dem Begriff des Koordinationsmusters einen Mechanismus vorgestellt, der insbesondere bei a priori fehlendem Kontrollfluss die Angabe von Randbedingungen für die erfolgreiche Koordination kooperativer Arbeitskontexte ermöglicht. Koordinationsmuster basieren auf einer Constraint-behafteten Ontologie, mit deren Hilfe eine Spezifikation von Konsistenzbedingungen möglich wird.

Die beispielhafte Modellierung der Angebotserstellung musste aus Platzgründen stark abstrahiert erfolgen. Im operativen Einsatz würden weitere Km nötig sein, um eine umfassende Koordination der Angebotserstellung zu realisieren. Neben den skizzierten Mustern bietet die *COPE*-Methode eine ganze Reihe weiterer Beispielmuster, wie z.B. Intervallmuster, temporale Kopplung, Konsignationsmuster, wechselseitiger Ausschluss, Erzeuger-Verbraucher-Muster, Pipeline, Rollenpropagierung und die Zugriffskontrollliste.

Kontaktinformationen

Peter Thies
Fraunhofer IAO
Competence Center Softwaretechnik
Nobelstr. 12
70596 Stuttgart

E-Mail: Peter.Thies@iao.fhg.de
Tel.: 0711 / 970 – 2347
Fax: 0711 / 970 – 2300

Literatur

Alexander C.; Ishikawa S.; Silverstein M.; Jacobson M.; Fiksdahl-King I.; Angel S. (1977): *A Pattern Language* .New York : Oxford University Press.

Allen J.; Hendler J.; Tate A. (1990): *Readings in Planning*.San Mateo, CA :Morgan Kaufmann.

Allen, J.F. (1983): Maintaining knowledge about temporal intervals. In: *Communications of the ACM 26*, November, Nr.11, S.832–843.

Baumgarten, B. (1996): *Petri-Netze. Grundlage und Anwendungen*. Spektrum.

Carlsen, S.; Jørgensen, H.D. (1998): *Emergent workflow: The AIS workware demonstrator.* CSCW Towards Adaptive Workflow Systems Workshop, Seattle, WA, November 1998. http://ccs.mit.edu/klein/cscw-ws.html, zugegriffen 12/2000.

Crowston, K.(1994): *A Taxonomy of Organizational Dependencies and Coordination Mechanisms MIT-Center for Coordination Science.* http://ccs.mit.edu/CCSWP174.html, zugegriffen am 5.8.1998, (174).– Tech. Rep. Cambridge, MA.

Dourish, P.; Belotti, V. (1992): Awareness and Coordination in Shared Workspaces. In: *Proc. ACM Conf. on Computer Supported Cooperative Work CSCW '92* (Toronto, Canada, Nov.1992). New York, ACM Press, S.107–114.

Dourish, P.; Holmes, J.; MacLean, A.; Marqvardsen, P.; Zbyslaw, A. (1996): Freeflow: Mediating between representation and action in workflow systems. In: *Proc. ACM Conf. on Computer Supported Cooperative Work CSCW '96* (Boston, Nov.16-20. 1996). New York, ACM Press, S.190–198.

Fridman, N.; Hafner, C.D. (1997): The State of the Art in Ontology Design. In: *AI Magazine 18*, Nr.3, S.53–74.

Fuchs, L. (1998): *Situationsorientierte Unterstützung von Gruppenwahrnehmung in CSCW-Systemen.* GMD Forschungszentrum Informationstechnik GmbH. Sankt Augustin, 1998 (3). – GMD Research Series. Zugl.: Essen, Univ., Diss.

Gamma, E.; Helm, R.; Johnson, R.; Vlissides, J. (1995): *Design Patterns: Elements of Reusable Object-Oriented Software.* Reading, MA: Addison-Wesley.

Herrmann, T.; Loser, K.-U. (1999): Vagueness in models of social-technical systems. In: *Behaviour & Information Technology.* Vol. 18. No. 5. S. 313-323. Taylor & Francis.

Jablonski, S.; Böhm, M.; Schulze, W. (1997): *Workflow Management: Entwicklung von Anwendungen und Systemen. Facetten einer neuen Technologie.* Heidelberg: dpunkt-Verlag für digitale Technologie.

Kifer, M.; Lausen, G.; Wu, J. (1995): *Logical foundations of object-oriented and frame-based languages.* Journal of the ACM, 42:741-843, July 1995.

Klein, M.; Dellarocas, C.; Bernstein, A. (2000): *Adaptive Workflow Systems.* Dordrecht, NL: Kluwer.

Malone, T.W.; Crowston, K. (1994): *Toward an interdisciplinary theory of coordination.* In: ACM Computing Surveys 26 (1994), Nr.1, S.87–119.

Minsky, M. (1975): A framework for representing knowledge. In: Winston P.H. (Hrsg.): *The psychology of computer vision.* New York: McGraw-Hill, S.211–277.

Object Management Group (2000): *Unified Modeling Language Specification Version 1.3.* http://www.omg.org, zugegriffen März 2000.

Schmidt, K.; Bannon, L. (1992): Taking CSCW Seriously. In: *Int. Journal on Computer Supported Cooperative Work 1* (1992), Nr.1-2, S.7–39.

Thies, P. (2003): Koordinationsmuster – Eine Methode zur deklarativen Modellierung von Koordinationsanforderungen in kooperativen Arbeitskontexten. In: Mambrey, P. (Hrsg.); Pipek, V. (Hrsg.); Rohde, M. (Hrsg.): *Wissens und Lernen in virtuellen Organisationen.* Heidelberg: Physica-Verlag, S. 143-159.

Warmer, J.; Kleppe, A. (1999): *The Object Constraint Language: Precise Modeling with UML.* Reading, MA: Addison-Wesley Longman, (Object Technology Series).

XMendeL – Web-gestützte objektorientierte Datenhaltung im Usability-Engineering

Ronald Hartwig, Michael Herczeg

Institut für Multimediale und Interaktive Systeme – Universität zu Lübeck

Zusammenfassung

Während eines benutzer- und aufgabenzentrierten Entwicklungsprozesses werden aus der Analysephase heraus eine große Anzahl von miteinander verknüpften Informationen dokumentiert und zu Anforderungen, Entwicklungsvorschlägen, Richtlinien und Qualitätskriterien weiter entwickelt. Das im Folgenden vorgestellte Werkzeug soll dies durch ein flexibles Interface und Bereitstellung von Methoden, die sich bei der Komplexitätsbewältigung in objektorientierten Entwicklungsprozessen bereits bewährt haben, vereinfachen. Die Erfahrungen aus dem Einsatz im Rahmen eines Entwicklungsprozesses für multimediale und interaktive Lernmodule bilden den Ausgangspunkt für eine erste Bewertung der Vor- und Nachteile dieser Lösung gegenüber anderen bestehenden Ansätzen.

1 Einleitung

Im Verlaufe eines Usability-Engineering Prozesses werden eine Reihe von Daten gesammelt, aus denen Informationen zur konkreten Gestaltung des Systems abgeleitet werden. Das hier vorgestellte Tool „XMendeL" (eine Kombination der Abkürzung XML und des Namens des Vaters der Vererbungslehre Mendel) soll helfen, die Prozessinformationen eines szenarienbasierten, nutzer- und aufgabenzentrierten Herstellungsprozesses zusammenzuhalten, semantisch zu verknüpfen und allen Prozessbeteiligten eindeutig referenzierbar zugänglich zu machen. Die hier dargestellte Objektstruktur und das Werkzeug zu seiner Erstellung, Pflege und Nutzung sind im Rahmen der Tätigkeit der Autoren als Beratungs- und Qualitätssicherungsinstanz mit dem Schwerpunkt „Software-Ergonomie" in e-Learning-Projekten entstanden.

Ausgangspunkt ist die Umsetzung, Anpassung und praktische Verwendung eines szenarienbasierten Qualitätsmodells (Dzida et al. 2001), das auf den Ideen des „Contextual Design" (Holtzblatt & Beyer 1996) bzw. des „Scenario Based Design" (Rosson & Carroll 2002) und des aufgaben- und nutzerzentrierten Entwicklungsprozesses der ISO 13407 (ISO 1999) basiert. Die Grundidee ist ein strenger Ableitungsprozess, der Anforderungen und Mängel durch Rückverfolgung bis zum Ausgangsszenario konsolidiert. In (Hartwig et al. 2002) ist dieses Modell bezogen auf die Entwicklung im Kontext der virtuellen Lehre umgesetzt.

Der Eindruck der Autoren ist, dass die in diesem Prozess anfallenden Daten in der Regel entweder nicht oder als (technisch) unverbundene Einzeltexte dokumentiert werden. Ziel des hier vorgestellten Werkzeuges ist es, dies stattdessen in einem für kooperative, verteilte Kontexte, wie sie in praktisch jedem größeren Projekt existieren, geeigneten Format den Prozessbeteiligten anzubieten. Das vorgestellte Prozessmodell ist prinzipiell skalierbar, d.h. es bleibt den Prozessbeteiligten überlassen, die Granularität der zu dokumentierenden Informationen für den Prozess festzulegen. So ist es für kleinere Projekte oder bei Ressourcenmangel möglich, die Szenarien nur auf einer sehr allgemeinen Ebene zu beschreiben und nur wenige, zentrale Ziele, Anforderungen und Kriterien herauszuarbeiten. Um aber in komplexeren Projekten eine größere Menge Informationen handhabbar zu machen, bieten sich Methoden aus der objektorientierten Welt an. Modelliert man eine Kontextanalyse im Rahmen einer objektorientierten Analyse (OOA) so können Prinzipien wie Abstraktion, Generalisierung aber auch bewusste Unterspezifikation helfen, die Daten hierarchisch zu ordnen und zu verwalten. Der Herleitungs- und Erhärtungsprozess für Usability-Requirements ähnelt dabei dem Übergang von der objektorientierten Analyse (OOA) zum objektorientierten Design (OOD).

2 Entwicklung des Werkzeuges

Es würde den Rahmen eines solchen Artikels sprengen, den gesamten Entwicklungsprozess des vorgestellten Werkzeuges abzubilden. Deshalb werden nur ausgewählte Teile der Ziele und Anforderungen näher erläutert, die aus Sicht der Autoren besonders typisch für das Szenario der Usability-Qualitätssicherung in einem längerfristigen (im vorliegenden Falle ca. 5 Jahre im BMBF-Leitprojekt „VFH – Virtuelle Fachhochschule" und ca. 3,5 Jahre im BMBF-Projekt „medin – Multimediales Fernstudium Medizinische Informatik") Prozess sind.

2.1 Ziele

Zu den Aufgaben der Usability-Qualitätssicherung im Kontext der virtuellen Lehre gehört die (ergonomische) Beratung während der Entwicklung und die abschließende Bewertung der produzierten Lerneinheiten (siehe (Hartwig et al. 2002) für eine ausführlichere Darstellung der Aktivitäten). Ausgangspunkt der Entwicklung eines eigenen Werkzeuges war die Feststellung, dass die bisherige Form der Datenhaltung in Textdokumenten dabei die Beratung und Begutachtung nur ineffizient unterstützte. Gerade wegen der Vielzahl der (im Beispiel VFH ca. 15) parallel und relativ unabhängig voneinander arbeitenden Entwicklungsteams mussten viele Entscheidungen immer wieder mit Rückgriff auf frühere Aussagen bei anderen Teams getroffen werden. Das Durchsuchen von früheren Einzelfallentscheidungen wurde zunehmend schwieriger und fehlerträchtiger. Kritisch war dann das Hinzukommen von einer Vielzahl von Evaluationsinformationen aus Befragungen und teilnehmenden Begutachtungen, die sowohl einen Bezug zu den Forderungen hatten, da sie diese be- oder entkräfteten, als auch zu den Produkten, in denen Merkmale als potenzielle Mängel entdeckt wurden. Dem vorgestellten Prozessmodell folgend, müssen diese (bis dahin potenziellen) Mängel dann noch im Rahmen einer „Erhärtungsprüfung" auf ihre Relevanz hin untersucht werden. Es zeigte sich, dass dies mit den Mitteln der Textverarbeitung nicht mehr effizient zu leisten war. Ein neues Werkzeug hat als Ziel also die Unterstützung der Arbeit des Usability-Experten im Projekt und die effiziente Datenhaltung unter Beibehaltung der vielfältigen Bezüge der Informationen untereinander.

Aus Platzgründe sind im Folgenden neben den werkzeugunabhängigen Anforderungen auch die Verweise auf die tatsächliche Implementierung und die Unterschiede zu bestehenden anderen Werkzeugen beschrieben.

2.2 Objektverwaltung

Ein Werkzeug, das die dargestellte Usability-Engineering-Methode unterstützt, muss zunächst einmal Objekte verwalten. Ein Objekt wird als Behälter für Informationen aus und für den Entwicklungsprozess genutzt. Im vorgestellten Prozessmodell sind dies zumeist Klartexte und Referenzen zu anderen Objekten, sowie Zusatzinformationen zur Verwaltung des Datenbestandes (Versionen, Berechtigungen, Autoren). Als Klartexte vorhanden sind zum Beispiel Szenarien, Benutzertestprotokolle, Auswertungen von Fragebögen, Anforderungsdefinitionen oder aber auch Gestaltungsrichtlinien, die auf diesen basieren. Daneben sind auch andere Datentypen, wie zum Beispiel numerische Werte aus der Fragebogenauswertung, zu dokumentieren. Diese Anforderung erfüllen bereits einfache Textverarbeitungsprogramme und unserer Beobachtung nach ist dies auch der Stand der Technik bei der Begleitung des Usability-Engineering. Besser geeignet sind jedoch Datenbanksysteme, um so zumindest der Menge der Daten besser gerecht zu werden und den Zugriff zu beschleunigen. Aus der räumlichen Verteilung und den sehr unterschiedlichen Aufgaben und Rollen der Prozessbeteiligten ergeben sich noch die Anforderungen, dass die Informationen räumlich verteilt parallel genutzt werden können und dass rollenspezifische Sichten auf den Datenbestand ermöglicht werden. Dazu bietet sich ein web-gestütztes System an.

2.3 Referenzierbarkeit

Eine weitere Anforderung zur effizienten Arbeit mit diesen Daten ist, dass die Bezüge zwischen den Objekten, die typischerweise voneinander abgleitet sind oder sich aufeinander beziehen, erhalten bleiben müssen. Diese Forderung einer eindeutigen Referenzierbarkeit ergibt sich auch aus den Ansprüchen der Qualitätssicherung, dass Maßnahmen nachvollziehbar dokumentiert werden müssen, also im Zweifelsfall ein Dritter die Begründung, die zu einer Anforderung oder einem Kriterium führte, dokumentiert findet. Auch für den Usability-Experten ist die effiziente Navigation innerhalb der Datenmenge von zentraler Bedeutung. Dies ist in reinen Textsystemen mittels Querverweisen zwar auch möglich, doch hier ist eine Darstellung mit den Möglichkeiten des Hypertexts sicher überlegen, da die Verweismechanismen und die Betrachtungswerkzeuge (Browser) weiter entwickelt sind. Einem einfachen HTML-System fehlt aber zunächst die Möglichkeit einer (semantischen) Klassifizierung von Verweisen, um solche Links, die eine Spezialisierungsbeziehung darstellen, von solchen die einen Ableitungsbezug herstellen, zu unterscheiden. Zumeist ist dies nur durch explizite Benennung an der jeweiligen Verweisstelle möglich. Im aktuellen XHTML-Standard sind zwar auch Klassifikationen von beliebigen Auszeichnungen (und damit auch Verweisen) erlaubt und mittels CSS auch bei der Ausgabe visualisierbar, doch die betrachteten Werkzeuge unterstützten dies nur unvollkommen.

Eine Schlüsselanforderung ist, dass Verweise bidirektional sein können, d.h. dass nicht nur die Verweisquelle eine sichtbare Verbindung zum Verweisziel hat, sondern auch umgekehrt das Verweisziel eine Information darstellt, für welche Quellen es ein Ziel ist. Solche bidirektionalen Links sind in der Dokumentation eines Usability-Engineering-Prozesses wichtig, denn erst durch sie wird der bequeme Einstieg an einem beliebigen Punkt des Modells möglich. Je nach Bedarf können sowohl die aus den gerade betrachteten Objekten folgenden Konsequenzen also auch die hinführenden Überlegungen verfolgt werden. Ein weiterer Vorteil der konsequenten Nutzung von bidirektionalen Links ist auch, dass leicht identifiziert werden kann, welche Anforderung *nicht* in Form einer Regel umgesetzt wurde oder z.B. welches kritische Benutzertestergebnis *nicht* zu einer Maßnahme geführt hat. Hier entstehen neue Potenziale zur Qualitätssicherung in komplexen Projekten. In konventionellen Content-Management oder Hypertext-Autorensystemen sind solche „Rückverweise" zumeist manuell zu pflegen und bilden so eine potenzielle Quelle inkonsistenter Datenbestände.

2.4 Vererbungsmechanismen

Die andere Schlüsselanforderung ist, dass die Möglichkeiten der objektorientierten Modellierung unterstützt werden, d.h. dass hierarchische Strukturen und Abstraktions- und Spezialisierungsmechanismen zur Beherrschung der Komplexität verwendet werden können. Eine sich daraus ergebende Nebenanforderung dazu ist die nutzergerechte Darstellung dieser Modellierung. Für einige der potenziellen Nutzer ist es notwendig, dass die Vererbung von Informationen von höheren Ebenen auf speziellere Teil-/Kind-Objekte nicht nur durch entsprechende Verweise auf Eltern-Objekte visualisiert wird, sondern dass das Werkzeug selbst, wenn gewünscht, die verschiedenen möglichen Vererbungsmechanismen anwendet und so ein in sich vollständiges Objekt erzeugt. In Abbildung 2**Fehler! Verweisquelle konnte nicht gefunden werden.** werden beispielsweise die allgemeinen Daten bzgl. der Durchführung des Benutzertests mit in die Benutzertestergebnisse hinein vererbt, so dass eindeutig klar ist, wie diese zustande gekommen sind. End-Nutzer aber auch andere Rollen im Prozess werden so entlastet, da sie nicht erst die (nicht immer sofort intuitive) Objektidee und Vererbungsmechanismen verstehen müssen, um das System zu nutzen. Aber auch für Experten vermindert die automatische Vererbung die Gefahr bei der hierarchischen Struktur den Überblick zu verlieren oder versehentlich falsche Attribute für die höher liegenden Objekte anzunehmen.

2.5 Anpassbarkeit zur Laufzeit

Die letzte aber ebenfalls entscheidende Anforderung entsteht daraus, dass das Prozessmodell selbst während des Projektes noch in der Entwicklung war und dass die Objektstruktur und die in den Objekten enthaltenen Informationen selbst während ihrer Anwendung angepasst werden mussten. Es zeigte sich, dass eine direkte Übernahme von Analysedatenformaten (bspw. (Hackos & Redish 1998), (Pradeep 1998), (ISO9241 1996) oder (Dzida et al. 2001)) und Objektmodellen (bspw. aus der OOA (Balzert 2000) oder spezielleren Anwendungsfeldern (Herczeg 1999)) aus dem Arbeitssystemkontext in den Kontext der virtuellen Lehre nicht möglich war. Die Anforderung an das System ist also, dass die Datenstruktur flexibel ist und mit wenig Aufwand während des Entwicklungsprozesses angepasst werden kann. Außerdem sollen bereits erstellte oder externe Dokumente (z.B. Textverarbeitungsdateien, Bilder, Filme) eingebunden und weiter genutzt werden können und umgekehrt sollen die Daten aus dem Werkzeug wieder in ein Standardformat exportiert werden können, um so die Nachhaltigkeit auch bei einem Scheitern des Werkzeuges oder in anderen Kontexten sicherzustellen.

2.6 Umsetzung als „XMendeL"

Zum Zeitpunkt des Projektbeginns erschien es so, dass die oben beschriebenen Anforderungen, insbesondere die explizite Vererbung nicht operationalisierter Inhalte, von bisherigen Werkzeugen nicht erfüllt werden könnten. Dies war ausschlaggebend für die Neuentwicklung eines entsprechenden Systems. Es wurde ein System entwickelt, das die Daten des Entwicklungsprozesses in einer zentralen sequentiellen Datenbank mit XML ausgezeichnet bereit stellt. Die Ein-/Ausgabe der Daten erfolgt über eine Web-Schnittstelle unter Verwendung von Java-Servlets und zur Laufzeit generiertem (dynamischem) HTML (siehe Abbildung 1).

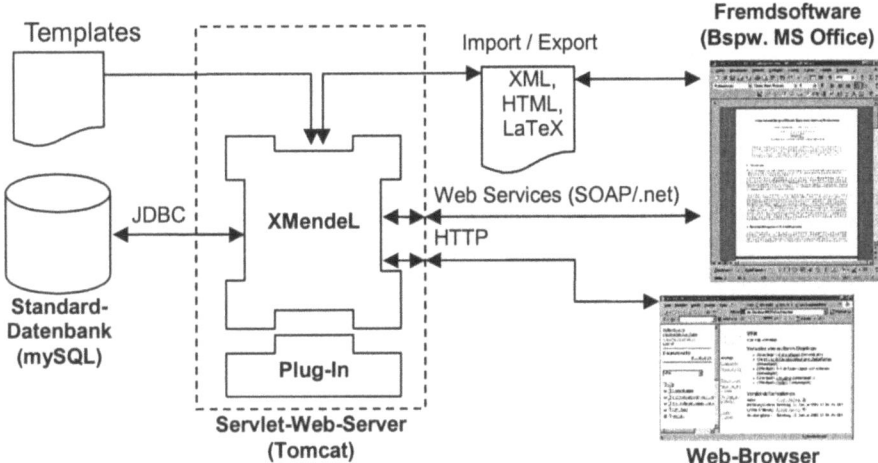

Abbildung 1: Systemaufbau mit den verschiedenen Kommunikationskanälen (nach (Kutsche 2000))

Neben dem Export der Daten in Dateien wird auch die direkte Kommunikation von Anwendungen mit dem System als Web-Service oder die anwendungsspezifische Erweiterung über eine eigene Java-Servlet-Plugin-Schnittstelle angeboten. Dadurch können auch Programme wie Microsoft Office™ über die Mechanismen von „.net" direkt mit dem System kommunizieren und die Mechanismen der Vererbung und einer verteilten Webanwendung nutzen. Letzteres befindet zurzeit gerade im Aufbau, da die notwendigen Technologien noch relativ neu sind.

In Abbildung 2**Fehler! Verweisquelle konnte nicht gefunden werden.** ist die Standard-Datensicht zu sehen. Auf der linken Seite befindet sich eine Übersicht über die Objekte. Die Vererbungsbeziehung ist dabei als Baumstruktur mit den gewohnten Mitteln dargestellt. Die ebenfalls mögliche Mehrfachvererbung wird dabei nicht abgebildet. Sie wurde im dargestellten Projekt bisher auch nicht verwendet. Mittels direkter Manipulation können die Objekte zur Betrachtung oder zur Bearbeitung geöffnet oder innerhalb der Hierarchie verschoben und geordnet werden.

Auf der rechten Seite befindet sich die Textansicht des eigentlichen Objektes. Jedes Objekt hat einen Titel, ein übergeordnetes Objekt und eine veränderbare Anzahl von Attributen, die mit (formatierten) Texten, Zahlen, internen und externen Verweisen sowie eingebundenen Bildern und anderen Fremdformaten gefüllt sein können. Am Ende jedes Objektes wird angezeigt, welche Objekte auf das gerade betrachtete Objekt zeigen („Verweise von anderen Objekten"). Dabei wird sowohl die Art des Objektes (z.B. „Benutzertestbeobachtung"), sein Titel, als auch die Art des Verweises (Spezialisierung im Sinne der Vererbung „Unterobjekt" oder Querverweis „link") angegeben. Zusätzlich wird noch angezeigt, wann und von wem das Objekt erzeugt bzw. geändert wurde.

Die Daten werden über diese Web-Schnittstelle eingegeben und gepflegt. Dabei wird eine einer Textverarbeitung nachempfundene Werkzeugleiste angeboten und die Texte nach dem WYSIWIG-Prinzip bereits bei der Bearbeitung in ihrer späteren Darstellung angezeigt. Externe Inhalte können entweder als gemeinsam nutzbare Ressourcen auf dem Server des Systems gespeichert werden oder werden als externe Links in Form einer URL eingebunden. Umgekehrt kann jedes Objekt im System per URL (http://server/ObjektID&Sicht) von externen Anwendungen aus eineindeutig referenziert werden.

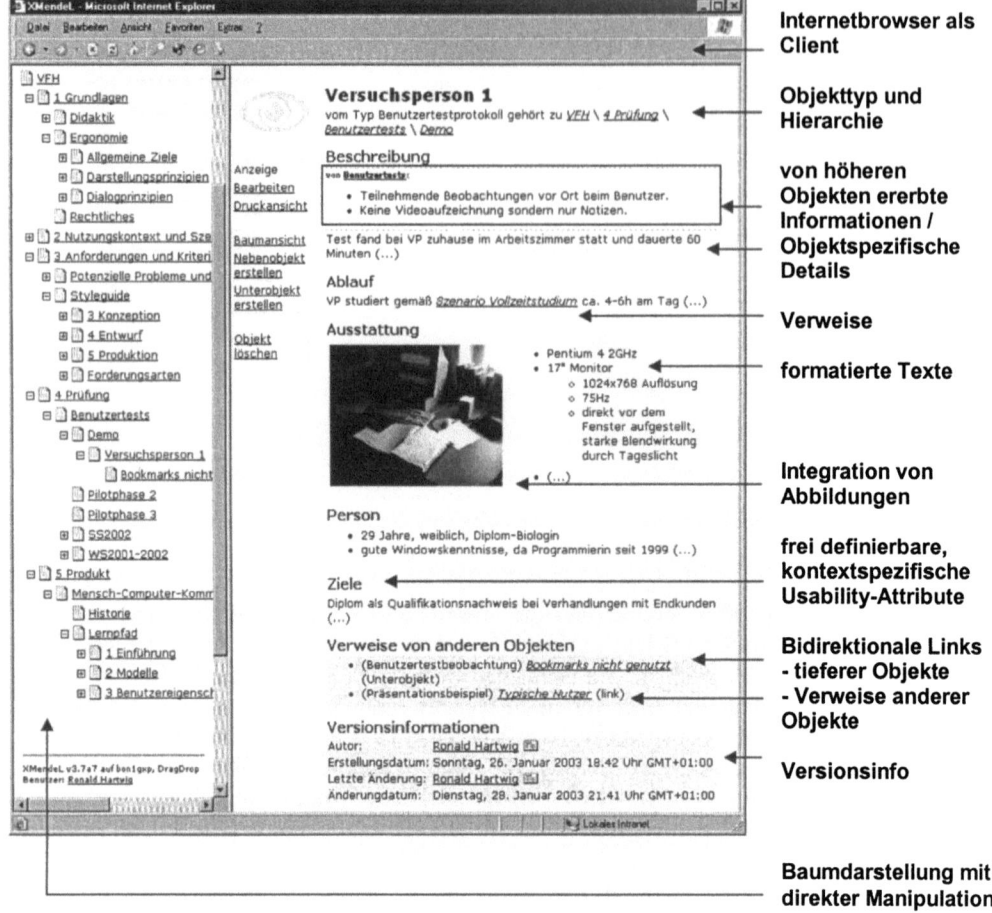

Abbildung 2: Screenshot mit gekürzten Beispieldaten

Objekte werden entweder einem bereits bestehenden Objekt untergeordnet, gleichrangig daneben erstellt oder als generische neue Objektklassen auf oberster Ebene neu erzeugt. Attribute und ihre Inhalte werden an untergeordnete Objekte weitervererbt, indem sie den zu den Inhalten des untergeordneten Objektes hinzugefügt werden. Die Vererbung der Inhalte kann aber auch für Teilbäume beschränkt und für bestimmte Attribute und Ansichten ganz abgeschaltet oder auf Ersetzen statt Hinzufügen umgestellt werden.

Die Nutzer können zu jeder Zeit die Art der Objekte definieren, indem sie „Objekttypen" zuweisen. Dies ist frei definierbar und dient als Texthinweis sobald das Objekt angezeigt wird. Die Attribute sind bis auf wenige, allen Objekten gemeinsame, Pflichtfelder ebenfalls zur Laufzeit frei definierbar. Während der Nutzung können also an jeder beliebigen Stelle der Objekthierarchie Attribute hinzugefügt werden, ohne dass Änderungen am Programm oder Anpassungen der Datenbank notwendig wären. Diese werden dann so lange nach Default-Vorgaben angezeigt bis spezielle Darstellungsregeln (ebenfalls hierarchisch) festgelegt werden.

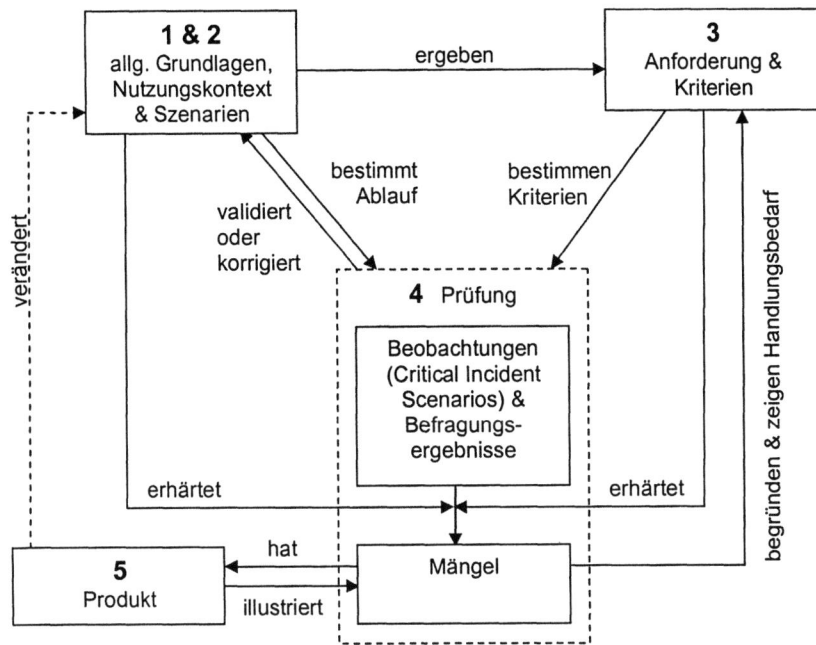

Abbildung 3: Struktur der Objektklassen und die Semantik der Querverweise

Das System verfügt daneben über weitere Schnittstellen zu externen Anwendungen: Die Daten können aus anderen Systemen als CSV-Dateien (z.B. um Exporte aus Datenbanken entgegenzunehmen), als komplette HTML-Website (z.B. zur Übernahme von externen Inhalten) oder als XML importiert werden. Import und Export arbeiten über den gleichen Mechanismus und können ohne Änderung des eigentlichen Systems über ein eigenes CSS-ähnliches Vorlagensystem (Templates) an die individuellen Bedürfnisse angepasst werden. Dabei werden neben XML-Dialekten auch Formate wie LaTeX oder andere SGML-basierte Format prinzipiell unterstützt. Der Export in eine HTML-Struktur inklusive der enthaltenen zusätzlichen Ressourcen, stellt sicher, dass die Daten auch ohne das XMendeL-System lesend, zum Beispiel mobil, genutzt werden können.

2.7 Objektstruktur

Aus der praktischen Nutzung des Systems ergab sich eine Objektstruktur, die sich zwar an die typischen Phasen des dargestellten Prozesses anlehnt, deren Detailliertheit und Ausführlichkeit aber stark variiert. Es zeigte sich, dass viele gemäß Vorgehensmodell wichtige Informationen in der Praxis nicht in der gewünschten Ausführlichkeit innerhalb des vorgegeben Ressourcenrahmens analytisch oder empirisch zu entwickeln waren (siehe (Hartwig et al. 2002) für eine detaillierte Beschreibung). Die in der Nutzung identifizierten grundlegenden Objektklassen sind im Folgenden kurz beschrieben.

1. **Grundlagen**: Im Rahmen des Projektes waren Grundlagenhandbücher und Handreichungen verschiedener Teilbereiche (Ergonomie, Didaktik, Technik etc.) entstanden. Es zeigte sich, dass viele der späteren Forderungen sich auf diese bezogen und es deshalb, auch mit Blick auf die spätere gemeinsame Nutzung als Wissensbasis für den Entwicklungsprozess, vorteilhaft ist, wenn diese auch im System enthalten und ebenfalls objektorientiert modelliert sind. So gibt es im Bereich „Ergonomie" neben einem allgemeinen

Objekt mit der Beschreibung von „Ergonomie" noch Unterobjekte zu den Dialog- und Darstellungsprinzipien, sowie den dort wiederum untergeordneten Beispielen.

2. **Nutzungskontext** und **Zieldefinitionen**: Unter diesem Bereich wurden alle Objekte zusammengefasst, die mit Vorgaben des Projektes aber auch z.B. durch teilnehmende Beobachtung entwickelte Nutzungsszenarien betrafen. In (Hartwig et al. 2002) ist beschrieben, wie dabei mit Problemen der Szenarienerhebung im Rahmen einer, zunächst hypothesengestützten, iterativen Weiterentwicklungsstrategie umgegangen wurde.

3. **Anforderungen** und **Kriterien**: Ausgangspunkt für das Projekt ist ein umfangreiches Richtliniendokument „VFH-Styleguide" (Hartwig et al. 2002a), in dem sowohl Kriterien als auch Anforderungen dokumentiert sind. Dieser ist gegliedert nach den Prozessphasen, in denen die jeweiligen Richtlinien anzuwenden sind und mittels der Abstraktion strukturiert von allgemeinen Anforderungen bis hinunter zu Einzelkriterien.

4. **Prüfung**: In diesen Objekten sind die Ergebnisse der Befragungen und Beobachtungen abgelegt. Dabei sind zunächst die Rohdaten (Befragungsauswertung und Roh-Protokolle der Vor-Ort-Benutzertests im Sinne von so genannten „Critical Incident Scenarios") dokumentiert worden. Daraus wurden Beschreibungen allgemeiner potenzieller Mängel entwickelt, die die Beobachtungen mit den Ergebnissen der Befragung als auch den Grundlagen, dem Nutzungskontext (inkl. Szenario) und den Zielen verknüpfte und so die geforderte Erhärtungsprüfung ermöglichte. Diese potenziellen Mängel dienten dann, sofern sie sich als begründet erhärten ließen, als Begründung für die Richtlinienweiterentwicklung und Bewertung der Produkte (hier Lernmodule). Diese „Mangelzentrierung" spiegelt die Idee des Falsifikationsprinzips des Qualitätssicherungsprozesses wieder, d.h. es wird von der Tauglichkeit des Produktes ausgegangen bis tatsächlich relevante Mängel dagegen sprechen.

5. **Produkt**: Bei den hier betrachteten Lernmodulen gibt es den Sonderfall, dass diese selbst sich sehr gut und effizient mit den Mitteln der objektorientierten Datenhaltung handhaben lassen. Metainformationen oder z.B. weiterführende Übungsaufgaben lassen sich sowohl auf Gesamtmodulebene als auch auf Kapitel- oder Seitenebene festlegen. Durch das flexible Interface können nun Konzeptioner und Autoren ihre Inhalte selbst webgestützt, mit den gewohnten Mitteln der Textverarbeitung und dem WYSIWYG-Prinzip folgend verwalten, ohne mit der unterliegenden XML-Auszeichnung in Kontakt zu kommen. Außerdem können weitere Produktionsinformationen, z.B. Drehbücher mit dokumentiert werden. In (Kritzenberger et al. 2001) ist dieses Vorgehen im Detail beschrieben.

Abbildung 3**Fehler! Verweisquelle konnte nicht gefunden werden.** zeigt, welche Zusammenhänge bei der Dokumentation des QS-Prozesses verwendet werden. Ohne die Zuhilfenahme der Abstraktionsebenen zur Zusammenfassung aber auch Vereinfachung der teilweise sehr detailliert vorliegenden Informationen, wäre ein solches Modell kaum handhabbar.

3 Zusammenfassung

Der Hauptnutzen im praktischen Einsatz war zunächst die Verwaltung der Evaluationsdaten (Benutzertestprotokolle und Befragungen), die sich mit den Mitteln von Hypertext und Vererbung effizienter gestaltete als die bis dahin genutzte Textverarbeitungsmethode. Gerade die Klassifizierung von vielen kleinen Textbausteinen durch einen Usability-Experten wird durch die bidirektionalen Links und hierarchische Strukturen wesentlich übersichtlicher und schneller. Der Rest des

Objektmodells wächst nun von diesem Schwerpunkt ausgehend und wird weiter ausgebaut. Zur Zeit sind ca. 500 Objekte allein zum Projekt VFH in der Datenbank enthalten und der Bestand erweitert sich ständig.

Das endgültige Ziel ist der konsequente Einsatz als Experteninformationssystem und die Verknüpfung der Usability-Engineering-Daten mit den Objekten des Produktes. Dadurch ist es möglich, dass zum Beispiel Mängel direkt auf das Objekt des Produktes zeigen können, auf denen sie auftreten. Umgekehrt kann durch die Bidirektionalität der Verweise auf jeder Modulseite nachgesehen werden, welche Mängel noch enthalten sind. Zu guter Letzt kann in der Mangelbeschreibung nachgesehen werden, wo sich ein Beispiel für diesen Mangel findet. Diese umfassendere Projektdokumentation wird derzeit im Rahmen des e-Learning-Projektes „medin" erprobt. Daneben wird im Laufe einer gesonderten Diplomarbeit das bisher sehr generische, damit aber auch nicht immer optimale, Interface des Werkzeuges weiter auf die speziellen Bedürfnisse eines e-Learning-Herstellungsprozesses hin angepasst.

Das Werkzeug gibt keine Modellierung fest vor, so dass auch andere Modellierungsarten zum Beispiel unter Berücksichtigung eines Schichtenmodells (siehe (Herczeg 1994)) oder andere Kontexte (bspw. Anwendungssoftwareentwicklung) erprobt werden sollen.

Literatur

Balzert, H. (2000): *Lehrbuch der Software-Technik: Software-Entwicklung.* (Bd. 1, 2. Aufl.), Heidelberg: Spektrum Akademischer Verlag

Dzida, W.; Hofmann, B.; Freitag, R.; Redtenbacher, W.; Baggen, R.; Geis, T.; Beimel, J.; Hartwig, R.; Hampe-Neteler, R.; Peters, H. (2001). Gebrauchstauglichkeit von Software. ErgoNorm: Ein Verfahren zur Konformitätsprüfung von Software auf der Grundlage von DIN EN ISO 9241 Teile 10 und 11. *Schriftenreihe der Bundesanstalt für Arbeitsschutz und Arbeitsmedizin,* Forschung Fb 921, Bremerhaven: Wirtschaftsverlag NW

Hackos, J. T.; Redish, J. C. (1998): *User and task analysis for interface design,* New York: Wiley & Sons

Holtzblatt, K.; Beyer, H. (1996): *Contextual Design: Principles and Practice - Field Methods for Software and Systems Design.* D. Wixon and J. Ramey (Eds.), New York: John Wiley & Sons, Inc.

Hartwig, R.; Triebe, J.K.; Herczeg, M. (2002): Software-ergonomische Evaluation im Kontext der Entwicklung multimedialer Lernmodule für die virtuelle Lehre. In: Herczeg, M; Prinz, W.; Oberquelle, H. (Hrsg.): *Mensch & Computer 2002*: Vom interaktiven Werkzeug zu kooperativen Arbeits- und Lernwelten. Stuttgart: B.G. Teubner, 2002, S.313-322

Hartwig, R.; Triebe, J.K.; Herczeg, M. (2002a): *Styleguide - Richtlinien zur Qualitätssicherung bei der Realisierung von Studienmodulen im Projekt VFH.* Universität zu Lübeck - Institut für Multimediale und Interaktive Systeme; http://www.imis.uni-luebeck.de/de/forschung/publikationen.html#2002

Herczeg, M. (1999): A Task Analysis Framework for Management Systems and Decision Support Systems. In: Proceeding of AoM/IaoM. 17. *International Conference on Computer Science, San Diego.* California, August 6-8, S. 29-34

Herczeg, M. (1994*): Software-Ergonomie. Grundlagen der Mensch-Computer-Kommunikation.* Bonn: Addison-Wesley-Verlag und München: Oldenbourg-Verlag

International Organization for Standardization (1996-2000): *ISO 9241 - Ergonomic requirements for office work with visual display terminals*, Parts 1-17, Berlin: Beuth Verlag

International Organization for Standardization (1999): *ISO 13407 - Human-centred design processes for interactive systems*. Berlin: Beuth Verlag

Kutsche, O. (2002): *Proof-of-concept der datenbank- und web-basierten Unterstützung von Entwicklungsprozessen für einen Prototypen*. Studienarbeit Informatik, Universität zu Lübeck

Kritzenberger, H.; Hartwig, R.; Herczeg, M. (2001): *Scenario-Based Design for Flexible Hypermedia Learning Environments*. In: Proceedings of ED-MEDIA 2001. AACE, Tampere, Finland, 25.-30. Jun. 2001

Pradeep, H. (1998): *User-centered information design for improved software usability*. Norwood, USA: Artech House

Rosson, M. B.; Carroll, J.M. (2002): *Usability Engineering – Scenario based development of human-computer interaction*. San Francisco, USA: Morgan Kaufmann Pub.

Kontaktinformationen

Ronald Hartwig, Michael Herczeg
Institut für Multimediale und Interaktive Systeme
Universität zu Lübeck
Media Docks, Willy-Brandt-Allee 31a
D-23554 Lübeck
hartwig|herczeg@imis.uni-luebeck.de
http://www.imis.uni-luebeck.de

Psychology and Non-Photorealistic Rendering: The Beginning of a Beautiful Relationship

Nick Halper[1], Mara Mellin[2], Christoph S. Herrmann[2], Volker Linneweber[3], Thomas Strothotte[1]

[1] Dept. of Simulation and Graphics, Otto-von-Guericke University of Magdeburg
[2] Dept. of Biological Psychology, Otto-von-Guericke University of Magdeburg,
[3] Dept. of Social Psychology, Otto-von-Guericke University of Magdeburg

Abstract

This paper proposes the necessity of developing a theory of psychology within non-photorealistic rendering (NPR). Despite the inherent flexibility of NPR within a variety of visual media, the psychological functionality of NPR remains largely unexplored. As such, we consider aspects of NPR in terms of general, biological, social, and environmental psychology paradigms using results from recent studies, while briefly discussing options for further research and subsequent applications.

1 Introduction

As the modern world develops and utilizes IT applications for work, communication, advertising, and play at an exponential rate, the subsequent demand for psychological research into human-computer interactions has emerged. Because IT interactions are particularly visual, much of virtual reality (VR) incorporates psychological paradigms of visualization (Bente et al. 2002) in addition to other technical developments and applications (Bullinger & Ziegler 1999; Forsythe et al. 1998). Despite comparable technical research (Strothotte & Schlechtweg 2002) within non-photorealistic rendering (NPR), there exists a relatively small body of psychological knowledge regarding its effect on the user (e.g. Schumann et al. 1996; Gooch 2002; see also May 2000).

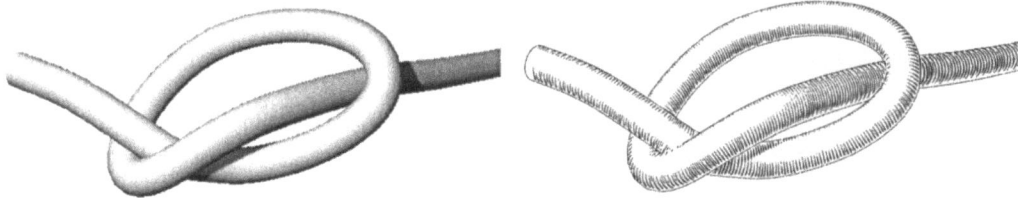

Figure 1: A PR image of a tube (left) and an NPR version of the same tube (right).

Currently VR systems survive on principles of photorealism (PR): a field essentially concerned with rendering images as 'realistically' as possible via the integration of physics and rendering algorithms. In contrast, NPR algorithms survive on a comparatively looser philosophy: ranging from artistic preference to the applied functionality of a given image. Consider for example the PR image in Figure 1 (left) and the NPR version of the same object on the right. While the PR image is defined by the singular principle of appearing as realistic or 'life-like' as technologically possible, the NPR image uses only one of a virtually infinite variety of NPR styles. The visual flexibility of NPR holds inherent, though still undefined, potential to influence viewer responses in a variety of manners. Specifically, the coupling of NPR and psychological tests may reveal response variables encompassing aspects of emotion, attention, and memory. The challenge now is to generate such tests that accurately measure user responses and variability to controlled NPR images and environments via relevant psychological paradigms.

Detailed knowledge of the functional relations between users and features of NPR will contribute to a more precise understanding of the cognitive, emotional and behavioral impacts of NPR, both unto the utility of NPR itself as well as for a number of psychological paradigms. Subsequent results could then facilitate the development of *functional* rendering techniques within visual user interfaces applicable to both research and industry demands. Specific directions for research in this area can be generally refined into the following issues:

- What existing psychological paradigms and subsequent theories can be utilized to drive further research and understanding of NPR at a functional and theoretical level?
- What specific properties of NPR are relevant to current psychological paradigms, and how can they be used to support future psychological research and subsequent theory?

We concentrate on four areas accordingly: general psychology, social psychology, biological psychology, and environmental psychology in terms of research we conducted as it applies to both NPR and psychology.

2 General Psychology in NPR

General Psychology is mainly concerned with behavior and cognition, and in terms of NPR, offers several relevant theories surrounding visual processing. Specific to our research of NPR, we discuss *figure-ground-segregation:* when lines, surfaces, and colors facilitate object identification relative to other objects within the visual field.

2.1 Figure-Ground-Segregation for NPR Guided Selection

The greater the visual information in a given image or scene, as in PR environments, the greater the probability for figure-ground segregation errors. Therefore, homogeneously structured simple surfaces are easier to detect and identify as belonging to the same object (Hoffman 1998), and therefore, rendering objects using defined 'figure' or 'ground' styles, enables the viewer to more rapidly and accurately assess the status of objects within a complex scene. Indeed, our results indicate that NPR styles can strongly facilitate figure-ground segregation processes. In a recent study Halper (Halper *et al.* 2003) asked subjects to "click on three objects" from a set of 20 objects. About half of the objects displayed were rendered in cartoon-style (strong silhouettes and two-tone shading), and the other half were rendered with the same oil-paint style used for the background (see Figure 2). Subjects were randomly assigned to one of two test conditions (A or B—as in Figure 2) to control for biasing based on object preference. Overall, subjects tended to select two or more cartoon-style objects, indicating that rendering style was a greater factor in selection choice than actual object attributes.

Figure 2: A magnified view from the Halper et al.'s interactive rendering task (2003). The left (test A) and right image (test B) use two different rendering styles (cartoon-style and oil paint) to 'define' objects as 'active' versus those perceived as part of the background or 'inactive.' Subjects shown the left image tend to select the active truck while subjects shown the right image tend to select the active duck.

2.2 Future Directions for NPR and General Psychology

Other general psychological theories such as prior knowledge, associative conditioning, and the geon theory are also relevant to NPR and future psychological research. For instance, *prior knowledge* can reinforce behavior in the guided selection of objects discussed above, such that repeated experiments coupled with consistent object interactions would likely strengthen the influence of rendering style until subjects cease to interact with background objects altogether. This could then be applied to interactive graphics, with the potential to simplify and guide user choice. *Associative conditioning* occurs when two or more elements or objects become associated because of an observed relationship (visuo-spatial, temporal, auditory etc.) between their assessed elements. Indeed, graded levels of active and inactive rendering styles associated with the functionality of objects may influence subject responses accordingly. Associations may also be formulated based on other NPR elements within the image. Lastly, the *geon theory* states that humans perceive objects using 'geons,' or compositions of the most elementary geometrical shapes. The simpler an object is, the fewer geons must be processed before achieving object identification. Thus NPR images could support image identification when using simpler rendering algorithms relative to the number of geons necessary for image identification within PR.

3 Social Psychology

Social psychology studies interactions, communication, and information exchange and is thus relevant to NPR in a number of areas. Our research focuses on aspects of social perception and judgment.

3.1 Using NPR to Influence Social Perception and Judgment

Social perception and *social judgment* utilize learned values and behaviors to respond to socially ambiguous situations, wherein interpretation of other people and their expressions—verbal and non-verbal—are necessary (Bente & Krämer 2002; Dörner & Schaub 2002). Simple optical elements may be used to evaluate a person or situation using stereotypic character attributions when too little explicit information is available. Within our own labs, assessments of safety and danger were influenced via line-style: subjects shown Figures 3 and 4 and subsequent variations tended to perceive the normal lines as safe (whether shown on the house or the tree), and the jagged lines on the door as dangerous. Moreover, images of a geometrically identical character using only variations in line strength successfully conveyed character strength and weakness, wherein subjects tended to assess the characters rendered with thicker, more solid lines as strong, and the sketchy, thin-lined characters as weak.

Figure 3: When asked to select the safest location, subjects choose the trees over the house rendered using threat-connotative lines. In contrast, subjects presented the same house rendered using straight lines tend to regard the house as safer (Halper et al. 2003).

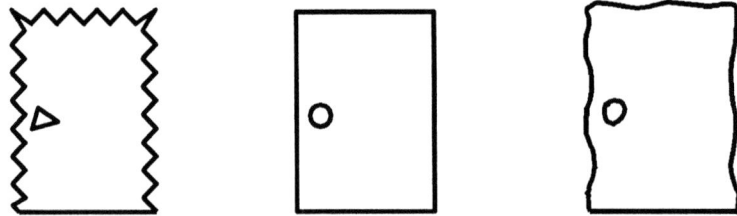

Figure 4: In identifying the door that contains danger, most subjects choose the door on the left with threat-connotative line styles. (Halper et al. 2003).

3.2 Future Directions for Social Psychology and NPR

In terms of the research discussed above, more complex images, subtler test questions, and extended understanding of social judgments could provide definitive insights into how NPR can be used to guide and influence users and their perceptions of images and environments in general. Furthermore, NPR may also influence *aggressive* and *altruistic* behaviors. For example, NPR and social psychology would benefit from tests measuring the behavioral consequences of negative reciprocity (Felson & Tedeschi 1993; Mummendey et al. 1984; Patchen 1993) and whether they vary depending on how a character is rendered (strong, dangerous, etc.). These results might also extend Zimbardo's (1969) early studies on de-individuation, wherein aggressive, reckless, and chaotic behaviors increased in subjects when their identities were masked. Indeed, game environments might reveal much potential in these areas as online players frequently conceal or change their identities. It is possible that via rendering attributes, which convey more information about the player's behavior, certain negative behaviors would then decrease as a result of a sort of 'unmasking' that takes place when the player is no longer able to completely conceal negative aspects of their behavior. Lastly, game designers could systematically vary characters and scene presentation for their own utility within the game, or create 'game' programs employed towards both psychological and gaming goals to better understand the psychosocial impacts of the increasing online game world.

The *minimal group paradigm* is concerned with minimizing errors of perception within intergroup relationships (Diehl 1990) by reducing the arbitrary influences that encourage false group identification (e.g. "All people wearing glasses are smart"). Within NPR, stimuli could be reduced to a minimum of necessary elements, thus decreasing the potential for arbitrary group attributions and identifications while furthering insights into social psychology. Lastly, effects of rendering parameters, such as color, may vary between cultures, whereas other aspects of rendering, such as the threat-connotative line styles (see Figures 3 and 4) are culture-independent. An analysis of how NPR can be used to convey messages across and within demographic groups could optimize user interfaces as well as help establish techniques for universal communication.

4 Environmental Psychology

Environmental psychology is essentially concerned with human-environment relationships. Of specific interest to NPR is the growing prevalence of human-media environment interactions, wherein environments can be systematically modeled and modified to measure user responses.

4.1 Participation and Interaction in Environments

NPR has long proven useful in the fields of architecture and urban planning: presentation techniques initiated by the Berkeley Environmental Simulation Laboratory (Appleyard & Craik 1978) have been designed to improve user needs when viewing planning alternatives. Additionally, communication between experts and laymen has also developed due to improvements in CAD, visualization, and simulation (Linneweber 1993). In terms of laymen—citizens, investors, and future users, participatory designs must facilitate interactions as well as basic design understanding. Schumann *et al.* (1996) demonstrated that NPR sketch-rendered design qualitatively improves the dialogue between architects and clients, in contrast with dialogues elicited from PR images. Psychologically, sketch-rendered designs maintain different affordances (Gibson 1977; Munz 1989), wherein sketched images appear preliminary, unfinished, and therefore open to change. Thus, the client is more likely to consider and suggest changes to the design.

NPR can also be employed to *guide* behavior. Halper *et al.* (2003) demonstrates that increased levels of detail (LOD) can effectively influence both navigation and exploration behaviors, wherein subjects asked to choose a path to explore or reach a goal in the distance (Figure 5), tend to select the path with the higher levels of detail. Potentially, subjects view increased LOD as more interesting for exploration, relative to lower LOD.

Figure 5: Implicit cues for exploration (left) and navigation (right). Users tend to choose the detailed paths (Halper et al. 2003).

4.2 Future Research in NPR and Environmental Psychology

For interactive planning designs, tools may be developed that portray existing buildings as PR while using sketch rendering for structures under consideration. Indeed, this might be applied in a number of areas requiring feedback, wherein incomplete or unreliable information uses varying degrees of sketch rendering mapped to varying levels of certainty. For example, it may be possible to encourage student participation via sketch rendered text and images within a lecture.

Further studies of exploration and navigation can by guided by NPR in conjunction with psychological theories: Familiarity with a specific area may cued by decreasing LOD, while unknown areas maintain increased LOD to support spatial exploration behavior. For instance, the home range concept (van Vliet 1983) demonstrates that human exploration patterns tend to resemble an ever-expanding circle, wherein space immediately next to the familiar locations is first explored until it becomes familiar before moving outward and so on. Combining experiments that encourage exploration based on visual stimuli could aid level-design to encourage viewers to explore particular areas. Unexplored areas in maps can be 'sketched', so that once explored they become more refined and 'finished.' A more precise evaluation of the interplay between LOD and sketched representations is necessary to understand how they might be used in combination.

5 Biological Psychology

Biological psychology is concerned with the relationships between behavior, cognition and concurrent brain processes, a number of which are relevant to NPR, including feature binding, attention, and memory. *Feature binding* combines different visual elements (e.g. shape, size, and movement) to create a cohesive image(s) for identification and categorization ("that is a dog and he looks dangerous"). *Attention* occurs when sensory systems (visual, auditory etc.) focus on certain stimuli, and can be automatically triggered (Wrigth 1998) if certain criteria (e.g. relative size, shape, and newness) are fulfilled, thereby focusing attention on a given stimulus over other stimuli. Lastly, *memory* can influence attention and binding processes—effectively "tuning" individual binding processes to alter individual attention processes. Images already represented in memory usually require less attention because identification occurs rapidly, whereas new objects require increased attention before identification and categorization occurs. Moreover, the memory

Psychology and Non-Photorealistic Rendering:
The Beginning of a Beautiful Relationship

quality can influence attention, such that a negatively remembered object may increase attention over a new object.

5.1 NPR in the Brain

Relevant to the NPR research in Section 2, visual data can be "grouped" to deal with feature binding problems that may occur when the visual scene is too complex or "overloaded". Grouping images simplifies the scene, thus supporting feature binding in complex scenes via Gestalt rules of similarity. That is, if the different parts of an object(s) share the same qualities—in this instance, rendering style, it is easier for our brain to bind these parts together as a whole object or field of related objects. Thus, the toys rendered in the same style and separate from the background are perceived as such, whereas objects rendered in the same style as the background are perceived as belonging to the background. Moreover, processes necessary to figure-ground segregation discussed in Section 2 require increased levels of attention, such that those objects perceived as foreground necessarily receive more attention than those perceived as background.

Figure 6: Realistic (top) and simplified (bottom) toy animals receive equal attention from 11-month infants.

Memory plays a central role in how images are visually perceived. Within our electroencephalogram (EEG) labs, we were able to measure increased brain activity when subjects were exposed to new images (Herrmann & Bosch 2001), thus indicating increased levels of binding and attention in order to categorize and respond to new images. Interestingly, memory is not dependent on how realistic an image appears and has been demonstrated in infants as young as 11 months. When an object is new or implausible, infants tend to attend to them longer than to previously seen objects, while the duration of object fixation (or attention) was independent of how realistic or simplified the objects appeared (cf. Figure 6) (Pauen 2003). This suggests that NPR can effectively render objects and images in non-realistic styles without influencing primary feature binding processes necessary for basic object identification, while maintaining the potential to vary aspects of the identified objects in manners not possible within PR.

5.2 Future Research in Biological Psychology and NPR

There is much potential for future research in biological psychology. Specific to our labs, we intend to combine EEG measures with assessments of safety based on rendering styles. It is possible that attention-related increases in brain activity will be observed for those objects rendered as dangerous. Within this paper, assessments of safety and danger have been considered in the context of social judgments, while Provin's radar research (1957) demonstrated that identification of triangles as foes and circles as friendly are pre-conscious processes. Consequently, such assessments of friend and foe could prove effective in facilitating character attribution via rapid character assessment within a game. Further research is necessary to elicit the extent to which triangulation of lines influences both pre-conscious and conscious assessments of danger and how these could respectively vary in terms of brain activity. Furthermore, it is possible that neuropsychological research might uncover specific patterns of activity within visualization techniques using NPR variances in rendering in all the tests mentioned here. For example, interactive decisions regarding path exploration and navigation might reveal varying activation patterns dependent on such things as task, images, and the presence or lack of detail.

Additionally, we plan to use an eye-tracking device to record eye movement from subjects exposed to mixed and independent PR and NPR images. Our hypothesis is that non-photorealistic and photorealistic images will result in different observation times and eye movement patterns.

6 Conclusion

Currently, we are developing a software tool, OpenNPAR (see www.opennpar.org), which allows lay people, as well as programmers, to create new visual effects without technical knowledge of how the effects are generated. OpenNPAR is comprised of modules that can be fitted arbitrarily into a rendering pipeline, which then compute, based on known psychological effects of NPR, the presentation style most likely to achieve the desired effect, while mimicking a designer's creative process with a novel interaction method. Clearly, OpenNPAR stands in stark contrast to other rendering systems, which first demand the technical expertise to directly specify parameters in order to achieve the desired effects. Thus, all users—be they psychologists or computer scientists—can create effects to their own ends. Using this tool, psychologists are able to optimize experimental conditions for NPR. Moreover, OpenNPAR can produce traditional NPR aesthetic qualities in conjunction with psychologically-geared effects, as seen in medical teaching and reference texts (e.g. Schlechtweg & Strothotte 1999), as well as technical documentation.

In this paper we have (1) reported on recent results, which demonstrate that NPR can evoke reactions for which there are psychological explanations, and (2) outlined future directions for interdisciplinary research between psychology and NPR that will prove mutually beneficial, while providing tools in support of this marriage. Existing psychological paradigms can drive NPR, just as NPR can support future psychological experiments and research. The effectiveness of a particular NPR style can be evaluated via psychological measures ranging from statistical analysis of user selection to analysis of brain activity. As a result, known influences of NPR can be applied in virtual scenarios to optimize applications and testing conditions for psychological experiments. Although we are still far from a full theoretical account of the relationship between NPR and psychology, our recent research results are clearly suggestive of this interdisciplinary potential.

References

Appleyard, D., & Craik, K. H. (1978). The Berkeley Environmental Simulation Laboratory and its research programme. In: *International Review of Applied Psychology,* 27, 53–55.

Bente, G., & Krämer, N. C. (2002). Virtuelle Gesten: VR-Einsatz in der nonverbalen Kommunikationsforschung. In: G. Bente, N. C. Krämer & A. Petersen (Eds.), *Virtuelle Realitäten* (Vol. 5, pp. 81–107). Göttingen: Hogrefe.

Bente, G., Krämer, N. C., & Petersen, A. (Eds.). (2002). *Virtuelle Realitäten* (Vol. 5). Göttingen: Hogrefe.

Bullinger, H. J., & Ziegler, J. (Eds.). (1999). *Human-computer interaction*, Vols. 1 & 2. Mahwah, NJ: Lawrence Erlbaum Associates, Inc., Publishers.

Diehl, M. (1990). The minimal group paradigm: theoretical explanations and empirical findings. In: W. Stroebe & M. Hewstone (Eds.), *European review of social psychology* (Vol. 1, pp. 263–292). Chichester: Wiley.

Dörner, D., & Schaub, H. (2002). Die Simulation von Gefühlen. In: G. Bente, N. C. Krämer & A. Petersen (Eds.), *Virtuelle Realitäten* (Vol. 5, pp. 57–79). Göttingen: Hogrefe.

Felson, R. B., & Tedeschi, J. T. (Eds.). (1993). *Aggression and violence: Social interactionist perspectives*. Washington, DC: American Psychological Association.

Forsythe, C., Grose, E., & Ratner, J. (Eds.). (1998). *Human factors and Web development*. Mahwah, NJ: Lawrence Erlbaum Associates, Inc., Publishers.

Gibson, J. J. (1977). The theory of affordances. In: R. Shaw & J. Bransford (Eds.), *Perceiving, acting, and knowing* (pp. 67–82). Hillsdale, NJ: Lawrence Erlbaum.

Gooch, A. & Willemsen, P. (2002): *Evaluating space perception in NPR immersive environments*. NPAR 2002, ACM Press, pp. 105-110.

Halper, N. (2003): *Supportive Presentation for Computer Games*. PhD Thesis. University of Magdeburg. Submitted.

Halper, N., Mellin, M., Duke, D., & Strothotte, T. (2003). *Implicational rendering: drawing on latent human knowledge*. Submitted for publication.

Herrmann, C. S., & Bosch, V. (2001). Gestalt perception modulates early visual processing. In: *Neuroreport*, 12(5), 901–904.

Hoffman, D. D. (1998). *Visual intelligence*. New York: Norton and Company.

Linneweber, V. (1993). Wer sind die Experten? "User needs analysis" (UNA), "post occupancy evaluation" (POE) und Städtebau aus sozial- und umweltpsychologischer Perspektive. In: H. J. Harloff (Ed.), *Psychologie des Wohnungs- und Siedlungsbaus: Psychologie im Dienste von Architektur und Stadtplanung* (pp. 75–85). Göttingen; Stuttgart: Verlag für Angewandte Psychologie.

May, J. (2000). Perceptual principles and computer graphics. *Computer Graphics Forum 19*(4), pp. 271–279.

Mummendey, A., Linneweber, V., & Löschper, G. (1984). Aggression: From act to interaction. In: A. Mummendey (Ed.), *Social psychology of aggression: From individual behavior to social interaction* (pp. 69–106). New York, NY: Springer.

Munz, C. (1989). Der ökologische Ansatz zur visuellen Wahrnehmung: Gibsons Theorie der Entnahme optischer Information. In: *Psychologische Rundschau*, 40, 63–75.

Patchen, M. (1993). Reciprocity of coercion and cooperation between individuals and nations. In: R. B. Felson & J. T. Tedeschi (Eds.), *Aggression and violence: Social interactionist perspectives* (pp. 119–144). Washington, DC: American Psychological Association.

Pauen, S. (2003). Denken vor dem Sprechen. In: *Gehirn und Geist,* 1, 45–49.

Provins, K., Stockbridge, H., Forrest, D., & Anderson, D. (1957). The representation of aircraft by pictorial signs. In: *Occupational Psychology,* 31, 21–32.

Schlechtweg, S., & Strothotte, Th. (1999). Illustrative Browsing: A New Method of Browsing in Long On-line Texts. In: *Human-Computer Interaction INTERACT '99,* pp. 466–473, Amsterdam – Berlin – Oxford – Tokyo – Washington, DC, 1999. International Federation for Information Processing, IOS Press.

Schumann, J., Strothotte, Th., Raab, A., & Laser, S. (1996). Assessing the effect of non-photorealistic rendered images in CAD. S.G.R. Bilger & M. Tauber (Eds.), *Proc. Computer Human Interaction* (CHI'96), pp. 35–42, ACM Press.

Sommer, R. (1983). *Social design. Creating buildings with people in mind.* Englewood Cliffs, NJ: Prentice-Hall.

Strothotte, Th., & Schlechtweg, S. (2002). *Non-Photorealistic Computer Graphics: Modeling, Rendering, and Animation.* San Francisco: Morgan Kaufmann.

van Vliet, W. (1983). Exploring the fourth environment: An examination of the home range of city and suburban teenagers.In: *Environment and Behaviour,* 15, 567–588.

Wrigth, R. D. (1998). *Visual attention.* Oxford: Oxford University Press.

Zimbardo, P. G. (1969). The human choice: Individuation, reason, and order versus de-individuation, impulse and chaos. In: W. J. Arnold & D. Levine (Eds.), *Nebraska Symposium on Motivation* (Vol. 17, pp. 237–307). Lincoln, Nebraska: University of Nebraska Press.

Contact Information

Nick Halper
Department of Simulation and Graphics
Faculty of Computer Science, University of Magdeburg
Universitätsplatz 2
D-39106 Magdeburg
Email: nick@isg.cs.uni-magdeburg.de
Tel.:   (+49-391) 67-1 14 41

Brauchen Interface Agenten Emotionen?[1]

Nicole C. Krämer & Gary Bente

Universität zu Köln, Psychologisches Institut

Zusammenfassung

Da anthropomorphe Interface Agenten neben reiner Informationsvermittlung im Sinne eines benutzerfreundlichen Ansatzes auch sozial-kommunikative bzw. sozio-emotionale Aufgaben erfüllen sollen, beginnen zahlreiche Forscher ihre Implementationen mit der Modellierung der Emotionen des Agenten. Durch den Rückgriff auf Emotionsmodelle soll sichergestellt werden, dass in Abhängigkeit von Nutzerverhalten und Situation ein spezifischer interner Systemzustand entsteht. Dieser interne Zustand wird (meist nonverbal) gezeigt und soll den Benutzer in eine gewünschte Richtung beeinflussen. Anhand von sowohl grundlagenwissenschaftlichen als auch angewandten Theorien und Modellen soll deutlich gemacht werden, inwieweit Architekturen, die ohne Emotionsmodellierung auskommen, einfacher zum Ziel führen können. Eine erste auf solchen Überlegungen beruhende Implementation im Rahmen der Schnittstelle des Privathaushalt-Demonstrators des Projektes EMBASSI (Elektronische Multimodale Bedien- und Serviceassistenz) wird vorgestellt.

1 Funktion von anthropomorphen Interface Agenten

Anthropomorphe Interface Agenten sollen zukünftig nicht nur natürlichsprachigen Dialog ermöglichen, sondern auch ein benutzerfreundliches Klima erzeugen. Diese Anforderung bezieht sich bei Anwendungen im Haushalt oder in beruflichen Settings etwa darauf, dass der Benutzer bei Unaufmerksamkeit oder Langeweile aktiviert oder bei Ärger beruhigt wird, während im Rahmen von Lernprogrammen angestrebt wird, den Benutzer zu motivieren. Das Mittel der Wahl, um den Benutzer entsprechend zu beeinflussen, ist weniger das verbale als vielmehr das nonverbale Verhalten des Agenten. In einigen Ansätzen und Architekturen werden daher interne Systemzustände implementiert, die auf Emotionskategorien rekurrieren (wie „Freude" über ein richtig eingegebenes Ergebnis). An den „emotionalen" Zustand werden spezifische nonverbale Verhaltensweisen gekoppelt, so dass die nonverbalen Signale dann auftreten, wenn ein bestimmter interner Zustand ausgelöst wurde. Dahinter steht die auch in der Psychologie weit verbreitete Annahme, dass Emotionen fest mit bestimmten nonverbalen Verhaltensweisen verbunden sind – in dem Sinne, dass Emotionen die Voraussetzung für emotionales nonverbales Verhalten darstellen sowie durch das Verhalten automatisch und unwillkürlich „ausgedrückt" werden (Ekman 1997; Rimé 1983). Im folgenden Text soll nicht nur in Frage gestellt werden, inwieweit diese Annahmen zutreffen, sondern auch ob es sich bei der Modellierung von Systemzuständen unter Rückgriff auf dieses Konzept um ein für die Entwicklung von anthropomorphen Interface Agenten sinnvolles Vorgehen handelt. Muss der Interface Agent tatsächlich selbst Emotionen „haben", um angemessenes nonverbales Verhalten zu zeigen und dadurch Emotionen beim Nutzer auslösen zu können? Muss zunächst ein darunter liegender Zustand modelliert werden, um Verhalten steuern zu können (ob-

---

[1] Die dargestellten Arbeiten sind im Rahmen des vom BMB+F geförderten Leitprojektes EMBASSI (Elektronische Multimodale Bedien- und Serviceassistenz; BMB+F Förderkennzeichen 01 IL 904 L) entstanden.

wohl dann zunächst umfangreiches Wissen über Prozesse vorliegen muss, die uns noch große Rätsel aufgeben) oder kann ein direkter Weg beschritten werden?

Dabei soll es nicht darum gehen, ob Agenten ihre „Emotionen" auch tatsächlich fühlen sollen – diesbezüglich herrscht Einigkeit darüber, dass diese Art von Belebung nicht erwünscht und zielführend ist. Fokussiert wird statt dessen, ob man Annahmen über das Funktionieren von Emotionen nutzen sollte, um das Verhalten des Interface Agenten zu steuern, wenn das eigentliche Ziel die Beeinflussung emotionaler Reaktionen beim Benutzer darstellt.

2 Stand der Forschung zur Emotionsmodellierung

Um die gestellten Fragen beantworten zu können, soll im Folgenden zunächst aufgeführt werden, welche Modelle und Architekturen vorgestellt wurden. Im Anschluss wird eine kommunikationspsychologischen Kontroverse dargestellt, die die Annahme des Zusammenhangs von Emotion und nonverbalem Verhalten zumindest in Frage stellt.

2.1 Modelle und Architekturen

Rosalind Picard (1999) vertritt unter dem Begriff „affective computing" die These, dass nicht nur die Emotionen des Nutzers im Rahmen des Mensch-Maschine Dialoges erkannt und genutzt werden sollten, sondern auch der Computer Emotionen zeigen sollte (Picard 1999; Picard & Cosier 1997). Hintergrund ist die Annahme, dass durch Emotionen vor allem auch kognitive Prozesse gefördert werden sowie Kommunikation erleichtert wird. Computer werden mit Emotionsmodellen ausgestattet, damit sie die menschlichen Fähigkeiten besser simulieren können und über die Voraussetzung zum empathischen Mitfühlen verfügen – mit dem Ziel, den Computer zu einem persönlichen Begleiter zu machen, der auf die Stimmung seines Besitzers eingeht und seine Bedürfnisse zu erfüllen sucht.

Insbesondere im Bereich von pädagogischen Programmen wird ferner angenommen, dass anthropomorphe Interface Agenten vor allem dann Vorteile bringen, wenn sie emotionale Verhaltensweisen zeigen, durch die sie den Nutzer – und in diesem Falle insbesondere Kinder – motivieren: „Drawing on a rich repertoire of emotive behaviors to exhibit contextually appropriate facial expressions and expressive gestures, they [pedagogical agents] can exploit the visual channel to advise, encourage, and empathize with students" (Lester et al. 2000 S. 124). Laut Elliott, Rickel und Lester (1999) kann der Lernende durch das Zeigen von Reaktionen über den Fortschritt angeregt werden, sich selbst mehr für seinen Fortschritt zu interessieren. Darüber hinaus könne der Agent intervenieren, wenn der Lernende frustriert zu werden scheint oder er könne Enthusiasmus für die behandelte Materie zeigen und im Lernenden hervorrufen. Auf Basis einer Architektur, die Lester et al. (2000) als „emotive-kinesthetic behavior framework" bezeichnen, werden auf Grundlage der jeweiligen Situation „emotive categories" ausgewählt, die die Verbindung zwischen den jeweiligen Zielen der Konversation und dem Verhalten darstellen. Angelehnt wurde das Vorgehen an den Affective Reasoner (AR) von Elliott (1992), der auf das Emotionsmodell von Ortony, Clore und Collins (1988) zurückgreift. Sowohl Elliott (1992) als auch Lester et al. (2000) rekurrieren auf ähnliche Grundannahmen: „The emotive-kinesthetic behavior sequencing framework exploits the fundamental intuition behind AR – namely, that the emotive states and communication are intimately interrelated" (Lester et al. 2000, S. 142). Auf Basis eines einfachen one-to-one-mapping Modells werden verschiedenen Situationen und Sprechakten emotionale Zustände zugeordnet, die wiederum mit bestimmten Verhaltenweisen einhergehen. Zum Repertoire gehören *happiness, elation, sadness, fear, excitement, envy, shame, gloating,* die mit Hilfe spezifischer anatomischer Emotionsträger wie Hände, Augen, Augenbrauen, Mund, Kopfneigung, Haltung und Gestik ausgedrückt werden.

Moldt und von Scheve (2001) stellen ein soziologisch orientiertes Emotionsmodell vor, mit dessen Hilfe sie emotionale Interface Agenten gestalten möchten, die nicht nur in dyadischer Interaktion, sondern auch in sozialen Aggregaten einsetzbar sind (vgl. Moldt & von Scheve 2002). Die Autoren argumentieren, dass unerfahrenen Nutzern ein Zugang nur dann gewährt wird, wenn innerhalb der Interaktion auf bekannte Muster rekurriert wird. Dieses durchaus überzeugende Argument führt allerdings nicht zwangsläufig dazu, dass die Modellierung von Emotionen nach dem Vorbild der Emotionszusammenhänge beim Menschen nahe liegt – wie die Autoren weiter ausführen. Im Gegensatz zu dem Ansatz von Lester et al. (2000) vertreten Moldt und von Scheve zwar keine Modellierung interner Emotionszustände, doch sie fordern Emotionsregulation mit Hilfe eines „rule-based system of emotion work" (Moldt & von Scheve 2001, S. 292). Auch hierbei wird auf Emotionsmodelle rekurriert, allerdings auf solche mit symbolisch-interaktionistischer Provenienz unter Einbezug sozialer Normen: „Agents must have knowledge about feeling rules, correspondence rules, coding rules, manifestation rules and the interrelations between these rules" (S. 292). Dennoch vertreten Moldt und von Scheve vor allem eine kommunikationsorientierte Sichtweise, erkennbar etwa an der genutzten Terminologie: So wollen sie ein „soziales Selbst" implementieren.

Auch im Rahmen der Robotic wird z.T. die Verwendung von Emotionskategorien zur Modellierung von Systemzuständen als sinnvoll angesehen (vgl. Dautenhahn & Christaller 1997). Das unmittelbar verfolgte Ziel ist hier allerdings ein anderes: Die Emotionen sollen hier der Intelligenz und der Selbststeuerung dienen und werden direkt an sensomotorische Fähigkeiten gekoppelt. Sie sind nicht – wie im Falle des Interface Agenten - hauptsächlich auf die Manipulation der Emotionen und Verhaltensweisen des Nutzers ausgerichtet. Die Diskussion über Sinnhaftigkeit der Emotionsmodellierung ist somit vor einem anderen Hintergrund zu führen und wird im Folgenden nicht weiter berücksichtigt.

2.2 Kontroverse zum Zusammenhang von Emotion und nonverbalem Verhalten

Die Modellierung von internen Systemzuständen nach dem Beispiel der Emotionen kann im Rahmen der Entwicklung anthropomorpher Interface Agenten nur hilfreich sein, wenn man über eindeutige Regeln darüber verfügt, a) welcher Input - im Sinne von Nutzerverhaltensweisen - welchen „emotionalen" Systemzustand auslöst und b) durch welche Verhaltensweisen die Emotionen ausgedrückt werden. Hinzu kommt, dass man ebenfalls Annahmen darüber benötigt, welche Attributionen und sozio-emotionalen Reaktionen im Nutzer ausgelöst werden, wenn diese die Verhaltensweisen des Agenten beobachten. Während empirische Ergebnisse zum letztgenannten Aspekt auch benötigt werden, wenn man die Implementierung der im Weiteren aufzuführenden alternativen Architektur anstrebt, könnten die als a und b gekennzeichneten Fragen in diesem Fall unberücksichtigt bleiben. Dies ist insofern vorteilhaft, als nicht nur zur Frage, welche Situationen welche Emotionen hervorrufen (siehe a), wenig definitive Erkenntnisse verfügbar sind, sondern vor allem offen ist, in welcher Beziehung Emotionen und die sie „ausdrückenden" Verhaltensweisen stehen (siehe b). Eine entsprechende, seit Jahren bestehende Kontroverse zum Zusammenhang von Emotion und nonverbalem Verhalten soll im Folgenden vorgestellt werden.

Diskutiert wird, ob das nonverbale Verhalten durch emotionale Zustände entsteht und die Vermittlung einer Botschaft eher sekundären Charakter hat oder ob vielmehr nonverbales Verhalten ausschließlich kommunikativ und sozial motiviert ist. Vertreter der erstgenannten Position, die als „classical emotions view" oder „readout"-Ansatz bezeichnet wird, gehen unter Rückbezug auf

Darwin (1872) von einer ausdrucks- bzw. emotionspsychologischen Perspektive aus: Jegliche, durch unterschiedliche Stimuli induzierte Emotionen rufen laut der Vertreter unwillkürlich nonverbales oder mimisches Verhalten hervor. Die entstehenden mimischen Muster seien spezifisch für die jeweilige Emotion, die anhand dessen erkannt werden kann (Ekman 1997; Tomkins 1962). Vertreter der davon abweichenden Position dagegen bestreiten den unmittelbaren Zusammenhang zwischen nonverbalem Verhalten und Emotionen und betonen statt dessen den kommunikativen Aspekt (Chovil 1991; Frey 1999; Fridlund 1991). Mimik, Gestik und Körperhaltung werden nicht als emotional, sondern als ausschließlich sozial bedingt angesehen. Ausgangspunkt für diese Annahmen stellen verschiedene empirische Ergebnisse dar, die zeigen, dass das nonverbale Verhalten keineswegs ein automatischer Ausdruck von emotionalen Zuständen ist, sondern der Sinn und Zweck vielmehr ausschließlich in der Kommunikation liegt. Kraut und Johnston (1979) etwa weisen am Beispiel des Lächelns nach, dass nicht Freude oder Glück mimische Reaktionen hervorrufen, sondern soziale Situationen. So lächeln Bowlingspieler nicht etwa, wenn sie den Erfolg ihres Wurfes beobachten, sondern wenn sie sich anschließend zu ihren Mitspielern umdrehen.

Das elaborierteste Konzept des sozial-kommunikativen Ansatzes stammt von Fridlund (1991): Anhand von Beispielen und unter Rückbezug auf empirische Ergebnisse verdeutlicht er, dass im Laufe der Evolution nicht diejenigen begünstigt sind, die ihre Gefühle und Absichten unmittelbar zeigen, sondern vielmehr diejenigen, die in der Lage sind, mimische und nonverbale Verhaltensweisen im kommunikativen Kontakt sinnbringend und manipulativ einzusetzen. Funktion der mimischen Displays sei es nicht, Basisemotionen ablesbar zu machen, sondern soziale Begegnungen zu organisieren. Es wird postuliert, dass ein unmittelbarer und unbewusst wirkender Zusammenhang zwischen Emotion und nonverbalem Verhalten gar nicht besteht und jegliches Verhalten nicht durch interne Zustände, sondern durch soziale Ziele gesteuert wird und somit immer manipulativ (in einem positiven Sinne) ist. Zusammenfassend lässt sich festhalten, dass die Theorie von Fridlund (1991) nahe legt, dass Emotionen und nonverbales Verhalten nicht notwendigerweise verbunden sind, sondern nonverbales Verhalten – losgelöst von etwaig vorherrschenden Emotionen – ganz auf den Rezipienten ausgerichtet ist. Daraus lässt sich für die Steuerung der nonverbalen Signale bei anthropomorphen Interface Agenten ableiten, dass eine Modellierung der Emotionen nicht nur nicht notwendig, sondern eventuell auch wenig hilfreich ist, da diese nicht eins zu eins mit bestimmten Verhaltensweisen verbunden werden können. Statt dessen lässt sich auf Basis der Annahme, dass nonverbale Verhaltensweisen unabhängig von Emotionen zur Beziehungsregulation eingesetzt werden (vgl. auch Frey 1999), die Empfehlung ableiten, die Steuerung nonverbaler Signale mehr von der intendierten Wirkung auf den Nutzer abhängig zu machen.

3 Vorschlag für eine alternative Architektur

Wird bereits im Rahmen der Grundlagenforschung zur Kommunikation kontrovers diskutiert, inwieweit ein direkter Zusammenhang zwischen Emotion und nonverbalem Ausdruck besteht (Ekman 1997; Fridlund 1991; vgl. Krämer 2001), so ist eine Implementation dieses ungeklärten Zusammenhangs im Rahmen von anthropomorphen Agenten ein Umweg, der bei genauerer Betrachtung einiges an Sinnhaftigkeit entbehrt (vgl. Bente & Otto 1996). Vielmehr bietet sich im Rahmen von anthropomorphen Interface Agenten eine unmittelbare Orientierung an der Wirkung auf den Rezipienten an. Um die Frage zu beantworten, welches Verhalten gezeigt werden sollte, um eine spezifische Reaktion auf Seiten des Nutzers zu erzielen, muss nicht etwa gefragt werden, welcher interne Systemzustand im Agenten zu modellieren ist. Vielmehr kann die Antwort auf diese Frage aus Erkenntnissen über spezifische sozio-emotionale Wirkungen nonverbaler Verhaltensweisen hergeleitet werden: Ein spezifisches Verhalten wird immer dann eingesetzt, wenn es auf der Basis des „Wissens" zur Wirkung effektiv zu sein verspricht. Es muss somit geprüft wer-

Brauchen Interface Agenten Emotionen?

den, ob bisherige empirische Ergebnisse zur Wirkung nonverbaler Signale aussagekräftig genug sind, um ein Regelwerk abzuleiten.

Auf Basis von Abbildung 1 und 2 lassen sich die unterschiedlichen Herangehensweisen vergleichen: Während in Abbildung 1 ein Modell über interne Zustände gebildet wird, ist die Struktur in Abbildung 2 wesentlich handlungsbezogener und direkter auf die beim Nutzer angestrebte Reaktion bezogen. Im Rahmen der hier vorzuschlagenden Architektur wird die Modellierung des Zusammenhangs zwischen der Situation, der „internen" Reaktion des Agenten und den sich daraus ergebenden Verhaltensweisen hinfällig. Statt dessen tritt der Zusammenhang zwischen Verhalten des Agenten und dem Auslösen bestimmter Reaktionen und Emotionen im Benutzer in den Vordergrund. Ist nun bekannt, welches Verhalten welche Reaktionen auslöst, kann dieses Wissen genutzt werden, um in Situationen, in denen man entscheiden kann, welches Verhalten oder Erleben des Benutzers man erreichen möchte, ein entsprechendes Verhalten des Agenten vorzusehen.

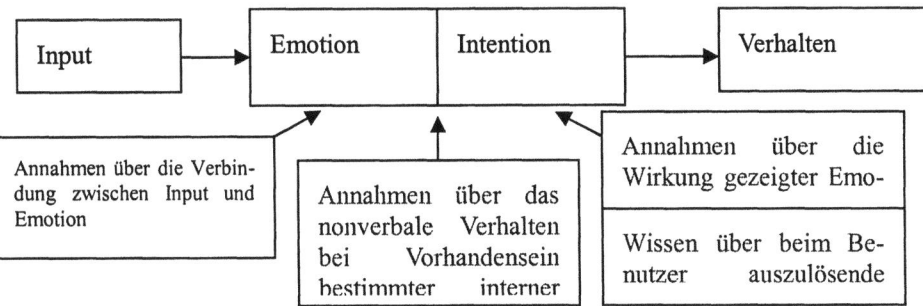

Abb. 1: Skizzierung gängiger Implementationen unter Rückgriff auf die Modellierung zugrunde liegender Zustände

Wenn der Agent etwa verkünden muss, dass die Aufnahme des Lieblingsfilmes nicht erfolgreich war, soll er durch entsprechende nonverbale Begleitverhaltensweisen erreichen, dass der Benutzer nicht wutentbrannt das Gerät umtauscht, sondern sich beruhigt. Dazu muss allerdings nicht der Agent „traurig" werden – geleitet von der Hoffnung, dass wenn dieser traurig ist, der Benutzer sieht, dass er den Fehler bedauert etc. – sondern es reicht aus, den Agenten in solchen Fällen ein Verhalten zeigen zu lassen, von dem nachgewiesen wurde, das es eine besänftigende Wirkung in bestimmten Situationen hat. Dies kann im Ergebnis natürlich durchaus ein Verhalten sein, das bestimmte Emotionszuschreibungen durch den Benutzer hervorruft – aber ohne dass es notwendig war, den Zusammenhang von Situation, Emotion und Verhalten zu modellieren und den Agenten in einen „emotionalen Zustand" zu versetzen.

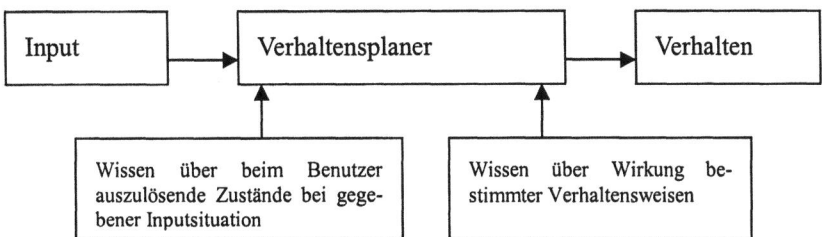

Abb. 2: Alternative Architektur unter Rückgriff auf ein Regelwerk zur Wirkung nonverbaler Verhaltensweisen

Solange Interaktionen mit Agenten noch so wenig komplex sind, wie dies momentan der Fall ist, ergibt sich bezüglich der Effizienz der beiden Ansätze vielleicht eventuell noch gar kein Unterschied. Tatsächlich werden momentan höchstens extrem reduzierte Dialoge geführt, bei denen an vordefinierten Stellen „Emotionen" gezeigt werden. Wenn aber in Zukunft Dialoge flexibler geführt werden, wird die Notwendigkeit, stimmige und empirisch gesicherte Regelwerke zu implementieren, die echtzeitfähig Reaktionen steuern, zu einer Bevorzugung nicht nur von Modellen, die mehr nutzbare empirische Befunde hervorgebracht haben, sondern auch einfacheren Modellen führen. Hier wird sich in den nächsten Jahren erweisen müssen, welche empirischen Erkenntnisse besser verfügbar sind und effektiver implementiert werden können – die über den Zusammenhang von Input, Emotionen und Verhaltensweisen oder die über die sozio-emotionale Wirkung von bestimmten Signalen.

4   Implementation im Rahmen des EMBASSI-Demonstrators

Im Rahmen des Projektes EMBASSI wurde ein Demonstrator für den Bereich Privathaushalt, der insbesondere Auswahl, Aufnahme und Rezeption von TV und Video unterstützt, entwickelt, dessen Schnittstelle einen anthropomorphen Interface Agenten enthält (vgl. http://www.embassi.de). Durch unterschiedliche beteiligte Partner wurden ein Dialogmanagementsystem, ein Modul zur Sprachgeneration, ein Modul zur Planung des multimodalen Out- und Inputs, eine Benutzeroberfläche, ein Tool zur Sprachsynthese sowie ein anthropomorpher Charakter entwickelt. Damit die anthropomorphe Figur Bewegungen und Mimik zeigen kann, die den wiederzugebenden Inhalten entsprechen (ein nicht triviales Problem, da das den Agenten steuernde Modul zunächst einmal nicht weiß, was der Agent äußert), müssen Regeln vorliegen, die Auskunft darüber geben, welche Art von Aussage durch welche nonverbalen Signale unterstützt werden sollen, um einen angestrebten Zustand im Benutzer auszulösen. Als Ausgangspunkt dazu dienen die im Dialogmanager erzeugten Aussagetypen, die an der Sprechakttheorie (vgl. Searle, 1969) orientiert sind und bereits Auskunft über die Semantik der zu formulierenden Aussage geben. Tabelle 1 gibt einen Überblick über die auf empirischer Grundlage (vgl. Krämer, 2001) entwickelten Regeln, die den im Rahmen des Demonstrators vorkommenden Sprechakten zugeordnet wurden.

Tabelle 1: Übersicht über Sprechakte, verfolgte Intentionen und zu zeigendes Verhalten

Sprechakt	Intention/zu erreichendes beim Benutzer	Konkretes Verhalten Agent	Zeitaspekt
message_greeting: Das System grüßt den Benutzer, am Anfang der Interaktion	Der Benutzer fühlt sich freundlich und höflich begrüßt	Augenbrauen hoch und Augen 1 Sekunde größer Lächeln Winken (optional) Lächeln Kopf schräglegen (ca. 10 Grad nach rechts)	Beginn der Einblendung Vor Beginn Vor Beginn Nach Begrüßung Nach Begrüßung (für 4 Sekunden)
message_closing: Wird eingesetzt am Ende der Interaktion mit dem Benutzer.	Der Benutzer fühlt sich freundlich verabschiedet	Lächeln	Nach Verabschiedung
message_inform [status: **warning**]	Benutzer soll Dringlichkeit wahrnehmen	Augenbrauen anheben, Augen größer Hände anheben, Handflächen zum Benutzer (evtl. nur eine Hand heben mit Zeigefinger nach oben)	Gesamtzeit der Äußerung Zu Beginn, dann langsam runternehmen
message_inform [status: **busy**]	Benutzer soll geduldig bleiben	Kopf geringfügig nach unten neigen	Gesamtzeit der Äußerung

		Wegschauen (turn bleibt bei System)	Nach Ende Äußerung
message_inform [status: error]	Benutzer soll besänftigt werden	Lächeln Kopf schräglegen (ca. 10 Grad nach rechts)	Nach Ende Äußerung Nach Ende Äußerung (für 4 Sekunden)
message_inform [status: ok]	Positive Gefühle sollen induziert werden	Leicht ausgeprägtes Lächeln	Nach Ende der Äußerung
message_inform [status: failed]	Benutzer soll besänftigt werden	Schultern anheben, Hände (mit Handflächen nach oben) bis Ellbogenhöhe Lächeln Kopf schräglegen (ca. 10 Grad nach rechts)	Beginn der Äußerung, dann langsam senken Nach Ende Äußerung Nach Ende Äußerung (für 4 Sekunden)
message_inform [status: offer] z.B. proaktives Angebot	Benutzer soll Interesse verspüren	Zeigefinger heben Leicht ausgeprägtes Lächeln	Zu Beginn, nach 3 Sek. langsam senken Gesamtzeit; evtl. nach Ende verstärken
message_accept: Wird für Zustimmungen benutzt.	Benutzer soll sich bestätigt fühlen	Nicken	Vor Beginn der Äußerung
message_reject: Wird für Verneinungen benutzt, wobei eine Tatsache als falsch bezeichnet wird.	Ein Fehler soll vermittelt werden, ohne dass Ärger ausgelöst wird	Kopf leicht schütteln, ansonsten neutral	Vor Beginn der Äußerung
message_command: Kann für Vorschläge bzw. dringlichen Hinweise an den Benutzer eingesetzt werden.	Benutzer soll Dringlichkeit wahrnehmen	Augenbrauen anheben, Augen größer Hände mit Handflächen zum Benutzer anheben (evtl. nur eine Hand heben mit Zeigefinger)	Gesamtzeit der Äußerung Zu Beginn, dann langsam runternehmen
message_cancel: plötzliche turn-Übergabe nach Unterbrechung durch Nutzer	Nutzer soll merken, dass er sprechen darf	Nutzer ansehen	Mindestens bis Nutzer spricht
message_acknowledge: Bestätigt die erfolgreiche Durchführung eines Auftrages.	Positive Gefühle induzieren	Lächeln Evtl. emblematische Gesten wie Daumen heben	Kurz vor Äußerung beginnen, während Äußerung halb, nach Ende verstärken
message_correct: Korrigiert eine falsche Annahme des Benutzers.	Korrektur, ohne dass Ärger ausgelöst wird	Neutral	Gesamtzeit
query_input: wenn das System irgendwelche Eingaben vom Benutzer erwartet.	Benutzer soll sich aufgefordert fühlen	Blick zum Benutzer Kopf leicht schräglegen (ca. 5 Grad nach links)	Mit Ende der Äußerung 3 Sek. nach Ende der Äußerung, für 5 Sek.
query_y/n: Erzeugt eine Erwartung auf eine einfache *Ja*- bzw. *Nein*-Antwort.	Benutzer soll sich aufgefordert fühlen	Blick zum Benutzer Kopf leicht schräglegen (ca. 5 Grad nach links)	Mit Ende der Äußerung 3 Sek. nach Ende der Äußerung, für 5 Sek.
query_selection: Impliziert eine Auflistung von Alternativen	Benutzer soll das Verständnis erleichtert werden	Gestik, beat gesture (mal rechts vom Körper, mal links) Alternativ: Zeigegeste Blick zum Benutzer Kopf leicht schräglegen (ca. 5 Grad nach links)	Jede Alternative durch beat gesture markieren Mit Ende der Äußerung 3 Sek. nach Ende der Äußerung, für 5 Sek.
query_request_acknowledge: Wird bei Unsicherheit während	Benutzer soll sich aufgefordert fühlen	Blick zum Benutzer	Mit Ende der Äußerung

der Sprachanalyse eingesetzt (z.B. fehlerhafte Spracherkennung)		Kopf leicht schräglegen (ca. 5 Grad nach links)	3 Sekunden nach Ende der Äußerung, für 5 Sekunden
Query_request_repair: Ist ebenfalls für falsche Erkennungsergebnisse bzw. Korrekturen, die vom Benutzer angeführt wurden, gedacht. Reparatur-Strategien sind Wiederholungsanforderungen an den Benutzer oder starre Ja/Nein-Fragen.	Benutzer soll besänftigt werden, sich dann aufgefordert fühlen	1. Teil (nicht verstanden) Schultern anheben, Hände (mit Handflächen nach oben), auf Ellbogenhöhe Lächeln Kopf schräglegen (ca. 10 Grad nach rechts)	Beginn der Äußerung, dann langsam senken Nach Ende Äußerung Nach Ende Äußerung (für 4 Sekunden)
		2. Teil: Blick zum Benutzer Kopf leicht schräglegen (ca. 5 Grad nach links)	Mit Ende der Äußerung 3 Sek. nach Ende der Äußerung, für 5 Sek.

Die meisten der Zuordnungen von Verhaltensweisen gehen zurück auf empirische Ergebnisse, die in Krämer (2001) zusammengestellt wurden. So basiert der Einsatz des Kopf-Schräglegens (der sogenannten Lateralflexion) auf Ergebnissen, dass dieses als positiv empfunden wird und besänftigend wirken kann. Beim Versuch der Zusammenstellung der Regeln zeigt sich jedoch auch, dass noch nicht genügend empirische Ergebnisse zur Wirkung bestimmter Verhaltensweisen (und auch deren zeitlicher Strukturierung) verfügbar sind. Daher musste an zahlreichen Stellen auf emblematische Gesten wie z.B. dem Anheben der Hände und Schultern zur Vermittlung, dass der Nutzer Informationen geben muss, zurückgegriffen werden. Hierbei handelt es sich weniger um tatsächliche nonverbale Verhaltensweisen – geschweige denn um momentan im Zentrum der Forschungsaufmerksamkeit stehende subtile Dynamiken - sondern vielmehr um kulturell vermittelte, in ihrer Bedeutung feststehende Zeichen. Im Rahmen weiterer Forschung – die auch von der Nutzung der Interface Agenten profitieren kann (vgl. Bente & Krämer 2002) – müssen somit weitere Ergebnisse zur Wirkung nonverbalen Verhaltens generiert werden.

5 Fazit

Die Ausführungen sollten zeigen, dass der Umweg über das Nachbilden der beim Menschen angenommenen Emotionszusammenhänge zumindest im Falle der Interface Agenten gar nicht gegangen werden muss. Es wurde vorgeschlagen, in Zukunft Vorgehensweisen zu erproben, die „straightforward" das Wissen über die Wirkung nonverbalen Verhaltens nutzen, um ein benutzerfreundliches Klima auf einfacherem Wege herzustellen als durch die Modellierung von Emotionen. Um auf dieser Basis eine erfolgreiche Implementation allerdings überhaupt leisten zu können, müssen mehr Erkenntnisse über die Wirkung – insbesondere subtiler – nonverbaler Verhaltensweisen generiert werden, die die Regelwerke entsprechend erweitern. Problematisch bleibt allerdings, dass die Wirkung der Signale immer kontextabhängig ist (vgl. Krämer 2001) und von Variablen wie Situation, Erscheinungsbild des Senders und sonstigen Verhaltensweisen des sendenden Agenten beeinflusst wird. Letztendlich wird nicht endgültig vorhergesagt werden können, welche (emotionalen) Reaktionen ein spezifisches Verhalten des Interface Agenten beim Nutzer auslösen wird – dieses Problem löst aber auch der Rückgriff auf Emotionen nicht. So wie aber auch der Mensch lernt, Verhalten zu zeigen, mit dem er das Gegenüber beeinflussen bzw. ein positives Klima herstellen kann, sollte auch die explizite Zusammenstellung dieser Regeln mit der Zeit gelingen. Durch die alternative Herangehensweise wird der Blick – auch und vor allem in bezug auf die Forschung – in eine neue Richtung gelenkt, die auf Dauer vielversprechende Umsetzungen ermöglichen sollte.

Literatur

Bente, G. & Krämer, N. C. (2002). Virtuelle Gesten: VR-Einsatz in der nonverbalen Kommunikationsforschung. In: G. Bente, N. C. Krämer & A. Petersen (Hrsg.), *Virtuelle Realitäten* (S. 81-107). Göttingen: Hogrefe.

Bente, G. & Otto, I. (1996). Virtuelle Realtität und parasoziale Interaktion. In: *Medienpsychologie: Zeitschrift für Individual und Massenkommunikation, 8*, 217-242.

Chovil, N. (1991). Social determinants of facial displays. In: *Journal of Nonverbal Behavior, 15* (3), 141-154.

Darwin, C. (1872). *The expression of the emotions in man and animals*. London: J. Murray.

Dautenhahn, K. & Christaller, T. (1997). Remembering, rehearsal and empathy - towards a social and embodied cognitive psychology for artefacts. In: S. O'Nuallain, P. McKevitt & E. MacAogain (Eds.), *Two Sciences of Mind*. Amsterdam: John Benjamins.

Ekman, P. (1997). Expression or communication about emotion. In: N. L. Segal & G. E. Weisfeld (Eds.), *Uniting psychology and biology: Integrative perspectives on human development* (pp. 315-338). Washington: American Psych. Association.

Elliott, C. (1992). *The affective reasoner: A process model of emotions in a multi-agent system*. Ph.D thesis, Institute for the Learning Sciences, Northwestern University.

Elliott, C. Rickel, J. & Lester, J. (1999). Lifelike pedagogical agents and affective computing. An exploratory synthesis. In: M. Woolridge & M. Veloso (Eds.), *Artificial intelligence today* (pp. 195-212). Berlin: Springer.

Frey, S. (1999). Die *Macht des Bildes*. Bern: Huber.

Fridlund, A. J. (1991). Evolution and facial action in reflex, social motive, and paralanguage. In: *Biological Psychology, 32* (1), 3-100.

Krämer, N. (2001). *Bewegende Bewegung. Sozio-emotionale Wirkungen nonverbalen Verhaltens und deren experimentelle Untersuchung mittels Computeranimation*. Lengerich: Pabst.

Kraut, R. E. & Johnston, R. E. (1979). Social and emotional messages of smiling: An ethological approach. In: *Journal of Personality and Social Psychology, 37* (9), 1539-1553.

Lester, J. C., Towns, S. G., Callaway, C. B., Voerman, J. L. & FitzGerald, P. J. (2000). Deictic and emotive communication in animated pedagogical agents. In: J. Cassell, J. Sullivan, S. Prevost & E. Churchill (Eds.), *Embodied Conversational agents* (pp. 123-154). Boston: MIT Press.

Moldt, D. & von Scheve, C. (2001). Emotions and multimodal interface-agents: A sociological view. In: H. Oberquelle, R. Oppermann & J. Krause (Hrsg.), *Mensch und Computer 2001* (S. 287-295). Stuttgart: Teubner.

Moldt, D. & von Scheve, C. (2002). Emotions in hybridsocial aggregates. In: M. Herczeg, W. Prinz & H. Oberquelle (Hrsg.), *Mensch und Computer 2002* (S. 343-352). Stuttgart: Teubner.

Ortony, A., Clore, G. L. & Collins, A. (1988). *The cognitive structure of emotion*. New York: Cambrige University Press.

Picard, R. W. & Cosier, G. (1997). Affective Intelligence – The missing link. In: *BT Technology, 14* (4), 150-161.

Picard, R. (1999). *Affective Computing*. Cambridge: MIT Press.

Rimé, B. (1983). Nonverbal communication or nonverbal behavior? Towards a cognitive-motor theory of nonverbal behavior. In: W. Doise & S. Moscovici (Eds.), *Current issues in European social* psychology (pp. 85-141). Cambridge: Cambridge University Press.

Searle, J. R. (1969). *Speech acts*. Cambridge: Cambridge University Press.

Tomkins, S. S. (1962). *Affect, imagery, consciousness. The positive affects*. New York: Springer.

Adressen der Autoren

Dr. Nicole Krämer / Prof. Dr. Gary Bente
Universität zu Köln
Psychologisches Institut
Bernhard-Feilchenfeld-Str. 11
50969 Köln

nicole.kraemer@uni-koeln.de/bente@uni-koeln.de

Virtuelle Verkäufer. Die Wirkung von anthropomorphen Interface Agenten in WWW und e-commerce[1]

Heike Blens, Nicole C. Krämer & Gary Bente

Universität zu Köln, Psychologisches Institut

Zusammenfassung

Der Bereich, in dem anthropomorphe Interface Agenten bislang die größte Verbreitung gefunden haben, ist der des e-commerce. Gleichzeitig wurden aber gerade zur Auswirkung von virtuellen Helfern im WWW nur wenige Untersuchungen durchgeführt. Die vorliegende Studie ist daher von der Frage geleitet, ob die Präsenz virtueller Figuren auf Internetseiten den erhofften positiven Effekt auf Erleben und Verhalten des Nutzers verursacht. 45 Versuchspersonen wurden jeweils drei nahezu identisch gestaltete Internetseiten präsentiert. Zwei dieser Seiten enthielten eine virtuelle Helferin, mit der ein schriftbasierter Dialog geführt werden konnte. Die Ergebnisse zeigen deutlich, dass die Figuren einen positiven Effekt auf die Befindlichkeit des Nutzers, die Bewertung und Erinnerungsleistung sowie schließlich die Kaufentscheidung mit sich bringen.

1 Virtuelle Figuren in WWW und Mensch-Technik-Interaktion

In verschiedenen Forschungs- und Anwendungsbereichen werden sogenannte anthropomorphe Interface Agenten als Schnittstellen der Zukunft propagiert. Diese menschenähnlich gestalteten und autonom interagierenden virtuellen Figuren sollen im Rahmen der Mensch-Technik-Interaktion zukünftig den Umgang mit beispielsweise Computer oder Videorekorder erleichtern, in Schulungsprogrammen sollen die Agenten Handgriffe vorführen sowie Kinder im Rahmen von Pädagogischen Programmen zum Lernen motivieren (vgl. Cassell et al. 2000; Krämer & Nitschke 2002; Lester et al. 1997; Rickel & Johnson 2000). Der Bereich aber, in dem diese virtuellen Charaktere uns bereits heute tatsächlich begegnen, ist der des World Wide Web. Insbesondere auf den Webseiten von Dienstleistungsunternehmen oder e-commerce-Anbietern trifft man virtuelle Figuren an, die im Sinne von sogenannten „Guided Tours" den Besucher durch die Internetseiten leiten und das jeweilige Angebot vorstellen. Zum Teil findet man sogar bedingt interaktive Agenten, d.h. virtuelle Figuren, die auf Texteingaben des Nutzers reagieren und auf diese Weise einen Dialog führen können. Dies ist allerdings bislang lediglich auf Basis der Erkennung festgelegter Schlüsselworte möglich, auf die mit vorformulierten Sätzen geantwortet wird. Die Anbieter versprechen sich unter anderem eine höhere Verweildauer auf den Seiten sowie eine positivere Evaluation des Produktes.

Während in Bezug auf den Einsatz von anthropomorphen Interfaces in der Mensch-Technik-Interaktion oder im Rahmen von Lernprogrammen bereits Studien darüber vorgelegt wurden, in welchem Ausmaß Interface Agenten positive Wirkungen z. B. im Sinne intuitiverer Interaktion mit sich bringen (vgl. Krämer & Nitschke 2002; Koda & Maes 1996; Sproull et al. 1996), lassen

---

[1] Ein Teil der dargestellten Arbeiten ist im Rahmen des vom BMB+F geförderten Leitprojektes EMBASSI (Elektronische Multimodale Bedien- und Serviceassistenz; BMB+F Förderkennzeichen 01 IL 904 L) entstanden.

sich für den Bereich e-commerce bislang nur vereinzelte – allerdings durchaus vielversprechende - empirische Resultate auffinden (vgl. McBreen, Anderson & Jack 2001; Pandzic, Ostermann & Millen 1999). Vor diesem Hintergrund soll hier der Frage nach den spezifischen Effekten der Agenten im Rahmen von e-commerce-Anwendungen weiter nachgegangen werden. Vorbereitend sollen zunächst die aus bisherigen Untersuchungen abzuleitenden Erkenntnisse über die Wirkung anthropomorpher Interface Agenten vorgestellt sowie zu zentralen Befunden zum Effekt bildlicher und personaler Darstellungen in Werbung und Marketing in Beziehung gesetzt werden.

1.1 Befunde zu anthropomorphen Interface Agenten

Empirische Untersuchungen zur Akzeptanz von Schnittstellen zeigen, dass bereits durch den Einsatz graphischer Elemente eine Erhöhung der Zufriedenheit zu erwarten ist. Befindet sich gar ein anthropomorphes Gesicht auf dem Bildschirm, so sind die Ergebnisse noch deutlicher: das System oder Programm wird als unterhaltsamer empfunden als beispielsweise eine rein textbasierte Oberfläche (vgl. etwa Koda & Maes 1996; Lester et al. 1997). Darüber hinaus konnte in Studien zur Auswirkung von animierten Gesichtern bei interaktiven Serviceleistungen festgestellt werden, dass diese durchaus positive Effekte mit sich bringen (Pandzic, Ostermann & Millen 1999). Dehn und van Mulken (2000) fassen aufgrund einer Sichtung der relevanten Studien zusammen: „Generally a system with an agent is perceived as more entertaining then one without an agent." (S. 15).

Abgesehen von den geschilderten Folgen auf den subjektiven Eindruck konnte in bisherigen Studien auch ein Effekt auf das Verhalten der Benutzer festgestellt werden, die sich zum Teil sogar als „soziale Reaktionen" darstellen (vgl. Dehn & van Mulken 2000; Krämer & Bente 2002). Diese Reaktionen lassen sich z.T. als nützlich im Sinne der Erleichterung der Interaktion zwischen Nutzer und System bezeichnen, können aber auf der anderen Seite auch eher unerwünschte Folgen mit sich bringen: Einerseits bieten die virtuellen Charaktere eine gewohnte, intuitiv nutzbare Interaktionsform an, die auch tatsächlich verstärkt zu natürlichsprachlicher Annäherung führt (vgl. Krämer & Nitschke 2002). Andererseits konnte gezeigt werden, dass insbesondere ein Agent, der den Benutzer zu beobachten scheint, zu verstärkter Angst, Erregung und größerer Fehlerhäufigkeit (vgl. Rickenberg & Reeves 2000) oder zu erhöhten Selbstdarstellungstendenzen im Sinne sozialer Erwünschtheit (Sproull et al. 1996) führt.

In Bezug auf die Gestaltung von e-commerce-Seiten stellt sich in diesem Zusammenhang die Frage, inwieweit positive Folgen genutzt werden können bzw. überhaupt zum Tragen kommen, wenn die aufgeführten Risiken bestehen. Zu überprüfen bleibt somit, ob virtuelle Charaktere im Rahmen von WWW-Seiten sowohl Verhaltensdaten (Erinnerungsleistung, Beschäftigungs- bzw. Verbleibzeiten, Kaufverhalten) moderieren, als auch sozial-kognitive Daten (Befindlichkeit, Akzeptanz) beeinflussen können.

1.2 Relevante Aspekte der Werbewirkungsforschung

Dass grafische Elemente resp. bildliche Reize das Erinnerungsvermögen erhöhen und somit die Kaufleistung steigern können, wird in der Werbe- und Marktpsychologie allgemein postuliert. So resümiert etwa Wiswede (2000): „In der Werbung ist insbesondere die Bildhaftigkeit von besonderer Effizienz für die Informationsaufnahme und die Abrufleistung" (S. 294). Lernkurven sollen demnach für bildliche Reize steiler verlaufen, Vergessenskurven dagegen flacher abfallen. Gewisse Ablenkungseffekte im Hinblick auf die eigentliche Werbebotschaft werden dabei jedoch nicht ausgeschlossen (vgl. Wiswede, 2000). Auch im Zuge der Imagery-Forschung wird gefolgert, dass Bilder die Bereitschaft des Empfängers erhöhen, sich einer Botschaft zuzuwenden, des Weiteren die Aufnahme, Verarbeitung und Speicherung der Werbeinhalte erleichtern (vgl. Forschergruppe

Konsum und Verhalten 1994). Als Bildmotive sind dabei nach Kroeber-Riel (1996) nicht nur „aktivierende Personenabbildungen" (S. 10) zu bevorzugen, sondern auch „interaktive und dynamische Abbildungen" (S. 81), da diese neben der Erhöhung der Betrachtungszeit eine Verbesserung der Erinnerung zur Folge haben (vgl. Kroeber-Riel & Weinberg 1996).

2 Methode

2.1 Unabhängige Variablen

Fragestellung der im Folgenden vorzustellenden experimentellen Untersuchung ist, inwieweit virtuelle Agenten im Rahmen von WWW-Seiten tatsächlich geeignet sind, den Unterhaltungswert und die positiven Empfindungen zu steigern, Verbleibzeiten zu manipulieren sowie Behaltensleistung und Kaufinteresse zu fördern.

Als *unabhängige Variablen* wurden drei Websites in Form von Online-Bücherstores mit Hilfe des Programms *Dreamweaver 4* von der Firma Macromedia® entworfen. Diese drei Bücherstoreseiten unterschieden sich bezüglich des Layouts lediglich hinsichtlich der Farbwahl, des Firmenlogos, des Namens (vgl. Abb. 1) sowie hinsichtlich eines Teils der jeweils angebotenen Bücher. Der experimentell bedeutsame Unterschied der drei Bücherstoreseiten bestand darin, dass die Seiten *Bücherkatalog* und *Bücherwurm* jeweils mit einer virtuellen Helferin ausgestattet waren, mit welcher sich die Probanden unterhalten resp. ihr Fragen stellen konnten, während die Bücherseite *MyBOOKs* keinen solchen Helfer aufwies. In Bezug auf die beiden virtuellen Figuren gab es ebenfalls einen Unterschied: Während die Helferin „Fiona" der Seite *Bücherkatalog* mit ihren unnatürlichen Proportionen ein eher comicartiges Erscheinungsbild besaß, sah die Helferin „Cira" der Seite *Bücherwurm* eher realistisch bzw. natürlich aus (vgl. Abbildung 1). Hinsichtlich des Dialogs, welcher mit Hilfe des *Virtual Editors* der Firma Vista New Media® gestaltet wurde, gab es keinerlei Unterschiede zwischen den beiden Figuren, Cira und Fiona besaßen also einen identischen Wortschatz. Inhaltlich waren die virtuellen Helferinnen vor allem in der Lage, Auskunft über Bücher und Buchkategorien zu geben, reagierten aber etwa auch auf Beschimpfungen oder Komplimente von Seiten der Nutzer.

Die übrigen Merkmale, Proportionen und Maße der drei Bücherstoreseiten wurden durchweg konstant gehalten, so dass tatsächliche Unterschiede im Sinne der Shop-Gestaltung praktisch nicht existierten. Alle drei Websites beinhalteten jeweils drei Bücherkategorien, wobei jede Kategorie auf mindestens zwei der Büchershops auftrat, um die Vergleichbarkeit zu wahren. Auf entsprechenden Unterseiten wurden je sechs zur Oberkategorie gehörende Bücher präsentiert, und zwar stets mit Foto des Buchcovers und Eckdaten des Buches (Autor und Titel). Die Bücher der jeweiligen Kategorien waren für jede Bücherstoreseite gleich. Bei Anklicken des Photos oder der Eckdaten gelangte man auf die entsprechende Unterseite des Buches, auf welcher sich eine inhaltliche Beschreibung, ein vergrößertes Buchphoto sowie weitere Daten bezüglich des Buches befanden. Zu jeder Bücherstoresite existierten also insgesamt 18 Unterseiten mit Buchbeschreibungen (drei Kategorien mal sechs Bücher). Der Frame mit der virtuellen Helferin blieb stets erhalten, unabhängig davon, auf welcher Seite oder Unterseite sich der Proband befand.

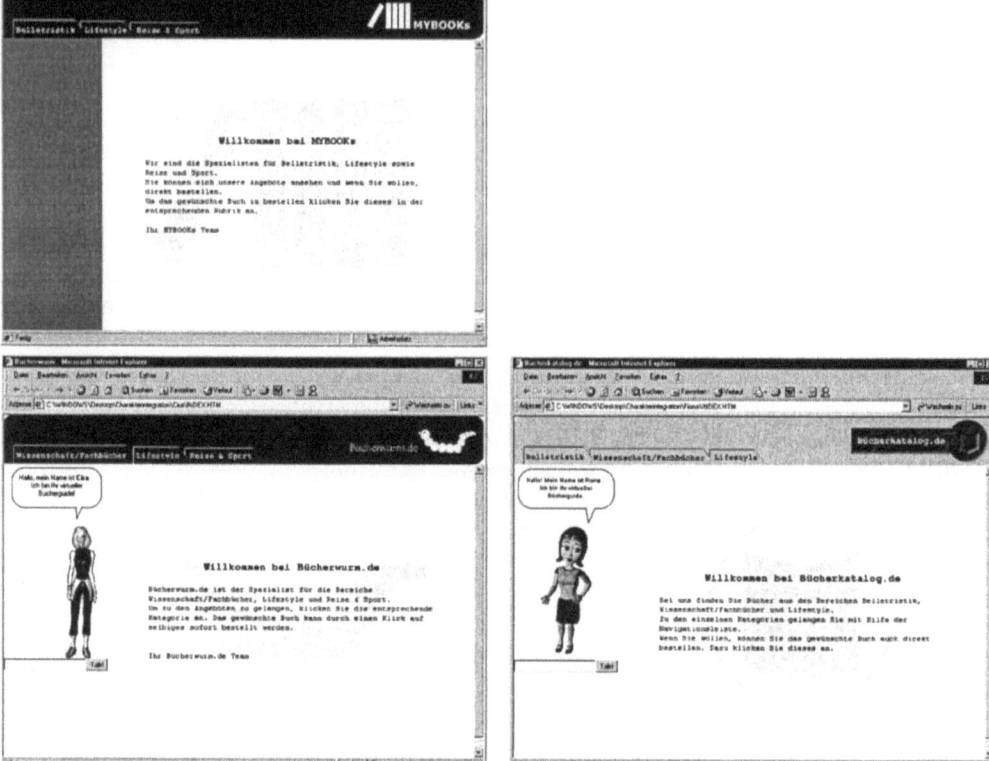

Abbildung 1: Die drei Bücherstore-Sites

2.2 Abhängige Variablen

Hinsichtlich der abhängigen Variablen wurde die *Befindlichkeit* des Probanden mit Hilfe eines kurzen Fragebogens erhoben (20 Items wie „gelangweilt", „amüsiert", „nervös" oder „gereizt"; Bewertung auf einer fünf-stufigen Skala von „stimmt" bis „stimmt nicht").

Bei der jeweils ersten gesehenen Seite folgte darauf ein *ungestützter* und ein *gestützter Recalltest*. Bei dem ungestützten Recalltest sollten die Teilnehmer als erstes die Bücherstoreseite frei beschreiben, danach hatten sie die Aufgabe, die noch erinnerten Oberkategorien und Buchtitel aufzuzählen. Der gestützte Erinnerungsfragebogen enthielt sämtliche Buchtitel aus allen vier Kategorien und zusätzlich weitere sechs Buchtitel (Distraktoren), welche auf keiner der Seiten zu finden waren, aber vom Titel her ebenfalls einer der Oberkategorien zuzuordnen waren. Insgesamt gab es somit bei jedem gestützten Recalltest 12 Distraktoren (sechs Buchtitel aus einer nicht vorhandenen Oberkategorie und sechs weitere Distraktoren) und 18 zu erkennende Buchtitel.

Des Weiteren wurde nach jeder Web-Site die *Akzeptanz* der jeweiligen Bücherstoreseite abgefragt. Der Akzeptanzfragebogen beinhaltete zwei offene Fragen, in denen die Teilnehmer Gefallens- und Verbesserungsaspekte nennen konnten und mehrere geschlossene Fragen, bei denen jeweils wieder auf einer fünf-stufigen Skala Zutreffendes anzukreuzen war.

Das Navigationsverhalten der Probanden wurde mit Hilfe des Programms *Camtasia* von Microsoft® aufgezeichnet. So konnten die *Verbleibzeiten* auf den einzelnen Bücherstoreseiten festgehalten werden.

Zuletzt erhielten die Versuchsteilnehmer einen Büchergutschein im Wert von 30 DM (15,339 Euro), für welchen sie sich auf einer der Bücherseiten ein Buch bzw. mehrere Bücher (je nach Preis) aussuchen durften. Mittels des *Camtasia*-Rekorders wurde festgestellt, auf welcher Seite ein Buch gekauft wurde.

2.3 Stichprobe und Durchführung

Insgesamt 45 Versuchspersonen (20 Männer und 25 Frauen) im Alter von 16 bis 54 Jahren nahmen an der Untersuchung teil. Die Probanden setzen sich sowohl aus Studierenden unterschiedlicher Fachrichtungen als auch aus Berufstätigen verschiedenster Bereiche zusammen. Die ca. 70 Minuten langen Experimente wurden in den Räumlichkeiten des psychologischen Instituts der Universität zu Köln durchgeführt.

Jeder Versuchsteilnehmer erkundete hintereinander alle drei Bücherstoreseiten. Die Reihenfolge der Präsentation wurde hierbei variiert, so dass sich jede Bücherseite einmal an erster Stelle befand. Die Probanden wurden darüber informiert, dass sie nacheinander 3 Prototypen sehen, die jeweils im Anschluss zu bewerten seien, und zur umfangreichen Exploration aufgefordert.

3 Ergebnisse

3.1 Befindlichkeit

Bezüglich des Items „amüsiert" ergab sich zwischen den Webseiten ein hochsignifikanter Unterschied (p= ,000); die Versuchsteilnehmer waren bei der Erforschung der Bücherstoreseiten mit den virtuellen Helfern durchweg amüsierter (*Bücherwurm*$_{Cira}$ vs. *MyBOOKs*: p= ,001; *Bücherkatalog*$_{Fiona}$ vs. *MyBOOKs*: p= ,000). Dementsprechend fiel auch das Ergebnis für das Item „lustlos" (p= ,004) aus: Hier zeigte sich, dass die Probanden bei der Bücherseite *MyBOOKs*, welche keinen virtuellen Charakter aufweist, im Durchschnitt lustloser waren als bei der Seite *Bücherkatalog* mit der Helferin Fiona (p= ,002), oder bei der Seite *Bücherwurm* mit Cira als Begleitung (p= ,019). Auch für das Item „gleichgültig" finden sich ähnliche Unterschiede (p= ,009); die Internetseite *MyBOOKs* verursachte bei den Teilnehmern durchschnittlich höhere Gleichgültigkeitsratings als bei den beiden Seiten mit virtueller Begleitung (*Bücherwurm*$_{Cira}$ vs. *MyBOOKs*: p= ,010; *Bücherkatalog*$_{Fiona}$ vs. *MyBOOKs*: p= ,022).

Zudem riefen die virtuellen Figuren offenbar bei den Teilnehmern ein höheres Engagement hervor (p = ,034). Bei den paarweisen Vergleichen verfehlte der Unterschied bzgl. des Engagements zwischen den Seiten *Bücherkatalog*$_{Fiona}$ und *MyBOOKs* allerdings mit einem p-Wert von ,133 das Signifikanzniveau, während der Unterschied zwischen *Bücherwurm*$_{Cira}$ und *MyBOOKs* mit einem p von ,044 signifikant wurde.

Die Internetseiten mit den virtuellen Helfern führten aber ebenso zu höheren Ratings bzgl. der Items „gereizt" (p= ,011; *Bücherwurm*$_{Cira}$ vs. *MyBOOKs*: p= ,145; *Bücherkatalog*$_{Fiona}$ vs. *MyBOOKs*: p= ,112), „verärgert" (p= ,014; *Bücherwurm*$_{Cira}$ vs. *MyBOOKs*: p= ,288; *Bücherkatalog*$_{Fiona}$ vs. *MyBOOKs*: p= ,133) und „verwirrt" (p= ,031; *Bücherwurm*$_{Cira}$ vs. *MyBOOKs*: p= ,097; *Bücherkatalog*$_{Fiona}$ vs. *MyBOOKs*: p= ,098). Diese Einstufungen bezüglich des Befindens könnten im Sinne eines allgemein erhöhten Arousals interpretiert werden.

Anhand der faktorenanalytischen Auswertung (Hauptkomponentenanalyse mit Varimax-Rotation) ergab sich bezüglich der Befindlichkeitsitems eine Fünf-Faktoren-Lösung. Die Faktoren wurden mit den Labels Aufmerksamkeit/ Interesse, Negative Gefühle, Entspannung, Positive Gefühle und Involvement betitelt. Auch auf Ebene der Faktoren ließen sich signifikante Unterschiede nachweisen: Für den Faktor Aufmerksamkeit/Interesse ergab sich ein signifikanter Mittelwertsunterschied zwischen den Bücherseiten *Bücherwurm*$_{Cira}$ und *MyBOOKs* (p = ,030): Bei der durch Cira betreuten Seite wird ein höheres Interesse berichtet. Zwischen den Seiten *Bücherkatalog*$_{Fiona}$ und *MyBOOKs* verfehlte dieser Unterschied die Signifikanz. Der vierte Faktor Positive Gefühle erbrachte Signifikanzen für beide Agenten-Seiten verglichen mit der Seite ohne Charakter (*MyBOOKs*) – beide Seiten mit virtuellen Helferinnen rufen mehr positive Gefühle hervor als *MyBOOKs*. Der Unterschied zwischen *Bücherwurm*$_{Cira}$ und *MyBOOKs* wurde dabei auf dem 1%-Niveau signifikant (p= ,009), während die Mittelwertsdifferenzen zwischen *Bücherkatalog*$_{Fiona}$ und *MyBOOKs* auf dem 5%-Niveau mit einem p-Wert von ,029 signifikant wurden.

3.2 Akzeptanz der Bücherstoreseiten

Die einfaktorielle Varianzanalyse für abhängige Stichproben erbrachte für das Item „Ich war zufrieden mit der Seite" mit p= ,019 ein signifikantes Ergebnis für den Vergleich der Bücherseiten *Bücherkatalog*$_{Fiona}$ und *MyBOOKs* (die allgemeine Signifikanz des Items und der paarweise Vergleich *Bücherkatalog*$_{Fiona}$ vs. *MyBOOKs* erbrachten in diesem Fall das gleiche Ergebnis). Die Probanden waren mit einem Durchschnittswert von 3,56 auf der Bücherstoreseite mit Fiona zufriedener als auf der Seite *MyBOOKs*, wo sie einen durchschnittlichen Zufriedenheitsscore von 3,20 erlangten. Die Variable „Die Erforschung der Internetseite hat mir Spaß gemacht" erreichte im Einzelvergleich für beide Bücherseiten mit Charakter, verglichen mit *MyBOOKs*, signifikante Ergebnisse (*Bücherwurm*$_{Cira}$ vs. *MyBOOKs*: p= ,004; *Bücherkatalog*$_{Fiona}$ vs. *MyBOOKs*: p= ,011). Offensichtlich hatten die Personen mit den virtuell betreuten Bücherseiten mehr Spaß als mit der Seite *MyBOOKs*. Der Behauptung, dass die Links die Bedienung bzw. Navigation der Bücherseite erleichtern, stimmten die Versuchspersonen am stärksten bei der Seite *Bücherkatalog*$_{Fiona}$ zu; verglichen mit der Seite *MyBOOKs* wurde dieser Unterschied beim paarweisen Vergleich mit einem p-Wert von ,033 signifikant. Der Unterschied zwischen *Bücherwurm*$_{Cira}$ und *MyBOOKs* wurde hierbei nicht signifikant. Das Item „Die Internetseite hat mir gut gefallen" verfehlte mit einem p-Wert von ,057 knapp das 5%-Niveau. Tendenziell gefiel die Seite *Bücherkatalog*$_{Fiona}$ den Probanden besser als die Seite *MyBOOKs* (p = ,061).

Anhand der Hauptkomponentenanalyse nach dem Varimax-Verfahren entstand eine Gruppierung des Akzeptanzfragebogens in drei Faktoren. Diese lauteten Zufriedenheit, Navigation und Design. Hinsichtlich der Akzeptanz-Faktoren ergab die einfaktorielle Varianzanalyse für abhängige Stichproben für den ersten der drei Faktoren „Zufriedenheit" mit p= ,008 ein signifikantes Ergebnis. Die Seite *Bücherkatalog*$_{Fiona}$ veranlasste die Probanden hierbei signifikant zu höheren Zufriedenheitsangaben, als dies bei der Seite *MyBOOKs* der Fall war (paarweiser Vergleich p = ,005). Der Mittelwertsunterschied zwischen *Bücherwurm*$_{Cira}$ und *MyBOOKs*, welcher in dieselbe Richtung ging, verfehlte im paarweisen Vergleich mit p= ,065 das 5%-Niveau.

3.3 Erinnerungsleistung

Da die Erinnerungstests jeweils nur nach der ersten gesehen Seite stattfanden, betrug die Zellenbesetzung für jede der drei Bedingungen (Bücherstoreseiten) 15. Tatsächlich nannten 13 von 15 Versuchsteilnehmern im ungestützten Recalltest die virtuelle Gesprächspartnerin als beschreibendes Merkmal der beiden Bücherstoreseiten *Bücherwurm*$_{Cira}$ und *Bücherkatalog*$_{Fiona}$. Als hauptsächliche Beschreibungsmerkmale wurden weiterhin meist die Kategorien, die Hauptseite der Bücherstores und/ oder die Buchbeschreibungen aufgezählt. Addiert man die Nennungen über alle Antwortkategorien hinweg, mit Ausnahme der Kategorie Virtueller Helfer (da diese bei *MyBOOKs* nicht genannt werden konnte), so erhält man für die Seite *Bücherwurm*$_{Cira}$ eine Summe von 42 Nennungen, bei *Bücherkatalog*$_{Fiona}$ wurden insgesamt 45 Merkmale genannt, und bei *MyBOOKs* erinnerten die Probanden 46 Aspekte der Seite. Insgesamt sind also, mit Ausnahme der zahlreichen Nennungen der virtuellen Helferinnen, keine Unterschiede hinsichtlich der einzelnen Bücherseiten zu verzeichnen.

Im Hinblick auf die insgesamt erinnerten Oberkategorien kann man feststellen, dass bei der Internetseite *Bücherkatalog* mit Fiona insgesamt die meisten Oberkategorien-Nennungen erfolgten: 44 von 45 möglichen Kategorien wurden erinnert. Das bedeutet, dass lediglich eine Versuchsperson sich nicht mehr an alle drei Kategorien (sondern stattdessen nur an 2) erinnern konnte, alle anderen 14 Personen erinnerten jeweils alle drei Kategorien. Bei der Seite *Bücherwurm*$_{Cira}$ wurden insgesamt 36 Oberkategorien genannt und folglich 9 Oberkategorien nicht erinnert. Bei *MyBOOKs* beträgt die Summe der erinnerten Oberkategorien 34, hier wurden demnach 11 der 45 möglichen Kategorien nicht genannt.

Bei der einfaktoriellen Varianzanalyse wurde der oben beschriebene Unterschied bezüglich der insgesamt erinnerten Oberkategorien zwischen *Bücherkatalog*$_{Fiona}$ und *MyBOOKs* dann tatsächlich signifikant ($p = ,048$). Der Unterschied zwischen *Bücherkatalog*$_{Fiona}$ und *Bücherwurm*$_{Cira}$ verfehlte hierbei die Signifikanz.

Abbildung 2 zeigt die Summe der insgesamt erinnerten Bücher im ungestützten Recall zu jeder der drei Internetseiten. Bei der Seite *Bücherwurm*$_{Cira}$ war mit insgesamt 65 genannten Büchern die Erinnerungsleistung am höchsten. An zweiter Stelle kam die Seite *Bücherkatalog*$_{Fiona}$, bei welcher immerhin noch 59 Bücher erinnert wurden. Bei der Bücherstoreseite ohne virtuelle Figur *MyBOOKs* betrug die Summe der erinnerten Bücher 52. Durchschnittlich wurden bei *Bücherwurm*$_{Cira}$ 4,33 Bücher von den Probanden erinnert, bei *Bücherkatalog*$_{Fiona}$ 3,93 und bei *MyBOOKs* 3,47. Keiner dieser Unterschiede ist jedoch signifikant.

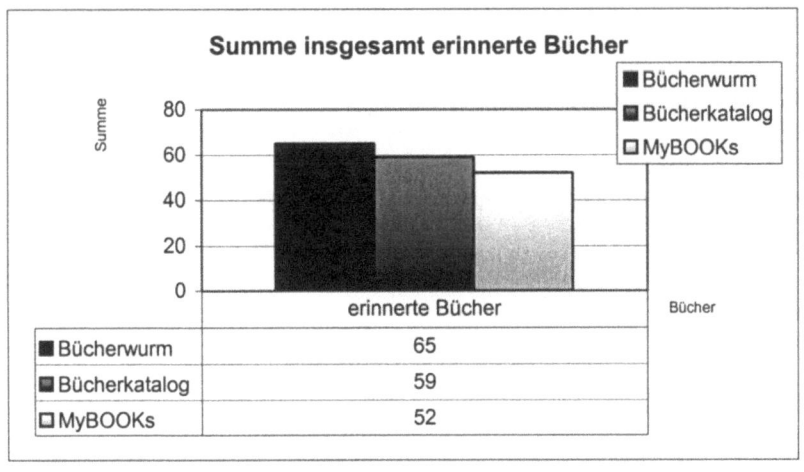

Abbildung 2: Insgesamt erinnerte Bücher im ungestützten Recalltest

Hinsichtlich des gestützten Erinnerungsfragebogens ergaben sich nur geringfügige Unterschiede. Bei der Internetseite *MyBOOKs* betrug die durchschnittliche Erinnerungsleistung bezüglich richtig erinnerter Bücher 24,6. An zweiter Stelle folgte *Bücherwurm*$_{Cira}$ mit durchschnittlich 23,27 richtig erinnerten Büchern, und schließlich 21,47 Treffer gab es durchschnittlich bei der Seite *Bücherkatalog*$_{Fiona}$. Bei der einfaktoriellen Varianzanalyse wurde jedoch keiner der beschriebenen Unterschiede signifikant.

3.4 Verbleibzeiten

Die Probanden hielten sich durchschnittlich am längsten auf der virtuell betreuten Seite *Bücherkatalog*$_{Fiona}$ auf, der Mittelwert betrug hier 5,17 Minuten (vgl. Abb. 3).

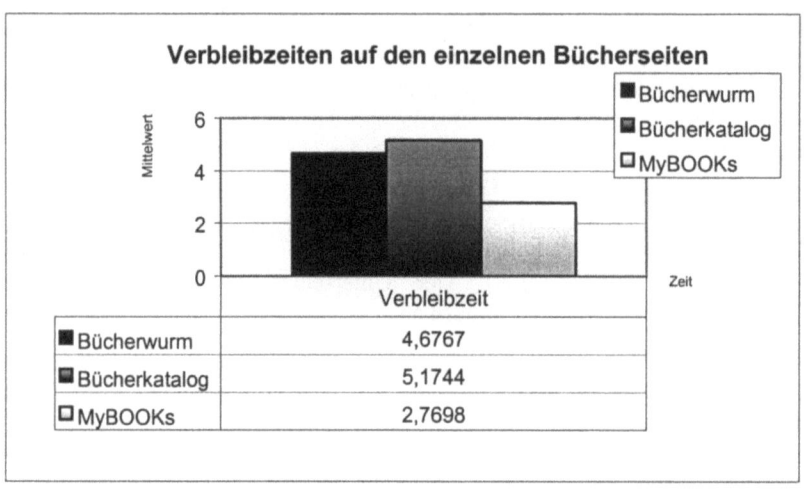

Abbildung 3: Verbleibzeiten Bücherstores

Bei der Seite *Bücherwurm*$_{Cira}$ mit der Helferin Cira hielten sich die Probanden durchschnittlich 4,68 Minuten auf. Deutlich kürzer hielten sich die Versuchsteilnehmer auf der Bücherseite *MyBOOKs* ohne virtuelle Begleitung auf; der Mittelwert war hier mit 2,77 Minuten am geringsten. Hochsignifikant (p= ,000) wurden die Unterschiede schließlich auch in der Varianzanalyse belegt. Dabei wurde sowohl der Unterschied zwischen *MyBOOKs* und *Bücherkatalog*$_{Fiona}$ mit einem p von ,000 im paarweisen Vergleich als überzufällig belegt, als auch der Unterschied zwischen *MyBOOKs* und *Bücherwurm*$_{Cira}$ (p=,000).

Es bleibt festzuhalten, dass die beiden virtuell betreuten Bücherseiten *Bücherkatalog*$_{Fiona}$ und *Bücherwurm*$_{Cira}$ also tatsächlich, wie angenommen, zu einer Verlängerung der Verbleibzeiten führen, in welcher sich die Probanden mit den jeweiligen Seiten auseinandersetzen, das heißt, sie betrachten, ausprobieren o.ä..

3.5 Bücherkauf

Hinsichtlich des Bücherkaufs entschieden sich 19 der insgesamt 45 Versuchsteilnehmer für die Internetseite *Bücherkatalog*$_{Fiona}$. Dieser Bücherstore war also mit 42,22 % bei den Teilnehmern am beliebtesten. Weitere 15 Teilnehmer (33,33 %) kauften ihre Bücher auf der Seite *Bücherwurm*$_{Cira}$ ein. Damit bevorzugten 34 von 45 Probanden eine Internetseite mit virtueller Betreuung, also mehr als ¾ der Versuchsteilnehmer. Die restlichen 11 Probanden entschieden sich für die Bücherstoreseite *MyBOOKs* ohne virtuellen Helfer; dies entspricht einem prozentualen Anteil von 24,44 %. Bezüglich der Variable Rotation (Reihenfolge) ergaben sich im Chi-Quadrat-Test keinerlei Haupteffekte. In welcher Reihenfolge die Pobanden die Sites gesehen hatten, spielte also für den Bücherkauf keine Rolle.

4 Diskussion

Es konnte eindrucksvoll gezeigt werden, dass virtuelle Charaktere im Rahmen von www-Seiten und e-commerce sowohl den Unterhaltungswert und die positiven Empfindungen steigern können, als auch dazu geeignet sind, Verbleibzeiten und Erinnerungsleistung zu manipulieren sowie Kaufinteresse zu fördern bzw. zu unterstützen. Dies ist sicherlich ein wichtiger Befund für Web-Designer, die durch derartige Figuren nicht nur positive Effekte für den Anbieter erreichen, sondern vor allem auch für die Nutzer, da diese zumindest die von uns eingesetzten Figuren positiv bewerten. Ausgeschlossen werden kann allerdings nicht, dass die Effekte von lediglich kurzfristiger Dauer sind oder in natürlicheren Situationen nur in wesentlich abgeschwächterer Form auftreten. Obwohl versucht wurde, eine hohe interne und dennoch hohe ökologische Validität zu erreichen – durch die Gestaltung von realistischen, aber kontrolliert variierten Internetseiten oder die Tatsache, dass die Teilnehmer annahmen, tatsächlich ein Buch zu kaufen - sollten die Ergebnisse eine weitere Absicherung im Rahmen von Felduntersuchungen erfahren. Weitere Untersuchungen sollten ferner auch anderweitige e-commerce-Anwendungen miteinbeziehen sowie weitere Variable (etwa Geschlecht des virtuellen Betreuers) variieren. Weiterhin sollte in Folgeuntersuchungen überprüft werden, durch welchen Aspekt die positiven Folgen vermittelt werden: wird eine soziale Gegenwart empfunden, die die Effekte moduliert oder sind es lediglich die durch die interaktiven Möglichkeiten fast zwangsläufig verlängerten Verbleibszeiten, die zu besseren Erinnerungsleistungen und - im Sinne dissonanztheoretischer Überlegungen - zu einer positiveren Bewertung führen?

Literatur

Cassell, J., Sullivan, J., Prevost, S. & Churchill, E. (Eds.) (2000). *Embodied conversational agents*. Cambridge: MIT Press.

Dehn, D. M. & van Mulken, S. (2000). The impact of animated interface agents: a review of empirical research. In: *International Journal of Human-Computer Studies, 52*, 1-22.

Forschergruppe Konsum und Verhalten (1994). *Konsumentenforschung*. München: Verlag Franz Vahlen GmbH.

Koda, T. & Maes, P. (1996). Agents with faces: The effect of personification. In: *IEEE International Workshop on Robot and Human Communication (RO-MAN'96)*, 189-194.

Krämer, N. C. & Bente, G. (2002). Virtuelle Helfer: Embodied Conversational Agents in der Mensch-Computer-Interaktion. In: G. Bente, N. C. Krämer & A. Petersen (Hrsg.), *Virtuelle Realitäten* (S. 203-225). Göttingen: Hogrefe.

Krämer, N. C. & Nitschke, J. (2002). Ausgabemodalitäten im Vergleich: Verändern sie das Eingabeverhalten der Benutzer? In: R. Marzi, V. Karavezyris, H.-H. Erbe & K.-P. Timpe (Hrsg.), *Bedienen und Verstehen. 4. Berliner Werkstatt Mensch-Maschine-Systeme* (S. 231-248). Düsseldorf: VDI-Verlag.

Kroeber-Riel, W. (1996). *Konsumentenverhalten* (6. Auflage). München: Vahlen.

Lester, J. C., Converse, S. A., Kahler, S. E., Barlow, S. T., Stone, B. A. & Bogal, R. S. (1997). The Persona Effect: Affective Impact of Animated Pedagogical Agents. In: S. Pemberton (Ed.), *Human Factors in Computing Systems: CHI'97 Conference Proceedings* (pp. 59-366). New York: ACM Press.

McBreen, H.M., Anderson J.A. & Jack, M. A. (2001). *Evaluating 3D Embodied Conversational Agents In Contrasting VRML Retail Applications.* Proceedings of the Workshop on Multimodal Communication and Context in Embodied Agents, *Autonomous Agent 2001* (pp 83-87). June 2001.

Pandzic, I.S., Ostermann, J., Millen, D. (1999). User evaluation: Synthetic talking faces for interactive services. In: *The Visual Computer, 15* (7/8), 330-340.

Rickel, J. & Johnson, W. L. (2000). Task oriented collaboration with embodied agents in virtual worlds. In: J. Cassell, J. Sullivan, S. Prevost & E. Churchill (Eds.), *Embodied Conversational Agents* (pp. 95-122). Cambridge: MIT-Press.

Rickenberg, R. & Reeves, B. (2000). The Effect of animated characters on anxiety, task performance and evaluations of user interfaces. In: *CHI 2000*, 49-56.

Sproull, L., Subramani, M., Kiesler, S. Walker, J. H. & Waters, K. (1996). When the interface is a face. In: *Human Computer Interaction, 11* (2), 97-124.

Wiswede, G. (2000). *Einführung in die Wirtschaftspsychologie.* München: Ernst Reinhardt Verlag.

Adressen der Autoren

Heike Blens / Dr. Nicole Krämer / Prof. Dr. Gary Bente
Universität zu Köln
Psychologisches Institut
Bernhard-Feilchenfeld-Str. 11, 50969 Köln
heike.b@gmx.de/nicole.kraemer@uni-koeln.de/bente@uni-koeln.de

Creating digital augmented multisensual learning spaces
–
Transdisciplinary school education between aesthetic creating and building concepts in computer science

Thomas Winkler, Daniela Reimann, Michael Herczeg, Ingrid Höpel

Institute for Multimedia and Interactive Systems (IMIS), University of Lübeck
Forum of the Muthesius-University of Arts, Design and Architecture, Kiel
Institute of Art History of the Christian-Albrechts-University, Kiel

Abstract

This paper is about the rehabilitation of aesthetics in the context of teaching computer science and digital media in schools. It explains how interdisciplinary, digitally extended learning environments can be created with the help of free or low cost applications. Such learning environments focus especially on the idea that sensorial perception and co-construction of knowledge should be an integrated part of a creative learning process.

1 Introduction

Although more and more learn-media manufacturers appeal to constructive components, one of the most important moments in constructive oriented pedagogy is lost from sight: the importance that complex sensorial perception and co-operation in real physical world have in the learning process.

A creative, collaborative learning, which involves all human senses, even when the process is digital media-supported and computer science teaching-oriented, constitutes the linchpin in the *ArtDeCom*[1] project, in which the authors of this paper are involved.

One of the seven teaching experiments of the last 1½ years in the ArtDeCom project will be used as an example here. The teaching experiments try, in different approaches, to create a digitally enriched learn-environment where teaching goes beyond subject segmentation. In an eighth grade of a comprehensive school, children created a 3D hybrid space which they could all enter together. In this space, 3D real/physical objects can be found as well as 3D virtual objects, embedded in and projected with self-constructed 3D virtual spaces *in* real/physical space.

Although the hybrid spaces are extremely complex, we worked on extreme low cost level; we succeeded doing that mainly by using freeware and otherwise using low cost materials.

---

[1] ArtDeCom (Theory and Practice of integrated Arts, Design and Computer Science in Education) is funded by the German „Bund-Länder Commission for Educational Planning and Research Promotion" (BLK) within the general funding program „Culture in the Media Age" (KuBiM). See: http://artdecom.mesh.de

Working with the interfaces between the real and the digital world was the central theme; this work included observing and reflecting about the interaction between children and computers in the real space and in the digital space as well as in the interfaces between the digital and the real space.

Because the linking of real/physical worlds with digital ones has a growing importance in all domains of human activity, in our opinion, the pedagogical orientation towards comprehending and decision making in aesthetics (self creation) as well as in computer science (self programming) is very important for us.

We think that introducing digital media in teaching should not be reduced to engrafting of digital technology in the different courses. By no means should it lead to students solving assignments following obsolete learning patterns. Teaching, especially if supported by digital media, should be perceived as co-construction of inter-subjective reality. In this co-constructive process, the models existent in computer science can be used as a teaching ground for interdisciplinary courses in sensual, aesthetical, practical oriented context.

2 Misunderstanding of constructive pedagogy – especially in the context of using digital media in the learning process

2.1 Constructivism and senses

Already during the pedagogy reform in the 1920's (Piaget)[2] and in the new pedagogy reform after 1968 (especially Beck and Wellershof)[3] a new definition for the use of our multitude of senses in the learning process was born. Our understanding of constructive pedagogy theories begins here.

However the poor constructivism reception not only in pedagogy but also and more in pedagogical tools, which imply the use of digital media, can be perceived a big problem. Constructivism is mainly reduced to cognition theory considerations. This is evident when we analyze the computer's dominating input devices: keyboard and mouse. The results of the actions performed by the user through these devices are usually rendered on the screen (sometimes additionally through speakers or earphones). But the screen lets us experience the world as spectators. That what we see behind the screen's glass is an allegory of the world and it is not something that we experience in the middle of the world with our body. After all the input devices (keyboards and screens) are descendants of the analogue media and of the world seen through the Cartesian system: the typewriter with the linear codes of written language and the framed Picture of an opposite world.

The important thing is though the correlation to the „*Aisthesis*": the senses and the perceptions and the actual experience that one has, as handler, in the middle of the physical world.

The perception of an active handling process was already accentuated by phenomenologist *Merleau-Ponty*[4] and the constructivists *Maturana* and *Varela* later formulated it in their most important work[5] *"Each act is acknowledging and each acknowledgment is acting"*.

---

[2] Piaget, J. (1975): *Das Erwachen der Intelligenz beim Kinde*, Stuttgart.

[3] Beck, J. / Wellershof, H. (1989): *SinnesWandel. Die Sinne und die Dinge im Unterricht*. Frankfurt/M.

[4] Merleau-Ponty, M. (1966): *Phänomenologie der Wahrnehmung*, Berlin.

[5] Maturana, H. / Varela, F. (1990): *Der Baum der Erkenntnis*, Bonn.

2.2 Linking aesthetical experience and construction of models in pedagogical context

The programs that are usually installed on our computers segment our experiences and reconstruct them for a narrowed clearly delimited purpose. Most learning software (which limits to the traditional input and output devices) falls back on obsolete pedagogic methods, like frontal instruction (chalk and talk), external motivation and working by oneself. Even the more experience-orientated game software usually reduces us to "the ones who sit in front of the computer". As such we train the same behaviour pattern over and over; this pattern is characterized by a lack of independence and therefore a pedagogically narrowed one. This is also the reason why we focus on aisthesis, the sensual perception in ArtDeCom.

The pedagogical approach described here is therefore a consequence of the critical constructive oriented pedagogy as represented in Germany by Michael Göhlich[6] or – more specifically, in relation with the use of new digital media in teaching – in the USA by Seymour Papert[7] and Mitchel Resnick.[8] What they all have in common is the special attention they give to the aisthetic (physical perception) and of the creative deed in the learning process (especially in what abstract informatics model construction is concerned).

Following their approach, we assume that self education of informatics competencies, as we know it today, is much better accompanied by self handling of the concepts in a real context. This is how the children themselves created digitally enriched, real-physical 3D rooms based on creative-artistic criteria. In these rooms, they have at their disposal a set of different computer interfaces which support the use of our natural senses in order to achieve learning in group interaction.

We also denominate these rooms as Mixed Reality Learning Environments. Let us first see how 3D interactive rooms (for learning purposes also) look like.

3 Creating digital 3D spaces for educational purposes

3.1 CAVE-Technology in pedagogical context

The CAVE-Technology is fascinating: it gives the possibility to connect the user with the interactive, digitally produced 3D worlds.

In the pedagogical context a set of problems reveal themselves.

- The CAVE-technology is very costly. Besides the cost of the IT-specialists who have to program the projection, the user must usually wear some technical equipment, like stereo-glasses or a data-glove, sometimes even more uncomfortable, a head mounted display

---

[6] Göhlich, M. (1996): *Konstruktivismus und Sinneswandel in der Pädagogik*. In: *Aisthesis/Ästhetik – Zwischen Wahrnehmung und Bewusstsein*. Weinheim.

[7] Papert, S. (1990): *Mindstorms: Children, Computers, and Powerful Ideas*. New York: Basic Books.

[8] Resnik, M., Berg, R., Eisenberg, M, Turkle, S., and Martin, F. (1999): *Beyond Black Boxes: Bringing transparency and aesthetics back to scientific investigation*. International Journal of the Learning Sciences.

- One of the first steps towards an interface that does not molest the user in such a way and that will allow interactive access for more than one person is, for example, users wearing caps; these would be detected by an infrared-based device which could, this way, identify users' positions and movement. The system can create then an interactive projection on the floor which can so be controlled by the users, just like in the Animax in Bonn[9].
- Both methods have an important deficiency, seen especially from the point of view of a responsible pedagogue: usually the user only follows a program with a predetermined outcome. Not him, but others are the creators of the application which is used by a single user. The technology he uses remains unknown to him – it remains unreachable in the black box of the computer which creates the outcome for the user in an unexplainable way.

3.2 Interactive, pedagogically valuable 3D experience rooms, beyond costly and strange technology

We set out from this critique points and we want to show:
- that the use of digital technologies for introducing interactive, hybrid rooms is also possible with little effort and expenses and that it must not include the use of top digital technology;
- that the use of "natural" interfaces is possible and that these interfaces come close to communication and handling situations;
- that the technical system can be brought closer to the user in this way, so that they can understand it and they can use it to create their own creative playroom, in which they learn how to interact with the system in order to program it themselves.

4 Learning collaboratively in hybrid space at low cost

4.1 Freeware for creating immersive environments

It is amazing, that excellent applications for creating immersive 3D spaces by students themselves are free for download in the InterNet.

E.g. with the freeware PhotoModeler Lite you can create 3D models of real-world objects and scenes through the use of photographs simply and easily.

---

[9] *FX Factory Interactive installation for children.* A project of the Bonn Development Workshop for Computer Media in connection with the intention of establishing the model MEET (Multimedial Theater Education Environments). (2002), see: http://www.animax.de/animax_web/fxfactiry02_eng.htm

Creating digital augmented multisensual learning spaces –Transdisciplinary school education between aesthetic creating and building concepts in computer science

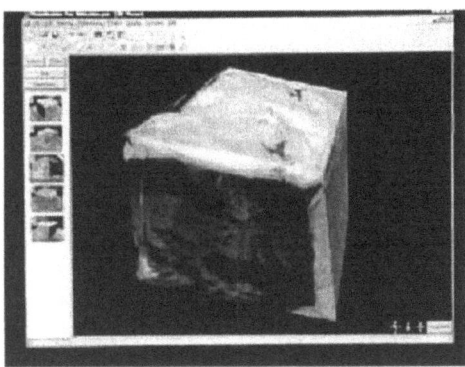

Figure 1: Digital 3D model made with FotoModeler Lite

Figure 2: Digital 3D drawing made with Teddy

With the sketch-based 3D modelling freeware "Teddy"[10] you can create 3D models by drawing several 2D freeform strokes interactively Teddy automatically constructs plausible 3D polygonal surfaces.

And with the freeware "chameleon"[11] or "Alice Paint" you can paint these 3D models.

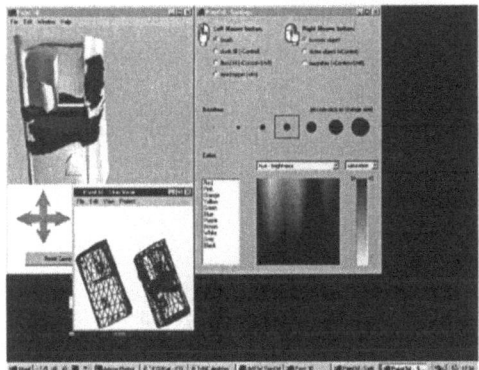

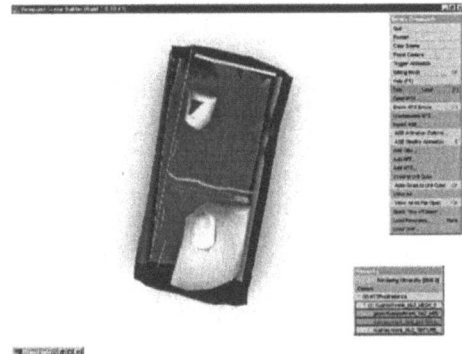

Figure 3: Painting a 3D model with Alice Paint

Figure 4: Converting a 3D model with the Viewpoint Builder

---

[10] Takeo Igarashi, Satoshi Matsuoka, Hidehiko Tanaka (1999): *Teddy: A Sketching Interface for 3D Freeform Design* ACM SIGGRAPH'99, Los Angels, 1999, pp.409-416

[11] Takeo Igarashi, Dennis Cosgrove (2001): *Adaptive Unwrapping for Interactive Texture Painting*. 2001 ACM Symposium on Interactive 3D Graphics, I3D2001, Research Triangle Park, NC, March 19-21, 2001.

Then one creates an immersive environment that offers 3D spaces with Adobe's *Atmosphere Builder*. Atmosphere permits you the import of 3D viewpoint objects, converted with the freeware *Viewpoint Builder*. These objects and other objects created with Atmosphere can be animated with movement or sound by means of JAVA-script within self created Atmosphere 3D spaces for publishing in the InterNet.

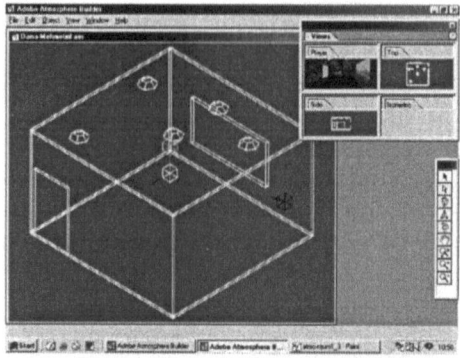

Figure 5: Building a 3D space for the InterNet with Atmosphere

Figure 6: Imported viewpoint objects in Atmosphere

Finally the students can enter together these co-operatively created digital spaces. For this purpose they can incorporate avatars, which they created by themselves using their own image or, simply, their fantasy.

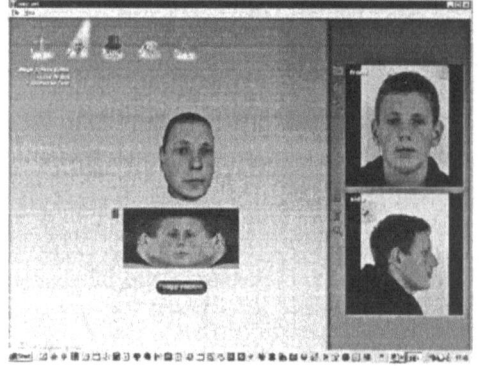

Figure 7: Creating an avatar of his own appea rance

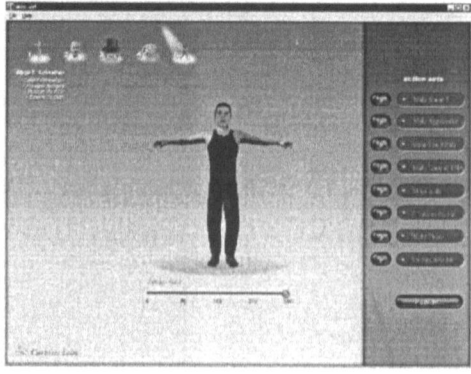

Figure 8: Assigning gestures for communication

Creating digital augmented multisensual learning spaces –Transdisciplinary school education between aesthetic creating and building concepts in computer science

with Avatar Lab

4.2 Self-made hybrid spaces in school

Taken only in itself, the work with the here presented digital tools and their combination already represents a new challenge. But our work it is not only heading for combining the singular applications. On the one hand it is the necessary *relation to real objects within the process of production*. And on the other hand it re*turns* the projection of the *virtual InterNet space back into the real/physical space*. This use of the digital in the physical augments first of all the individual possibilities offered by these digital tools giving a total larger than the simple sum of the elements. This way an immersive, out reaching hybrid room of high pedagogical value is created.

Figure 9: Seized by sensors of a microcomputerhidden in a real object (spider), a student's action causes the movement of this object

Figure 10: Data projection rehearses in the Hybrid space

With the use of image recognition software from the *LEGO-Mindstorms®*, the interface between reality and the digital world is picket out as a central theme in the *interaction between the children and the computers* in the real room.

- The projection of InterNet world created with *Atmosphere* (among other things including 3D objects created out of digitalized photos using *Photo Modeler Lite* and digitally drawn objects using *Teddy*) has as central theme the *difference* between digital and physical world *behaviors*.
- *Verbal* and *gesture communication* using avatars (programmed using JAVA-script) has as central theme new digital means of communication via Internet.
- Because the 3D Internet world and the possibilities to communicate appear again *as projection within the real space* with real objects of digital models, the central theme here is the possibility of the *extension of the reality* by digital means in the physic world.

The central point of our project is the fact that children build de facto hybrid spaces themselves. They do this using freeware and/or low cost applications and creating the digital objects and models, again, themselves.

Figure 10: Mixed Reality: Students in a data projection of an InterNet space

Figure 11: Real, 3D objects as master and point of reference for digital models in the Mixed Reality environmentConclusions

The focus on sensuality and perception has far reaching consequences, especially for digitally supported learning: The promising teaching attempts clearly show that learning by digital means is fascinating for the children and, at the same time, eased when multisensual, natural interfaces are used. Deep understanding of highly abstract relationships can be promoted through the direct connecting of program code and sensorial input respectively system output.

Returning to the senses and natural perceptions as ground for experience-oriented learning makes learning a creative process and connects it to natural forms of communication and cooperation. This is what co-constructivism means from the point of view of constructivist pedagogical theories.

Besides the co-construction of knowledge, working in projects near to real life makes pupils learn how to read, write and calculate. Also their get a feel for - independence, teamwork, sensibility as well as for the ability to express oneself; which are important pedagogical goals.

The advantage of using freeware and low cost applications is not only ideal for the low budgets existent in schools but it also offers the possibility of creative, independent use of digital technologies. A very important consequence is that the children grasp the essence of digital media.

Figure 12: Visitors in an interactive hybrid environment

Acknowledgements

The project ArtDeCom is funded by the German "Bund-Länder Commission for Educational Planning and Research Promotion" (BLK) within the general funding program "Cultural Education in the Media Age". The official title of the Project is "Theory and Practice of integrated Arts, Design and Computer Science in Education", project number A 6681ASH01. The authors wish to thank the Integrierte Gesamtschule Schlutup in Lübeck, Germany. References

Beck, J. / Wellershof, H. (1989): *SinnesWandel. Die Sinne und die Dinge im Unterricht*. Frankfurt/M.

Göhlich, M. (1996): Konstruktivismus und Sinneswandel in der Pädagogik. In: *Aisthesis/Ästhetik – Zwischen Wahrnehmung und Bewusstsein*. Weinheim.

Merleau-Ponty, M. (1966): *Phänomenologie der Wahrnehmung*. Berlin.

Maturana, H. / Varela, F. (1990): *Der Baum der Erkenntnis*. Bonn

Papert, S. (1990): *Mindstorms: Children, Computers, and Powerful Ideas*. New York: Basic Books.

Piaget, J. (1975): *Das Erwachen der Intelligenz beim Kinde*, Stuttgart.

Resnik, M., Berg, R., Eisenberg, M, Turkle, S., and Martin, F. (1999): Beyond Black Boxes: Bringing transparency and aesthetics back to scientific investigation. In: *International Journal of the Learning Sciences*.

Igarashi T., Matsuoka S., Tanaka H. (1999): *Teddy: A Sketching Interface for 3D Freeform Design* ACM SIGGRAPH'99, Los Angels, 1999, pp.409-416

Igarashi T., Cosgrove D. (2001): Adaptive Unwrapping for Interactive Texture Painting. *2001 ACM Symposium on Interactive 3D Graphics, I3D2001*, Research Triangle Park, NC, March 19-21, 2001.

Winkler, T., Reimann D., Herczeg M., Höpel I. (2002): Collaborative and Constructive Learning of Elementary School Children in Experien-tal Learning Spaces along the Virtuality Continuum. In: *Berichte des German Chapters of the ACM, Mensch & Computer,* Stuttgart.

Winkler, T., Kritzenberger, H., Herczeg, M. (2002): Mixed Reality Environments as Collaborative and Constructive Learning Spaces for Elementary School Children. In: *Proceedings of the World Conference on Educational Multimedia, Hypermedia and Telecommunications,* Vol. 2002, Issue. 1, pp. 1034-1039.

FX Factory Interactive installation for children. A project of the Bonn Development Workshop for Computer Media in connection with the intention of establishing the model MEET (Multimedial Theater Education Environments, 2002). URL: http://www.animax.de/animax_web/fxfactiry02_eng.htm

All pictures, except the one referring to the PhotoModeler Lite software, show aspects of a teaching attempt by ArtDeCom with eight grade students at the German comprehensive school *Integrierte Gesamtschule Schlutup* in Lübeck.

Contact Information

Dr. Thomas Winkler
Institut für Multimediale und Interaktive Systeme (IMIS), Universität zu Lübeck
Media Docks
Willy-Brandt-Allee 31a
23554 Lübeck
Germany
Email: winkler@imis.uni-luebeck.de

Entwicklung und Evaluation eines CBTs zur Störungsdiagnose mit Videos zur Strategievermittlung

Niclas Schaper und Sabine Hochholdinger

AE Arbeits- und Organisationspsychologie der Universität Heidelberg

Zusammenfassung

Störungsdiagnose in komplexen Produktionssystemen stellt hohe Anforderungen an Mitarbeiter. Zur Vermittlung adäquater Strategien wurde ein computergestütztes Training entwickelt und bei 45 Teilnehmern evaluiert, das insbesondere den Transfer fördern soll. Den Kern des CBTs bildet die Simulation einer teilautomatisierten Fertigungsanlage mit 20 Störungsdiagnoseaufgaben. Sechs Videos zur kognitiven Modellierung sollen als weiteres didaktisches Element Strategien der systematischen Fehlersuche vermitteln. Die Experimentalgruppe bearbeitete das Training mit, die Kontrollgruppe ohne kognitive Modellierung. Effekte der kognitiven Modelle auf den Erfolg der Fehlersuche wurden mit Aufgaben auf drei Transferstufen erfasst. Außerdem wurde die Problemlösestrategie anhand von Logfileanalysen erhoben. In den ersten beiden Transferstufen war die Experimentalgruppe signifikant überlegen bezüglich Erfolgs- und Strategiemaßen. Beide Untersuchungsgruppen schätzten ihr Strategieverhalten im Verlauf des Trainings zunehmend besser ein.

1 Einleitung

Diagnoseaufgaben in komplexen Produktionssystemen stellen hohe Anforderungen an Mitarbeiter. Um diese zu trainieren, sind computergestützte Lernprogramme (CBT) von besonderem Interesse. Dabei liegt die Verwendung von computergestützten Lehr-/Lernformen auf der Grundlage von Simulationen diagnostischer Aufgaben nahe: Sie erlauben risikoloses und potenziell unbegrenztes Erproben von Handlungsmöglichkeiten, selbst bei seltenen Störungen. Außerdem unterstützen sie selbstorganisierte Lernprozesse. Verschiedene Untersuchungen zeigen, dass CBTs in der Vermittlung praktischer Diagnosefähigkeiten durchaus vergleichbar sind oder sogar bessere Ergebnisse erzielen als Trainings an realen Anlagen (Gott 1988, Johnson & Norton 1992, Schaper & Sonntag 1996, Schaper 2000). Bisherige CBTs vermitteln allerdings Diagnosestrategien vor allem indirekt, durch Rückmeldungen zu den gewählten Aktionen bei Diagnoseaufgaben. Konstruktivistische Ansätze (Mandl & Reinmann-Rothmeier 2001) legen neben der Gestaltung der Lernumgebung auch eine direkte Strategievermittlung durch instruktionale Elemente wie z.B. die kognitive Modellierung nahe.

2 Lernumgebung „Diagnose-KIT"

Auf der Grundlage von konstruktivistischen Instruktionsansätzen wurde hier eine Simulation für diagnostische Problemlöseaufgaben entwickelt, bei der die Lernenden diagnostische Handlungsweisen möglichst realitätsnah einüben können, und bei denen ihr strategisches Vorgehen angeleitet wird. Zu diesem Zweck wurden Prinzipien des Cognitive Apprenticeship-Ansatzes (Collins et al. 1989; Lajoie & Lesgold 1992) herangezogen. Dieser Ansatz beschäftigt sich v.a. damit, welche

Methoden zur Anleitung und individuellen Unterstützung beim situierten Lernen geeignet sind und bezieht sich dabei auf ein Modell des Wissens- und Erfahrungsaustauschs zwischen Experten und Novizen in einer Domäne. Die Einübung und situationsabhängige Anwendung der Diagnosestrategien erfolgt darüber hinaus durch die problemorientierte Auseinandersetzung mit der Simulation von diagnostischen Aufgaben und die Bereitstellung von unmittelbarem Feedback zu den gewählten Diagnosehandlungen und dem Diagnoseerfolg.

Abbildung 1: Oberfläche der Anlagensimulation (Hauptansicht).

Das hier untersuchte CBT wurde somit nach konstruktivistischen Gestaltungsprinzipien entwickelt, die auf einen anwendungs- und transferbezogenen Wissens- und Fertigkeitserwerb gerichtet sind durch die Gestaltung eines situierten und problemorientierten Lernens. Diese Instruktionsme-

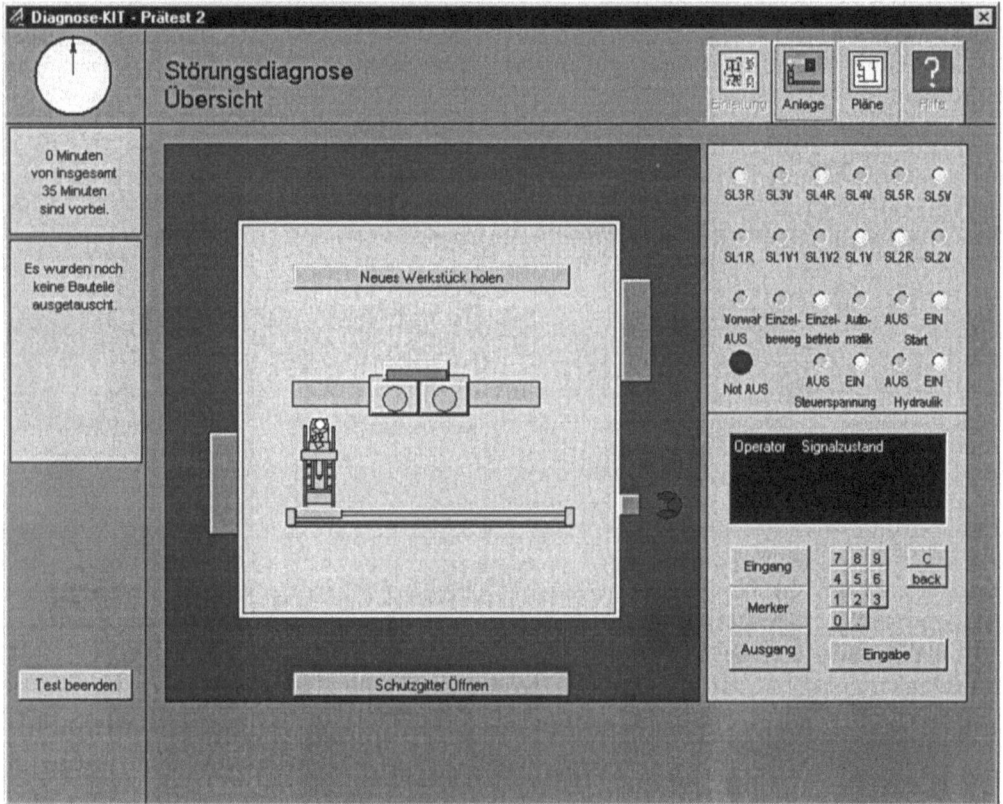

thoden eignen sich besonders für die Gestaltung multimedialer Lernumgebungen (Casey 1996).

2.1 Simulation

Den Kern des Lernprogramms bildet die Simulation einer existierenden teilautomatisierten Fertigungsanlage mit 20 Störungsdiagnoseaufgaben, wobei in jeder Aufgabe genau eine Störung zu finden ist, wie sie im laufenden Betrieb auftreten könnte. Die Simulation sollte von ihrem Verhalten, von ihrer Struktur und ihrer Bedienung her möglichst authentisch gestaltet sein (Schaper et al. 2000), um eine eigenständige Exploration und aktive Wissenskonstruktion in Bezug auf den Anwendungskontext zu unterstützen. In Diagnose-KIT haben die Lernenden in der Rolle von Instandhaltern den Auftrag, den Fehler durch entsprechende Prüfoperationen einzugrenzen, zu diagnostizieren und zu beheben, indem sie ein defektes Bauteil austauschen oder ein verstelltes Bauteil justieren.

Deshalb navigiert der Benutzer mit Hilfe einer virtuellen Instandhalterfigur durch einen zweidimensionalen Aufriss des realen Aufbaus und kann die Anlagenkomponenten durch Anklicken näher betrachten. Bei der Interaktion mit dem Lernprogramm gibt es verschiedene Möglichkeiten, sich wie in der Realität anhand von Anlagenplänen über die technischen Gegebenheiten zu orientieren, Strom- und Druckmessungen durchzuführen, den Operandenstatus der SPS-Steuerung abzufragen und manuell in die Anlagensteuerung einzugreifen, indem zum Beispiel die Einzelfunktionen von Anlagenkomponenten geprüft werden. Mit diesen Eingriffsmöglichkeiten und Hilfsmitteln lässt sich eine Fehlersuche weitgehend selbstgesteuert durchführen, da die Lernenden frei im Lernprogramm navigieren und explorieren können. Die Störungen entsprechen häufigen Störungen der realen Anlage, die durch Aufgabenanalysen bei Instandhaltern ermittelt wurden (Schaper & Sonntag 1996). Sie decken vier nach Funktionen klassifizierte Störungsbereiche ab, elektrische Eingangsfehler, elektrische Ausgangsfehler, pneumatische und hydraulische Eingangsfehler.

Aufgrund der Erfahrungen in einem Pilottraining (Schaper, Sonntag, Zink & Spenke 2000) wurde die Lernumgebung außerdem um zwei computergestützte Einführungstutorials ergänzt. Das erste beschreibt Aufbau und Funktion der Anlage und enthält neben der schematischen Darstellung und Beschreibung der Anlagenelemente Fotos der realen Anlage. Das zweite Tutorial führt durch die Bedienung der Simulation und veranschaulicht die wichtigsten Eingriffsmöglichkeiten, wie Messungen und Austausch von Bauteilen.

2.2 Videos zur kognitiven Modellierung

Die kognitive Modellierung als instruktionale Methode stammt aus dem Ansatz des Cognitive Apprenticeship (Collins, Brown & Newman 1989), der Methoden zur Anleitung und Unterstützung konstruktivistischer Lernprozesse formuliert. Diese stellen abstrahierte Ausbildungsprinzipien in der traditionellen Handwerkslehre dar. Deshalb bietet sich die kognitive Modellierung für eine anwendungs- und transferorientierte Strategievermittlung an. Dabei vermitteln Experten den Lernenden in authentischen Situationen die wesentlichen Fertigkeiten und unterstützen ihn mit verschiedenen Methoden beim Ausführen. Instruktionsmethoden des Cognitive Apprenticeship-Ansatzes bestehen in kognitiver Modellierung (Modeling), Coaching, Scaffolding, Ausblenden, Artikulation, Reflexion und Exploration. Bei der sogenannten kognitiven Modellierung, die hier als einzelnes Element evaluiert werden soll, demonstriert ein Experte in einer realen Situation, wie er ein typisches Problem löst und beschreibt gleichzeitig sein Vorgehen. Prinzipien der kognitiven Modellierung sind damit Demonstration, Externalisieren und Verbalisieren des Vorgehens sowie die soziale Vermittlung des Vorgehens.

Gräsel (1997) gibt einen Überblick über wesentliche Wirkprinzipien der kognitiven Modellierung und über Befunde dazu. Dabei beschreibt ein Experte Teilschritte der Problemlösung und reduziert dadurch für den Lerner Komplexität, außerdem vermittelt dies Anwendungsbedingungen von Strategien, und das Expertenverhalten stellt das Lernziel dar. Diese Methode ist vor allem für Lernende mit wenig Vorwissen geeignet, und es ist günstiger, erst nach der Problembearbeitung das Modell zu präsentieren (Elting 1996). Gräsel zufolge ist es nicht nur zulässig, sondern sinnvoll, kognitive Modellierung als ausschließliche Unterstützung beim Lernen anzubieten, wie das noch andere Studien umsetzen (z.B. Simon & Werner 1996; Hendricks 2001). Gräsel (1997) verdeutlicht mit ihrer Untersuchung weiterhin, dass die kognitive Modellierung im Vergleich zu einer Kontrollgruppe vor allem bei der Vermittlung bereichsspezifischer Strategien effektiv ist, weniger für metakognitive Aspekte der Strategieanwendung.

Abbildung 2: Ausschnitt aus einem Video zur kognitiven Modellierung.

In der vorliegenden Studie bilden sechs digitalisierte Videos ein eigenständiges didaktisches Element, welches die Strategien zur systematischen Störungsdiagnose auf direkte Weise vermitteln soll und verschiedene Prinzipien der kognitiven Modellierung umsetzt. Sie wurden auf der Basis kognitiver Aufgabenanalysen bei Instandhaltern in einem interdisziplinären Team entwickelt und formativ evaluiert (Schaper, 2000). In den digitalisierten Videos erklären die Experten, erfahrene Instandhalter, welche Ziele sie verfolgen, welches Vorgehen sie gewählt haben, und erläutern ihre Handlungen sowie Schlussfolgerungen aus Messergebnissen. Auf diese Weise verbalisieren die Experten ihr strategisches Vorgehen und externalisieren die relevanten kognitiven Prozesse, um die Entwicklung eines mentalen Modells der Störungsdiagnose zu fördern (Kluwe 1997). Die Experten sollen kein fehlerfreies Vorgehen zeigen, sondern auch von einem idealen kurzen Weg abweichen, um zu zeigen, dass mehrere Wege möglich sind. Die vermittelten Strategien bilden ein effektives Verhalten erfahrener Experten (Schaper & Sonntag 1998) vor dem Hintergrund der Strategietaxonomie von Konradt (1992) ab.

Die Videos entsprechen genau sechs Störungen in der Simulation, und wurden im Training zum ersten Mal nach der ungeleiteten Bearbeitung einer Störung präsentiert. Um die Dekontextualisierung des Handlungswissens zu unterstützen, wurden mehrere situative Parameter der Fehlersuche variiert: die Situation, die Handelnden und das Vorgehen. Deshalb wurden die Modellierungsvideos für verschiedene Störungsbereiche und mit unterschiedlichen Darstellern gedreht, die verschiedene Strategien bei ähnlichen Störungen nutzen. Nach Ablauf des Videos sollten die Lerner die Situation, das Vorgehen und die wesentlichen Informationen anhand strukturierender Fragen zusammenfassen, und mit ihrem eigenen Vorgehen vergleichen. Die Fragen wurden ohne Antwortmöglichkeit vor dem Einspielen des Videos gezeigt, und zur Beantwortung nach dem Ablauf des Videos. Dazu konnte das Video nochmals aufgerufen werden. Die Kontrollgruppe ohne kognitive Modellierung erhielt statt der Videos eine mündliche Auflösung der Störungsursache.

3 Untersuchung

Um die Effekte der kognitiven Modellierung auf den Erwerb diagnostischer Problemlösefähigkeiten im CBT und an einer realen Fertigungsanlage zu prüfen, wurden 45 auszubildende Mechatroniker in zwei Untersuchungsgruppen mit bzw. ohne kognitive Modellierung aufgeteilt. Die Gruppen wurden anhand ihrer Vorkenntnisse und ihrer Leistung in den drei ersten Störungsaufgaben (Prätest) parallelisiert. Im Posttest wurden Erfolgsmaße der Fehlersuche in drei Transferstufen, geordnet nach zunehmendem Transferabstand (Laker 1990), mit Störungen am CBT und einer realen Anlage erfasst: Beim Binnentransfer wurden im CBT ähnliche Störungen als Diagnoseaufgaben gestellt wie vorher geübt, beim Inhaltstransfer waren es neuartige Störungen im CBT. Um Kontexttransfer zu untersuchen, waren zwei Aufgaben zur Störungssuche an einer realen Anlage zu bearbeiten. Außerdem wurde das Problemlöseverhalten anhand von Logfileanalysen erhoben.

3.1 Trainingsablauf

Am Störungsdiagnosetraining nahmen insgesamt 45 auszubildende Mechatroniker teil. 21 Auszubildende waren im vierten Lehrjahr und 24 Auszubildende im dritten Lehrjahr. Das Durchschnittsalter betrug 20,1 Jahre, und die Stichprobe teilte sich in 3 Teilnehmerinnen und 42 Teilnehmer auf. Pro Training betrug die Gruppengröße zwischen acht und zehn Teilnehmer, es wurden nacheinander fünf Trainings durchgeführt, die jeweils fünf Tage dauerten. Vollständige Daten lagen für 20 Teilnehmer der Experimentalgruppe und 19 Teilnehmer der Kontrollgruppe vor.

Im Prätest bearbeiteten die Teilnehmer drei Störungen, in der eigentlichen Trainingsphase zwölf Störungen und anschließend fünf Störungen. In der Trainingsphase wurden pro Störungsbereich zwei Störungen mit kognitiver Modellierung und zwei Störungen ohne kognitive Modellierung bearbeitet. Es handelte sich um elektrische Eingangsfehler, elektrische Ausgangsfehler und pneumatische Fehler. Zur Messung des Binnentransfers dienten in der Posttestphase anschließend drei Störungen, je eine pro Störungsbereich. Zur Messung des Inhaltstransfers wurden zwei hydraulische Störungen, also ein neuer Störungsbereich bearbeitet.

Nicht eigentlich zur Lernumgebung, aber zum Training gehörten schließlich zwei Störungen an einer realen Anlage, die nach den gleichen Prinzipien wie die Simulation funktionierte. Es handelte sich um einen SPS-gesteuerten teilautomatisierten Systemaufbau mit pneumatisch gesteuerten beweglichen Teilen. Dabei wurde nacheinander ein elektrischer Eingangs- und ein elektrischer Ausgangsfehler gesucht, um zwei Aufgaben für den Kontexttransfer zu operationalisieren.

3.2 Erhobene Maße

Ebenso wie beim Prätest wurde im Posttest der Diagnoseerfolg und die Bearbeitungsdauer als ergebnisbezogene Maße des Problemlöseerfolgs erhoben, wobei die Bearbeitungsdauer maximal 20 Minuten betrug. Nach dem Prätest, nach dem Training sowie nach den Aufgaben zum Kontexttransfer sollten die Teilnehmer eine Selbsteinschätzung ihres strategischen Verhaltens (Schaper 2000) abgeben. Der Fragebogen erfasste mit insgesamt 18 Items verschiedene Vorgehensweisen bei der Fehlersuche: vorwissensorientierte (anhand von Fachkenntnissen über Funktionszusammenhänge), systematische (sukzessive Prüfung fraglicher Ursachen), hypothesentestende (Prüfen einzelner Vermutungen), holistische (Rückschluss aus Symptombildern) und zufallsbasierte (Trial-and-Error-Vorgehen beim Austausch von Komponenten) Fehlersuche.

Während der CBT-Bearbeitung wurden von allen Benutzeraktionen Logfile-Einträge angelegt. Diese wurden zur prozessbezogenen Auswertung herangezogen, um festzustellen, ob sich die

Gruppen in bestimmten Verhaltensweisen im Sinne von Strategien unterscheiden. Dazu wurden zunächst die Häufigkeiten bestimmter Benutzeraktionen automatisch ausgezählt, und theoriegeleitet aggregiert. Als Rahmen dienten dazu Elemente der Strategietaxonomie von Konradt (1992) unter Rückgriff auf eigene Befunde (Schaper & Sonntag 1998) zu idealen Expertenstrategien, auf denen auch die Videos basieren. Bei der Auswertung wurden für alle Posttest-Sitzungen die Ergebnisse der Kontroll- und Experimentalgruppe inferenzstatistisch verglichen.

Dazu wurde das Diagnoseverhalten in Bezug auf folgende Strategiekategorien ausgewertet: Zur *Aufspaltung* gehören alle beobachtbaren oder kommentierten Handlungen, um festzustellen, ob die Fehlerursache auf der elektrischen Eingangsseite oder der elektrischen oder pneumatischen Ausgangsseite liegen. Die *Exploration* beinhaltet beobachtete oder kommentierte Orientierungsschritte über den Aufbau und Zustand von Bauteilen, die als möglicher Fehlerort in Frage kommen. Dies umfasst hauptsächlich verschiedene Anlagenpläne. Bei der *Signalverfolgung* wird die defekte Komponente innerhalb des eingegrenzten Fehlerorts anhand von Strommessungen und Funktionsprüfungen schrittweise eingegrenzt und identifiziert. Darüber hinaus wurden *defizitäre Diagnosehandlungen* analysiert, welche ungünstig für die Störungssuche sind (z.B. irrelevante Prüfhandlungen). Im CBT-Logfile wurde außerdem der Austausch von Bauteilen erfasst. Häufiges Austauschen weist auf ein unsystematisches Trial-and-Error-Vorgehen hin und wäre bei realen Anlagen sehr teuer und aufwändig.

3.3 Hypothesen

Bei der Evaluation des computergestützten Diagnosetrainings standen folgende Fragen im Vordergrund: Wie wirkt sich die Auseinandersetzung mit einer Simulation von authentischen diagnostischen Aufgabenstellungen, die um didaktische Elemente zur kognitiven Modellierung ergänzt wurden, auf die Leistung im Lernfeld und auf den Transfer aus? Auf welchen Transferstufen lassen sich die Lerneffekte der kognitiven Modellierung erfassen?

Entsprechend dieser Forschungsfragen wurden mehrere Hypothesen formuliert:

1. Kognitive Modellierung sollte die diagnostische Kompetenz verbessern.
2. Diese Verbesserung soll sich in mehreren Bereichen zeigen: an den ergebnisbezogenen Leistungsindikatoren des Problemlöseerfolgs sowie auf der Prozessebene des strategischen Verhaltens.
3. Transfererfolg sollte sich auf allen erfassten Transferstufen nachweisen lassen.

4 Ergebnisse

Hier werden zunächst die ergebnisbezogenen und anschließend die prozessbezogenen Erfolgsmaße bei der Störungsdiagnose innerhalb und außerhalb des CBTs berichtet. Es wird angenommen, dass das Training zunächst das strategische Verhalten beeinflusst, was sich wiederum auf den Erfolg der Störungsdiagnose auswirkt.

4.1 Ergebnisbezogene Maße

Zunächst wurden die Gruppenunterschiede bezüglich der Erfolgshäufigkeiten und Bearbeitungsdauer für die drei Arten von Transferaufgaben per t-Test inferenzstatistisch geprüft. Da bei der kleinen Stichprobengröße die Teststärke eingeschränkt war, wurden die Ergebnisse für die drei

Aufgaben zum Binnentransfer, für die beiden Aufgaben zum Inhaltstransfer und die beiden Aufgaben zum Kontexttransfer jeweils aggregiert und anschließend ausgewertet. Da gerichtete Hypothesen bestanden, erfolgte eine einseitige Signifikanztestung.

Erfolgsindikatoren	Kognitive Modellierung	Kontrollgruppe	p
Erfolgsrate Binnentransfer-Aufgaben	63 %	49 %	p<0,05
Erfolgsrate Inhaltstransfer-Aufgaben	76 %	53 %	p<0,05
Erfolgsrate Kontexttransfer-Aufgaben	52 %	50 %	n.s.
Bearbeitungsdauer Binnentransfer-Aufgaben	12,4 min	13,9 min	n.s.
Bearbeitungsdauer Inhaltstransfer-Aufgaben	13,1 min	15,6 min	p<0,05
Bearbeitungsdauer Kontexttransfer-Aufgaben	14,6 min	13,2 min	n.s.

Tabelle 1: Erfolg der Fehlersuche am CBT und der Transferanlage (N=39); prozentuale Lösungshäufigkeit je Sitzung bzw. durchschnittlicher Bearbeitungsdauer in Minuten mit einseitiger Signifikanztestung.

Betrachtet man die reine Erfolgsrate, war in den CBT-Aufgaben mit vertrautem Inhalt die Experimentalgruppe mit Instruktionsmodul zur kognitiven Modellierung der Kontrollgruppe ohne kognitive Modellierung überlegen (vgl. Tabelle 1). Noch deutlicher ist diese Überlegenheit der Experimentalgruppe bei der Fehlersuche bei neuartigen CBT-Aufgaben festzustellen. Die kognitive Modellierung unterstützt somit den Binnen- und Inhaltstransfer von erlernten Diagnosestrategien. Allerdings zeigte sich dieser Vorteil nicht bei Fehlersuchaufgaben an realen Anlagenmodulen, also beim Kontexttransfer. Hinsichtlich der Bearbeitungsdauer war die Experimentalgruppe der Kontrollgruppe nur beim Inhaltstransfer deutlich überlegen.

4.2 Prozessbezogene Maße

Beim Vergleich des Strategieverhaltens in Bezug auf die Logfile-Auswertung (vgl. Tabelle 2) konnten differenziertere Unterschiede ermittelt werden. Während beim Aufrufen des Weg-Schritt-Diagramms, der Zuordnungsliste und von Anlagenplänen keine Unterschiede zwischen den Gruppen ermittelt werden konnten, sind deutliche Unterschiede in Bezug auf den Aufruf von SPS-Plänen (speicherprogrammierte Steuerung) und SPS-Karten sowie bei Funktionsprüfungen und Bauteilaustausch festzustellen.

Strategieelement	Indikatoren	Kognitive Modellierung	Kontrollgruppe	p
Aufspaltung	Weg-Schritt-Diagramm	0,9	1,1	n.s.
	Zuordnungsliste aufrufen	4,2	3,4	n.s.
	SPS-Karten aufrufen	17,5	32,6	p<0,05
	SPS-Pläne aufrufen	0,7	2,0	p<0,05
Exploration	Anlagenpläne aufrufen	13,5	16,7	n.s.
Signalverfolgung	Spannungsprüfung	22,7	30,0	p<0,05
	Funktionsprüfung	18,0	11,6	p<0,05

| Defizitäre Strategie | Bauteilaustausch | 3,1 | 5,4 | p<0,01 |

Tabelle 2: Unterschiede in Bezug auf strategische Verhaltensmaße bei CBT-Aufgaben (N=39); durchschnittliche Häufigkeit pro Sitzung, aggregiert für fünf Sitzungen.

Die Gruppe mit kognitiver Modellierung benötigte seltener Pläne, prüfte seltener SPS-Karten, musste an weniger Stellen Spannung prüfen und tauschte weniger Bauteile aus als die Kontrollgruppe. Diese Unterschiede lassen sich dahingehend interpretieren, dass die Gruppe mit kognitiver Modellierung ein effektiveres und günstigeres strategisches Verhalten aufweist. Jedoch prüfte die Experimentalgruppe häufiger Einzelfunktionen der simulierten Anlage.

Beim selbsteingeschätzten Strategieverhalten ließen sich keine signifikanten Unterschiede zwischen den Gruppen bei den verschiedenen Vorgehensweisen feststellen, jedoch signifikante Unterschiede zwischen den drei Messzeitpunkten (Abbildung 3). Bei einer Varianzanalyse mit Messwiederholung war der Messwiederholungsfaktor jeweils mit $p < 0,05$ signifikant. Die Teilnehmer schätzten sich im Laufe des Trainings zunehmend günstiger ein bezüglich ihrer Strategien bei der Fehlersuche. Dies spricht dafür, dass die aktive Auseinandersetzung mit einer problemorientierten Lernumgebung und damit verbundenen Erfahrungen durch Rückmeldungen aus dem System ebenfalls einen Trainingseffekt im Sinne einer Strategieverbesserung haben, soweit sich dies in den Einschätzungen der Teilnehmer wiederspiegelt.

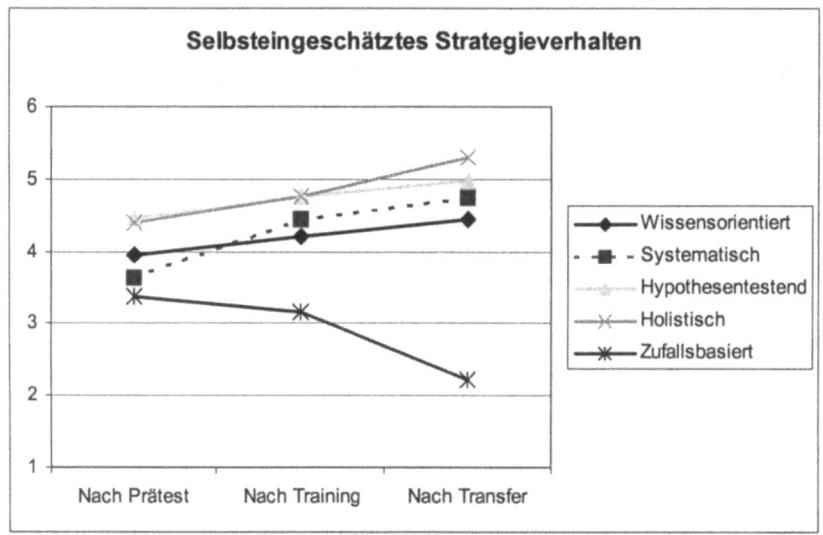

Abbildung 3: Mittelwerte für die Entwicklung des Strategieverhaltens auf einer sechsstufigen Skala (6= maximale Ausprägung, N=39).

5 Diskussion

Die vorgestellten Evaluationsergebnisse lassen u.E. folgende Schlussfolgerungen zu: Die Gestaltung einer aufgabenangemessenen, realitätsnahen und motivierenden Aufgabenumgebung zum Training der Störungsdiagnose mit Diagnose-Kit kann insgesamt als gelungen betrachtet werden.

Der Einsatz von Videos zur kognitiven Modellierung wirkt sich dabei positiv auf das strategische Verhalten und den Diagnoseerfolg zumindest beim Binnen- und Inhaltstransfer aus. Beim Kontexttransfer gelingt der Strategietransfer hier nur ansatzweise. Vermutlich bedarf es hier noch weiterer instruktionaler Unterstützung. Deshalb beinhalten derzeit weitere Projektschritte die Entwicklung und vergleichende Evaluation zusätzlicher tutorieller Module, wie z.B. der Einsatz von kontextsensitiven Hilfen während der Fehlersuche.

Literaturverzeichnis

Casey, C. (1996). Incorporating cognitive apprenticeship in multi-media. In: *Educational Technology Research & Development*, 44(1), 71-84.

Collins, A., Brown, J.S. & Newmann, S.E. (1989). Cognitive apprenticeship: Teaching the crafts of reading, writing and mathematics. L.B. Resnick (Hrsg.), In: *Knowing, learning and instruction* (453-494). Hillsdale, N. Y.: Erlbaum.

Elting, A. (1996). *Das Lernprogramm AVL. Konzeption, Entwicklung und empirische Untersuchung eines auf der Grundlage des Cognitive Apprenticeship – Ansatzes erstellten Lernprogramms*. Berlin: Lang.

Gott, S.P. (1988). Apprenticeship Instruction for Real☐World Tasks: The Coordination of Procedures, Mental Models and Strategies. In: *Review of Research in Education*, 15, 97-135.

Gräsel, C. (1997). *Problemorientiertes Lernen. Strategieanwendungen und Gestaltungsmöglichkeiten*.

Hendricks, C.C. (2001). Teaching causal reasoning through cognitive apprenticeship: What are results from situated learning? In: *Journal of Educational Research*, Vol 94(5), S. 302-311.

Johnson, W.B. & Norton, J.E. (1992). Modeling student performance in diagnostic tasks: A decade of evolution. In: J.W. Regian & V.J. Shute (Hrsg.), *Cognitive approaches to automated instruction* (S. 195-213). Hillsdale, NJ: Erlbaum.

Kluwe, R.H. (1997). Informationsverarbeitung, Wissen und mentale Modelle beim Umgang mit komplexen Systemen. In: Kh. Sonntag & N. Schaper (Hrsg.). *Störungsmanagement und Diagnosekompetenz*. Zürich ETH: vdf Hochschulverlag.

Konradt, U. (1992). *Analyse von Strategien bei der Störungsdiagnose in der flexibel automatisierten Fertigung*. Bochum: Brockmeyer.

Lajoie, S.P. & Lesgold, A. (1992). Apprenticeship training in the workplace: Computer-coached practice environment as a new form of apprenticeship. In: M.J. Farr & J. Psotka (Eds.), *Intelligent instruction by computer: Theory and practice* (S. 15-36). Philadelphia, PA: Taylor & Francis.

Laker, D. (1990). Dual dimensionality of training transfer. In: *Human Resource Development Quarterly*, 1, S. 209-229.

Mandl, H. & Reinmann-Rothmeier, G. (2001): Unterrichten und Lernumgebungen gestalten. In: B. Weidenmann, A. Krapp, M. Hofer, G.L. Huber & H. Mandl (Hrsg.), *Pädagogische Psychologie* (S. 234-289). Weinheim: Beltz.

Schaper, N. (2000). *Gestaltung und Evaluation arbeitsbezogener Lernumgebungen*. Unveröffentl. Habilitationsschrift, Fakultät für Sozial- und Verhaltenswissenschaften der Ruprecht-Karls Universität Heidelberg.

Schaper, N. & Sonntag, Kh. (1996). Elaborierte Lernumgebungen zur Förderung von Diagnosefähigkeiten. In: J.-P. Pahl (Hrsg.), *Lern- und Arbeitsumgebungen zur Instandhaltungsausbildung* (S. 187-210). Dresden: Kallmeyer'sche Verlagsbuchhandlung.

Schaper, N. & Sonntag, Kh. (1998). Analysis and training of diagnostic expertise in complex technical domains. In: *European Journal of Work and Organizational psychology*, 7(4), S. 479-498.

Schaper, N., Sonntag, Kh., Zink, T. & Spenke, H. (2000). Authentizität und kognitive Modellierung als Gestaltungsprinzipien eines Diagnose-CBT. In: *Zeitschrift für Arbeits- und Organisationspsychologie*, 44 (4), S. 209-228.

Simon, S.J. & Werner, J.M. (1996). Computer training through behavior modeling, self-paced, and instructional approaches: A field experiment. In: *Journal of Applied Psychology*, 81(6), S. 648-659.

Danksagung

Die hier beschriebene Untersuchung wurde von der DFG im Rahmen des Projektes „Verbesserung des Transfers bei computergestütztem Diagnosetraining durch konstruktivistische Instruktionsgestaltung" (So 224/5-3) gefördert.

Kontaktinformationen

PD Dr. Niclas Schaper
Psychologisches Institut
AE Arbeits- und Organisationspsychologie
Hauptstraße 47-51
69117 Heidelberg

Email: niclas.schaper@psychologie.uni-heidelberg.de

Tel.:   06221-547 358

Dr. Sabine Hochholdinger
Psychologisches Institut
AE Arbeits- und Organisationspsychologie
Hauptstraße 47-51
69117 Heidelberg

Email: sabine.hochholdinger@psychologie.uni-heidelberg.de

Tel.:   06221-547 306

Robotikbaukästen als Lernumgebung in der universitären Informatikausbildung – ein Erfahrungsbericht

Birgit Koch

Universität Hamburg

Zusammenfassung

Um den sich ständig wandelnden inhaltlichen Ansprüchen des Informatik-Studiums gerecht zu werden, werden neue Lehr- und Lernszenarien eingesetzt, mit denen vielfältiges Wissen und Methodenkompetenz vermittelt, praktische Fähigkeiten und Fertigkeiten entwickelt sowie Teamarbeit und Kreativität gefördert werden können. Einen viel versprechenden Ansatz bildet dabei der Einsatz von Robotikbaukästen

Dieser Beitrag stellt die am Fachbereich Informatik der Universität Hamburg eingesetzte Lernumgebung vor und beschreibt Erfahrungen, die in der Veranstaltung „Hamburger Robocup – Mobile Autonome Roboter spielen Fußball" mit Robotikbaukästen gesammelt wurden.

1 Einleitung

Seit den späten 1970er Jahren wird am Massachusetts Institute of Technology (MIT) in der „Epistemology and Learning Group" über die Zusammenhänge zwischen Lernumgebung und erlernten Fähigkeiten geforscht. Die darauf aufbauende Idee der Robotikbaukästen geht zurück auf die Arbeiten von Seymour Papert, der die ersten Schritte in die Richtung des Einsatzes von Computern und Robotern in der Lernwelt in seinem Buch *MINDSTORMS: Children, Computers and Powerful Ideas* beschrieb (Papert 1980).

Nach über 15jähriger Entwicklung, die mit der Entwicklung der *Turtle*-Roboter und der kinderfreundlichen Programmiersprache LOGO begann, kamen 1998 die ersten LEGO® MINDSTORMS™[1] Robotikbaukästen auf den Markt. Obwohl sich das Produkt primär an Kinder und Jugendliche ab 12 Jahren richtet, zog es auch viele Erwachsene in seinen Bann. Um die LEGO MINDSTORMS-Robotikbaukästen herum bildeten sich aktive und erfindungsreiche Online-Gruppen, die unter anderem alternative Programmierumgebungen und fortgeschrittene Bautechniken entwickelten. Inzwischen sind auch andere Entwicklungen auf dem Markt, wie zum Beispiel der Robotikbaukasten der Firma Fischertechnik oder den Roboterbaukasten Tetrixx, eine Art Metallbaukasten der Firma Wonderbits.

In dieser Arbeit stellen wir die von uns benutzten Robotikbaukästen und Programmierumgebungen vor und berichten über unsere Erfahrungen mit Robotikbaukästen als Lernumgebung anhand der Lehrveranstaltung „Hamburger Robocup: Mobile Autonome Roboter spielen Fußball", einer Veranstaltung des Fachbereiches Informatik der Universität Hamburg. Der Beitrag schließt mit einer Zusammenfassung sowie einem Ausblick auf zukünftige Arbeiten.

---

[1] LEGO® ist ein eingetragenes Warenzeichen von The LEGO® Group. MINDSTORMS™ und Robotics Invention System™ sind Warenzeichen von The LEGO® Group.

2 Robotikbaukästen und Programmierumgebungen

Um die Bedeutung des Einsatzes von Robotikbaukästen in Universitäten zu verstehen, ist es zunächst wichtig zu wissen, woraus Robotikbaukästen bestehen und wie sie programmiert werden können. Dies soll im Folgenden exemplarisch am LEGO MINDSTORMS-Robotikbaukasten veranschaulicht werden.

Bestandteile des Robotikbaukastens sind unter anderem ein programmierbarer RCX-Baustein (Hitachi H8/3292-Microcontroller mit 16 KB ROM und 32 KB RAM), Sensoren für Licht und Berührung, Motoren, viele übliche LEGO-Steine, ein Infrarot-Sender zur Datenübertragung, die Programmierumgebung *Robotics Invention System* (RIS) und ein Konstruktionshandbuch. Der RCX-Baustein verfügt über 3 Eingänge für Sensoren, 3 Ausgänge für Motoren oder Lampen, 5 frei wählbare Programme, ein LCD-Display, 4 Steuertasten, einen Lautsprecher und eine Infrarotschnittstelle. Abbildung 1 zeigt einen RCX-Baustein mit zwei Motoren, einem Lichtsensor und zwei Berührungssensoren.

Abbildung 1: RCX-Baustein mit Sensoren und Motoren

Auf dem RCX-Baustein ist die Firmware installiert, die benötigt wird, mit dem Computer zu kommunizieren, um die Programme vom Computer auf den Roboter zu laden. Fünf einfache Programmbeispiele sind vorinstalliert, so dass der Roboter nach der relativ kurzen Konfigurationszeit sofort getestet werden kann.

Das *Robotics Invention System* (RIS) beinhaltet eine grafikbasierte Programmierumgebung, die mit „Blöcken" arbeitet. Jeder Block steht für eine Instruktion. Die Blöcke werden bei der Programmierung in Form einer Kette per Drag and Drop aneinandergefügt und bei der Programmausführung in der Reihenfolge der Kette abgearbeitet. Um Sensorwerte während der Programmausführung abzufragen, werden parallele Ketten benutzt. Abbildung 2 zeigt ein Beispiel-Programm mit mehreren parallelen Ketten.

Neben der Software RIS, die im LEGO MINDSTORMS-Robotikbaukasten enthalten und eher für Kinder und Jugendliche gedacht ist, haben die aktiven LEGO-Online-Gruppen eine Vielzahl weiterer Möglichkeiten geschaffen, damit auch fortgeschrittene Programmierer und Programmiererinnen mit den Robotikbaukästen arbeiten können. Der größte Teil dieser Software ist im Internet frei verfügbar. Zu den von uns benutzten Programmierumgebungen gehören:

- *ROBOLAB*: arbeitet mit einer Form erweiterter Flussdiagramme, gestützt auf LabVIEW, und wurde speziell für den Einsatz in Schulen entwickelt
- *RCX Command Center*: mit Hilfe der Sprache *Not Quite C* (NQC), einer C-ähnlichen Sprache, werden die Programme textbasiert geschrieben (vgl. Abb. 3)

- *LEGO Java Operating System (lejOS):* eine Implementierung einer Java Virtual Machine (JVM)

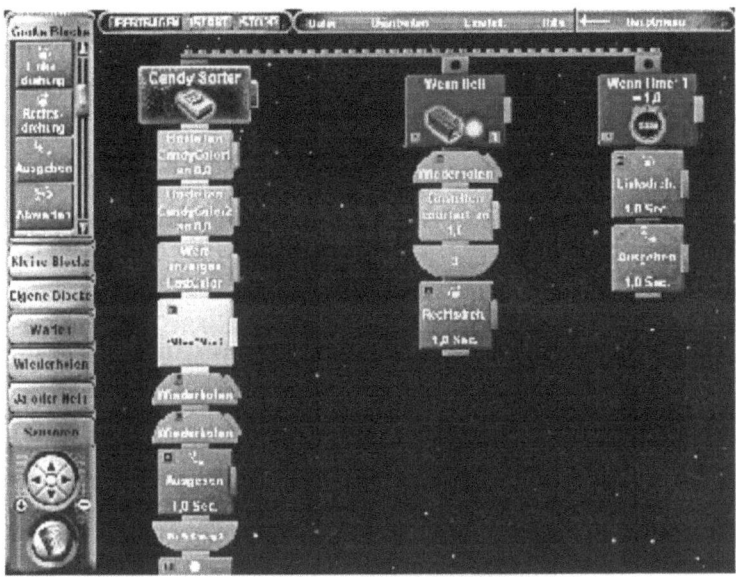

Abbildung 2: Grafikbasierte Programmierumgebung: RIS

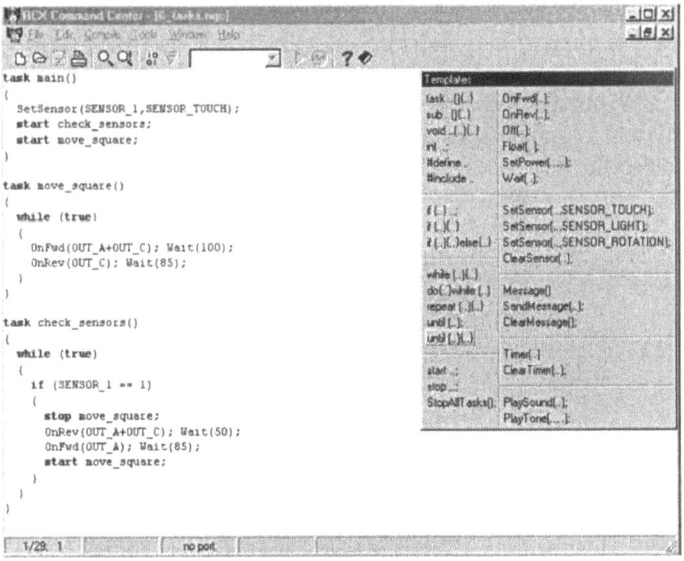

Abbildung 3: Textbasierte Programmierumgebung RCX Command Center mit NQC

Weitere Erweiterungen finden sich zum Beispiel in (Baum 2000; Baum et al. 2000; Erwin 2001; Knudsen & Noga 2000).

3 Erfahrungen mit der Lehrveranstaltung „Hamburger Robocup – Mobile Autonome Roboter spielen Fußball"

Während in den vergangenen Jahren der Einsatz von Robotikbaukästen in Schulen vermehrt untersucht und anerkannt wurde (vgl. Fieslake & Klein 2000; Christaller et al. 2001; Müllerburg 2001), werden diese im universitären Umfeld oft noch als Spielzeug und damit als irrelevant für die Lehre abgewertet.

Der Einsatz „echter" Roboter in Hochschulen hat den Nachteil, dass sie sehr teuer sind, so dass sich sehr viele Studierende einen Roboter teilen müssen. Häufig hat es sich als schwierig herausgestellt, Studierende für Robotik zu interessieren und ihnen das Basiswissen zu vermitteln, die Einarbeitung in einen komplexen Roboter dauert oft Wochen bis Monate.

Um diese Probleme zu umgehen, haben wir uns entschlossen, Robotikbaukästen in der Lehre einzusetzen. Die Lehrveranstaltung "Hamburger Robocup: Mobile Autonome Roboter spielen Fußball" wird seit dem Sommersemester 2002 am Fachbereich Informatik der Universität Hamburg veranstaltet. In der Regel nehmen 10 bis 16 Studierende des Hauptstudiums mit unterschiedlichen Programmierkenntnissen an der Veranstaltung teil. Ziel dieses Projektes ist es, dass Studierende sich mit Mobilen Autonomen Robotern auseinandersetzen, um die Komplexität nichtlinearer Systeme, wie sie durch Roboter vorgegeben sind, zu entdecken und zu verstehen. Gleichzeitig sollen Fähigkeiten wie kritisches Denken, Kommunikation und Teamwork den Studierenden näher gebracht werden. Dabei übernehmen wir die Hauptidee von LEGO: „Lernen durch Spielen und Experimentieren".

In der ersten Phase machen sich die Studierenden mit dem Robotikbaukasten vertraut. Einfache Modelle werden gebaut und getestet, das Konstruktionshandbuch wird oft zu Rate gezogen. Nach nur einer Stunde werden die ersten fahrenden Modelle präsentiert (vgl. Abbildung 4). Die Beispiel-Programme werden in dieser Phase von den Studierenden analysiert und verändert.

Nach dieser ersten Erprobungsphase kommen sie sehr schnell auf die eigentliche Aufgabenstellung zurück: einen Roboter zu konfigurieren und zu programmieren, der Fußball spielt unter Berücksichtigung der Regeln der Robocup Junior League. Dabei handelt es sich um einen Wettbewerb im nationalen und internationalen Rahmen, der mit Schülern und Schülerinnen mit Hilfe von Robotikbaukästen durchgeführt wird (vgl. Kroese et al. 2000; Lund 1999; Lund et al. 1999; Lund & Pagliarini 2000; Stone & Veleso 1998).

Abbildung 4: Roboter zum Fußballspielen

Die Studierenden sollen sich im Team absprechen, wie sie die gestellte Aufgabe angehen und wie sie die Rollen im Team verteilen. Dadurch wird zugleich eine gewisse Form von Projektmanagement geübt. In dieser Phase arbeiten die Studierenden überwiegend selbständig, wobei Bücher oder das Internet zu Rate gezogen werden Die Funktion der Lehrenden beschränkt sich auf die bedarfsgerechte Beratung und Moderation.

In jeder Gruppe werden unterschiedliche Lösungsstrategien entwickelt, die den anderen Gruppen vorgestellt werden. Damit sollen die Studierenden lernen, ihre Ideen und Problemlösungen zu präsentieren und zu diskutieren.

Des Weiteren wurde die Lehrveranstaltung so konzipiert, dass die Teams zur selbständigen Arbeit an Schwerpunktthemen angeleitet werden. In so genannten Expertengruppen erarbeiten die Studierenden relevante Themen, stellen diese den anderen Studierenden vor und stehen den anderen Teams für Fragen zu ihrem erarbeiteten Thema zur Verfügung.

Ein Beispiel für die Vermittlung eines Informatikteilgebietes im Rahmen der Lehrveranstaltung ist die Modellierung der Roboter mit Hilfe der Fuzzy-Logic. Ungenaue Aussagen, die von den Studierenden im Laufe der Arbeit mit den Robotern als Problem erkannt werden, können mit Hilfe der Fuzzy-Logic präzise formuliert werden. Abbildung 5 zeigt die Roboter auf dem Spielfeld während eines Fußballspiels. Während der Arbeit mit den Robotern stellte sich heraus, dass die Roboter nicht geradeaus fahren, obwohl die Motoren mit der gleichen Leistung angesteuert werden. Die Studierenden lernen mit Hilfe linguistischer Variablen des Richtungswinkels auf dem Spielfeld, der Richtungswinkel der Räder sowie der Distanz zum gesuchten Objekt, dem Ball, die Mitgliedsgradfunktionen der linguistischen Variablen zu bestimmen und Regeln aufzustellen, die das dynamische Verhalten des fußballspielenden Roboters beschreiben.

Während der Lehrveranstaltung werden Turniere durchgeführt, in denen die einzelnen Teams ihre Roboter gegeneinander antreten lassen. Hierbei traten anfangs einige Schwierigkeiten auf (der Ball wird oft nicht gefunden, Roboter zielt auf falsches Tor, etc.). Für einige Studierende ist dies ein Anreiz, in der Freizeit weiter an den Robotern zu arbeiten oder im nächsten Semester eine weitere Veranstaltung zu besuchen. Auch Studien- und Diplomarbeiten sind aus solchen Problemen heraus entstanden.

Abbildung 5: Hamburger Robocup Turnier fußballspielender Roboter

Um ein besseres Verständnis dafür zu gewinnen, wie die Studierenden die Möglichkeiten der Einführung von Robotikbaukästen in der universitären Informatikausbildung beurteilen, haben wir während der Veranstaltung mehrere Fragebögen ausgeteilt. Eine weitere Intention der Fragebögen war die Evaluation des Verständnisses und Interesses der Studierenden für Robotik per se und ihre Bereitschaft, mit interaktiven Elementen zu lernen. Zusätzlich gab es einige Fragen zur Bewertung der Lehrveranstaltung.

Die Auswertung der Fragebögen zeigte, dass die meisten Studierenden praktische Tätigkeiten im Unterricht favorisieren. Frühere Untersuchungen bestätigen, dass das Lernen in einer strukturierten Lernumgebung leichter fällt und der gelernte Stoff besser im Gedächtnis behalten wird (vgl. Martin 1994). Alle Studierenden waren der Meinung, dass Robotikbaukästen das Informatikstudium interessanter gestalten und auch in anderen Lehrveranstaltungen sehr hilfreich wären (Programmierung, Künstliche Intelligenz, Softwaretechnik, Bildverarbeitung, etc.). Einige gaben an, dass durch Nennung des Namens „LEGO" in der Veranstaltungsankündigung Neugierde geweckt wurde und dass sie sich sonst nicht mit Robotik beschäftigt hätten. Überraschend war, dass bei den Studierenden das Interesse an der Robotik nach der Veranstaltung so groß war, dass sie im Anschluss daran Studien- und Diplomarbeiten zu Themen der Robotik anfertigten.

Eine andere Beobachtung zentrierte sich auf das Lernen während der Veranstaltung. Eine uns interessierende Frage war, warum die Arbeit mit Robotikbaukästen so faszinierend für die Studierenden ist. Die Antwort der Studierenden darauf: „es ist Spaß", „es ist getarntes Lernen" oder „es gab so viele Möglichkeiten". Im heutigen Informatik-Studium gibt es oft nur eine richtige Antwort oder Lösung zu einer Frage oder einer Problemstellung, was nicht unbedingt der realen Welt entspricht. Während der Robotik-Veranstaltung fanden die Studierenden die Atmosphäre eines offenen Experiments vor, in der viele unterschiedliche Lösungen zu einem Problem möglich und gewünscht waren.

Auch hat die Veranstaltung gezeigt, dass die Studierenden durch das Experimentieren mit den Robotikbaukästen motiviert wurden, sich mit Robotik und Programmierung zu beschäftigen. Wir konnten beobachten, dass auch Studierende ohne Vorkenntnisse sich in kurzer Zeit in das System einarbeiten konnten. Dabei half ihnen neben dem spielerischen Einstieg vor allem die Projektarbeit in Gruppen, die Teamarbeit unterstützte. Hierbei war es uns wichtig, dass – bedingt durch den kostengünstigen Zugang der Roboter – kleine Gruppen gebildet werden konnten, die jeweils einen Roboterbaukasten für ihre Experimente zur Verfügung gestellt bekamen.

Abbildungen x-y präsentieren einige weitere Ergebnisse der Evaluation der Hamburger Lehrveranstaltung. Dabei bezeichnet ‚Fragebogen 1' die Daten der Zwischenevaluation in der Veranstaltungsmitte während ‚Fragebogen 2' die Daten gegen Ende der Veranstaltung wiedergibt.

Robotikbaukästen als Lernumgebung in der universitären Informatikausbildung - ein Erfahrungsbericht

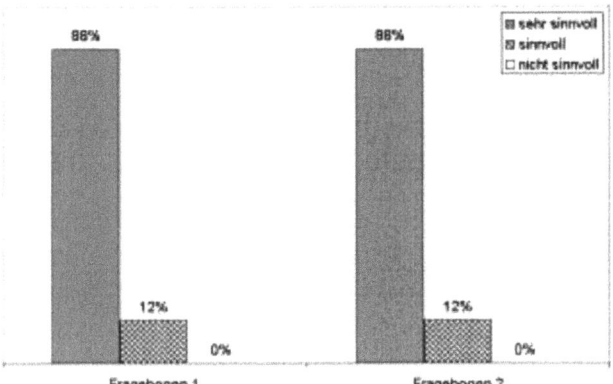

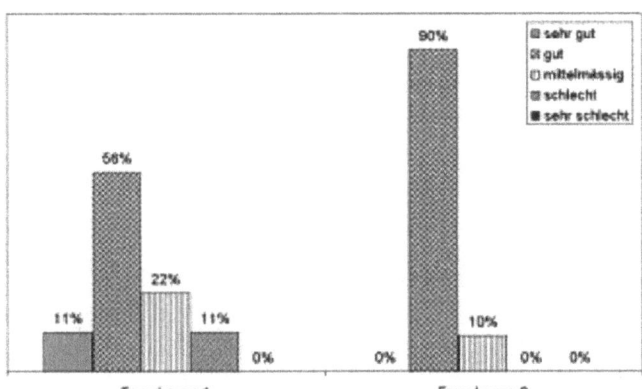

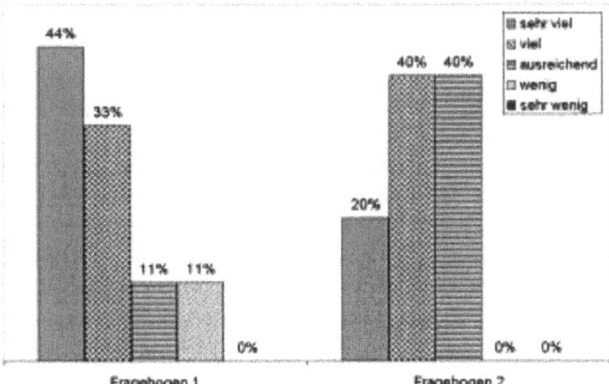

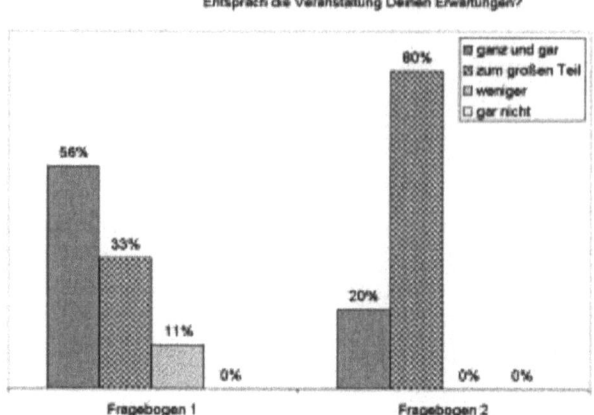

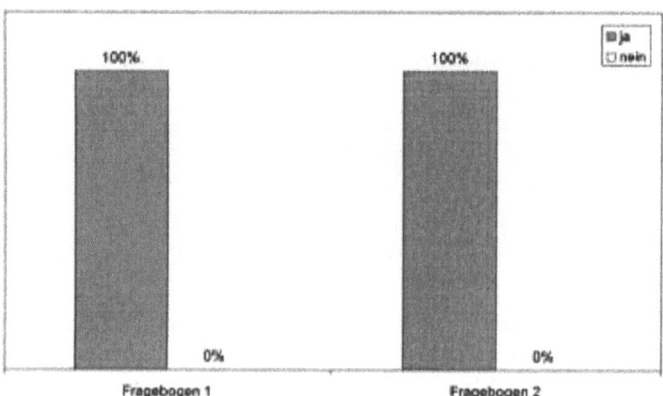

4 Zusammenfassung und Ausblick

Robotikbaukästen repräsentieren eine Form eingebetteter Echtzeitsysteme. Durch ihre leichte Verfügbarkeit, gute Dokumentation, weltweiten Einsatz in Schulen und Hochschulen und einer Vielzahl an Programmierumgebungen sind sie die ideale Lernplattform für Mobile Autonome Roboter. Mit Hilfe von Robotikbaukästen kann ein sehr breites Spektrum an Themen in der universitären Informatikausbildung behandelt werden: Imperative Programmierung, Strukturierte Analyse, Programmierung paralleler Abläufe, Softwareentwicklung und Qualitätsmanagement, Reaktive Systeme, Soft-Computing, Künstliche Intelligenz, Bildverarbeitung, Rechnerarchitektur und –organisation, Betriebssysteme, Sensorik, Mathematische und physikalische Grundlagen, Multiagenten Systeme (vgl. Dudek et al. 1996), Mess-, Steuer- und Regelungstechnik, Braitenberg-Vehikel (vgl. Braitenberg 1993), Informatik und Gesellschaft etc. Die Faszination, die von den „künstlichen Schöpfungen" ausgeht, ist ein starker Antrieb für die Beschäftigung mit weiterführenden Themen und Methoden (vgl. Dudek & Jenkin 2000).

Das universitäre Informatikstudium gilt häufig als theorielastig. Spannende Praktika, Projekte und Laborexperimente gibt es oft gar nicht oder erst im Hauptstudium. Die Auswertung der Lehrveranstaltung „Hamburger Robocup – Mobile Autonome Roboter spielen Fußball" hat gezeigt, dass neben dem starken Motivationspotential für die Studierenden besonders die Erfolgserlebnisse im Umgang mit den Robotern Lernerfolge brachten. Wenn Studierende dürfen, dann entwickeln sie im Studium Kreativität und – Beispiel Fußball spielende Roboter – sportlichen Ehrgeiz. Die Entwicklung einer eigenen Lösung zu einer Aufgabe, mit anschließendem Wettbewerb besitzt trotz – oder vielleicht gerade wegen – der möglichen Komplexität einen sehr großen Motivationsgrad und stellt für die Studierenden eine spannende Herausforderung dar.

Die Kombination von LEGO-Bauelementen und moderner Hard- und Software kann zu einem neuen Ansatz in der Informatik-Ausbildung von Studierenden führen. Durch die Arbeit mit Robotikbaukästen wird die Teamarbeit gefördert, da Gruppen von zwei bis drei Studierenden komplette Projekte abwickeln können (vgl. Jadud 1999). Auch die Möglichkeit des entdeckenden Lernens (vgl. Schulmeister 1997) ist pädagogisch interessant: in der Arbeit mit den Robotikbaukästen wird das selbständige Ermitteln von Wissen („learning by doing") durch eigenständige Untersuchungen und Tests („exploration and construction") und damit auch das wissenschaftliche Arbeiten gefördert. Die Studierenden setzen sich kreativ und kritisch mit möglichen Lösungen auseinander und diskutieren diese, ein Vorgehen, das für die „normale" Arbeitswelt typisch ist.

Projektmanagement ist ein weiteres Lernziel, das die Studierenden auf ihre spätere Berufspraxis vorbereitet. Ein Projekt kann ein ganzheitlicher Entwicklungsansatz mit der Projektierung von Hard- und Software, mit der mechanischen Konstruktion und der Codierung der Software sowie dem Systemtest und der Dokumentation des Gesamtsystems sein. Dieser Ansatz lässt sich dahingehend ausbauen, dass die Erstellung von Pflichtenheften oder auch die Präsentation der Ergebnisse, auch in einer Fremdsprache, weitere Fähigkeiten der Studierenden fördern.

Didaktisch ist das Erlernen und Erfahren von Programmier- und Designmethoden im Informatikstudium wichtig. Hier lassen sich mit Hilfe der Robotikbaukästen auch neuere Softwareentwicklungs-Methoden wie z.B. das Extreme Programming – eine stark teamorientierte Arbeitsweise – einbetten.

Mit den dargestellten Möglichkeiten gilt es in weiteren Veranstaltungen zu evaluieren, inwieweit sich mit der Einführung von Robotikbaukästen die universitäre Informatikausbildung verbessern lässt und inwieweit diese Anwendungen von Lehrenden und Studierenden angenommen werden.

In unserer Lehrveranstaltung war ein geringer Frauenanteil bei den Teilnehmern auffallend: unter den 10 teilnehmenden Studierenden war nur eine Frau. Dies kann zum einen auf die Unterrepräsentation von Frauen in Informatik-Studiengängen zurückgeführt werden, zum anderen spielte gegebenenfalls auch die Aufgabenstellung eine Rolle. So scheinen Frauen eher Aufgaben aufzugreifen, in denen Roboter kooperativ zusammenarbeiten. Auch Situationen aus der alltäglichen Welt und Design-Aufgaben sprechen Frauen in Robotik-Kursen eher an. Dies werden wir in den zukünftigen Veranstaltungen berücksichtigen und überprüfen.

Literaturverzeichnis

Baum, D. (2000): *Dave Baum's Definitive Guide To LEGO® MINDSTORMS™*. APress.

Baum, D.; Gasperi, M.; Hempel, R.; Villa, L. (2000): *Extreme MINDSTORMS™. An Advanced Guide to LEGO® MINDSTORMS™*. Apress.

Braitenberg, V. (1993): *Vehikel – Experimente mit kybernetischen Wesen*. Reinbek bei Hamburg: Rowohlt Taschenbuch Verlag.

Christaller, T.; Indiveri, G.; Poigne, A. (Eds.) (2001): *Proceedings of the Workshop on Edutainment Robots 2000*, 27th - 28th September 2000, St. Augustin, Germany, GMD Report 129, GMD-Forschungszentrum Informationstechnik GmbH.

Dudek, G.; Jenkin, M. (2000): *Computational Principles of Mobile Robotics*. Cambridge University Press.

Dudek, G.; Jenkin, M.; Milios, E.; Wilkes, D. (1996): *A taxonomy for multi-agent robotics. Autonomous Robots*.

Erwin, B. (2001): *Creative projects with LEGO® MINDSTORMS™*. Addison-Wesley.

Fieslake, M.; Klein, B. (2000): Trainingscamp für Astronauten – Roboter konstruieren und programmieren. In: *Unterricht – Arbeit und Technik*, Heft 6/2000, S. 16-20.

Jadud, M. (1999): *TeamStorms as a Theory of Instruction*. http://www.indiana.edu/~legobots/paperspres.html.

Koch, B. (2003): *Einsatz von Robotikbaukästen in der universitären Informatikausbildung am Fallbeispiel „Hamburger Robocup: Mobile autonome Roboter spielen Fußball"*. Diplomarbeit, Fachbereich Informatik, Universität Hamburg.

Knudsen, J. B.; Noga, M. L. (2000): *Das inoffizielle Handbuch für LEGO® MINDSTORMS™ Roboter*. Köln: O'Reilly Verlag.

Kroese, B.; van der Boogaard, R.; Hietbrink, N. (2000): Programming robots is fun: Robocup Jr. 2000. In: *Proceedings of the Twelfth Belgium-Netherlands AI Conference BNAIC'00*, pp 29-36.

Lund, H.H. (1999): Robot Soccer in Education. In: *Advanced Robotics Journal*, 13:8, pp 737-752.

Lund, H.H.; Arendt, J.A.; Fredslund, J.; Pagliarini, L. (1999): Ola: What Goes Up, Must Fall Down. In: *Journal of Artificial Life and Robotics*, 4:1.

Lund, H.H.; Pagliarini, L. (2000): RoboCup Jr. with LEGO® MINDSTORMS™. In: *Proceedings of International Conference on Robotics and Automation (ICRA2000)*, New Jersey: IEEE Press.

Martin, F.G. (1994): *Circuits to Control: Learning Engineering by Designing LEGO Robots*. Arbeit zur Erlangung des PhD, Massachusetts Institute of Technology.

Müllerburg, M. (Hrsg.) (2001): *Abiturientinnen mit Robotern und Informatik ins Studium, AROBIKS Workshop Sankt Augustin*, Schloss Birlinghoven, 14. - 15. Dezember 2000, GMD Report 128, GMD - Forschungszentrum Informationstechnik GmbH.

Papert, S. (1980): *Mindstorms: Children, Computers and Powerful Ideas*. New York: Basic Books.

Schulmeister, R. (1997): *Grundlagen hypermedialer Lernsysteme: Theorie – Didaktik – Design*. 2. Auflage. München: Oldenbourg.

Stone, P.; Veleso, M. (1998): Towards Collaborative and Adversarial Learning: A Case Study in Robotic Soccer. In: *International Journal of Human Computer Studies*, 48.

Kontakt

Koch, Birgit
Universität Hamburg
Vogt-Kölln-Str. 30
22527 Hamburg
E-Mail koch@informatik.uni-hamburg.de

Gebrauchstauglichkeit der Ergebnisseiten von Suchmaschinen

Lars Kaczmirek

Zentrum für Umfragen, Methoden und Analysen (ZUMA)

Zusammenfassung

Bei Ergebnisseiten von Suchmaschinen nutzen Anwender die Informationen in den Linkbeschreibungen, um zu entscheiden, ob ein Link für die Suche relevant ist und weiterverfolgt werden soll. Die Linkbeschreibung ist damit ein Kernelement im Selektionsprozess der Suche. Ein neues Modell für eine systematische und differenzierte Forschung über Ergebnisseiten von Suchmaschinen wird vorgestellt. Dazu werden die drei Faktoren Mensch, Maschine, Aufgabe und ihre Implikationen erläutert. Für eine Einbettung der bisherigen Forschung und ihrer Methoden werden verwandte Untersuchungen skizziert. Die aus dem Modell heraus entwickelte Untersuchungsmethode erlaubt die Erfassung verschiedener Kriterien und die Kontrolle störender Einflussfaktoren bei gleichzeitig geringer Untersuchungsdauer. In einem Experiment wurde die Art der Zusammenfassungen der verlinkten Internetseiten und die Spezifität der Suchaufgabe variiert. Die Daten von 191 Personen erlaubten einen Vergleich der Gebrauchstauglichkeit verschiedener Linkbeschreibungen mit der Möglichkeit einer statistischen Kontrolle der Unterschiede zwischen den Teilnehmern. Die Ergebnisse zeigen, dass eine Linkbeschreibung durch 'Anfangstext mit 400 Zeichen redaktionellem Inhalt' den anderen Bedingungen überlegen ist und die Entscheidung am besten unterstützt.

1 Einleitung

Ein aktueller Bericht des Pew Internet Project zeigt eindrucksvoll die große Bedeutung von Suchmaschinen für den Beruf und Alltag von Internetnutzern. Demnach haben acht von zehn Amerikanern bereits Suchmaschinen zum Finden von Informationen verwendet, und mehr als jeder Vierte, d.h. 33 Millionen Menschen, verwenden täglich Suchmaschinen (Fox 2002). Daraus folgt eine sehr hohe Zeitspanne, die aus der Beurteilung von Treffern auf Ergebnisseiten entsteht. Die verlorene Zeit, die bei Fehlentscheidungen mit dem Betrachten irrelevanter Seiten vergeudet wird oder die Verluste durch abgewanderte Kunden, die die gesuchten Informationen auf den Firmenseiten nicht finden konnten, erhöhen diesen Betrag deutlich. Gute Ergebnisseiten helfen Zeit und Kosten sparen, erhöhen die Kundenbindung, reduzieren Fehlentscheidungen und verringern Frustrationen. Der vorliegende Beitrag[1] verfolgt daher zwei Ziele. Im theoretischen Teil wird ein Rahmenmodell für die Erforschung zur Gebrauchstauglichkeit (Usability) der Ergebnisseiten von Suchmaschinen herausgearbeitet, um die Bestimmungsstücke zu identifizieren, die eine erfolgreiche Forschung konstituieren. Der empirische zweite Teil beschreibt wie die daraus entwickelte Methodik in einer experimentellen Untersuchung angewandt wurde und stellt ausgewählte Ergebnisse zur optimalen Ergebnisseitengestaltung dar. Die Forschung auf diesem Gebiet entwickelte sich erst in den letzten Jahren, so dass noch bedeutende Veränderungen erwartet werden können, wobei die abschließende Diskussion zeigen wird, wohin die Entwicklung gehen könnte.

---

[1] Der Beitrag basiert auf den Kernthesen und -ergebnissen der Diplomarbeit von Lars Kaczmirek (2003).

2 Das Rahmenmodell Mensch, Maschine, Aufgabe

Eine Analyse der Literatur zur Gebrauchstauglichkeit (Usability) von Suchmaschinen und den Standardwerken zur Mensch-Maschine-Interaktion lässt drei zentrale Ebenen erkennen, die als die größten Einflussfaktoren in der Forschung zu Suchmaschinen gelten können. Diese werden im Folgenden mit Mensch (*user*), Maschine (*system/machine*) und Aufgabe (*task*) bezeichnet (Abbildung 1).

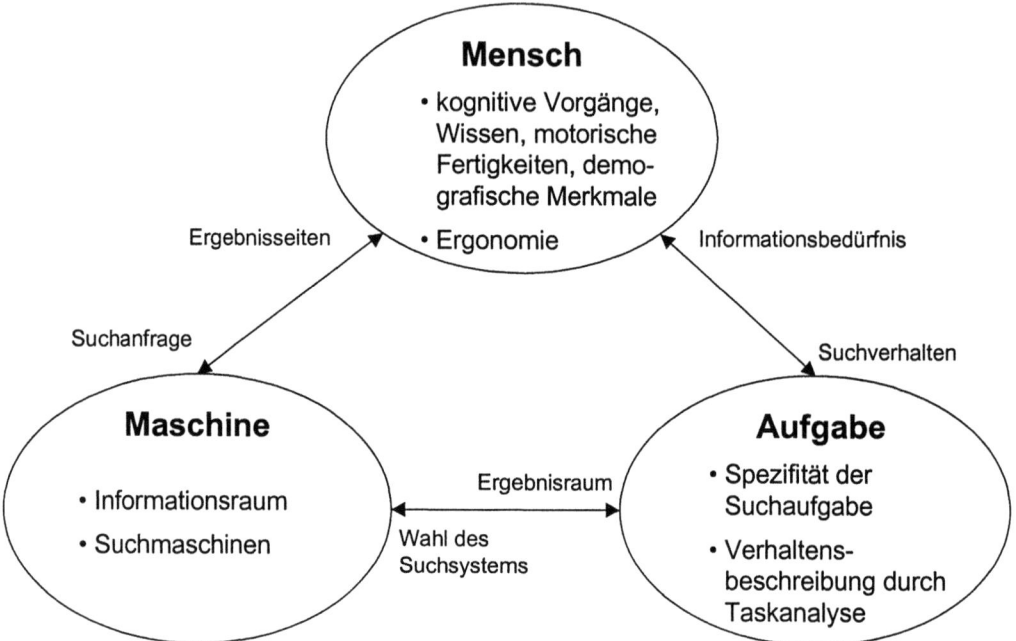

Abbildung 1: Rahmenmodell zur Erforschung der Gebrauchstauglichkeit der Ergebnisseiten von Suchmaschinen.

2.1 Ebene Mensch

Die Ebene Mensch beinhaltet eine Struktur von Objekten, die Beschreibungen der Anwender selbst ermöglicht. Eine Dimension enthält dabei diejenigen Variablen, durch die sich Unterschiede zwischen Anwendern beschreiben lassen. Dies sind insbesondere kognitive Strategien und Prozesse beim Umgang mit Ergebnisseiten. Anwender unterscheiden sich jedoch auch hinsichtlich ihres Wissens über Suchmaschinen, dem Internet und dem Suchgegenstand. Des Weiteren finden sich Unterschiede in den motorischen Fertigkeiten, zum Beispiel die Sicherheit, mit der die Maus bedient wird, sowie in allgemeinen demografischen Merkmalen wie Alter, Geschlecht usw. Die zweite Dimension enthält allgemeinpsychologische Gesetzmäßigkeiten, wie sie für alle Menschen gelten. Diese münden in Ergonomierichtlinien, aus denen wiederum allgemeine Strukturen für Ergebnisseiten abgeleitet werden können. Entscheidungspsychologische Aspekte finden sich bei Wirth und Schweiger (1999), sowie Jungermann, Pfister und Fischer (1998).

Der wichtigste Mediator beim Such- und Entscheidungsverhalten wird durch die großen Unterschiede in der Erfahrung der Anwender gebildet (Shneiderman 1992). Weber und Groner (1999) unterscheiden drei Formen von Wissen, die für einen effizienten Suchprozess im Internet von Bedeutung sind: Wissen über das Web umfasst die Kenntnis von Strukturen und Inhalten und ermöglicht dem Anwender damit eine Modellbildung seiner Funktionsweise. Zum Wissen über Suchinstrumente gehört die Kenntnis, zu welchem Zweck welche Suchmaschine eingesetzt werden sollte und wie diese zu bedienen ist. Die dritte Form umfasst Wissen über den Suchgegenstand und wird auch als Domänen- oder Bereichswissen bezeichnet (Marchionini 1995).

2.2 Ebene Maschine

Die zweite Ebene, Maschine, umfasst allgemein betrachtet das gesamte System, auf dem und mit dem die Suche durchgeführt wird. Erstens ist dies der Informationsraum, in dem die Suche erfolgt. Dies entspricht der Struktur des Internets mit all seinen Webdokumenten und Angeboten. Zweitens enthält sie eine Beschreibung des Werkzeugs, mit dem gesucht wird, und befasst sich daher mit der Funktion und dem Aufbau von Suchmaschinen. Dies schließt auch die formalen Eigenschaften zur Definition von Ergebnisseiten sowie die Dialoge, mit deren Hilfe Anwender mit Suchmaschinen interagieren, mit ein.

Nach Kleinfeldt und Baphna (2000) lassen sich Treffer auf Ergebnisseiten als Ordnungspunkte mit mehreren Eigenschaften beschreiben:

- Die Position in der Liste. Je weiter oben ein Dokument platziert ist, desto höher war die vom Suchmaschinenalgorithmus geschätzte Relevanz des Links.[2]
- Der Titel des Dokuments, der auch einen Verweis (Link) auf das Zieldokument enthält.
- Eine Beschreibung des Dokuments. Üblicherweise eine Zusammenfassung, in der der Anfang des Dokuments oder die gesuchten Wörter im Kontext der umliegenden Wörter dargestellt werden.
- Zusätzliche Informationen über das Dokument, wie URL, Dokumenttyp, Dokumentgröße, Autor, Datum der letzten Änderung usw.

Der vorliegende Beitrag legt seinen Schwerpunkt darauf, inwieweit die Zusammenfassung der Dokumente den Anwender bei dieser Entscheidung unterstützten können. Der häufigste Ansatz zur Beschreibung von Dokumenten besteht in der Darstellung von Text aus dem Anfang der repräsentierten Dokumente (Methode: Textanfang). Eine andere Methode stellt die gesuchten Wörter im Textkontext dar (Methode: Wörter-im-Kontext). Weitere Ansätze versuchen mittels Techniken der Textsummarisation die wichtigsten Sätze oder zentrale Wörter zu erfassen und diese darzustellen (vgl. Drori 2001), um dem Anwender einen Vergleich seines Informationsbedürfnisses mit den Kernaussagen des Dokuments zu ermöglichen (Methode: Kernaussagen oder Schlüsselwörter).

2.3 Ebene Aufgabe

Die Ebene Aufgabe schließlich beinhaltet alle mit der Suchaufgabe im direkten Zusammenhang stehenden Aspekte von Ergebnisseiten. Dies ist zunächst die Klassifizierung von Suchaufgaben selbst, die allgemeiner auch als Informationsbedürfnisse aufgefasst werden können. Hierbei spielt insbesondere eine Rolle, wie breit bzw. wie spezifisch eine Suchaufgabe ausfällt. Shneiderman (1997) klassifiziert die Suchaufgaben auf dem Kontinuum von „spezifischem Faktenfinden" bis

---

[2] Für einen Ansatz, der Ergebnisse in Kategorien darstellt und damit gute Erfolge erzielt, vgl. Dumais, Cutrell und Chen (2001).

hin zu „unstrukturiertem freiem Browsen bekannter Datenbanken" und „Überprüfung der Verfügbarkeit von Informationen". Einfache Fakten sind klar strukturierte und abgrenzbare Informationseinheiten wie zum Beispiel ein Geburtsdatum. Dem Anwender ist klar, wonach er sucht, und sobald er die Information gefunden hat, ist die Suche beendet, wobei er großes Vertrauen in die Richtigkeit und Vollständigkeit der gefundenen Antwort hat. Am anderen Ende des Kontinuums, bei Meinungen und Interpretationen, ist die Bestimmung einer ausreichenden Antwort komplizierter und damit auch ein Ende der Suche nicht klar bestimmbar. Im Folgenden fasst der Begriff der Spezifität diese Dimension zusammen. Der zweite Aspekt betrifft die Aufgabenanalyse (task analysis), womit das gezeigte Suchverhalten in elementare Bestandteile zerlegt und so eine genauere Betrachtung der Anforderungen an Ergebnisseiten ermöglicht wird.

3 Forschungsparadigma

Anhand dreier Untersuchungen wird das aktuelle Forschungsparadigma zur Ergebnisseitengestaltung mit dem Schwerpunkt der Methoden zur Zusammenfassung der gelinkten Dokumente dargestellt.

Unz, Capstick und Erbach (1999) stellten ihren Teilnehmern in Saarbrücken verschiedene Suchaufgaben und ließen mit einer Suchmaschine passende Ergebnisse finden und notieren. Insgesamt benötigte ein Teilnehmer drei Stunden. Sie variierten die Art der Organisation der Suchergebnisse, die Art der Zusammenfassung und erhoben als abhängige Variablen Performanz, Akzeptanz und Variablen des Nutzungsverhaltens. Bei den Zusammenfassungen waren dabei drei Variationen vorhanden: Die „ersten 200 Zeichen", „die Kernaussagen" und „Wörter im Kontext". 84 Teilnehmer wurden auf sechs Gruppen verteilt, wodurch sich in einer Post-hoc-Analyse[3] eine Teststärke von 0.36 errechnen lässt (ANOVA, Effektstärke Medium, Alphafehler 5%). Dies und die fehlende Kontrolle der Spezifität der Suchaufgaben könnte insgesamt zu dem uneinheitlichen Ergebnisbild der Untersuchung beigetragen haben. Performanz- oder Akzeptanzunterschiede konnten zwischen den Arten der Zusammenfassungen nicht festgestellt werden.

Drori (2001) ließ in Jerusalem mit einer Suchmaschine vier Suchaufgaben unterschiedlicher Spezifität bearbeiten. Variiert wurde die Art der Zusammenfassung in drei Bedingungen: „Nur Dokumenttitel ohne weitere Beschreibung", „einige erste Zeilen" und die „Zeilen mit den für die Suche relevanten Inhalten". Erhoben wurden Maße der Performanz und Zufriedenheit. 128 Teilnehmer bearbeiteten die vier Aufgaben und wurden dabei allen drei Bedingungen in zufälliger Reihenfolge zugewiesen. Mittels Post-hoc-Analyse ergibt sich eine Teststärke von 0.94 (abhängiger T-Test, Effektstärke Medium, Alphafehler 5%, unspezifische Hypothese). Für das Performanzmaß „aufgewendete Zeit" ergab sich ein Interaktionseffekt mit der Aufgabenspezifität. Bei unspezifischer Aufgabe war die Wörter-in-Kontext-Bedingung am praktikabelsten, wohingegen bei sehr spezifischer Aufgabe der Titel allein für das schnellste Ergebnis sorgte. Insgesamt war die Wörter-in-Kontext-Bedingung den anderen Bedingungen überlegen. Problematisch bei dieser Untersuchung ist jedoch das Messwiederholungsdesign einzuschätzen, dass jedem Teilnehmer alle Bedingungen gegenüberstellte und damit möglicherweise Fehlervarianz erzeugt, die durch die Methode der erzwungenen Differenzierung hervorgerufen wird.

Die beiden vorherigen Studien verlangten von den Teilnehmern das Durchlaufen von mehreren kompletten Suchprozessen. Solche Untersuchungen sind sehr aufwendig durchzuführen, da nicht nur die Teilnehmer über einen langen Zeitraum gebunden sind, sondern häufig auch einen be-

---

[3] Berechnung der Teststärken im vorliegenden Beitrag wurden mit GPOWER von Faul und Erdfelder (1992) durchgeführt.

stimmten Untersuchungsraum aufsuchen müssen. Darüber hinaus sind umfangreiche technische Vorbereitungen zu treffen, die mit dem Untersuchungsgegenstand selber wenig gemeinsam haben: Eine Datenbank muss aufgebaut, ihre Dokumente für die Untersuchung im günstigsten Falle in nur zwei Kategorien „relevant" und „nicht relevant" klassifiziert und eine Suchmaschine bereit gestellt werden. Mag dies für eine Modellierung des gesamten Suchprozesses noch notwendig erscheinen, so lässt sich das relevante Verhalten auf Ergebnisseiten deutlich einfacher untersuchen, wie Lergier und Resnick (2001) zeigten. Teilnehmer gaben ihre Suchworte ein, erhielten dann jedoch vordefinierte Ergebnisseiten unabhängig von ihrer Eingabe. Sobald sie einen Link ausgewählt hatten, war die Suchaufgabe beendet und die Abschlussfragen folgten. Die Dokumente hinter den Links wurden nicht dargeboten. Ihre Ergebnisse zeigen, dass die Schwellenwertmethode im Gegensatz zur erschöpfenden Methode der Entscheidung häufiger bei spezifischen als unspezifischen Aufgaben angewendet wird.

Die dargestellten Untersuchungen zeigen, welche theoretische und praktische Unterstützung das neue Rahmenmodell Mensch, Maschine, Aufgabe für eine erfolgreiche, systematische Forschung über Ergebnisseiten haben kann. Im Folgenden wird eine Untersuchung dargestellt, die sich an der Systematik des Rahmenmodells orientiert und neue Untersuchungsmethoden implementiert.

4 Fragestellung und Methode

Im vorliegenden Beitrag werden lediglich die Ergebnisse zur Kernfrage der Untersuchung präsentiert: Wie ist das optimale Beschreibungsattribut gestaltet, d.h. welche Art der Zusammenfassung der gelinkten Dokumente unterstützt den Anwender am optimalsten bei seiner Selektionsentscheidung?[4] Die Faktoren des Rahmenmodells wurden im Design einer einfaktoriellen Varianzanalyse mit einem Messwiederholungsfaktor umgesetzt. Jeder Teilnehmer wurde randomisiert einem von vier Stufen des Faktors „Art der Zusammenfassung" zugewiesen und durchlief beide Stufen des Faktors „Aufgabenspezifität", wobei die Sequenz permutiert wurde, um Reihenfolgeeffekte zu kontrollieren. Im Faktor „Art der Zusammenfassung" wurden vier Methoden operationalisiert.

1. Wörter im Kontext: Die Suchwörter mit den im Text vorkommenden umliegenden Wörtern. Die Darstellung erfolgte in der Art von Google.
2. Textanfang: Die ersten 400 Zeichen redaktioneller Inhalt.
3. Schlüsselwörter: Die sieben häufigsten semantisch sinnvollen Substantive im Dokument (HTML-Code wurde herausgefiltert).
4. Maximale Informationsmenge aller drei Methoden zusammen (MaxInfo). Die Angaben jeder Methode erfolgt untereinander in der Reihenfolge Schlüsselwörter, Wörter im Kontext, Textausschnitt des Anfangs.

Die Aufgabenspezifität wurde durch die beiden Suchaufgaben „Welche Größe haben Euroscheine?" (spezifisch) und „Welche Folgen hat die Währungsumstellung?" (unspezifisch) operationalisiert. In einer Untersuchungsbedingung (bspw. Spezifisch–Textanfang) wurden die Teilnehmer aufgefordert sich vorzustellen, auf die entsprechende Frage eine Antwort zu suchen. Ihnen wurde die Art der Zusammenfassung und die verwendeten, vorher festgelegten Suchwörter mitgeteilt. Auf der präsentierten Ergebnisseite entschieden sie für jede der sieben Optionen, ob sie den Link auswählen würden oder nicht. Für dieselbe Ergebnisliste wurde anschließend abgefragt, für wie wahrscheinlich sie es hielten, dass die einzelnen Links zu den gesuchten Informationen führen

---

[4] Für eine ausführliche Darstellung des Untersuchungsdesigns und weiterer Ergebnisse sei auf Kaczmirek (2003) verwiesen.

würden.[5] Auf zwei weiteren Seiten wurden Zufriedenheits- und andere Einstellungsmaße zur Ergebnisseite erhoben. Am Ende beider Bedingungen zur Spezifität erfolgten Gegenüberstellungen aller vier Arten der Zusammenfassung, wobei die Teilnehmer ihre Präferenzen angaben. Mit offenen Fragen und einem Debriefing inklusive optional auswählbarer Antwortdokumente zu den Suchanfragen endete die Untersuchung.

Um in der Auswertung Effekte aufgrund von Unterschieden zwischen den Teilnehmern (Faktor Mensch) statistisch konstant halten zu können, wurden verschiedene Erfahrungs-, Wissensmerkmale und demografische Daten erhoben. Darüber hinaus gab es eine Übungsphase, in der die Teilnehmer die in dieser Untersuchung spezielle Auswahltechnik von Links erprobten. Zusätzlich zu den vom Teilnehmer angegebenen Entscheidungen und Skalenwerten wurde die Zeit, die zwischen jedem Klick auf einen radio-button verstrich, erfasst. Dies diente als Maß für die Entscheidungsdauer auf den Ergebnisseiten und soll die Effektivität einer Ergebnisseite quantitativ und objektiv erfassbar machen. Einen Überblick wie die verschiedenen Konstrukte operationalisiert wurden, zeigt Tabelle 1.

Tabelle 1: Variablen im Untersuchungsdesign.

Theoretische Konstrukte und ihre Teilaspekte	Operationalisierungen, gemessene Variablen
Mensch	
Demografische Angaben	Alter, Geschlecht, Rekrutierungsweg
Erfahrung und Wissen	Acht Teilfragen zu: Welche Suchmaschinen wurden in der letzten Woche wie lange, bei wie vielen Suchanfragen verwendet? Wie viele Tage wurde in der letzten Woche am PC und im Internet gearbeitet? Drei Fragen zur Selbsteinschätzung: Wissen über Suchmaschinen, Währungsumstellung und Wirtschaft.
Manuelle Geschwindigkeit mit der Maus	Zeitmessung in den Übungsdurchgängen zur Linkauswahl.
Maschine	
Attribut Beschreibung	Randomisierte Zuweisung zu den Faktorstufen des Faktors „Art der Zusammenfassung".
Andere Attribute	Lediglich der Titel wurde angezeigt
Aufgabe	
Aufgabenklassifizierung	Messwiederholungsfaktor „Spezifität der Aufgabe".
Verhalten	Es sind Schlussfolgerungen anhand der Selektionsreihenfolge und dem Effektivitätsmaß Vollständigkeit möglich.
Abhängige Variablen	
Effektivität	Zeitdauer der Entscheidungen
	Genauigkeit (Anzahl relevanter und selektierter Links dividiert durch Anzahl selektierter Links) und Vollständigkeit (Anzahl relevanter und selektierter Links dividiert durch Anzahl rele-

---

[5] Dieser Ansatz weist Ähnlichkeiten mit dem Konzept des Pre-Click-Confidence von Lergier und Resnick (2001) auf. Unter Pre-Click-Confidence verstehen die Autoren die Sicherheit, mit der Anwender annehmen, dass ihre Auswahlentscheidung zu einer richtigen Antwort führen würde.

	vanter Links) ausgewählter Links
	Subjektive Sicherheit in der Linkauswahl
Effizienz	Erfolgsrate = Genauigkeit x Vollständigkeit / benötigte Zeit
Zufriedenheit	Direkter Vergleich der vier Arten der Zusammenfassung durch die Frage „Welche Darstellung würden Sie bei einer Suchmaschine bevorzugen. Beantworten Sie bitte: Wie gut oder schlecht ist die jeweilige Darstellung des Links?"
	Vierzehn Items zur Einstellung nach jeder Ergebnisseite mittels einer fünfstufigen Likertskala von „lehne stark ab" bis „stimme stark zu".

5 Beschreibung der Stichprobe

Von April bis Juni 2002 konnte online an der etwa zwanzigminütigen Untersuchung teilgenommen werden. In die Auswertung gingen 191 Fälle ein. Die Teilnehmer waren 127 Männer und 61 Frauen (drei ohne Angabe). Das Durchschnittsalter betrug 30,9 Jahre (SD 10,2; Min 17; Max 78; Mn 27).[6] Die meisten Teilnehmer wurden durch einen Link von anderen Seiten (72 Personen), durch E-Mail (55) oder eine Suchmaschine (22) auf die Untersuchung aufmerksam und unterlagen einer Selbstselektion (zu den Verzerrungen bei elektronischen Befragungen vgl. Vogt 1999). Es handelt sich um Anwender, die fast täglich mit Computern arbeiten. Durchschnittlich sind sie 6,2 Tage (SD 1,1; Mn 7) in der Woche am Computer und davon 5,7 Tage (SD 1,5; Mn 6) im Internet. Ihr Wissen über Suchmaschinen wird von ihnen auf einer fünf-stufigen Likertskala leicht überdurchschnittlich (Mn 4; M 3,6; SD 1,0), ihr Wissen über die Währungsumstellung zum Euro und ihr Wirtschaftswissen durchschnittlich eingeschätzt (Mn 3; 3; M 3,3; 3,0 SD 1,0; 1,0). In den vier Gruppen zur Art der Zusammenfassung fanden sich 58, 51, 38 und 44 Teilnehmer.

6 Ergebnisse

Im Sinne der ISO 9241-11 wird in diesem Beitrag als Effektivitätsmaß die Erfolgsrate in Anlehnung an Wolfram und Dimitroff (1997) berichtet, sowie ein Zufriedenheitsmaß. Zum Einsatz kamen einfaktorielle Varianzanalysen mit Messwiederholung, sowie im Falle der Zufriedenheitsskala der multivariate Ansatz. Als Post-hoc-Test für Mehrfachvergleiche wurde die *ehrlich signifikante Differenz nach Tukey* verwendet.

---

[6] SD = Standardabweichung, M = Mittelwert, Mn = Median, Min = kleinster Wert, Max = größter Wert.

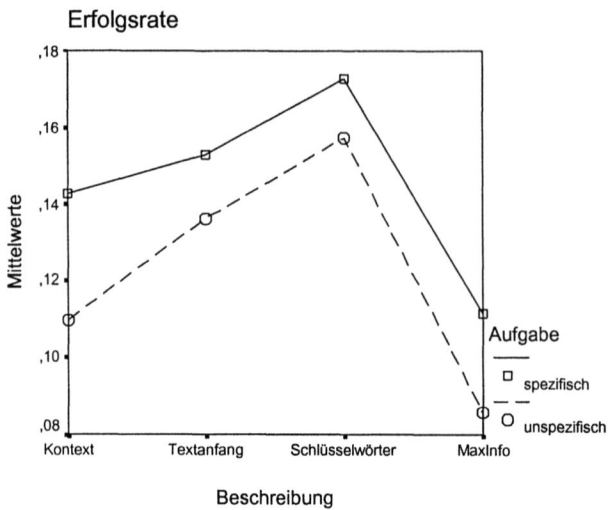

Abbildung 2: Erfolgsrate hinsichtlich Beschreibung und Spezifität.

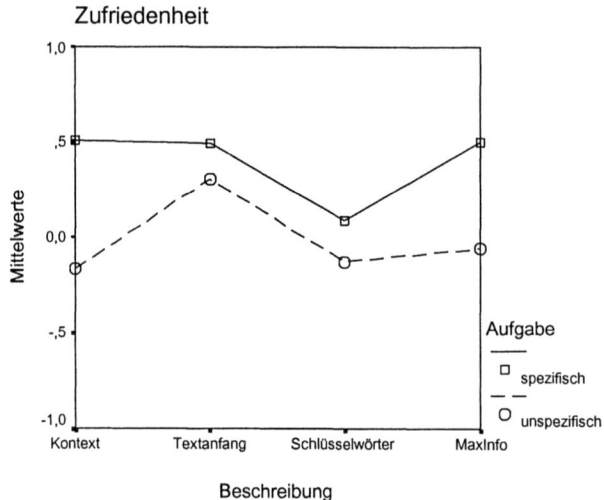

Abbildung 3: Zufriedenheit hinsichtlich Beschreibung und Spezifität.

Bei der Erfolgsrate sind die Hauptfaktoren Spezifität und Beschreibung höchst signifikant (F=12,5; p=0,001; F=7,1; p=0,000). Post-hoc-Mehrfachvergleiche zeigen, dass sich die Bedingung Schlüsselwörter signifikant von den beiden Bedingungen Kontext und MaxInfo unterscheidet (p=0,31; p=0,000). Weiterhin ist der Unterschied zwischen den Bedingungen Textanfang und MaxInfo signifikant (p=0,005). Aus Abbildung 2 lässt sich erkennen, dass eine Beschreibung der Treffer mit Schlüsselwörtern den Beschreibungsvarianten Kontext und MaxInfo überlegen ist. Außerdem ist eine Beschreibung durch Textanfang der Konglomeratvariante MaxInfo überlegen. Spezifische Suchaufgaben ergeben eine höhere Erfolgsrate als unspezifische Suchaufgaben.

Für die Zufriedenheit (Abbildung 3) erweist sich der Faktor Spezifität als höchst signifikant (F=61; p=0,000), der Faktor Beschreibung als sehr signifikant F=4,0; p=0,009). Auch der Interaktionseffekt zwischen Beschreibung und Spezifität ist höchst signifikant (F=5,9; p=0,001). Posthoc-Mehrfachvergleiche zeigen, dass sich die Bedingung Schlüsselwörter von den Bedingungen Kontext (p=0,003) und Textanfang (p=0,003) signifikant unterscheidet.

7 Interpretation

Vergleiche der Erfolgsrate zeigen, dass Trefferbeschreibungen mit Schlüsselwörtern den beiden Beschreibungsvarianten Wörter-im-Kontext und der Konglomeratbedingung MaxInfo überlegen sind. Weiterhin ist Textanfang ebenfalls der Variante MaxInfo überlegen. Zwischen den Varianten mit Schlüsselwörtern und Textanfang zeigen sich keine signifikanten Unterschiede. Für das Effizienzmaß Erfolgsrate können demnach die Beschreibungsvarianten Textanfang und Schlüsselwörter als Favoriten angesehen werden. Bei einer Bewertung der Ergebnisseite im Hinblick auf die Anforderung Zufriedenheit kann ein anderes Bild beobachtet werden. Beschreibungen durch Schlüsselwörter erhalten bei den Items zur Zufriedenheit die schlechteste Bewertung durch Anwender und unterliegen signifikant der Variante mit Textanfang. Im Sinne eines Interaktionseffektes ist eine Beschreibung mit Wörtern im Kontext lediglich bei spezifischer Suchaufgabe der Schlüsselwortmethode überlegen. Der Favorit beim Kriterium Zufriedenheit ist demnach die Variante der Textanfang.

Bei einer genauen Betrachtung der Anforderungen zur Effizienz und Zufriedenheit fällt auf, dass Textanfang als Beschreibungsvariante in beiden Anforderungen gute Ergebnisse erzielt, wohingegen die Wörter im Kontext Methode nur sehr eingeschränkt empfohlen werden kann. Die Variante Schlüsselwörter wiederum ergibt zwar ein gutes Effizienzmaß, wird aber durch die Anwender selbst als eher schlecht bewertet. Die Zufriedenheit ist allerdings eine wesentliche Anforderung der ISO 9241-11. Bei gleichwertiger Effizienz mehrerer Beschreibungsvarianten ist es angebracht, der Meinung der Anwender im Sinne freier Entscheidungswahl den Ausschlag zu geben. Da sich die Effizienz bei Schlüsselwörtern von Textanfang nicht signifikant unterscheidet, kann die aufgeworfene Fragestellung zu Beschreibungsvarianten daher wie folgt beantwortet werden: Erstens existieren beobachtbare Unterschiede zwischen den verschiedenen Beschreibungsvarianten. Zweitens wird der Entscheidungsprozess bei der Bewertung von Treffern auf Ergebnisseiten am optimalsten durch redaktionellen Anfangstext aus den repräsentierten Dokumenten unterstützt.

Sehr viel eindeutiger ist die Befundlage zur Spezifität der Suchaufgabe. Bei allen Kriterien schneiden spezifische Suchaufgaben besser ab als unspezifische.

8 Diskussion

Es zeigten sich keine unerwünschten Effekte durch Dropouts, Missings oder Reihenfolge der Suchaufgaben. Es konnte gezeigt werden, dass das Rahmenmodell Mensch, Maschine, Aufgabe eine systematische und differenzierte Forschung über Ergebnisseiten von Suchmaschinen unterstützt. Die entwickelte Erhebungsmethode erlaubt die Kontrolle störender Varianzquellen bei geringer Untersuchungsdauer. Die erhobenen Variablen und das spezielle Design sichern die Vergleichbarkeit mit anderen Untersuchungen.

Redaktioneller Anfangstext von verlinkten Dokumenten ist anderen komplizierteren Methoden der Darstellung überlegen. Obwohl ausführlichere Informationen über das verlinkte Dokument zu einer Verbesserung der Entscheidungen führen, ergibt sich ein Trade-Off aufgrund der längeren Bearbeitungszeit. Designer von Ergebnisseiten sehen sich daher in einem Konflikt. Sollen sie die

Attribute der Links kurz und gering halten, um eine schnelle und oberflächliche Evaluation zu ermöglichen, oder sind ausführlichere Informationen sinnvoller, die die Ergebnisseite deutlich länger werden lassen, aber auch eine genauere Darstellung der erwarteten Inhalte erlauben? Für eine Generalisierung der Ergebnisse in dem Sinne, dass die verwendete Methode mit 400 Zeichen Anfangstext für alle Suchaufgaben optimal ist, bedarf es weiterer Untersuchungen mit vielen verschiedenen Suchaufgaben. Es wurde die hohe Bedeutung des Faktors Aufgabenspezifität deutlich. Das in dieser Untersuchung gefundene Ergebnis widerspricht anderen Untersuchungen (vgl. Drori 2001). Jedoch wurden mit 400 Zeichen vom Textanfang die sonst üblichen 50-200 Zeichen deutlich überschritten. Dadurch scheint der Anwender in der Lage zu sein, sich ein genaueres Bild vom verlinkten Dokument zu machen, als dies bei den Methoden „Wörter im Kontext", „Kernaussagen oder Schlüsselwörter" oder „Anfangstext mit 200 Zeichen" möglich ist. Unklar bleibt, ab welcher Zeichenmenge sich die Vorteile in einen Nachteil umkehren. Im Sinne des Grundsatzes der Steuerbarkeit von Dialogen erscheint es wünschenswert, dem Anwender die Entscheidung zu überlassen, wie viele Zeichen aus dem Anfangstext dargestellt werden sollen, wobei eine sinnvolle Menge deutlich über den bisher üblichen 50-200 Zeichen liegt.

Weitere Forschung erscheint bei den Algorithmen zur Zeichenextraktion aus den verlinkten Dokumenten notwendig. Häufig kann der Anwender bei der Wörter-im-Kontext-Methode bei unspezifischen Suchaufgaben den Bezug zur Fragestellung nur schwer feststellen. Bei der Zeichenextraktion von redaktionellem Inhalt aus dem Textanfang sind spezielle Algorithmen notwendig, um keinen Programmcode oder Tabellenüberschriften, die ohne ihren grafischen Zusammenhang nicht sinnvoll interpretierbar sind, zu erhalten.

Der vorliegende Beitrag stellte Komponenten verschiedener Disziplinen in einem neu entwickelten Rahmenmodell vor. Das aktuelle Forschungsparadigma zu Ergebnisseiten von Suchmaschinen wurde skizziert und neue methodische Ansätze in der hier vorgestellten Untersuchung angewandt. Die Ergebnisse zeichneten ein neues Bild optimaler Ergebnisseiten, entgegen den bisherigen Bemühungen der Forschungsgemeinde die optimale Zusammenfassung eines Dokuments mit komplizierten Algorithmen zu suchen, die eine möglichst kurze und präzise Repräsentation des Dokuments erzeugen sollen. Bisher kann der Anwender selbst am sichersten entscheiden, ob ein Dokument für seine Suche relevant ist. Dafür verwendet er bevorzugt zusammenhängende Auszüge wie den Textanfang aus dem (für ihn geschriebenen) redaktionellen Inhalt der Dokumente.

Literatur

Drori, O. (2001). Improving Display of Search Results in Information Retrieval Systems – User's Study. In: P. T. Isaías (Ed.), *New Developments in Digital Libraries, Proceedings of the 1st International Workshop on New Developments in Digital Libraries. NDDL 2001. In conjunction with ICEIS* (pp. 20-33). Setúbal, Portugal: ICEIS Press.

Faul, F. & Erdfelder, E. (1992). *GPOWER: A priori, post-hoc, and compromise power analyses for MS-DOS* [computer programm]. Bonn University, Dep. of Psychology.

Fox, S. (2002). *Pew Internet Project Data Memo*. [Webdokument, 22.09.2002]: Pew Internet & American Life. URL: http://www.pewinternet.org/reports/index.asp

Jungermann, H., Pfister, H.-R., & Fischer, K. (1998). *Die Psychologie der Entscheidung*. Heidelberg: Spektrum Akademischer Verlag.

Kaczmirek, L. (2003). *Information und Selektion. Gebrauchstauglichkeit der Ergebnisseiten von Suchmaschinen*. Unveröffentlichte Diplomarbeit, Universität Mannheim.

Kleinfeldt, S., & Baphna, J. (2000). *A Commercial Perspective on Hypertext Search Results*. Paper presented at the Information Doors. Where Information Search and Hypertext Link, San Antonio, Texas.

Lergier, R., & Resnick, M. (2001). *A framework for evaluating user strategies in Internet search and evaluation.* Paper presented at the 7th Conference on Human Factors and the Web.

Marchionini, G. (1995). *Information Seeking in Electronic Environments*. Cambridge: Cambridge University Press.

Shneiderman, B. (1992). *Designing the User Interface: Strategies for Effective Human-Computer Interaction*. Santiago: Addison Wesley Longman.

Shneiderman, B. (1997). Designing information-abundant web sites: issues and recommendations. In: *International Journal of Human-Computer Studies, 47*, 5-29.

Unz, D. C., Capstick, J., & Erbach, G. (1999). Damit die Suche (schneller) zum Ziel führt: Interface-Design einer Suchmaschine zur Unterstützung von Selektionsentscheidungen. In: W. Wirth & W. Schweiger (Eds.), *Selektion im Internet. Empirische Analysen zu einem Schlüsselkonzept* (pp. 249-270). Opladen: Westdeutscher Verlag.

Vogt, K. (1999). Verzerrungen in elektronischen Befragungen? In: B. Batinic, A. Werner, L. Gräf & W. Bandilla (Eds.), *Online Research. Methoden, Anwendungen und Ergebnisse*. Göttingen: Hogrefe.

Weber, C., & Groner, R. (1999). Suchstrategien im WWW bei Laien und Experten. In: W. Wirth & W. Schweiger (Eds.), *Selektion im Internet. Empirische Analysen zu einem Schlüsselkonzept* (pp. 181-196). Opladen: Westdeutscher Verlag.

Wirth, W., & Schweiger, W. (1999). Selektion neu betrachtet: Auswahlentscheidungen im Internet. In: W. Wirth & W. Schweiger (Eds.), *Selektion im Internet. Empirische Analysen zu einem Schlüsselkonzept* (pp. 43-74). Opladen: Westdeutscher Verlag.

Wolfram, D. & Dimitroff, A. (1997). Preliminary Findings On Searcher Performance and Perceptions of Performance in a Hypertext Bibliographic Retrieval System. In: *Journal of the American Society for Information Science, 48* (2), 1142-1145.

Lerntheorie und Kultur: eine Voruntersuchung für die Entwicklung von Lernsystemen für internationale Zielgruppen

Elisabeth Kamentz, Christa Womser-Hacker

Informationswissenschaft, Universität Hildesheim

Zusammenfassung

In diesem Beitrag wird die Angemessenheit und Effektivität des Einsatzes von Lerntheorien vor dem Hintergrund der Entwicklung einer benutzerorientierten Lernumgebung für multikulturelle Zielgruppen hinterfragt. Nach einer Konfrontation aktueller Lernmodelle mit Merkmalen der Gestaltung von Lernsituationen in verschiedenen Kulturkreisen werden ausgewählte Ergebnisse der Befragung zur Nutzung von Computern und Lernprogrammen vorgestellt, die den Bedarf an individuellen Lösungen für didaktische Konzepte verdeutlichen. Diese Analyse ist Teil der empirischen Grundlage für die Entwicklung der Benutzermodellierungskomponente eines Lernsystems, das die Anpassung an kulturspezifische Bedürfnisse von Nutzern ermöglichen soll.

1 Einleitung

Kognitionspsychologen gehen davon aus, dass Lernen auf dem Aufbau kognitiver Strukturen und deren Anpassung an neue pragmatische Gegebenheiten basiert, und haben mit ihren Erkenntnissen eine Grundlage für das Modell des so genannten entdeckenden Lernens gelegt. Dieser Bestandteil der konstruktivistischen Lerntheorie wird seit einigen Jahren als ein Garant für die Steigerung des Lernerfolges betrachtet und bei der Entwicklung von multimedialen Lernsystemprototypen verstärkt umgesetzt. Lernprogramme, die nach dem vom Behaviorismus geprägten Frage-Antwort-Schema aufgebaut sind, lassen dem Lernenden nach Ansicht der Kognitionspsychologie zu wenig Spielraum, die existierenden kognitiven Konzepte zu aktivieren bzw. neue zu konstruieren. Hierzu seien Aufgaben geeignet, die ihm individuelle Freiheit gewähren, eigene Lernwege und -strategien zu entwickeln, und die das Explorieren in einem komplexen Informationsraum fördern. Allerdings muss an dieser Stelle bedacht werden, dass die Effektivität des didaktischen Konzeptes multimedialer Lernumgebungen, dem das konstruktivistische Lernparadigma zugrunde liegt, von dem kulturellen Hintergrund des jeweiligen Nutzers abhängt. Lernende aus unterschiedlichen Kulturen, wie Austauschstudierende oder Mitarbeiter internationaler Unternehmen, haben unterschiedliche Erwartungen bezüglich der Gestaltung von Lernsituationen und damit des didaktischen Designs von Lernprogrammen. An dieser Stelle setzt unsere Arbeit an. Die in diesem Beitrag beschriebene Studie ist Teil der empirischen Basis für die Konzeption einer Benutzermodellierungskomponente zur Realisierung der Adaptivität einer Lernumgebung, die an der Universität Hildesheim im Rahmen des SELIM-Projektes (SELIM: SoftwareErgonomie für Lernsysteme mIt Multimedia) entwickelt wurde. Die Integration der Benutzermodellierungskomponente soll dem System eine automatische Anpassung an die Bedürfnisse Lernender aus unterschiedlichen Kulturen ermöglichen (Kamentz & Womser-Hacker 2002). In diesem Beitrag steht die Auswahl einer geeigneten didaktischen Strategie im Vordergrund.

2 Theoretische Grundlagen

2.1 Didaktische Modelle mediengestützten Lernens

Dieser Abschnitt bietet zunächst einen Überblick über die drei lerntheoretischen Ansätze, die die mediendidaktische Diskussion entscheidend geprägt haben. Den Lernparadigmen des Behaviorismus, Kognitivismus und Konstruktivismus liegen unterschiedliche Auffassungen über menschliches Lernen und die geeigneten Methoden zur Förderung der Lernleistung zugrunde. Während die didaktischen Konzepte der kommerziellen Lernsoftware zur Zeit hauptsächlich auf dem Behaviorismus und dem Kognitivismus basieren, hat sich der Konstruktivismus zunächst im Bereich der Bildungsforschung etabliert, die sich von der Lernsystem-Entwicklung auf der Grundlage dieser Lerntheorie eine beachtliche Steigerung des Lernerfolges bei den Nutzern verspricht. Angesichts der sprach- und kulturübergreifenden Kommunikation in der heutigen Welt und dem damit verbundenen zunehmenden Einsatz von Web-Based-Training-Anwendungen ergibt sich jedoch die Notwendigkeit, die Angemessenheit der didaktischen Konzepte dieser Programme vor dem kulturellen Hintergrund der künftigen Nutzer zu überprüfen. Nach der Betrachtung der drei Lernparadigmen in diesem Abschnitt werden daher in Punkt 2.2. die Verbindungen zu den kulturbedingten Merkmalen der Gestaltung von Lernsituationen herausgestellt sowie Hypothesen zur Relativierung der Stärken bzw. Schwächen der Lerntheorien aufgestellt.

Behaviorismus

Der behavioristische Lernansatz beruht auf der Annahme, die kognitive Tätigkeit und somit Lernen könne auf das Bilden und Festigen von Reiz-Reaktions-Ketten (Assoziationen) zurückgeführt werden. Er postuliert die Verstärkung der richtigen Verhaltensweisen durch entsprechendes (positives) Feedback als den wesentlichen Lernmechanismus. Behavioristen behaupten, dieses Konzept könne insbesondere beim computerunterstützten Lernen konsequenter und effektiver umgesetzt werden, als im konventionellen Unterricht, da während der Interaktion des Lernenden mit einem CBT-Programm (Drill&Practice) die Verstärkungsmechanismen für den Aufbau von korrekten Reaktionen aufgrund einer zeitlich unmittelbaren Rückmeldung nach jeder Informationseinheit besser zur Geltung kämen (Schulmeister 2002). Kritiker werfen den Behavioristen vor, dieser Ansatz sei nicht an den im Gehirn ablaufenden spezifischen Prozessen interessiert, im Vordergrund stehe lediglich das beobachtbare Verhalten. Das Lernziel bei der Bearbeitung eines Lernprogramms bestehe weniger darin, die richtigen Reaktionen auf bestimmte Fragen zu erlernen, sondern vielmehr im Aufbau von Wissen, das in neuen Kontexten abgerufen und flexibel eingesetzt werden kann. Die Theorie des Behaviorismus hat die ersten Überlegungen zum Einsatz von Computern zu Lehr- und Lernzwecken jedoch entscheidend geprägt und beeinflusst trotz vieler Kritik bis heute die Vorstellungen über mediengestütztes Lernen.

Kognitivismus

Als Reaktion auf die methodisch eingeengte Sichtweise des Behaviorismus betont die kognitivistische Lerntheorie die kognitiven Prozesse, die sich beim Lernen abspielen und die zur Ausbildung von Wissensstrukturen, d.h. zur Integration von Informationselementen in ein bestehendes Wissensnetz führen. Das Gehirn wird nicht mehr als eine Black Box betrachtet, bei der lediglich Input und Output interessieren. Im Mittelpunkt steht das Erlernen von geeigneten Verarbeitungsstrategien zur Problemlösung, die Förderung von Fähigkeiten wie Erkennung von Zusammenhängen und Mustern sowie die Übertragung der erlernten Konzepte auf neue Problemstellungen (Baumgartner & Payr 1997). An dieser Stelle setzen die intelligenten tutoriellen Systeme (ITS) an, die sich an verschiedene Lernermerkmale wie den Wissensstand und den aktuellen Lernfortschritt anpassen und auf diese Weise die Lehrperson simulieren. Die Kritik am Kognitivismus betrifft hauptsächlich *„die Reduktion menschlichen Handelns auf kognitive Informationsverarbeitung, bei der das Individuum als Zentrum von Wissen und Handeln überbewertet wird und die menschliche*

Emotionalität, Leiblichkeit und Situiertheit des Handelns in der Lebenswelt ausgeblendet werden." (Kerres 2001, 74) Die zu starke Konzentration auf die geistigen Verarbeitungsprozesse könne zur Vernachlässigung der Vermittlung einfacher Fertigkeiten führen.

Konstruktivismus

Als Alternative zum Kognitivismus wird zunehmend der konstruktivistische Ansatz der didaktischen Konzeption von Lehr-/Lernsituationen diskutiert. Der Konstruktivismus basiert auf Erkenntnissen im Bereich der Kognitionspsychologie und begreift Lernen als einen aktiven internen Prozess, bei dem Individuen ihr Wissen in realen Situationen selbst konstruieren und es in Beziehung zu bestehendem Vorwissen setzen. Wissen über die Welt ist demnach nicht als eine Abbildung objektiver Sachverhalte zu verstehen, sondern stellt das Ergebnis eines individuellen mentalen Konstruktionsprozesses dar. Als eine der pädagogisch-methodischen Grundlagen des Konstruktivismus ist das Konzept des entdeckenden Lernens zu sehen, das in den 60er Jahren von Jerome Bruner begründet wurde und dessen wesentliches Ziel in der Ausbildung der Problemlösungsfähigkeit besteht (Schulmeister 2002). Hierzu sind Aufgaben geeignet, die dem Suchen und Explorieren weiten Raum geben. Im Hinblick auf das computerunterstützte Lernen ist die Freiheit des Lernenden, Wege und Strategien im Umgang mit Programmen selbst wählen zu können, von entscheidender Bedeutung und führt somit zur Notwendigkeit der Redefinition der Rolle des Lehrenden. Nicht mehr das autoritäre Lehrermodell des Behaviorismus und auch nicht die tutorielle Unterstützung im Sinne des Kognitivismus stehen im Vordergrund, sondern die persönliche Erfahrung des Lernenden. Der Lehrende tauscht die autoritäre Rolle des "Allwissenden" gegen die eines Beraters mit großer Erfahrung, der sich der Tatsache bewusst ist, dass es kein absolut „richtiges" Wissen gibt und er lediglich als Anbieter seines individuellen Wissens Hilfestellung leisten kann. Seine Aufgabe besteht folglich darin, die Autonomie und Initiative des Lernenden zu fördern, indem er ihm erlaubt, Inhalte zu verändern bzw. neue Ideen zu kreieren, eigene Schlussfolgerungen zu ziehen und, falls nötig, sogar die Unterrichtsstrategien zu modifizieren. Als herausragende Eigenschaft von hypermedialen Lernsystemen gilt die vernetzte Art der Informationspräsentation, die dem Lernenden die Möglichkeit eröffnet, die ihm adäquat erscheinende weiterführende Information auszuwählen und damit seinen Lernweg selbst zu steuern. Es wird von der These ausgegangen, dass Hypermedia-Systeme aufgrund ihrer komplexen nicht-linearen Struktur, die der Organisation des Wissens im menschlichen Gehirn ähnelt, dem Anspruch der kognitiven Plausibilität gerecht werden. Die Wissensannahme über eine solch vergleichbare Organisationsform sei effizienter, als über den Umweg einer linearen Präsentationsform. Das freie Navigieren in der hypermedialen Wissensbasis fördere das entdeckende Lernen und aktiviere dabei bereits vorhandene kognitive Konzepte.

Sowohl der Behaviorismus als auch Kognitivismus verfolgen einen instruktionalistischen Ansatz, bei dem der Lehrende im Wesentlichen das Unterrichtsgeschehen bestimmt, wobei der Instruktionismus bei dem behavioristischen Paradigma eine extreme Form annimmt. Dagegen stellt der Konstruktivismus den individuellen Lernprozess und die Bedürfnisse des Lernenden in den Mittelpunkt. Die folgende Tabelle (in Anlehnung an French 1999) fasst die Konzepte dieser beiden Ansätze vergleichend zusammen. Auffällig sind dabei die Analogien zu einigen der in Abschnitt 2.2. beschriebenen kulturbedingten Merkmale der Gestaltung von Lernsituationen.

Instruktionismus	Konstruktivismus
• Der Lehrende leitet den Lernprozess • Der Lehrende legt die Lernziele fest • Lernende gelten als passiv und werden als „Behälter" begriffen, die mit statischem Wissen zu füllen sind. • Lernen umfasst die Aneignung von Fakten und die Fähigkeit, Dinge nachzuahmen. (Lernen, wie man etwas macht)	• Der Lernende leitet den Lernprozess • Die Lernziele werden von der Lehrkraft und den Lernenden gemeinsam aufgestellt, unter Berücksichtigung der Bedürfnisse einzelner Lernender • Lernende gestalten aktiv den Lernprozess und lösen Probleme, die für sie persönlich relevant sind. • Lernen umfasst die individuelle Konstruktion von Wissen in realen Situationen und die darauf aufbauende Entwicklung von strategischem Wissen. (Lernen, wie man lernt)

Tab. 1: *Konzepte des Instruktionismus und des Konstruktivismus im Vergleich*

2.2 Lernen und kultureller Hintergrund

Die interkulturelle Kommunikationsforschung betrachtet nicht nur die allgemeinen kulturellen Besonderheiten, durch die sich verschiedene Gesellschaften auszeichnen (Hofstede 1993; Hall & Hall 1990; Trompenaars 1993), sondern speziell auch die aus ihnen resultierenden Auswirkungen im Lehr-/ Lernkontext. Da das Bildungssystem einen Ausdruck bzw. ein „Produkt" der Kultur eines Landes darstellt, gehen wir davon aus, dass die Entwicklung von Arbeits-, Problemlöse- und Lerntechniken des Einzelnen nicht nur aufgrund seiner individuellen Veranlagung erfolgt, sondern auch in hohem Maße von den jeweiligen kulturellen Orientierungen im Bildungsbereich geprägt ist. Im Zusammenhang mit der Entwicklung von Lernsystemen für internationale Zielgruppen sind insbesondere im Hinblick auf die Konzeption einer adäquaten didaktischen Strategie die Merkmale der von Hofstede (1986) definierten Kulturdimensionen bezüglich der Gestaltung von Lernsituationen relevant. Im Folgenden werden die wesentlichen Merkmale der drei Kulturdimensionen ‚'Individualismus vs. Kollektivismus', 'Unsicherheitsvermeidung' und 'Machtdistanz' im Lehr-/ Lernzusammenhang dargestellt.

Individualismus vs. Kollektivismus: Mit Hilfe dieser Dimension wird erfasst, inwieweit sich der Mensch als Individuum bzw. als Teil einer Gemeinschaft begreift. Bei der Gestaltung von Lernsituationen ergeben sich zwischen individualistischen und kollektivistischen Kulturen vor allem Unterschiede bei der Definition des Lernzwecks: für individualistisch orientierte Lerner besteht der Zweck des Lernens darin zu erfahren, wie man Neues erlernen kann; man geht von der Notwendigkeit lebenslangen Lernens aus. Dagegen wird der Lernzweck von einem kollektivistisch geprägten Schüler eher im Beherrschen von vorgegebenen Fakten und Fertigkeiten gesehen. Es wird gelernt, wie etwas gemacht wird, um von der sozialen Gruppe, der man angehört, akzeptiert zu werden. Darüber hinaus sind Unterschiede im Diskussionsverhalten festzustellen. In kollektivistischen Kulturen werden Schüler erst sprechen, wenn sie von der Lehrperson, die als Autorität den Unterrichtsablauf bestimmt, persönlich dazu aufgefordert wurden. Individualistisch orientierte Kulturen dagegen legen Wert auf offene Diskussionen, bei denen eine Vielzahl gegenteiliger Meinungen eine Selbstverständlichkeit darstellt. Zu dem individualistisch geprägten Kulturkreis gehören die englischsprachigen Länder sowie Nordeuropa, während die meisten asiatischen Länder, arabische und lateinamerikanische Länder (mit Ausnahme Brasiliens) eine kollektivistische Orientierung aufweisen (Beneke 2001).

Machtdistanz: Machtdistanz beschreibt das Ausmaß, bis zu welchem die weniger mächtigen Mitglieder einer Gesellschaft eine ungleiche Machtverteilung erwarten und akzeptieren. Daraus resultiert in Lernsituationen für Lehrende in Kulturen mit niedriger Machtdistanz, wie z.B. Deutschland, Skandinavien, USA, Kanada, Australien, 'lediglich' die Position eines Fachexperten (Primus inter Pares), der losgelöstes (neutrales) Wissen vermittelt und von seinen Schülern Eigeninitiative erwartet. In Kulturen mit großer Machtdistanz, zu denen arabische Länder, Lateinamerika (mit Ausnahme Argentiniens) sowie asiatische Länder, Frankreich, Spanien, Belgien und eingeschränkt auch Italien zählen (Beneke 2001), geht dagegen jegliche Initiative vom Lehrenden aus, der als Autoritätsperson die eigene Weisheit vermittelt und entsprechenden Respekt erwartet.

Unsicherheitsvermeidung: Unsicherheitsvermeidung drückt eine Strukturiertheitserwartung aus, d.h. Unbekanntes, Unerwartetes und Vages soll in allen Lebensbereichen möglichst vermieden werden. Kulturen mit niedriger Unsicherheitsvermeidung (z.B. englischsprachige und südostasiatische Länder), die sich durch Risikobereitschaft und Toleranz von Ambiguität, Neuem und Zufälligem als einer normalen Erscheinung im Leben auszeichnen, weisen im Lehr-/Lernkontext vor allem eine Vorliebe für Open-End-Lernsituationen auf. Lernen durch Versuch und Irrtum, bei dem aus Misserfolgen gelernt wird, stellt eine sehr wichtige Lernart dar. Länder mit einer hohen Unsicherheitsvermeidung, wie z.B. lateinamerikanische und islamische Länder, Mittelmeerländer, deutschsprachige Länder sowie einige asiatische Länder wie Japan oder Südkorea, bevorzugen dagegen klar strukturierte Lernsituationen und die Vorgabe von korrekten Antworten.

In diesem Zusammenhang stellt sich die Frage, wie sich die Einflüsse der Kulturdimensionen auf softwareergonomische Aspekte wie Farbgebung, Bildschirmorganisation, Navigationsstruktur sowie die Präsentation der Lehrinhalte und das didaktische Konzept von Lernprogrammen auswirken sollten, um Lernenden aus unterschiedlichen Kulturen eine Lernumgebung anzubieten, deren Gestaltung ihren Erwartungen, Präferenzen und Interessen weitgehend gerecht wird. Vor allem die Rolle des Lernenden im Lernprozess stellt sich aufgrund der Konzeptionen der Lerntheorien unterschiedlich dar. Vergleicht man die Merkmale der drei Lernparadigmen so fällt auf, dass bei einem Übergang vom Behaviorismus bis hin zum Konstruktivismus der Fokus zunehmend von der Lehrperson auf den Lernenden übergeht. Dies trifft in ähnlicher Weise auch für die Kulturdimensionen Individualismus vs. Kollektivismus und Machtdistanz zu. In Gesellschaften mit einer kollektivistischen Orientierung sowie jenen, die von einer großen Machtdistanz geprägt sind, steht eine lehrerzentrierte und autoritäre Unterrichtsgestaltung sowie das Erlernen (Memorieren und Rezipieren) von vorgegebenen Fakten und Fertigkeiten verstärkt im Vordergrund. In Kulturen, die eine individualistische Tendenz und/oder eine niedrige Machtdistanz aufweisen, steht dagegen der Lernende im Mittelpunkt des Unterrichtsgeschehens und erhält ein höheres Maß an individueller Freiheit und Kontrolle des Lernprozesses. Demnach könnte davon ausgegangen werden, dass Lernenden aus kollektivistischen Kulturen oder Gesellschaften mit einer hohen Machtdistanz Lernumgebungen vertrauter sein werden, die auf didaktischen Konzepten basieren, die von dem behavioristischen Lernparadigma ausgehen bzw. eine Verbindung von behavioristischen und kognitivistischen Merkmalen darstellen. Lernende aus individualistisch geprägten Kulturen werden dagegen Lernprogramme bevorzugen, die nach konstruktivistischen Prinzipien konzipiert wurden bzw. kognitivistische und konstruktivistische Merkmale vereinen, und das Erlernen von Problemlösestrategien in den Vordergrund stellen. Darüber hinaus könnten auch Lernende aus Kulturen mit einer hohen Unsicherheitsvermeidung, die klar strukturierte Lernsituationen bevorzugen, durch die Vorgaben des Konstruktivismus, in einer vagen und unabgeschlossenen Wissensmenge zu explorieren und selbständig nach undefinierten Problemstellungen zu suchen, verunsichert und demotiviert werden. Welche Lerntheorie zu welcher Kultur "passt" oder welche paradigmenübergreifenden Kombinationen didaktischer Strategien angemessen wären, bleibt jedoch im Einzelnen genauer zu untersuchen. Neben der Berücksichtigung kultureller Präferenzen sollte bei der Entwicklung von didaktischen Designs für internationale Zielgruppen auch bedacht werden, dass das jeweilige Konzept mit den inhaltlichen Anforderungen der Lehrinhalte vereinbar sein muss. Drill&Practice-Aufgaben, die in den Bereich des Behaviorismus fallen, eignen sich beispielsweise grundsätzlich nicht dazu, Problemlösekompetenz zu vermitteln. Die Gestaltung von Aufgaben und Instruktionen, die das Erreichen eines angestrebten Lernziels fördern sollen, könnte jedoch an einem übergeordneten kulturell geprägten didaktischen Schwerpunkt ausgerichtet werden. So zeichnen sich z.B. Kulturen mit einer niedrigen Unsicherheitsvermeidung durch induktive, experimentelle Problemlösungen aus, bei der Lösungsideen nach dem Trial & Error-Prinzip unmittelbar getestet werden, um schließlich in eine generelle Lösungsstrategie übergeführt zu werden. Dagegen wird in Kulturen mit einer hohen Unsicherheitsvermeidung die Entwicklung eines abstrakter angelegten Lösungsplans an den Anfang einer Problemlösung gestellt. Das Ziel besteht darin, das gestellte Problem in seiner Gesamtheit unter Berücksichtigung aller Zusammenhänge und potenzieller Risiken zu erfassen und den eigentlichen Problemkern zu erkennen. Dabei werden Ideen zunächst kritisch hinterfragt und Theorien sowie wissenschaftliche Erkenntnisse zu Rate gezogen, um schließlich aus mehreren Gedankengängen einen Lösungsweg zu extrahieren. Die eingehende Betrachtung der Vor- und Nachteile des gewählten Vorgehens geht somit der praktischen Umsetzung vor.

3 Das Projekt SELIM

3.1 Überblick über Projektziele und eingesetzte Methoden

Bei der Entwicklung von multimedialen Lernumgebungen stehen in der Regel inhaltliche oder technische Fragen im Vordergrund, aber gerade im Lehr-/Lernkontext kann eine unzureichende Oberflächengestaltung dazu führen, dass die Benutzer von ihrer eigentlichen Aufgabe, dem Wissenserwerb, aufgrund von Problemen bei der Systembedienung abgelenkt werden. Softwareergonomische Gestaltungshilfen wie Styleguides oder Richtlinien werden jedoch in einem Zusammenhang, in dem zusätzlich der didaktische Aspekt eine wesentliche Rolle spielt, nicht ausreichend sein. Um eine Verbindung zwischen der Softwareergonomie und den aktuellen Lerntheorien herzustellen, wurden im Rahmen des SELIM-Projektes zwei Lernsystem-Prototypen mit unterschiedlicher lerntheoretischer Basis entwickelt, die im Zuge des Rapid Prototyping-Prozesses im Hinblick auf Bedienfreundlichkeit und Lernerfolg mit Hilfe von Benutzertests mehrmals verglichen werden. Anschließend soll ein Modell entwickelt werden, das verschiedene Gestaltungsmaßnahmen umfasst, die beim Entwurf von Lernsystemen die Bereitstellung unterschiedlicher Sichten auf das System unterstützen, und auf diese Weise eine Anpassung an Wissensstand und Vorlieben des Lernenden ermöglichen.

Die Entwicklung von Lernumgebungen für eine internationale Zielgruppe wirft darüber hinaus Fragestellungen bezüglich der "kulturgerechten" Gestaltung eines Lernsystems auf. Um den Lerngewohnheiten von Benutzern aus verschiedenen Kulturen entgegen zu kommen, sollen im zweiten Teil des SELIM-Projektes die kulturbedingten Unterschiede im Lernverhalten und in der Konzeption von multimedialen Lernsystemen (in den Bereichen Layout, Interaktions- und Navigationsmöglichkeiten, Inhaltspräsentation und Didaktik) berücksichtigt werden. Das Ziel ist hier, die Auswirkungen der kulturspezifischen Unterschiede in der Gestaltung von konventionellen Lernsituationen auf den Aufbau von Lernprogrammen zu ermitteln und diese in die Weiterentwicklung des SELIM-Lernsystems einfließen zu lassen. Die Untersuchung erfolgt mittels der Evaluation von Lernprogrammen aus verschiedenen Kulturen anhand eines umfassenden Katalogs von mehr als 50 Kriterien. Eine Befragung zu Lernstilen und Computernutzung dient der Ergänzung der gewonnenen Evaluationsergebnisse im Hinblick auf die Entwicklung einer integrierten Benutzermodellierungskomponente, die dem Lernprogramm die Anpassung an Bedürfnisse und Präferenzen von Lernenden mit unterschiedlichem kulturellen Hintergrund ermöglicht. Anschließend werden die kulturspezifischen Profile des Aufbaus von Lernprogrammen sowie die ermittelten Merkmale des Lernverhaltens und der Zugangsweisen zu Computern den Ausgangspunkt für die Gestaltung der Benutzermodellierungskomponente des SELIM-Lernsystems bilden, wobei insbesondere im Bereich des didaktischen Designs eine Vereinbarkeit mit den Anforderungen der behandelten Thematik (Evaluation von IR-Systemen) gefunden werden soll. Die Evaluierung der adaptiven Lernumgebung erfolgt im Zuge des Rapid-Prototyping-Verfahrens, das die Einbeziehung potentieller Benutzer in den Entwicklungsprozess in einem frühen Stadium vorsieht.

3.2 Befragung zu Lernstilen und Computernutzung

Neben der Evaluierung der Lernprogramme wurde im zweiten Teil der explorativen Voruntersuchung eine kulturvergleichende Lernstilanalyse sowie die Untersuchung der kulturspezifischen Zugangsweisen zu Computern im Rahmen einer Fragebogenaktion mit Studierenden aus verschiedenen Kulturen durchgeführt. Der zweite Teil des Fragebogens enthielt u.a. Fragen zu Computerkenntnissen und Gewohnheiten der Computernutzung, Einstellungen zur Computertechnologie oder Präferenzen bezüglich der funktionellen und inhaltlichen Gestaltung von Lernprogrammen. In die Auswertung wurden die Antworten von 75 Studierenden aus acht Kulturen/Kulturkreisen[1] einbezogen, wobei sich die Anzahl der zu den einzelnen Kulturen/Kulturkreisen gehörenden Befragten zwischen vier und 20 verteilt: Deutschland (20), China (10), Frankreich/Belgien (13), Länder der ehemaligen Sowjetunion (Russland, Ukraine, Weißrussland, Kasachstan, 13), Spanien (5), südamerikanische Länder (Bolivien, Peru, 4), Kamerun (5), Großbritannien/Irland (5). Die Befragung wurde mit ausländischen Studierenden der Universität und der Fachhochschule Hildesheim (Durchschnittsalter: 24 Jahre) durchgeführt. In dem folgenden Abschnitt stellen wir ausgewählte Ergebnisse aus dem zweiten Teil der Befragung vor, die die Notwendigkeit einer Variation didaktischer Strategien bei der Entwicklung von kulturspezifisch ausgerichteten Lernprogrammen verdeutlichen.

4 Ergebnisse der Befragung

Für die Darstellung der Befragungsergebnisse haben wir drei Fragen ausgewählt, die wir als geeignet betrachten, um eine Verbindung zwischen den Lerntheorien und den im Lehr-/Lernkontext relevanten Kulturdimensionen herzustellen und gleichzeitig die Richtigkeit der von uns aufgestellten Hypothesen zu überprüfen.

Frage 1: „Wie findest Du es, wenn eine Stimme oder eine virtuelle Person Dich durch das Programm führen will?"

Mit Hilfe dieser Frage sollte – im Hinblick auf die Ergänzung des Angebots an Navigations- und Orientierungshilfen innerhalb eines adaptiven Lernsystems – das Ausmaß der von den Lernenden gewünschten Eigensteuerung des Lernprozesses ermittelt werden, die ein wesentliches Merkmal einer konstruktivistischen Lernumgebung darstellt. Die folgende Abbildung stellt die Unterschiede in der Wahrnehmung einer expliziten Benutzerführung durch Lernende aus verschiedenen Kulturkreisen dar.

---

[1] Der Begriff „Kultur" bezieht sich hier auf ein Land, der „Kulturkreis" dagegen bezeichnet eine Gruppe von zwei und mehr kulturell verwandten Ländern.

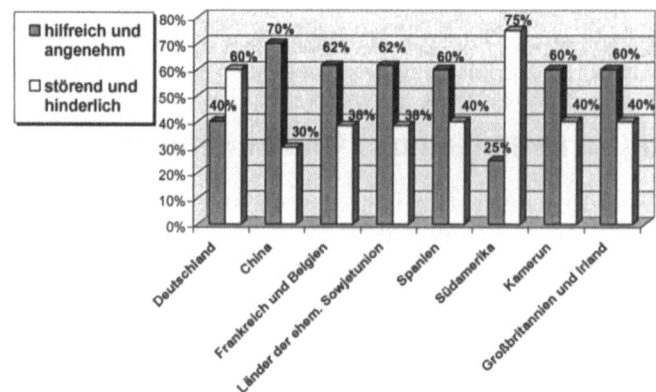

Abbildung. 1: Wahrnehmung der Benutzerführung - Verteilung nach Kultur

In unserer Arbeit gehen wir davon aus, dass der Wunsch des Lernenden nach expliziter Benutzerführung auf eine kollektivistische Orientierung sowie größere bzw. große Machtdistanz und die daraus resultierende Lehrerzentriertheit und Autorität der Lehrkraft in Unterrichtssituationen in einer Kultur zurückzuführen ist. Die überwiegend positive Bewertung der Benutzerführung durch die Befragten aus China, Frankreich/Belgien, den Ländern der ehemaligen Sowjetunion, Spanien, Kamerun und Großbritannien/Irland lässt zunächst auf eine ausgeprägte Machtdistanz in diesen Ländern schließen, da eine Korrelation dieser kulturellen Ausrichtung mit dem Kollektivismus nicht in jedem Fall gegeben ist. Frankreich, Belgien, Spanien, Großbritannien und Irland gehören wie Deutschland nicht zu den kollektivistisch geprägten Kulturen, zeichnen sich jedoch im Bildungsbereich durch ein höheres Maß an Machtdistanz bzw. Formorientierung (Großbritannien/Irland) aus, die eine stärkere Anleitung des Lernenden mit sich bringen. Ein unerwartetes Ergebnis lieferten dagegen die Angaben der Studierenden aus den südamerikanischen Ländern, die sowohl zu den kollektivistischen Ländern, als auch zu Kulturen mit einer hohen Machtdistanz zählen. Ihre Werte ähneln dem Ergebnis für Deutschland, das zu den individualistischen Ländern gehört sowie eine eher geringe Machtdistanz aufweist, und übertreffen es sogar leicht.

Die Ergebnisse zu den folgenden zwei Fragen können bei Überlegungen relevant werden, die eine geeignete inhaltliche Konzeption von Übungsaufgaben sowie das zugehörige Ausmaß an Instruktionen und Hilfestellungen zur Lösung betreffen.

Frage 2: „Wie gehst Du vor, wenn Du ein Problem mit dem Computer/einem Programm hast?"

45% der Befragten gaben an, ein Problem mit dem Computer durch eigene Lösungsversuche bewältigen zu wollen. Für das Heranziehen eines Expertenrates sprachen sich insbesondere die Studierenden aus Frankreich/Belgien, Spanien und Kamerun aus - Kulturen, die durch eine hohe Machtdistanz gekennzeichnet sind. Die Nutzung eines Handbuchs/Hilfesystems erschien nur den Befragten aus den südamerikanischen Ländern als besonders geeignet. Die Antworten chinesischer Studierender, die sich mehrheitlich für die Bewältigung von Problemen mit Computern/Programmen durch eigene Lösungsversuche aussprachen und weniger den Rat eines Experten wünschten, kann mit der ausgeprägten kollektivistischen Orientierung der chinesischen Kultur erklärt werden. Eine Bitte um Hilfestellung ist hier mit dem Eingeständnis der Unwissenheit und somit Gesichtsverlust verbunden.

Lerntheorie und Kultur: eine Voruntersuchung für die Entwicklung von Lernsystemen für internationale Zielgruppen

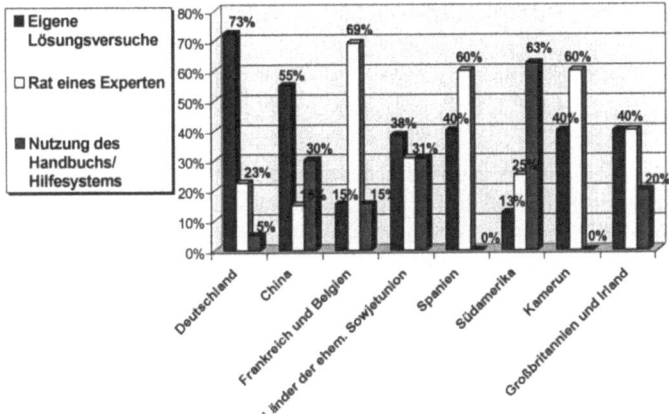

Abbildung. 2: Vorgehen bei der Bewältigung von Problemen mit Computern – Verteilung nach Kultur

Frage 3: „Welche Aufgabentypen bevorzugst Du bei Lernprogrammen?"

Multiple-Choice-Aufgaben wurden von den Befragten am häufigsten genannt (56%). Aufgabentypen wie Ja/Nein-Fragen und Einfachauswahl (eine von mehreren Antwortmöglichkeiten), die dem Lernparadigma des Behaviorismus zuzuordnen sind, wurden vor allem von Studierenden aus Kamerun, Frankreich/Belgien und den südamerikanischen Ländern angegeben. Fallstudien (interaktive Übungsspiele, Simulationen), die an dem Konzept des Konstruktivismus ausgerichtet sind, wurden insbesondere von Studierenden aus Großbritannien/Irland, China und den Ländern der ehemaligen Sowjetunion genannt. Das Ergebnis für China stellt eine Überraschung dar, da sich die chinesische Kultur durch starke Unsicherheitsvermeidung auszeichnet, die eher eine Abneigung gegen Open-End-Lernsituationen mit sich bringt.

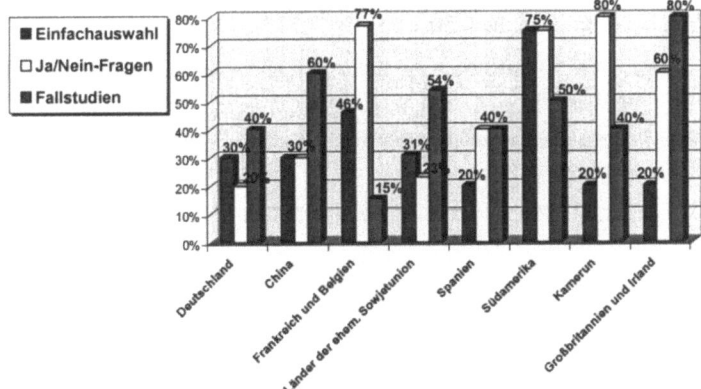

Abbildung 3: Bevorzugte Aufgabentypen bei Lernprogrammen – Verteilung nach Kultur

Die Ergebnisse zu diesen drei Fragen lassen erkennen, dass eine Lerntheorie nicht eindeutig einer bestimmten Kultur zugeordnet werden kann. Die einzigartige Mischung der kulturellen Orientierungen, die in den Korrelationen zwischen einzelnen Kulturdimensionen sichtbar wird, schafft im Kontext der Entwicklung von didaktischen Konzepten von Lernumgebungen für internationale Zielgruppen die Notwendigkeit einer kulturspezifischen Kombination einzelner Aspekte der drei Lernparadigmen. Darüber hinaus scheint die Auswahl der drei Kulturdimensionen im Lehr/Lernkontext nicht ausreichend. Bei Ergebnissen, die im Widerspruch zu den aufgestellten Hypothesen stehen, ist eine Heranziehung weiterer Kulturdimensionen sowie der aus ihnen resultierenden Merkmale der wissenschaftlichen Stile und Diskursstrukturen einzelner Kulturkreise notwendig.

5 Ausblick

Die Effektivität von Lernsystemen und der damit verbundene Lernerfolg setzen die Konzeption einer adäquaten didaktischen Strategie voraus, insbesondere wenn es sich bei dem Kreis der Systemnutzer um eine multikulturelle Zielgruppe handelt, die ein breites Spektrum von unterschiedlichen Erwartungen und Bedürfnissen hinsichtlich der Gestaltung von Lernsituationen und damit auch des Aufbaus von Lernprogrammen mitbringt. In diesem Fall sind die Vor- und Nachteile der aktuellen Lerntheorien vor dem Hintergrund der einzelnen kulturellen Orientierungen zu beleuchten und ggf. zu relativieren. Die Ergebnisse einer Befragung zu Präferenzen bezüglich der funktionellen und inhaltlichen Gestaltung von Lernprogrammen können bei der Entwicklung von Lernsystemen jedoch nur als richtungsweisend betrachtet werden, da die Befragten u.U. zur Angabe von Antworten tendieren, die der Wunschvorstellung von der eigenen Person entsprechen. Eine Verifizierung der Ergebnisse dieser Voruntersuchung kann erst durch Usability Testing erfolgen, das als nächste Stufe der Projektarbeit vorgesehen ist.

Literatur

Baumgartner, P.; Payr, S. (1999): *Lernen mit Software*. München u.a.: Studien-Verlag.

Beneke, J. (2001): *The 14 Dimensions of Culture. Orientation Matrix*. Research Centre for Intercultural Communication, University of Hildesheim: Hildesheim.

French, D. (1999): Preparing for Internet-based Learning. In: French, D.; Hale, Ch.; Johnson, Ch.; Farr, G. (Eds.). *Internet Based Learning. An Introduction and Framework for Higher Education and Business*. London: Kogan Page, S. 9-24.

Hall, E. T.; Hall. M. R. (1990): *Understanding Cultural Differences: Germans, French and Americans*. Yarmouth: Intercultural Press.

Hofstede, G. (1993): *Interkulturelle Zusammenarbeit – Kulturen, Organisationen, Management*. Wiesbaden: Gabler.

Hofstede, G. (1986): Cultural Differences in Teaching and Learning. In: *International Journal of Intercultural Relations*, Vol.10. S. 301-320.

Kamentz, E.; Womser-Hacker, C. (2002): Cross-Cultural Differences in Academic Styles and Learning Behavior in the Context of the Design of Adaptive Educational Hypermedia. In: *Proc. 6th World Multiconference on Systemics, Cybernetics and Informatics (SCI 2002) Orlando, USA*, S. 402-407.

Kerres, M. (2001): *Multimediale und telemediale Lernumgebungen*. München: Oldenbourg

Schulmeister, R. (2002): *Grundlagen hypermedialer Lernsysteme*. München: Oldenbourg

Trompenaars, F. (1993): *Handbuch Globales Managen*. Düsseldorf: Econ Verlag.

Verknüpfung von Content und Kommunikation für selbstgesteuerten, webbasierten Wissenstransfer

Andreas Auinger, Christian Stary

JKU Linz, Institut für Wirtschaftsinformatik, Communications Engineering

Zusammenfassung

Lehren und Lernen unter verstärkter Kontrolle und aktiver Einflussnahme seitens der Lernenden kann nicht nur helfen, didaktische Lücken im webbasierten Wissenstransfer zu schließen, sondern erlaubt auch die Entwicklung von Schlüsselmerkmalen human-zentrierter verteilter (webbasierter) Wissenstransfer-Systeme. In diesem Beitrag stellen wir neben dem konstruktivistischen Lernparadigma herausragende Merkmale von Unterstützungssystemen, und zwar Individualisierung von Content, Kommunikation, Kollaboration sowie die Verknüpfung von Content und Kommunikation (kontext-sensitive Interaktion) vor. Wir demonstrieren deren Software-technische Konzeption und Realisierung anhand implementierter Funktionalitäten der webbasierten Wissenstransferumgebung ScholionWB+. Die jüngst durchgeführte Evaluierung zeigt anhand ihrer Ergebnisse die Möglichkeiten mit und Grenzen von derart gestalteten Funktionalitäten in webbasierten Transfer-Umgebungen auf.

1 Einleitung

Die Forschung auf dem Gebiet des computerunterstützten Wissenstransfers der letzten Jahre zielt verstärkt darauf ab, Lernenden wie Lehrenden vermehrt flexible Instrumente zur Organisation von Wissen und zur Kommunikation im Rahmen des Wissenserwerbs zur Verfügung zu stellen. Damit verbunden ist die Annahme, den Transferprozess effektiver gestalten zu können. An diesem Prozess nehmen lerntechnisch und -organisatorisch ‚mündig' Lernende und Lehrende teil. Vor allem Lernende erhalten vermehrt Eigenverantwortung im Rahmen des Wissenserwerbs. Insgesamt zeichnen sich lernenden-gesteuerte Wissenserwerbsprozesse durch höhere Handlungsorientierung und Interaktivität mit technischen Unterstützungssystemen aus – nach Galileo Galilei muss die Verantwortung für den Wissenserwerb bei den Lernenden liegen: *„Man kann einem Menschen nichts lehren. Man kann ihm nur helfen, es in sich selbst zu entdecken."* In der Forschung finden sich zur Realisierung der genannten Konzeption (i) Ansätze des handlungsorientierten Lernens (Ballin und Brater 1996, Comenius 1960, Meyer und Jank 1994, Hausmann 1959, Gudjons 1997, Issing und Klimsa 2002), (ii) Ansätze des selbstorganisierten Lernens (Siebert 2001, Konrad und Traub 1999, The Dalton School 2002, Greif und Kurtz 1999, Silbermann 1973), und (iii) Ideen zu konstruktivistischem Lernen (Varela 1990, Baumgartner und Payr 1994, Haag 1995, Glasersfeld 1997).

Das Ziel unserer Forschung ist es, die genannten Ansätze in einer Wissenstransfer-Umgebung integriert umzusetzen, wobei sich die Lernenden im Rahmen des Wissenstransfers nicht immer zur gleichen Zeit am gleichen Ort befinden: Wissenstransfer soll daher mit einer einfachen Internetverbindung, unabhängig von Zeit und Ort, kontextsensitiv mit interaktiver Software unterstützt werden können (Harasim 1999). Die durch Software unterstützbaren neuen Formen von flexibler Inhaltsgestaltung, Gruppenkommunikation und interaktiver Zusammenarbeit sind zum Teil durch

Konzepte und Technologien aus den Gebieten Content Management, Computer-Supported Cooperative Work und Adaptive Webtechnologien bekannt, aber kaum integriert. Daher gilt es auch, diesen erforderlichen Integrationsprozess bislang isolierter Konzepte und Technologien mit ‚intelligenten' Lösungen voran zu treiben (vgl. Brusilovsky 1999). Selbstgesteuerte handlungsorientierte Wissenstransfersysteme sollten sich durch folgende (Integrations-)Merkmale auszeichnen:

Unterstützung von Individualisierung (*In*). Individualisierung ist eines der Schlüssel-Merkmale, um „Quality of Service" (QoS) aus Nutzersicht zu erreichen (Vouk et al. 1999): Ein Wissenstransfersystem sollte sämtliche Individualisierungswünsche (zumindest) von Lernenden erfüllen können. Individualisierung bedeutet in diesem Kontext sowohl die Anpassung der Materialien (Content), als auch die Anpassung der Interaktionsmöglichkeiten (Präsentation, Navigation) an die persönlichen Anforderungen von Lernenden. Die Anpassung der Lernmaterialien kann dabei entweder automatisch (seitens der Software) an das Wissen des Lernenden angepasst („adaptiert") (vgl. Henze et al. 1999), oder aktiv durch Benutzer personalisiert werden (vgl. Harasim 1999, Brusilovsky 1999, Vouk et al. 1999). Letztere Option wird zumeist mittels Annotationssystemen implementiert. Individualisierbare Systeme sollten nach (Chang 1998) auch in der Lage sein, Lernprozesse wechselseitig zu unterstützen (siehe Kollaboration).

Unterstützung von Kommunikation (*Kom*). Kommunikation ist ein inhärenter Bestandteil und somit eines der Schlüssel-Merkmale konstruktivistisch-orientierter Lernprozesse. In konstruktivistischen Wissenstransferumgebungen findet virtuelle Kommunikation sowohl zwischen den Lernenden als auch zwischen den Lernenden und den Lehrenden statt. Lehrende schlüpfen dabei in die Rolle von „Coaches" (Baumgartner und Payr 1994, Greif und Kurtz 1998). Nach Kienle und Hermann (2002) benötigt eine Wissenstransferumgebung gezielte Kommunikationsfeatures, die multimedial präsentiertes Material als Kontext der Kommunikation nutzt. Kommunikation erfolgt oft zu verschiedenen Zeitpunkten und an verschiedenen Orten. Typische Werkzeuge für asynchrone Kommunikation sind Diskussionsforen und Infoboards. Bei der synchronen Kommunikation sind die Kommunikationspartner zur gleichen Zeit im System ‚anwesend'. Typische Werkzeuge dafür sind textbasierte oder sprachbasierte Chatforen.

Unterstützung von Kollaboration (*Koll*). Zusammenarbeit ist ebenfalls ein Merkmal konstruktivistisch-orientierter Lernprozesse. Dabei sollen die Lernenden einerseits von den Erfahrungen der anderen profitieren, wenn sie z.B. an einem bestimmten Thema arbeiten. Andererseits sollen sie auch bei der Ausführung praktischer Tätigkeiten unterstützt werden. Die Unterstützung durch ein Wissenstransfersystem kann sehr vielfältig sein. Es sollte die Möglichkeit bestehen, die Lerninhalte mit Diskussionen oder Beiträgen in Diskussionen (Fragen, Antworten, Bemerkungen) direkt zu verknüpfen. Weiters sollte es möglich sein, Projektgruppen zu bilden (Jackewitz et al. 2002), die über exklusive Diskussions- und Chat-Foren verfügen können, geschützte Upload-Bereiche besitzen oder auch z.B. innerhalb von gemeinsamen Sichten auf Materialien (Views) arbeiten können. Den Partizipanten ist es dann erlaubt, über die Notizen miteinander zu arbeiten und zu kommunizieren (Harasim 1999, Vouk et al. 1999). Nach Kienle und Herrmann (2002) sollte jede Kommunikation – und damit auch die Interaktion im Rahmen von Zusammenarbeit – kontextsensitiv erfolgen (siehe oben), wobei das multimedial aufbereitete Material diesen Kontext repräsentiert.

Verknüpfung von Content und Kommunikation (*ConKom*). Für effektiven Wissenstransfer und Teamarbeit im Rahmen des Wissenserwerbs sollte eine Unterstützungsumgebung den Teilnehmenden die Möglichkeit bieten, Content-Elemente (auch innerhalb von Dokumenten – vgl. Kienle und Herrmann (2002)) mit Kommunikationselementen zu verknüpfen. Eine mögliche Realisierungsform für dieses Konzept stellt die Kombination von Annotations-Features mit asynchronen Diskussionen oder mit synchronen Chats (oder deren Log-Dateien) dar. Aber auch in die andere Richtung sollte eine Verknüpfung möglich sein: Diskussions-Beiträge oder Chat-Beiträge sollten mit dem Kursmaterial, mit Materialien aus der Bibliothek oder mit jedem anderen beliebigen Inhaltselementen verknüpft werden können.

In der Folge gehen wir in Abschnitt 2 auf den didaktischen Hintergrund unseres Lösungsansatzes und die wesentlichen lerntheoretischen Impulse für webbasierten Wissenstransfer und für die abgeleiteten Schlüssel-Merkmale (siehe oben) ein. Die Umsetzung der Schlüsselmerkmale wird in Abschnitt 3 anhand der Wissenstransferumgebung ScholionWB+ gezeigt. ScholionWB+ ermöglicht kontextsensitive Kommunikation und Kollaboration. Es bietet Möglichkeiten für die Individualisierung und unterstützt in allen Phasen des Wissenstransfers die Verknüpfung von Content und Kommunikation. Die empirische Analyse des Umgangs mit dieser Kollaborations- und Kommunikationsfunktionalität erlaubt eine fundierte (Weiter-)Entwicklung konstruktivistisch-orientierte (Fach-)Didaktiken. In Abschnitt 4 werden daher methodische und inhaltliche Fragen der Evaluierung angesprochen. Die ersten Evaluierungsergebnisse aus einem empirisch begleiteten Testlauf werden präsentiert. Aus den gewonnenen qualitativen Daten konnten bereits aussagekräftige Schlussfolgerungen gezogen werden, welche laufende und zukünftige Forschungsaktivitäten beeinflussen (Abschnitt 5).

2 Konstruktivistisch-orientierter Wissenstransfer

Im Gegensatz zum behavioristischen und zum kognitivistischen Lernparadigma stellt der Konstruktivismus den Prozess des Lernens-an-sich (anstatt des Lehrens) in den Mittelpunkt des Wissenstransfers. Im Gegensatz zu anderen Paradigmen wird Wissen in einem Akt des Erkennens konstruiert und existiert nicht unabhängig vom erkennenden Subjekt. Wissen wird dynamisch generiert und nicht ‚fix verdrahtet' gespeichert. Es kann deswegen auch nicht anderen ohne eigene Rekonstruktion übermittelt werden (vgl. Schulmeister 1996, S. 68). Lernen wird im Konstruktivismus als ein aktiver Prozess gesehen, bei dem Menschen ihr Wissen in Beziehungen zu früheren Erfahrungen in komplexen realen Lebenssituationen konstruieren. Wissenstransfer erfolgt in Situationen, welche sich durch Vernetzung und Kommunikation auszeichnen. Dies passt mit der wachsenden Rolle der Kommunikation in Computernetzwerken zusammen: „Computers and computer networks provide a beautiful opportunity for subcultures to form a grow independent of geography but dependent on shared beliefs, interests, etc." (Brown 1985, S.182 in Schulmeister 1996, S.77). Brown, Campione et al. (1992) berichten von ersten Experimenten mit vernetzter interaktiver Hypertext-Software in drei Schulen an unterschiedlichen Standorten. Bei den Schülern waren deutliche Fortschritte in Lese- und Schreib-Fähigkeiten sowie Zuwachs an Wissen durch den Gebrauch dieser Software festzustellen. *(Kom),(Koll)*[1]

Handlungsorientiertes Lernen. Diese Lernform erfordert ein ausgewogenes Verhältnis zwischen Kopf- und Handarbeit beim Wissenserwerb (vgl. Meyer 1994, S.354). Auch virtueller Wissenstransfer sollte derart gestaltet werden, dass er den Lernenden die Chance lässt, selbst Verantwortung für das Lernen zu übernehmen und den Lernprozess aktiv mitzugestalten (Meyer 1994, S.341). Nach Ballin und Brater (1996, S.42) bietet handlungsorientiertes Lernen vor allem den Vorteil, dass Lernen zur ‚eigenen Sache', d.h. einem individuell zu verantwortendem Anliegen wird, und somit die Lernenden stärker motiviert Wissen erwerben. Die Verwendung erweiterter didaktischer Interaktionsformen begünstigt handlungsorientierten Wissenstransfer: Issing und

---

[1] Die Kürzel bezeichnen die Schlüsselmerkmale selbstgesteuerten Wissenstransfers, die in Abschnitt 1 erläutert werden. Ihre Erwähnung an dieser Stelle bedeutet, dass die in diesem Absatz erwähnten lerntheoretischen Erkenntnisse die Gestaltung der entsprechenden Features von ScholionWB+ (siehe Abschnitt 3) beeinflusst haben.

Klimsa (2002, S.233) stellten beispielsweise Mehrwert durch die Möglichkeit der Eingabe komplexer Antworten auf komplexe Fragestellungen fest. (*In*)

Selbstgesteuertes Lernen. Nach Siebert (2001) finden sich die Wurzeln des selbstgesteuerten Lernens unter anderem im Richtungsstreit der Weimarer Volksbildung und in der Folge in der reformpädagogischen Bewegung (Konrad 1999). Auch im Dalton-Plan (Dalton 2002) sind wichtige Merkmale des selbstgesteuerten Lernens zu finden: Freiheit, Zielgerichtetheit, Beachtung der Individualität, Selbstverantwortung, Selbstprüfung und Selbstgebundenheit. Auch die Arbeiten von Knowles (zitiert in Siebert 2001) und Gnahs (Gnahs 1998 in Siebert 2001) bestätigen Lernerfolge bei Beachtung dieser Merkmale. Nach (Greif und Kurtz 1998) sollten die Lernenden unter anderem über Lernaufgaben, Aufgabenbearbeitung, Lernmittel, Lernmethoden, Form und Intensität des Expertenfeedback sowie die soziale Unterstützung durch Kollegen und Lernpartnern selbst entscheiden können. Abhängig vom Ausmaß der Selbstbestimmung setzt sich das Ausmaß der Selbststeuerung zusammen. Aus den oben genannten Merkmalen, insbesondere der Freiheit, Beachtung der Individualität und Selbstverantwortung, ergibt sich der wechselseitige Bezug des konstruktivistischen Lernparadigmas zu selbstgesteuertem Lernen. (*In*), (*Kom*)

Lernen im Kontext. Lernen im Kontext und Lernen in Wissensbildungs-Gemeinschaften setzt Kommunikation voraus (Schulmeister 1996, S78). Pea (1992 in Schulmeister 1996) betont vor allem den Aspekt des Lernens durch Konversation und Sprachspiele im Diskurs – Kooperation und Kommunikation stehen dabei im Mittelpunkt. Den von Schulmeister genannten Kontext bildet bei e-Learning das Lernmaterial, die Kommunikation erfolgt synchron oder asynchron durch adäquate Werkzeuge. (*ConKom*)

3 Umsetzung in ScholionWB+

Die im Folgenden präsentierten Konzepte wurden in der virtuellen, webbasierten Wissenstransferumgebung ScholionWB+ implementiert. Aus Platzgründen beschränken wir uns bei den Ausführungen zu den jeweiligen Features auf jene Erweiterungen, welche für die Zielsetzungen Relevanz besitzen. Interessierte werden auf Zusatzmaterialien verwiesen (http://scholion.ce.jku.at).

Technisch basiert die verteilte Systemarchitektur auf dem MVC (model view control)-Konzept. Die Datenhaltung erfolgt relational mit einer Oracle 9i Datenbank. Auf die Daten wird (durch eine Schicht zur Gewährleistung von Datenbank-Unabhängigkeit) mit auf Tomcat 4.12 laufenden Java 1.4 Servlets zugegriffen. Die Servlets erzeugen XML-Code, der nur die Seiten-Strukturen beinhaltet. Diese XML-Daten werden dann mittels XSL/XSLT auf XHTML 1.0 gerendert. Die XHTML-Seiten und der enthaltene Java-Script-Code (z.B. für den webbasierten Drag-and-Drop-Editor) werden zum client-seitigen Browser geschickt. Diese Architektur ermöglicht dynamisches Ändern und Individualisieren der Benutzungsschnittstelle und des Layouts zur Laufzeit.

3.1 Anmerkungen und Views

Sowohl das Annotations- als auch das View-Konzept stellen Neuheiten zur Software-technischen Realisierung konstruktivistisch-orientierten Wissenstransfers dar.

Individualisierung (*In*) wird in ScholionWB+ auf zwei verschiedenen Ebenen unterstützt: Individualisierung von Lernmaterialien mit Hilfe des Annotations-Konzepts und des View-Konzepts sowie Individualisierung der Benutzungssschnittstelle mit Hilfe moderner GUI-Mechanismen.

Annotationen. Individualisierung des Lernmaterials mit dem Annotations-Konzept bedeutet in ScholionWB+, dass die Lernmaterialien an die individuellen Bedürfnisse der Lernenden, d.h. an ihr mentales Modell und ihre individuellen Verknüpfungen angepasst werden können:

(i) *Markierungen*: Die Lernenden können ihr Lernmaterial individuell mit einem virtuellen Textmarker markieren oder unterstreichen. Darüber hinaus darf der Text individuell fett, kursiv, groß, klein oder durchgestrichen dargestellt werden (*In*).

(ii) *Textuelle Anmerkungen*: Die Lernenden können eigene Anmerkungen als angezeigte textuelle Anmerkungen direkt in den Content einfügen oder als Layer-Anmerkung über den Text oder über ein Bild legen. Wenn Lernende längere textuelle Anmerkungen einfügen wollen, so werden diese als interaktives Symbol dargestellt und bei Betätigung des Symbols angezeigt (*In*).

(iii) *Multimediale Anmerkungen*: Damit Lernende das Lernmaterial an ihre individuellen Bedürfnisse anpassen können, bietet ScholionWB+ die Möglichkeit, unterschiedliche Medien(-Typen) in das Kursmaterial (Text, Bilder, Video etc.) einzufügen (*In*).

(iv) *Link-Anmerkungen*: ScholionWB+ ermöglicht es den Lernenden, ihr Kursmaterial mit kursmaterial-internen oder mit externen Quellen (z.B. www-URLs) zu verknüpfen. Die Links werden entweder über den Text gelegt, oder in den Text eingefügt (*In*).

(v) *Bibliotheks-Anmerkungen*: Die Benutzer von ScholionWB+ haben die Möglichkeit, Bibliothekseinträge, wie z.B. wissenschaftliche Arbeiten zur Reflexion der Lerninhalte, mit dem Kursmaterial zu verknüpfen (*In*).

(vi) *Links zu Diskussionsforen und Chat-Logs:* Die Lernenden können Diskussionsbeiträge oder Chats-Logs mit dem Kursmaterial verknüpfen (*In*), (*Koll*), (*ConKom*).

(vii) *Einfügen von Wissensatomen:* Der Content-Pool in ScholionWB+ enthält Wissensatome aus Standard-Lehrbüchern, die in einem semantischen Netz abgebildet sind. Die Lernenden in ScholionWB+ erhalten die Möglichkeit, das Kursmaterial mit passenden Wissensatomen aus Quellen, die vom Lehrenden ausgewählt wurden, zu erweitern bzw. anzupassen (*In*), (*ConKom*).

Alle genannten Anmerkungen werden in benutzerspezifischen Sicht-Profilen (Views) gespeichert.

Views. Views können mit transparenten Folien verglichen werden, die über Kursmaterialien gelegt werden und auf denen alle Anmerkungen gespeichert werden. Die Benutzer dürfen zu jeder Zeit ein neues View anlegen und dieses über das Kursmaterial legen. Das Kursmaterial kann nicht ohne spezifisches View geöffnet werden. Die Lernenden dürfen ihre privaten Views beliebig verwalten, d.h. auch löschen oder (je nach Berechtigung) für alle anderen Lernenden oder für eine eingeschränkte Gruppe von Lernenden freigeben. Die Lernenden dürfen, dem entsprechend, freigegebene Views zu den privaten kopieren und anschließend darauf weiter annotieren. Den wiederholten Vorgang des Freigebens und Kopierens nennen wir *kaskadierendes Viewing* (Abbildung 1) (*In*), (*Koll*), (*ConKom*).

Abbildung 1: Kaskadierendes Viewing

Zur Illustration der Interaktivität bei Annotationen zeigt Abbildung 2 ein Browser-Fenster mit den entsprechenden Funktionen in ScholionWB+. Die in *Italics* sichtbaren Einträge bezeichnen die Funktionalität. Die umrandeten Einträge bezeichnen die Annotations-Features.

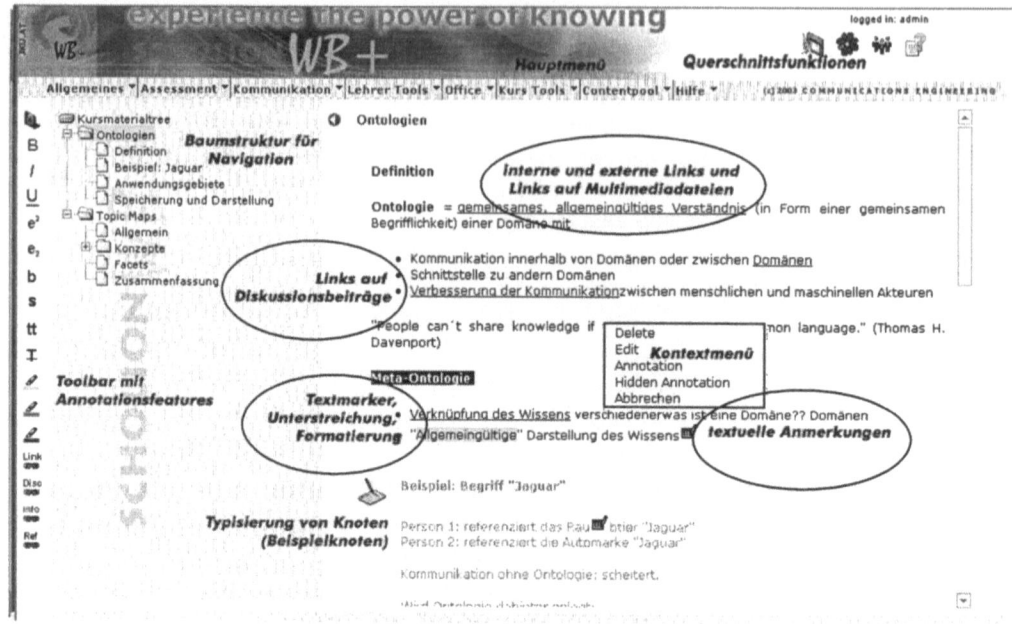

Abbildung 2: Annotationen in ScholionWB+

3.2 Funktionalität für Kommunikation und Zusammenarbeit

Kommunikation als Schlüssel-Merkmal konstruktivistisch-orientierter Lernendenunterstützung erfolgt in ScholionWB+ mit gängigen sowie erweiterten synchronen und asynchronen Kommunikationshilfsmitteln. Im Gegensatz zu herkömmlichen Kommunikations- und Kollaborationsmöglichkeiten können allerdings sämtliche Kommunikationselemente mit dem Content direkt verbunden werden.

Asynchrone Kommunikation. Die folgenden Werkzeuge werden in ScholionWB+ für asynchrone Kommunikation eingesetzt:

Infoboard: Das Infoboard bietet den Lehrenden die traditionelle Möglichkeit, Information, die für alle Lernenden relevant ist, zu bündeln und zu publizieren. Beispiele dafür sind Prüfungstermine, interessante Dokumente, Terminverschiebungen, neue Einträge in der Bibliothek oder Ähnliches. *Neu* ist die Möglichkeit, Einträge im Infoboard mit jedem Dokument, Kursmaterial oder Kommunikationsbeitrag innerhalb oder außerhalb von ScholionWB+ zu verbinden (*Kom*), (*ConKom*).

Diskussionsforum: Die Kommunikation über ein Diskussionsforum stellt üblicherweise die wichtigste Kommunikationsform in virtuellen Wissenstransferumgebungen dar. Es bietet sowohl Lehrenden als auch Lernenden die Möglichkeit, Beiträge unabhängig von anderen Benutzern und von Zeit und Ort zu verfassen und diese elektronisch abzuschicken (siehe Abbildung 3). Es werden allgemeine, themenspezifische, aber auch private Gruppendiskussionen angeboten. Lernende können dadurch ungestört in einer privaten Gruppendiskussion über ihre gemeinsame Projektarbeit oder Gruppenarbeit diskutieren und zusammenarbeiten. *Neu* ist die ScholionWB+-

Möglichkeit, dass die Benutzer auch Links, Dateien oder Bibliothekseinträge in das Diskussionsforum einbringen und zu ihren Einträgen hinzufügen können. Auch Verweise in Kursmaterialien oder das Einfügen von Wissensatomen aus dem semantischen Netz (ContentPool) sind erlaubt. Die Diskussionen wurden in ScholionWB+ auf 5 Ebenen beschränkt, um die aus den Newsgroups bekannten Endlos-Bäume von Fragen und Antworten zu vermeiden. Das Diskussionsforum kann beliebig viele Foren enthalten, diese Diskussionen, in denen Fragen, Antworten und Kommentare verfasst werden können (*Kom*), (*Koll*), (*ConKom*).

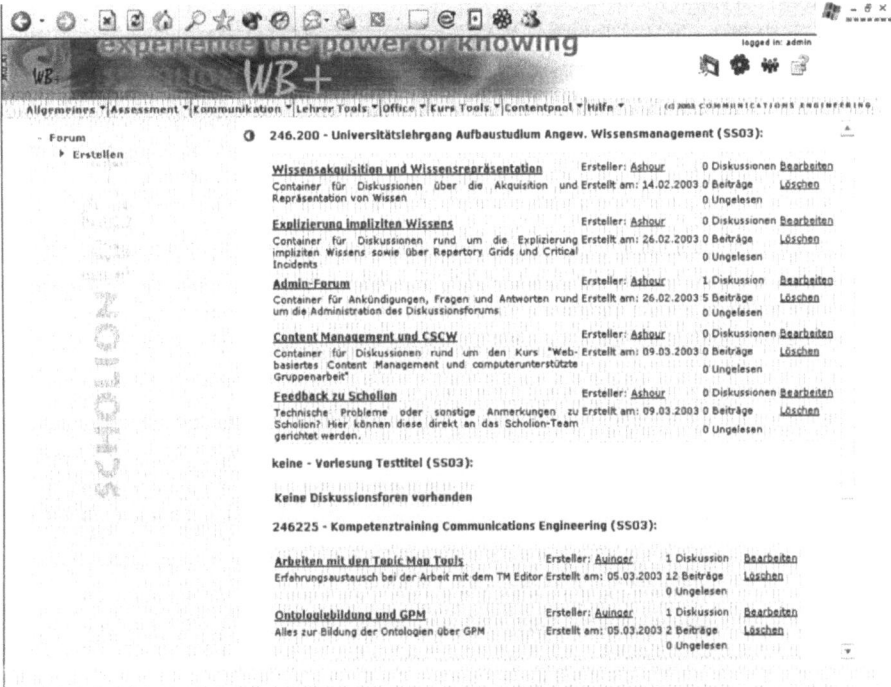

Abbildung 3: Diskussions-Forum

E-Mail: In ScholionWB+ wurde ein internes E-Mail-System implementiert, das private Nachrichten an einzelne oder mehrere Benutzer erlaubt. *Neu* ist die inhaltliche Ausgestaltung: Die E-Mails können Verweise in das Kursmaterial oder in elektronische Bibliotheken, Attachments von Dateien und www-Links enthalten. Alle Benutzer können ihre E-Mails auch auf einen anderen E-Mail-Account weiterleiten lassen, um bei wichtigen Ereignissen (z.B. während Gruppenarbeiten) sofort benachrichtigt zu werden (*Kom*), (*Koll*), (*ConKom*).

Präsentations-Werkzeug: Das Präsentations-Werkzeug erlaubt den Lernenden, eigene Kursmaterialien oder Präsentationen in ScholionWB+ zu erstellen oder einzubringen (upload). Andere Lernende und Lehrende können dann auf diese Präsentationen (mit Berechtigung) zugreifen. Diese Funktionalität wird von den Lernenden vor allem verwendet, um gemeinsame Projektarbeiten zu erstellen, wissenschaftliche Arbeiten in Seminaren zu verfassen oder gemeinsame multimediale Webpräsentationen zu erstellen (*Kom*), (*Koll*), (*ConKom*).

Synchrone Kommunikation. Neben dem traditionellen *Whiteboard* für den Austausch grafischer Information in Echtzeit, *Voice Chat* und *Videoconferencing* (*Kom*) (*Koll*) werden folgende synchrone Kommunikationswerkzeuge eingesetzt:

Text-basierter Chat: Diese zeitgleiche Kommunikation kann durch eine/n Lehrende/n, eine/n TutorIn oder durch eine/n ausgewählte/n ModeratorIn moderiert werden. *Neu* ist die Vielfalt der Inhalte: In ScholionWB+ ist es auch möglich, Links (auch zu Diskussionsbeiträgen und Kursmaterialien), Multimedia-Dateien oder Bibliothekseinträge als Chat-Beiträge zu senden (*Kom*), (*Koll*), (*ConKom*).

Application Sharing: Darunter wird die Übertragung des Bildschirminhalts auf weitere Netzknoten verstanden. Optional ist eine Fernsteuerung der Programme durch Weiterleitung von Maus- und Tastatureingabe möglich (vgl. http://www.mml.uni-hannover.de/appsharing.html). Application Sharing bietet mehrere Möglichkeiten, Content mit Kommunikation zu verbinden, indem über den Content – z.B. über ein Programm – kommuniziert wird. *Neu* ist der Einsatz, und zwar die Kombination von Application Sharing mit anderen synchronen Kommunikationsmitteln wie z.B. Voice Chat (*Kom*), (*Koll*), (*ConKom*).

3.3 Die Verknüpfung von Content und Kommunikation

Die Verknüpfung von Content und Kommunikation bedeutet auch die Verknüpfung verschiedener Funktionalitäten. Die folgenden Möglichkeiten, Content und Kommunikation zu verknüpfen, stehen in ScholionWB+ zur Verfügung (*ConKom*):

- Anmerkungen im Kursmaterial, die Diskussionsbeiträge im Diskussions-Forum oder Chat-Logs verbinden.
- Verbindung von Beiträgen synchroner und asynchroner Kommunikations-Werkzeuge (Diskussions-Forum, text-basierter Chat, Infoboard oder E-Mail) mit dem Kursmaterial.
- Verknüpfungen von Beiträgen synchroner und asynchroner Kommunikations-Werkzeuge mit Multimedia-Dateien, Bibliothekseinträgen, externen Quellen, Glossar-Einträgen oder Präsentationen.
- Weitergabe von Views mit Anmerkungen und Links zu Content-Teilen.
- Einfügen von Wissensatomen in Diskussionsbeiträge, E-Mails oder Vernetzen von Wissensatomen mit Chat-Beiträgen.

4 Empirische Bewertung

ScholionWB+ wird universitär unter anderem in den Lehrveranstaltungen zu Communications Engineering (Studium der Wirtschaftsinformatik) eingesetzt. Im Wintersemester 2002/03 wurde eine Evaluierungdatenerhebung in einer Übungs-Versuchsgruppe mit 73 Studierenden und Übungs-Kontrollgruppe mit 72 Studierenden durchgeführt. Zu Bewertungszwecken wurden Materialien mit dem ScholionWB+ Web-Editor erstellt (siehe auch Abbildung 2). Dabei wurde auf eine strukturierte Darstellung des Content geachtet. Zu Beginn und Ende der Untersuchung wurde ein *standardisierter Fragebogen zur Erhebung der Motivation* eingesetzt und gleichzeitig ein *Wissenstest* über die Inhalte der Übung abgenommen. Letzterer wurde am Ende der Übung wiederholt. Während der Übung kam wieder ein *Fragebogen* zum Einsatz, der *Time-on-Task* für die Kommunikation und die Arbeit mit den Features, sowie die Wichtigkeit und Verwendbarkeit der Werkzeuge abfragte[2]. Diese Erhebungen sind bereits abgeschlossen. Mit einigen der Studierenden wurden zusätzlich Tiefeninterviews durchgeführt. Die Aktivitäten der GruppenteilnehmerInnen

---

[2] Die Erhebungsinstrumente und -ergebnisse können unter http://scholion.ce.jku.at eingesehen werden.

der Versuchsgruppe liegen in elektronischer Form in einer Datenbank vor. Die erste Auswertung zeigt Folgendes:

Kommunikation. Von allen Studierenden der Versuchsgruppe mit ScholionWB+ wurde E-Mail als das am meisten benutzte Werkzeug genannt, danach das Discussion Board. Die zeitliche Unabhängigkeit und die Kumulation sowie chronologische Sortierung der Beiträge werden positiv bewertet. Viele Lernende haben neben den ScholionWB+-Features zum Handy gegriffen und auch ICQ benutzt.

Gruppenarbeit. Das Diskussionsforum wurde als die wichtigste Plattform für Gruppenarbeit bewertet. Alle Gruppenmitglieder sollten immer sämtliche Beiträge auf einen Blick (chronologisch sortiert) zur Verfügung haben. Beiträge sollten an jedem Ort mit Internetverbindung verfügbar sein. Als Nachteil (im Vergleich zu e-Mail und ICQ) wurde der Anmeldeaufwand genannt.

Verknüpfung von Content und Kommunikation. Die Funktionalität zur Annotation und der Weitergabe von Views wurde als sehr hilfreich empfunden und wichtig eingeschätzt. Der Anteil an Lernenden aus der Versuchsgruppe, die online am Material annotiert haben, liegt im Vergleich unter der Anzahl der Lernenden der Kontrollgruppe, die am Papier annotiert haben. Weiters wurde oft das Trägermedium, Bildschirm kritisiert. Etwa die Hälfte der Lernenden hat sich das Kursmaterial daher auch auf Papier ausgedruckt (!) und teilweise auch auf dem Papier annotiert. Die Annotationen auf dem Papier wurden nur von wenigen Lernenden in die Online-Materialien übernommen. Einen wesentlichen Mehrwert stellt aber die Möglichkeit der elektronischen Weitergabe der Views dar. Dazu ein Lernender: „*Ich halte das Annotationstool für sehr nützlich und den Austausch von Views mit anderen Studenten unerlässlich.*"

5 Zusammenfassung und Ausblick

Es gibt unterschiedlichste lerntheoretische Konzepte und empirische Daten zur lernendenzentrierten Gestaltung von Wissenstransfer. Es gibt kaum Konzepte, wie dieses Wissen mittels technischer Unterstützungswerkzeuge operationalisiert werden kann. Dieser Beitrag hat versucht, methodisch und inhaltlich Abhilfe zu schaffen. Die vorgestellte theoriegeleitete Bestimmung von wesentlichen Merkmalen interaktiver, webbasierter, selbstgesteuerter Wissenstransferumgebungen zählt zu den methodischen Erkenntnissen. Die Bestimmung von Individualisierung, Kommunikation, Kollaboration und die Verknüpfung von Content und Kommunikation als Schlüsselmerkmale stellten somit den inhaltlichen *impetus* dar.

Die Operationalierung der lerntheoretischen Konzepte betrifft zunächst die Individualisierung von Navigation, Präsentation sowie Content – in ScholionWB+ wurde dies durch dafür konzipierte Annotations-Funktionen und Sichten (Views) realisiert. Die Operationalisierung betrifft auch die integrierte Unterstützung von Kommunikation und Kollaboration. In unserem Projekt bedeutet dies den kontextsensitiven (d.h. mit Content verknüpften) Einsatz von asynchronen und synchronen Kommunikations-Werkzeugen. Erste Erfahrungen bestätigen die erwarteten Stärken von Features zur kontextsensitiven Kommunikation und Kollaboration. Sie zeigen aber auch deren Verbesserungswürdigkeit: Die Verknüpfung von Content und Kommunikation anhand der Annotations-Funktionalitäten kann durch gezielt strukturierte und navigationsverbessernde Aufbereitung von Content verstärkt werden und ist daher das wichtigste Element unserer To-do-Liste, um einen deutlichen Mehrwert von online-Content gegenüber papiergebundenen Materialien mit Hilfe von Systemen wie ScholionWB+ erzielen zu können.

6 Literaturverzeichnis

Ballin, D.; Brater M. (1996): Handlungsorientiert lernen mit Multimedia: Lernarrangements planen, entwickeln und einsetzen. Herausgegeben von Dieter Blume; Nürnberg: BW Verlag und Software Gmbh

Baumgartner, P.; Payr, S. (1994): Lernen mit Software, Innsbruck: Österreichischer Studien Verlag

Brusilovsky, P. (1999): *Adaptive and Intelligent Technologies for Web-based Education*. In: Künstliche Intelligenz, Heft 4/99, S.19-25

Chang, S. et al. (1998): *A Multimedia Micro-University*. In IEEE Multimedia 1998, pp. 60-68

Comenius, J. A. (1960): Große Didaktik. (Tschechisch 1628, lateinisch 1638) Übers. und hrsg. von A. Flitner; 2. Auflage; Düsseldorf, München

Glasersfeld, E. (1997): Wege des Wissens: Konstruktivistische Erkundungen durch unser Denken. 1. Auflage, Heidelberg: Carl-Auer-Systeme Verlag

Greif S., Kurtz, H.-J. (Hrsg.) (1998): Handbuch selbstorganisiertes Lernen, 2., unveränderte Aufl., Göttingen: Verlag für Angewandte Psychologie

Gudjons, H. (1997): Pädagogisches Grundwissen: Überblick – Kompendium – Studienbuch. 5., durchges. und erg. Auflage; Bad Heilbrunn: Klinkhardt

Haag, M. (195): Gesamtkonzept für die Entwicklung und den Einsatz von computerunterstützten Lehr-/Lernsystemen in der Medizinerausbildung an der Universität Heidelberg, Heilbronn: Diplomarbeit an der Universität/Fachhochschule Heidelberg

Harasim, L. (1999): *A Framework for Online Learning: The Virtual-U*. In: IEEE Computer 1999, Vol. 32, No. 9, S.44-49

Hausmann, G. (1959): Didaktik als Dramaturgie des Unterrichts; Heidelberg

Henze, N. et al. (1999): Adaptive Hyperbooks for Constructivist Teaching. In: Künstliche Intelligenz, Heft 4/99, S.26-31

Issing, L. J.; Klimsa, P. (Hrsg.) (2002): Information und Lernen mit Multimedia im Internet. Lehrbuch für Studium und Praxis. 3., vollständig überarbeitete Auflage, Weinheim: Beltz

Jackewitz, et al. (2002): Vernetze Projektarbeit mit CommSy. In: Tagungsband zur Konferenz Mensch und Computer 2002

Kienle, A.; Herrmann, T. (2002): Integration von Kommunikation und Kooperation an Hand von Lernmaterial – ein Leitbild für die Funktionalität kollaborativer Lernumgebungen. In: Tagungsband zur Konferenz Mensch und Computer 2002

Konrad, K.; Traub S. (1999): Selbstgesteuertes Lernen in Theorie und Praxis. 1. Auflage. München: Oldenburg

Meyer, H. (1994): Unterrichtsmethoden, I: Theorieband; 6. Auflage; Frankfurt am Main: Cornelson Verlag

Meyer, H; Jank, W. (1994): Didaktische Modelle; 3. Auflage; Berlin: Cornelson Scriptor

Pea, R.D. (1992): Augmenting the Discourse of Learning with Computer-Based Learning Environment. In: De Corte, E./Linn, M.C. et al (eds): Computer-Based Learning Environments and Problem Solving (NATO ASI Series. Series F: Computer and Systems Sciences; 84), Berlin/Heidelberg: Springer

Schulmeister, R. (1996): Grundlagen hypermedialer Lernsysteme, Theorie, Didaktik, Design. Bonn: Addison-Wesley Publ. Comp.

Siebert, H. (2001): Selbstgesteuertes Lernen und Lernberatung: Neue Lernkulturen in Zeiten der Postmoderne. Neuwied; Kriftel: Luchterhand

Silbermann, C.E. (1973): The open classroom reader. New York, NY: Vintage books

The Dalton School: The Dalton Plan. http://www.dalton.org/AboutDalton/about_plan.shtml, heruntergeladen am 4.11.2002

Varela, F.J. (1990): Kognitionswissenschaft - Kognitionstechnik: eine Skizze aller Perspektiven; Frankfurt am Main: Surkamp Taschenbuch Wissenschaft

Vouk, M.A., et al.(1999): *Workflow and End-User Quality of Service, Issues in Web-Based Education*. In: IEEE Transactions on Knowledge and Data Engineering, Vol. 11, No. 4, S.673-687

Kontaktinformationen

Andreas Auinger, Christian Stary

Johannes Kepler Universität Linz

Institut für Wirtschaftsinformatik

Communications Engineering

Freistädterstr. 315

4040 Linz

Email: {andreas.auinger, christian.stary}@jku.at

Tel: +43 732 2468 7102

http://www.ce.jku.at

Poster

Einsatz elektronischer Medien zur Unterstützung der universitären Lehre: Ein Erfahrungsbericht

Hartmut Obendorf, Angewandte und Sozialorientierte Informatik, Uni Hamburg
obendorf@informatik.uni-hamburg.de

Zusammenfassung

Erfahrungen mit dem Einsatz verschiedener Systeme zur Unterstützung von Lehrveranstaltungen werden gegenübergestellt und Konsequenzen des Einsatzkontextes für den Entwurf von Informationsplattformen, die die Lehre unterstützen sollen, und die Auswahl der Plattformen aufgezeigt.

Erfahrungen mit dem universitären Einsatz elektronischer Medien

An der Universität Hamburg werden seit mehreren Jahren elektronische Medien für die Unterstützung der Universitären Lehre eingesetzt. Dabei wurden verschiedene Webplattformen verwendet, um die Kommunikation der Lehrenden und Lernenden zu verbessern. Die Ergebnisse informeller Gespräche, eigener Erfahrungen und Beobachtung des Einsatzes an anderer Stelle [CSL 2000] führten zu den im Folgenden präsentierten Überlegungen und Diskussionsansätzen.

Die Anforderungen, die den Einsatz der elektronischen Medien motivieren, können in drei Phasen eingeteilt werden: 1. Die *Erreichbarkeit von Lerninhalten* soll sichergestellt (z.B. Aufgaben), 2. die *Kommunikation* der Studierenden untereinander und mit den Lehrenden soll unterstützt, 3. die erarbeiteten Inhalte sollen *konserviert* und für eine spätere Verwendung *aufbereitet* werden.

Veranstaltungsform	Vorlesung	Übung	Praktikum	Seminar	Projektseminar	Projekt
Teilnehmerzahl	50-450	15-25	20-80	15-25	10-25	10-25
Im Semester / Kompakt	S	S	S / K	S / K	S	S / K
offen / geschlossen	O	G	G	O	G	G

Tabelle 1: Die wichtigsten Veranstaltungsformen in der Hamburger Informatik

Dabei ist zwischen verschiedenen Lehrveranstaltungsformen zu unterscheiden (Tabelle 1), die jeweils Unterstützung in sehr verschiedenen Phasen benötigen (Tabelle 2).

	Vorlesung	Übung	Praktikum	Seminar	PJS	Projekt
Bereitstellung von Arbeitsmaterial	X	X	X	X	X	X
Kommunikationsplattform für Kleingruppen/Plenum	P			(P)	K / P	K / P
Dokumentation der Ergebnisse			X	X	(X)	X

Tabelle 2: Geforderte Unterstützung verschiedener Phasen für verschiedene Veranstaltungsformen

Neben der Gestaltung von Webseiten, die Veranstaltungen vor allem durch die Bereitstellung von Informationen unterstützen, wurde auch die für den Einsatz in Projektgruppen entwickelte Software CommSy [Jackewitz 2003] eingesetzt. Als dritte Systemgruppe kamen verschiedene Wiki-Webs [Leuf 2001] zum Einsatz. Die realen Auswahlkriterien (Aufwand für die Veranstalter, Migration des bestehenden Systems) führten oft zu einer nicht optimalen Auswahl der Unterstützungsplattform führten; eine Chance, die erfahrenen Probleme hier zu katalogisieren.

Es scheint unwahrscheinlich, mit *einem Werkzeug alle Einsatzbereiche* abdecken zu können, die Art der Veranstaltung hat einen grossen Einfluss auf die geforderte Unterstützung. Wir haben eine Reihe von Trade-Offs (nur ein Vorteil kann erreicht werden) beobachtet:

Einfacher initialer Zugriff und Austausch von Dokumenten	⇔	Schutz von Urheber- und Privatrechten (Zugriff)
Unterstützung der Erstellung eines Endproduktes	⇔	Dokumentation der Arbeitsschritte im Lernprozess
Unterstützung bereits bekannter Werkzeuge (Textverarbeitung)	⇔	Erstellung von vernetzten Hypertextdokumenten
Grosse Gestaltungsfreiheit (grafisches Design)	⇔	Geringer Aufwand durch vorgegebene Navigation / Design

Tabelle 3: Im Vergleich der verschiedenen Lernplattformen beobachtete Trade-Offs

Eine Hauptfunktion von Lernplattformen ist oft eine *Unterstützung der Kommunikation*, die über einen blossen Dokumentenaustausch hinausgeht (z.B. Diskussionsforen). Nach unseren Erfahrungen wurde *diese Funktionalität kaum verwendet*. Gründe dafür sind vermutlich der hohe Anteil von Präsenzlehre und die zu entweder recht geringen oder zu grossen Studierendenzahlen.

Der Betreuungsaufwand für einen erfolgreichen Einsatz der Lernplattformen kann kaum unterschätzt werden. Dieser verteilt sich bei CommSys durch die *vorgegebene Struktur* nach dem Beginn einer Veranstaltung auf die Studierenden, bei WikiWebs oder beim Einsatz von Webseiten ist der *redaktionelle Aufwand* für die Veranstalter hoch (das Ergebnis dafür aber bei grossen Informationsmengen oft übersichtlicher). Ein wichtiger Akzeptanzfaktor für die Lernplattform ist eine kritische Masse zu Beginn bereits vorhandener Informationen als Anreiz und Orientierungshilfe.

Bei Lehrveranstaltungen ist häufig das nachträglich *reflektierende Interesse am Prozess* ebenso gross wie das Interesse am Ergebnis selbst. Während die Websites sich über die Veranstaltung hin relativ wenig verändern, werden in CommSys und WikiWikis Arbeitsergebnisse veröffentlicht. Das CommSy stellt dabei den *Prozess in den Vordergrund* (Dokumentation der Autorenschaft, zeitlicher Ereignisse, Zuordnung zu Gruppen); in einem WikiWeb ist das *entstehende Endprodukt* (durch Überarbeitung und Redaktion) wichtiger als die Geschichte der Entstehung.

Es gibt es einen beobachteten, aber vermutlich nicht zwingenden Trade-Off zwischen der *Sichtbarkeit der eingestellten Informationen* und der *Sichtbarkeit des Prozesses*. In einem WikiWeb oder auf einer Webseite ist der Arbeitsprozess, der zu diesem Ergebnis führte, nicht mehr sichtbar. In einem System wie CommSy ist dagegen die gespeicherte Information nicht unmittelbar, sondern nur über den Umweg von Platzhaltern für die Dokumente zugreifbar.

Als Ergebnis zwei Fragen: 1. Wie lassen sich die *Stärken der Prozesssicht und der Ergebnissicht* kombinieren? 2. Wie kann der Arbeitsprozess möglichst *ohne Mehraufwand dokumentiert* werden? Erste Schritte: Verschiedene Perspektiven könnten auch in einem versionierten WikiWeb die Bearbeitungsschritte sichtbar machen; die Indexierung und Konvertierung in proprietärem Format gespeicherter Informationen könnte in einem CommSy Dokumente erreichbarer werden lassen.

Literaturverzeichnis

Collaborative Software Lab (2000): *A Catalog of CoWeb Uses* GVU Tech Report 00-19. ftp://ftp.cc.gatech.edu/pub/gvu/tr/2000/00-19.pdf

Leuf, B. und Cunningham, W. (2001): *The Wiki Way: Quick collaboration on the Web.* Boston, MA: Addison Wesley

Jackewitz, I.; Janneck, M.; Pape, B. (2002). *Vernetzte Projektarbeit mit CommSy.* In: Herczeg, M.; Prinz, W.; Oberquelle, H. (Hrsg): *Mensch und Computer 2002.* Stuttgart: Teubner, S. 35-44.

Adaptives Informationssystem für kooperative Lernumgebungen

Thomas Flor
DaimlerChrysler AG

Zusammenfassung

Mit dem Poster sollen die Erfahrungen zur Akzeptanz, Motivation und Neugier beim Umgang mit einem eLearning-System vorgestellt und anhand der Erfahrungen mit einem eLearning-System auf wichtige "Erfolgsfaktoren" virtuellen Lernens eingegangen werden: Die Adaptivität des Gesamtsystems bzgl. Benutzermodeliierung, Wissensrepräsentation/präsentation und Lernstrategie sowie auf die Untersuchung unterschiedlicher Kooperationsmöglichkeiten in unterschiedlichen Lernszenarien beim Authoring und beim eigentlichen Lernprozeß. Die Architektur und Umsetzung des eLearning-Systems sowie deren praktischer Einsatz werden detailliert dargestellt.

Posterbeschreibung

Durch den Einsatz von eLearning in der Hochschullehre und betrieblichen Ausbildung wird eine Verbesserung der Lehrqualität, eine quantitative Ausweitung und eine zeitliche Flexibilisierung des Lernens erhofft. Die Erwartungen an eLearning sind also sehr groß. Doch ist das Lernen mit neuen Medien wirklich besser und welche Erfahrungen liegen hier national wie international vor? Wo liegen seine Vorzüge - wo sind seine Grenzen? Wie können Menschen angemessen selbstgesteuert lernen?

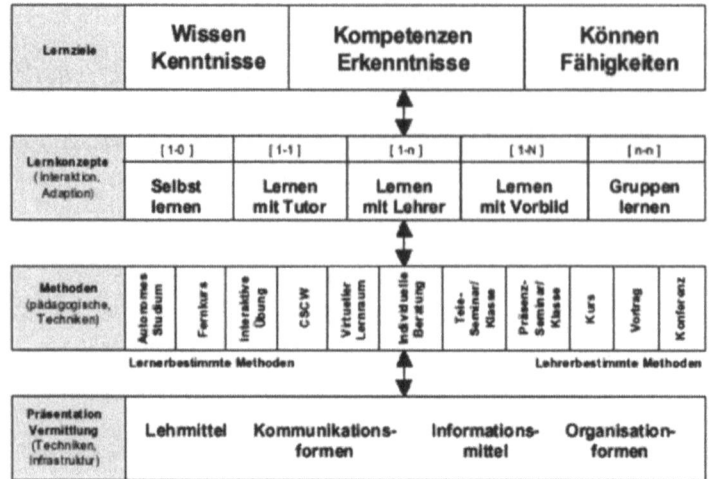

Abbildung 1: Modell zur Strukturierung von Lernprozessen

Allzuoft wird eLearning als eine technische Angelegenheit betrachtet, welche ohne Bezug auf den Lernenden entwickelt wird. Die Missachtung elementarer didaktischer Erkenntnisse ist die Hauptursache des Scheitern vieler eLearning-Projekte.

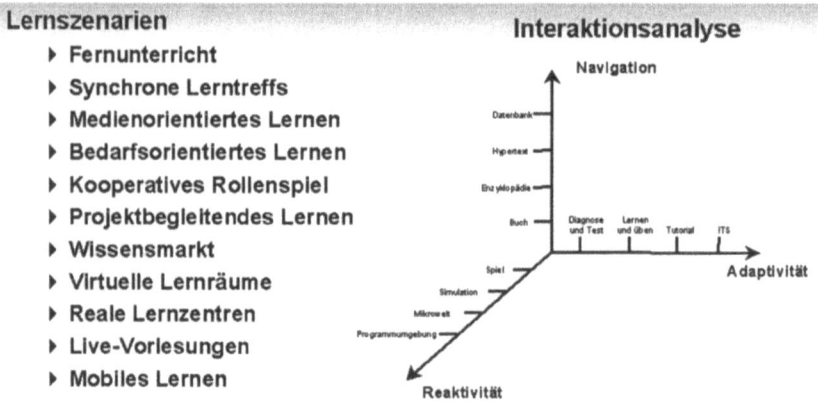

Abbildung 2: Einsatz von Interaktionsanalyse zur Definition von Lernszenarien

Neue Technologien zur Unterstützung des Lernens sollten ihren Schwerpunkt dabei nicht primär in der Vielfalt der eingesetzter Medien, sondern vielmehr in der, auf den Lernenden abgestimmten Präsentation und unterschiedlichen Abstraktion der Lerninhalte (Vorwissen, gezielte Kopplung instruktivistischer und konstruktivistischer Lernansätze, transparente Lernerfolgskontrolle, situationsabhängige Lernmotivationsmechanismen) legen.

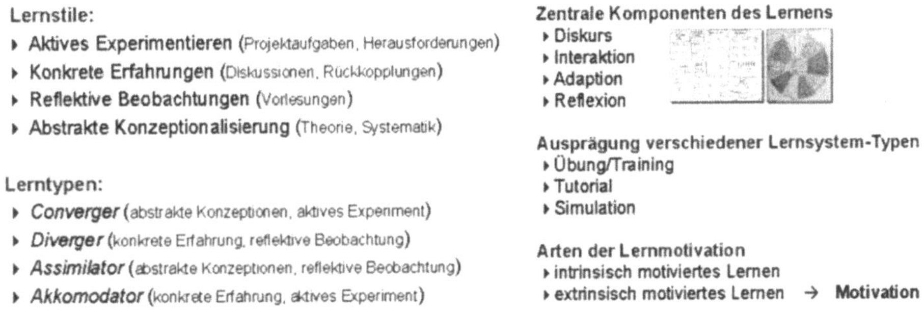

Adaptives Informationssystem für kooperative Lernumgebungen

Lernstile:
- Aktives Experimentieren (Projektaufgaben, Herausforderungen)
- Konkrete Erfahrungen (Diskussionen, Rückkopplungen)
- Reflektive Beobachtungen (Vorlesungen)
- Abstrakte Konzeptionalisierung (Theorie, Systematik)

Lerntypen:
- *Converger* (abstrakte Konzeptionen, aktives Experiment)
- *Diverger* (konkrete Erfahrung, reflektive Beobachtung)
- *Assimilator* (abstrakte Konzeptionen, reflektive Beobachtung)
- *Akkomodator* (konkrete Erfahrung, aktives Experiment)

Zentrale Komponenten des Lernens
- Diskurs
- Interaktion
- Adaption
- Reflexion

Ausprägung verschiedener Lernsystem-Typen
- Übung/Training
- Tutorial
- Simulation

Arten der Lernmotivation
- intrinsisch motiviertes Lernen
- extrinsisch motiviertes Lernen → **Motivation**

Abbildung 3: Analyse und Unterstützung kooperativer Lernprozesse

Ein wesentlicher Aspekt des vorgestellten Systems besteht in der Integration eines flexiblen Autorensystems, von Lerntypen und Lernerrollen sowie verschiedensten Formen kooperativen Arbeitens in einem umfassenden Hypertextsystem. Das Poster widmet sich inhaltlich folgenden Schwerpunkten:

- Anforderungen an adaptive Lernsysteme, insbesondere an Lernprozeß und Lernszenarien
- Benutzermodellierung und Autorenunterstützung
- Erfahrungen bei der Konzeption und Realisierung adaptiver Lernsysteme
- Erfahrungen beim praktischen Einsatz von Lernsystemen

Posterentwurf

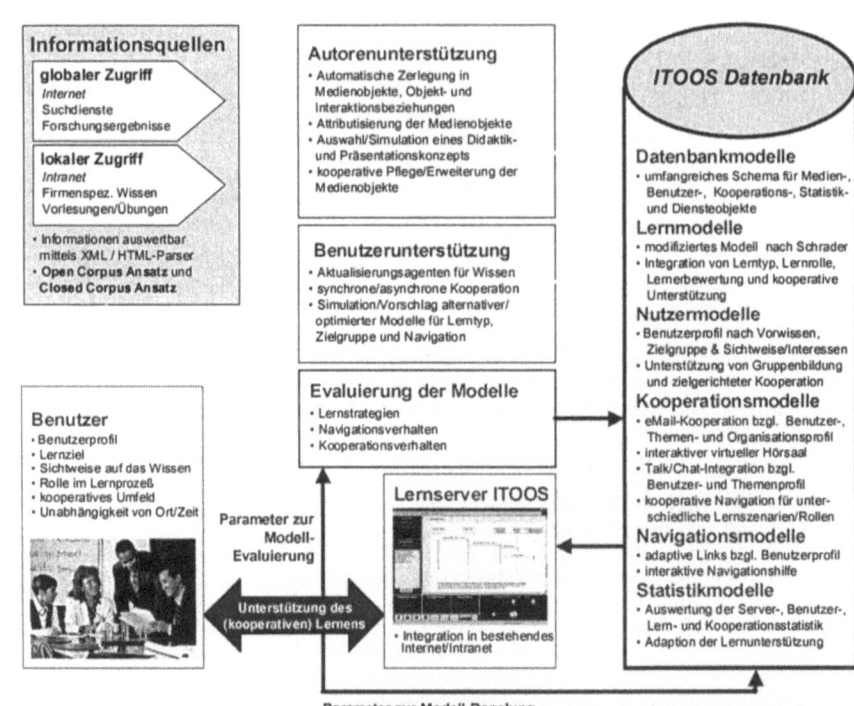
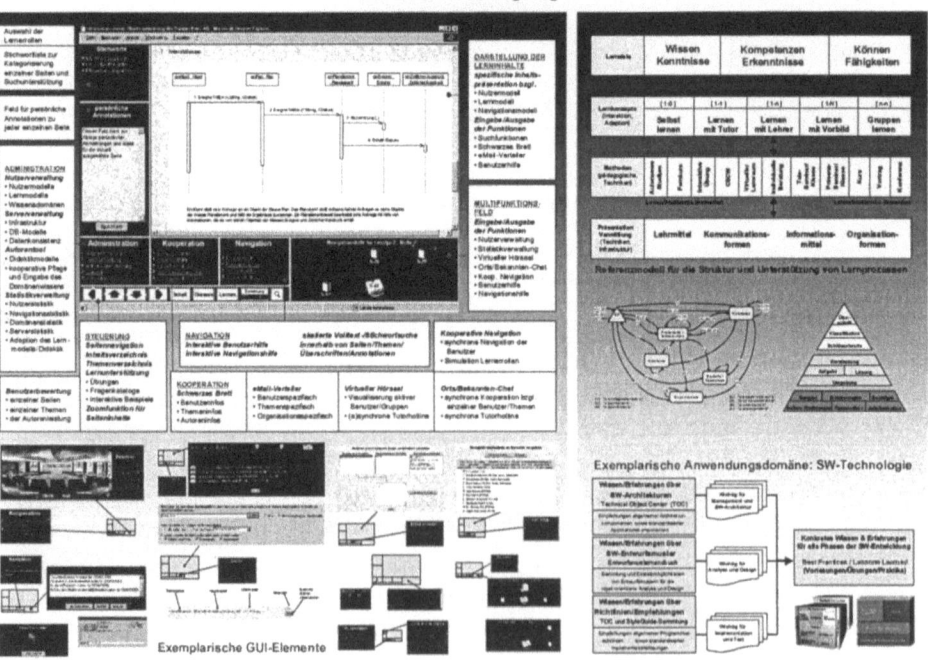

Das Zentrum für Interaktion mit digitalen Medien (ZIM) an der Universität Bremen, FB 3

Heidi Schelhowe, Christina Dörge, Hendrik Bunke, Georg Sichma

Universität Bremen

Zusammenfassung

Das Zentrum für Interaktion mit Digitalen Medien (ZIM) wird zum Sommersemester 2003 an der Universität Bremen eröffnet. Das ZIM bietet Lehramtsstudierenden, Studenten der Medieninformatik und der Informatik einen gemeinsamen und für eigene Projekte offenen Lern- und Arbeitsraum. Wir wollen damit an reformpädagogischen Ansätze von Lernwerkstätten anknüpfen und neue Formen des Lernens mit Digitalen Medien erproben: offen, kooperativ, selbstorganisiert und interdisziplinär. Interaktion gilt uns als Prinzip der sozialen Organisation und des Umgangs mit dem Medium.

Konzept des ZIM

Im Mittelpunkt des ZIM steht die Frage, wie man Technologie erlernt und mit Technologie (effizient) lernt. So sollen Studierende im ZIM die Möglichkeit bekommen, in Projekten mit dem Schwerpunkt „Digitale Medien in der Bildung" zu arbeiten. Sie sollen hier eine Umgebung erfahren, in der es möglich ist, interdisziplinär zu lernen. Dafür werden einerseits von uns kleine Kurseinheiten angeboten, aber auch feste Zeiten, zu denen die Studierenden im ZIM arbeiten und Unterstützung bei ihrer Arbeit und Antworten auf ihre Fragen bekommen können. Jede/r Studierende, die/der an diesem betreuten Arbeiten teilnimmt, soll sich auch selbst in das ZIM einbringen, indem sie/er mit seinem/ihrem Wissen anderen zur Verfügung steht, vielleicht sogar selbst Kurse anbietet.

Das ZIM soll eine neue Lernumgebung sein, die die Möglichkeit bietet, betreut Lernen zu lernen und Fähigkeiten und Kenntnisse weiter zu vermitteln. Für diejenigen, die gerne ein Projekt im Zusammenhang mit Kindern/Jugendlichen machen möchten, wird Unterstützung zusätzlich angeboten. Über das ZIM können auch Kontakte zu anderen Menschen/Institutionen innerhalb und außerhalb der Universität, national und international, vermittelt werden. Dabei ist vor allem auch an Kooperationen mit Schulen gedacht.

Geplant sind außerdem kleinere, unterstützende Veranstaltungen von DozentInnen und Studierenden. Es geht dabei eher um grundlegendere Fragen zum Beispiel der Bildverarbeitung, weniger um Einführung in ein spezielles Programm oder Betriebssystem. Diese liefern auch eine Basis für die im ZIM zu bearbeitenden Projekte, die z.B. Gegenstand der Lehrveranstaltung „Offenes betreutes Angebot für ein projektorientiertes Studieren – Digitale Medien und Bildung" sind.

… Stuttgart: B. G. Teubner, 2003, S. 381-383

net-mind.ch – Die Suchmaschine mit einer innovativen Datenverwaltung und individuellen Output-Möglichkeiten

Prof. Jimmy Schmid, Dr.-Ing. Artur P. Schmidt

Hochschule für Gestaltung, Kunst und Konservierung HGKK Bern, Schweiz

Zusammenfassung

Das Endo-Management hat die Aufgabe, die Kommunikation nach innen und nach aussen zu optimieren. Da das Kommunikationspotenzial eines Unternehmens ein Schlüsselfaktor ist, werden komplexe Netzwerke zwischen Wissensmitarbeiter und Kunden in Zukunft entscheidende strategische Erfolgspositionen.

Die Gestaltung von grafischen Benutzeroberflächen bedarf sowohl Verständnis für die technischen Möglichkeiten, wie auch für die Bedürfnisse der User der jeweiligen Applikationen. Interfacedesigner/innen müssen intelligente visuelle Übersetzungen finden, um die Interaktion Mensch-Computer zu erleichtern.

Das Ziel des Forschungsprojektes «net-mind.ch» ist die Entwicklung einer benutzerfreundlichen Internet-Suchmaschine mit einer innovativen Datenverwaltung. Das Werkzeug zum Sammeln und Archivieren kann den eigenen Bedürfnissen angepasst werden und besitzt so personalisierte Output-Möglichkeiten. Dieses individuelle Ablagesystem umfasst, dass die Daten sowohl in Dokumente (Folien, Exposés) als auch in digitale Plattformen (Präsentationen, Lektionen) gespeichert werden können.

1 Endo-Management – Lenkung komplexer Interfaces

Komplexitätszunahme verstehen

Zu den bedeutendsten Entwicklungen des 20. Jahrhunderts gehört sicherlich die Kybernetisierung unserer Gesellschaft durch die Computer und die Erfindung des Mediums Internet. Kein geringerer als Stafford Beer, der Begründer der kybernetischen Managementlehre, hat in seinen Arbeiten das Entstehen eines auf Rückkopplungsschleifen basierenden Netzwerks vorweggenommen, wie es sich im Interface des World-Wide-Web offenbart. Wir befinden uns heute in vollständiger Abhängigkeit von derartig vernetzten Interfaces, auch wenn wir dies oftmals nur dann merken, wenn wir wieder Opfer einer Virenattacke werden. Einer der Ersten, der erkannte, dass sich aus Netzwerken neue Netzwerke bilden, war der Netz-Pionier J. C. R. Licklider. Das Design ständig neuer und komplexerer Netzwerke ist heute für Unternehmen eine notwendige Aufgabenstellung, um sich den Entwicklungen im Rahmen einer globalisierten Welt zu stellen und in dieser zu überleben. Das Verstehen der Komplexitätszunahmen stellt heute an das Management von Unternehmen jedoch völlig neue Anforderungen.

Immunsysteme aufbauen

Wer Pathologien und Reibungsverluste in Organisationen vermeiden will, sollte die verborgenen Kommunikationsmuster kennen. Heute sind Interfaces die entscheidende Herausforderung, um Unternehmen immun gegenüber Angriffen von aussen und von innen zu machen. Die Immunisierungsstrategien müssen so gewählt werden, dass die Organisation bei Fehlern von innen oder Angriffen von aussen derart reagieren kann, dass kein Schaden für das Unternehmen entsteht.

Information wird durch sich selbst organisierende Rückkopplungszyklen mittels Replikation und Selektion hervorgebracht, deren Ziel das Überleben des betreffenden Organismus ist. Es ist die Aufgabe des Endo-Management die Kommunikation im Innern und nach aussen so zu optimieren, dass eine maximale Problemlösungsfähigkeit des Unternehmens gewährleistet ist. Wenn ein Unternehmen durch exzellente Innenkommunikation eine hohe Vielfalt an möglichen Problemlösungen generieren kann, ist es in der Lage, sein Überleben auch in schwierigen oder lebensbedrohlichen Situationen sicherzustellen. Je mehr Mitarbeiter sich an der Lösung von Problemen beteiligen, desto grösser ist die Chance, dass alle wesentlichen Problemfelder abgedeckt werden.

Potenzial analysieren

Das Kommunikationspotenzial eines Unternehmens ist ein Schlüsselfaktor, da es Auswirkungen auf die Umlaufgeschwindigkeit des Wissens in Organisationen hat. Werden Intranets systematisch analysiert, so lassen sich die digitalen Assets eines Unternehmens zielgerichtet einsetzen, versteckte Muster erkennen und somit Probleme frühzeitig erkennen. Während für eine einfache Problemstellung, eine Hierarchie als Organisationsform durchaus die beste Lösung liefern kann, wird für ein komplexes Problem nur ein komplexes Netzwerk eine Lösung liefern können. Es ist wichtig zu wissen, welche Strukturen ein hohes Potenzial für die Lösung von Problemen haben. Das Kommunikationspotenzial hängt dabei von der Vernetzungsdichte, dem Feedbackverhalten sowie der Parallelität der Kommunikation ab. Zwei Möglichkeiten, die Komplexitätszunahme zu bewältigen, sind der Aufbau von Business-Ökosystemen sowie die Entwicklung hin zu offenen Wissensplattformen durch Peer-to-Peer-Netzwerke, die einen serverlosen Datenaustausch ermöglichen. Beide Optionen zeichnen sich dadurch aus, dass diese die Kommunikationsfähigkeit eines Unternehmens nachhaltig verbessern.

Herausforderung Interface-Management

Gelingt es durch Interface-Management Wissensmitarbeiter und Kunden derart miteinander zu vernetzen, dass der Nutzen für alle Teilnehmer maximiert wird, so können Win-Win-Situationen entstehen. Während Peer-to-Peer-Systeme vor allem die Parallelität der Kommunikation erhöhen, erlauben Business-Ökosysteme eine deutliche Reduzierung der Transaktionskosten durch einen intelligenten Unternehmensverbund. Insbesondere das Management von Hightech-Unternehmen, das auf eine hohe Kommunikation angewiesen ist, muss sich an der Vernetzungsdichte, an der Rückkopplung und an der Parallelität orientieren, um eine Organisation auf Erfolg zu trimmen. Hierbei geht es nicht nur darum, Wechselwirkungen zu verstehen, sondern deren Folgen abzuschätzen.

2 Zielformulierung «net-mind.ch»

Das Forschungsprojekt «net-mind.ch» ist eine Verschmelzung von Technologie und Kommunikation auf der Basis unterschiedlicher Medien. Daraus lassen sich die Projektziele in folgende zwei Bereiche unterteilen:

Recherchierwerkzeug / Benutzeroberfläche:
- Entwicklung einer benutzerfreundlichen und -gerechten Suchmaschine, die contentunabhängig funktioniert. Ihr liegt eine allgemein gültige Systematisierung zugrunde.
- Die Suche von Informationen erfolgt nach unterschiedlichen Kriterien: Suchmaschinenfunktionen, Metainformationen, Raum, Zeit.

- Der Benutzer kann zwischen verschiedenen Interfaces wählen oder sie selber kreieren (Personalisierung).

Output / Verwaltung:
- Das Tool zum Sammeln / Archivieren kann den eigenen Bedürfnissen angepasst werden.
- Dieses individuelle Ablagesystem umfasst:
Daten in Ordner speichern (Datentopf)
Daten in Dokument speichern (Prints, Folien, usw.)

Daten in digitale Plattform speichern (Präsentationen, CD-ROM, Lektionen, Web usw.)

3 Projektuntersuchungen

Das Forschungsprojekt «net-mind.ch» gliedert sich in drei Phasen (Dauer: 2003–06) und untersucht folgende Punkte:
- Untersuchungen/Visualisierungen der Benutzeroberfläche (GUI):
Navigationen, Piktogramme, Text/Lesbarkeit, Tabellendarstellungen, Views/Modes, individuelle Benutzeroberflächen (Personalisierung), Module/Funktionen,
Outputs (Zwischenspeichern/Ablegen und wieder Aufrufen von Informationen)
  - Untersuchungen/Realisierung der Business Logik:
Suche von Informationen nach verschiedenen Kriterien
Verwaltung von Informationen
Weiterverarbeitung von Informationen
Generieren von Informationen in verschiedenen Formaten
  - Daten sammeln: Codierung/Semantik (Redaktionsteam) und Datenübernahme
  - Fertigstellung einer Alpha-Version mit allen Modulen und Funktionen
  - Online-Researches
  - Industrialisierung des Tools «net-mind.ch».

In der 1. Phase des Projektes geht es schwerpunktmässig um die Analyse und experimentelle Weiterentwicklung der visuellen Elemente der grafischen Benutzeroberfläche in den digitalen Medien. Ziel dieser detaillierten Untersuchungen ist es, Grundsatzfragen (u.a. bzgl. dem Bedürfnis nach Personalisierung) zu klären und im Bereich der Visualisierung in digitalen Medien mittels Internet-repräsentativen Online-Researches Standards (bzgl. Lesbarkeit, Farbcodierung, Schaltflächen usw.) abzuleiten.

Schwerpunkt in der 2. Phase sind einerseits die Entwicklung von (visuellen) Modulen/Funktionen und andererseits die Realisierung der (technischen) Business-Logik.

In der 3. Phase werden die Output-Möglichkeiten entwickelt und alle Funktionen in einer Alpha-Version getestet. Abschluss ist die Industrialisierung des Tools «net-mind.ch».

StarOffice 4 Kids –
Mitwachsende Software für den Grundschulunterricht

Joachim Baumert, Frank Meiners

Heinz Nixdorf Institut, Universität Paderborn, AG Informatik und Gesellschaft

1 Einleitung

„Growing software for growing minds." ist das Leitmotiv für den Ansatz des Projektes „StarOffice 4 Kids" (SO4K), dessen prototypische Umsetzung hier kurz vorgestellt werden soll. Dazu werden die Infrastruktur und der aktuelle Schulprototyp dargestellt.

Dem Projekt liegen zwei Konzepte zu Grunde, und zwar das Konzept eines webbasierten „Arbeitsplatzes im Netz" und das der „Mitwachsenden Software". Der „Arbeitsplatz im Netz" erlaubt den Zugriff auf SO4K von allen Orten, die über einen Internetanschluss verfügen. „Mitwachsende Software" bedeutet zum einen, dass die Funktionalität der Anwendung möglichst einfach an die Aufgabenstellung angepasst werden kann, zum anderen drückt „mitwachsend" aus, dass Software an das Know-how der Benutzer im Umgang mit der Software angepasst werden kann.

2 Die „SO4K"-Infrastruktur

Die Kernidee des Projektes besteht darin, eine Infrastruktur bereitzustellen, mit der Dokumente und Applikationen über einen gemeinsamen „Arbeitsplatz im Netz" verwaltet werden können. D.h., es soll Schülern und Lehrern möglich sein über ein persönliches „Portal" auf alle Materialien zuzugreifen, die sie in der Schule benötigen. In einer „SO4K"-Infrastruktur gibt es aus der Sicht des Anwenders keine Unterschiede zwischen Dokumenten und Applikationen. Die Infrstruktur setzt sich aus drei Teilen zusammen: einem Content Management System (CMS), das die Dokumente verwaltet, einem Framework, das die Funktionalität bereitstellt, und dem Client, um die Dienste zu nutzen. Das CMS enthält die privaten Dokumente der Anwender, ihre Zugriffrechte, Referenzen auf externe Dokumente, die Beschreibungen der Benutzungsoberflächen sowie vollständige Multimedia-Anwendungen. Der Kern des Frameworks ist ein StarOffice, das die benötigte Funktionalität bereitstellt. Dabei kann es sich um ein lokales StarOffice bzw. OpenOffice. org handeln oder einen Sun Open Net Environment (Sun ONE) Webtop (siehe Sun 2001). Die Kommunikation innerhalb der Infrastruktur basiert auf XML. Für die Dokumente wird ein XMLFormat verwendet, das auf dem XML-Dateiformat des OpenOffice.org beruht. Die Benutzungsoberflächen für die einzelnen Dokumente werden mittels einer XML-basierten Sprache beschrieben.

3 Der Schulprototyp

Im Rahmen des Projektes wurden mehrere Prototypen entwickelt. Diese Prototypen dienten dazu, die Idee zu kommunizieren und das Konzept der „SO4K"-Infrastruktur zu verdeutlichen. Der Schulprototyp, auch Schülerarbeitsplatz genannt, hingegen sollte die Konzepte von SO4K unter alltäglichen Bedingungen erproben. So musste der Prototyp so stabil laufen, dass er über mehrere Wochen im Unterricht eingesetzt werden kann, und es musste die vorhandene Sun Ray Infrastruktur (siehe Sun 2003) der Projektschulen berücksichtigt werden.

Der Einsatz des Prototyps erfolgt nur in den Räumen der Schule, daher ist ein Zugriff über das Internet nicht erforderlich. Auch die Verwaltung der Dokumente vereinfacht sich in diesem Zusammenhang erheblich. Die Sun Ray-Infrastruktur unterstützt die zentrale Verwaltung der Dokumente der Schüler und Lehrer. Für den begrenzten Funktionsumfang des Prototyps ist es ausreichend, die Unterrichtsmaterialien mittels Network File System (NFS) auf dem Server zu verwalten; daher konnte auf ein CMS verzichtet werden. Zudem erlaubt es diese Infrastruktur, gemeinsam auf das auf dem Server installierte StarOffice zuzugreifen.

Die Benutzungsoberfläche des Prototyps besteht aus drei getrennten Ansichten: dem Lesson-, dem File-Viewer und dem Writer. Mittels des Lesson-Viewers können die Schüler auf die vom Lehrer bereitgestellten Unterrichtsmaterialien zugreifen. Über den File-Viewer verwalten die Schüler ihre eigenen Dokumente und tauschen diese mit anderen Schülern aus. Hinter dem Writer verbirgt sich eine an die Bedürfnisse der Lehrer angepasste Textverarbeitung.

Der Writer ist der interessanteste und wichtigste Teil des Prototyps. Er bietet ein begrenztes Maß an Funktionen, die es dem Schüler erlauben die Unterrichtsmaterialien zu bearbeiten. Der Writer verfügt nur über eine Funktionsleiste, um Knöpfe für die gewünschten Funktionen aufzunehmen. Diese Leiste lässt sich für jedes Dokument individuell anpassen, um so das Konzept der „Mitwachsenden Software" umzusetzen. Zur Anpassung der Funktionalität steht dem Lehrer ein vom Projektpartner „kippdata" entwickelter Lehrerarbeitsplatz zur Verfügung. Eine aktuelle Version von SO4K mit dem Schüler- und Lehrerarbeitsplatz steht auf den WWW-Seiten der kippdata zum Download bereit (www.kippdata.de).

Literatur

Sun Microsystems, Inc. (ed.) (2001): Sun ONE Webtop – Developer Release 1.02 – Architecture, Concepts and Technologies; Revision A. White Paper, Mai 2001.

Sun Microsystems, GmbH (Hrsg.) (2003): Bildung braucht Computer – Sun@School. Aktuelle Broschüre unter:
http://www.sun.de/Loesungen/Branchen/Forschung_Lehre/K-12/sun_at_school_dt_final.pdf

Kontakt

Joachim Baumert | Frank Meiners, Heinz Nixdorf Institut, Universität Paderborn, AG Informatik und Gesellschaft, Fürstenallee 11, 33102 Paderborn, Email: baumert|meiner@uni-paderborn.de

Eine Umfrage zu Link- und Objekt-Attributen im Web

Harald Weinreich, Winfried Lamersdorf

Fachbereich Informatik, Universität Hamburg

Die Navigation im Web wird häufig dadurch erschwert, dass Links zu wenig über ihr Ziel und ihre Funktion aussagen. Das Projekt HyperScout untersucht, welche *inhärenten*, aber *nicht sichtbaren* Eigenschaften von Link und Linkziel dargestellt werden sollten und wie dies geschehen kann [2]. Eine Analyse aktueller Browser und Web-Sites hat dabei eine beachtliche Anzahl solch immanenter Attribute aufgezeigt, angefangen von konkreten Informationen zu Inhalt und Charakteristik des Zieles, über topologische Eigenschaften bis hin zu Autoren- und Benutzungsinformationen. Mittels einer Umfrage wurde untersucht, ob und welche solcher Informationen zu Link und Zielobjekt für Benutzer von Interesse sind.

Die Benutzerbefragung

Um mehr über die Probleme von Benutzern mit Links zu ermitteln, wurde im Frühjahr 2002 eine Umfrage per Online-Fragebogen durchgeführt. Die Zielgruppe der Befragung waren erfahrene und regelmäßige Benutzer des Webs, da eine gewisse Vertrautheit mit dem Thema eine Voraussetzung für das Verständnis der Problematik und die sinnvolle Einschätzung der eigenen Bedürfnisse war. 143 Personen nahmen an der Umfrage teil. 98% der Teilnehmer entsprachen der Zielgruppe der erfahrenen Benutzer, 71% davon waren Informatiker und EDV-Spezialisten, 29% ordneten sich anderen Fachgebieten zu.

Der erste Fragenkomplex beschäftigte sich damit, ob die Teilnehmer Probleme mit der Verständlichkeit von Links haben und auf die URL als zusätzliche Informationen bei der Navigation zurückgreifen. 29% der Teilnehmer waren der Meinung, dass das Ziel eines Links *oft* nicht ihren Erwartungen entspricht (Abb. 1). Über 60% haben angegeben, dass sie zumindest *oft* die URL im Statusbereich des Browsers beachten, bevor sie einen Link anklicken (Abb. 2). Dies stützt die Annahme, dass für Benutzer Links als Schnittstelle allein vielfach nicht aussagekräftig genug sind.

Auf die offene Frage, *warum* sie die URL beachten, wurde am häufigsten angegeben, dass die Teilnehmer *externe Links* erkennen möchten, sich Hinweise auf die *Quelle* des Dokumentes erhoffen und den *Dokumententyp* des Zieles identifizieren wollen.

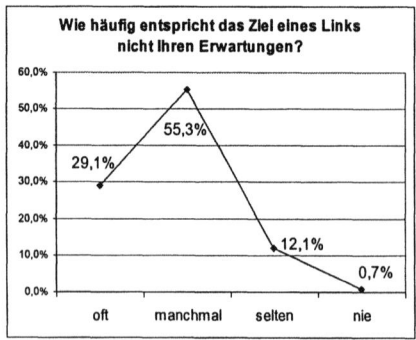
Abb. 1: Erwartungskonformität

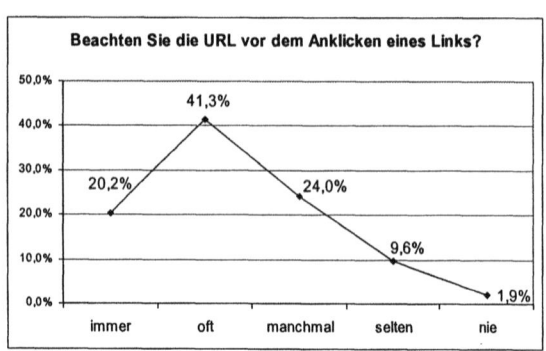
Abb. 2: Beachten der URL

Die Bedeutung einzelner Eigenschaften von Links und Zielobjekten

Die Anzahl der nicht sichtbaren Eigenschaften von Link und Zielobjekt ist zu groß für eine gleichzeitige, effizient lesbare Darstellung. Eine Teilnehmerbeurteilung zur Anzeige unterschiedlicher Attribute vor Anwahl eines Links sollte helfen, ihre Bedeutung für die Navigation einzuschätzen.

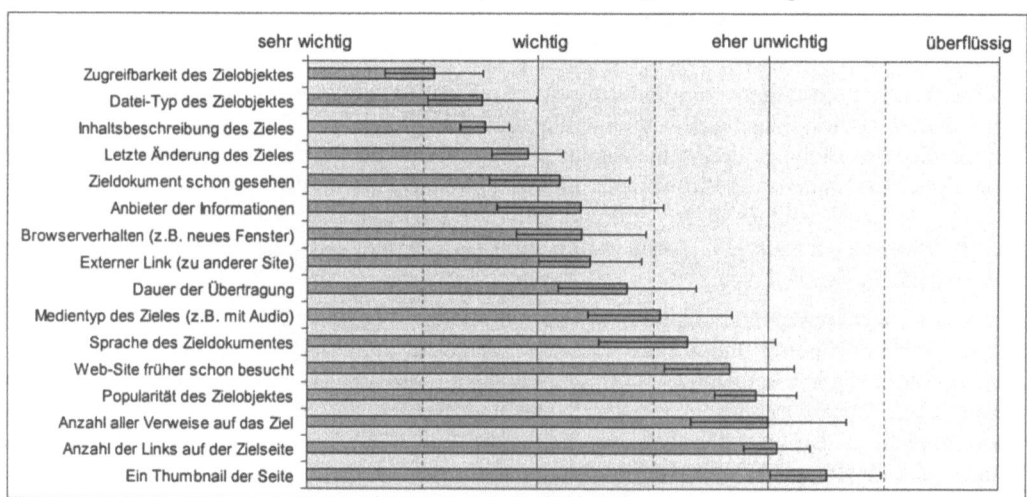
Abb. 3: Bewertung der Wichtigkeit von Link und Objekteigenschaften für die Navigation

Es wurden unerwartet viele Attribute von Link und Zielobjekt als interessant für die Navigation eingeschätzt (Abb. 3). Besonders problematisch erscheinen vor diesem Hintergrund *fehlerhafte Links*, Verweise auf unerwartete *Dateitypen*, unzureichende *Informationen über den Inhalt* des Zieles und die oft unbekannte *Aktualität* der angebotenen Informationen.

Bemerkenswert ist andererseits, wie schlecht als Vorabinformation ein *Thumbnail* der Zielseite, die *topologischen Eigenschaften* des Zieles oder die Anzahl der *Besuche anderer Benutzer* gewertet wurden. Dies steht im Gegensatz zu sonst oft in der Literatur vertretenen Annahmen [1, 3].

Dieses Gesamtbild ändert sich kaum, wenn nur die Nicht-EDVler berücksichtigt werden: Die meisten Attribute gelangen auf den gleichen Rang, wenige verschieben sich um 1 oder 2 Plätze.

Auffällig ist aber, dass Nicht-EDVler die *Dauer der Übertragung* deutlich wichtiger werten, was sich eventuell auf eine oft schlechtere Internetanbindung dieser Benutzer zurückführen lässt.

Die elementarsten Informationen scheinen nach den Ergebnissen dieser Umfrage auch die begehrtesten zu sein. Dies ist eventuell mit darauf zurückzuführen, dass manche der anderen Konzepte bis heute den Benutzern nicht genügend vertraut sind. Dennoch weisen die Ergebnisse darauf hin, dass Informationen, die aus technischer Sicht vergleichsweise einfach automatisch ermittelbar und darstellbar sind [2], von Benutzern als begehrte Hilfe für die Navigation angesehen werden.

Literatur

[1] A Cockburn, S Greenberg, B McKenzie, M Jasonsmith and S Kaasten. *WebView: A Graphical Aid for Revisiting Web Pages*. Proceedings of OzCHI'99, Wagga Wagga (Australien) 1999, S. 15-22.

[2] Harald Weinreich, Winfried Lamersdorf: *Concepts for Improved Visualization of Web Link Attributes*. Computer Networks, Vol. 33 (1-6), 2000, S. 403-416.

[3] Alan Wexelblat, Pattie Maes: *Footprints: History-Rich Tools for Information Foraging*. Proceedings of CHI'99, Pittsburgh (USA) 1999, S. 270-277.

Projekt meiNetz: Automatische Klassifikation und Benutzermodellierung

Ingo Frost, Robert Freund, Harjo Korte, Sebastian Bitzer, Stephan Weller

Institute of Cognitive Science, Universität Osnabrück

Zusammenfassung

Projekt meiNetz liefert ein Modell, dass die tägliche Informationsflut für den Einzelnen bündelt und einfacher zugänglich macht. Dabei werden soziale Komponenten (Gruppensoziologie) mit nichthierarchischen Informationsmodellen (bidirektional gewichtete Graphen) kombiniert. Auf diese Weise wird ein Rahmenwerk geschaffen, in dem zum Beispiel ein personalisiertes und adaptives Informationsportal für das Internet realisiert werden kann. Erste Implementationen werden bereits an der Universität Osnabrück in Zusammenarbeit der Fachgruppe Kognitionswissenschaft realisiert und evaluiert.

1 Einleitung

Eine der Herausforderungen im Informationszeitalter besteht darin, mit der Flut von Informationen zurechtzukommen. An dieser Schnittstelle zwischen Benutzer und Information lässt sich aus zwei Richtungen arbeiten:

?Betrachtet man den Benutzer, so lassen sich die Benutzerinteressen durch ein Benutzermodell modellieren und es kann eine Vorauswahl der Informationen, die speziell für den Benutzer potentiell interessant seien könnten, stattfinden.

?Aus Sicht der Informationswelt ist eine Klassifikation erforderlich, die Informationen Themen zuordnen kann und die Themen untereinander strukturiert.

Die meiNetz-Software versucht, beide Ansätze zu vereinen und findet z.B. Anwendung im Internet. Dort soll sie Benutzern behilflich sein, die für sie relevanten Informationen zu finden. Dabei steht die Adaptivität des Benutzermodells an den Benutzer und die ebenfalls adaptive Klassifikation von Informationen an zentraler Stelle.

2 Die Struktur von meiNetz

2.1 Benutzermodell

Anstatt die Benutzer unabhängig voneinander zu modellieren, versucht meiNetz mit Hilfe von Benutzergruppen, ähnliche Interessen gemeinsam zu modellieren. Diese Technik basiert auf der Gruppensoziologie, welche Individualität durch die unterschiedlichen Zugehörigkeiten zu sozialen Kreisen beschreibt [SIMMEL].

Ein sozialer Kreis verbindet Menschen mit einem zentralen Interesse. Das Individuum ist also Teilmenge aus verschiedenen Kreisen (hier Gruppen).

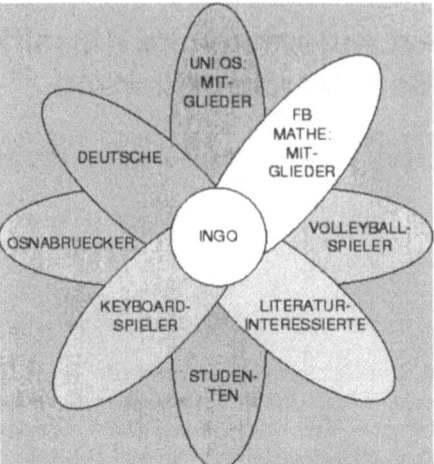

Abbildung 1 beschreibt diese soziale Struktur aus Sicht eines Einzelnen. Ingo ist Teil verschiedener sozialer Kreise, die Aussagen über seine Individualität machen können. So ist er beispielsweise Student, also Mitglied der sozialen Gruppe Studenten. Individuelle Eigenschaften, die sich nicht als soziale Gruppenbeziehungen darstellen lassen (soweit diese überhaupt existieren), bezeichne ich als Innere Individualität, die hier als weiß ausgefüllter Kreis dargestellt ist.

Bei dem Versuch, Gruppen untereinander in Beziehung zu setzen, kann man rein analytisch vorgehen: Sobald eine Schnittmenge, also Menschen, die beide Interessen haben, vorhanden ist, besteht auch ein Zusammenhang zwischen den beiden Gruppen. Dieser Zusammenhang lässt sich weiter differenzieren, indem man die Größe der Schnittmenge mit den Größen der beiden Gruppen in Bezug setzt.

Diese Anordnung der Gruppen kann man sich visualisiert als Netz vorstellen. Gruppen entsprechen Knoten, die mit jeder beliebigen anderen Gruppe und beliebig vielen Gruppen verbunden seien können. Diese Datenstruktur kann man mit Hilfe eines Entity-Relationship-Modells darstellen, das folgende Aussagen macht:

1   Als Objekttyp (Entität) lassen sich Person und Gruppe definieren.

⇒ Eine Person kann somit mit mehreren Gruppen verbunden sein (an Gruppen teilnehmen).

⇒ Umgekehrt kann eine Gruppe mit mehreren Personen verbunden sein (Gruppenmitglieder haben).

⇒ Jede Gruppe kann mit mehreren anderen Gruppen verbunden sein (Gruppennetz).

2.2 Informationsmodell

Um große Mengen von Informationen zugänglich und überschaubar zu machen, werden oft hierarchische Klassifikationen [UDC] (im Internet: [OySTER]) benutzt. Eine hierarchische Klassenanordnung in Form eines Baums bietet nur einen Weg zu einer Information. Offensichtlich bestimmen Individuum und Kontext die Relevanz. Eine durch eine Person erstellte Einwegklassifikation ist also subjektiv und löst sich vom jeweiligen Zusammenhang, was das Auffinden einer Information schwieriger macht. Weiter ist dieses System sehr starr, denn Modifikationen in unteren und mittleren Ebenen sind problematisch, da übergeordnete Ebenen neu angeordnet werden müssen und gewohnte Pfade sich ändern.

- Zwei Objekttypen werden benötigt: Verweis zu Information, der zum Beispiel ein Weblinkobjekt sein kann und Gruppen, die einem Thema oder Kluster entsprechen.
- Jeder Verweis kann mit beliebig vielen Gruppen verbunden sein (Informationsverweise spielen in verschiedenen Zusammenhängen, also Themengruppen, eine Rolle).
- Umgekehrt kann ein Thema mit mehreren Verweisen zu Informationen verbunden sein (Themengruppe enthält mehrere Informationsverweise).
- Jede Themengruppe kann mit beliebigen anderen Themengruppen verbunden sein. (Gruppennetz).

Damit eine automatische Zuordnung von Verweisen zu Gruppen möglich ist, sind zusätzlich Schlüsselwörter notwendig, die einen Teil der Verweiseigenschaften, als auch der Gruppeneigenschaften repräsentieren.

2.3 Kombination zu NIO

Die beiden Entity-Relationship-Diagramme sind strukturell sehr ähnlich und werden durch das Netzwerk zur Identifikation des Benutzers und Orientierung in der Informationswelt (NIO) zu einem Modell.

In dem Benutzermodell wurden soziale Kreise durch ein übergeordnetes Interesse definiert. Auf dieser Basis können nun die Kluster bestimmt und bezeichnet werden, so dass Gruppen soziale Kreise und gleichzeitig Themen zur Gliederung von Informationen sind. Dies ergibt auch aus anderen Perspektiven Sinn, denn oft produzieren soziale Kreise Informationen für den eigenen sozialen Kreis (Rollenverhalten). So fallen also soziale Kreise und Themengruppen zu einer abstrahierten Form Gruppe zusammen. Die Beziehungen zwischen den Entitäten Schlüssel (für Schlüsselwörter), Gruppe und Verweis sind many-to-many-Beziehungen, die über die Tabellen G_S, S_V, G_V und G_G im Datenmodell realisiert werden. Diese Verknüpfungstabellen können zusätzlich Rangpositionen aufnehmen. So kann beispielsweise ein Verweis in einer Gruppe einen hohen Rang und in einer anderen Gruppe einen niedrigen Rang haben. Nur so kann die Qualität der Klassifikation gewährleistet werden, denn nur Zuordnungen mit hohen Rängen machen wirklich treffende Aussagen über die Gruppe.

Eine konkrete Beschreibung des Datenmodells und der Berechnung der Ränge folgen im nächsten Kapitel.

3 Organisation neuer Daten

Neue Daten können nur dann automatisch aufgenommen und klassifiziert werden, wenn bereits ein kleines Netz aus Gruppen und Schlüsselwörtern vorhanden ist. Wir gehen also davon aus, dass bereits eine einfache Struktur besteht und es zu einem Dazulernen kommen kann.

Momentan ist vorgesehen, dass Teilnehmer einer Gruppe Verweise selbst hinzufügen können, die sie in dem Themenzusammenhang nutzen. Auf diese Weise können Rechercheergebnisse vieler Einzelner zusammengeführt werden. Sobald eine Gruppe von mehreren Teilnehmern genutzt wird, ist auch der Einsatz eines Web-Agenten denkbar, der dann den Gruppenmitgliedern neue Informationsblöcke vorschlägt.

Diese Vorgehensweise erweist sich als fehlertolerant, da fehlerhafte oder nicht mehr zeitgemäße Zuordnungen von Verweisen in Gruppen gar nicht mehr oder weniger genutzt werden und so im Rang fallen. Fehlende Zuordnungen werden durch eine automatische Probezuordnung in verwandte Gruppen gefunden.

Die Zuordnungen von Verweisen zu Gruppen entsprechen also Vorschlägen an eine Gruppe, die eher angenommen oder eher angelehnt werden können. So wirkt der tägliche Informationskonsum der Gruppenmitglieder rückkoppelnd zu der Einordnung der Verweise in die Gruppen.

Jede Zuordnung eines Verweises zu einer Gruppe ist mit einem Rangwert versehen, so dass die Verweise einer Gruppe feste Positionen haben. Diese Positionen verändern sich durch das Verhalten der Gruppenmitglieder. Oft benutzte Verweise steigen auf, in der letzten Zeit weniger oft verwendete Verweise steigen ab. In einer ersten Realisierung von meiNetz für Internetinformationsangebote über Osnabrück (http://www.meinetz.de) werden dabei nur die Klicks pro Gruppe gezählt. Spielt ein Informationsangebot in einer Gruppe eine wichtige Rolle, so wird diese im Alltagsgebrauch von meiNetz häufig benutzt und erhält so einen hohen Rang. Voraussetzung ist, dass meiNetz im Alltag als Internetportal und nicht nur als gelegentliche Recherchemöglichkeit genutzt wird.

3.1 Neue Gruppen

Die ersten Gruppen werden manuell angelegt, manuell mit anderen Gruppen verknüpft und manuell durch Schlüsselwortzuordnungen beschrieben. Alle drei Vorgänge können, sobald eine kritische Menge von NIO-Daten erreicht ist, automatisiert werden. Teilweise geschieht dies schon: So kann, nachdem ein Verweis, bei dem keine Schlüsselwörter vorliegen, manuell Gruppen zugeordnet worden ist, NIO die Schlüsselwörter der zugeordneten Gruppen als Schlüsselwörter für den Verweis vorschlagen. Umgekehrt ist diese Technik auch bereits im Einsatz: Sind Schlüsselwörter vorhanden, aber keine Gruppenzuordnungen, so können an Hand der Schlüsselwörter passende Gruppen ermittelt werden.

Wird die Menge an Verweisen in einer Gruppe zu groß und unübersichtlich, kann durch ein Klusteringverfahren festgestellt werden, ob Verweise zusätzliche Eigenschaften haben, durch die eine kleinere Gruppe möglich wäre. Beispielsweise könnte die Gruppe Bäume eine neue Gruppe Laubbäume bilden und alle Verweise aufnehmen, die neben dem Schlüsselwort Baum auch das Schlüsselwort Laub oder Blatt haben. Dabei bleibt die vorhandene Gruppe erhalten.

So sollen aber keine Untergruppen in Form von Teilmengen von bereits bestehenden großen Gruppen gebildet werden, da solche hierarchischen Ansätze grundsätzlich subjektiv sind. Aber man kann trotzdem von verfeinerten, spezialisierteren Gruppen sprechen, die auch Eigenschaften von anderen Gruppen erben können, aber dennoch gleichberechtigt und autark bleiben.

Bezogen auf das Baumbeispiel bedeutet das: Würde man eine Gruppe Ahorn anlegen, so könnte man Ahorn mit der Gruppe Kanada verknüpfen. Eine Verknüpfung Kanada-Laubbaum hat jedoch nur wenig Sinn.

Teilen sich zwei Gruppen Schlüsselwörter oder nehmen viele Nutzer an zwei Gruppen teil oder gehören mehrere Verweise zwei Gruppen an, so kann automatisch eine Verknüpfung zwischen diesen beiden Gruppen angelegt werden.

Wenn fast alle Verweise in einer Gruppe Schlüsselwörter enthalten, die jedoch nicht der Gruppe zugeordnet sind, so können diese Schlüsselwörter zu Gruppenschlüsselwörtern werden.

3.2 Neue Informationsblöcke

meiNetz selbst nimmt keine Informationen auf. Es wird vielmehr ein Verweis zu einem Informationsblock im Sinne einer Ansammlung von Informationen zu einem Thema aufgenommen. Ein solcher Verweis kennt jedoch wichtige Eigenschaften des Informationsblocks, die durch Schlüsselwörter abgebildet werden. Ein neuer Verweis (Tabelle VERWEIS) wird in NIO also zuerst mit den bereits existierenden Schlüsselwörtern verbunden (Tabelle S_V). Gegebenenfalls werden dabei neue Schlüsselwörter angelegt (Tabelle SCHLÜSSEL). Wenn nun die schon bekannten Schlüsselwörter mit Gruppen verknüpft sind (Tabelle G_S), wird der neue Verweis ebenfalls mit diesen Gruppen verknüpft (Tabelle G_V).

3.3 Neue Benutzer

Ein neuer Benutzer wird als Gruppe (Metaobjekttyp Benutzergruppe) in NIO angelegt, die mit für den Benutzer wichtigen Gruppen als auch mit den wichtigen Verweisen (auch Innere Individualität) verknüpft werden kann. Am Anfang ist die Benutzergruppe nicht mit anderen Gruppen verknüpft, da dann noch keine Aussagen über den Benutzer gemacht werden können. Gruppen, die von dem Benutzer angesteuert werden und Verweise, die von ihm benutzt werden, können automatisch der Benutzergruppe zugeordnet werden, so dass nach und nach eine individuelle Sicht auf NIO entsteht. Die besonders häufig benutzten Gruppen und Verweise steigen aus Sicht des Benutzers im Rang auf, so dass eine weitere Differenzierung stattfinden kann. Bei der Benutzergruppe entscheidet das Verhalten des einzelnen Benutzers (individuelle Sicht), bei den anderen Gruppen das Verhalten der Gruppenmitglieder (kollektive Sicht).

4 Fazit

Werden die hier vorgestellten Modelle in Form eines Internetdesktops oder Internetprotals vollständig implementiert, und beim täglichen Informationskonsum eingesetzt, ergeben sich folgende Möglichkeiten:

⊷Intutives Browsen

Diese bereits im Internet rudimentär entwickelte Technik wird durch bidirektional gewichtete Gruppenverknüpfungen perfektioniert. So wird eine intuitive Suche durch Assoziieren ermöglicht.

⊷Strukturierte Suchergebnisse

Anonyme Suchanfragen innerhalb von meiNetz können automatisch klassifiziert werden, in dem die Verweis-Gruppenzuordnungen sowie Metainformationen (durch Gruppenverknüpfungen) berücksichtigt werden.

✐Personalisierte Schnittstelle

Dem Portal liegt nach einiger Zeit ein Benutzermodell vor. Dadurch können Suchanfragen nochmals optimiert werden: Jemand, der zum Beispiel viele Informationsdienste der Universität Osnabrück benutzt, erhält mit der Suchanfrage „Speiseplan" als erstes Suchergebnis den Speiseplan der Osnabrücker Mensa.

✐Relevanz: gewichtete Mehrfachzuordnung

Durch die Tatsache, dass Verweise mehrfach Gruppen zugeordnet und diese dann dynamisch gewichtet werden, kann Kontextrelevanz als auch zeitsensitive Relevanz abgebildet werden. Verliert ein Verweis seine Aktualität in einer Gruppe, so wird er weniger benutzt und somit fällt seine Relevanz innerhalb dieser Gruppe.

- Automatische fehlertolerante Gruppenzuordnung

Durch ständiges Feedback, dass zum Beispiel durch einfaches Zählen der Verweisklicks innerhalb von Gruppen stattfinden kann, können fehlerhafte Zuordnungen von Verweisen zu Gruppen schnell korrigiert werden.

✐Semantisches Netzwerk

Durch die dynamische Datenstruktur und die Metadaten ergibt sich indirekt ein semantisches Netzwerk. Es lässt sich also ohne Probleme feststellen, in wie weit ein Schlüsselwort mit einem anderen zu tun hat (gemeinsame Gruppen bzw. Verweiszuordnungen). Diese Tatsache zeigt, dass das Wissen innerhalb des Netzes zunimmt. Dadurch können neue Daten besser klassifiziert werden, da dies auf der Basis des vorhandenen Wissens passiert.

✐Berücksichtigung von sozialen Strukturen

Anonyme Informationsdienste wie Yahoo [Yahoo] oder Google [Google] berücksichtigen keine sozialen Strukturen, die jedoch sehr wichtig sind, um Informationen zu gliedern und um Aussagen über Relevanz zu treffen.

✐Networking - Erfahrungen von anderen nutzen

Dadurch kommt man dem psychologischen Konzept des „Networkings" nahe: Erfahrungen von anderen Personen, die Spezialisten in ihren persönlichen Gruppen sind, können genutzt werden.

5 Aussicht

Wenn meiNetz tatsächlich als Softwareschnittstelle zwischen Benutzer und Internet eingesetzt und diese gut genutzt wird, dann erhält NIO das zur exakten Klassifikation und Verbesserung des Benutzermodells nötige Feedback, so dass ein sich selbst strukturiertes autonomes Informationsnetz wachsen kann. Dabei ist dieses System nicht auf das Internet begrenzt und könnte beispielsweise Bibliothekskataloge besser zugänglich machen. Auch eine Kombination aus verschiedenen Informationstypen ist denkbar.

6 Literatur

[SIMMEL] Georg Simmel, *Über sociale Differenzierung*, Kap. Über die Kreuzung socialer Kreise Amsterdam, Liberac N.V. publishers, 1966

[UDC] *Univesal Decimal Classification Index (UDC) British Standards Institution*, 1985; FID Publication 571

[OySTER] Martin Mueller, *OySTER: Web Search as a playground for User Modeling Techniques* In: 8. GI Workshop Adaptivität und Benutzermodellierung in interaktiven Softwaresystemen, (ABIS 2000), 2000

[Yahoo] http://www.yahoo.com

[Google] http://www.google.com

G. Szwillus, J. Ziegler (Hrsg.): Mensch & Computer 2003: Interaktion in Bewegung.
Stuttgart: B. G. Teubner, 2003, S. 399

GITK Eine generische Architektur für multimodale Interfaces

Stefan Kost : TU Dresden, HTWK Leipzig

Aktuelle Situation

1.)
- neue Technologien
(Mobile Computing)
- erweiterter Nutzerkreis
(Handicaped, Elderly, ComputerSupportedWork)
= multidimensionales Anpassungsproblem

2.)
viele Anwendung arbeiten mit einfachen (leicht multimodal präsentierbaren) Daten

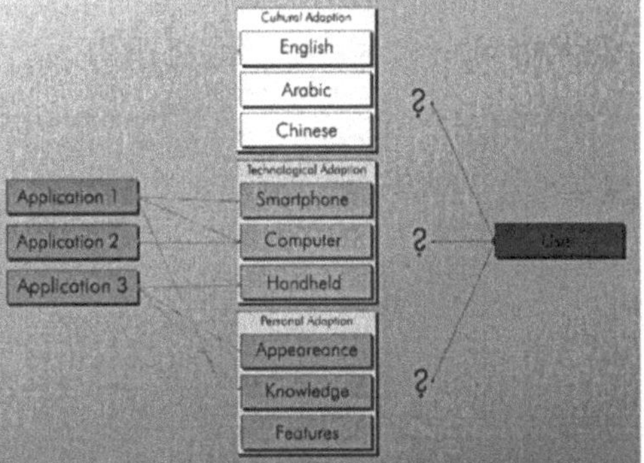

Ziel des Forschungsvorhabens

Untersuchung über die multi-modale Anpassbarkeit von Dialogen

Entwicklung einer flexiblen Adaptions-architektur und einer abstrakten Dialogbeschreibungssprache

Einbeziehung vielfältiger Ein- und Ausgabegeräte

Praktische Erprobung der Technologie

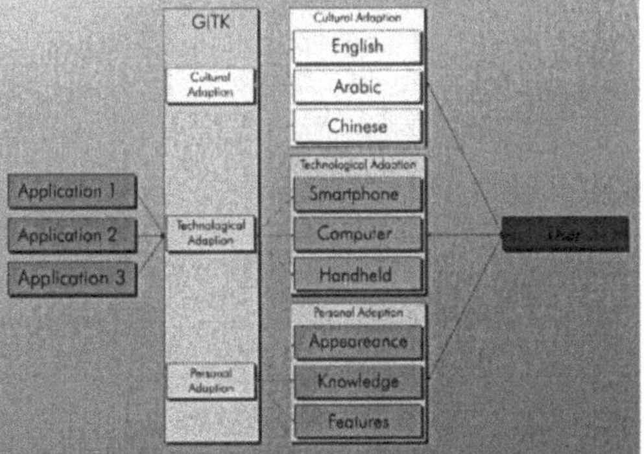

http://gitk.sf.net

Erwartungskonforme Webseitengestaltung

Thorsten Wilhelm, Miriam Yom & Daniela Nusseck

eResult GmbH

Zusammenfassung

In diesem Beitrag (Poster) werden Anlage, Durchführung und Ergebnisse einer (Pilot-)Studie zur Messung von Erwartungen bzw. inneren Bildern (Webseiten-Schemata) hinsichtlich dem Aufbau von Webseiten (Homepages/Startseiten) beschrieben. Grundlagen für diese Studie stellen zwei Untersuchungen von Bernard (2001, 2002) dar, in denen Erwartungen von amerikanischen Webnutzern an den Aufbau von Webseiten (Homepages) ermittelt wurden.

1 Webseiten-Schemata als Determinanten der Informationsaufnahme und des Entscheidungsverhaltens auf Webseiten

Verschiedene Blickverlaufsstudien haben gezeigt, dass Navigations- und Orientierungselemente auf Websites frühzeitig und intensiv betrachtet werden (Silberer et al (2001a)). Die Nutzer verschaffen sich auf diese Weise einen schnellen Überblick über den Inhalt eines Angebots. Dabei wandern die Blicke häufig von der Seitenmitte zuerst zur Navigationsleiste hin, noch bevor Bilder oder Werbebanner wahrgenommen werden. Obwohl gerade diese in der Regel sehr aktivierungsstark gestaltet sind.

Diese typische Blicksequenz - *Seitenmitte → Navigationsleiste* - ist vor allem auf solchen Seiten zu beobachten, auf denen sich die Navigationsleiste am linken Seitenrand befindet. Und: Gerade erfahrene Webnutzer zeigen diesen Blickverlauf (Silberer et al (2001a)).

Eine mögliche Erklärung hierfür liegt in der Aktivierung innerer Bilder zum Aufbau von Webseiten (sog. Webseiten-Schemata). Besonders erfahrene Nutzer (mehrjährige Web-Erfahrung/ -Nutzung) haben gelernt, dass Navigationsleisten bzw. -elemente häufig am linken Rand platziert sind und dass diese zielführende Hinweise bereitstellen.

In dieser Studie stand daher die Frage im Vordergrund: *Welche Erwartungen haben erfahrene Webnutzer/-innen an den Aufbau von Webseiten (Homepages)?*

2 Eigene Studie: Webseiten-Schemata bei erfahrenen, deutschsprachigen Webnutzern

2.1 Anlage der Studie

Die Untersuchung wurde als explorative Online-Befragung angelegt. Die Untersuchungsteilnehmer wurden über das Online-Access Panel der eResult GmbH rekrutiert. Insgesamt nahmen an der Untersuchung 52 Personen teil (26 Frauen/Männer). 73 % der Untersuchungsteilnehmer waren berufstätig. Das Durchschnittsalter lag bei 30 Jahren (Altersspann: 24-39). Alle befragten Personen nutzen das Web bereits seit 3 Jahren oder länger.

Präsentiert wurde den Untersuchungsteilnehmern eine Graphik einer in 20 Zellen unterteilten Webseite (Homepage). Wobei unterschieden wurde zwischen einem beim Seitenaufruf sofort sichtbaren und nicht sofort sichtbaren Bereich (siehe Abb.1).

Abb.1: Flächenaufteilung/ Ausschnitt aus dem Fragebogen

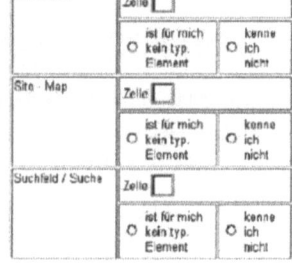

Sofort sichtbarer
Bereich   =>
(grau unterlegt)

Quelle: eResult GmbH

Anhand dieser Graphik sollten die Untersuchungsteilnehmer eine für sie typische Zuordnung ausgewählter Seitenelemente vornehmen, dabei aber an keine konkrete Seite denken. Elemente, die den Untersuchungsteilnehmern nicht bekannt oder für sie nicht typisch waren, mussten nicht zugeordnet werden.

Folgende Elemente sollten zugeordnet werden:

- FAQ-Link
- Feedback-Link
- Gästebuch/ Forum
- Guided-Tour-Verweis
- Hilfe-Link
- Home-Link

- Impressum-Link
- Kontakt-Link
- Link zu einer anderssprachigen Site
- Link zur Ansicht einer Textversion der Site
- Login

- Newsletter-Link
- Produktkatalog
- Sitemap
- Suchfunktion/ -feld
- Warenkorb
- Wir über uns-Link

Einer Zelle konnten auch mehrere Elemente zugewiesen werden.

Die Reduktion auf 20 Zellen – im Vergleich zu 56 Zellen bei einer vergleichbaren Studie von Bernard (2001, 2002) – wurde vorgenommen, da sich in diesen Studien zeigte, dass die meisten Elemente an den Seitenrändern erwartet werden. Eine allzu feine Unterteilung trägt lediglich zu einer Überforderung der Untersuchungsteilnehmer bei.

2.2 Zentrale Ergebnisse

Im linken und im oberen Seitenbereich werden – wie erwartet – die meisten der vorgegebenen Homepageelemente platziert. Zu den untypischen, d.h. auf einer Homepage (Startseite) nicht erwarteten Elementen zählen ein Link zur Ansicht einer Textversion (von 40% als nicht typisches Element eingestuft), ein Link zu einer Guided Tour (33%) sowie ein Feedback-Link (21%). Typische Platzierungserwartungen für den sofort sichtbaren, oberen rechten Seitenbereich sind ein Hilfe-Link (von 23% der Befragten in der Zelle 4 erwartet) und ein Warenkorb-Link (31%). Interessant ist, dass ein Viertel der Untersuchungsteilnehmer den Hilfe-Link rechts oben erwartet, dort wo bei vielen Softwareprodukten (z.B. MS-Office Paket) dieser auch angeboten wird. Von 62% der befragten Personen wird ein Home-Button im oberen, linken Seitenbereich erwartet (in Zelle 1). Eine Sitemap befindet sich für 21 % der befragten Personen am linken Seitenrand (in Zelle 9). Ein Sucheingabefeld (Suchfunktion) wird im oberen, linken Bereich erwartet: 23% der befragten Personen wiesen dieses Element Zelle 5, 19% Zelle 2 zu. 27% erwarten einen FAQ-Link ebenfalls am linken Seitenrand (in Zelle 9).

Ein Newsletter-Link wurde von 17% in Zelle 5 platziert, ebenso wie einen Verweis zum Produktkatalog (25%) und ein Login-Feld (27%). 37% erwarten einen Forum- oder Gästebuch-Verweis in Zelle 9. Ein „Wir über uns"-Link wird von 23% der Untersuchungsteilnehmer im oberen, linken Bereich einer typischen Homepage erwartet (in Zelle 5). Im unteren, nur durch Scrollen sichtbaren linken Bereich wird ein Link zum Impressum von einem Drittel der Testteilnehmer erwartet (Zelle 17).Für einen Kontakt-Link zeigte sich überraschenderweise keine einheitliche Platzierungserwartung, auch nicht hinsichtlich des Seitenbereichs.

Die Studie konnte somit die Ergebnisse von Bernard (2001, 2002) bestätigen: *Erfahrene Webnutzer/-innen* weisen relativ konkrete und einheitliche Vorstellungen von der Anordnung zentraler Seitenelemente auf (siehe Abb.2).

Abb.2 Anordnung typischer Seitenelemente auf einer Homepage

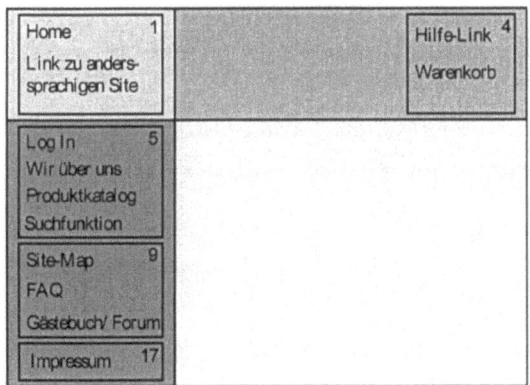

Anmerkung: Die Nummern geben die Zellennummern an (siehe auch Abb.4).

Quelle: eResult GmbH

2.3 Implikationen für zukünftige Studien

Die hier dargestellte Studie sollte als Pilotstudie eingeordnet werden. Eine größere Studie ist bereits für das Jahr 2004 in Planung.

Sicherlich sollte dabei auch das Untersuchungsdesign optimiert werden. Im Folgenden einige Anmerkungen dazu.

1. Ein wichtiger Aspekt wird es sein, die Stichprobe erheblich zu erweitern, um Repräsentativität zu gewährleisten.
2. Die Erhebungsumgebung sollte so konzipiert sein, dass die ausgewählten Seitenelemente per Maus in die entsprechenden Zellen gezogen und, wenn gewünscht, auch zwischen mehreren Feldern platziert werden können. Interessant wäre auch eine interaktive, sequentiell ablaufende Erhebung.
3. Eine Unterscheidung zwischen erfahrenen und unerfahrenen Nutzern sollte vorgenommen werden, auch wenn Bernard (2001) kaum Unterschiede in den Erwartungen gemessen hat. Zur Bestimmung von erfahrenen und unerfahrenen Webnutzern ist das validierte Instrument von Yom (2002) einzusetzen. Eine Operationalisierung der Webkompetenz lediglich über den Startzeitpunkt der Webnutzung/ Internet-Nutzung ist u.E. nicht ausreichend.
4. Es ist weiterhin ratsam, nach der Erwartungsmessung das Surfrevier der Untersuchungsteilnehmer (also die häufig besuchten Websites) zu erheben. Vielleicht lassen sich hier Zusammenhänge erkennen (Seitengestaltung/ Webseitenschemata).
5. Die vorliegenden Studien wurden jeweils nur in einem Land durchgeführt. Gerade im Internet sollte jedoch der Aspekt Internationalität nicht außer Acht gelassen werden. Es besteht also Bedarf an Untersuchungen verschiedener Nationalitäten bzw. Länder.

Literaturverzeichnis:

Bernard, M. (2001), Developing Schemas for the Location of Common Web Objects, Usability News 3.1 2001, online im Internet, URL: http://psychology.wichita.edu/surl/usabilitynews/3W/usability_news.html

Bernard, M. (2002), „Examining User Expectations for the Location of Common E-Commerce Web Objects", Usability News 4.1 2002, online im Internet, URL: http://psychology.wichita.edu/surl/usabilitynews/41/web_object-ecom.htm

Silberer, G., Wilhelm, T. & Engelhardt, J.-F. (2001a). Wie wandert der Blick auf der Website?, in: Absatzwirtschaft, Jg. 44, Heft 10, S.70-72

Yom, M. (2002). Ein Meßinstrument für die Erfassung der Webkompetenz, in: eResult Paper Nr. 4, Göttingen: eResult GmbH

Visualisierungswerkzeuge zur Modellierung virtueller Landschaften

Andreas Müller

Universität Trier

Zusammenfassung

Mit dem vorgelegten Poster soll aufgezeigt werden, wie an der Universität Tier Abteilung Kartographie Visualisierungswerkzeuge zur Modellierung virtueller Landschaften zum Einsatz kommen. Dabei wird auf die Forschungsziele, Anwendungsgebiete und Gerätekonstellationen näher eingegangen.

Postererläuterung

Der Trend innerhalb der internationalen Kartographie zu neuen Visualisierungsmöglichkeiten ist stark durch dreidimensionale, dynamische und interaktive Verfahren geprägt, wobei in der weltweiten Forschung bislang vor allem technische Aspekte dieser Verfahren im Vordergrund standen (MacEachren 1999). Auch wenn die Weiterentwicklung der Methoden der Kartographischen Informatik zurzeit stark mit den Entwicklungen im Bereich der VR-Technologie verknüpft ist, sind darüber hinaus empirische Untersuchungen solcher Präsentationsmöglichkeiten zur „Usability" und Wirkung im Rahmen der menschlichen Informationsverarbeitung aber dringend erforderlich (MacEachren, A.M.; Kraak, J.M. 2001).

Wichtigster Forschungsbereich innerhalb der Abteilung Kartographie der Universität Trier ist die Empirische Kartographie mit ihrer Ausrichtung auf eine Grundlagenforschung zur Wirkung kartographischer Medien (Heidmann 1999). Diese Untersuchung von Wahrnehmungsvorgängen gewinnt an Bedeutung durch die spezifischen kommunikativen Bedingungen der Bildschirmarbeit und ihre Umsetzung in der Praxis durch die nutzungsorientierte und handlungsorientierte Ausrichtung interaktiver Karten als Benutzerschnittstellen zu Geodaten. Ziel ist es, kartographische Informationssysteme zur Unterstützung der Arbeit eines Nutzers einzusetzen und dessen spezifische Anforderungen durch gezielten Einsatz von Graphik und Interaktionen zu erfüllen (Müller 2000). Hierzu müssen auch Untersuchungen zu Virtuellen Landschaften gezählt werden.

In der Forschung ergibt sich durch die interdisziplinäre Zusammenarbeit zudem eine starke Orientierung zu den potentiellen Anwendern von VR-Präsentationen innerhalb der Geographie und den Geowissenschaften (Bodenkunde, Fernerkundung etc.) und den entsprechenden Anwendungsbereichen, wie der räumlichen Planung, des Umweltmonitoring und der Kartierung.

In diesem Rahmen werden Wirkungsanalysen bei Einzelpräsentationen und Gruppenpräsentationen von virtuellen Landschaften ein Schwerpunkt sein, um sowohl die Wirkung dieser Präsentationen bei einem hohen Grad der Immersion als auch im Zusammenhang Kollaborativen Arbeitens untersuchen zu können.

Um Virtuelle Landschaften in der dargestellten Form nutzen zu können, wurden die Visualisierungswerkzeuge nach dem folgenden Gesichtspunkt ausgewählt:

- **Projektionsgeräte** zur stereoskopischen Präsentation für Einzelpräsentationen über ein Head-Mounted-Display und Gruppenpräsentationen über eine Projektionswand
- **VR-Rechner**, einerseits zur Erzeugung von 3D- bzw. Stereopräsentationen, andererseits zur Steuerung von VR-Peripheriegeräten.
- **Entwicklungsarbeitsplatz:** zur Modellierung und Programmierung virtueller Landschaften
- **Tracker als Eingabegeräte** zur Registrierung und Verfolgung von Körperbewegungen des Benutzers.
- **Eingabegeräte zur Interaktionssteuerung:** Eingabegeräte als Pointing-Devices zur Interaktionssteuerung innerhalb der Präsentationen.
- **Einzusetzende Softwaresysteme** zur Herstellung und Präsentation von Virtueller Landschaften

Geräte zur haptischen Wiedergabe sind aufgrund der methodischen Ausrichtung der geplanten VR-Anwendungen zurzeit nicht vorgesehen und wurden bei der Auswahl nicht berücksichtigt.

Aus der Ausrichtung der Lehre ergeben sich weitere Anforderungen zum Einsatz des Geräts in Grundveranstaltungen als Präsentationsmedium für Gruppen, zur Vermittlung von Techniken und Fertigkeiten zu Konzeption und Erstellung von VR-Medien auf Basis der GIS-Technologie sowie zur Durchführung von Forschungsarbeiten im Rahmen von Lehrveranstaltungen zum kartographischen kartographischen Projektstudiums.

Hierdurch wird es möglich vielfältige Arbeiten innerhalb von Forschungsprojekten, als Diplomarbeiten, Dissertationen sowie als mehrsemestrige Studienprojekte durchzuführen. Zusätzlich kann für solche Forschungsvorhaben auf die innerhalb der europäischen Kartographie einmalige Ausstattung des Labors für Experimentelle Kartographie zurückgegriffen werden, über das eine Untersuchung von Blickbewegungen bei der Nutzung kartographischer Medien respektive Informationssystemen möglich ist.

Literatur

Heidmann, F. (1999): Aufgaben- und nutzerorientierte Unterstützung kartographischer Kommunikationsprozesse durch Arbeitsgraphik: Konzeption, Modellbildung und Wirkungsanalyse. – Herdecke.

MacEachren, A.M., et al (1999): Cartographic Issues in the design and application of geospatial virtual environments. In: Proceedings of the 19th International Cartographic Conference, Ottawa, o.S.

MacEachren, A.M., Kraak, J.M. (2001): Research Challenges in Geovisualization, in: Kartographische Nachrichten, 4, 2001, S.204-207.

Müller, A. (2000): Nutzerunterstützung in elektronischen kartographischen Medien. Ein Modell zur Entwicklung interaktiver Karten am Beispiel einer DV-gestützten Kartierung, Trier.

Eigenverantwortliche Web-Administration für unerfahrene Benutzer

Birgit Bomsdorf
FernUniversität Hagen

Gerd Szwillus
Universität Paderborn

Zusammenfassung

Es wird ein Ansatz für die systematische Website-Entwicklung und –pflege vorgestellt, der die Abläufe beim Betreiber in einem formalen Modell erfasst und dieses explizit zur Steuerung der Website-Aktualisierung einsetzt. Durch die direkte Berücksichtigung der Aufgaben des Betreibers ermöglicht ihm diese Konzeption die eigenverantwortliche und aufgabenorientiert geführte Pflege seiner Site.

1 Problematik

Die Aktualität von Webauftritten ist für deren Wirkung und damit für deren Erfolg von entscheidender Bedeutung. Es zeigt sich jedoch zunehmend, dass mit der Zahl der Websites auch die Zahl veralteter Inhalte zunimmt. Nachdem für eine kleinere Organisationseinheit (z.B. einzelne Personen, kleinere Firmen oder Vereine) zunächst die Erstellung der ersten Fassung („Wir sind online!") einer Website zu leisten ist, rückt im Alltag dessen Administration in den Vordergrund. Insbesondere für „kleine" Websites mangelt es im Umfeld der Betreiber vielfach an den notwendigen Randbedingungen für die Website-Pflege. Es fehlen oft die notwendigen finanziellen Möglichkeiten oder das entsprechend geschulte Personal. Verfügbare Editoren und Managementsysteme für Websites, wie z.B. Microsoft® Frontpage, Content-Management-Systeme oder Workflow-Management-Systeme werden nicht eingesetzt, weil sie auf komplexere Websites ausgerichtet und damit zu aufwendig in Kosten und Bedienung sind oder die Website-Betreiber schlicht überfordern. Um dieses Problem zu lösen, arbeiten wir zur Zeit an einer Entwicklungsumgebung für Websites, die in einfacher Weise eine Modifikation der mit ihr präsentierten Inhalte erlaubt. Das Konzept geht über rein datenorientiertes Content-Management hinaus, indem es sich in starkem Maße an den Aufgaben des „Geschäfts" orientiert, über das mittels der Site informiert werden soll.

2 Die Website als „Spiegel" des Aufgabenraums

Die Inhalte einer Website resultieren aus den Informationen, die ein Betreiber über sein „Geschäft" veröffentlichen möchte. Somit – und dies ist auch die Zielsetzung – reflektiert die Website einen Teil des Geschäftes und bildet quasi einen „Spiegel" des Aufgabenraums: Im Geschäft real durchgeführte Aufgaben bedingen, dass die im Web präsentierten Informationen sich entsprechend ändern müssen. Zur Realisierung dieser Spiegeleigenschaft wird innerhalb unseres Ansatzes zunächst der Aufgabenraum innerhalb einer Aufgabenanalyse erfasst und der web-relevante Ausschnitt der Vorgänge und der davon betroffenen Objekte des Geschäftes modelliert. Die Beschreibung erfolgt als Web-Objekt-Lebenszyklus-Modell (WOLM), welches die zentrale Komponente des Ansatzes bildet. Wesentlicher Aspekt dieses Modells ist die Spezifikation der Modifikationen der Web-Objekte (d.h. der im Web präsentierten Objekte) im Laufe der Zeit und damit die Abbildung der Aufgabenerledigung im Geschäft auf Zustandsänderungen der beteiligten Web-Objekte.

WOLM hat ein eine klare Ausführungssemantik, so dass eine aus einem WOLM entwickelte Website genau dann aktuell ist, wenn der Ausführungszustand der WOLM-Modellierung und des realen Geschäfts übereinstimmen. Zur Darstellung der Site wird dem Modell eine abstrakte Website-Struktur (AWS) zugeordnet, die in abstrakter Weise eine oder mehrere Sichten auf den vom WOLM aufgespannten Informationsraum definiert. Die Festlegung des konkreten Layouts erfolgt in einem nachgeordneten Schritt – etwa durch Zuordnung von Style Sheets – um mittels Techniken wie XSLT die endgültigen HTML-Seiten zu erzeugen. Die AWS und das zugrunde liegende WOLM sind deklarativ miteinander verknüpft. Auftretende Änderungen im WOLM resultieren in entsprechenden Anpassungen der AWS, die sich letztlich in den konkreten HTML-Seiten zeigen. Der Webauftritt ist aber nur dann aktuell, wenn der Betreiber das Modell auch tatsächlich modifiziert. Dazu wird eine geeignete Schnittstelle zum „Bedienen" des WOLM angeboten.

3   Administration der Website

Wesentliches Element der Administrationsschnittstelle sind Fragen an den Website-Betreiber nach Vorgängen im Geschäft. Diese Fragen sind in der Sprechweise des Website-Betreibers formuliert, an den Aufgaben orientiert und somit für ihn leicht verständlich. Sie werden während der Aufgabenanalyse erfasst, im System gespeichert und von der Administrationskomponente verwaltet. In der zugehörigen Administrationsschnittstelle werden dem Website-Betreiber genau die Texte zur Beantwortung angezeigt, die den aktuell möglichen Zustandsübergängen entsprechen. Damit erfragt die Schnittstelle, welche Veränderungen im realen Geschäft, im Vergleich zur beim letzten Mal gespeicherten Konstellation des WOLM, eingetreten sind. Wird eine Frage durch eine entsprechende Interaktion bejaht, wird der dieser Frage zugehörige Zustandsübergang im Modell ausgeführt, wobei der Benutzer ggf. noch hierfür nötige inhaltliche Eingaben tätigen muss.

Besondere Bedeutung hat hier die Auswertung der im WOLM eingefügten Angaben zum Zeitverhalten der Zustandsübergänge. Grundsätzlich können im WOLM zu jedem Zustandsübergang Zeitangaben gespeichert werden, die den geschätzten Zeitpunkt der Transition angeben und somit den Zeitpunkt, zu dem die zugehörige Frage dem Betreiber gestellt werden sollte. Beim Anzeigen der Webadministrationsseiten werden diese Angaben zur Priorisierung derart benutzt, dass wahrscheinlichere Zustandsübergänge zuerst gezeigt werden. Überfällige Zustandsübergänge werden mit höchster Priorität gezeigt, die anderen werden gemäß der Zeitdauer seit der letzten Abfrage sortiert. Durch derartige Reihenfolgeheuristiken kann erreicht werden, dass der Betreiber zunächst nach den wahrscheinlichsten Änderungen im Geschäft gefragt wird. Aufgrund der gespeicherten Zeitaussagen kann außerdem zu jedem Zeitpunkt ausgerechnet werden, wann der Betreiber spätestens das nächste Mal die Webadministrationsseiten aufrufen sollte. Damit kann ein Benachrichtigungsmechanismus gesteuert werden, der dem Website-Betreiber eine entsprechende Erinnerungsmail schickt. Insgesamt bietet das Konzept eine systematische Vorgehensweise, die den Website-Betreiber zum richtigen Zeitpunkt mit Anfragen konfrontiert, die sich an „seinen" Aufgaben orientiert und ihm durch die auf WOLM-basierende Modifikationsunterstützung die eigenverantwortliche Aktualisierung seiner Site ermöglicht.

Systemdemonstrationen

Der 3D-Skizzierer - Unscharfes digitales Skizzieren in einer Virtual Reality Umgebung

Udo Lindemann, Franz Müller, Martin Pache, Sebastian Schneider

TU München, Lehrstuhl für Produktentwicklung

Zusammenfassung

Entwickler verwenden bei der Lösungssuche vor allem Handskizzen. CAD-Systeme hindern sie eher an der kreativen Lösungssuche. Der 3D-Skizzierer schließt diese Lücke. Er bietet die Möglichkeit, 3-dimensionale Skizzen digital zu erstellen.

1 Anforderungen an ein digitales Skizzierwerkzeug

Mentale Modelle mit denen der Entwickler im Verlauf einer Produktentwicklung arbeitet, sind teilweise weit entfernt von Vorstellungen, zu denen ein Ebenbild in der realen Welt überhaupt existieren könnte. Dies ist vor allem in den frühen Phasen eines Entwicklungsprozesses der Fall. Die Informationen, die in den mentalen Modellen dieser Phasen vorliegen, sind oft unscharf, unvollständig, abstrakt und sogar irrational. Weiterhin werden diese Modelle sehr schnell verändert und somit eine Vielzahl von Varianten erzeugt und gegeneinander abgewogen.

Eine Umfrage unter Entwicklern hat gezeigt, dass Handskizzen neben CAD immer noch eine entscheidende Rolle im Entwicklungsprozess spielen (Römer et. al 2001). Über 90% gaben an, dass die Entwicklung von neuen Lösungskonzepten ein Hauptgrund für den Einsatz von Skizzen ist. Dies legt die Vermutung nahe, dass Skizzen Eigenschaften besitzen, die kreative Prozesse besser unterstützen als CAD oder die Arbeit mit CAD zumindest sinnvoll in dieser Richtung ergänzen.

Betrachtet man Handskizzen, die beim Entwickeln von Lösungskonzepten genutzt werden, so zeigt sich, warum dieses Medium in besonderer Weise zur Darstellung von abstrakten mentalen Modellen geeignet ist. Die Bandbreite an Informationen, die in einer konzeptionellen Handskizze enthalten sind, können weit über die eines entsprechenden CAD-Modells hinausgehen (Pache 2001): z. B. geometrische Festlegungen mit unterschiedlichen Abstraktionsgraden.

Das Skizzieren mit Stift und Papier zur Lösungsentwicklung stellt sich als ein fließender Prozess dar, bei dem Festlegungen in kürzester Zeit getroffen, überprüft und variiert werden. Die einzelnen Prozessschritte können nahtlos ineinander übergehen, da die Bedienung des Mediums keine Unterbrechung des kreativen Denkprozesses erfordert. Die Informationen können in großer Übereinstimmung mit dem mentalen Modell fixiert werden, eine abstrakte und unscharfe Vorstellung muss nicht konkretisiert werden, nur damit sie darstellbar ist.

CAD-Systeme unterstützen im Gegensatz zu Skizzen nur die Festlegung von scharfen Elementen, die exakt im Raum platziert werden müssen. Das Medium CAD bietet jedoch auch einige Vorteile gegenüber der klassischen Handskizze: 3-dimensionale Darstellung, bearbeiten (manipulieren, duplizieren, verschieben, drehen, strecken, stauchen) von Objekten.

2 Der 3D-Skizzierer

Um die Vorteile von Handskizze und 3D-CAD zu kombinieren, wurde am Lehrstuhl für Produktentwicklung der TU München ein prototypisches 3D-Skizzierwerkzeug entwickelt. Basis des Prototypen ist eine hochwertige Grafikworkstation auf PC-Basis mit einem 21-Zoll Röhrenmonitor. Die Stereo-Darstellung wurde mit Hilfe eines Infrarot-Emitters und Shutterbrillen realisiert. Zur Eingabe der Skizze im Raum wird das kraftreflektierende Eingabegerät "Phantom Desktop" verwendet. Der momentane Funktionsumfang des Prototypen ermöglicht das freie Skizzieren im Raum sowie das freie Drehen und Verschieben der dreidimensionalen Skizze. Das Display wird über einen halbtransparenten Spiegel betrachtet. Dadurch wird es möglich, Handlungs- und Wahrnehmungsraum zu vereinen. Softwarebasis für den prototypisch realisierten 3D-Skizzierer ist der World Tool Kit der Firma Sense8.

Über die rein technologische Weiterentwicklung hinaus ist es für eine zukünftige produktive Anwendung des 3D-Skizzierers unerlässlich, dieses Tool sinnvoll in bestehende Prozesse und IT-Umgebungen zu integrieren. Dies betrifft insbesondere die Verknüpfung mit bestehenden CAD-Systemen. Langfristig sollte es möglich sein, im 3D-Skizzierer erzeugte Formen im CAD-System weiter zu konkretisieren oder auch beim kreativen 3D-skizzieren schon vorhandene Bauteile einzubeziehen. Der Prozess des schrittweisen Konkretisierens der unscharfen Skizze zu einem vollständig bemaßten CAD-Modell kann mittels Softwareassistenten unterstützt werden. Der 3D-Skizzierer könnte somit eine zentrale Funktionalität in zukünftigen CAD-Systemen zur Ermöglichung einer kreativen Lösungsentwicklung darstellen.

3 Literaturverzeichnis

Pache, M.; Römer, A.; Lindemann, U.; Hacker, W. (2001): Re-interpretation of Conceptual Design Sketches in Mechanical Engineering. In: Proceedings of DETC'01, ASME 2001 Design Engineering Technical Conferences and Computers and Information in Engineering Conference, Pittsburgh (Pennsylvania, USA), 09.-12.09.2001, 7 Seiten. (CD-ROM)

Römer, A.; Pache, M.; Weißhahn, G.; Lindemann, U.; Hacker, W. (2001): Effort-Saving Product Representations in Design - Results of a Questionnaire Survey. Design Studies 22 (2001) 6, S. 473-491.

Kontaktinformationen

Wenn Sie Fragen zur Einreichung Ihrer Beiträge haben, wenden Sie sich an:
Lehrstuhl für Produktentwicklung
Boltzmannstraße 15
85747 Garching
Email: {lindemann}, {mueller}, {pache}, {schneider}@pe.mw.tum.de
Tel.:   089-289 151 36

Web Ontology Management Application

Tobias Häusser, Maxim Mirochnitchenko, Marc Rindermann

Fraunhofer IAO, Stuttgart

Zusammenfassung

Web Ontolgy Management Application (WebOMA) ist ein System zur Katalogisierung eines Informationsbestandes anhand eines Themenmodells (Ontologie). Das Themenmodell enthält Themen, Instanzen der Themen und Beziehungen und Instanzen auf Themen- und Instanzebene. Der Benutzer kann zu diesem Informationsbestand anschließend mittels einer grafischen Benutzeroberfläche ein Navigationsmodell und daraus eine Webpublikation erstellen. WebOMA baut dabei auf MetaChart auf, einer Entwicklung des Fraunhofer IAO für den Einsatz kreativer Techniken in Teams. Das Themenmodell und das Navigationsmodell können teilweise durch einfaches Zeichnen erstellt werden. WebOMA nimmt damit die Herausforderungen an, außerordentlich große Datenmengen übersichtlich zu verwalten, und bietet eine effiziente Lösung zum Navigieren durch vorhandene Daten. Das System bietet den Import und Export der Daten in ein standardisiertes Format (DAML/OIL) an und ermöglicht so den Datenaustausch zu anderen Systemen.

1 Einleitung

Die effiziente Verwaltung und der schnelle Zugriff auf relevante Informationen gehören zu den zentralen Herausforderungen der Zukunft. WebOMA dient der Umsetzung des Ziels, diese beiden Herausforderungen erfolgreich anzunehmen.

Für die Katalogisierung der Daten erstellt der Benutzer der Anwendung ein Themenmodell. Das Themenmodell enthält Informationsklassen (Themen), die Unterthemen enthalten können und Beziehungen zwischen den Themen. Der Datenbestand kann in Form von Instanzen in das Datenmodell integriert werden. Instanzen sind nun tatsächliche Ausprägungen von Themen. Jedes Thema hat dabei Eigenschaften, welche die Instanzen des Themas erben. Themen können z.B. sein: Mitarbeiter, Produkt, Firma. Firma kann ein Unterthema Abteilung haben. Eine Beziehung zwischen Firma und Produkt kann nun z.B. „stellt_her" heißen. Zum Thema Mitarbeiter kann es z.B. eine Instanz „Max Mustermann" geben, dessen Eigenschaft „Alter" den Wert „40" hat.

Das Themenmodell bildet die Grundlage für die Navigationsstruktur der zu erstellenden Webpräsentation. Der Anwender von WebOMA kann ausgehend vom Themenmodell das grobe Layout inklusive der Steuerelemente und der Übergänge zwischen einzelnen Bereichen der zu erstellenden Webpräsentation manuell festlegen. Aus dem Themenmodell und dem Navigationsmodell kann eine Website-Vorlage generiert werden. Für das gleiche Themenmodell lassen sich zudem mehrere parallele Navigationsstrukturen für verschiedene Benutzerrollen (sogenannte Sichten) erstellen. Verschiedene Benutzer können somit verschiedene Aspekte des gleichen Datenbestandes sehen (Beisp.: ein Sachbearbeiter erhält eine andere Zusammenstellung an Informationen als ein Geschäftsführer). Der Inhalt der Website-Vorlage ist der im Themenmodell enthaltene Informationsbestand, welcher unter Einbeziehung der jeweiligen Navigationsstruktur wiedergegeben wird.

Das System besteht aus verschiedenen Komponenten, die in den folgenden Kapiteln kurz beschrieben sind.

2 Designkomponente

Die Designkomponente von WebOMA unterstützt den Benutzer des Systems beim Erstellen der Webpräsentation und der Katalogisierung der Informationen. Die Erstellung des Designs erfolgt weitgehend grafisch durch einfaches Zeichnen. Es gibt zwei Designaspekte:

Modelldesign: An dieser Stelle wird das Modell definiert, das Themen und Beziehungen zwischen Themen beinhaltet, die in einer Datenbank gespeichert werden. Die einzelnen Themen lassen sich durch Zeichnen von Rechtecken erstellen. Beziehungen zwischen einzelnen Themen können einfach durch verbinden zweier Rechtecke mit einer Geraden realisiert werden. Um eine größere Aussagemächtigkeit zu bekommen, können für die Beziehungen Kardinalitäten festgelegt werden. Darüber hinaus können Themen bestimmte benutzerdefinierte Eigenschaften enthalten.

Navigationsdesign: Hier wird das Layout der zu erstellenden Website-Vorlage mit zugehörigen Navigationselementen festgelegt. Die persistente Speicherung des kompletten Layouts wird ebenfalls in der Datenbank vorgenommen. Auch das Navigationsdesign wird durch Zeichnen erstellt.

3 DAML-Import-/ und Export-Komponenten

Diese Komponenten dienen dem Import und Export von Themenmodellen aus bzw. in XML-Dateien. Diese Dateien müssen in einem definierten XML-Format vorliegen, das dem DAML/OIL-Schema entspricht. Die Importdaten werden beim Einlesen in das bestehende Themenmodell integriert und in der Datenbank persistent gespeichert. Beim Export wird das Themenmodell in ein definiertes XML-Format überführt, das dem DAML/OIL-Schema entspricht.

4 BuildWeb-Komponente

Die BuildWeb-Komponente dient der Erstellung der Website-Vorlage aus dem Themenmodell und der Navigationsstruktur, die in der Datenbank gespeichert sind. Die Website-Vorlage enthält die Navigationselemente (z.B. Felder), sowie die entsprechenden Links auf die Informationsinstanzen, wie sie das Themenmodell vorgibt. Die exakten grafischen Formatierungen und weitere Anpassungen, die nicht im Zusammenhang mit dem Themenmodell oder der Navigationsstruktur stehen, können nach Generierung der Vorlage vom Benutzer manuell durchgeführt werden.

Das Ergebnis liegt nicht nur in reinem HTML vor, sondern enthält auch JSP-Erweiterungen und Javascript. JSP und Javascript werden für die Realisierung komplexer Navigationselemente verwendet, beispielsweise zur sequenziellen oder hierarchischen Anordnung einzelner Instanzen. Alle Navigations- und Layoutelemente werden intern durch JSP-Codetemplates realisiert. Diese Codetemplates sind so konzipiert, dass sie zum Zeitpunkt der Generierung der Website-Vorlage parametrisiert werden können. Zur Laufzeit werden die weiteren für die Darstellung benötigten Informationen als Suchkriterien ggf. dynamisch durch Links geliefert (ähnlich wie bei CGI, durch Parameter in resultierenden http-Links). Ein Link übergibt diese Suchkriterien beim Aufruf an seine Ziel-HTML-Datei. Der JSP-Code benutzt dann diese Suchkriterien zusammen mit den jeweiligen Eigenschaften, um die eigentlichen darzustellenden Objekte aus der Datenbank zu holen.

Assistant Systems for Use in Air Vehicle Inspection and Maintenance Tasks

Dr.-Ing. Dieter Langer

EADS Customer Support Operations

Abstract :

A customer expects decreasing costs for future product support services at equal or even better quality than today. This challenge of the future can be fulfilled by the introduction of a new technology assisting technicians or mechanics who perform service work.

A scenario will be presented, which shows an assistance system that is used during maintenance level 1 or depot level skin inspections of the NH 90 helicopter, which is made to a high degree of CFK material. This system exactly overlays structural information, which is generated from rendered CAD images, onto the surface of the helicopter. Thus, a technician can easily judge if a visible deformation is, in fact, a severe or rather a cosmetic damage. The system displays on request previous defects in the neighbourhood of the actual damage, which might have an impact on the selection of the final repair scheme. Similarly, the new defect is stored in the air vehicle's record for future use. In case that the experience of the mechanic is exhausted, a secure, remote connection can be established to consult with a specialist.

Finally, it is shown that an efficient management of information can cope with challenges of the future.

1 Description

In this presentation an assistant system will be shown which is used at EADS as a technology demonstrator.

The system consists of a fully wearable system with a head-mounted camera and data goggles and a wearable computer which is attached close to the neck of a user.

The software of the system is developed within the ARVIKA consortium. It supports:

- hands-free operation by the use of a speech interface,
- mouse-less operation as a backup mode by means of a rotary click button,
- PDA-type devices as an alternative to data goggles, which operate as client terminals.

The software provides:

- marker tracking capability,
- connections to remote experts,
- flexible allocation of computing resources in a client-server environment.

The assistant system is used in a maintenance scenario which is shown in the attached figure:

At maintenance level 1 or 2 (at depot level) the skin of a helicopter is inspected for visible defects. If defects are detected, the system exactly overlays rendered 3 dimensional construction images onto the helicopter's surface, which enables the mechanic to exactly judge the severity of the damage or defect. In case that the mechanic cannot identify which repair measure should be undertaken, he can establish a secure, long distance connection to a remote expert who provides competent assessment of the damage. Consequently, the proper corrective action can be followed and, finally, documented in the air vehicle's record.

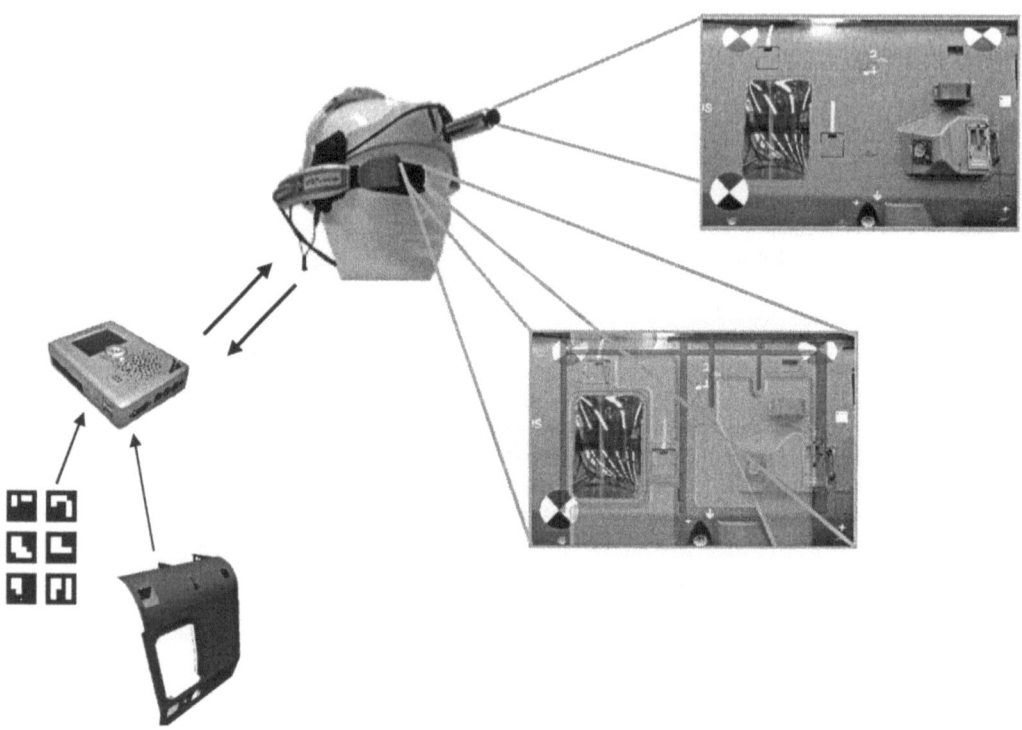

Figure 1: Illustration of Augmented Reality Technology

Design Reviews

Was, wann, wer? – Design eines Tele-Assistenzsystems

Joachim Machate, Simone Keller

User Interface Design GmbH

Zusammenfassung

Online-Dienste, die zur Unterstützung eines selbstorganisierten und selbstbestimmten Lebens von Menschen, die auf die Unterstützung anderer bei der Bewältigung ihres alltäglichen Lebens angewiesen sind, werden als Tele-Assistenzsysteme bezeichnet. Das Design eines solchen Systems und welche Auswirkungen die kontextuellen Bedingungen für den Einsatz des Systems auf das Design hatten, wird im Folgenden beschrieben.

1 Nutzungskontext

Die demographischen Veränderungen westeuropäischer Gesellschaften der kommenden Jahrzehnte sind hinlänglich bekannt (Statistisches Bundesamt, 2000; La Plante & Miller, 1992). Ihre sozialpolitische Brisanz ist Gegenstand politischer und gesellschaftlicher Diskussionen, die in erster Linie nach Lösungen für eine Novellierung des Rentensystems und nach Lösungen für neue Betreuungskonzepte pflegebedürftiger Menschen suchen. In einem selbstorganisierten europäischen Netzwerk betroffener Menschen, die im Alttag auf die Hilfe anderer Menschen angewiesen sind, werden Konzepte und Richtlinien für die Unterstützung eines selbstbestimmten und selbstorganisierten Lebens diskutiert (ENIL, 1998). Damit diese Menschen ihr Leben soweit wie möglich selber in die Hand nehmen können und nach ihren individuellen Bedürfnissen ausrichten können, muss sichergestellt werden, dass sie Hilfe dann bekommen können, wenn sie von ihnen benötigt wird.

Eine Möglichkeit dies zu unterstützen bieten Tele-Assistenzsysteme. Voraussetzung für eine hohe Nutzungsqualität eines solchen Systems ist ein Funktionsumfang, der entsprechend der Bedürfnisse der Nutzer ausgerichtet wurde, eine 24-stündige Verfügbarkeit, eine hohe Zuverlässigkeit in der Bereitstellung der erforderlichen pflegerischen und sozialen Dienste und ein Interaktionskonzept, das ohne Erläuterungen direkt verstanden und genutzt werden kann (Cabrera, e.a., 2001). Weitere Aspekte sind insbesondere unter der Berücksichtigung der Lebenssituation der potentiellen Nutzer ein nicht-stigmatisierendes Design, das Spaß und Freude vermittelt, und im Sinne eines Design-for-all ein geeigneter Kandidat für die Nutzung durch alle Familienmitglieder ist.

Als Plattform für die Nutzung des im Folgenden dargestellten Tele-Assistenzsystems dient eine LINUX-basierte Set-Top-Box, als Bildschirm ein herkömmlicher TV-Bildschirm. Die Bedienung des Systems erfolgt mit einer üblichen TV-Fernbedienung, die über ein Cursorkreuz, sowie OK- und Menütaste verfügt. Der Einsatz speziell adaptierter Eingabegeräte, wie Joystick, ist möglich, sofern die Signalübertragung zwischen Eingabegerät und Set-Top-Box über Funk oder als Infrarotsignal gesichert ist. Die 24-stündige Verfügbarkeit wird über eine DSL-Verbindung gewährleistet (Amditis, e.a., 2003).

2 Design-Rationale

Die Auswahl der mobilen Dienste, die über das Tele-Assistenzsystem angeboten werden sollen, erfolgte durch eine Nutzungskontextanalyse (Bevan, 1995), in der Betroffene, Pflegekräfte, Familienmitglieder und soziale Dienstleister über ihre aktuelle Situation und nach ihren Wünschen bezüglich des geplanten Tele-Assistenzsystems befragt wurden. Nach einem ersten Entwurf des Oberflächen und Interaktionskonzepts erfolgte in einer iterativen Vorgehensweise durch eine Reihe von Nutzer-Workshops die Verfeinerung des Konzepts (Machate, 2003), das nachfolgend vorgestellt wird.

Die Entwicklung des Interaktionskonzepts orientierte sich zum einen an Empfehlungen der Inductive User Interface Guidelines von Microsoft (Microsoft Corporation, 2001), die ein tätigkeitsorientiertes Screen-Design empfehlen, bei dem sofort erkennbar ist, welche Tätigkeit aktuell ausgeführt werden soll, zum anderen an Empfehlungen zum Entwurf von Systemen für Menschen mit besonderen Anforderungen (Burmester, Machate, Klein, 1997; Nicolle & Abascal, 2001), die insbesondere die Verwendung von Eingabeassistenten bei komplexen Eingaben empfehlen. Durch die Verwendung einer Fernbedienung als primäres Eingabemedium lag nahe, dass Pointerbewegungen auf einem TV-Bildschirm vermieden werden sollten. Das Interaktionskonzept sieht stattdessen die Verwendung von Eingabeelementen mit fixem Eingabefokus vor. Durch die Bedienung der Pfeiltasten des Cursorkreuzes werden die zur Auswahl stehenden Elemente in den Fokus gezogen und können so mittels der OK-Taste der Fernbedienung aktiviert werden.

In der visuellen Gestaltung des Tele-Assistenzsystems standen neben einer klaren und übersichtlichen Aufteilung des Bildschirms in entsprechende Bereiche Anforderungen nach einem „PC-und Windows-fernen" Design im Vordergrund, das mit seinem deutlich emotionalen Charakter Spaß und Begeisterung im Umgang mit dem System betonen sollte.

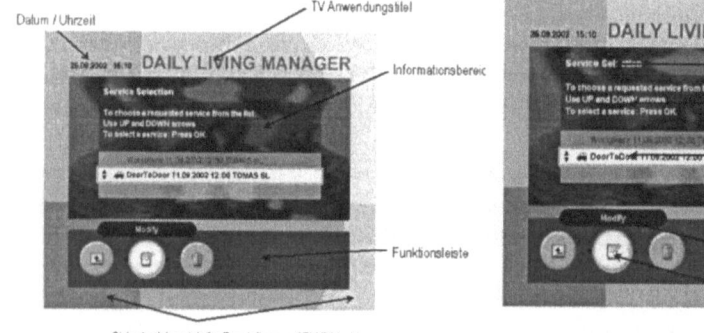
Abbildung 1a: Bildschirmstruktur

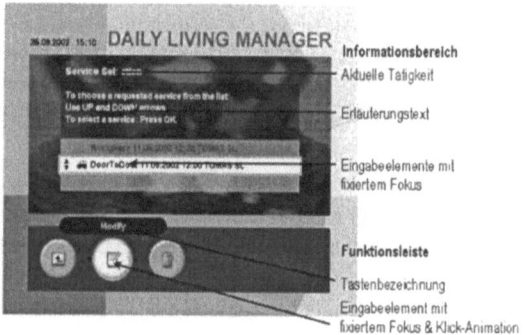
Abbildung 1b: Bildschirmelemente

Was, wann, wer? – Design eines Tele-Assistenzsystems   421

Abbildung 2: Eingangs-Screen für Nutzung durch mehrere Personen

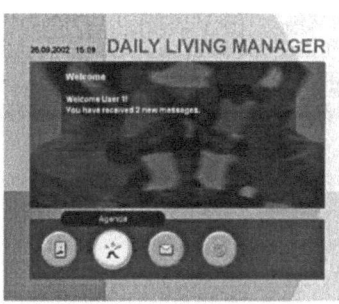

Abbildung 3: Eingangs-Screen für Einzelnutzung

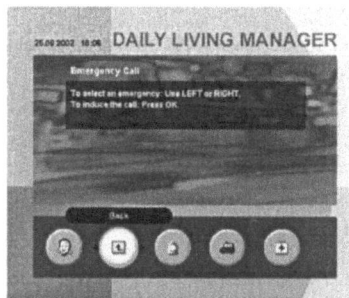

Abbildung 4: Notrufauswahl

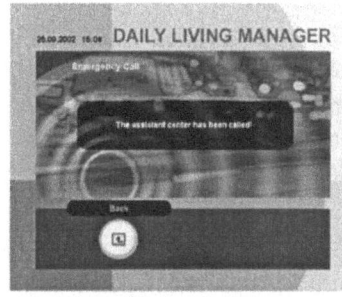

Abbildung 5: Notruf nach der Aktivierung

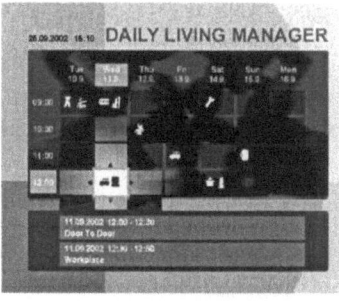

Abbildung 6: Agenda-Übersicht

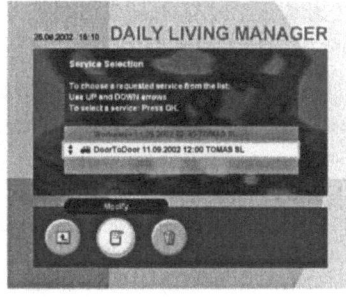

Abbildung 7: Einzelsicht eines Agendaeintrags

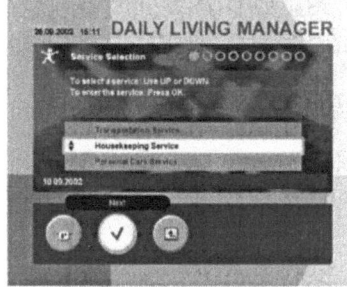

Abbildung 8a: Eingabe-Assistent für die Anforderung von Diensten

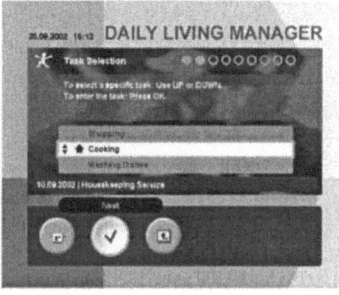

Abbildung 8b: Eingabe-Assistent für die Anforderung von Diensten

Literatur

Amditis, A., e.a., (2003). *Towards an Informatics System Enabling Disabled People Universal Access to Information and Assistance Services*. In Proc. of HCI Int., 2003, Crete, Mahwah, N.J.: Lawrence Erlbaum Associates.

Bevan, N. (1995). *Usability is Quality of Use*. In Y.Anzai, , H. Mori& K. Ogawa (Hrsg.), Proc. of the 6th Int. Conf. on Human-Computer Interaction (pp. 349-354). Amsterdam: Elsevier.

Burmester, M., Machate, J., & Klein, J. (1997). *Access for all. HEPHAISTOS - A Personal Home Assistant*. In S. Pemberton (Hrsg.), ACM-SIGCHI Human Factors in Computing Systems, CHI 97 Conf. Proc., Extended Abstracts (pp. 36-37). Reading, Mass: Addison-Wesley.

Cabrera, M.F., e.a. (2001). *D3: User Requirements. IST-2000-27600 CONFIDENT Public Deliverable*. Madrid: Universitá Politéchnica de Madrid.

ENIL (1998). *Shaping Our Futures*. Conference on Independent Living sponsored by the European Network on Independent Living (ENIL), London, June 1998. www.independentliving.org/docs2/enilfuture2.html

La Plante, M.P., & Miller, K.S. (1992). *People with Disabilities in Basic Life Activities in the U.S.* ABSTRACT 3, Disability Statistics Centre.

Machate, J. (2003). *CONFIDENT – Selbstbestimmt den Alltag meistern*. In J. Machate & M. Burmester (Hrsg.), User Interface Tuning – Benutzungsschnittstellen menschlich gestalten, Frankfurt: Software & Support Verlag.

Microsoft Corporation (2001). *Microsoft Inductive User Interface Guidelines*. msdn.microsoft.com/library/default.asp?url=/library/en-us/dnwui/html/iuiguidelines.asp

Nicolle, C. & Abascal, J. (Hrsg.) (2001). *Inclusive Design Guidelines for HCI*. London: Taylor & Francis.

Statistisches Bundesamt (2000). *Bevölkerungsentwicklung Deutschlands bis zum Jahr 2050*. Ergebnisse der 9. koordinierten Bevölkerungsvorausberechnung. Wiesbaden: Statistisches Bundesamt.

TRUMPF TrumaBend - eine touchscreen-basierte Maschinensteuerung für Abkantpressen

Simone Keller, Andreas Beu
User Interface Design GmbH

Robert Freudenthaler
TRUMPF Maschinen Austria Ges.mbH & Co. KG

Klaus Bauer
TRUMPF Werkzeugmaschinen GmbH + Co. KG

Zusammenfassung

Abkantpressen sind Investitionsgüter. Diese Tatsache prägt in hohem Maße die Gestaltungsanforderungen an die neue Generation von Maschinenbedienungsoberflächen für die TRUMPF Abkantpressen. Effiziente und sichere Bedienung sowie einfachste Erlernbarkeit waren deshalb zentrale Forderungen. Daneben sollte die Bedienungsoberfläche so konzipiert sein, dass diese optimal am Touchscreen bedient, sowie in verschiedenen westlichen und asiatischen Sprachen dargestellt werden kann. Das Resultat ist eine Bedienungsoberfläche mit hoher grafischer Qualität, die zudem zum generellen Erscheinungsbild von TRUMPF passt.

Einleitung

Origami ist die japanische Kunst aus einem flachen Blatt Papier erstaunliche 3-dimensionale Gebilde zu falten. Die Herstellung von Gehäusen von Getränkeautomaten, Dunstabzugshauben für Küchen, Ausgabetheken in Kantinen beruht auf demselben Prinzip. Doch als Ausgangsmaterial werden statt Papier metallische Werkstoffe wie Edelstahl, Stahl- oder Kupferblech verwendet. Diese werden auch nicht von Hand gefaltet, sondern mit Hilfe von Maschinen, den sogenannten Abkantpressen, in mehreren Schritten gebogen, bis die gewünschte Form erreicht wird.

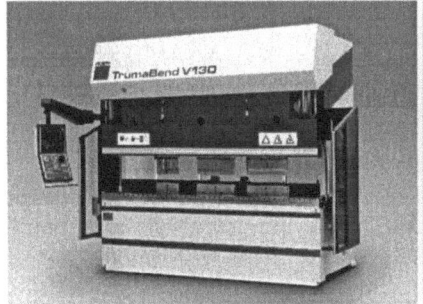 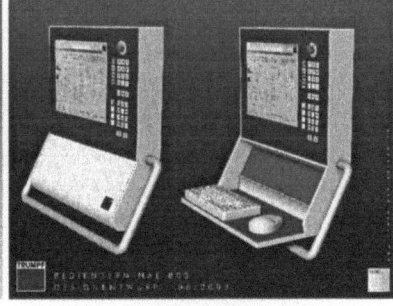

Abbildung 1: Die Abkantpresse TRUMPF TrumaBend V130 wird zukünftig mit der neuen Bediensoftware ausgerüstet (rechts der Entwurf des zugehörigen Bedienterminals).

Das Aufbau einer Abkantpresse ist vergleichsweise einfach: ein Stempel, welcher an einem Pressbalken befestigt ist, wird in einer vertikalen Bewegung nach unten geführt. Dabei drückt er das Blech in eine Matrize, wodurch es entlang der „Biegekante" gebogen wird. Die genaue Lage der Biegekanten ist entscheidend für das Endprodukt: je genauer das Blech vor dem eigentlichen Biegevorgang zwischen Stempel und Matrize positioniert wird, desto besser ist das Ergebnis.

Heutige Abkantpressen arbeiten mit beweglichen Hinteranschlägen, die das präzise Einlegen der Bleche in die Maschine erzwingen. Das oben beschriebene Arbeitsprinzip führt dazu, dass Abkantpressen einen sehr charakteristischen Aufbau haben (vgl. Abbildung 1).

Trotz der Maschinenunterstützung ist das Arbeiten an der Abkantpresse eine Tätigkeit, die häufig noch sehr stark von handwerklichen Abläufen und Erfahrungen bestimmt wird. Bei der Produktion sind beispielsweise viele manuelle Handgriffe notwendig, wie z.B. zum Rüsten der Maschine oder zum Eingeben von Korrekturwerten. Dabei müssen alle Bedienschritte effizient und intuitiv ablaufen. Bedienzeiten werden von den Maschinenbetreibern immer als Stillstandzeiten betrachtet, die möglichst gering gehalten werden müssen. Außerdem ist die Bereitschaft zu aufwändigen Schulungsmaßnahmen bei den Maschinenbetreibern kaum gegeben.

Bei der Gestaltung der Bedienungsoberfläche, mit welcher die neuen TRUMPF Abkantpressen zukünftig ausgestattet werden sollen, war deshalb die effiziente und intuitive Bedienung die wichtigste Anforderung. Weitere Forderungen waren:

- Optimale Touchscreen-Bedienung
- Anpassung der Bedienungsoberfläche an das Corporate Design von TRUMPF, Vermittlung der „Werte", für die die Marke TRUMPF steht
- Mehrsprachigkeit für verschiedene europäische und asiatische Sprachen
- Erzielen eines Alleinstellungsmerkmals gegenüber Wettbewerbern durch eine besonders innovative Gestaltung der Bedienungsoberfläche

Der Gestaltungsprozess der Maschinenbedienung erfolgte in Anlehnung an den benutzerzentrierten Gestaltungsprozess nach ISO 13407. Es wurde eine Nutzungskontextanalyse in Form einer Kontextsitzung, mehrere Gestaltungsworkshops und ein Usability Test durchgeführt, sowie ein interaktiver Wegwerf-Prototyp erstellt.

Beschreibung der wichtigsten Gestaltungslösungen

Der benutzerzentrierte Gestaltungsprozess führte zu einer Vielzahl von großen und kleinen Gestaltungsentscheidungen, die in der Summe die Qualität der grafischen Gestaltung der Bedienungsoberfläche für die TRUMPF Maschinensteuerung ausmachen.

Effizient und Selbsterklärend

Typische Arbeitsabläufe wurden in der Maschinenbedienungsoberfläche abgebildet. Der Anwender findet beispielsweise einen Zugang zu den typischen Haupttätigkeiten, wie Produzieren, Manueller Betrieb, Einrichten, Programmieren, etc. über die Haupttätigkeitsleiste links (vgl. Abbildung 2 und Abbildung 4). Komplexe Bedienabläufe werden durch geführte Assistenten-Dialoge unterstützt. Dort sind auch Hilfeinformationen direkt in die Bedienungsoberfläche integriert (vgl. z.B. Abbildung 3).

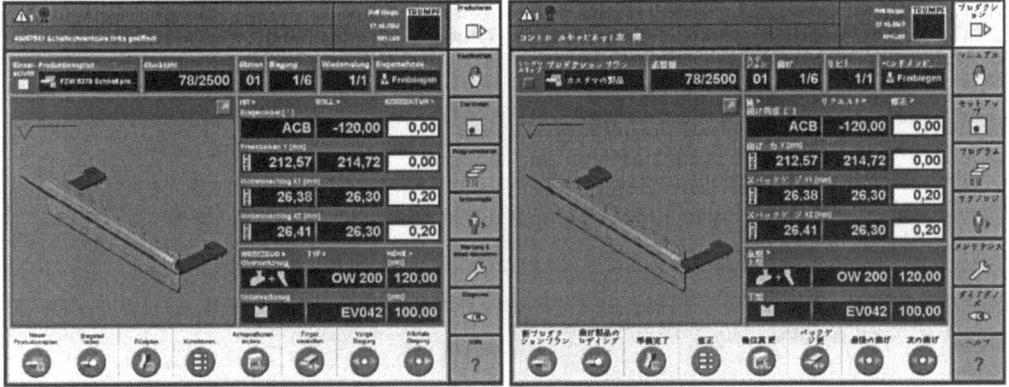

Abbildung 2: Produzieren-Screen mit Darstellung der Einlegeposition des zu biegenden Blechs (mit deutscher und mit japanischer Beschriftung unter Verwendung der Kanji- und Katakana-Schrift)

Weiterhin ergibt sich durch eine möglichst genaue Abbildung der realen Maschine auf der Bedienungsoberfläche der Maschinen eine Kompatibilität zwischen realer Welt und Bedienungsoberfläche. Der Anwender findet vertraute Elemente seines Arbeitsalltags auf der Oberfläche abgebildet (vgl. Abbildung 4). Der Anwender kann außerdem Wissen aus der „PC-Welt" auf die Bedienung der TRUMPF Maschinen übertragen, da er vertraute Controls wie Buttons, Reiter, Tabellen, Eingabefelder wiederfindet. Diese sind zwar TRUMPF-spezifisch gestaltet, orientieren sich aber in Look und Feel trotzdem an den erfolgreichen Pendants aus dem PC-Umfeld.

Optimale Touchscreen-Bedienung

Die Navigation durch die Bedienungsoberflächen von TRUMPF Maschinen ist für eine Touchscreen-Bedienung optimiert, da die Größen und Abstände der Bedienelemente so gewählt sind, dass sie selbst mit Arbeitshandschuhen bedienbar sind. Die Beschriftungen befinden sich außerdem oberhalb des jeweiligen Controls, um ein Verdecken der Beschriftung durch den Finger bei Berührung zu vermeiden. Bedienelemente, die eine Funktion auslösen, sind 3-dimensional erhaben dargestellt, im Gegensatz zu den anderen Bildschirmelemente, die konsequent „flach" gestaltet sind.

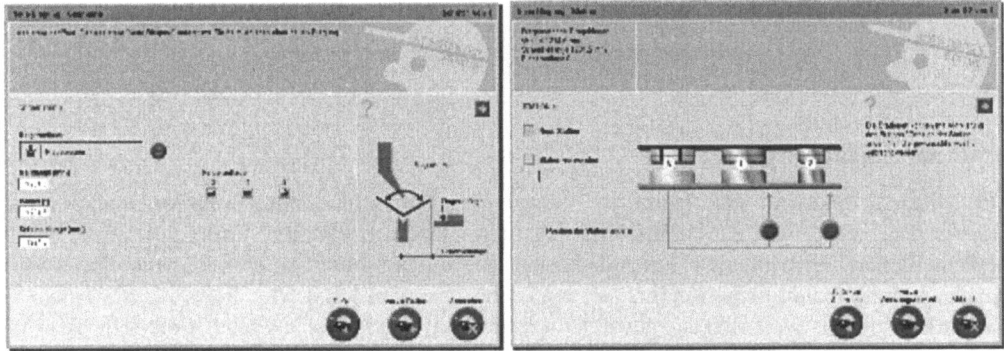

Abbildung 3: Assistenten-Dialog zum Anlegen einer neuen Biegung (Schritt 1 und 2)

Anpassung an das Corporate Design von TRUMPF

Die grafische Gestaltung der Bedienungsoberfläche nimmt Elemente des Corporate Designs von TRUMPF auf. Hierzu gehört die Verwendung verschiedener Blau- und Grautöne, die sich an dem vom Corporate Design vorgegebenen Farbklima für die Marke TRUMPF orientieren. Diese Farben erzeugen ein angenehmes, beruhigendes Erscheinungsbild und vermitteln Seriosität, Professionalität und Vertrauen, wichtige Werte der Marke TRUMPF. Durch die durchgängige Gestaltung aller Dialoge, bis hinunter zur letzten Meldungsbox, bekommt die Bedienungsoberfläche ein unverwechselbares „Gesicht", welches sich stark von der Masse vergleichbarer Produkte von Mitbewerbern abhebt. Die aufwändige grafische Gestaltung soll dem Anwender neben der reinen funktionalen auch eine hedonistische Qualität vermitteln. Die Bedienung der TRUMPF Abkantpresse soll Spaß machen.

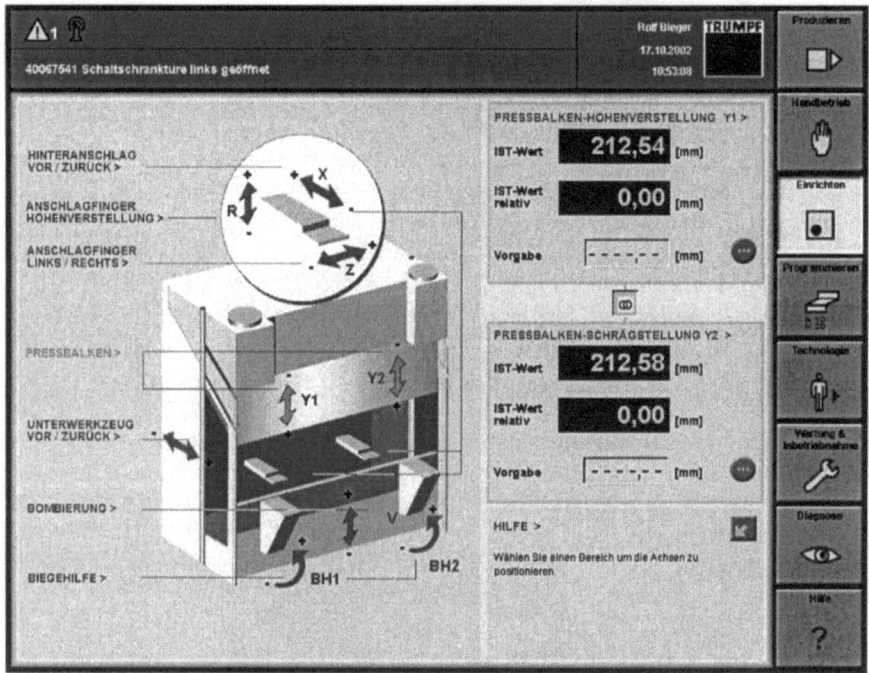

Abbildung 4: Einrichten-Screen: Auswahl der manuell zu verfahrenden Achsen anhand einer grafischen Darstellung der Abkantpresse

Internationalisierung

Das Bildschirm-Layout unterstützt die Verwendung unterschiedlicher Sprachen und Schriften Hierfür sind Beschriftungen oberhalb der jeweiligen Controls platziert. Dadurch ist auch bei unterschiedlichen Zeichenlängen ein konsistentes Layout gesichert (z. B. benötigen französische Bezeichnungen i.d.R. mehr Zeichen als englische oder deutsche). Der Platz für die Höhe von Beschriftungen ist weiterhin so gewählt, dass sowohl westliche, als auch asiatische Schriften (Kanji, Katakana) ausreichend groß dargestellt werden können, so dass eine optimale Lesbarkeit garantiert ist (vgl. Abbildung 2).

DEMOS - eine Internet-basierte Plattform zur politischen Meinungsbildung

Andreas Selter, Simone Keller, Franz Koller

User Interface Design GmbH

Zusammenfassung

Politik und Demokratie interessant, spannend und herausfordernd präsentieren, Bürger zur Meinungsbildung und -äußerung motivieren. Das sind die Ziele von DEMOS (Delphi Mediation Online System), einer Internet-basierten Diskussions- und Informationsplattform, die im Rahmen eines von der EU geförderten Projekts entwickelt wurde. Ein möglichst breites Spektrum an Benutzergruppen soll mit einer übersichtlichen, leicht bedienbaren und grafisch attraktiven Benutzungsoberfläche den Einstieg in die E-Demokratie finden und sich in politische Fragestellungen und Entscheidungen einbringen.

1 Beschreibung

Europaweit ist ein kontinuierlicher Rückgang an politischem Interesse und politischer Selbstverantwortung der einzelnen Bürger zu verzeichnen. Um dieser Entwicklung entgegenzuwirken, wurde das Projekt DEMOS ins Leben gerufen. DEMOS steht für Delphi Mediation Online System und ist eine Internet-basierte Plattform zur politischen Meinungsbildung und Bürgerbeteiligung an politischen Diskussionen und Entscheidungen.

DEMOS ist eine moderierte, konsensorientierte Diskussionsplattform, deren Prozess auf drei sozialwissenschaftlichen Untersuchungsmethoden beruht:

- Umfragen (1) tragen dazu bei, Massenmeinung auf breiter Basis zu erheben.
- Die Delphi-Methode (2) steht für das Konzept, Themen iterativ zu diskutieren und
- Mediation (3) steht für einen offenen Prozess zur gemeinschaftlichen Konfliktlösung.

Um diese Prozesse funktional optimal unterstützen zu können, besteht die DEMOS Plattform aus insgesamt acht Bereichen. Die vielfältigen Informations- und Kommunikationsmöglichkeiten von DEMOS müssen aus Benutzersicht leicht zugänglich und komfortabel bedienbar sein. Neben der rein pragmatischen Qualität ist jedoch ebenso die hedonische Qualität von großer Bedeutung. Politik und Demokratie sollen nicht grau und trocken, sondern interessant, spannend und herausfordernd dargestellt werden. Durch entsprechende Mehrwerte und ein innovatives Grafik Design sollen ein möglichst breites Spektrum an unterschiedlichen Benutzergruppen angesprochen und motiviert werden.

Im Rahmen eines iterativen Gestaltungsprozesses wurden regelmäßig Gestaltungsworkshops mit Usability Experten, Designern, Programmierern sowie Diskussions-Moderatoren und Administratoren durchgeführt, in denen Gestaltungsfragen und -lösungen diskutiert und entwickelt wurden. Hierbei wurde ein Top-Down-Ansatz verfolgt, d.h. es wurden zunächst die Hauptaufgaben der Nutzer beschrieben und analysiert. Zudem wurden einzelne Hauptbereiche für die unterschiedlichen Funktionen definiert. Das Prototyping erfolgte in einem iterativen Zyklus. Anhand von interaktiven MS PowerPoint Prototypen wurden Screenlayouts und Designs visualisiert und beurteilt.

Die endgültige Benutzungsoberfläche wurde anschließend in Form von HTML und Velocity Templates in das Prototypen System integriert.

Hauptziel der benutzerzentrierten Gestaltung im Sinne einer benutzungsfreundlichen Bedienoberfläche war ein hohes Maß an Konsistenz im Grundlayout sowie in Interaktionselementen und -techniken. Navigation und Inhalt teilen den Bildschirm in zwei grundlegende Bereiche auf. Bildschirmelemente wie Listen, Textbereiche, Navigationsbalken, Kurzinfobereiche, etc. wurden in einer grundlegenden Elemente-Bibliothek festegelegt, um innerhalb der einzelnen Bereiche und Screens konsistent eingesetzt werden zu können.

Das Grundfarbschema orientiert sich an Erdfarben, wobei die Farben Rot und Blau eine eigene Bedeutung erhielten. Rot steht für Aktivität und Aktuelles wie z.B. aktuelle Foren, der Diskussionsstand, etc. Blau wird zur Kennzeichnung der persönlichen Bereiche eingesetzt, z.B. Login-Bereich, Bonus-Punkteliste, Benutzerprofil, etc.

Eine dynamische Sprachvariantenauswahl lässt das System in den Sprachen Deutsch, Englisch und Italienisch erscheinen, je nach Spracheinstellungen im jeweiligen Browser.

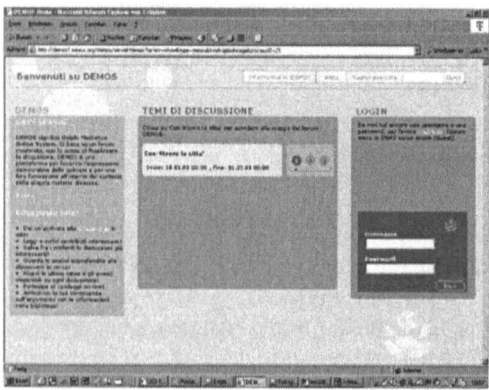
Abbildung 1: Splash Screen des DEMOS Prototypen

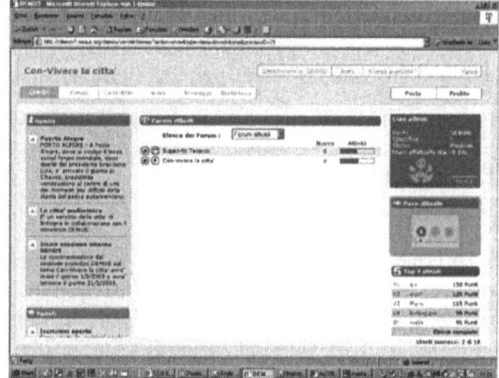
Abbildung 2: Haupt-Screen des DEMOS Prototypen

DEMOS - eine Internet-basierte Plattform zur politischen Meinungsbildung 429

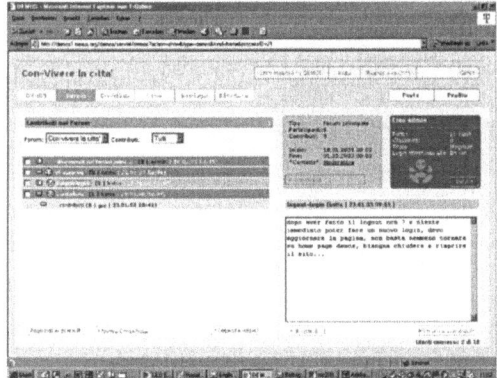
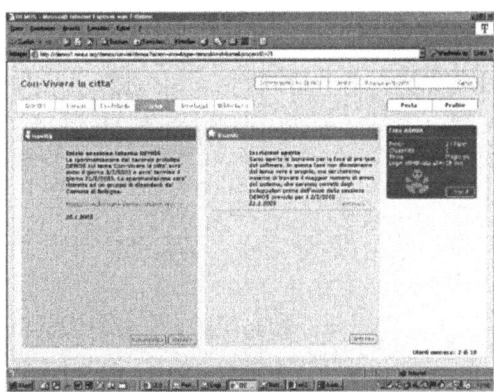

Abbildung 3: Forenbeiträge im DEMOS Prototypen

Abbildung 4: Bereich für News- und Ereignismeldungen im DEMOS Prototypen

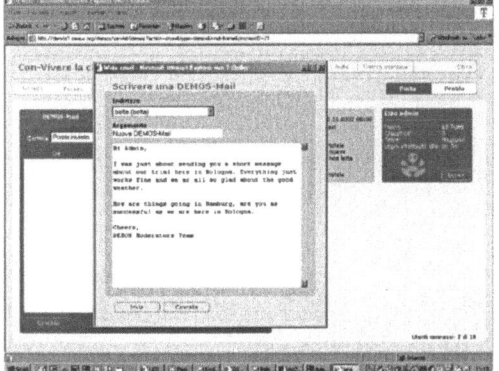
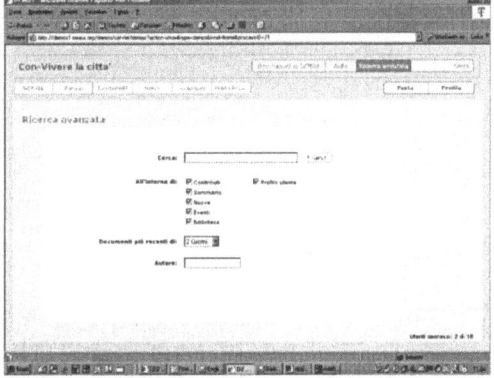

Abbildung 5: Internes Mail-System im DEMOS Prototypen

Abbildung 6: Erweiterte Suchmaske im DEMOS Prototypen

Private Universe_
Informationsstrukturen und Fraktales im Alltag

Diana Frank

diana frank _konzept und gestaltung

Zusammenfassung

Private Universe_ ist Informationsarchitektur und Raumkonzept zum Erschließen auch hochkomplexer Inhalte mittels eigens generierter medialer Räume. Ziel ist das Schaffen von Handlungs-SPIEL-Raum im Umgang mit Information sowie das Visualisieren fraktaler Muster von Informationsstrukturen im Alltag.

1 Die These

Hauptthese der Arbeit: Denken braucht Handlungs-SPIEL-Raum. Das ist Grundvoraussetzung für Lernen, Entstehen, Weiterentwickeln und Teilen von Wissen.

2 Zum Projekt

Private Universe_ Das ist Prototyp/Konzeptskizze einer Navigationsoberfläche, hoch visuell, sinnlich, Sprungbrett in eine Vielzahl individueller Welten, die darauf warten entdeckt, erforscht zu werden. Gleichzeitig ein exemplarischer Ansatz, komplexe Inhalte zugänglich zu machen, Kontext herzustellen, neue Lösungswege zu finden, Handlungs-SPIEL-Raum inmitten Informationsüberflutung und Medienchaos zu schaffen.

Private Universe_ ist Raumerlebnis und Inszenierung zugleich. Ziel ist Komplexes klar zu machen, nicht kompliziert. Informationsarchitektur im besten Sinne, die einem jeden Betrachter erlaubt, seinen eigenen Weg zu finden, spielerisch einlädt sich auf das Abenteuer Information, Fragen, Wissen, Suchen, Forschen einzulassen.

Private Universe_ kreiert Denkräume, real in Form von Projektionen und virtuell immer wieder aufs Neue durch die Assoziationen des Betrachters.

Konzept

Das Konzept sieht vor, ein jeder kann die Cluster mit eigenen Inhalten, Strukturen und Bildern füllen, sie entsprechend Komplexität und Anwendung frei generieren, Denkräume schaffen, gleich ob für sich ganz allein oder für hochkomplexe Projekte. Da dies für die Konzeptskizze nicht realisierbar war, muß der Betrachter im Rahmen dieses Prototyps mit meinen Gedanken und Strukturen vorlieb nehmen. Das Auswahlkriterium: übergeordnete Informationsstruktur und gleichzeitig elementarer Bestandteil meines Lebens. Eben: Private Universe_

Projektstand/ Prototyp

Realisierung als interaktives QuickTime Movie, Beamerprojektion. Es wurden eine variable Benutzungsoberfläche entwickelt, 3D Objekte und VRs erstellt, animiert und mit interaktiven Elementen sowie Ton versehen. Jeder Betrachter kann selbst frei durch Private Universe_ navigieren, auf Entdeckungsreise gehen, in diesem Prototyp mittels Maus, zusätzlich sind einige Tasten der Tastatur mit Funktionen belegt. Das Konzeptbuch gibt Aufschluss über die Konzeptentwicklung und erläutert die Positionen zu den wesentlichen Konzeptmerkmalen: Handlungs-SPIEL-Raum, Knäule und Cluster, Komplexe Einfachheit. 16 der 24 entwickelten Räume sind hier näher beschrieben, zum einen werden Geschichten erzählt, zum anderen komplexe theoretische Aspekte aus freier Sicht betrachtet. Im Prototyp sind derzeit insgesamt 8 dieser Cluster umgesetzt. Das spielerische Moment steht im Vordergrund. Das sinnliche Raumerlebnis, wenngleich abstrakt in minimaler Form realisiert, ist wesentliches Element der Arbeit. Zeit bekommt eine andere Dimension, jenseits von hektischer Klickerei, die Suchbewegung mit der Maus verlangsamt sich fast von allein, wer hindurcheilt wird das meiste nicht entdecken. Auch Hilfe gibt es erst mit Verzögerung, Hinweise zum Inhalt nur auf Wunsch. Einfach, fast banal, dennoch, die Aufnahme von Information, das Erkennen von Zusammenhängen bedarf der willentlichen Wahrnehmung und Reflektion, ein Prozess der auch in unserer beschleunigten Zeit seine Zeit braucht.

Vision

Integriert in Wohn- und Arbeitsräume, als Arbeitsmittel oder schlicht zum Spielen und Genießen. In einfacher Form nimmt die Projektionsfläche eine komplette Raumwand ein. Bewegung und Navigation wird durch die Eigenbewegung des Betrachters unmittelbar beeinflusst oder z.B. über einen Handschuh bedient. So lassen sich Animationen starten, einzelne Welten betreten und erforschen. Wird kein Einfluss genommen wird ein automatischer, zufallsgesteuerter Modus aktiviert, Private Universe_ wird zur Rauminstallation. Im Idealfall dienen mehrere Wände als Projektionsfläche (Cave).

Beispielszenarien Private Universe_ (von links nach rechts: Hauptnavigation, das Cluster Error, im Cluster)

3 Eine Schlussbemerkung

Komplexe Informations- und Navigationsstrukturen umgeben uns überall, im Alltag bestimmen sie bewusst und unbewusst unser Handeln. Informationsstrukturen sind vielfältig, jeder hat seine eigenen, sie sind sich überraschend ähnlich (fraktal). Sie zu erforschen und nutzbar zu machen ist eine der großen Herausforderungen unserer Zeit und nicht zuletzt Aufgabe des Gestalters.

Weitere Abbildungen, Einblick in das Gestaltungskonzept:

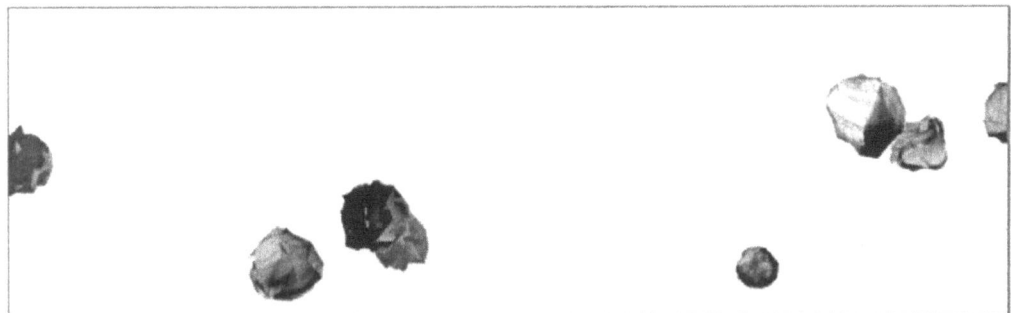

Navigationsoberfläche, Knäule sind frei bewegliche Navigationselemente, einzeln animiert

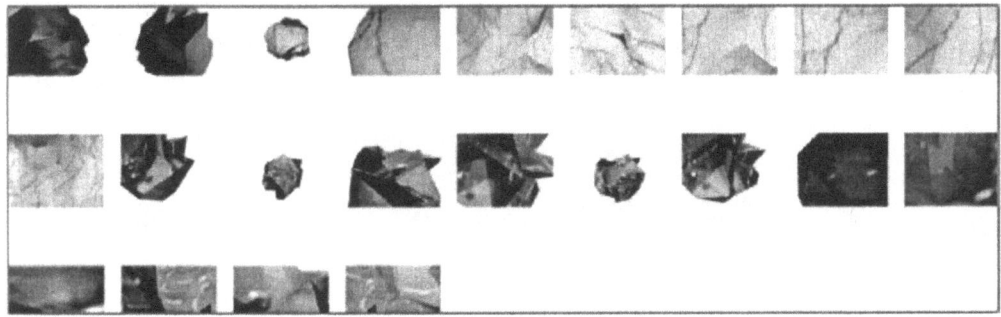

Momentaufnahmen Animation von Cluster und VR

Mobile Liquid Information Spaces –

Maximierung der Informationsdichte für visuelle Echtzeitsuche auf kleinen Screenflächen mit Hilfe von Transparenz und Wühlfunktionalität

Carsten Waldeck, Daniel Hess, Dirk Balfanz

Zentrum für Graphische Datenverarbeitung, Abteilung Z3: Mobile Information Visualization

Zusammenfassung

Dieses Design Review beschreibt ein Userinterfacekonzept, dass es ermöglicht, große Informationsmengen auf kleinen Screenflächen darzustellen. Das Darstellungskonzept beruht auf einer generischen „Starfield"-Visualisierung ([1] Ahlberg & Shneiderman 1994), bei der die visuellen Parameter den inhaltlichen Kriterien frei zugeordnet werden können. Ein großer Vorteil dieser Scatterplot-Darstellung liegt in der stufenlosen Skalierbarkeit der Darstellungsfläche was eine sehr einfache Anpassung an verschiedenste Screengrößen ermöglicht. Um Klarheit und Lesbarkeit auch bei sehr großen Informationsdichten zu gewährleisten, wurde versucht, Deckkraft und Rollover-Funktionen möglichst effektiv einzusetzen sowie eine Entzerrungsfunktionalität hinzugefügt, die ein sehr intuitives Wühlen mit dem Look-and-Feel einer öligen Flüssigkeit in dem Informationsraum ermöglicht.

1 Einleitung und Problembeschreibung

Auch wenn sich die Prozessorleistungen mobiler Geräte immer mehr der von Desktop Computern annähert werden wir trotz diverser Screenkonzepte (rollbare displays, digitales papier,...) wahrscheinlich noch geraume Zeit mit der Begrenzung kleiner Screenflächen zu kämpfen haben. Auch die damit verbundene Anpassung der Darstellung an die diversen Screenflächen der Endgeräte stellt uns vor ein sehr komplexes Problem.

In einer gewöhnlichen Listendarstellung sind auf der Bildschirmfläche eines PocketPC oder PDA heute ungefähr 10 bis 20 Informationsobjekte darstellbar. Diese sind wiederum nur nach einem Kriterium sortier- und vergleichbar. Es ist sehr schwierig bis unmöglich den Überblick über große Mengen an Informationen zu behalten und ebenso kompliziert (nur durch mehrfaches Klicken und Scrollen) die Details einer bestimmten Information zu erreichen. Durch eine Starfield-Visualisierung lassen sich wesentlich höhere Informationsdichten erreichen, Details direkt anzeigen und die Information ist nach 2 Kriterien gleichzeitig sortier- und nach n Kriterien vergleichbar (je nach Auswahl und Expressivität der visuellen Parameter: Größe, Deckkraft, Farbwert, Form,

Bewegung,...).

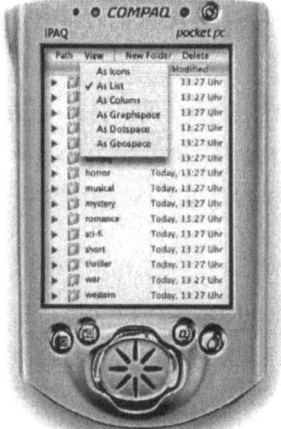 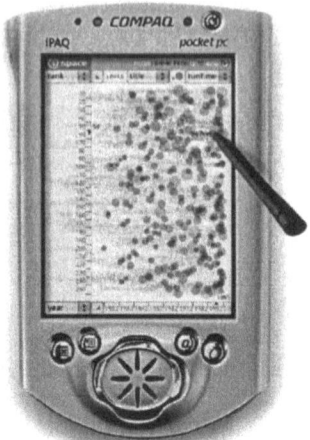

Vergleich: Listenansicht vs. Starfield-Darstellung

Ein Nachteil der Starfield-Visualisierung ist jedoch die Möglichkeit, dass sich die Informationsobjekte teilweise überlappen können, was die Lesbarkeit und Wahrnehmbarkeit stark behindern und unter Umständen sogar unmöglich machen kann. Um dies zu verhindern wurden bisher Zoom- oder Linsenfunktionen eingesetzt ([5] Sarkar & Brown 1992), die eine (partielle) Vergrößerung oder Filterung der Information bewirkten um der zu hohen Dichte der Informationsobjekte entgegenzuwirken. Oft waren diese Funktionen jedoch nur mittelbar und schwer zu bedienen.

2 Lösungsansätze

Hier setzt das Konzept des Liquid Information Spaces an: Eine Kombination aus einer „Magnetismus-Simulation" und dem physikalischen Verhalten einer öligen Flüssigkeit in Verbindung mit einem möglichst effektiven Einsatz von Transparenz und Rollover-Verhalten ermöglichen einen sehr schnellen und intuitiven Wühleffekt, der die undurchsichtigen Informationsüberlappungen in Echtzeit entzerrt. Im Gegensatz zu herkömmlichen Fisheye-Funktionen [5], werden hierbei nicht die Informationsobjekte selbst, sondern nur ihr Abstand zueinander vergrößert, was zur Folge hat, dass der Effekt weniger stark eingesetzt werden muß, was wiederum eine größere Klarheit zur Folge hat und den Gesamtkontext des Objektezusammenhangs weniger verzerrt. Darüberhinaus sind Radius und „Magnetstärke" des Wühleffektes in Echtzeit steuerbar. Erste Untersuchungen haben gezeigt, dass auf diese Weise Informationsballungen von mehr als der doppelten Dichte herkömmlicher Navigationsmethoden intuitiv wahrnehmbar werden.

Dadurch dass die Wühlfunktion aktiviert wird indem man Druck auf das Display ausübt, ergibt sich ein sehr unmittelbarer 1:1 „Eindruck". Alle Manipulationen und damit die Statusänderungen

Mobile Liquid Information Spaces – Maximierung der Informationsdichte für visuelle
Echtzeitsuche auf kleinen Screenflächen mit Hilfe von Transparenz und Wühlfunktionalität

der Informationsobjekte sind durchgängig animiert, was sogar sehr komplexe Vorgänge mit vielen Objekten intuitiv erfahrbar werden lässt.

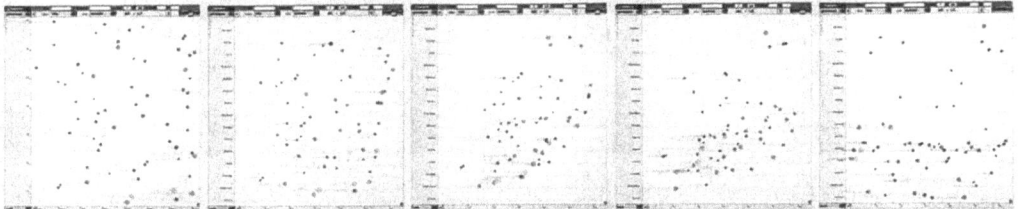

nach einer Veränderung der Darstellungskriterien an den Achsen „huschen" die Objekte an ihre neue Position.

3 Prototyp

Der erste Mobile Liquid Information Space Prototyp basiert auf einer Flash-Applikation, die eine XML Datenbasis der populärsten 250 Filme der Welt einliest [6]. Der Prototyp soll hier nicht näher in Worten beschrieben, sondern lieber direkt erfahren werden: zu diesem Zweck sehen sie sich bitte den folgenden Film an: http://www.infoverse.org/ispace/ispace_movie.htm
oder testen den prototyp gleich selber: http://www.infoverse.org/ispace/ispace_flash.htm

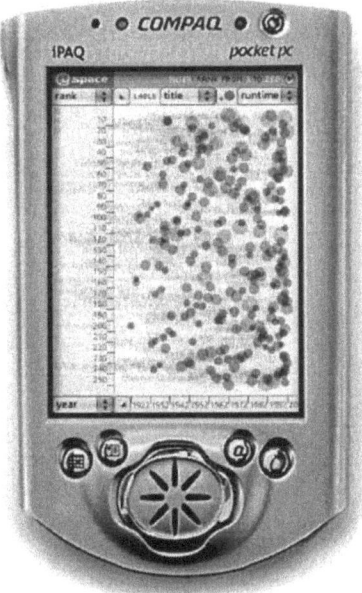 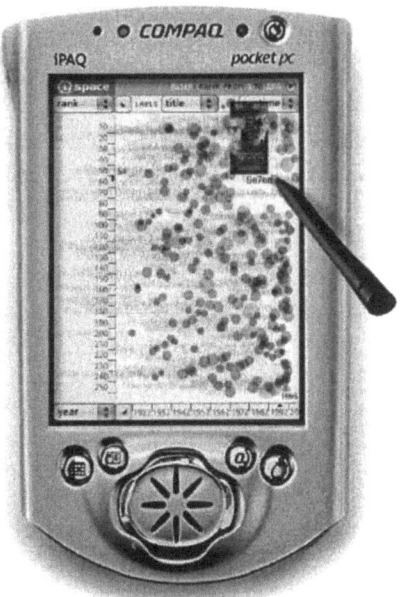

*links: Darstellung von 250 Info-Objekten auf einem iPaq (240x320 pixel)
rechts: die Liquid-Wühlfunktion wird auf Druck ausgelöst und ein Plakat-Preview gezeigt.*

4 Literaturverzeichnis

[1] Ahlberg, Christopher and Shneiderman, Ben (1994): Visual Information Seeking: Tight Coupling of Dynamic Query Filters with Starfield Displays. *Proc. of CHI 1994.* ACM, New York, pp 313-317.

[2] Ahlberg, Christopher and Shneiderman, Ben (1994): The AlphaSlider: A Compact and Rapid Selector. *Proc. of CHI 1994.* ACM, New York, pp 365-372.

[3] Bederson, Benjamin and Hollan, James (1994): Pad++: A Zooming Graphical Interface for Exploring Alternate Interface Physics. *Proc. of UIST 1994*, ACM, New York.

[4] Davidson, Neil and Dunlop, Mark D (2000): Visual information seeking on palmtop devices. *Proc. of HCI 2000.*

[5] Sarkar, Manojit and Brown, Marc. Graphical Fisheye Views of Graphs. *Proc. of CHI 1992,* ACM, New York, pp 83-91.

[6] Internet Movie Database: http://www.imdb.com

Kontaktinformationen

Carsten Waldeck
Zentrum für Graphische Datenverarbeitung e.V.
Abteilung Z3, MIV (Mobile Information Visualization)
Fraunhofer Str. 5
64283 Darmstadt, Germany
Email: carsten.waldeck@zgdv.de
Tel.:   +49 (0)6151-155-623

MOMAK – Museum of Modern Art Kabul
http://www.momak.org

Thorsten Klöpfer, Oliver Kauselmann
Onesandzeros

Zusammenfassung

Das Online-Portal MOMAK – Museum of Modern Art Kabul, ist eine Austauschplattform und Präsentationsfläche für Afghanische Künstler. Da ihre Arbeit aufgrund der politischen Regime und des Krieges im eigenen Land nicht geduldet wurde, waren viele afghanische Künstler zur Flucht in andere Länder gezwungen. Durch MOMAK soll diesen Künstlern die Möglichkeit gegeben werden ihre Werke einem internationalen Online-Publikum zugänglich zu machen und den Austausch mit anderen afghanischen Künstlern zu fördern.

1 Cinematographisch und modular

MOMAK setzt sich mit dem Thema Museum auf cinematographische Art auseinander. Anstelle der reinen Präsentation von Exponaten, bietet MOMAK die Möglichkeit, Afghanische Künstler in Verbindung mit ihren Werken zu sehen; es gibt somit die Freiheit eigene Zusammenhänge zwischen Künstler und Werk herzustellen. Anhand von filmartigen Einzelmodulen wird dem Onlinebesucher die Möglichkeit gegeben seine eigene nonlineare Tour durch das Museum zu erleben, oder sich einer geführten Tour durch das Museum anzuschließen. Der persönliche Weg durch das Museum wird aufgezeichnet und hinterlässt eine Spur auf dem Museumsinterface. Bei weiteren Besuchen gibt dieser persönliche Weg Aufschluss darüber, welche neuen, noch unbesuchten Künstler und Stationen dazugekommen sind.

2 Inhalt und Ziele

Bei MOMAK wird dem Onlinebesucher ein breites Spektrum an unterschiedlichen Informations- und Dokumentationsmodulen zur Verfügung gestellt. Diese bestehen unter anderem aus: Videointerviews mit den Künstlern; interaktiv begehbaren Künstlerumgebungen, die durch ein Erforschen private Einblicke bieten; einer Galerie, die alle Werke im Überblick zeigt (Malerei, Video, Skulptur...); einem Forum, das dem Austausch zwischen den Künstlern und Kunstinteressierten dient; einer Timeline die den zeitlichen Überblick der Afghanischen Kunstgeschichte ermöglicht; Zwischenfilme, die die einzelnen Module verbinden. MOMAK lebt von seinem Wachstum, über eine Künstlerregistrierung können sich immer neue Künstler melden und in das Museum aufgenommen werden. Aufgrund des internationalen Publikums, ist MOMAK multilingual.

3 Dynamisches Interface

Durch die Möglichkeiten des Mediums Internet und der zunehmenden Anzahl von Künstlern, befindet sich das Interface von MOMAK in einem ständigen Wachstumsprozess. Dies macht die digitale Lebendigkeit aus. Es ist eine Visualisierung des Alterungsprozesses, wobei Alterung für die Ansammlung von Erfahrungen steht, die im Museum gemacht werden können. Somit bedeutet Wachstum eine dauernde Addition von neuen Dingen, die das Museumserlebnis bereichern. Je mehr Künstler teilnehmen umso lebendiger wird MOMAK. Orientiert an der Tageszeit von Afghanistan verändert sich der Museumsbackground in Farbe und Helligkeit. Unterteilt wird das Interface in eine lineare und eine explorative non-lineare Navigation. Die lineare Navigation erscheint nur bei Bedarf mauszeigersensitiv, um mit der non-linearen nicht zu konkurrieren. MOMAK arbeitet mit photographischem Hyperrealismus der vor-allem in den virtuell begehbaren Künstlerumgebungen zum Ausdruck kommt. Diese bilden den übergreifenden Zusammenhang zwischen Künstler, Arbeit und privater Umgebung.

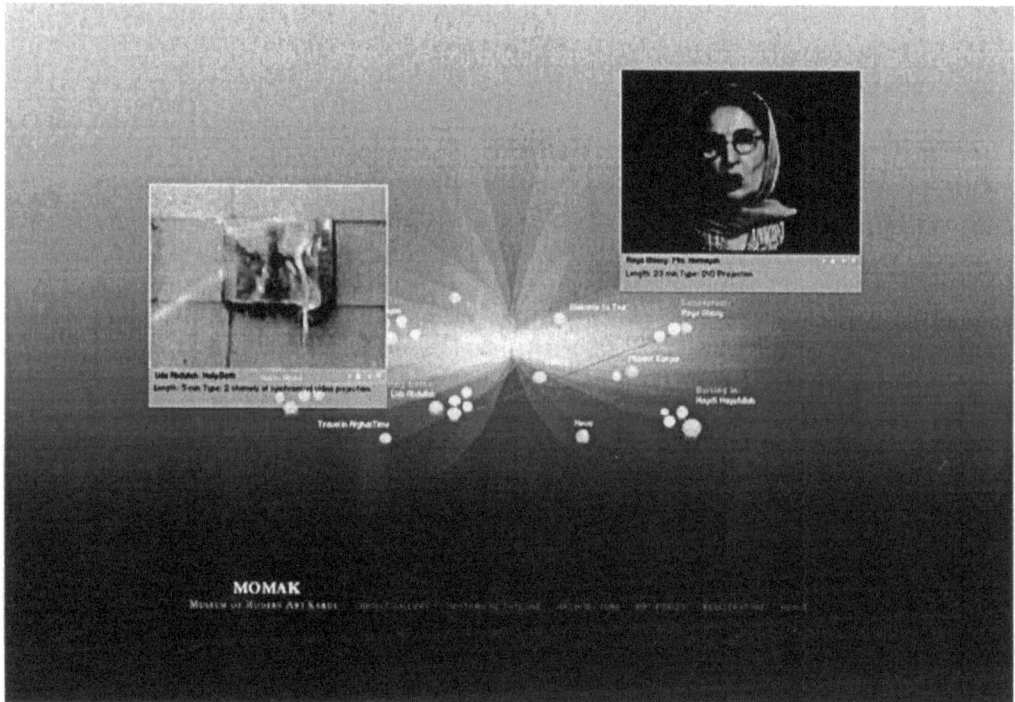

Abbildung 1: MOMAK Screenshot der Museumsoberfläche mit 2 Videoexponaten

Autoren

Auinger, A.	359	Haselberger, F.	145
Althoff, F.	53	Hassenzahl, M.	187
		Häusser, T.	413
Balfanz, D.	435	Heeg, R.	177
Bauer, K.	423	Heers, R.	113
Baumert, J.	385	Herczeg, M.	267, 307
Bente, G.	177, 287, 297	Herrmann, C.S.	277
Beu, A.	423	Herrmann, T.	87
Blens, H.	297	Hess, D.	435
Bitzer, S.	391	Hinrichs, J.	65
Bomsdorf, B.	407	Hochholdinger, S.	317
Braun, M.	145	Holzmüller, H.	207
Brusilovsky, P.	21	Hönscheid, R.	177
Bunke, H.	379	Höök, K.	17
Burmester, M.	187	Höpel, I.	307
Büsser, M.	77	Hufnagel, H.	113
Dörge, C.	379	Jahnke, I.	87
		Jetter, C.	165
Ehrich, H.	239		
		Kaczmirek, L.	337
Fleischmann, M.	99	Kamentz, E.	349
Flor, T.	375	Kauselmann, O.	439
Frank, D.	431	Keller, S.	419, 423, 427
Freudenthaler, R.	423	Kempf, F.	113
Friedrich, J.	65	Klein, M.	135
Freund, R.	391	Klein, P.	165
Frost, I.	391	Klöpfer, T.	439
Fuhrmann, T.	135	Koch, B.	327
		Koller, F.	187, 427
Gellersen, H.-W.	25	Korte, H.	391
Gellner, M.	197	Kost, S.	399
		Krämer, N.C.	177, 287, 297
Hagenmeyer, L.	145	Kretschmer, U.	43
Halper, N.	277	Kunz, C.	99
Harbaum, T.	135		
Hartwig, R.	267		

Lamersdorf, W.	155, 387
Lang, M.	53
Langer, D.	415
Lehel, V.	229
Limbach, T.	165
Lindemann, U.	411
Linneweber, V.	277
Loser, K.-U.	87
Machate, J.	419
Magerkurth, C.	123
Matthes, F.	229
McGlaun, G.	53
Meiners, F.	385
Mellin, M.	277
Mirochnitchenko, M.	413
Morik, K.	99
Müller, A.	405
Müller, Frank	165
Müller, Franz	411
Müller, K.	113
Ninck, A.	77
Novak, J.	99
Nuderscher, P.	219
Nusseck, D.	401
Obendorf, H.	155, 373
Ohlhausen, P.	239
Oppermann, R.	31
Pache, M.	411
Piesk, J.	177
Pipek, V.	219
Reimann, D.	307
Reiterer, H.	165
Rigoll, G.	53
Rindermann, M.	413
Schaper, N.	317
Schelhowe, H.	379
Schloen, T.	239
Schmid, J.	381
Schmidt, A.P.	381
Schneider, S.	411
Schulz, T.	43
Selter, A.	427
Sichma, G.	379
Stary, C.	359
Steinfatt, K.	229
Stenzel, R.	123
Strauss, W.	99
Strothotte, T.	277
Szwillus, G.	407
Thies, P.	257
Waldeck, C.	435
Weinreich, H.	155, 387
Weller, S.	391
Wilhelm, T.	207, 401
Winkler, T.	307
Wissen, M.	247
Womser-Hacker, C.	349
Won, M.	219
Wulf, V.	65
Wurst, M.	99
Yom, M.	207, 401
Ziegler, J.	99, 247

If you have any concerns about our products,
you can contact us on
ProductSafety@springernature.com

In case Publisher is established outside the EU,
the EU authorized representative is:
**Springer Nature Customer Service Center GmbH
Europaplatz 3, 69115 Heidelberg, Germany**

Printed by Libri Plureos GmbH
in Hamburg, Germany